NomosPraxis

David Kluth | Phillip-Boie Harder | Florian Harig | Daniel Kunz

Das neue Restrukturierungsrecht

Unternehmensrestrukturierung durch StaRUG und Eigenverwaltung

Dr. David Kluth, Rechtsanwalt und Fachanwalt für Insolvenzrecht, Düsseldorf | **Phillip-Boie Harder**, LL.M. oec., Rechtsanwalt, Düsseldorf | **Dr. Florian Harig**, Rechtsanwalt, Hannover | **Dr. Daniel Kunz**, LL.M., Rechtsanwalt, Düsseldorf

Nomos

Zitiervorschlag: Kluth/Harder/Harig/Kunz/Restrukturierungsrecht/*Bearbeiter* § ... Rn. ...

Die Deutsche Nationalbibliothek verzeichnet diese Publikation in der Deutschen Nationalbibliografie; detaillierte bibliografische Daten sind im Internet über http://dnb.d-nb.de abrufbar.

ISBN 978-3-8487-7163-9

1. Auflage 2022

Vorwort

Durch die EU-Richtlinie 2019/1023 initiiert verabschiedete der Gesetzgeber vor dem Hintergrund der wirtschaftlichen Auswirkungen der COVID-19-Pandemie im Dezember 2020 und damit früher als geplant das Gesetz zur Fortentwicklung des Sanierungs- und Insolvenzrechts (Sanierungs- und Insolvenzrechtsfortentwicklungsgesetz – SanInsFoG). Dem vorausgegangen ist ein äußerst kurzes Gesetzgebungsverfahren. Teil des umfangreichen Gesetzesvorhabens ist das Gesetz über den Stabilisierungs- und Restrukturierungsrahmen für Unternehmen (StaRUG), das den von der EU vorgegebenen präventiven Restrukturierungsrahmen umsetzt. Nachdem der Referentenentwurf des SanInsFoG im September 2020 und der Regierungsentwurf nur wenige Wochen später vorgelegen hatte, konnten die wesentlichen Teile des SanInsFoG bereits zum 1.1.2021 in Kraft treten. Parallel wurden in einem separaten Gesetzespaket Vorgaben und Empfehlungen der EU-Richtlinie mit dem Gesetz zur weiteren Verkürzung des Restschuldbefreiungsverfahrens beschlossen, das mit Wirkung vom 1.10.2020 in Kraft trat. Das SanInsFoG stellt nach der Einführung der InsO im Jahr 2001 und dem Gesetz zur weiteren Erleichterung der Sanierung von Unternehmen (ESUG) im Jahr 2012 eine weitere wesentliche Reformstufe der Insolvenzordnung dar. Nachdem 2001 die Insolvenzordnung in Kraft trat, um die Vergleichs- und Konkursordnung zu ersetzen und den Fokus auf Sanierungen zu legen, wurden mit dem ESUG die Gläubigerbeteiligung sowie die eigenverantwortliche Sanierung gestärkt. Mit dem SanInsFoG will der Gesetzgeber die Sanierungsoptionen und -instrumente weiter optimieren und das System zwischen den Interessen von Gläubiger und Schuldner weiter austarieren.

Mit dem StaRUG, das den von der EU vorgegebenen präventiven Restrukturierungsrahmen enthält, schafft der deutsche Gesetzgeber neben der Insolvenzordnung ein separates Gesetz, das die außergerichtliche Restrukturierung als eigenständiges Rechtsgebiet etabliert. Er möchte damit eine bestehende Lücke zwischen der Sanierung im Insolvenzverfahren und freihändigen Sanierung schließen. In letzter Minute hat der Gesetzgeber das StaRUG um ein wesentliches Instrument zur operativen Restrukturierung gekürzt, indem die sog. Vertragsbeendigung nicht Teil des Gesetzes wurde. Mit dem Instrument der Vertragsbeendigung hätten, angelehnt an die §§ 103 ff. InsO gegenseitige, nicht beiderseitig vollständig erfüllte Verträge im Rahmen der Restrukturierung beendet werden können. Auch ohne die Vertragsbeendigung schuf der Gesetzgeber durch ein modulares System in Anlehnung an das Insolvenzplanverfahren, ein praxistaugliches Gesetz, insbesondere für Finanzrestrukturierungen. Es geht über die Vorgaben der EU-Richtlinie hinaus, indem mit der Sanierungsmoderation ein weiteres Verfahren enthalten ist, dass eine frühestmögliche Unterstützung bei der Lösung finanzieller und wirtschaftlicher Schwierigkeiten bietet. In diesem frühen Krisenstadium ist die Unterstützung sämtlicher Gläubiger erforderlich. Erst mit dem Restrukturierungsplan und den hierfür vorgesehenen Mehrheitserfordernissen führt der Gesetzgeber im deutschen Recht eine Möglichkeit ein, einzelne Gläubiger außerhalb eines Insolvenzverfahrens durch eine Zustimmung mit qualifizierter Mehrheit von 75 % zu binden und ihre Rechte zu ändern.

Der deutsche Gesetzgeber hat das SanInsFoG auch genutzt, um die Insolvenzantragsgründe der drohenden Zahlungsunfähigkeit und der Überschuldung voneinander abzugrenzen sowie die Haftungsnormen für Geschäftsleiter zu konkretisieren und vom Gesellschaftsrecht in die Insolvenzordnung zu übertragen. Notwendig war dies insbesondere, da die drohende Zahlungsunfähigkeit die Zugangsvoraussetzung für die Module des präventiven Restrukturierungsrahmens im StaRUG darstellt, während die Überschuldung deren Inanspruchnahme nicht mehr zulässt. Darüber hinaus nutzte der Gesetzgeber das SanInsFoG, um die Ergebnisse der ESUG-Evaluierung in der Insolvenzordnung umzusetzen. Die Regelungen zum Insolvenzplan wurden weiter ausdifferenziert und um die Möglichkeit der Einbeziehung von gruppeninternen Drittsicherheiten ergänzt. Dies geht einher mit dem vom deutschen Gesetzgeber verfolgten Ziel der Erleichterung der Bewältigung von Konzerninsolvenzen. Der Zugang zur Eigenverwaltung und zum Schutzschirmverfahren wurde von einer sorgfältigeren Vorbereitung abhängig gemacht, um das Verfahren vor Missbrauch zu schützen.

Als Praktiker aus der Beratung, Eigenverwaltung und Insolvenzverwaltung stellen wir die Regelungen des StaRUG sowie die maßgeblichen Änderungen der Insolvenzordnung nicht nur dar, sondern erläutern auch die Auswirkungen in der Praxis. Hierbei greifen wir auf die Erfahrungen mit der bisherigen Rechtslage sowie die bereits vorliegenden Fälle nach neuer Rechtslage zurück. Zum Zeitpunkt der Vorlage dieses Buchs liegt noch sehr wenig Rechtsprechung zu den neuen Vorschriften vor. Das Praxishandbuch soll dennoch nicht nur einen theoretischen Überblick über die Gesetzesreform geben, sondern möchte durch Praxishinweise konkrete Mehrwerte in Restrukturierungs- und Insolvenzverfahren bringen. Dabei fließen verschiedene Perspektiven in die Betrachtung ein.

Wir bedanken uns bei Herrn Rechtsanwalt Michel, der die Entstehung dieser ersten Auflage verlagsseitig begleitet hat. Ebenso möchten wir uns für die Unterstützung in unseren Kanzleien und durch unsere Kolleg:innen, Referendar:innen sowie wissenschaftlichen Mitarbeiter:innen bedanken. Abschließend gilt großer Dank unseren Familien, die viel Geduld mit uns hatten.

Düsseldorf/Hannover, im August 2021

Dr. David Kluth

Phillip-Boie Harder, LL.M.oec.

Dr. Florian Harig

Dr. Daniel Kunz

Inhaltsverzeichnis

Literaturverzeichnis

Kommentare

Arbeitskreis für Insolvenzwesen e.V., Kölner Schrift zur Insolvenzordnung: Insolvenzrecht in der Praxis, 3. Aufl. 2009 (zit. Bearbeiter in Kölner Schriften)

Altmeppen, GmbHG, Kommentar, 10. Aufl. 2021

Andres/Leithaus, Insolvenzordnung, Kommentar, 4. Aufl. 2018

Baumbach/Hueck, GmbHG, Kommentar, 22. Aufl. 2019

Beck/Depré, Praxis der Insolvenz, Handbuch, 3. Aufl. 2017

BeckOK InsO, hrsg. v. Fridgen/Geiwitz/Göpfert, Kommentar, 22. Aufl. 2021

BeckOK HGB, hrsg. v. Häublein/Hoffmann-Theinert, 30. Edition Stand: 15.10.2020

BeckOK ZPO, hrsg.v. Vorwerk/Wolf, 39. Edition Stand: 1.12.2020

Binz/Dörndorfer/Zimmermann, GKG, FamGKG, JVEG, Kommentar, 5. Aufl. 2021

Blersch/Goetsch/Haas, Berliner Kommentar Insolvenzrecht, Kommentar, 2010 (zit. BK-InsR)

Bork/Hölzle, Handbuch Insolvenzrecht, Handbuch, 2. Aufl. 2019

Braun, Insolvenzordnung: InsO, Kommentar, 8. Aufl. 2020

Braun, StaRUG, Kommentar, 2021

Brünkmans/Thole, Handbuch Insolvenzplan, Handbuch, 2. Aufl. 2020

Buth/Hermanns, Restrukturierung Sanierung Insolvenz, Handbuch, 4. Aufl. 2014

Desch, Das neue Restrukturierungsrecht, Handbuch, 2021

Gottwald/Haas, Insolvenzrechts-Handbuch, Handbuch, 6. Aufl. 2020

Graf-Schlicker, InsO, Kommentar, 5. Aufl. 2020

Grigoleit, AktG – Aktiengesetz, Kommentar, 2. Aufl. 2020

Haarmeyer/Mock, Insolvenzrechtliche Vergütungsverordnung, Kommentar, 6. Aufl. 2019

Haarmeyer/Wutzke/Förster, Handbuch zur Insolvenzordnung: InsO/EGInsO, 3., völlig neu bearbeitete Aufl. 2001

Häsemeyer, Insolvenzrecht, 4., vollständig überarbeitete Aufl. 2007

Höfer/de Groot/Küpper/Reich, Betriebsrentenrecht (BetrAVG) Band I Arbeitsrecht Kommentar, 25., erweiterte Aufl., Stand Februar 2020

Hofmann, Eigenverwaltung, Handbuch, 2. Aufl. 2016

Hüffer/Koch, Aktiengesetz, Kommentar, 15. Aufl. 2021

Jacoby/Madaus/Sack/Schmidt/Thole, ESUG-Evaluierung, 2019

Jauernig, Bürgerliches Gesetzbuch, Kommentar, 18. Aufl. 2021

Kayser/Thole, Insolvenzordnung, Kommentar, 10. Aufl. 2020 (zit. HK-InsO)

Keller, Vergütung und Kosten im Insolvenzverfahren, Handbuch, 4. Aufl. 2016

Kindler/Nachmann/Bitzer, Handbuch Insolvenzrecht in Europa, Kommentar, 8. Aufl. 2020

Kübler/Prütting/Bork, InsO, Kommentar zur Insolvenzordnung, Kommentar, 87. Aufl. 2021

Kübler, HRI – Handbuch Restrukturierung in der Insolvenz, Handbuch, 3. Aufl. 2018

Michalski/Heidinger/Leible/Schmidt, Kommentar zum Gesetz betreffend die Gesellschaften mit beschränkter Haftung (GmbH-Gesetz), Kommentar, Band 1, 2, 3. Aufl. 2017

Morgen, Präventive Restrukturierung, 2019

Müller-Glöge/Preis/Schmidt, Erfurter Kommentar zum Arbeitsrecht, Kommentar, 21. Aufl. 2021 (zit. ErfK)

Musielak/Voit, Zivilprozessordnung: ZPO, Kommentar, 18. Aufl. 2021

Münchener Kommentar zum Aktiengesetz: AktG, hrsg. v. Goette/Habersack/Kalss, Kommentar, Band 1, 2, 4, 5, 5. Aufl. 2019 ff. (zit. MüKoAktG)

Münchener Kommentar zum Bürgerlichen Gesetzbuch: BGB, hrsg. v. Säcker/Rixecker/Oetker/Limperg, Kommentar, Band 1, 2, 3, 4, 5, 6, 7, 8, 8a, 9, 10, 11, 12, 13, 8. Aufl. 2018 ff. (zit. MüKoBGB)

Münchener Kommentar zum Gesetz betreffend die Gesellschaften mit beschränkter Haftung: GmbHG, hrsg. v. Fleischer/Goette, Kommentar, Band 1, 2, 3, 3. Aufl. 2018 ff. (zit. MüKoGmbHG)

Münchener Kommentar zur Insolvenzordnung: InsO, hrsg. v. Stürner/Eidenmüller/Schoppmeyer, Kommentar, Band 1, 2, 3, 4, 4. Aufl. 2019 ff. (zit. MüKoInsO)

Münchener Kommentar zur Zivilprozessordnung: ZPO, hrsg. v. Rauscher/Krüger, 6. Aufl. 2020 (zit. MüKoZPO)

Nerlich/Römermann, Insolvenzordnung, Kommentar, 42. Aufl. 2021

Opferkuch, Sanierung von Unternehmen, 2014

Oppenländer/Trölitzsch, Praxishandbuch der GmbH-Geschäftsführung, Handbuch, 3. Aufl. 2020

Palandt, Bürgerliches Gesetzbuch, Kommentar, 80. Aufl. 2021

Richardi, Betriebsverfassungsgesetz, Kommentar, 16. Aufl. 2018

Römermann, Münchener Anwaltshandbuch GmbH-Recht, Handbuch, 4. Aufl. 2018 (zit. MAH GmbHR)

Schimansky/Bunte/Lwowski, Bankrechts-Handbuch, Handbuch, Band I, II, 5. Aufl. 2017

Schmidt, A., EUInsVO, Kommentar, 2020

Schmidt, A., Sanierungsrecht, Kommentar, 2. Aufl. 2019

Schmidt, A., Hamburger Kommentar zum Insolvenzrecht, Kommentar, 7. Aufl. 2018 (zit. HambKommInsR)

Schmidt, K., Insolvenzordnung: InsO, Kommentar, 19. Aufl. 2016

Scholz, GmbH-Gesetz, Kommentar, Band 1, 2, 3, 12. Aufl. 2018 ff.

Smid/Rattunde/Martini, Der Insolvenzplan, 4., vollständig überarbeitete und erweiterte Aufl. 2015

Sonnleitner, Insolvenzsteuerrecht, Handbuch, 1. Aufl. 2017

Uhlenbruck, Insolvenzordnung: EuInsVO, Kommentar, Band 1, 2, 15. Aufl. 2019 ff.

Wimmer, FK-InsO: Frankfurter Kommentar zur Insolvenzordnung, Kommentar, 9. Aufl. 2018 (zit. FK-InsO)

Allgemeines Abkürzungsverzeichnis

aA	**anderer Ansicht/ Auffassung**
aaO	am angegebenen Ort
Abb.	Abbildung
abgedr.	abgedruckt
Abh.	Abhandlungen
Abk.	Abkommen
ABl.	Amtsblatt
abl.	ablehnend
Abs.	Absatz
abschl.	abschließend
Abschn.	Abschnitt
Abt.	Abteilung
abw.	abweichend
abzgl.	abzüglich
AdR	Ausschuss der Regionen
aE	am Ende
aF	alte Fassung
AktR	Aktienrecht
allg.	allgemein
allgA	allgemeine Ansicht
allgM	allgemeine Meinung
Alt.	Alternative
aM	andere Meinung
amtl.	amtlich
Änd.	Änderung
ÄndG	Änderungsgesetz
Anh.	Anhang
Anl.	Anlage
Anm.	Anmerkung
ArbR	Arbeitsrecht
Arch.	Archiv
Arg.	Argumentation
Art.	Artikel
AsylR	Asylrecht
AT	Allgemeiner Teil
Auff.	Auffassung
aufgeh.	aufgehoben
Aufl.	Auflage
Aufs.	Aufsatz
ausdr.	ausdrücklich
ausf.	ausführlich
ausl.	ausländisch
AuslR	Ausländerrecht
ausschl.	ausschließlich
Az.	Aktenzeichen

BAnz.	**Bundesanzeiger**
Bad.	Baden
bad.	badisch
BArbBl.	Bundesarbeitsblatt
BankR	Bankrecht
BauR	Baurecht
Bay.	Bayern
bay.	bayerisch
Bbg.	Brandenburg
bbg.	brandenburgisch
Bd.	Band
Bde.	Bände
Bearb.	Bearbeiter
bearb.	bearbeitet
Begr.	Begründung
begr.	begründet
Beil.	Beilage
Bek.	Bekanntmachung
Bem.	Bemerkung
Ber.	Berichtigung
ber.	berichtigt
BerufsR	Berufsrecht
bes.	besonders
Beschl.	Beschluss
beschr.	beschränkt
Bespr.	Besprechung
bespr.	besprochen
bestr.	bestritten
Betr.	Betreff
betr.	betrifft, betreffend
BGBl.	Bundesgesetzblatt
Bl.	Blatt
Bln.	Berlin
bln.	berlinerisch
BilanzR	Bilanzrecht
BR	Bundesrat
BR-Drs.	Bundesrats-Drucksache
BR-Prot.	Bundesrats-Protokoll

BRD	Bundesrepublik Deutschland
Brem.	Bremen
brem.	bremisch
brit.	britisch
Bsp.	Beispiel
bspw.	beispielsweise
BStBl.	Bundessteuerblatt
BT	Bundestag; Besonderer Teil
BT-Drs.	Bundestags-Drucksache
BT-Prot.	Bundestags-Protokoll
Buchst.	Buchstabe
BürgerlR	Bürgerliches Recht
BW	Baden-Württemberg
bw.	baden-württembergisch
bzgl.	bezüglich
bzw.	beziehungsweise
ca.	**circa**
d.	**der, des, durch**
Darst.	Darstellung
DDR	Deutsche Demokratische Republik
ders.	derselbe
dgl.	dergleichen, desgleichen
dh	das heißt
dies.	dieselbe
diesbzgl.	diesbezüglich
diff.	differenziert, differenzierend
Dig.	Digesten
Diss.	Dissertation
div.	diverse
Dok.	Dokument
Drs.	Drucksache
dt.	deutsch
E	**Entwurf**
ebd.	ebenda
Ed.	Edition
ehem.	ehemalig
Einf.	Einführung
einf.	einführend
eing.	eingehend
Einl.	Einleitung
einschl.	einschließlich
EL	Ergänzungslieferung
Empf.	Empfehlung
endg.	endgültig
engl.	englisch
Entsch.	Entscheidung
Entschl.	Entschluss
entspr.	entspricht, entsprechend
EP	Europäisches Parlament
ER	Europäischer Rat
ErbR	Erbrecht
Erg.	Ergebnis, Ergänzung
erg.	ergänzend
Ergbd.	Ergänzungsband
Erkl.	Erklärung
Erl.	Erlass, Erläuterung
EStR	Einkommensteuerrecht, Einkommensteuerrichtlinie
etc	et cetera (und so weiter)
europ.	europäisch
EuropaR	Europarecht
ev.	evangelisch
eV	eingetragener Verein
evtl.	eventuell
EZB	Europäische Zentralbank
f., ff.	**folgende Seite bzw. Seiten**
FamR	Familienrecht
Fn.	Fußnote
FG	Festgabe; Finanzgericht
frz.	französisch
FS	Festschrift
G	**Gesetz**
GBl.	Gesetzblatt
GE	Gesetzesentwurf
geänd.	geändert
geb.	geboren
gem.	gemäß
ges.	gesetzlich
GesR	Gesellschaftsrecht
GesundhR	Gesundheitsrecht
gewöhnl.	gewöhnlich

GewR	Gewerberecht
GewRS	Gewerblicher Rechtsschutz
ggf.	gegebenenfalls
ggü.	gegenüber
glA	gleicher Ansicht
GLE	Gleichlautendende Ländererlasse
GMBl.	Gemeinsames Ministerialblatt
Grdl.	Grundlage
grdl.	grundlegend
grds.	grundsätzlich
GS	Gedenkschrift, Gedächtnisschrift
GVBl.	Gesetz- und Verordnungsblatt
GVOBl.	Gesetz- und Verordnungsblatt
hA	**herrschende Ansicht/ Auffassung**
Halbbd.	Halbband
HandelsR	Handelsrecht
Hmb.	Hamburg
hmb.	hamburgisch
HdB	Handbuch
Hess.	Hessen
hess.	hessisch
hins.	hinsichtlich
hL	herrschende Lehre
hM	herrschende Meinung
Hrsg.	Herausgeber
hrsg.	herausgegeben
Hs.	Halbsatz
ic	**in concreto/in casu**
idF	in der Fassung
idR	in der Regel
idS	in diesem Sinne
iE	im Einzelnen
iErg	im Ergebnis
ieS	im engeren Sinne
iHd	in Höhe des/der
iHv	in Höhe von
iJ	im Jahre
Inf.	Information
insbes.	insbesondere
InsR	Insolvenzrecht
int.	international
IPR	Internationales Privatrecht
iRd	im Rahmen des/der
iS	im Sinne
iSd	im Sinne des/der
iSv	im Sinne von
it.	italienisch
iÜ	im Übrigen
iVm	in Verbindung mit
iW	im Wesentlichen
iwS	im weiteren Sinne
iZw	Im Zweifel
Jg.	**Jahrgang**
Jge.	Jahrgänge
Jh.	Jahrhundert
JMBl.	Justizministerialblatt
jur.	juristisch
Kap.	**Kapitel**
KapMarktR	Kapitalmarktrecht
KapMarktStrafR	Kapitalmarktstrafrecht
KartellR	Kartellrecht
kath.	katholisch
Kfz	Kraftfahrzeug
Kj.	Kalenderjahr
Kl.	Kläger
kl.	klagend
Kom.	Komitee, Kommission
Komm.	Kommentar
KommunalR	Kommunalrecht
KonzernR	Konzernrecht
krit.	kritisch
Ld.	**Land**
LebensmittelR	Lebensmittelrecht
lfd.	laufend
Lfg.	Lieferung

Lit.	Literatur
lit.	litera
Lkw	Lastkraftwagen
Ls.	Leitsatz
LSA	Sachsen-Anhalt
LStR	Lohnsteuerrecht
lt.	laut
LT-Drs.	Landtags-Drucksache
mÄnd	**mit Änderungen**
mAnm	mit Anmerkung
MarkenR	Markenrecht
maW	mit anderen Worten
Mat.	Materialien
max.	maximal
MBl.	Ministerialblatt
mE	meines Erachtens
MedienR	Medienrecht
MedR	Medizinrecht
MietR	Mietrecht
mind.	mindestens
Mio.	Million(en)
Mitt.	Mitteilung(en)
mN	mit Nachweisen
Mot.	Motive
Mrd.	Milliarde(n)
mspätÄnd	mit späteren Änderungen
mtl.	monatlich
MultimediaR	Multimediarecht
MV	Mecklenburg-Vorpommern
mv.	mecklenburg-vorpommerisch
mwH	mit weiteren Hinweisen
mwN	mit weiteren Nachweisen
mWv	mit Wirkung vom
nachf.	**nachfolgend**
Nachw.	Nachweise
Nds.	Niedersachsen
nds.	niedersächsisch
nF	neue Fassung
Nr.	Nummer
nrkr	nicht rechtskräftig
NRW	Nordrhein-Westfalen
nrw.	nordrhein-westfälisch
nv	nicht veröffentlicht
o.	**oben, oder**
oÄ	oder Ähnliche/s
OEuR	Osteuroparecht
ÖffBauR	Öffentliches Baurecht
öffentl.	öffentlich
ÖffR	Öffentliches Recht
ÖffTarifR	Öffentliches Tarifrecht
Öst.	Österreich
öst.	österreichisch
og	oben genannte(r, s)
oV	ohne Verfasser
PatentR	**Patentrecht**
PersGesR	Personengesellschaftsrecht
PharmaR	Pharmarecht
Pkw	Personenkraftwagen
POR	Polizei- und Ordnungsrecht
Preuß.	Preußen
preuß.	preußisch
PrivBauR	Privates Baurecht
PrivVersR	Privatversicherungsrecht
Prot.	Protokoll
RAnz.	**Reichsanzeiger**
rd.	rund
RdErl.	Runderlass
RdSchr.	Rundschreiben
RegE	Regierungsentwurf
RGBl.	Reichsgesetzblatt
RhPf.	Rheinland-Pfalz
rhpf.	rheinland-pfälzisch
rkr.	rechtskräftig
RL	Richtlinie
Rn.	Randnummer
Rs.	Rechtssache
Rspr.	Rechtsprechung
RVO	Rechtsverordnung; Reichsversicherungsordnung (SozR)

S.	**Seite(n), Satz**
s.	siehe
sa	siehe auch
Saarl.	Saarland
saarl.	saarländisch
SachenR	Sachenrecht
Sachs.	Sachsen
sächs.	sächsisch
sachsanh.	sachsen-anhaltinisch
SchlH	Schleswig-Holstein
schlh.	schleswig-holsteinisch
Schr.	Schrifttum, Schreiben
SchuldR	Schuldrecht
schweiz.	schweizerisch
Sen.	Senat
Slg.	Sammlung
s. o.	siehe oben
sog	so genannt
SozR	Sozialrecht
Sp.	Spalte
st.	ständig
StaatsR	Staatsrecht
Stellungn.	Stellungnahme
SteuerR	Steuerrecht
Stichw.	Stichwort
str.	streitig, strittig
StrafProzR	Strafprozessrecht
StrafR	Strafrecht
StrafVerfR	Strafverfahrensrecht
stRspr	ständige Rechtsprechung
StVR	Straßenverkehrsrecht
s. u.	siehe unten
Suppl.	Supplement

teilw.	**teilweise**
Thür.	Thüringen
thür.	thüringisch
Tz.	Textziffer

u.	**und**
ua	und andere, unter anderem
uÄ	und Ähnliches
uÄm	und Ähnliches mehr
UAbs.	Unterabsatz
UAbschn.	Unterabschnitt
uam	und anderes mehr
überarb.	überarbeitet
Überbl.	Überblick
überw.	überwiegend
Übk.	Übereinkommen
uE	unseres Erachtens
Umf.	Umfang
umfangr.	umfangreich
umstr.	umstritten
UmwR	Umweltrecht
unstr.	unstreitig
unv.	unverändert, unveränderte Auflage
unveröff.	unveröffentlicht
unzutr.	unzutreffend
UrhR	Urheberrecht
Urt.	Urteil
usw	und so weiter
uU	unter Umständen
uvam	und vieles anderes mehr
uvm	und viele mehr

v.	**vom, von**
va	vor allem
vAw	von Amts wegen
Var.	Variante
Verf.	Verfasser, Verfassung
VerfassungsR	Verfassungsrecht
VergR	Vergaberecht
Verh.	Verhandlung
VerkehrsR	Verkehrsrecht
Veröff.	Veröffentlichung
Vers.	Versicherung
VersR	Versicherungsrecht
VertrR	Vertragsrecht
Verw.	Verwaltung
VerwProzR	Verwaltungsprozessrecht
VerwR	Verwaltungsrecht
VerwVerfR	Verwaltungsverfahrensrecht
Vfg.	Verfügung
vgl.	vergleiche
vH	von Hundert

VO	Verordnung
VölkerR	Völkerrecht
Vol., vol.	volume (Band)
Voraufl.	Vorauflage
Vorb.	Vorbemerkung
vorl.	vorläufig
Vorschr.	Vorschrift
VorstandsR	Vorstandsrecht
vs.	versus
WEigR	**Wohnungseigentumsrecht**
WettbR	Wettbewerbsrecht
WirtschaftsR	Wirtschaftsrecht
Wiss.	Wissenschaft
wiss.	wissenschaftlich
Wj.	Wirtschaftsjahr
Württ.	Württemberg
württ.	württembergisch
zahlr.	**zahlreich**
zB	zum Beispiel
Ziff.	Ziffer
zit.	zitiert
ZivilProzR	Zivilprozessrecht
ZivilR	Zivilrecht
zT	zum Teil
zul.	zuletzt
zusf.	zusammenfassend
zust.	zustimmend
zutr.	zutreffend
zVb	zur Veröffentlichung bestimmt
ZVR	Zwangsvollstreckungsrecht
zw.	zweifelhaft
zzgl.	zuzüglich
zzt.	zurzeit

§ 1 Unionsrechtlicher Hintergrund des neuen Restrukturierungsrechts

A. Einleitung und Relevanz unionsrechtlicher Vorgaben

1 Die **Europäische Union** legte mit ihren Vorgaben die wesentliche Grundlage für das „Gesetz zur Fortentwicklung des Sanierungs- und Insolvenzrechts" (SanInsFoG)[1] sowie für das „Gesetz zur weiteren Verkürzung der Restschuldbefreiung und zur Anpassung pandemiebedingter Vorschriften im Gesellschafts-, Genossenschafts-, Vereins- und Stiftungsrechts sowie im Miet- und Pachtrecht".[2] Das SanInsFoG dient der **Umsetzung der Richtlinie (EU) 2019/1023** des Europäischen Parlaments und des Rates vom 20.6.2019 **über präventive Restrukturierungsrahmen**, über Entschuldung und über Tätigkeitsverbote sowie über Maßnahmen zur Steigerung der Effizienz von Restrukturierungs-, Insolvenz- und Entschuldungsverfahren und zur Änderung der Richtlinie (EU) 2017/1132 (Richtlinie über Restrukturierung und Insolvenz), im Folgenden „EU-Richtlinie 2019/1023".[3] Die Europäische Union verfolgt die Ziele der Harmonisierung der nationalen Insolvenzordnungen sowie eines einheitlichen, außergerichtlichen Restrukturierungsrahmens. Konkret wurde dieser außergerichtliche Restrukturierungsrahmen in Deutschland mit dem Gesetz über den Stabilisierungs- und Restrukturierungsrahmen für Unternehmen (Unternehmensstabilisierungs- und -restrukturierungsgesetz – **StaRUG**) vom 22.12.2020 umgesetzt, das seit dem 1.1.2021 in Kraft ist. Für außergerichtliche Sanierungs- und Restrukturierungsverfahren setzt seitdem das StaRUG den maßgeblichen Rechtsrahmen.[4] Die Umsetzungsfrist lief bis Juli 2021. Aufgrund der wirtschaftlichen Folgen der COVID-19-Pandemie hat der deutsche Gesetzgeber einen früheren Umsetzungszeitpunkt gewählt, um den in die Krise geratenen Unternehmen weitere Restrukturierungsmöglichkeiten zu eröffnen.[5]

2 Der unionsrechtliche Hintergrund behält seine Relevanz bei der Auslegung des StaRUG oder bei Widersprüchen zwischen dem StaRUG und den **Vorgaben der EU-Richtlinie 2019/1023.** Kommt es zu Rechtsstreitigkeiten über einzelne Vorschriften des StaRUG, sind die Gerichte verpflichtet, nationale Regelungen unionsrechtsfreundlich auszulegen und anzuwenden.[6] Besteht eine Kollision zwischen nationalem

1 BGBl. I 3256.
2 BGBl. I 3328.
3 RL (EU) 2019/1023] Richtlinie über Restrukturierung und Insolvenz, abrufbar u.a. unter https://eur-lex.europa.eu/legal-content/DE/TXT/?uri=CELEX%3A32019L1023.
4 Auch wenn gewisse gesetzgeberische Korrekturen schon angemahnt wurden, *Schmittmann* BB 2021, Heft 04, Umschlagteil, I.
5 BT-Drs. 19/24181, 84 (88).
6 Grundsatz der effektiven Durchsetzung von Unionsrecht, sog. *effet utile*; *Gundel* in: Pechstein/Nowak/Häde, Frankfurter Kommentar EUV/GRC/AEUV AEUV Art. 288 Rn. 62, 64.

Recht und den unionsrechtlichen Vorgaben, so ist den europäischen Regelungen der Vorrang zu gewähren.[7] **Ziele der EU-Richtlinie 2019/1023** sind ein reibungsfrei funktionierender Binnenmarkt und die Abschaffung von Hindernissen bei der Ausübung der europäischen Grundfreiheiten, etwa des freien Kapitalverkehrs oder der Niederlassungsfreiheit, die auf Unterschieden zwischen den nationalen Vorschriften und Verfahren für die präventive Restrukturierung, die Insolvenz, die Entschuldung und Tätigkeitsverbote zurückzuführen sind.[8] Diese Ziele müssen die deutschen Gerichte bei der Anwendung und Auslegung der Regelungen des StaRUG beachten und dafür ggf. auf die Erwägungsgründe der Richtlinie zurückgreifen. In außergewöhnlichen Konstellationen könnten sich Beteiligte eines Verfahrens auch direkt auf die Richtlinie berufen, wenn ein Umsetzungsgesetz (hier das StaRUG) einzelne Vorgaben einer zugrunde liegenden Richtlinie nicht oder unzureichend umsetzt, die Richtlinie insoweit hinreichend bestimmt und unbedingt ist und ein subjektiv-öffentliches Recht schützt.[9] Unabhängig von diesen rechtlichen Möglichkeiten dürfte jeder Rechtsstreit über einzelne Normen des StaRUG zu einer Verzögerung führen, die die angestrebte Sanierung oder Restrukturierung zumindest gefährden. Als **ergänzende Argumentationshilfe für Sanierungs- oder Restrukturierungspläne** sowie etwaige vorherige Abstimmungen mit dem Restrukturierungsgericht hierzu, lohnt sich der Blick in die Richtlinie und die Berücksichtigung der in den Erwägungsgründen dargelegten Intention des Richtliniengebers.

B. Entstehung der Richtlinie

3 Am 15.11.2011 legte das Europäische Parlament eine Entschließung für die **Harmonisierung** spezifischer Aspekte der nationalen **Insolvenzverordnungen** vor, die unter anderem Bedingungen für die Erstellung von Restrukturierungsplänen enthielt.[10] Am 12.3.2014 sprach die EU-Kommission erste Empfehlungen zur Schaffung eines **vorinsolvenzlichen Sanierungsverfahrens** aus.[11] Unter diesen Empfehlungen waren konkrete, aber unverbindliche Vorgaben zur Ausgestaltung des Sanierungsrechts und der Restschuldbefreiung von Unternehmern. Am 30.9.2015 veröffentlichte die EU-Kommission den „Aktionsplan Schaffung einer Kapitalmarktunion“ mit dem Vorschlag zu einem Legislativentwurf zur Harmonisierung des Insolvenzrechts im Bereich der Restrukturierung und der Gewährung einer zweiten Chance für gescheiterte Unternehmer.[12]

7 *Gundel* in: Pechstein/Nowak/Häde, Frankfurter Kommentar EUV/GRC/AEUV AEUV Art. 288 Rn. 62.
8 EU-Richtlinie 2019/1023, Erwägungsgrund 1.
9 EuGH NJW 1986, 2178 Rn. 46.
10 Entschließung des Europäischen Parlaments vom 15.11.2011 mit Empfehlungen an die Kommission zu Insolvenzverfahren im Rahmen des EU-Gesellschaftsrechts (2011/2006(INI)), abrufbar unter https://eur-lex.europa.eu/legal-content/DE/TXT/?uri=CELEX:52011IP0484&qid=1609161786195.
11 Empfehlung der Kommission vom 12.3.2014 für einen neuen Ansatz im Umgang mit unternehmerischem Scheitern und Unternehmensinsolvenzen (2014/135/EU), abrufbar unter https://eur-lex.europa.eu/legal-content/DE/TXT/?uri=CELEX%3A32014H0135.
12 Mitteilung der Kommission an das europäische Parlament, den Rat, den europäischen Wirtschafts- und Sozialausschuss und den Ausschuss der Regionen, Aktionsplan zur Schaffung einer Kapitalmarktunion (COM(2015)468final), abrufbar unter https://eur-lex.europa.eu/legal-content/DE/TXT/?uri=CELEX%3A52015DC0468.

Am 22.11.2016 folgte ein **Richtlinienentwurf** der EU-Kommission zur vorinsolvenzlichen Restrukturierung.[13] Dieser Richtlinienentwurf enthielt Vorgaben für einen präventiven Restrukturierungsrahmen, für eine zweite Chance für Unternehmer sowie Maßnahmen zur Steigerung der Effizienz von Insolvenzverfahren. Ziel war die Schaffung eines Mindestrahmens zur Harmonisierung der Insolvenzgesetze innerhalb der Union. Im Rahmen der Trilog-Verhandlungen einigten sich der Europäische Rat, das Europäische Parlament und die Europäische Kommission am 17.12.2018 auf eine **finale Fassung** des Richtlinienentwurfs. Am 28.3.2019 verabschiedete das EU-Parlament die Richtlinie.[14] Am 6.6.2019 stimmte der Rat der Europäischen Union der Richtlinie zu.[15] Die Veröffentlichung der EU-Richtlinie 2019/1023 erfolgte am 26.6.2019 im Amtsblatt der Europäischen Union.[16] Die Richtlinie trat gemäß ihrem Art. 35 am 16.7.2019 in Kraft. Die **Umsetzung in nationales Recht** der Mitgliedstaaten der EU ist nach Art. 34 bis 17.7.2021 vorgesehen. 4

C. Inhalt der Richtlinie

Die EU-Richtlinie 2019/1023 enthält insbesondere Vorgaben zur Schaffung eines 5 **präventiven Restrukturierungsrahmens.** In diesem Rahmen sollen die Schuldner ganz oder teilweise die Kontrolle über ihre Vermögenswerte und den täglichen Betrieb ihres Unternehmens behalten. Es muss dem Schuldner eine **Aussetzung von Einzelvollstreckungsmaßnahmen** für vier bis maximal zwölf Monate gewährt werden können. Weiter soll das nationale Recht einen Restrukturierungsplan anbieten, der auch umgesetzt werden kann, soweit er nicht von allen Gläubigern in jeder Abstimmungsklasse unterstützt wird (sog. klassenübergreifender bzw. Cross-Class Cram-Down). Dem Schuldner gewährte **finanzielle Unterstützungen** müssen angemessenen Schutzvorkehrungen unterliegen. Die Rechte der Arbeitnehmer nach dem Arbeitsrecht der Europäischen Union und dem nationalen Arbeitsrecht dürfen nicht beeinträchtigt werden. Gleichzeitig sieht die EU-Richtlinie 2019/1023 ein Verfahren zur Entschuldung von insolventen Unternehmern vor, bei dem der Unternehmer innerhalb von drei Jahren eine zweite Chance in Form einer Restschuldbefreiung gewährt bekommen muss. Ein allein aufgrund der Insolvenz erlassenes Tätigkeitverbot soll nach der EU-Richtlinie 2019/1023 spätestens bei Ablauf der Entschuldungsfrist außer Kraft treten.

13 Vorschlag für eine Richtlinie des europäischen Parlaments und des Rates über präventive Restrukturierungsrahmen, die zweite Chance und Maßnahmen zur Steigerung der Effizienz von Restrukturierungs-, Insolvenz- und Entschuldungsverfahren und zur Änderung der Richtlinie 2012/30/EU (COM(2016) 723 final), abrufbar unter https://eur-lex.europa.eu/legal-content/DE/TXT/?uri=CELEX%3A52016PC0723 (Presse: https://ec.europa.eu/germany/news/neue-insolvenzregeln-sollen-unternehmen-fr%C3 %BChzeitig-helfen_de).

14 Ergebnis der ersten Lesung des Europäischen Parlaments (ST 7753 2019 INIT), abrufbar unter: https://eur-lex.europa.eu/legal-content/DE/TXT/?uri=consil%3AST_7753_2019_INIT.

15 Tagung des Rates der europäischen Union 6/7 Juni 2019 (ST 9757 2019 INIT), abrufbar unter: https://eur-lex.europa.eu/legal-content/DE/TXT/?uri=consil%3AST_9757_2019_INIT.

16 Veröffentlichung im Amtsblatt (L 172/18), abrufbar unter: https://eur-lex.europa.eu/legal-content/DE/TXT/?uri=OJ:L:2019:172:TOC.

D. Umsetzung der Richtlinie in Deutschland

6 Die EU-Richtlinie 2019/1023 ist durch die EU-Mitgliedstaaten jeweils in nationales Recht umzusetzen. Der deutsche Gesetzgeber hat mit dem Gesetz über den Stabilisierungs- und Restrukturierungsrahmen für Unternehmen (Unternehmensstabilisierungs- und -restrukturierungsgesetz – StaRUG) ein **neues Verfahren außerhalb der Insolvenzordnung** geschaffen. Das Gesetz soll bewusst neben der Insolvenzordnung stehen und die Sanierungsoptionen des Insolvenzrechts ergänzen.[17] Dabei orientiert es sich an den Regelungen zum Insolvenzplanverfahren.[18] Situationen, in denen die vollständige Befriedigung der Gläubiger eines Unternehmens gefährdet ist, sollen mithilfe des Restrukturierungsverfahrens nach dem StaRUG durch eigenverantwortliches Handeln des schuldnerischen Unternehmens zugunsten der Restrukturierung gelöst werden. Gleichzeitig will der deutsche Gesetzgeber auch die vorhandenen **Sanierungsoptionen** mit Blick auf die wirtschaftlichen Folgen der COVID-19-Pandemie verbessern und erweitern.[19]

7 Neben der **Orientierung am Insolvenzplanverfahren** soll auch die Möglichkeit von Vollstreckungs- und Verwertungssperren denjenigen in einem Insolvenzverfahren entsprechen.[20] Das Verfahren soll in den Händen des noch nicht zur Insolvenzantragstellung verpflichteten Schuldners liegen und nicht-öffentlich stattfinden, wenn der Schuldner dies wünscht. Die eigenverantwortliche Organisation des Prozesses soll dem Idealbild einer Sanierung dienen, die früh, still und schnell zu vollziehen ist.[21]

8 Der deutsche Gesetzgeber will die **Gläubiger** insoweit einbinden und schützen, als ein strukturierter Planabstimmungsprozess mit Gelegenheit zur Information und Teilnahme geschaffen wird. Zudem sollen insbesondere kleine und Kleinstunternehmen sowie Verbraucher durch die Einschaltung eines Restrukturierungsbeauftragten geschützt werden. Der Gesetzgeber sah die Gefahr, dass diese Beteiligten mit einem komplexen Restrukturierungsverfahren überfordert sind.[22]

9 Dem eigenverantwortlich restrukturierenden Schuldner sollen folgende Verfahrenshilfen zur Verfügung stehen:

- Die Möglichkeit der Bestätigung eines mit den erforderlichen Mehrheiten angenommenen Restrukturierungsplans, um diesen auch gegenüber nicht zustimmenden Planbetroffenen wirken zu lassen;
- die Möglichkeit der Vorprüfung durch das Restrukturierungsgericht, um verfahrensrechtliche Fragen frühzeitig besprechen zu können;
- die Anordnung von Vollstreckungs- und Verwertungssperren, um individuelle Rechtsdurchsetzungen zugunsten der Restrukturierungslösung zu erschweren oder zu vereiteln;
- ein gerichtlich geführtes Abstimmungsverfahren.[23]

---

17 BT-Drs. 19/24181, 91.
18 BT-Drs. 19/24181, 90.
19 BT-Drs. 19/24181, 88.
20 BT-Drs. 19/24181, 91.
21 BT-Drs. 19/24181, 92; mit Bezug auf *K. Schmidt*, Verhandlungen des 54. Deutschen Juristentages, Band I (1982) S. D 97 ff.
22 BT-Drs. 19/24181, 92.
23 BT-Drs. 19/24181, 93.

Andere europäische Länder haben die Vorgaben der Richtlinie ebenfalls kurzfristig umgesetzt, manche befinden sich aktuell im Gesetzgebungsverfahren und schließlich sehen einige Länder aufgrund des bereits bestehenden nationalen Rechtsrahmens keinen Umsetzungs- bzw. Anpassungsbedarf. 10

E. Übersicht zur Umsetzung der Richtlinie im StaRUG

Im Zuge dieser Überlegungen wurde die EU-Richtlinie 2019/1023 im deutschen Recht wie folgt umgesetzt: 11

Regelungsinhalt	EU-Richtlinie 2019/1023	Deutsche Umsetzung
Präventiver Restrukturierungsrahmen		
Frühwarnung und Bereitstellung von Informationen	Art. 3	§§ 101, 102 StaRUG
Verfügbarkeit präventiver Restrukturierungsrahmen	Art. 4	§§ 29, 30 StaRUG
▪ Ausschluss bei Verstößen gegen Rechnungslegungs- und Buchführungspflichten	▪ Art. 4 Abs. 2	▪ § 59 Abs. 1 Nr. 4 lit. b StaRUG
▪ Bestandsfähigkeitsprüfung	▪ Art. 4 Abs. 3	▪ § 14 Abs. 1 StaRUG
Sicherstellung der Kontrolle des Schuldners im präventiven Restrukturierungsverfahren	Art. 5 Abs. 1	§ 32 StaRUG
Bestellung eines Restrukturierungsbeauftragen	Art. 5 Abs. 2, Abs. 3	§§ 73, 74 StaRUG
Aussetzung von Einzelvollstreckungsmaßnahmen	Art. 6, 7	§§ 49–59 StaRUG
▪ Ausschluss von AN-Forderungen	▪ Art. 6 Abs. 5	▪ § 49 Abs. 2 iVm § 4 Nr. 1 StaRUG
▪ Anordnungshöchstdauer	▪ Art. 6 Abs. 6–8	▪ § 53 StaRUG
▪ Aufhebungsgründe	▪ Art. 6 Abs. 9	▪ § 59 StaRUG
▪ Ruhen der Insolvenzantragspflicht	▪ Art. 7 Abs. 1	▪ § 58 StaRUG
▪ Kein Leistungsverweigerungsrecht des Gläubigers	▪ Art. 7 Abs. 4–6	▪ §§ 55, 56 StaRUG
Inhalt der Restrukturierungspläne	Art. 8	§§ 5–16 StaRUG
▪ Online Checkliste für Restrukturierungspläne	▪ Art. 8 Abs. 2	▪ § 16 StaRUG

Regelungsinhalt	**EU-Richtlinie 2019/1023**	**Deutsche Umsetzung**
Annahme von Restrukturierungsplänen ■ Erforderliche Mehrheiten Gerichtliche Planbestätigung	Art. 9 ■ Art. 9 Abs. 6 Art. 10	§§ 17–28 StaRUG ■ § 25 StaRUG § 23 iVm §§ 45,46 StaRUG
Gruppenübergreifender Cram-down	Art. 11	§ 26 StaRUG
Sicherung von Arbeitnehmerrechten	Art. 13	§ 4 Nr. 1 StaRUG
Wirkungen des Restrukturierungsplans	Art. 15	§§ 67, 72 StaRUG
Rechtsbehelfe gegen Ablehnung/Bestätigung des Plans ■ Nächsthöhere Instanz ■ Grundsätzlich keine aufschiebende Wirkung mit Ausnahme der Wahrung der Interessen der Partei	Art. 16 ■ Abs. 1 ■ Abs. 3	§ 66 StaRUG ■ §§ 66 Abs. 1, 40 Abs. 1 StaRUG ■ § 66 Abs. 4 StaRUG
Pflichten der Unternehmensleitung bei einer wahrscheinlichen Insolvenz	Art. 19	§ 1 StaRUG
Entschuldung und Tätigkeitsverbote		
Entschuldungsfristverkürzung auf drei Jahre	Art. 21	§ 287 Abs. 1, 2 InsO
Wegfall von Tätigkeitverboten nach Entschuldungsfrist	Art. 22	§ 301 Abs. 4 InsO
Versagung der Restschuldbefreiung bei unredlichen Schuldnern	Art. 23	§§ 290, 296-297a InsO
Maßnahmen zur Steigerung der Effizienz		
Übermittlung der Daten über Restrukturierungs-, Insolvenz- und Entschuldungsverfahren an die Europäische Kommission	Art. 29	§ 5 Abs. 3 InsStatG (Ab 01.01.2022)

F. Einordnung der Richtlinienumsetzung

12 Zudem nutzte der deutsche Gesetzgeber das Gesetz zur Fortentwicklung des Sanierungs- und Insolvenzrechts (**SanInsFoG**) zur Änderung des Insolvenzrechts bei der Eigenverwaltung und dem Insolvenzplanverfahren im Rahmen der Auswertung der **Ergebnisse der Evaluation** des Gesetzes zur weiteren Erleichterung der Sanierung

von Unternehmen (**ESUG**).[24] Der Gesetzgeber will die insolvenzverfahrensrechtlichen **Sanierungsoptionen**, die er für bewährt hält, an einigen Stellen nachjustieren.[25]

Insbesondere der Zugang zum Eigenverwaltungsverfahren soll dahin gehend geändert werden, dass eine bessere **Vorbereitung** zu erfolgen hat.[26] Gleichzeitig nutzt der Gesetzgeber die Gelegenheit, die Insolvenzantragsgründe der Überschuldung und der drohenden Zahlungsunfähigkeit anzupassen und voneinander abzugrenzen.[27] Letztlich reagiert der Gesetzgeber auf die wirtschaftlichen Folgen der COVID-19-Pandemie, indem er die Zugangsvoraussetzungen zum Insolvenzverfahren in Eigenverwaltung und den Überschuldungstatbestand anpasst.[28] 13

Ausgehend vom bestehenden Rahmen für die Sanierung von Unternehmen sollen dem Schuldner zukünftig auf Basis des vom SanInsFoG verfolgten Regelungskonzepts insgesamt alle Optionen des Restrukturierungsrahmens und der Insolvenzordnung zur Unternehmenssanierung zur Verfügung stehen.[29] Die **drohende Zahlungsunfähigkeit** stellt die Zugangsvoraussetzung zu diesen **Sanierungsoptionen** dar. 14

G. Abweichungen von der Richtlinie

Die EU-Richtlinie hatte es den nationalen Gesetzgebungsorganen bei Umsetzung freigestellt, Erleichterungen für operative Restrukturierungsmaßahmen durch Eingriffe in Vertragsverhältnisse vorzusehen,[30] Die durch die Bundesregierung zunächst vorgesehene Beendigung gegenseitiger, noch nicht vollständig erfüllter Verträge durch gerichtlichen Bestätigungsbeschluss (vergleichbar den Regelungen der §§ 103 ff. InsO) wurde letztlich aufgrund der Empfehlung des Ausschusses für Recht und Verbraucherschutz nicht umgesetzt.[31] Der zunächst enthaltene Vorschlag zog erhebliche Kritik im Gesetzgebungsverfahren nach sich. So entspreche diese Möglichkeit nicht dem Grundsatz „pacta sunt servanda“ und führe zu schwerwiegenden Eingriffen in die Rechte der Gläubiger. Derartige Regelungen verlangten den Gläubigern Sonderopfer ab, die nur in der Insolvenz vorgesehen seien.[32] Das Restrukturierungsgericht verfüge zudem nicht über die notwendige Informationsgrundlage, die ein Insolvenzverwalter bei der entsprechenden Entscheidung nach § 103 InsO habe.[33] Letztlich sei bei lediglich drohender Zahlungsunfähigkeit keine ausreichende Legitimation für derart weitreichende Einschnitte gegeben.[34] Die Bundesregierung sah das Erfordernis einer Vertragsbeendigung hingegen insbesondere für von der COVID-19-Pandemie geschädigte Unternehmen als notwendig und sinnvoll an.[35] Auch sei die Voraussetzung der drohenden Zahlungsunfähigkeit ausreichend, um den Eingriff zu rechtfertigen, da sie 15

---

24 ESUG BGBl. I 2582; Bericht der Bundesregierung über die Erfahrungen mit der Anwendung des Gesetzes zur weiteren Erleichterung der Sanierung von Unternehmen, BT-Drs. 19/4880.
25 BT-Drs. 19/24181, 84.
26 BT-Drs. 19/24181, 84 (94).
27 BT-Drs. 19/24181, 84 (94).
28 BT-Drs. 19/24181, 85.
29 BT-Drs. 19/24181, 3.
30 EU-Richtlinie 2019/1023, Erwägungsgrund 2, S. 3; Art. 2, Abs. 1, Nr. 1; vgl. BT-Drs. 19/24181, 150/151.
31 BT-Drs. 19/24181, 93 (151); Empfehlung in BT-Drs. 19/25353, 9.
32 BT-Drs. 19/24903, 11.
33 BT-Drs. 19/24903, 12.
34 BT-Drs. 19/24903, 13.
35 BT-Drs. 19/24903, 32.

auch den Zugang zum Insolvenzverfahren eröffne.[36] Letztlich empfahl der Rechtsausschuss die Streichung der Regelungen.[37] Dem folgten Bundestag und Bundesrat.

16 Durch diese Streichung verliert das StaRUG gegenüber den Rechtsordnungen der europäischen Nachbarländer an Attraktivität und kann zu einem **Restrukturierungstourismus ins Ausland** führen. In den Niederlanden beispielweise erlaubt das dortige sog. WHOA Vertragsbeendigungen.[38] Darüber hinaus verliert das Verfahren an Praxisrelevanz, da es insbesondere für von der COVID-19-Pandemie sowie dem Strukturwandel im Zuge der Digitalisierung betroffenen Einzelhandel keine ausreichende Grundlage zur Restrukturierung des Filialnetzes bietet. Es bleibt abzuwarten, ob der Gesetzgeber in Zukunft nachbessern wird.

H. Blick in andere Mitgliedstaaten

17 Verschiedene europäische Nachbarländer haben die EU-Richtlinie 2019/1023 ebenfalls – teilweise bereits früher – in nationales Recht umgesetzt. Richtlinien dienen der Rechtsangleichung.[39] Ein Blick in die unterschiedlichen Umsetzungsgesetze lohnt sich vor dem Hintergrund etwaiger Gestaltungsmöglichkeiten und der ggf. möglichen **Wahl der besten Rechtsordnung** für die Sanierung bzw. Restrukturierung des Unternehmens (sog. forum shopping).

18 Grundlage für die europäischen Ideen um ein außerinsolvenzliches Restrukturierungsverfahren war aus Sicht der Praxis insbesondere das **Scheme of Arrangement** (SoA) nach englischem Recht, das teilweise zu einem Rechtstourismus innerhalb der Union geführt hat.[40] Um dieses Verfahren wahrnehmen zu können, gibt es zwar gewisse Anforderungen an die internationale Zuständigkeit. Letztlich war es aus Sicht der englischen Gerichte jedoch ausreichend, dass die in die Restrukturierung einzubeziehenden Darlehensverträge und Schuldverschreibungen englischem Recht unterliegen und eine Gerichtsstandsklausel für England enthalten.[41] Das SoA bietet die Möglichkeit verbindlicher Regelungen auch gegenüber überstimmten Gläubigern. Voraussetzungen sind, dass die Verfahrensvorschriften eingehalten wurden, jede Gläubigerklasse auf der Grundlage ausreichender Information angemessen beteiligt wurde und das SoA zu einem sachgerechten Ergebnis führt, so dass es bei verständiger Würdigung aller Umstände die Zustimmung eines Gläubigers hätte finden müssen.[42] Ausgehend hiervon hat England aufgrund der mit der COVID-19-Pandemie verbundenen wirtschaftlichen Schwierigkeiten einen **Restructuring Plan** eingeführt.[43] Damit können Unternehmen den Gläubigern einen Restrukturierungsplan vorlegen und bei Abstimmung mit einer 75%-(Summen-)Mehrheit gerichtlich bestätigen las-

36 BT-Drs. 19/24903, 32.
37 BT-Drs. 19/25353, 9.
38 *Kaubisch/Riewe/Hilpert*, SanB 2021, 13.
39 *Calliess/Ruffert*, EUV/AEUV, 5. Aufl. 2016, Art. 288, Rn. 23.
40 *Sax/Ponseck/Swierczok* BB 2017, 323; *Mankowski* WM 2011, 1201; *Laier* GWR 2011, 252; zur inhaltlichen Orientierung *Tashiro* NZI-Beilage 2019, 84.
41 BeckOK InsO/*Schillig*, Länderbericht England, Rn. 36; High Court of Justice, Urt. v. 6.5.2011 – [2011] EWHC 1104 (Ch) – Rodenstock NZI 2011, 557, mAnm *von der Fecht*.
42 *Laier* GWR 2011, 252.
43 Das Corporate Insolvency and Governance Act 2020 (CIGA) ist am 20.6.2020 in Kraft getreten; *Tashiro* NZI-Beilage 1/2021, 77.

sen. Im Unterschied zum SoA ist eine gruppenübergreifende Mehrheitsentscheidung möglich.[44] Eine weitere Restrukturierungsmöglichkeit nach englischem Recht war schon bislang das **Company Voluntary Arrangement** (CVA), das einen (teilweisen) Schuldnerlass nebst Stundung und eine Gläubigerbefriedigung aus einem (Teil-)Verkauf des Unternehmens oder der Fortsetzung des Geschäftstätigkeit vorsehen kann.[45] Nach dem Austritt aus der EU werden diese Verfahren ggf. weiterhin in Europa anzuerkennen sein.[46] In jedem Fall entsteht Konkurrenz durch die nationalen Restrukturierungsgesetze auf Basis der EU-Richtlinie 2019/1023, die hier ebenfalls im Überblick dargestellt werden sollen.

Die **Niederlande** verabschiedeten mit dem **WHOA** (Wet Homologatie Onderhands Akkord) ein schuldnerfreundliches Umsetzungsgesetz bereits Mitte 2020.[47] Es handelt sich um ein gerichtliches Verfahren in öffentlicher und nichtöffentlicher Variante, das zum 1.1.2021 in Kraft trat. Das Verfahren sieht eine Eigenverwaltung vor sowie eine **Vertragsanpassung** ohne Plan. Eine Vertragsbeendigung ist ebenfalls im Zusammenhang mit einem Restrukturierungsplan möglich.[48] Gleichzeitig kann eine kollektive Restrukturierung der Kapitalstruktur erfolgen.[49] Ein wesentlicher Unterschied zum deutschen Recht liegt in der Umsetzung des Zustimmungserfordernisses zum Restrukturierungsplan, das im WHOA nur eine **Zwei-Drittel-Zustimmung** benötigt.[50] Das niederländische WHOA wird aufgrund seiner konkreten Ausgestaltung als Grundlage für eine Verschärfung des Wettbewerbs der Rechtsordnungen in Europa gesehen.[51] Um das WHOA überhaupt nutzen zu können, müssen zunächst unterschiedliche Zugangsvoraussetzungen je nach konkreter Verfahrensvariante erfüllt werden. Erst dann kann von den Gestaltungsmöglichkeiten des WHOA im Rahmen der Restrukturierung Gebrauch gemacht werden. Abschließend sind dann aber immer noch die Anerkennung des Verfahrens und der rechtlichen Wirkungen im Einzelnen in Deutschland zu prüfen und sicherzustellen.[52] Ob es zu einem ähnlichen Rechtstourismus wie beim SoA kommen wird, bleibt abzuwarten. 19

Italien sieht bereits seit der Insolvenzrechtsreform 2019 **fünf Möglichkeiten** der vorinsolvenzlichen Sanierung und Restrukturierung vor. Es handelt sich um einen bestätigten Sanierungsplan (Art. 56 CCII), Umschuldungsvereinbarungen mit einfacher (Art. 57 ff. CCII) oder erweiterter Wirkung (Art. 61 CCII), Vereinbarungen zum Zahlungsaufschub (Art. 62 ff. CCII) sowie ein präventives, insolvenzabwendendes Vergleichsverfahren (Art. 84 ff. CCII).[53] Dabei kann der bestätigte **Sanierungsplan** einseitig vom Schuldner aufgestellt werden, ohne formelle gerichtliche Kontrolle. Die Bestätigung erfolgt durch einen unabhängigen Berufsträger. Aus diesem Grund hat der 20

---

44 *Tashiro* NZI-Beilage 1/2021, 77; *Herding/Kranz* ZRI 2021, 123 (125).
45 Kindler/Nachmann/Bitzer/*Bitzer*, 2. Teil Länderberichte: England und Wales, Rn. 277 ff.
46 BeckOK InsO/*Schillig* Länderbericht England, Rn. 39; *Sax /Swierczok* ZIP 2017, 601.
47 *Garber* ZInsO 2020, 830; *Schmidt* BB 2020, 1794 (1801).
48 *Kern* NZI-Beilage 1/2021, 76; *Herding/Kranz* ZRI 2021, 123 (127); *Kaubisch/Riewe/Hilpert* SanB 2021, 13.
49 *Hübler* NZI 2020, 724 (726).
50 *Garber* ZInsO 2020, 830; *Kern* NZI-Beilage 1/2021, 75.
51 *Vallender* ZInsO 2020, 2579 (2581); *Kern* NZI-Beilage 1/2021, 74.
52 Zu diesen Fragen umfassend *Kaubisch/Riewe/Hilpert*, SanB 2021, 13.
53 Kindler/Nachmann/Bitzer/*Bitzer*, 2. Teil Länderberichte: Italien, Rn. 69 ff. mwN.

Sanierungsplan auch die schwächsten Rechtsfolgen, bindet die Gläubiger nicht und führt nur dazu, dass die planmäßig ausgeführten Handlungen von einer möglichen späteren Anfechtung ausgenommen sind.[54] Die **Umschuldungsvereinbarung** wird mit einem Teil der Gläubiger geschlossen und bindet diese beteiligten Gläubiger. Schließlich wird der insolvenzabwendende Vergleich mit allen Gläubigern ausgehandelt und bindet dementsprechend auch alle Gläubiger.[55] Insgesamt besteht in Italien aufgrund dieser rechtlichen Optionen und Rahmenbedingungen kein Bedürfnis für weitere Änderungen auf Basis der EU-Richtlinie 2019/1023.[56]

21 In **Frankreich** gibt es bereits das vertragliche Güteverfahren unter gerichtlicher Aufsicht (*mandataire ad hoc*) gemäß Art. L.611–3 C.com, das außergerichtliche Schlichtungsverfahren (*procédure de conciliation)* (Art. L.611–4 ff. C.com. ff.), das **präventive Sanierungsverfahren** (*procédure de sauvegarde)* (Art. L.620–1 C.com.), das präventive Insolvenzverfahren nach Art. L.628 – 1 ff. C.com sowie **beschleunigte Sanierungsverfahren** nach Art. L.628–1 bis Art. L.628 – 8 C.com.[57] Beim mandataire ad hoc wird dem Unternehmen auf dessen Antrag ein Berater vom Handelsgericht zur Seite gestellt. Es schließt sich häufig ein Schlichtungsverfahren an.[58] Ein Vergleich im Rahmen des mandataire ad hoc kann demnach nicht insolvenzfest werden. Sinnvoll ist ein solcher Vergleich, wenn interne Maßnahmen zur Sanierung erforderlich sind oder wenn ein Sanierungsplan in Vorbereitung auf eine conciliation erarbeitet werden soll.[59] Das außergerichtliche Schlichtungsverfahren kann in zeitlicher Hinsicht bereits ab einem absehbaren Krisenstadium bis hin zur eingetretenen Zahlungsunfähigkeit (nicht länger als 45 Tage) genutzt werden und nach erfolgreicher conciliation besteht die Wahl, den **Sanierungsvergleich** lediglich gerichtlich feststellen zu lassen (constatation oder accord constaté) und dafür Vertraulichkeit zu wahren oder diesen offiziell bestätigen zu lassen (homologation) und Insolvenzfestigkeit herbeizuführen.[60] Das präventive Sanierungsverfahren kann nur im Stadium der drohenden Zahlungsunfähigkeit beantragt werden und soll innerhalb von sechs Monaten in einen **gerichtlich zu billigenden Sanierungsplan** münden.[61] Das beschleunigte finanzielle Sanierungsverfahren ist auf die Finanzgläubiger beschränkt. Innerhalb von maximal zwölf Monaten soll ein Plan die finanzielle Restrukturierung des Schuldners regeln und der operative Betrieb davon möglichst unbeeinträchtigt fortgeführt werden können.[62] Die beschleunigten Verfahren bilden eine Brücke[63] zwischen der conciliation – als außergerichtliches und primär auf der Privatautonomie der Parteien beruhendes Verfahren –

54 BeckOK InsO/*Magers/Sanzo/de Muroin* Länderbericht Italien Rn. 53 ff., 69 ff.; Kindler/Nachmann/Bitzer/*Bitzer*, 2. Teil Länderberichte: Italien, Rn. 74.

55 Kindler/Nachmann/Bitzer/*Bitzer*, 2. Teil Länderberichte: Italien, Rn. 74.

56 Kindler/Nachmann/Bitzer/*Bitzer*, 2. Teil Länderberichte: Italien, Rn. 71.

57 Kindler/Nachmann/Bitzer/*Bauerreis*, 2. Teil Länderberichte: Frankreich, Rn. 43 ff., 161 ff. mwN; *Degenhardt* NZI 2013, 830; *Arnold/Slawik* NZI-Beilage 2021, 79.

58 Kindler/Nachmann/Bitzer/*Bauerreis*, 2. Teil Länderberichte: Frankreich, Rn. 33, 35.

59 Kindler/Nachmann/Bitzer/*Bauerreis*, 2. Teil Länderberichte: Frankreich, Rn. 36; BeckOK InsO/*Dammann*, Frankreich, Rn. 86, 94.

60 Kindler/Nachmann/Bitzer/*Bauerreis*, 2. Teil Länderberichte: Frankreich, Rn. 49 ff.; *Arnold/Slawik* NZI-Beilage 2021, 79 (80).

61 Kindler/Nachmann/Bitzer/*Bauerreis*, 2. Teil Länderberichte: Frankreich, Rn. 64 ff.

62 *Degenhardt* NZI 2013, 830.

63 *Reille*, JCl. Commercial Fasc. 2153 (15/03/2020), Rn. 18: „procédure passerelle".

einerseits und dem gerichtsförmigen und mit stärkeren Eingriffsinstrumenten ausgestatteten Sauvegarde-Verfahren andererseits.[64]

In **Polen** besteht mit dem Gesetz über das Konkurs- und Sanierungsrecht seit den Änderungen in 2015 ein Restrukturierungsrecht, das vier Restrukturierungsverfahren vorsieht. Die **drei verschiedenen Vergleichsverfahren** unterscheiden sich in der Intensität der gerichtlichen Mitwirkung und führen im Ergebnis zu einem gerichtlich festgestellten Vergleich.[65] Im Sanierungsverfahren besteht Vollstreckungsschutz, es wird jedoch auch ein Verwalter bestellt, der die Verwaltung oder zumindest die Aufsicht über den Geschäftsbetrieb übernimmt. Vor dem Hintergrund der COVID-19-Pandemie wurde ab dem 24.6.2020 ein **vereinfachtes Verfahren** zur Feststellung eines Vergleichs für drohend oder tatsächlich zahlungsunfähige Unternehmer eingeführt, in dem Vollstreckungsschutz, Zahlungsaufschub und weitere Beschränkungen der Gläubigerrechte (zB Kündigungsverbot) gewährt werden. Innerhalb von vier Monaten muss eine außergerichtliche Einigung abgeschlossen werden. Ein weitergehendes Umsetzungserfordernis für die EU-Richtlinie 2019/1023 wird in Polen nicht gesehen.[66] 22

In **Österreich** legte am 22.2.2021 das Bundesministerium für Justiz dem Nationalrat einen Entwurf für ein umfassendes Gesetzespaket für die Umsetzung der europäischen Richtlinie vor.[67] Die enthaltene Restrukturierungsordnung (ReO) ist mit 45 Paragrafen deutlich kürzer ausgefallen als die deutsche Umsetzung. Zuständig sind die Insolvenzgerichte (§ 4 ReO) und Vorschriften des Insolvenzrechts sind anzuwenden, soweit die ReO keine speziellen Regelungen enthält (§ 5 ReO). Zugangsvoraussetzung ist entsprechend der Richtlinienvorgabe die wahrscheinliche Insolvenz, die bei drohender Zahlungsunfähigkeit vorliegt, § 6 ReO. Die wichtigsten Verfahren sind das Restrukturierungsverfahren (§ 6 ReO) mit Regelungen zum Restrukturierungsbeauftragten, Restrukturierungsplan, Vollstreckungssperre, Cram-Down usw, das Europäische Restrukturierungsverfahren (§ 44 ReO) und das vereinfachte Restrukturierungsverfahren (§ 45 ReO) für Verfahren, in denen nur Finanzgläubiger einbezogen werden. Der Justizausschuss hat den Gesetzespaket am 29.6.2021 beschlossen.[68] Das Gesetz soll mit Ablauf der europäischen Umsetzungsfrist, also am 17.7.2021 in Kraft treten. 23

Der Überblick über diese EU-Staaten und ihre jeweilige **Restrukturierungslandschaft** zeigt bereits, dass trotz der Vorgaben der EU-Richtlinie 2019/1023 die sehr unterschiedlichen Ausgestaltungen im nationalen Recht eine Prüfung der internationalen Verfahrenszuständigkeit sinnvoll erscheinen lassen. Grenzüberschreitende Konzernstrukturen dürften dies zwingend erfordern, um das für das Ziel der Sanierung und/oder Restrukturierung der Gruppe am besten geeignete und verfügbare Rechtsregime zu ermitteln. Die europaweite **Anerkennung** der Verfahren bzw. deren Erleichterung ist ein weiteres Ziel der EU-Richtlinie 2019/1023.[69] 24

64 *Arnold/Slawik* NZI-Beilage 2021, 79 (81).
65 BeckOK InsO/*Krawczyk/Miller/Pienicka* Länderbreicht Polen Rn. 27–39.
66 BeckOK InsO/*Krawczyk/Miller/Pienicka* Länderbericht Polen Rn. 41.
67 Siehe Restrukturierungs- und Insolvenz-Richtlinie-Umsetzungsgesetz – RIRUG (950 d.B.), zum Gesetzesverfahren auf der Website des österreichischen Parlaments, https://www.parlament.gv.at/PAKT/VHG/XXVII/I/I_00950/index.shtml#tab-Uebersicht (Stand: 28.6.2021).
68 Parlamentskorrespondenz Nr. 816 vom 29.06.2021, https://www.parlament.gv.at/PAKT/PR/JAHR_2021/PK0816/#XXVII_I_00950 (Stand: 30.6.2021)
69 EU-Richtlinie 2019/1023, Erwägungsgrund 13.

I. Anerkennung von Restrukturierungsverfahren

25 Nach den Erwägungsgründen der EU-Richtlinie 2019/1023 soll die gegenseitige Anerkennung möglichst auf Basis des Anhang A der EU-Verordnung 2015/848 (EUInsVO) erfolgen, auch wenn die Restrukturierungsverfahren nicht zwingend alle dortigen Voraussetzungen erfüllen.[70] Die EUInsVO regelt in Art. 19 ff. die Anerkennung von Insolvenzverfahren in allen übrigen Mitgliedstaaten, wobei die einzelnen Verfahren der jeweiligen Mitgliedstaaten in Anhang A aufgeführt werden. Solange die Verfahren des StaRUG dort nicht aufgeführt sind, ist keine Anerkennung nach der EUInsVO möglich.[71] Im Übrigen ist die Öffentlichkeit des Verfahrens für die Anerkennung nach der EUInsVO erforderlich.[72] Dies könnte in Restrukturierungssachen ein Hindernis darstellen.[73] Als weiterer Weg bliebe für eine Anerkennung auf europäischer Ebene noch die EuGVVO, konkret Art. 36 EuGVVO; national käme auch § 328 ZPO in Betracht.[74] Je nach rechtlicher Einordnung des Restrukturierungsplans könnte sich auch eine Anerkennung des darin enthaltenen schuldrechtlichen Vertrags ergeben.[75] Insgesamt bleibt die Frage der Anerkennung trotz ihrer hohen praktischen Bedeutung sowohl in der Richtlinie als auch nach nationaler Umsetzung bisher unklar.[76] Eine ausdrückliche Regelung über die Anerkennung der Verfahren ist jedoch zwingend erforderlich, um die für die Praxis notwendige Rechtssicherheit und Planbarkeit von Restrukturierungsverfahren mit grenzüberschreitenden Anknüpfungspunkten zu gewährleisten.

Praxishinweis: Um ein Restrukturierungsverfahren in einem anderen europäischen Mitgliedstaat nutzen zu können, muss ein ausreichender Anknüpfungspunkt bestehen. Die englischen Restrukturierungsmöglichkeiten (SoA, CVA) werden weiterhin nach den Kriterien des englischen Rechts nutzbar und ggf. auch in anderen Ländern anzuerkennen sein.[77] In Deutschland kommt eine Anerkennung über §§ 335, 343 InsO in Betracht.[78] Ohne eine ausdrückliche Regelung wird die wechselseitige Anerkennung von Restrukturierungsverfahren in den Mitgliedstaaten der Europäischen Union mit Rechtsunsicherheiten verbunden bleiben.[79] Die Anerkennung eines deutschen Restrukturierungsverfahrens wird sich voraussichtlich erst ab Mitte 2022 mit der Möglichkeit einer öffentlichen Bekanntmachung verbessern.[80]

70 VERORDNUNG (EU) 2015/848 DES EUROPÄISCHEN PARLAMENTS UND DES RATES vom 20.5.2015 über Insolvenzverfahren (Neufassung).
71 *Von Bismarck/Schulz* NZI-Beilage 2019, 82 (83); *Kaubisch/Riewe/Hilpert* SanB 2021, 13 (15).
72 Art. 1 Abs. 1 EUInsVO.
73 Von Bismarck/*Schulz* NZI-Beilage 2019, 82 (84) ; *Kaubisch/Riewe/Hilpert* SanB 2021, 13 (16 f.).
74 Brüssel Ia-VO, Verordnung (EU) Nr. 1215/2012 des Europäischen Parlaments und des Rates vom 12.12.2012 über die gerichtliche Zuständigkeit und die Anerkennung und Vollstreckung von Entscheidungen in Zivil- und Handelssachen (Neufassung) (ABl. L 351 S. 1, ber. 2016 L 264 S. 43) Celex-Nr. 3 2012 R 1215.
75 Rom I-VO, Verordnung (EG) Nr. 593/2008 des Europäischen Parlaments und des Rates vom 17.6.2008 über das auf vertragliche Schuldverhältnisse anzuwendende Recht (ABl. L 177 S. 6, ber. 2009 L 309 S. 87) Celex-Nr. 3 2008 R 0593; zur rechtlichen Einordnung BT-Drs. 19/24181, 121.
76 *Morgen/Arends/Schierhorn* ZRI 2021, 305 (312).
77 BeckOK InsO/*Schillig* Länderbericht England B II Rn. 39; *Sax/Swierczok* ZIP 2017, 601.
78 *Tashiro* NZI-Beilage 1/2021, 79.
79 *Von Bismarck/Schulz* NZI-Beilage 2019, 82 (84).
80 Inkrafttreten der §§ 84 ff. StaRUG zum 17.7.2022; BT-Drs. 19/24181, 178; vgl. *Schlöder/Parzinger/Knebel* ZIP 2021, 1041.

§ 2 Modifizierung der Insolvenzantragsgründe

A. Einführung[1]

1 Ein wichtiger Baustein des SanInsFoG sind die **Änderungen der Insolvenzantragsgründe** nach §§ 18, 19 InsO iVm dem modifizierten § 15a InsO.

2 In § 18 InsO (drohende Zahlungsunfähigkeit) und § 19 InsO (rechtliche Überschuldung) sind erstmals feste Prognosezeiträume für die **drohende Zahlungsunfähigkeit** und die **Überschuldung** normiert. Seit dem Inkrafttreten des StaRUG beträgt der Prognosezeiträume bei der Überschuldung grundsätzlich zwölf und bei der drohenden Zahlungsunfähigkeit regelmäßig 24 Monate. Hierdurch soll das sog. **Abstandsgebot** zwischen dem präventiven Restrukturierungsrahmen und der Insolvenz gewahrt werden. Die Instrumente des StaRUG können nämlich nur genutzt werden, wenn Unternehmen drohend zahlungsunfähig, aber noch nicht materiell insolvent – also zahlungsunfähig oder rechtlich überschuldet – sind. Aus diesem Grund wird § 15a InsO ebenfalls durch das SanInsFoG reformiert. Statt drei Wochen haben Geschäftsleiter überschuldeter Unternehmen im Sinne des § 19 InsO ab dem 1.1.2021 unter bestimmten Voraussetzungen bis zu sechs Wochen Zeit, um einen Insolvenzantrag zu stellen.

B. Änderungen der drohenden Zahlungsunfähigkeit und der Überschuldung

3 Um die Änderungen der §§ 18, 19 InsO einordnen zu können, wird zunächst die bisher bestehende Rechtslage kurz skizziert. Im Anschluss daran werden die Modifizierungen der §§ 18, 19 InsO, ihre Bedeutung für das StaRUG und die korrekte Abgren-

1 Der Autor dankt Herrn Rechtsanwalt *Florian Tambour* herzlich für dessen wertvolle Unterstützung im Rahmen seiner Wahlstation bei den Arbeiten an diesem Einführungsband.

zung der Anwendungsbereiche §§ 18, 19 InsO erörtert. Abschließend werden praxisrelevante Fragestellungen aufgeworfen, welche sich unter anderem mit den Themen der Erstellung der Prognosen und dem daran anknüpfenden Haftungsrisiko auseinandersetzen.

I. Bestehende Rechtslage vor dem 1.1.2021

Eine generelle Betrachtung der Tatbestandsvoraussetzungen der §§ 18, 19 InsO aF 4
und eine konkrete Untersuchung der jeweiligen Prognosezeiträume vor Inkrafttreten des StaRUG am 1.1.2021 macht deutlich, dass die drohende Zahlungsunfähigkeit und die rechtliche Überschuldung bisher Überschneidungen aufwiesen und – für eine gesteigerte Rechtssicherheit und Abgrenzbarkeit voneinander – der Reform bedurften.

1. Tatbestandsvoraussetzungen

Die Tatbestände der drohenden Zahlungsunfähigkeit und Überschuldung weisen hin- 5
sichtlich der bei beiden vorgeschriebenen Prognoseentscheidung Gemeinsamkeiten auf.

a) Drohende Zahlungsunfähigkeit (§ 18 InsO)

Ist eine Gesellschaft drohend zahlungsunfähig, hat sie gem. § 18 Abs. 1 InsO die 6
Möglichkeit, freiwillig die Eröffnung des Insolvenzverfahrens zu beantragen. Der somit rein fakultative Insolvenzeröffnungsgrund der drohenden Zahlungsunfähigkeit ist nach der Legaldefinition des § 18 Abs. 2 S. 1 InsO gegeben, wenn eine Schuldnerin voraussichtlich nicht in der Lage sein wird, die bestehenden Zahlungspflichten im Zeitpunkt der Fälligkeit zu erfüllen.

aa) Liquiditätsprognose

Zur Ermittlung der drohenden Zahlungsunfähigkeit verlangt der Gesetzgeber durch 7
die Bezugnahme auf „bestehende Zahlungspflichten“ in § 18 Abs. 2 S. 1 InsO die Erstellung einer **Liquiditätsprognose.** In der Praxis greift man hierzu auf einen **Finanzplan** zurück.[2] Bei der Prognose muss danach gefragt werden, ob die Liquidität innerhalb des zu berücksichtigenden Zeitraums gesichert ist.[3] Anders als bei der Ermittlung der Zahlungsunfähigkeit (vgl. § 17 InsO) sind keine Liquiditätslücken zuzugestehen. Es müssen sämtliche fälligen Verbindlichkeiten ausnahmslos erfüllbar sein.[4]

bb) Überwiegende Wahrscheinlichkeit

Der in § 18 Abs. 2 S. 1 InsO verwendete Begriff „voraussichtlich“ drückt aus, dass 8
die einfache – überwiegende – Wahrscheinlichkeit (im Sinne von 51 %) der fehlenden

---

2 MüKoInsO/*Drukarczyk* § 18 Rn. 30 ff.; Uhlenbruck/*Mock* InsO § 18 Rn. 27; Nerlich/Römermann/*Mönning* § 18 Rn. 28.
3 MüKoInsO/*Drukarczyk* § 18 Rn. 19.
4 BeckOK InsO/*Wolfer*, 21. Ed. 15.10.2020, § 18 Rn. 22; Gottwald/Haas/*Grundlach* InsR-HdB § 6 Rn. 18; Uhlenbruck/*Mock* InsO § 18 Rn. 20; *Schäfer* ZIP 2020, 2164 (2166).

Durchfinanzierung im Rahmen der **Prognoseentscheidung** ausreicht, um das Vorliegen drohender Zahlungsunfähigkeit zu bejahen.[5]

b) Überschuldung (§ 19 InsO)

9 Bei Überschuldung der Gesellschaft gem. § 19 Abs. 1 InsO ist der Antrag auf Eröffnung des Insolvenzverfahrens obligatorisch. Eine Gesellschaft ist gemäß § 19 Abs. 2 S. 1 InsO überschuldet, wenn ihr Vermögen die bestehenden Verbindlichkeiten nicht mehr deckt, es sei denn, dass die Fortführung der Gesellschaft nach den Umständen überwiegend wahrscheinlich ist.

10 Die Überschuldung besteht damit aus zwei Stufen (sog. zweistufiger Überschuldungsbegriff): Dem Vorliegen einer negativen **Fortbestehensprognose** sowie der **rechnerischen Überschuldung.**[6]

aa) Fortbestehensprognose

11 Auch wenn das Gesetz keine feste Prüfungsreihenfolge vorgibt, ist die Erstellung der Fortbestehensprognose in der Praxis regelmäßig der Startpunkt der Überschuldungsprüfung.[7] Denn ist die Fortbestehensprognose positiv, liegt eine Überschuldung im Sinne von § 19 InsO nicht vor und eine – unter Umständen aufwendige zu ermittelnde – stichtagsbezogen Aufstellung eines Überschuldungsstatus erübrigt sich.

12 Eine **Fortbestehensprognose** ist positiv, wenn das Unternehmen im Prognosezeitraum mit überwiegender Wahrscheinlichkeit zahlungsfähig ist. Die Fortbestehensprognose des § 19 Abs. 2 InsO ist also seinem Wesen nach eine Zahlungsfähigkeitsprognose.[8] Wie bei der drohenden Zahlungsunfähigkeit folgt die Prognoseentscheidung aus dem Finanzplan.[9] Wenn nach der Auswertung der Finanzplanung die Wahrscheinlichkeit größer als 50 % ist, dass die Gesellschaft im Prognosezeitraum ihren Zahlungsverpflichtungen nachkommen kann (sog. positive Fortbestehensprognose), scheidet eine Überschuldung aus. In dem Finanzplan können ernsthaft beabsichtigte **Sanierungsmaßnahmen** berücksichtigt werden, wenn davon auszugehen ist, dass sie mit überwiegender Wahrscheinlichkeit umgesetzt werden können.[10]

13 Die **Darlegungs- und Beweislast** für eine positive Fortbestehensprognose trägt der Geschäftsleiter, wie aus der Formulierung in § 19 Abs. 2 S. 1 InsO („es sei denn") folgt.[11]

bb) Rechnerische Überschuldung

14 Eine rechnerische Überschuldung ist gegeben, wenn das Vermögen der Gesellschaft die bestehenden Verbindlichkeiten nicht mehr deckt. Liegt keine positive Fortbestehensprognose vor, ist auf den **Liquidationswert** der Vermögensgegenstände abzustel-

---

5 Nerlich/Römermann/*Mönning* § 18 Rn. 23; Gottwald/Haas/*Grundlach* InsR-HdB § 6 Rn. 20; MüKoInsO/*Drukarczyk* § 18 Rn. 36.
6 BeckOK InsO/*Wolfer*, 21. Ed. 15.10.2020, § 19 Rn. 8; MüKoInsO/*Drukarczyk* § 18 Rn. 28; Uhlenbruck/*Mock* InsO § 19 Rn. 40.
7 BeckOK InsO/*Wolfer*, 21. Ed. 15.10.2020, § 19 Rn. 8; Gottwald/Haas/*Grundlach* InsR-HdB § 6 Rn. 38.
8 MüKoInsO/*Drukarczyk* § 19 Rn. 56; *Brünkmans* ZInsO 2021, 1 (4); *Desch* BB 2020, 2498 (2499).
9 BeckOK InsO/*Wolfer*, 21. Ed. 15.10.2020, § 19 Rn. 8; Gottwald/Haas/*Grundlach* InsR-HdB § 6 Rn. 41; MüKoInsO/*Drukarczyk* § 19 Rn. 57.
10 Gottwald/Haas/*Grundlach* InsR-HdB § 6 Rn. 41 f.
11 BGH NZG 2010, 1393 (1394).

len, also dem bei potenzieller Auflösung der Gesellschaft jeweilig erzielbare Gegenstandswert.[12] Das hat zur Folge, dass Unternehmen mit einer negativen Fortbestehensprognose regelmäßig rechnerisch – und damit im Ergebnis auch rechtlich – überschuldet sind.

c) Finanzplan als gemeinsame Prognosegrundlage

Die Tatbestände der drohenden Zahlungsunfähigkeit und der Überschuldung haben mithin gemein, dass die jeweils normierten Prognoseentscheidungen mithilfe eines Finanzplans auf Grundlage desselben Wahrscheinlichkeitsmaßstabs getroffen werden.[13] Diese Feststellung bestätigt auch das Institut der Wirtschaftsprüfer,[14] welches an die Ermittlung beider Prognosen die gleichen Anforderungen stellt.[15] 15

2. Rechtsunsicherheit bei der Bestimmung der Prognosezeiträume

Prognoseentscheidungen nehmen bei der drohenden Zahlungsunfähigkeit und der Überschuldung eine zentrale Rolle ein. Gleichwohl hat der Gesetzgeber bis zum Inkrafttreten des SanInsFoG die der Prognose zugrunde liegenden **Zeiträume** nicht näher konkretisiert.[16] Sowohl bei der drohenden Zahlungsunfähigkeit als auch bei der Überschuldung kam es zu Rechtsunsicherheiten zulasten der Geschäftsleiter hinsichtlich der Frage, wie lange der **Prognosezeitraum** ist. 16

a) Drohende Zahlungsunfähigkeit

Vor dem 1.1.2021 herrschte große Uneinigkeit darüber, auf welchen **Zeitraum** die in § 18 Abs. 2 S. 1 InsO vorgeschriebene Liquiditätsprognose zu erstrecken war. Extensive Ansichten[17] wollten den Prognosezeitraum bis zum spätesten Fälligkeitseintritt aller vorhandenen Verbindlichkeiten ausdehnen, so dass je nach Einzelfall Zeitspannen von weit mehr als fünf Jahren zu beachten gewesen wären. Restriktivere Ansichten[18] wollten den Zeitraum auf wenige Monate verkürzen. Die überwiegende Auffassung ging von einer Frist von maximal zwei Jahren aus, die das laufende und kommende Geschäftsjahr umfassen sollte.[19] Die konkrete Länge des Zeitraums sollte jedoch von den Umständen des Einzelfalles, insbesondere von Faktoren wie der Branchenzugehörigkeit abhängen, so dass beispielsweise bei stabilen, langfristig angelegten Märkten auch längere Zeiträume denkbar waren.[20] 17

b) Überschuldung

Beim Tatbestand der Überschuldung bestand ebenfalls Unklarheit über die der **Prognose** zugrunde zu legenden Zeitspanne. Als Richtwert sprach die herrschende Mei- 18

12 Nerlich/Römermann/*Mönning* § 19 Rn. 15; BeckOK InsO/*Wolfer*, 21. Ed. 15.10.2020, § 19 Rn. 18; *Schäfer* ZIP 2020, 2164 (2166).
13 MüKoInsO/*Drukarczyk* § 18 Rn. 81.
14 Vgl. IDW Standard S 11.
15 MüKoInsO/*Drukarczyk* § 19 Rn. 97.
16 MüKoInsO/*Drukarczyk* § 18 Rn. 19; BeckOK InsO/*Wolfer*, 21. Ed. 15.10.2020, § 18 Rn. 23.
17 Vgl. Uhlenbruck/*Mock* InsO § 18 Rn. 22 mwN.
18 Vgl. BeckOK InsO/*Wolfer*, 21. Ed. 15.10.2020, § 18 Rn. 23.
19 BegrRegE BT-Drs. 19/24181, Ziff. B. Art. 5 Nr. 10, 196; BeckOK InsO/*Wolfer*, 21. Ed. 15.10.2020, § 18 Rn. 23; Gottwald/Haas/*Grundlach* InsR-HdB § 6 Rn. 19; MüKoInsO/*Drukarczyk* § 18 Rn. 63; Nerlich/Römermann/*Mönning* § 18 Rn. 25.
20 MüKoInsO/*Drukarczyk* § 18 Rn. 60; Gottwald/Haas/*Grundlach* InsR-HdB § 6 Rn. 41; *Brinkmann* ZIP 2020, 2361 (2362).

nung von einem Zeitraum von ein bis zwei Jahren, der das aktuelle sowie das kommende Wirtschaftsjahr umfassen sollte. Die maximale Grenze sollte ca. drei Jahre betragen. Allerdings variierte auch hier die konkrete Reichweite der Prognose im Einzelfall. Zu berücksichtigende Faktoren waren unter anderem die Intensität der ökonomischen Schieflage der Gesellschaft, die Volatilität der relevanten Märkte, die durchschnittliche Länge der Produktionszyklen und die Dichte des Wettbewerbs.[21]

19 Für die Prognosezeiträume der drohenden Zahlungsunfähigkeit und der Überschuldung nahm die herrschende Meinung somit jeweils aus Gründen der Praktikabilität[22] das laufende und kommende Geschäftsjahr, also einen Zeitraum von maximal 24 Monaten, in den Blick. Es entstand ein faktischer Gleichlauf der zu berücksichtigenden Zeitspannen, der die Differenzierung zwischen den beiden Tatbeständen erschwerte.[23] Die von der herrschenden Meinung favorisierte Anknüpfung der Zeitspannen an das laufende und zukünftige Geschäftsjahr verursachte erhebliche Variationen hinsichtlich des zu beachtenden Zeitraums. Abhängig vom Betrachtungszeitpunkt im aktuellen Geschäftsjahr ergab sich am Anfang des Geschäftsjahres ein zu berücksichtigender Zeitraum von 24 Monaten, der sich zum Ende des Geschäftszyklus auf knapp über zwölf Monate verkürzte.[24]

3. Reformbedarf

20 Die große tatbestandliche Überschneidung der §§ 18, 19 InsO führte in der Praxis zu erheblichen **Abgrenzungsschwierigkeiten.** Regelmäßig waren drohend zahlungsunfähige Unternehmen auch rechtlich überschuldet, weil sie über keine positive Fortbestehensprognose verfügten und damit nach Liquiditätswerten bilanziell überschuldet waren. Damit fehlte es an einem klar definierten Abstandsgebot zwischen dem fakultativen Insolvenzantragsgrund der drohenden Zahlungsunfähigkeit und dem zwingenden Insolvenzantragsgrund der Überschuldung, weshalb immer wieder die **Abschaffung der Überschuldung** als zwingenden Insolvenzgrund gefordert wurde.[25]

21 Gegen eine solche Abschaffung spricht indes, dass die Überschuldung als Insolvenzantragsgrund Gläubigerschutz in Reinkultur ist. Ein bilanziell überschuldetes Unternehmen ist für Gläubiger nämlich jedenfalls latent gefährlich, weil das Vermögen die Verbindlichkeiten nicht deckt. Kommt hinzu, dass es mit überwiegender Wahrscheinlichkeit nicht in der Lage sein wird, seine Gläubiger befriedigen wird, ist die Insolvenz zum Schutz der Gläubiger geboten. Die rechnerische Überschuldung ist jedoch dann unschädlich, wenn das Unternehmen mit überwiegender Wahrscheinlichkeit durchfinanziert ist. In diesem Fall ist es insbesondere im Interesse bereits bestehender Gläubiger, dass das Unternehmen fortgeführt wird. Zudem **diszipliniert** der Insolvenzantragsgrund der Überschuldung Geschäftspartner, eine Krise frühzeitig zu er-

---

21 BeckOK InsO/*Wolfer*, 21. Ed. 15.10.2020, § 19 Rn. 16; Gottwald/Haas/*Grundlach* InsR-HdB § 6 Rn. 41; MüKoInsO/*Drukarczyk* § 19 Rn. 59, 96; Uhlenbruck/*Mock* InsO § 19 Rn. 225; *Brünkmans* ZInsO 2021, 1 (15).

22 BegrRegE BT-Drs. 19/24181, Ziff. B. Art. 5 Nr. 10, 196.

23 MüKoInsO/*Drukarczyk* § 18 Rn. 89; Gottwald/Haas/*Grundlach* InsR-HdB § 6 Rn. 41; Uhlenbruck/*Mock* InsO § 19 Rn. 29; *Schulz* NZI 2020, 1073 (1075).

24 BegrRegE BT-Drs. 19/24181, Ziff. B. Art. 5 Nr. 10, 196.

25 *Brünkmans* ZInsO 2021, 1 (15); *Poertzgen* ZInsO 2020, 2509 (2511); *Römermann* Stbg 2020, 463 (472).

kennen und Restrukturierungsmaßnahmen nicht erst einzuleiten, wenn eine Zahlungsunfähigkeit kurz bevorsteht. § 19 InsO soll weiterhin dazu dienen, Geschäftsleiter zu einer **vorausschauenden Planung** zu zwingen, welche ihrerseits Grundvoraussetzung für die frühzeitige Entdeckung von Krisenanzeichen ist.[26]

Es war damit richtig, den Überschuldungstatbestand nicht abzuschaffen. Allerdings 22
müssen bestehenden Unsicherheiten insbesondere in Bezug auf das Vorliegen einer positive Fortbestehensprognose ausgeräumt werden.

II. Die Neuerungen durch das SanInsFoG

Die kritisierte Rechtsunsicherheit wird zumindest teilweise durch eine **Novellierung** 23
der §§ 18, 19 InsO beseitigt. Fortan sind **(feste) Prognosezeiträume** für die jeweils relevanten Prognosen normiert. Zugleich gewinnt die drohende Zahlungsunfähigkeit dadurch an Bedeutung, dass sie durch § 29 Abs. 1 StaRUG zur **Zugangsvoraussetzung** für die Stabilisierungs- und Restrukturierungsmaßnahmen des StaRUG auserwählt wird.

1. Festlegung der Prognosezeiträume

Durch das SanInsFoG und die damit einhergehenden Modifizierungen der §§ 18, 19 24
InsO führt der Gesetzgeber erstmals feste Prognosezeiträume von **24 Monaten** für die drohende Zahlungsunfähigkeit und **zwölf Monaten** für die Überschuldung ein.[27] Für die Dauer der Corona-Pandemie gilt überdies eine Sonderregelung, welche die Fortbestehensprognose der Überschuldung unter bestimmten Voraussetzungen auf vier Monate verkürzt. Die Festlegung der Prognosezeiträume soll zum einen die Unsicherheiten hinsichtlich der Dauer der Prognosezeiträume beseitigen. Zum anderen sollen die tatbestandliche Überschneidung der §§ 18, 19 InsO hierdurch reduziert werden.[28]

a) 24-monatiger Prognosezeitraum

Nach dem neuen § 18 Abs. 2 S. 2 InsO soll in aller Regel ein Prognosezeitraum von 25
24 Monaten zugrunde gelegt werden. Die Formulierung **„in aller Regel“** lässt nach der Gesetzesbegründung jedoch nach wie vor im Einzelfall kürzere oder längere Prognosezeiträume zu. So sollen Besonderheiten des jeweiligen schuldnerischen Unternehmens Berücksichtigung finden.[29] Im Ergebnis ist damit nicht ausgeschlossen, dass in Einzelfällen ein längerer oder kürzerer Prognosezeitraum als 24 Monate anzunehmen ist. Das wiederum kann Stakeholder auf den Plan rufen, eine gerichtliche Entscheidung über das Vorliegen einer drohenden Zahlungsunfähigkeit als Eingangsvoraussetzung für den Weg ins StaRUG unter Verweis auf einen ausnahmsweise kürzeren oder längeren Prognosezeitraum anzugreifen.

---

26 BegrRegE BT-Drs. 19/24181, Ziff. B. Art. 5 Nr. 10, 196.

27 *Brünkmans* ZInsO 2021, 1 (4); *Poertzgen* ZInsO 2020, 2509 (2511).

28 BegrRegE BT-Drs. 19/24181, Ziff. B. Art. 5 Nr. 10, 196; *Brünkmans* ZInsO 2021, 1 (15); *Desch* BB 2020, 2498 (2499); *Gehrlein* BB 2021, 66 (81).

29 BegrRegE BT-Drs. 19/24181, Ziff. B. Art. 5 Nr. 10, 196.

b) 12-monatige Fortbestehensprognose

26 Der fortan festgelegte Zeitraum der Fortbestehensprognose bei der Überschuldung erfolgt durch einen Einschub in § 19 Abs. 2 S. 1 Hs. 2 InsO. Hiernach muss die Fortführung des Unternehmens in den nächsten 12 Monaten überwiegend wahrscheinlich sein. Anders als bei der Prognose drohenden Zahlungsunfähigkeit sind die 12 Monate bei der Fortbestehensprognose eine **starre Frist.** Abweichung lässt das Gesetz nicht zu. Eine starre Frist ist im Sinne der Rechtssicherheit richtig und hätte auch bei der drohenden Zahlungsunfähigkeit vorgesehen werden sollen.

aa) Abgrenzung zur drohenden Zahlungsunfähigkeit

27 Der Anwendungsbereich der Überschuldung wird damit auf lediglich 12 Monate verkürzt, so dass es zu Überschneidungen mit § 18 InsO nur noch in den ersten 12 Monaten kommen kann. Liegt der drohende Eintritt der Zahlungsunfähigkeit mehr als 12 Monate in der Zukunft, besteht für Geschäftsführer künftig nicht mehr die Gefahr, sich wegen einer Verletzung der Insolvenzantragspflicht wegen Überschuldung haftbar und strafbar zu machen.[30]

bb) Weitere Anforderungen

28 Im Übrigen bleiben die Anforderungen, die an eine Fortbestehensprognose im Sinne des § 19 Abs. 2 S. 1 Hs. 2 InsO zu stellen sind, unberührt. Insbesondere dürfen – wie bereits vor dem 1.1.2021 – bei der Fortbestehensprognose **Sanierungsmaßnahmen** berücksichtigt werden, die in den Prognosezeitraum fallen, solange deren Erfolg überwiegen wahrscheinlich ist.

(1) Berücksichtigung beabsichtigter Sanierungsmaßnahmen bei Überschuldung

29 Eine die Überschuldung ausschließende positive Fortbestehensprognose kann sich auch aus der überwiegenden Wahrscheinlichkeit der erfolgreichen Umsetzung von **Sanierungsmaßnahmen** im Sinne des StaRUG ergeben.[31] Sinn und Zweck der Berücksichtigung von Maßnahmen nach dem StaRUG ist, dass die Inanspruchnahme dort normierter Instrumente nicht durch den Eintritt rechtlicher Überschuldung verhindert werden soll.[32]

30 Zu betonen ist, dass die erfolgreiche Umsetzung der so zu berücksichtigenden Beiträge im Rahmen der Fortbestehensprognose überwiegend wahrscheinlich sein muss.[33] Mit diesem Wahrscheinlichkeitsmaßstab wird an den bisher bestehenden Standard angeknüpft. Um das Wahrscheinlichkeitserfordernis erfüllen zu können, ist es nicht notwendig, ein Restrukturierungskonzept bereits in Anfängen umgesetzt oder ein Sanierungsverfahren nach dem StaRUG schon eingeleitet zu haben.[34] Andererseits darf eine Fortbestehensprognose nicht nur auf einer bloßen Hoffnung beruhen. Es müssen Umstände zu benennen sein, aufgrund derer davon auszugehen ist, dass

30 *Brünkmans* ZInsO 2021, 1 (15); *Brinkmann* ZIP 2020, 2361 (2362); *Thole* ZIP 2020, 1985 (1992).

31 BegrRegE BT-Drs. 19/24181, Ziff. B. Art. 5 Nr. 10, 197; *Brünkmans* ZInsO 2021, 1 (7, 15); *Brinkmann* ZIP 2020, 2361 (2362); *Desch* BB 2020, 2498 (2499); *Gehrlein* BB 2021, 66 (81); *Thole* ZIP 2020, 1985 (1992).

32 *Brünkmans* ZInsO 2021, 1 (21).

33 BegrRegE BT-Drs. 19/24181, Ziff. B. Art. 5 Nr. 10, 197; *Desch* BB 2020, 2498 (2499).

34 *Desch* BB 2020, 2498 (2499).

eine Sanierung unter dem StaRUG mit überwiegender Wahrscheinlichkeit umgesetzt werden kann.

(2) Keine Beachtung bei drohender Zahlungsunfähigkeit

Die Berücksichtigung beabsichtigter **Sanierungsmaßnahmen** nach dem StaRUG bei der Fortbestehensprognose ist zugleich ein wesentliches **Abgrenzungsmerkmal** gegenüber der drohenden Zahlungsunfähigkeit. Geplante vorinsolvenzliche Sanierungsvorhaben nehmen nämlich keinen Einfluss auf die im Rahmen der drohenden Zahlungsunfähigkeit vorzunehmende Liquiditätsprognose.[35] Hierdurch wird neben dem unterschiedlichen Prognosezeitraum das Abstandsgebot gewahrt zwischen dem – nach Maßgabe der Richtlinie von den nationalen Gesetzgebern zu definierenden – Begriff der wahrscheinlichen Insolvenz (die den Zugang zum präventiven Restrukturierungsrahmen eröffnet) und der Insolvenz selbst (die diesen verschließt). 31

c) Sonderregelung während Corona-Pandemie (§ 4 S. 1 CovInsAG)

Für die Zeit der **Corona-Pandemie** wird der zwölfmonatige Prognosezeitraum des § 19 InsO verkürzt. Dies geht aus dem durch das SanInsFoG eingeführten § 4 S. 1 COVInsAG hervor. Demnach ist in Abweichung von § 19 Abs. 2 S. 1 InsO zwischen dem 1.1.2021 und dem 31.12.2021 ein Zeitraum von vier Monaten zugrunde zu legen, wenn die Überschuldung auf die COVID-19-Pandemie zurückzuführen ist. Letzteres wird gem. § 4 S. 2 COVInsAG vermutet, wenn die Schuldnerin am 31.12.2019 nicht zahlungsunfähig war (§ 4 S. 2 Nr. 1 COVInsAG), sie im letzten vor dem 1.1.2020 abgeschlossenen Geschäftsjahr ein positives Ergebnis aus der gewöhnlichen Geschäftstätigkeit erwirtschaftet hat (§ 4 S. 2 Nr. 2 COVInsAG) und der Umsatz aus der gewöhnlichen Geschäftstätigkeit im Kalenderjahr 2020 im Vergleich zum Vorjahr um mehr als 30 Prozent eingebrochen ist (§ 4 S. 2 Nr. 3 COVInsAG). 32

Die Verkürzung des Prognosezeitraums dient der Rechtssicherheit. Für die Begriffsbestimmung der „gewöhnlichen Geschäftstätigkeit" dient die bilanzrechtliche Definition als Orientierung. 33

aa) Zeitraumverkürzung dient Rechtssicherheit

Durch die zeitig befristete Verkürzung des Prognosezeitraums reagiert der Gesetzgeber auf die erheblichen Prognoseunsicherheiten, mit denen sich von der Pandemie betroffene Unternehmen konfrontiert sehen. Der überschaubarere Zeitraum von vier statt zwölf Monaten soll Unternehmen ermöglichen, die den Geschäftsleitern obliegende Prognose bis zur Normalisierung der wirtschaftlichen Lage belastbar durchführen zu können. Aufgrund von Prognoseunsicherheiten vorsorglich gestellte Insolvenzanträge sollen verhindert werden.[36] 34

bb) Verbleibende Unklarheiten beim Begriff der „gewöhnlichen Geschäftstätigkeit"

Um das Ziel des Gesetzgebers, Rechtssicherheit zu schaffen, vollständig zu verwirklichen, wäre es wünschenswert gewesen, wenn der in § 4 S. 2 COVInsAG zweimal vorkommenden Begriff der „gewöhnlichen Geschäftstätigkeit" im CoVInsAG näher 35

---

35 BegrRegE BT-Drs. 19/24181, Ziff. B. Art. 5 Nr. 10, 197; *Desch* BB 2020, 2498 (2499).
36 BegrRegE BT-Drs. 19/24181, Ziff. B. Art. 10 § 4, 217.

konkretisiert worden wäre. In Ermangelung einer gesetzgeberischen Hilfestellung ist Geschäftsleitern anzuraten, die bilanzrechtlich verwendete Definition der „**gewöhnlichen Geschäftstätigkeit**" heranzuziehen. Hiernach gehören alle ständig vorkommenden, unternehmenstypischen Geschäfte im Rahmen des Kerngeschäfts zu den „gewöhnlichen Geschäftstätigkeiten".[37] Ausgeschlossen ist damit die Berücksichtigung von Sonderfaktoren wie Erträge aus Verkäufen von Unternehmensanteilen oder Geldzuflüsse aus Schadensregulierungen.

2. Die Handlungsmöglichkeiten und -pflichten der Geschäftsleiter bei drohender Zahlungsunfähigkeit

36 Der bisher rein fakultative Insolvenzeröffnungsgrund der drohenden Zahlungsunfähigkeit gewinnt durch die Einführung des StaRUG an Bedeutung, da gem. § 29 Abs. 1 StaRUG der Eintritt der drohenden Zahlungsunfähigkeit **Zugangsvoraussetzung** zur Inanspruchnahme der Instrumente des StaRUG ist.[38]

a) Fakultativer Insolvenzeröffnungsgrund

37 Nach wie vor steht Geschäftsleitern bei drohender Zahlungsfähigkeit ihrer Gesellschaft gem. § 18 Abs. 1 InsO die Möglichkeit offen, freiwillig einen Antrag auf Eröffnung des Insolvenzverfahrens zu stellen.

b) Drohende Zahlungsunfähigkeit als Zugangsvoraussetzung zum Stabilisierungs- und Restrukturierungsrahmen des StaRUG (§ 29 StaRUG)

38 Zusätzlich dazu verfügen Geschäftsleiter nunmehr in der Situation drohender Zahlungsunfähigkeit über eine weitere Handlungsalternative. Bis zum Eintritt der Insolvenzreife ihres Unternehmens können respektive müssen sie das Angebot einer vorinsolvenzlichen Sanierung und Restrukturierung im Sinne des StaRUG in Anspruch nehmen. In bestimmten Fällen kann eine bei drohender Zahlungsunfähigkeit begonnene Sanierung auch nach dem Vorliegen materieller Insolvenz weitergeführt werden.

aa) Beginn der Restrukturierungssache bei Eintritt der drohenden Zahlungsunfähigkeit

39 Das StaRUG verlangt für den Beginn der Restrukturierungssache, dass das betreffende Unternehmen drohend zahlungsunfähig ist. Gem. § 29 Abs. 1 StaRUG ist dies **materielle Zugangsvoraussetzung** für die Inanspruchnahme der Instrumente des Stabilisierungs- und Restrukturierungsrahmens des StaRUG.[39] Vor diesem Zeitpunkt steht das StaRUG Schuldnern nicht zur Verfügung.[40]

bb) Aufhebung der Restrukturierungssache bei Eintritt der Insolvenzreife

40 Da die Anwendung der Werkzeuge des StaRUG an die drohende Zahlungsunfähigkeit gekoppelt ist, findet die Möglichkeit der Nutzung der Sanierungsinstrumente grundsätzlich ihr Ende, wenn sich die Unternehmenskrise verschärft und sich die dro-

---

37 MüKoBilanzR/*Kessler* /*Freisleben*, 1. Aufl. 2013, HGB § 275 Rn. 208 ff.
38 *Desch* BB 2020, 2498 (2499); *Gehrlein* BB 2021, 66 (71).
39 BegrRegE BT-Drs. 19/24181, Ziff. B. Art. 1 § 31 Abs. 1, 132; *Brünkmans* ZInsO 2021, 1 (7); *Brinkmann* ZIP 2020, 2361 (2362); *Deppenkemper* ZIP 2020, 2432 (2434); *Desch* BB 2020, 2498 (2498); *Müller* ZIP 2020, 2253 (2254).
40 *Gehrlein* BB 2021, 66 (71).

hende Zahlungsunfähigkeit in eine Zahlungsunfähigkeit (vgl. § 17 InsO) oder Überschuldung (vgl. § 19 InsO) weiterentwickelt.[41]

Das ergibt sich aus § 33 Abs. 2 S. 1 Nr. 1 Hs. 1 StaRUG. Demnach hebt das hierfür zuständige Restrukturierungsgericht die Restrukturierungssache im Regelfall auf, sobald die Schuldnerin ihre Zahlungsunfähigkeit oder Überschuldung nach § 32 Abs. 3 StaRUG angezeigt hat oder andere Umstände bekannt sind, aus denen sich ergibt, dass sie insolvenzreif ist. Denn mit Eintritt der materiellen Insolvenz (Zahlungsunfähigkeit und/oder Überschuldung) ist die Gesamtheit seiner Gläubiger in ihren Interessen betroffen ist. Der Stabilisierungs- und Restrukturierungsrahmen des StaRUG, der vor allem partiell-kollektive Verfahrenshilfen vorsieht, wird diesem Gläubigergesamtinteresse ab diesem Zeitpunkt nicht unbedingt mehr gerecht.[42] 41

cc) Ausnahmen (§ 33 Abs. 2 S. 1 Nr. 1 Hs. 2 und 3 StaRUG)

Ausnahmen von diesem Grundsatz sind in § 33 Abs. 2 S. 1 Nr. 1 Hs. 2 und 3 StaRUG zu finden. Von einer **Aufhebung der Restrukturierungssache** kann trotz Insolvenzreife des Unternehmens abgesehen werden, wenn die Eröffnung des Insolvenzverfahrens mit Blick auf den erreichten Stand in der Restrukturierungssache offensichtlich nicht im Interesse der Gläubigergesamtheit liegen würde (Hs. 2) oder wenn die Zahlungsunfähigkeit oder Überschuldung aus der Kündigung oder sonstigen Fälligstellung einer Forderung resultiert, die nach dem angezeigten Restrukturierungskonzept einer Gestaltung durch den Plan unterworfen werden soll, sofern die Erreichung des Restrukturierungsziels überwiegend wahrscheinlich ist (Hs. 3). 42

(1) Restrukturierungsabschluss steht kurz bevor (Hs. 2)

Die Ausnahme in Hs. 2 erklärt der Gesetzgeber damit, dass eine Fortführung der Restrukturierungssache dann im Interesse der Gesamtheit der Gläubiger liegt und somit den Sinn und Zweck des § 33 Abs. 2 S. 1 Nr. 1 Hs. 1 StaRUG verwirklicht, wenn die angestrebte Restrukturierung kurz vor ihrem Abschluss steht. Dies ist beispielsweise der Fall, wenn die Bestätigung eines bereits angenommenen Restrukturierungsplans unmittelbar bevorsteht.[43] 43

(2) Restrukturierungskonzept beseitigt insolvenzreife (Hs. 3)

Beseitigt das Restrukturierungskonzept mit überwiegender Wahrscheinlichkeit die Insolvenzreife des Unternehmens, läuft die Aufhebung der Restrukturierungssache ebenfalls dem erklärten Ziel zuwider, ab Eintritt der Insolvenz die Interessen der Gläubigergesamtheit zu schützen. Den Gläubigern ist besser geholfen, wenn die Gesellschaft dank einer erfolgreichen Restrukturierung fortbesteht und sie ihre Verbindlichkeiten in voller Höhe begleichen kann. Daher wird gem. § 33 Abs. 2 S. 1 Nr. 1 3. Hs. StaRUG auch in diesem Fall eine Ausnahme von der obligatorischen Aufhebung der Restrukturierungssache zugelassen.[44] 44

---

41 *Brünkmans* ZInsO 2021, 1 (8); *Brinkmann* ZIP 2020, 2361 (2362); *Desch* BB 2020, 2498 (2499); *Thole* ZIP 2020, 1985 (1993).
42 BegrRegE BT-Drs. 19/24181, Ziff. B. Art. 1 § 35 Abs. 2 Nr. 1, 139; *Gehrlein* BB 2021, 66 (71).
43 BegrRegE BT-Drs. 19/24181, Ziff. B. Art. 1 § 35 Abs. 2 Nr. 1, 139.
44 BegrRegE BT-Drs. 19/24181, Ziff. B. Art. 1 § 35 Abs. 2 Nr. 1, 139.

III. Praxishinweise

45 Geschäftsleiter müssen bei der Prognose der Zahlungsfähigkeit im Rahme der Überschuldung sehr sorgfältig agieren, um Haftungsrisiken auszuschließen.

1. Risiko der Geschäftsleiterhaftung beim Scheitern der Sanierungsbemühungen

46 Wenn mit einer Restrukturierung nach dem StaRUG begonnen wird, diese aber scheitert und das Insolvenzverfahren eröffnet wird, werden Insolvenzverwalter die Frage stellen, ob und wie **Geschäftsleiter** für dieses Scheitern **haften** müssen. Insbesondere eine von den Geschäftsleitern angenommene positive Fortbestehensprognose wird dabei kritisch hinterfragt werden. Erscheint es möglich, dass der Erfolg der gescheiterten Sanierung bereits ex ante – vor Beginn der Restrukturierungsmaßnahmen – nicht überwiegend wahrscheinlich war und die Geschäftsleiter deswegen eine Überschuldung hätten bejahen müssen, werden Insolvenzverwalter (und Gläubiger) Haftungsprozesse gegen sie anstreben.

47 Kommt es zu einem Haftungsprozess, obliegt die Darlegungs- und Beweislast für eine positive Fortbestehensprognose dem Geschäftsleiter. Der klagende Insolvenzverwalter muss lediglich darlegen, dass das Unternehmen zum Zeitpunkt der Prognoseentscheidung rechnerisch überschuldet war.[45] Insoweit kommt einer Handelsbilanz indizielle Bedeutung zu, wenn nach dem Vortrag des Insolvenzverwalters stille Reserven nicht vorliegen. Es ist dann Sache des beklagten Geschäftsführers, im Rahmen seiner sekundären Darlegungslast im Einzelnen vorzutragen, welche stillen Reserven oder sonstigen für eine Überschuldungsbilanz maßgeblichen Werte in der Handelsbilanz nicht abgebildet sind.[46] Zudem obliegt es dem Geschäftsführer, Umstände darzulegen und zu beweisen, welche die Annahme einer positiven Fortbestehensprognose gestützt haben.[47] Eine gewisse Erleichterung bei dem ihnen obliegenden Nachweis erfahren Geschäftsleiter dadurch, dass ihnen ein gewisser Beurteilungsspielraum zuzugestehen ist. Solange sich die Annahme einer positive Fortbestehensprognose in einem (gerade noch) vertretbaren Rahmen bewegt, scheidet eine Haftung aus.[48]

48 Wo die äußere Grenze der Vertretbarkeit verläuft, ist allerdings schwer zu beurteilen. Kommt es zu einem Haftungsprozess, ist das Risiko zu unterliegen umso höher, je weiter der Beurteilungsspielraum ausgereizt wurde. Geschäftsleiter sind daher gut beraten, diesen nicht bis aufs Letzte auszunutzen. Erfolgt die rechtzeitige Anzeige einer Überschuldung während einer Restrukturierung nach dem StaRUG, besteht zudem eine konkrete Aussicht darauf, dass von einer Aufhebung der Restrukturierungssache gemäß § 33 Abs. 2 S. 1 Nr. 1 Hs. 2 und 3 StaRUG abgesehen wird.

49 Ihre Entscheidung sollten Geschäftsleiter umfassend **dokumentieren.** Die relevanten Tatsachen, Annahmen und Schlussfolgerungen sind unbedingt schriftlich festzuhalten. Nur so können Geschäftsleiter im Ernstfall den ihnen obliegenden Nachweis

45 Uhlenbruck/*Mock* InsO § 19 Rn. 53; BeckOK InsO/*Wolfer*, 21. Ed. 15.10.2020, § 19 Rn. 59.
46 BGH NZI 2011, 452.
47 Uhlenbruck/*Mock* InsO § 19 Rn. 54; Gottwald/Haas/*Grundlach* InsR-HdB § 6 Rn. 42; MüKoInsO/*Drukarczyk* § 19 Rn. 60; BeckOK InsO/*Wolfer*, 21. Ed. 15.10.2020, § 19 Rn. 59.
48 MüKoInsO/*Drukarczyk* § 18 Rn. 54; *Schäfer* ZIP 2020, 2164 (2167).

dafür bringen, dass sie bei der Erstellung der Fortbestehensprognose pflichtgemäß vorgegangen sind.[49]

2. Drohende Zahlungsunfähigkeit richtiger Anknüpfungspunkt?

Die drohende Zahlungsunfähigkeit als **Zugangsvoraussetzung** für die Instrumente des StaRUG bleibt hinter den Möglichkeiten zurück, die der europäische Gesetzgeber den Mitgliedstaaten in der Richtlinie (EU) 2019/1023 eingeräumt hatte.[50] Wie sich aus den Erwägungsgründen Nr. 2[51] und 24[52] der Richtlinie ergibt, soll Unternehmen ein Restrukturierungsrahmen zur Verfügung stehen, bevor sie nach nationalem Recht insolvent werden. Die drohende Zahlungsfähigkeit im Sinne des § 18 InsO, die der Gesetzgeber als Anknüpfungspunkt für das StaRUG gewählt hat, ist und bleibt aber – wenn auch fakultativer – Insolvenzeröffnungsgrund. 50

Es wird daher kritisiert, dass der Eintritt drohender Zahlungsfähigkeit als frühestmöglicher Beginn von Restrukturierungsmaßnahmen nach dem StaRUG zu spät gewählt sei. Stünden die Instrumente des StaRUG eher zur Verfügung, könnten effektive Gegenmaßnahmen zur Abwehr einer Krise schon in einer Frühphase getroffen werden, in welcher regelmäßig bessere Aussichten auf eine erfolgreiche Krisenbewältigung bestünden.[53] Zudem könne ein zu später Zugriff auf die Möglichkeit zur vorinsolvenzlichen Sanierung auch nicht im Interesse der Gesellschaftsgläubiger sein. Denn befinde sich ein Unternehmen schon in der Phase der drohenden Zahlungsunfähigkeit, sei es für eine erfolgreiche Krisenbewältigung oftmals zu spät und es komme zur Insolvenz.[54] 51

Demgegenüber seien die Erfolgschancen der Abwendung einer drohenden Insolvenz – und damit die Aussicht auf vollständige Befriedigung der Gesellschaftsgläubiger – umso höher, je früher ein Unternehmen geeignete Maßnahmen zur Krisenbewältigung ergreifen könne.[55] Diesem Leitmotiv habe sich der europäische Gesetzgeber verschrieben.[56] Auch dem deutschen Gesetzgeber sei dieser Erfahrungsgrundsatz bekannt.[57] 52

49 Uhlenbruck/*Mock* InsO § 19 Rn. 32; Gottwald/Haas/*Grundlach* InsR-HdB § 6 Rn. 40; MüKoInsO/*Drukarczyk* § 19 Rn. 60.

50 Die Richtlinie spricht in Art. 1 Abs. 1 lit. a insoweit davon, dass die Mitgliedstaaten präventive Restrukturierungsmaßnahmen ausgestalten sollten, welche Schuldnern bereits bei einer „wahrscheinlichen Insolvenz" (auf Englisch: „likelihood of insolvency") zur Verfügung stehen.

51 Dort heißt es: *„Präventive Restrukturierungsrahmen sollten es Schuldnern vor allem ermöglichen, sich frühzeitig wirksam und im Hinblick auf die Vermeidung ihrer Insolvenz zu restrukturieren, um so die unnötige Liquidation bestandsfähiger Unternehmen zu begrenzen."*

52 Dort heißt es: *„Schuldnern [...] sollte ein Restrukturierungsrahmen zur Verfügung stehen, der es ihnen ermöglicht, ihre finanziellen Schwierigkeiten frühzeitig anzugehen [...]. Ein Restrukturierungsrahmen sollte zur Verfügung stehen, bevor ein Schuldner nach nationalem Recht insolvent wird..."*.

53 *Müller* ZIP 2020, 2253 (2254); *Gehrlein* BB 2021, 66 (71).

54 *Müller* ZIP 2020, 2253 (2254); *Gehrlein* BB 2021, 66 (71).

55 Oppenländer/Trölitzsch/*Steffan* GmbH-GF-HdB § 37 Rn. 128.

56 Vgl. Erwägungsgrund Nr. 22 der Richtlinie. Dort heißt es: *„Je früher ein Schuldner seine finanziellen Schwierigkeiten erkennen und geeignete Maßnahmen treffen kann, desto höher ist die Wahrscheinlichkeit, dass eine wahrscheinliche Insolvenz abgewendet wird..."*.

57 Vgl. BegrRegE BT-Drs. 19/24181, Ziff. A. II. 2. a), 90. Dort heißt es: *„Der Entwurf verkennt nicht, dass es wünschenswert ist, die Verfahrenshilfen des Stabilisierungs- und Restrukturierungsrahmens so früh wie möglich zur Verfügung zu stellen, um die Voraussetzungen dafür zu schaffen, dass Gegenmaßnahmen bereits in einer Frühphase der Krise ergriffen werden, in der in aller Regel bessere Aussichten auf eine erfolgreiche Krisenbewältigung bestehen."*

53 Dieser Kritik ist jedoch entgegenzuhalten, dass die **Eingriffe in die Rechte der Gläubiger** durch das StaRUG einer sachlichen Rechtfertigung bedürfen. Wären Eingriffe bereits vor dem Eintritt der drohenden Zahlungsunfähigkeit möglich, wäre Missbrauch Tür und Tor geöffnet. Unternehmen könnten versucht sein, unter dem Vorwand einer Krise Gläubigerrechte zu beschneiden. Daher war es die richtige Entscheidung, an die drohende Zahlungsunfähigkeit anzuknüpfen.

C. „Frist zur Insolvenzantragstellung"

54 Neben den Änderungen in § 18 InsO und § 19 InsO wird § 15a InsO ebenfalls durch das SanInsFoG reformiert. Statt drei Wochen haben Geschäftsleiter überschuldeter Unternehmen im Sinne des § 19 InsO ab dem 1.1.2021 unter bestimmten Voraussetzungen bis zu **sechs Wochen** Zeit, um einen Insolvenzantrag zu stellen.

55 Im Folgenden wird nach einer kurzen Darstellung der Systematik des § 15a InsO dargelegt, dass die verlängerte Antragspflicht bei der Überschuldung ebenfalls mit der Abgrenzung und dem Abstandgebot von Insolvenzverfahren und einer Sanierung unter dem StaRUG zusammenhängt. Anschließend werden Praxishinweise gegeben, worauf während der Insolvenzantragsfrist zu achten ist.

I. Systematik des § 15a InsO

56 Die in § 15a InsO normierte Insolvenzantragspflicht bezweckt den Schutz der Gläubiger beschränkt haftender Gesellschaften. Die Gläubiger sollen vor Schädigungen bewahrt werden, die durch eine verspätete Beantragung eines Insolvenzverfahrens entstehen. Durch die verpflichtende Stellung eines Insolvenzantrages, der ein einheitliches Verfahren zur gleichmäßigen Verteilung der vorhandenen Insolvenzmasse in Gang setzt, soll die Gleichbehandlung aller Gläubiger gewährleistet werden.[58]

57 Nach einer Analyse der Voraussetzungen, unter denen die Insolvenzantragspflicht besteht wird ein Blick auf die rechtlichen Folgen geworfen, denen Geschäftsleiter bei Verletzung dieser Pflicht ausgesetzt sind.

1. Insolvenzantragspflicht

58 Die Insolvenzantragspflicht besteht gem. § 15a Abs. 1 InsO für beschränkt haftende Rechtssubjekte. Bei diesen müssen die jeweiligen Antragspflichtigen bei Eintritt materiellrechtlicher Insolvenz innerhalb einer gesetzlich festgelegten Höchstfrist einen Antrag auf Eröffnung des Insolvenzverfahrens stellen.

a) Betroffene Gesellschaftsformen

59 Die Insolvenzantragspflicht besteht gem. § 15a Abs. 1 S. 1 InsO für Vertreter juristischer Personen und gem. § 15a Abs. 1 S. 3, Abs. 2 InsO für Vertreter von Gesellschaften ohne Rechtspersönlichkeit, bei der kein (mittelbar) persönlich haftender Gesellschafter eine natürliche Person ist. Vom Anwendungsbereich des § 15a InsO sind auch Auslandsgesellschaften umfasst.[59]

---

58 Uhlenbruck/*Hirte* InsO § 15a Rn. 1; MüKoInsO/*Klöhn* § 15a Rn. 8.
59 MüKoInsO/*Klöhn* § 15a Rn. 47.

aa) Juristische Personen

Mit dem Begriff der juristischen Person in § 15a Abs. 1 S. 1 InsO adressiert die Norm insbesondere die Rechtsformen der GmbH (inklusive UG), der AG, der KGaA, der eG sowie der SE und SPE.[60] Die Insolvenzantragspflicht trifft auch Gesellschaften, die sich in Liquidation befinden. Dies ergibt sich aus § 15a Abs. 1 S. 1 InsO, der insoweit die „Abwickler“ solcher Gesellschaften ausdrücklich adressiert.[61] 60

Spezialnorm für Kredit- und Finanzdienstleistungsunternehmen, die dem KWG unterfallen, ist § 46b Abs. 1 S. 1 und 2 KWG. Hiernach müssen diese Unternehmen bei der Bundesanstalt für Finanzdienstleistungen (BaFin) den Eintritt der Insolvenz anzeigen.[62] 61

bb) Gesellschaften ohne Rechtspersönlichkeit

§ 15a Abs. 1 S. 3, Abs. 2 InsO erweitert die Antragspflicht auf solche Personengesellschaften, bei denen keine natürliche Person (mittelbar) gegenüber den Gesellschaftsgläubigern für die Gesellschaftsschulden einstehen muss.[63] Eine Einstandspflicht, die einer Antragspflicht entgegensteht, muss sich aus gesetzlicher Haftung ergeben. Rein schuldrechtlich vereinbarte Haftungsansprüche bzw. vereinbarte Freistellungsansprüche haben keinen Einfluss auf die Existenz der gesetzlichen Insolvenzantragspflicht.[64] 62

§ 15a Abs. 1 S. 3, Abs. 2 InsO wird in der Praxis am häufigsten auf die GmbH & Co. KG angewendet. Personengesellschaften, die sich in Liquidation befinden, sind ebenfalls uneingeschränkt antragspflichtig, vgl. § 15a Abs. 1 S. 3 InsO.[65] 63

cc) Auslandsgesellschaften

Die Insolvenzantragspflicht aus § 15a InsO besteht auch für beschränkt haftende **Auslandsgesellschaften**, bei denen der wirtschaftliche Mittelpunkt der unternehmerischen Tätigkeit (Center of main interest) in Deutschland liegt.[66] 64

b) Verpflichtete/Adressatenkreis

Wer innerhalb des jeweiligen Rechtssubjektes antragspflichtig ist, regelt § 15a Abs. 1 S. 1 InsO: Die jeweiligen Mitglieder des Vertretungsorgans und die Abwickler müssen ohne schuldhaftes Zögern einen Eröffnungsantrag stellen. Im Falle der **Führungslosigkeit** einer GmbH, AG oder Genossenschaft sind die GmbH-Gesellschafter bzw. die Mitglieder des Aufsichtsrates einer AG oder Genossenschaft subsidiär antragspflichtig. 65

aa) Mitglieder des Vertretungsorgans

§ 15a Abs. 1 S. 1 und 3 InsO spricht davon, dass die „**Mitglieder des Vertretungsorgans**“ bzw. die „organschaftlichen Vertreter der zur Vertretung der Gesellschaft ermächtigten Gesellschafter“ insolvenzantragspflichtig sind. Hiermit adressiert der Ge- 66

60 BeckOK InsO/*Wolfer*, 21. Ed. 15.10.2020, § 15a Rn. 2.
61 BeckOK InsO/*Wolfer*, 21. Ed. 15.10.2020, § 15a Rn. 3.
62 BeckOK InsO/*Wolfer*, 21. Ed. 15.10.2020, § 15a Rn. 4.
63 BeckOK InsO/*Wolfer*, 21. Ed. 15.10.2020, § 15a Rn. 5; MüKoInsO/*Klöhn* § 15a Rn. 49; Uhlenbruck/*Hirte* InsO § 15a Rn. 9.
64 BeckOK InsO/*Wolfer*, 21. Ed. 15.10.2020, § 15a Rn. 5; MüKoInsO/*Klöhn* § 15a Rn. 49.
65 BeckOK InsO/*Wolfer*, 21. Ed. 15.10.2020, § 15a Rn. 5b.
66 MüKoInsO/*Klöhn* § 15a Rn. 62.

setzgeber vor allem GmbH-Geschäftsführer (einschließlich stellvertretender Geschäftsführer) bzw. Mitglieder des Vorstandes bei der AG und der Genossenschaft.[67] Der Begriff der „organschaftlichen Vertretung" aus S. 3 umschreibt vor allem die zur Vertretung von Personengesellschaften befugten Gesellschafter. Wer vertretungsberechtigt ist, ergibt sich bei Personengesellschaften beispielsweise aus § 714 BGB (für die GbR), aus § 125 HGB (für die OHG) und aus §§ 161 Abs. 2, 125 HGB (für die KG).[68]

(1) Ausdehnung auf faktische Organmitglieder

67 Über den Wortlaut des § 15a Abs. 1 InsO hinaus sind auch sogenannte **faktische Organmitglieder** zur Stellung eines Insolvenzantrages verpflichtet. Faktische Organmitglieder sind dabei solche Personen, die „nach dem Gesamterscheinungsbild ihres Auftretens nach außen die Geschicke der Gesellschaft über die interne Einwirkung auf die Geschäftsführung hinaus durch eigenes Handeln nachhaltig prägen." Es kommt also auf die tatsächliche Übernahme der Geschäftsführung an.[69] Die faktischen Organmitglieder können auch neben existierenden Organen tätig sein.[70]

(2) Antragspflicht mittelbarer organschaftlicher Vertreter

68 Ist der persönlich haftende Gesellschafter einer Gesellschaft ohne Rechtspersönlichkeit wiederum eine Gesellschaft, bei welcher keiner der Gesellschafter eine natürliche Person ist (Stichwort: mehrstöckige GmbH & Co. KG), greift § 15a Abs. 2 InsO. Demnach muss in diesem Fall der jeweils mittelbare persönlich haftende organschaftliche Vertreter den Insolvenzantrag für die untergeordnete Gesellschaft stellen. Damit wird die Pflicht zur Stellung eines Insolvenzantrages bei mehrstufigen Gesellschaftsmodellen auf diejenige Stufe verlagert, auf welcher tatsächlich eine natürliche Person für die Einhaltung diese Pflicht einzustehen hat.[71]

(3) Keine Delegation möglich

69 Gibt es mehrere Personen innerhalb einer Gesellschaft, welche der Antragspflicht aus § 15a InsO unterliegen, trifft die Insolvenzantragspflicht jeden einzeln. Auf eine interne Ressort- oder Geschäftsverteilung kommt es nicht an. Die Antragspflicht kann nicht delegiert werden.[72]

bb) Abwickler

70 Befindet sich die Gesellschaft im Stadium der Auflösung, müssen die **Abwickler** gem. § 15a Abs. 1 S. 1 und 3 InsO den Insolvenzantrag stellen. Abwickler (auch: Liquidatoren) sind dabei diejenigen (natürlichen oder juristischen) Personen, welche damit beauftragt sind, die Liquidation der jeweiligen Gesellschaft durchzuführen. Sie müssen die laufenden Geschäfte beenden, Forderungen einziehen und begleichen und die vorhandenen Vermögensgegenstände – soweit noch nicht erfolgt – veräußern. Ab-

---

67 MüKoInsO/*Klöhn* § 15a Rn. 66; BeckOK InsO/*Wolfer*, 21. Ed. 15.10.2020, § 15a Rn. 7.
68 BeckOK InsO/*Wolfer*, 21. Ed. 15.10.2020, § 15a Rn. 7.
69 Vgl. BGH NZG 2005, 816 (816 ff.); BeckOK InsO/*Wolfer*, 21. Ed. 15.10.2020, § 15a Rn. 9a; Uhlenbruck/*Hirte* InsO § 15a Rn. 8.
70 BeckOK InsO/*Wolfer*, 21. Ed. 15.10.2020, § 15a Rn. 9a.
71 Uhlenbruck/*Hirte* InsO § 15a Rn. 11.
72 BeckOK InsO/*Wolfer*, 21. Ed. 15.10.2020, § 15a Rn. 8; Gottwald/Haas/*Haas* /*Kolmann* /*Kurz* InsR-HdB § 90 Rn. 76; Uhlenbruck/*Hirte* InsO § 15a Rn. 7.

wickler unterliegen den gleichen Anforderungen wie die übrigen aus § 15a Abs. 1 S. 1 und 3 InsO Verpflichteten.[73]

cc) Insolvenzantragspflicht bei Führungslosigkeit

Im Falle der **Führungslosigkeit** einer GmbH, AG oder Genossenschaft sind gem. § 15a Abs. 3 InsO auch die GmbH-Gesellschafter bzw. die Mitglieder des Aufsichtsrates der AG und der Genossenschaft zur Stellung des Insolvenzantrages verpflichtet, es sei denn, sie haben keine Kenntnis vom Insolvenzgrund und der Führungslosigkeit. Hierdurch sollen die jeweils Verantwortlichen innerhalb der Gesellschaft dazu bewegt werden, dafür Sorge zu tragen, dass eine ordnungsgemäße Vertretung der Gesellschaft jederzeit sichergestellt ist.[74] 71

(1) Definition Führungslosigkeit

Der Begriff „Führungslosigkeit“ beschreibt einen Zustand, in welchem die Gesellschaft keinen organschaftlichen Vertreter hat. Ist der Geschäftsführer beispielsweise ausgeschieden oder abberufen, liegt eine solche Situation vor. Die bloße fehlende Kommunikationsmöglichkeit mit dem Geschäftsführer, dessen Untätigkeit oder Führungsschwäche reichen demgegenüber noch nicht aus, um die Pflicht aus § 15a Abs. 3 InsO in Gang zu setzen.[75] 72

(2) Ersatzzuständigkeit bei der GmbH

Die Ersatzzuständigkeit bei der GmbH trifft jeden Gesellschafter einzeln. Es kommt nicht auf die Höhe der jeweiligen Beteiligung an der Gesellschaft an. Auch Gesellschafter mit Kleinstbeteiligungen sind antragspflichtig. Ist der Gesellschafter wiederum eine juristische Person, sind dessen Vertreter bzw. Gesellschafter antragspflichtig.[76] 73

(3) Ersatzzuständigkeit bei der AG/Genossenschaft

Bei der AG und der Genossenschaft ist jedes Mitglied des Aufsichtsrates einzeln ersatzweise zur Stellung des Insolvenzantrages verpflichtet.[77] 74

(4) Kenntniserfordernis

Die Insolvenzantragsplicht gemäß § 15a Abs. 3 Hs. 2 InsO setzt voraus, dass die jeweiligen Ersatzzuständigen kumulativ Kenntnis vom Insolvenzgrund (Zahlungsunfähigkeit und/oder Überschuldung) sowie Kenntnis von der Führungslosigkeit der Gesellschaft haben.[78] Aus der Formulierung „es sei denn“ in § 15a Abs. 3 Hs. 2 InsO ergibt sich, dass dem Verpflichteten die Darlegungs- und Beweisleist für seine fehlende Kenntnis obliegt. Der positiven Kenntnis gleichgestellt ist die Situation, in welcher sich der Verpflichtete der Kenntnis bewusst verschließt. Ein bloßes Kennenmüssen 75

---

73 BeckOK InsO/*Wolfer*, 21. Ed. 15.10.2020, § 15a Rn. 10; MüKoInsO/*Klöhn* § 15a Rn. 81; Uhlenbruck/*Hirte* InsO § 15a Rn. 7.

74 MüKoInsO/*Klöhn* § 15a Rn. 83; Uhlenbruck/*Hirte* § 15a Rn. 61.

75 BeckOK InsO/*Wolfer*, 21. Ed. 15.10.2020, § 15a Rn. 11; MüKoInsO/*Klöhn* § 15a Rn. 88; Uhlenbruck/*Hirte* InsO § 15a Rn. 62.

76 BeckOK InsO/*Wolfer*, 21. Ed. 15.10.2020, § 15a Rn. 12; MüKoInsO/*Klöhn* § 15a Rn. 84 f.; Gottwald/Haas/*Haas* /*Kolmann* /*Kurz* InsR-HdB § 90 Rn. 81; Uhlenbruck/*Hirte* InsO § 15a Rn. 62.

77 BeckOK InsO/*Wolfer*, 21. Ed. 15.10.2020, § 15a Rn. 13; MüKoInsO/*Klöhn* § 15a Rn. 93.

78 MüKoInsO/*Klöhn* § 15a Rn. 89; Gottwald/Haas/*Haas* /*Kolmann* /*Kurz* InsR-HdB § 90 Rn. 80; Uhlenbruck/*Hirte* InsO § 15a Rn. 63.

der relevanten Umstände für sich genommen reicht jedoch nicht zur Begründung einer Antragspflicht aus.[79]

c) Eintritt materieller Insolvenz

76 Die Insolvenzantragspflicht im Sinne des § 15a Abs. 1 S. 1 InsO besteht ab dem Zeitpunkt, ab dem ein obligatorischer Insolvenzeröffnungsgrund vorliegt, die Gesellschaft also gem. § 17 InsO zahlungsunfähig oder gem. § 19 InsO überschuldet ist. Die bloße drohende Zahlungsunfähigkeit (vgl. § 18 InsO) begründete keine Pflicht zur Stellung eines Insolvenzantrages.

aa) Zahlungsunfähigkeit

77 Eine Gesellschaft ist gem. § 17 Abs. 2 S. 1 InsO zahlungsunfähig, wenn sie nicht in der Lage ist, ihre fälligen Forderungen zu erfüllen. In strenger Anwendung dieser Vorschrift wäre eine Zahlungsunfähigkeit bereits anzunehmen, wenn die stichtagsbezogene Gegenüberstellung der liquiden Mittel zu den fälligen Verbindlichkeiten (Liquiditätsstatus) eine geringfügige Unterdeckung ausweisen würde. Der Bundesgerichtshof hat vor diesem Hintergrund in seiner Grundsatzentscheidung vom 24.5.2005 für die Prüfung der Zahlungsunfähigkeit ein prognostisches Element eingeführt, um die Zahlungsunfähigkeit von einer vorübergehenden **bloßen Zahlungsstockung** abzugrenzen.[80] Hiernach liegt eine Zahlungsunfähigkeit und nicht nur eine vorübergehende Zahlungsstockung vor, wenn der Schuldner nicht in der Lage ist, sich innerhalb von drei Wochen die zur Begleichung der fälligen Forderungen benötigten finanziellen Mittel zu beschaffen und die Liquiditätslücke auf unter 10 % zurückzuführen.

78 Umstritten war lange Zeit, ob im Rahmen der Liquiditätsprognose im Dreiwochenzeitraum neben den zukünftigen Zahlungseingängen auch die innerhalb der Prognose fällig werdenden Verbindlichkeiten zu berücksichtigen sind. Bleiben diese unberücksichtigt, könnte der Schuldner trotz dauerhafter Liquiditätslücke jeweils auf drei Wochen die zwischenzeitlich fällig werdenden Verbindlichkeiten vor sich herschieben (sog. „**Bugwellentheorie**"). Der Bundesgerichtshof hat dem mit seiner Entscheidung vom 19.12.2017 eine Absage erteilt.[81] In die zur Feststellung der Zahlungsunfähigkeit aufzustellende Liquiditätsbilanz sind einzubeziehen:

- auf der Aktivseite: verfügbare Zahlungsmittel (Aktiva I) und die innerhalb von drei Wochen flüssig zu machenden Mittel (Aktiva II);
- auf der Passivseite: am Stichtag fällige und eingeforderte Verbindlichkeiten (Passiva I) sowie innerhalb von drei Wochen fällig werdende und eingeforderte Verbindlichkeiten (Passiva II).

79 Hinsichtlich der Fälligkeit ist zu berücksichtigen, dass die Forderung zusätzlich zu der allgemein zivilrechtlichen Fälligkeit vom Gläubiger **ernsthaft eingefordert** werden muss. Hierzu reicht im Regelfall schon die Übersendung einer Rechnung aus.[82]

---

79 BeckOK InsO/*Wolfer*, 21. Ed. 15.10.2020, § 15a Rn. 16; Uhlenbruck/*Hirte* InsO § 15a Rn. 63.
80 BGH NZI 2005, 547.
81 BGH NZG 2018, 343.
82 MüKoInsO/*Eilenberger* § 17 Rn. 7b; BeckOK InsO/*Wolfer*, 21. Ed. 15.10.2020, § 17 Rn. 8.

Zahlungsunfähigkeit ist gem. § 17 Abs. 2 S. 2 InsO in der Regel anzunehmen, wenn die Gesellschaft ihre **Zahlungen eingestellt** hat. Den Begriff der Zahlungseinstellung definiert der BGH als ein nach außen hervortretendes Verhalten der Gesellschaft, in welchem sich typischerweise ausdrückt, dass sie nicht in der Lage ist, ihre fälligen Zahlungsverpflichtungen zu erfüllen.[83] 80

Bei der Ermittlung der Zahlungseinstellung werden die Umstände des Einzelfalls als Beweisanzeichen ausgewertet. Insbesondere die tatsächliche Nichtzahlung eines erheblichen Teils der fälligen Verbindlichkeiten ist ein wesentliches Anzeichen für eine Zahlungseinstellung. Darüber hinaus zählen die Nichtzahlung von Löhnen, offene Sozialversicherungsbeiträge über Monate hinweg sowie eine dauerhaft schleppende Zahlungsweise zu den typischen Indizien, die auf eine Zahlungseinstellung schließen lassen.[84] 81

In der Praxis dient die älteste zur Tabelle festgestellte Forderung (von nicht unerheblicher Höhe) regelmäßig als Beleg für den Beginn der Zahlungseinstellung. Hierdurch wird nachgewiesen, dass während der Vornahme anfechtbarer Rechtshandlungen mindestens eine andere Verbindlichkeit bereits fällig war, die die bis zur Eröffnung des Insolvenzverfahrens nicht mehr beglichen wurde.[85] 82

bb) Überschuldung

Eine Gesellschaft ist gem. § 19 Abs. 2 S. 1 InsO überschuldet, wenn das Vermögen der Gesellschaft deren bestehenden Verbindlichkeiten nicht mehr deckt, es sei denn, dass die Fortführung der Gesellschaft nach den Umständen des Einzelfalles überwiegend wahrscheinlich ist.[86] 83

d) Antragsfrist

Wird ein beschränkt haftendes Rechtssubjekt materiell insolvent, mussten die Geschäftsleiter nach alter Rechtslage gem. § 15a Abs. 1 InsO spätestens nach drei Wochen einen Antrag auf Eröffnung des Insolvenzverfahrens stellen. Seit dem 1.1.2021 differenziert § 15a InsO bei der Antragsfrist zwischen der Zahlungsunfähigkeit (**weiterhin drei Wochen**) und der Überschuldung (**sechs Wochen**). 84

aa) Funktion der Frist

Die Frist dient wie der gesamte § 15a InsO der Verwirklichung des Gläubigerschutzes. Innerhalb der Frist soll es der Gesellschaft ermöglicht werden, unter bestimmten Voraussetzungen durch Fortführung der Geschäfte und Einleitung von Sanierungsmaßnahmen die Insolvenz abzuwenden.[87] Sind die Maßnahmen erfolgreich, ist nicht 85

---

83 BGH Urt. v. 20.11.2001 – IX ZR 48/01, NJW 2002, 515; BGH Urt. v. 30.6.2011 – IX ZR 134/10, NZI 2011, 589 Rn. 12; BeckOK InsO/*Wolfer*, 21. Ed. 15.10.2020, § 17 Rn. 30; Uhlenbruck/*Mock* InsO § 17 Rn. 155.

84 BGH Urt. v. 14.2.2008 – IX ZR 38/04, NZI 2008, 229 (300); BGH Urt. v. 17.12.2015 – IX ZR 61/14, NZI 2016, 134; BGH BeckRS 2016, 11573 Rn. 23; BeckOK InsO/*Wolfer*, 21. Ed. 15.10.2020, § 17 Rn. 31–31a; Uhlenbruck/*Mock* InsO § 17 Rn. 167.

85 BGH Urt. v. 12.10.2006 – IX ZR 228/03, NZI 2007, 36; BGH Urt. v. 30.6.2011 – IX ZR 134/10, NZI 2011, 589 Rn. 12; BeckOK InsO/*Wolfer*, 21. Ed. 15.10.2020, § 17 Rn. 32.

86 BeckOK InsO/*Wolfer*, 21. Ed. 15.10.2020, § 19 Rn. 8; MüKoInsO/*Drukarczyk* § 18 Rn. 28; Uhlenbruck/*Mock* InsO § 19 Rn. 40.

87 MüKoInsO/*Klöhn* § 15a Rn. 121; BeckOK InsO/*Wolfer*, 21. Ed. 15.10.2020, § 15a Rn. 22; Gottwald/Haas/*Haas* /*Kolmann* /*Kurz* InsR-HdB § 90 Rn. 91.

nur der Fortbestand der Gesellschaft gesichert, sondern die Gläubiger haben auch die Möglichkeit, ihre Verbindlichkeiten in Gänze zu realisieren, statt sich innerhalb eines eröffneten Insolvenzverfahrens nur mit einer – wie regelmäßig – nur quotalen Befriedigung zufrieden geben zu müssen.

bb) Kenntnisunabhängiger Fristbeginn

86 Die Frist aus § 15a Abs. 1 InsO beginnt mit dem objektiven Eintritt eines Insolvenzgrundes. Auf die Kenntnis oder das Kennenmüssen der durch § 15a InsO Verpflichteten kommt es nicht an. Das lässt sich aus dem Wortlaut und der Systematik der Norm ableiten. Ein Kenntniserfordernis besteht nämlich nur im Ausnahmefall der subsidiären Insolvenzantragspflicht von Gesellschaftern und Aufsichtsratsmitgliedern in § 15a Abs. 3 InsO. Im Umkehrschluss bedeutet dies, dass in den übrigen Fällen, insbesondere hinsichtlich der in § 15a Abs. 1 InsO festgeschriebenen Frist, die Kenntnis der Verpflichteten von bestimmten Umständen keine Rolle spielt.[88] Subjektive Anforderungen werden erst auf der strafrechtlichen und haftungsrechtlichen Ebene relevant.[89]

cc) „Ohne schuldhaftes Zögern"

87 Wie die Formulierung „spätestens" in § 15a Abs. 1 S. 2 InsO deutlich macht, ist die Antragsfrist – auch nach der Novellierung der Norm durch das SanInsFoG – als Höchstfrist konzipiert. Unter keinen Umständen lässt sie sich verlängern.[90] Wichtig ist, dass die Frist nur dann ausgeschöpft werden darf, wenn ein sorgfältiger Geschäftsleiter im Rahmen der Erstellung eines Sanierungsplanes zu dem Ergebnis kommt, dass innerhalb der Höchstfrist die materielle Insolvenz behoben werden kann. Nur dann kann ein Ausschöpfen der Frist im Interesse der Gläubiger sein, die durch § 15a InsO geschützt werden sollen. Tritt der Erfolg potenzieller Sanierungsmaßnahmen voraussichtlich erst nach Ablauf der Frist aus § 15a Abs. 1 InsO ein, darf der Antragspflichtige nicht weiter abwarten, sondern muss sofort einen Insolvenzantrag stellen.[91]

88 Zur Ermittlung, ob und inwieweit die Frist aus § 15a Abs. 1 InsO ausgenutzt werden darf, kommt es auf die **ex-ante Perspektive** des jeweiligen Antragspflichtigen an. Dieser muss, zum Zeitpunkt des Eintritts der Insolvenzreife, auf Grundlage aller ihm bei Anwendung der erforderlichen Sorgfalt verfügbaren Informationen mit einer Beseitigung der materiellen Insolvenz innerhalb der Antragsfrist rechnen können.[92] Bei der Prognoseentscheidung wird Geschäftsleitern ein gewisser **Beurteilungsspielraum** zugesprochen, innerhalb dessen die schwerpunktmäßig betriebswirtschaftlich getroffenen Entscheidungen nur eingeschränkt der richterlichen Kontrolle unterliegen.[93] Dass eine erfolgreiche Sanierung innerhalb der in § 15a Abs. 1 InsO statuierten Maximal-

---

88 MüKoInsO/*Klöhn* § 15a Rn. 119; Uhlenbruck/*Hirte* InsO § 15a Rn. 14; BeckOK InsO/*Wolfer*, 21. Ed. 15.10.2020, § 15a Rn. 21; Gottwald/Haas/*Haas* /*Kolmann* /*Kurz* InsR-HdB § 90 Rn. 92 ff.
89 Uhlenbruck/*Hirte* InsO § 15a Rn. 14.
90 BeckOK InsO/*Wolfer*, 21. Ed. 15.10.2020, § 15a Rn. 22; Gottwald/Haas/*Haas* /*Kolmann* /*Kurz* InsR-HdB § 90 Rn. 91; MüKoInsO/*Klöhn* § 15a Rn. 117.
91 BeckOK InsO/*Wolfer*, 21. Ed. 15.10.2020, § 15a Rn. 22; Gottwald/Haas/*Haas* /*Kolmann* /*Kurz* InsR-HdB § 90 Rn. 87, 91; MüKoInsO/*Klöhn* § 15a Rn. 125.
92 MüKoInsO/*Klöhn* § 15a Rn. 124; Gottwald/Haas/*Haas* /*Kolmann* /*Kurz* InsR-HdB § 90 Rn. 98.
93 MüKoInsO/*Klöhn* § 15a Rn. 127; Gottwald/Haas/*Haas* /*Kolmann* /*Kurz* InsR-HdB § 90 Rn. 98.

frist ernsthaft zu erwarten war, müssen die Geschäftsleiter in einem Haftungsprozess darlegen und beweisen.[94]

2. Rechtsfolgen bei Verstoß

Um die Gläubiger zu „entschädigen“ und die nach § 15a InsO Antragspflichtigen zu einer rechtzeitigen Insolvenzantragstellung anzuhalten, knüpfen eine Reihe zivilrechtlicher Haftungsnormen an einen Verstoß gegen § 15a InsO an. Zudem ist ein schuldhafter Verstoß gegen § 15a InsO strafbar. 89

a) Zivilrechtliche Haftung

Geschäftsleiter, welche gegen die ihnen obliegende Insolvenzantragspflicht verstoßen, können sich einer Vielzahl an haftungsrechtlichen Ansprüchen ausgesetzt sehen: 90

aa) Haftung aus § 15b Abs. 4 InsO

Die relevanteste zivilrechtliche Haftungsnorm bei der **Insolvenzverschleppung** ist der am 1.1.2021 neu eingeführte § 15b InsO, der die vormals spezialgesetzlichen Normen (vgl. zB § 64 S. 1 GmbHG aF, § 92 Abs. 2 AktG aF) rechtsformübergreifend zusammenfasst.[95] Werden gem. § 15b Abs. 4 S. 1 InsO nach Eintritt der Zahlungsunfähigkeit oder der Überschuldung Zahlungen getätigt, obwohl keiner der Ausnahmetatbestände des § 15b InsO vorliegt (Stichwort: Notgeschäftsführung), sind die im Sinne des § 15a InsO Antragspflichtigen der schuldnerischen Gesellschaft grundsätzlich zur Erstattung dieser Zahlungen verpflichtet. Ab dem 1.1.2021 beschränkt sich die Ersatzpflicht gem. § 15b Abs. 4 S. 2 InsO auf den Schaden, wenn die Geschäftsleiter nachweisen können, dass dieser geringer ist als die pflichtwidrig getätigten Zahlungen. 91

bb) Haftung aus §§ 280 Abs. 1, 241 Abs. 2, 311 Abs. 2 und 3 BGB

Gläubiger, die infolge der Insolvenzverschleppung geschädigt werden, können gegebenenfalls auch von der Anspruchsgrundlage der §§ 280 Abs. 1, 241 Abs. 2, 311 Abs. 2 und 3 BGB – der sogenannten **culpa in contrahendo (c.i.c.)** – Gebrauch machen. Bei Vertragsschluss unterliegen Geschäftsleiter grundsätzlich der Pflicht, den Vertragspartner über Risiken aufzuklären, die einer ordnungsgemäßen Erfüllung des Vertrages entgegenstehen. Weisen Geschäftsleiter ihr Gegenüber bei Vertragsverhandlungen nicht auf die (drohende) Insolvenz der Gesellschaft hin, kann dies die Verletzung einer solchen Pflicht darstellen.[96] 92

Die Haftung aus c.i.c. ist für die aus § 15a InsO Verpflichtenden nicht ungefährlich, da ihnen mittels § 278 BGB gegebenenfalls auch Handlungen Dritter im Rahmen der Verschuldensprüfung zugerechnet werden können. Zudem wird ein Verschulden der Antragspflichtigen gem. § 280 Abs. 1 S. 2 BGB vermutet.[97] 93

94 Gottwald/Haas/*Haas* /*Kolmann* /*Kurz* InsR-HdB § 90 Rn. 91.

95 BegrRegE BT-Drs. 19/24181, Ziff. B. Art. 5 Nr. 9, 193; *Brünkmans* ZInsO 2021, 1 (16); *Brinkmann* ZIP 2020, 2361 (2366); *Bitter* GmbHR 2020, 1157 (1157); *Gehrlein* BB 2021, 66 (79); *Müller* ZIP 2020, 2253 (2258); *Poertzgen* ZInsO 2020, 2509 (2515); *Gehrlein* DB 2020, 2393 (2393).

96 MüKoInsO/*Klöhn* § 15a Rn. 284; Uhlenbruck/*Hirte* InsO § 15a Rn. 36; Gottwald/Haas/*Haas* /*Kolmann* / *Kurz* InsR-HdB § 90 Rn. 100.

97 MüKoInsO/*Klöhn* § 15a Rn. 284.

cc) § 823 Abs. 2 BGB iVm § 15a InsO

94 § 15a InsO ist **Schutzgesetz** im Sinne des § 823 Abs. 2 BGB, so dass sich eine deliktsrechtliche Haftung der Geschäftsleiter aus diesen Normen ergeben kann. Potenzielle Anspruchsteller, die sich auf diese Anspruchsgrundlage berufen, sind Insolvenzverwalter, die auf Ersatz des Quotenschadens der Altgläubiger klagen sowie Neugläubiger, die auf den Ersatz ihres Individualschadens klagen.

95 Der **Altgläubigerschaden** wird jedoch in der Praxis nur sehr selten vom Insolvenzverwalter geltend gemacht, da sich dieser nur mit erheblichem Aufwand berechnen lässt. Der ersatzfähige Quotenschaden ist auf die Differenz begrenzt, die auf die Verminderung des Gesellschaftsvermögens zwischen Begründung der konkreten Forderung und der Eröffnung des Insolvenzverfahrens zurückzuführen ist.[98] Die Höhe des Schadens entspricht also der Differenz zwischen dem Masseerlös, den die Gläubiger bei rechtzeitiger Antragstellung erlangt hätten, und dem nach Verfahrenseröffnung oder nach Ablehnung mangels Masse tatsächlich erzielten Erlös.

96 Der **Neugläubigerschaden** entspricht dem Forderungsausfall von Neugläubigern, die bei bereits eingetretener materieller Insolvenz mit dem Schuldner kontrahiert haben. In der Praxis kommt es durchaus vor, dass Neugläubiger diesen Schaden von Geschäftsleitern ersetzt verlangen, insbesondere wenn der Anspruch werthaltig ist. Die Herausforderungen besteht allerdings häufig darin, dass die geschädigten Gläubiger als Außenstehende keine Kenntnis haben, wann genau die materielle Insolvenz eingetreten ist.

dd) § 823 Abs. 2 BGB iVm anderen Schutzgesetzen

97 Daneben kann im Einzelfall eine Insolvenzverschleppungshaftung aus § 823 Abs. 2 BGB iVm weiteren Schutzgesetzen in Betracht kommen. Wer als Antragspflichtiger beim Vertragspartner mit Täuschungs- und Schädigungsvorsatz den Irrtum hervorruft, dass die Gesellschaft sich (noch) nicht im Stadium der Insolvenzreife befindet, kann sich wegen Betruges gem. § 263 StGB strafbar machen. Da § 263 StGB ein Schutzgesetz im Sinne des § 823 Abs. 2 BGB ist, muss der Antragspflichtige in einem solchen Fall dem betrogenen Gläubiger den Schaden ersetzen, der durch die Täuschung entstanden ist.[99]

98 Darüber hinaus sind unter anderem auch Haftungen aus § 823 Abs. 2 BGB iVm § 264a StGB (Kapitalanlagebetrug), § 265b StGB (Kreditbetrug) oder §§ 266, 266a StGB (Untreue) denkbar.[100]

ee) § 826 BGB

99 Gegebenenfalls kommt durch Insolvenzverschleppung auch ein Schadensersatzanspruch wegen **sittenwidriger Schädigung** gem. § 826 BGB in Betracht. Hieran sind gegenüber der Haftung aus § 823 Abs. 2 iVm § 15a InsO jedoch erhöhte Anforderungen zu stellen. Den Antragspflichtigen muss ein erhöht pflichtwidriges Verhalten vorgeworfen werden können, welches den Vorwurf der Sittenwidrigkeit begründen

98 Uhlenbruck/*Hirte* InsO § 15a Rn. 39 f.
99 MüKoInsO/*Klöhn* § 15a Rn. 290 f.; Uhlenbruck/*Hirte* InsO § 15a Rn. 45.
100 MüKoInsO/*Klöhn* § 15a Rn. 292 f.; Uhlenbruck/*Hirte* InsO § 15a Rn. 46; BeckOK InsO/*Wolfer*, 21. Ed. 15.10.2020, § 15a Rn. 48.

kann. Eigenständige Bedeutung erlangt § 826 BGB insoweit, als sich die Norm an jedermann richtet, sie ist also nicht auf die gem. § 15a InsO Antragspflichtigen beschränkt. Sie erfasst insbesondere Kreditgeber und – unabhängig von den Voraussetzungen des § 15a Abs. 3 InsO – Gesellschafter.

ff) Kostenvorschusshaftung nach § 26 Abs. 3 und 4 InsO

Schließlich ist derjenige, der die Stellung eines Insolvenzantrages pflichtwidrig und schuldhaft unterlässt, zur Leistung eines Vorschusses gem. § 26 Abs. 4 InsO verpflichtet, um die Abweisung des Insolvenzeröffnungsantrages mangels Masse abzuwenden. Zahlt in dieser Situation jemand anderes den Vorschuss, kann sich die Person gem. § 26 Abs. 3 InsO den vorgestreckten Betrag vom Antragspflichtigen erstatten lassen.[101] 100

b) Strafrechtliche Haftung

Der Gesetzgeber hat in strafrechtlicher Hinsicht mit § 15a Abs. 4–6 InsO ein dreistufiges System zur Verfolgung der Insolvenzverschleppung ausgearbeitet. Die vorsätzliche und fahrlässige Insolvenzverschleppung haben unterschiedliche Strafbarkeitsfolgen. Zudem ist eine **Strafbarkeit** teilweise an erhöhte Kausalitätserfordernisse gebunden. 101

aa) Vorsätzliche Insolvenzverschleppung

Gem. § 15a Abs. 4 InsO wird mit Freiheitsstrafe bis zu drei Jahren oder mit Geldstrafe bestraft, wer vorsätzlich entgegen § 15a Abs. 1 S. 2 und 3, Abs. 2 und 3 InsO einen Eröffnungsantrag entweder nicht oder nicht rechtzeitig stellt (Nr. 1) oder nicht richtigstellt (Nr. 2). 102

Tauglicher Täter dieser als Vergehen ausgestalteten Straftat (vgl. § 12 Abs. 2 StGB) sind die aus § 15a InsO Verpflichteten.[102] Unter Strafe gestellt ist, einen Eröffnungsantrag überhaupt nicht zu stellen (vgl. Abs. 4 Nr. 1 1. Var), einen Eröffnungsantrag entgegen der gesetzlichen Höchstfrist aus § 15a Abs. 1 S. 2 InsO verspätet zu stellen (vgl. Abs. 4 Nr. 1 2. Var) oder den Antrag, insbesondere durch Unvollständigkeit der in § 13 InsO vorgeschriebenen Angaben, nicht richtig zu stellen.[103] 103

bb) Fahrlässige Insolvenzverschleppung

Handelt der Täter im Sinne des § 15a Abs. 4 InsO fahrlässig, kann er gem. § 15a Abs. 5 InsO mit Freiheitsstrafe bis zu einem Jahr oder mit Geldstrafe bestraft werden. Die Abgrenzung zwischen vorsätzlichem und fahrlässigem Verhalten ist in der Praxis von Bedeutung, weil nur im Fall einer Verurteilung wegen vorsätzlicher Begehung (bzw. Anstiftung oder Beihilfe) der Antragspflichtige für fünf Jahre von einer Geschäftsführertätigkeit ausgeschlossen werden können (Inhabilität). 104

cc) Strafbarkeit unter Bedingung der Ablehnung des Eröffnungsantrags

Wer im Falle des § 15a Abs. 4 Nr. 2 InsO – also bei fehlerhafter Stellung des Insolvenzantrages – vorsätzlich oder fahrlässig handelt, ist gem. § 15a Abs. 6 InsO nur 105

101 MüKoInsO/*Klöhn* § 15a Rn. 316; Uhlenbruck/*Hirte* InsO § 15a Rn. 53 f.
102 BeckOK InsO/*Wolfer*, 21. Ed. 15.10.2020, § 15a Rn. 46.
103 BeckOK InsO/*Wolfer*, 21. Ed. 15.10.2020, § 15a Rn. 47.

strafbar, wenn der Eröffnungsantrag rechtskräftig als unzulässig zurückgewiesen wurde. Damit kann die Strafbarkeit bei fehlerhafter Antragsstellung nur dann eintreten, wenn der Antragssteller es versäumt, auf den gerichtlichen Hinweis im Sinne des § 13 Abs. 3 InsO hin den Antrag innerhalb der vom Gericht gesetzten Frist hinreichend nachzubessern und der Antragsmangel eine Zulässigkeitsvoraussetzung betrifft.[104]

dd) Privilegierung von Vereinen und Stiftungen

106 Gem. § 15a Abs. 7 InsO finden die vorausgehenden Bestimmungen auf Vereine und Stiftungen keine Anwendungen. Für sie gilt stattdessen die Spezialnorm des § 42 Abs. 2 BGB. Auch hiernach muss der Vorstand im Falle der Zahlungsunfähigkeit oder der Überschuldung des Vereins die Eröffnung des Insolvenzverfahrens beantragen. Er ist allerdings insoweit privilegiert, als die Verletzung der Antragspflicht nicht gem. § 15a Abs. 4–6 InsO strafrechtlich verfolgt wird. Für Schäden, die den Gesellschaftsgläubigern aus einer Insolvenzverschleppung entstehen, muss der Vorstand lediglich zivilrechtlich – vorausgesetzt ihn trifft ein Verschulden – haften, vgl. § 42 Abs. 2 S. 2 BGB.[105]

II. Verlängerung der Antragsfrist beim Tatbestand der Überschuldung

107 Seit dem 1.1.2021 richtet sich die Insolvenzantragsfrist des § 15a Abs. 1 InsO nach dem jeweiligen Insolvenzgrund. Die in diesem Zusammenhang erfolgte Verlängerung der Antragsfrist bei überschuldeten Unternehmen auf bis zu **sechs Wochen** dient vor allem dem Zweck, den Anwendungsbereich des neu eingeführten StaRUG abzugrenzen.

1. Insolvenzgrund entscheidet über Länge der maximalen Antragsfrist

108 Durch die am 1.1.2021 in Kraft getretene Änderung des § 15a InsO durch das SanInsFoG wird die Höchstfrist, in welcher die Antragspflichtigen einen Insolvenzantrag zu stellen haben, modifiziert. Statt in einem Nebensatz in § 15a Abs. 1 S. 1 InsO ist die Frist nunmehr in einem – neu eingeschobenen – § 15a Abs. 1 S. 2 InsO verortet. Demnach muss der Insolvenzantrag spätestens drei Wochen nach Eintritt der Zahlungsunfähigkeit und sechs Wochen nach Eintritt der Überschuldung gestellt werden. Im Übrigen bleibt die Insolvenzantragspflicht aus § 15a InsO sowohl auf Tatbestands- als auch auf Rechtsfolgenseite unverändert.[106] Insbesondere sind die Antragsfristen weiterhin Höchstfristen.

2. Auswirkungen der Gesetzesnovelle

109 Das StaRUG verlangt für den Beginn einer Restrukturierungssache, dass das betreffende Unternehmen drohend zahlungsunfähig ist. Das folgt unter anderem aus §§ 29 Abs. 1, 51 Abs. 1 und 63 Abs. 1 StaRUG. Drohend zahlungsunfähige Unternehmen sind jedoch nicht selten auch rechtlich überschuldet, wenn eine Zahlungsunfähigkeit

---

104 Uhlenbruck/*Hirte* InsO § 15a Rn. 64.

105 BeckOK InsO/*Wolfer*, 21. Ed. 15.10.2020, § 15a Rn. 2; Uhlenbruck/*Hirte* InsO § 15a Rn. 2; MüKoInsO/*Klöhn* § 15a Rn. 66.

106 *Poertzgen* ZInsO 2020, 2509 (2514); *Schulz* NZI 2020, 1073 (1077).

in den nächsten 12 Monaten einzutreten droht. Überschuldete Unternehmen im Sinne des § 19 InsO können aufgrund der eingetretenen materiellen Insolvenz jedoch nicht von den Möglichkeiten des StaRUG profitieren.[107]

Um den Abstand zwischen der drohenden Zahlungsunfähigkeit und der rechtlichen Überschuldung zu wahren, sind bei der Fortbestehensprognose die Erfolgsaussichten einer auf das StaRUG gestützten Sanierung zu berücksichtigen.[108] Die Instrumente des Stabilisierungs- und Restrukturierungsrahmens – hier insbesondere der Restrukturierungsplan – können also dazu führen, dass ein (vormals) überschuldetes Unternehmen unter Einbeziehung der Planfolgen als nunmehr nur noch drohend zahlungsunfähig gilt. 110

Voraussetzung ist, dass die (zunächst) überschuldeten Unternehmen fristgemäß im Sinne des § 15a Abs. 1 S. 2 InsO einen **Restrukturierungsplan** erstellen, der die Annahme einer positiven Fortbestehensprognose erlaubt. Ist dies der Fall, ist das Unternehmen ab diesem Zeitpunkt nicht mehr überschuldet, sondern im Regelfall (lediglich) drohend zahlungsunfähig. Daher endet die Insolvenzantragsfrist des § 15a InsO in diesem Moment.[109] Dem Unternehmen stehen die Möglichkeiten des StaRUG zur Verfügung und der Abstand zur materiellen Insolvenz ist gewahrt. 111

Die Erstellung eines Restrukturierungsplans ist jedoch regelmäßig zeitaufwändig. Zunächst müssen Maßnahmen identifiziert werden, die geeignet sind, die Krise des Unternehmens zu bewältigen. Nach der Findungsphase muss das Unternehmen in der Regel einen Teil seiner Gläubiger informieren, mit denen die geplanten Vorhaben abgestimmt werden müssen. Oft geht es dabei um komplexe Verhandlungen, die allein schon im Gläubigerinteresse nicht innerhalb kürzester Zeit abgeschlossen werden können. Neben den Maßnahmen zur Krisenbewältigung muss auch ein Weg gefunden werden, um die erfolgreiche Weiterführung des Unternehmens während der Restrukturierung sicher zu stellen. 112

Durch die Verdoppelung der Frist von drei auf sechs Wochen beim Eintritt einer Überschuldung im Sinne von § 19 InsO haben überschuldete Unternehmen mit Einführung des StaRUG mehr Zeit, den für eine Sanierung im Sinne des StaRUG erforderlichen Restrukturierungsplan vorzubereiten und hierdurch wieder eine positive Prognose zu erlangen.[110] Die Verlängerung der Insolvenzantragsfrist auf sechs Wochen bei der Überschuldung ist damit vor allem als Planungsfrist für das Restrukturierungsvorhaben konzipiert. 113

Gelingt es der Geschäftsleitung überschuldeter Unternehmen, innerhalb von sechs Wochen ein aussichtsreiches StaRUG-Vorhaben mithilfe eines hinreichend fundierten Sanierungskonzepts beim Restrukturierungsgericht anzuzeigen (§ 31 StaRUG), kann 114

107 BegrRegE BT-Drs. 19/24181, Ziff. B. Art. 1 § 31 Abs. 1, 132; *Brünkmans* ZInsO 2021, 1 (7); *Brinkmann* ZIP 2020, 2361 (2362); *Deppenkemper* ZIP 2020, 2432 (2434); *Desch* BB 2020, 2498 (2498); *Müller* ZIP 2020, 2253 (2254).

108 BegrRegE BT-Drs. 19/24181, Ziff. B. Art. 5 Nr. 10, 197; *Brünkmans* ZInsO 2021, 1 (7, 15); *Brinkmann* ZIP 2020, 2361 (2362); *Desch* BB 2020, 2498 (2499); *Gehrlein* BB 2021, 66 (81); *Thole* ZIP 2020, 1985 (1992).

109 Uhlenbruck/*Hirte* InsO § 15a Rn. 18.

110 *Schulz* NZI 2020, 1073 (1080).

das zu einer positiven Fortführungsprognose führen, die die Überschuldung ausschließt.

115 Nochmals hervorzuheben ist an dieser Stelle, dass die Zeitspanne von sechs Wochen eine Höchstfrist ist. Wird bereits im Laufe der Erstellung des Restrukturierungsplans deutlich, dass eine Sanierung nicht erfolgreich sein wird, muss sofort – und nicht erst nach sechs Wochen – der Insolvenzantrag gestellt werden.

III. Praxishinweise

116 Das StaRUG verpflichtet Geschäftsleiter in § 1 zur **Krisenfrüherkennung.** Verschärft sich eine Krise, erhöhen sich die Organpflichten proportional. Nähert sich ein Unternehmen dem Eintritt der materiellen Insolvenz, haben Geschäftsleiter die wirtschaftliche Situation penibel zu überwachen. Die Gefahr der Insolvenzantragspflicht aus § 15a InsO liegt für Geschäftsführer nämlich darin, dass sie – abgesehen vom Ausnahmefall des § 15a Abs. 3 InsO – kenntnisunabhängig zu laufen beginnt. Die Pflicht besteht bereits ab dem Zeitpunkt, in welchem das Unternehmen objektiv zahlungsunfähig oder überschuldet ist.[111] Hieraus folgt für Geschäftsleiter das Risiko, dass die Höchstfrist des § 15a Abs. 1 S. 2 InsO bereits (teilweise) verstrichen ist, bevor die Geschäftsleiter Kenntnis von der Insolvenzreife des Unternehmens erlangt und im Falle einer Überschuldung im Sinne § 19 InsO zu wenig Zeit verbleibt, um dieser durch die Instrumente des StaRUG entgegenzuwirken.[112]

1. Notwendigkeit einer kontinuierlichen Überprüfung

117 Geschäftsleiter von Unternehmen müssen daher – insbesondere in Krisensituationen – ihre Liquidität durch einen fortlaufend aktualisierten Finanzplan kontrollieren.[113] Tritt eine Insolvenzantragspflicht ein, haben sie grundsätzlich gem. § 15a Abs. 1 S. 1 InsO „ohne schuldhaftes Zögern" einen Eröffnungsantrag zu stellen. Ob Geschäftsleiter durch das Ausschöpfen der Höchstfrist von drei respektive sechs Wochen gegen ihre Pflichten verstoßen, ist anhand des Interesses der Gesamtheit der Gläubiger zu beurteilen und hängt sehr stark von den Umständen des Einzelfalles ab.[114] Selbst die Frage danach, wie groß die Erfolgsaussichten einer geplanten Sanierungsmaßnahme sein müssen, um einen Antrag weiterhin nicht stellen zu müssen, wird unterschiedlich beantwortet.[115] Lediglich die äußeren Grenzen des (noch) vertretbaren Verhaltens lassen sich umschreiben: Ein Insolvenzantrag muss jedenfalls dann unverzüglich gestellt werden, wenn mit Sicherheit feststeht, dass eine rechtzeitige Sanierung nicht ernstlich in Frage kommt. Um das Haftungsrisiko zu minimieren, sind Geschäftsleiter aber gut beraten, ab Eintritt der materiellen Insolvenz die drei- respektive sechswöchige Frist nur in Fällen zu nutzen, in denen eine konkrete und ernste Aussicht darauf besteht, die materielle Insolvenz vor Ablauf der Höchstfrist wieder zu beseitigen.

---

111 MüKoInsO/*Klöhn* § 15a Rn. 119; Uhlenbruck/*Hirte* InsO § 15a Rn. 14; BeckOK InsO/*Wolfer*, 21. Ed. 15.10.2020, § 15a Rn. 21; Gottwald/Haas/*Haas* /*Kolmann* /*Kurz* InsR-HdB § 90 Rn. 92 ff.

112 BeckOK InsO/*Wolfer*, 21. Ed. 15.10.2020, § 15a Rn. 22a.

113 BeckOK InsO/*Wolfer*, 21. Ed. 15.10.2020, § 19 Rn. 8; Gottwald/Haas/*Grundlach* InsR-HdB § 6 Rn. 41; MüKoInsO/*Eilenberger* § 17 Rn. 10.

114 MüKoInsO/*Klöhn* § 15a Rn. 122; BeckOK InsO/*Wolfer*, 21. Ed. 15.10.2020, § 15a Rn. 22.

115 MüKoInsO/*Klöhn* § 15a Rn. 130.

2. Maßnahmen zur Beseitigung der Insolvenzreife

Sind Unternehmen bereits zahlungsunfähig oder rechtlich überschuldet, müssen Geschäftsleiter prüfen, ob sich die Insolvenzreife innerhalb der Antragsfrist des § 15a InsO im Rahmen einer freien Sanierung oder mit den Restrukturierungsmaßnahmen des StaRUG beseitigen lässt. Zudem müssen sie darauf achten, dass sie bei der Fortführung der laufenden Geschäfte des Unternehmens nur solche Zahlungen vornehmen, die mit den engen Vorgaben des § 15b Abs. 2 S. 2 InsO vereinbar sind. 118

a) Freie Sanierung

Unter einer **freien Sanierung** versteht man den außergerichtlichen Vergleich mit allen oder Teilen der Gläubiger des Unternehmens im Zusammenhang mit einem erarbeiteten Sanierungskonzept (Maßnahmen zur Umstrukturierung des Unternehmens, Kapitalzufuhr oder übertragende Sanierung etc). Eine eingetretene Zahlungsunfähigkeit kann durch zusätzliche Liquidität, zB mittels Krediten, Kapitalerhöhungen oder der Veräußerung von Unternehmensgegenständen, überwunden werden. Eine Zahlungsfähigkeit kann ferner dadurch wiederhergestellt werden, dass fällige Verbindlichkeiten reduziert oder Fälligkeiten geschoben werden. Beim Vorliegen der Überschuldung im Sinne des § 19 InsO kann der rechnerischen Überschuldung zB durch eine Eigenkapitalzufuhr oder durch Rangrücktrittserklärungen begegnet werden. Zudem kann durch zukünftig umzusetzende Sanierungsmaßnahmen eine positive Fortbestehensprognose begründet werden, wenn konkrete Umstände die Annahme rechtfertigen, dass die Sanierungsmaßnahmen mit überwiegender Wahrscheinlichkeit umgesetzt werden können. 119

b) Beabsichtigte Sanierungs- und Restrukturierungsmaßnahmen im Sinne des StaRUG

Seit der Neueinführung des StaRUG am 1.1.2021 können (zunächst) überschuldete Gesellschaften im Rahmen der Durchführung der in § 19 Abs. 2 S. 1 Hs. 2 InsO vorgeschriebenen Fortführungsprognose die Erfolgsaussichten einer auf das StaRUG gestützten Sanierung berücksichtigen, um zu einer positiven Prognose zu gelangen und eine rechtliche Überschuldung zu verneinen.[116] 120

c) Notgeschäftsführung während Insolvenzantragsfrist

Nach Eintritt der Insolvenzreife müssen Geschäftsleiter nicht nur überlegen, ob und wann sie spätestens den in § 15a InsO vorgeschriebenen Insolvenzantrag stellen müssen. Wollen sie die Gesellschaft durch die Ausarbeitung eines Restrukturierungskonzepts aus der Krise führen, müssen sie zugleich die laufenden Geschäfte weiterführen, um den Fortbestand des Unternehmens zu sichern. 121

aa) Grundsätzliches Zahlungsverbot

Hierbei begegnen Geschäftsleiter dem Problem, dass die nach § 15a InsO Insolvenzantragspflichtigen gem. § 15b Abs. 1 S. 1 InsO grundsätzlich nach Eintritt der Zahlungsunfähigkeit oder der Überschuldung keine Zahlungen mehr vornehmen dürfen. 122

116 BegrRegE BT-Drs. 19/24181, Ziff. B. Art. 5 Nr. 10, 197; *Brünkmans* ZInsO 2021, 1 (7, 15); *Brinkmann* ZIP 2020, 2361 (2362); *Desch* BB 2020, 2498 (2499); *Gehrlein* BB 2021, 66 (81); *Thole* ZIP 2020, 1985 (1992).

Ein Verstoß gegen dieses Zahlungsverbot führt zur Ersatzpflicht der Antragspflichtigen für dennoch geleistete Zahlungen, vgl. § 15b Abs. 4 S. 1 InsO.

bb) Privilegierung von Zahlungen im ordnungsgemäßen Geschäftsgang

123 Von diesem Verbot macht § 15b Abs. 1 S. 2 InsO allerdings eine Ausnahme: Zahlungen, die mit der **Sorgfalt eines ordentlichen und gewissenhaften Geschäftsleiters** vereinbar sind, dürfen weiterhin erfolgen. Gem. § 15 Abs. 3 InsO sind Zahlungen nach Ablauf der Drei- bis Sechswochenfrist jedoch regelmäßig nicht mit der Sorgfalt eines Geschäftsleiters zu vereinbaren. Für ab Eintritt eines Insolvenzantragsgrundes aber noch vor Ablauf der Höchstfrist geleistete Zahlungen bestimmt § 15b Abs. 2 S. 2 InsO, dass diese zulässig sind, solange die Antragspflichtigen Maßnahmen zur nachhaltigen Beseitigung der Insolvenzreife oder zur Vorbereitung eines Insolvenzantrages mit der Sorgfalt eines ordentlichen und gewissenhaften Geschäftsleiters betreiben.

124 Für die Situation, in welcher Geschäftsleiter nach Insolvenzreife laufende Geschäftskosten weiterbezahlen, während sie daran arbeiten, Sanierungsmaßnahmen umzusetzen, um die Insolvenz innerhalb der Frist des § 15a InsO noch zu beseitigen, bedeutet dies: Solange hinreichende Aussicht auf den Erfolg besteht, dass die Sanierungsmaßnahmen die Insolvenz des Unternehmens nicht nur vorübergehend, sondern dauerhaft beseitigen, und die Geschäftsleiter diese Maßnahmen mit der gebotenen Sorgfalt durchführen, dürfen sie die im ordnungsgemäßen Geschäftsgang anfallenden Kosten weiterhin begleichen.

§ 3 Krisenfrüherkennung und -management

A. Einführung

1 Die neuen rechtsformübergreifenden Regelungen in § 1 StaRUG zur Krisenfrüherkennung und zum Krisenmanagement von Geschäftsleitern haftungsbeschränkter Unternehmensträger stellen Geschäftsleiter vor die Frage, wie sie sich zukünftig zu verhalten haben, um diese Pflichten ordnungsgemäß auszuüben. Insbesondere gilt es, den konkreten Pflichtenumfang, dem Geschäftsleiter hierdurch ausgesetzt sind, im Einzelfall je nach Art, Größe und Struktur des Unternehmens zu ermitteln.

B. Krisenfrüherkennung und -management

2 Dem im StaRUG neu konzipierten vorinsolvenzlichen Stabilisierungs- und Restrukturierungsrahmen vorangestellt ist § 1 StaRUG. Dieser legt – rechtsformübergreifend – Geschäftsleitern von haftungsbeschränkten Unternehmensträgern eine Reihe von Pflichten auf, welche allesamt der **Krisenfrüherkennung** und dem **Krisenmanagement** dienen.[1] Der **Pflichtenkatalog** zeichnet sich insbesondere dadurch aus, dass die den Geschäftsleitern dort auferlegten Pflichten jederzeit, also auch außerhalb einer Unternehmenskrise während des ordnungsgemäßen Geschäftsgangs, zu beachten sind.

3 Nach einem kurzen Blick auf die vom Gesetzgeber verwendete Terminologie und den zeitlichen Anwendungsbereich der Vorschrift liegt nachfolgend der Fokus auf einer vertieften Analyse des Regelungsgehaltes des § 1 StaRUG.

I. Terminologie

4 Für ein besseres Verständnis des Normtextes ist es unabdingbar, einige Begrifflichkeiten vorab richtig einzuordnen.

1. Geschäftsleiter

5 Ein zentraler Leitbegriff des StaRUG ist derjenige der „**Geschäftsleiter**“. Diese unterliegen dem nachfolgend näher zu begutachtenden – haftungsbewehrten – Pflichtenkatalog des § 1 StaRUG.

6 Die Geschäftsleiter werden gleich zu Beginn in § 1 Abs. 1 S. 1 StaRUG legaldefiniert. Demnach fallen hierunter die Mitglieder des zur Geschäftsführung berufenen Organs einer juristischen Person. Die Definition ist grundsätzlich restriktiv zu verstehen. Geschäftsleiter sind nur diejenigen, die Teil eines Vertretungsorgans sind.[2] Damit nimmt der Gesetzgeber auf § 35 Abs. 1 GmbHG bzw. § 78 Abs. 1 AktG Bezug. Adressaten des § 1 Abs. 1 StaRUG sind also insbesondere GmbH-Geschäftsführer und AG-Vorstände. Gibt es neben diesem Vertretungsorgan weitere Organe, die Geschäftsführungsentscheidungen treffen können, beispielsweise die GmbH-Gesellschafterversammlung, sind diese demgegenüber nicht als Geschäftsleiter im Sinne des § 1 Abs. 1 S. 1 StaRUG zu qualifizieren.[3]

7 Eine Erweiterung erfährt der Begriff des Geschäftsleiters durch § 1 Abs. 2 StaRUG. In Anlehnung an § 15a Abs. 1 S. 3 u. Abs. 2 InsO sind „Geschäftsleiter“ einer Gesell-

1 *Desch* BB 2020, 2498 (2500); *Thole* ZIP 2020, 1985 (1986); *Kühne/Lienhard* SanB 2020, 144 (144).
2 BegrRegE BT-Drs. 19/24181, Ziff. B. Art. 1 Teil 1 § 1, 104.
3 BegrRegE BT-Drs. 19/24181, Ziff. B. Art. 1 Teil 1 § 1, 104; *Gehrlein* BB 2021, 66 (66).

schaft ohne Rechtspersönlichkeit, bei der keiner der persönlich haftenden Gesellschafter eine natürliche Person ist,[4] die zur Geschäftsführung berufenen Gesellschafter. Bei einer GmbH & Co. KG sind das die Geschäftsführer der Komplementär-GmbH.

2. Überwachungsorgane

§ 1 StaRUG verpflichtet Geschäftsleiter unter bestimmten Voraussetzungen zur Berichterstattung gegenüber „**Überwachungsorganen**". Dies sind gem. § 1 Abs. 1 S. 2 StaRUG alle Organe, die nach Gesetz oder Satzung gegenüber dem Verband zur laufenden Überwachung der Geschäftsleitung berufen sind. Bei der GmbH nimmt die Gesellschafterversammlung die Rolle des Überwachungsorgans ein (vgl. §§ 46, 49 Abs. 3 GmbHG), so dass nach zutreffender Auffassung ihr gegenüber Bericht zu erstatten ist.[5] Das rechtliche Pendant bei der AG ist ihr Aufsichtsrat, der den Vorstand überwacht (vgl. §§ 90 Abs. 1 S. 1 Nr. 3 und 4, 111 AktG).[6] Die Hauptversammlung der AG, die dem Vorstand durch Beschluss entlastet (vgl. § 119 AktG), ist dagegen aus aktienrechtlicher Sicht kein Überwachungsorgan im eigentlichen Sinne.[7] 8

3. Krise

Für das korrekte Verständnis des § 1 StaRUG ist es weiterhin notwendig, den in der Überschrift der Norm verwendeten Begriff der „**Krise**" einer näheren Betrachtung zu unterziehen. Im Rahmen des § 1 StaRUG ist mit „Krise" jedenfalls nicht das Vorliegen der zwingenden Insolvenzantragsgründe der Zahlungsunfähigkeit (§ 17 InsO) und der Überschuldung (§ 19 InsO) gemeint.[8] Da der Pflichtenkatalog des § 1 Abs. 1 StaRUG bereits in der vorinsolvenzlichen Phase eines Unternehmens greift, gilt hier der betriebswirtschaftliche Krisenbegriff. Eine Krise im Sinne des § 1 StaRUG ist somit eine wirtschaftliche Entwicklung eines Unternehmens, die dessen Fortbestand substanziell gefährdet und wesentliche Ziele und Werte des Unternehmens unmittelbar bedroht.[9] 9

Krisenursachen sind häufig außerhalb des Unternehmens anzutreffen. Verändern sich die Marktbedingungen oder wenden sich wichtige Lieferanten und/oder Kunden von einem Unternehmen ab, kann dies dessen wirtschaftlichen Fortbestand gefährden.[10] Aber auch unternehmensinterne Gründe können zu einer Krise führen. Insbesondere Managementfehler, wie eine mangelnde Anpassung an technologische Standards oder eine unzureichende Unternehmenskommunikation, kommen in Betracht.[11] 10

4 Beispiel: Bei der GmbH & Co. KG kommt der Komplementär-GmbH die Rolle der einzig persönlich haftenden Komplementärin innerhalb der Kommanditgesellschaft (KG) zu.
5 *Brünkmans* ZinsO 2021, 1 (3), a.A.: *Scholz* ZIP 2021, 219 (230).
6 *Brünkmans* ZInsO 2021, 1 (3).
7 *Scholz* ZIP 2021, 219 (230); *Thole* ZIP 2020, 1985 (1986).
8 Oppenländer/Trölitzsch/*Steffan* GmbH-GF-HdB § 37 Rn. 5.
9 *Bork* ZIP 2011, 101 (101); Oppenländer/Trölitzsch/*Steffan* GmbH-GF-HdB § 37 Rn. 3.
10 *Kühne/Lienhard* SanB 2020, 144 (145).
11 *Kühne/Lienhard* SanB 2020, 144 (145).

II. Zeitlicher Anwendungsbereich – Geschäftsleiterpflichten im Unternehmensalltag

11 In **zeitlicher Hinsicht** setzt § 1 Abs. 1 StaRUG im denkbar frühesten Moment an. Die noch auszuarbeitenden Pflichten aus § 1 Abs. 1 StaRUG treffen die Geschäftsleiter lange bevor ihr Unternehmen (potenziell) sanierungsbedürftig oder gar (drohend) zahlungsunfähig (vgl. §§ 17, 18 InsO) bzw. überschuldet (vgl. § 19 InsO) ist. Geschäftsleiter haben Überwachungsmaßnahmen zu ergreifen, während ihr Unternehmen (noch) ordnungsgemäß wirtschaftet.[12]

12 Diese umfassende Geltung der Pflichten aus § 1 Abs. 1 StaRUG – sie treffen die Geschäftsleiter jederzeit – lässt sich besser verstehen, wenn man einen Blick auf den Normzweck des neu eingeführten § 1 StaRUG wirft. Genauso wie das gesamte StaRUG verfolgt auch sein § 1 das Ziel, sanierungsbedürftige und -fähige Unternehmen vor dem Eintritt in die Insolvenz zu bewahren.[13] Der nachhaltige Bestand von Unternehmen, die in wirtschaftliche Schwierigkeiten geraten, soll durch die Möglichkeit einer vorinsolvenzlichen Sanierung ermöglicht werden.[14]

13 Um dieses Ziel zu erreichen, greift – anders als das restliche StaRUG – § 1 StaRUG noch einen Schritt vor dem Stadium der Sanierungsbedürftigkeit ein, indem es Geschäftsleitern auferlegt, wirtschaftliche Krisen von Unternehmen so früh wie möglich zu identifizieren und zu managen. Dahinter steht der Erfahrungsgrundsatz, dass Krisen umso erfolgreicher abgewendet werden können, je früher sie erkannt und behandelt werden.[15]

14 Hierin liegt der Versuch des Gesetzgebers, zahlenmäßig die Fälle, in denen Unternehmen überhaupt in die Phase der Sanierungsbedürftigkeit eintreten, zu reduzieren. In der Unternehmenspraxis soll es so seltener zu einer Inanspruchnahme der §§ 2 ff. StaRUG kommen. § 1 StaRUG kann demnach auch als „vorgeschalteter Filter“ zum restlichen StaRUG verstanden werden.

III. Pflichtenkatalog des § 1 Abs. 1 StaRUG

15 Der bereits angesprochene **Pflichtenkatalog** ist in § 1 Abs. 1 StaRUG kodifiziert. Dort unterscheidet das Gesetz zwischen der Pflicht der Geschäftsleiter zur Krisenfrüherkennung, der Sanierungs- und Befassungsveranlassungspflicht sowie der Berichtspflicht.

1. Pflicht zur Krisenfrüherkennung

16 Ausgangspunkt ist die Pflicht zur **Krisenfrüherkennung** gem. § 1 Abs. 1 S. 1 StaRUG. Hiernach sind Geschäftsleiter dazu verpflichtet, fortlaufend über Entwicklungen zu wachen, welche den Fortbestand der Gesellschaft gefährden könnten.

17 Die Geschäftsleiter müssen somit die aktuellen Verhältnisse der Gesellschaft sowie deren zukünftige Entwicklungen kontinuierlich beobachten und daraufhin überprü-

---

12 *Brünkmans* ZInsO 2021, 1 (2).

13 BegrRegE BT-Drs. 19/24181, Ziff. B. Art. 1 Teil 1, 103; *Brünkmans* ZInsO 2021, 1 (1 f.); *Kühne/Lienhard* SanB 2020, 144 (144).

14 BegrRegE BT-Drs. 19/24181, Ziff. B. Art. 1 Teil 1, 103; *Desch* BB 2020, 2498 (2498).

15 Oppenländer/Trölitzsch/*Steffan* GmbH-GF-HdB § 37 Rn. 128.

fen, ob sie bei ungehindertem Fortgang zu einer Unternehmensgefährdung führen könnten.[16] Die Geschäftsleiter müssen permanent, im laufenden Geschäftsbetrieb die ihnen auferlegten Risikoprognosen durchführen.[17]

a) Stufe 1: obligatorische Risikoüberwachung

Das bedeutet konkret, dass Geschäftsleiter unter dem Regime des StaRUG ein zweistufiges System der **Risikoüberwachung** befolgen müssen: 18

Auf der ersten Stufe, der Frage nach dem „ob" einer solchen Überwachung, besteht unabhängig von der Rechtsform des Unternehmens die unabdingbare Notwendigkeit für Geschäftsleiter, eine Krisenfrüherkennung zu betreiben. Geschäftsleitern steht an dieser Stelle kein unternehmerisches Ermessen zu.[18] Die **Business Judgement Rule**[19] greift nicht.[20] Dies ist insbesondere von Geschäftsleitern kleinerer und mittlerer Unternehmen (KMU) zu beachten, bei denen es bisher unklar war, ob die Einrichtung eines Risikofrüherkennungssystems verpflichtend ist.[21] 19

b) Stufe 2: unternehmerisches Ermessen bei dessen Ausgestaltung

Auf der zweiten Stufe hingegen, beim „wie", also der individuellen Ausgestaltung der Risikoüberwachung, spricht der Gesetzgeber den Geschäftsleitern ein solches unternehmerisches Ermessen zu.[22] An dieser Stelle entfaltet die **Business Judgement Rule** ihre schützende Wirkung.[23] 20

c) Rechtsfolge: dynamischer Pflichtenmaßstab

Geschäftsleiter unterliegen somit einem dynamischen Pflichtenmaßstab. Die konkrete Ausformung und Reichweite der Risikoüberwachungspflicht hängt von einer Reihe von Faktoren ab: Neben der Rechtsform kommt es insbesondere auf die Größe, Branche und Struktur des jeweiligen Unternehmens an. Dabei gilt: Je überschaubarer die Verhältnisse des Unternehmens sind, desto eher werden die Geschäftsleiter der Krisenfrüherkennungspflicht auch ohne größere organisatorische Vorkehrungen gerecht. Hierauf weist auch der Regierungsentwurf zum StaRUG ausdrücklich hin. Gerade bei kleineren Unternehmen soll durch diesen dynamischen Pflichtenmaßstab die Entstehung übermäßiger Organisationspflichten und eine Überforderung der Geschäftsleiter verhindert werden.[24] 21

---

16 BegrRegE BT-Drs. 19/24181, Ziff. B. Art. 1 Teil 1 § 1 Abs. 1, 104; *Brünkmans* ZInsO 2021, 1 (2); *Schulz* NZI 2020, 1073 (1076); *Kühne/Lienhard* SanB 2020, 144 (147).

17 *Römermann* Stbg 2020, 463 (467).

18 BegrRegE BT-Drs. 19/24181, Ziff. B. Art. 1 Teil 1 § 1 Abs. 1, 104; *Kühne/Lienhard* SanB 2020, 144 (145).

19 Dieser Begriff umschreibt den Umfang des unternehmerischen Entscheidungsspielraums, der der gerichtlichen Kontrolle entzogen ist. Solange Geschäftsleiter ihre unternehmerischen Entscheidungen auf der Basis von angemessenen Informationen treffen, sich nicht von sachfremden Erwägungen leiten lassen, zum Wohle der Gesellschaft handeln und gutgläubig sind, haften sie nicht für daraus resultierende negative Folgen.

20 *Kühne/Lienhard* SanB 2020, 144 (145).

21 *Kühne/Lienhard* SanB 2020, 144 (149); *Gehrlein* BB 2021, 66 (67); vertiefend hierzu: MüKoGmbHG/*Fleischer* GmbHG § 43 Rn. 61, der für kleine, gut überschaubare Unternehmen mit niedrigem Gefährdungspotential die Einrichtung eines institutionalisierten Risikofrüherkennungssystems verneint.

22 *Brünkmans* ZInsO 2021, 1 (2); *Schulz* NZI 2020, 1073 (1077); *Kühne/Lienhard* SanB 2020, 144 (145).

23 *Kühne/Lienhard* SanB 2020, 144 (145).

24 BegrRegE BT-Drs. 19/24181, Ziff. B. Art. 1 Teil 1 § 1 Abs. 1, 104; *Brünkmans* ZInsO 2021, 1 (2); *Schulz* NZI 2020, 1073 (1076 f.).

2. Sanierungspflicht und Befassungsveranlassungspflicht

22 § 1 Abs. 1 S. 2 Hs. 1 und S. 3 StaRUG schließen an die Pflicht aus S. 1 an. Decken die Geschäftsleiter bei der Durchführung der Risikoüberwachung im Sinne des S. 1 Sachverhalte auf, die das Unternehmen gefährden könnten, müssen sie gem. S. 2 Hs. 1 geeignete Sanierungsmaßnahmen einleiten, um einen Sanierungsfall – wenn möglich – abzuwenden.

a) Befassungsveranlassungspflicht als Spezialfall der Sanierungspflicht

23 Als Unterkategorie dieser Sanierungspflicht normiert § 1 Abs. 1 S. 3 StaRUG den Spezialfall der **Befassungsveranlassungspflicht.**[25] Hinter diesem etwas sperrigen Begriff verbirgt sich die Pflicht von Geschäftsleitern, darauf hinzuwirken, weitere Organe zu beteiligen, wenn sie bestimmte Maßnahmen, die zur Sanierung des Unternehmens und zur Abwendung einer Krise notwendig sind, nicht alleine vornehmen dürfen.[26] § 1 Abs. 1 S. 3 StaRUG dient mithin vornehmlich der Klarstellung, dass die Geschäftsleiter im Falle einer Krise auf alle ihnen zur Verfügung stehenden Instrumente zurückgreifen müssen, um eine Gefährdung für das Unternehmen abzuwenden.[27]

b) Auch hier: Unternehmerisches Auswahlermessen

24 Gleichlaufend mit der Pflicht zur Krisenfrüherkennung aus § 1 Abs. 1 S. 1 StaRUG muss im Rahmen der Pflichten aus § 1 Abs. 1 S. 2 Hs. 1 und S. 3 StaRUG ebenfalls zweischrittig vorgegangen werden: Sanierungs- und Befassungsveranlassungspflicht sind obligatorisch. Bei der Frage nach dem „ob" des Tätigwerdens wird den Geschäftsleitern keine Wahl gelassen. Lediglich auf der zweiten Ebene, bei der Auswahl der zu treffenden Gegenmaßnahmen und deren Durchführung, dem „wie", gewährt der Gesetzgeber den Geschäftsleitern einen Ermessensspielraum.[28]

3. Berichtspflicht

25 Abgerundet wird der Pflichtenkatalog der Geschäftsleiter durch die **Berichtspflicht** aus § 1 Abs. 1 S. 2 Hs. 2 StaRUG. Haben die Geschäftsleiter eine Unternehmenskrise entdeckt und geeignete Gegenmaßnahmen ergriffen, müssen sie hierüber den Überwachungsorganen unverzüglich Berichterstatten.[29]

26 Die Berichtspflicht hat eine Doppelfunktion: Einerseits sollen die Gesellschafter des Unternehmens, denen primär die wesentliche Willensbildung innerhalb der Gesellschaft obliegt,[30] durch die Berichterstattung der Geschäftsleiter in die Lage versetzt werden, in einer Krise nach wie vor die Kontrolle über das Unternehmen zu behalten und die maßgeblichen Entscheidungen über das „wie" der Sanierung treffen können. Die Entscheidungsmacht über grundlegende Beschlüsse soll nicht faktisch auf die Geschäftsleiter verlagert werden.[31] Andererseits zwingt die Berichtspflicht die Geschäfts-

---

25 *Brünkmans* ZInsO 2021, 1 (3).
26 Beispiel: Kapitalerhöhungen, die über das bereits genehmigte Kapital hinausgehen, bedürfen der Zustimmung der Hauptversammlung (§§ 119 Abs. 1 Nr. 7, 182 ff. AktG) bzw. der Gesellschafterversammlung (§§ 55 ff. GmbHG), vgl. *Brünkmans* ZInsO 2021, 1 (3).
27 *Desch* BB 2020, 2498 (2500).
28 BegrRegE BT-Drs. 19/24181, Ziff. B. Art. 1 Teil 1 § 1 Abs. 1, 104; *Brünkmans* ZInsO 2021, 1 (3).
29 BegrRegE BT-Drs. 19/24181, Ziff. B. Art. 1 Teil 1 § 1 Abs. 1, 104.
30 Vgl. beispielsweise für die GmbH-Gesellschaftersammlung: MüKoGmbHG/*Liebscher* GmbHG § 49 Rn. 5.
31 MüKoGmbHG/*Liebscher* GmbHG § 49 Rn. 5 f.; Grigoleit/*Tomasic*/*Grigoleit* AktG § 92 Rn. 4.

leiter, das Vorliegen einer Krise offenzulegen und nicht zu verheimlichen.[32] Möchten Geschäftsleiter bei der Berichterstattung nicht „mit leeren Händen“ ihren Überwachungsorganen gegenübertreten, werden sie zu diesem Zeitpunkt zudem regelmäßig Sicherungsmaßnahmen zum Erhalt des Unternehmens ergriffen haben. Indirekt ist die Berichtspflicht damit ein weiterer Anreiz für Geschäftsleiter, im Rahmen ihrer Pflicht zum Krisenmanagement schnell und effektiv tätig zu werden.

IV. Geltungserweiterung für Gesellschaften ohne Rechtspersönlichkeit

§ 1 Abs. 2 StaRUG erstreckt den Geltungsbereich des § 1 Abs. 1 StaRUG auf **Gesellschaften ohne Rechtspersönlichkeit**, für deren Verbindlichkeiten keine natürliche Person als unmittelbarer oder mittelbarer Gesellschafter haftet.[33] 27

V. Weitergehende Pflichten bleiben unberührt

Schließlich bleiben gem. § 1 Abs. 3 StaRUG **weitergehende Pflichten** der Geschäftsleiter, die sich aus anderen Gesetzen ergeben, vom Regelungsgehalt des § 1 StaRUG unberührt. Abs. 3 regelt damit das Verhältnis der Geschäftsleiterpflichten aus § 1 StaRUG zur restlichen Rechtsordnung. Der neue, rechtsformübergreifende Pflichtenkatalog des § 1 Abs. 1 StaRUG soll nur einen Mindeststandard garantieren. Unterliegen Unternehmen umfangreicheren aufsichtsrechtlichen Vorgaben zur Krisenfrüherkennung und zum Krisenmanagement,[34] haben die jeweils geltenden spezialgesetzlichen – umfassenderen – Regelungen Vorrang.[35] 28

Nennenswerte Beispiele sind die genauen Vorgaben aus § 25a KWG, die Kredit- und Finanzdienstleistungsinstitute bei der Einrichtung eines Risikomanagementsystems einzuhalten haben.[36] Es muss auch an die spezialgesetzliche Pflicht der Geschäftsleiter zur Einberufung einer Anteilsinhaberversammlung bei Verlust der Hälfte des gezeichneten Kapitals (vgl. § 49 Abs. 3 GmbHG/§ 92 Abs. 1 AktG) gedacht werden, welche die Berichtspflicht aus § 1 Abs. 1 S. 2 Hs. 2 StaRUG näher konkretisiert.[37] Tritt Insolvenzreife ein (vgl. §§ 15a, 15b InsO), trifft die Geschäftsleiter überdies ein gesteigerter Pflichtenmaßstab.[38] 29

C. Leitfaden für ordnungsgemäße Pflichtenausübung

Der neue Pflichtenkatalog aus § 1 Abs. 1 StaRUG ist insbesondere wegen der erstmals rechtsformübergreifenden Normierung von Pflichten zur Krisenfrüherkennung und zum Krisenmanagement für Geschäftsleiter von Bedeutung. Im Tagesgeschäft der Geschäftsleiter gilt es mit § 1 StaRUG einige nuancierte Neuerungen zu beachten. Unsi- 30

---

32 Grigoleit/*Tomasic*/*Grigoleit* AktG § 92 Rn. 4.

33 BegrRegE BT-Drs. 19/24181, Ziff. B. Art. 1 Teil 1 § 1 Abs. 1, 104.

34 Vgl. § 25a KWG (für Kreditinstitute, Finanzdienstleistungsinstitute, zentrale Gegenparteien), § 23 VAG (für Versicherungsunternehmen), § 28 KAGB (für Kapitalverwaltungsgesellschaften) – vgl. BegrRegE BT-Drs. 19/24181, Ziff. B. Art. 1 Teil 1 § 1 Abs. 1, 104.

35 BegrRegE BT-Drs. 19/24181, Ziff. B. Art. 1 Teil 1 § 1 Abs. 1, 104; *Brünkmans* ZInsO 2021, 1 (2 f.); *Kühne/Lienhard* SanB 2020, 144 (145).

36 BegrRegE BT-Drs. 19/24181, Ziff. B. Art. 1 Teil 1 § 1 Abs. 3, 104.

37 BegrRegE BT-Drs. 19/24181, Ziff. B. Art. 1 Teil 1 § 1 Abs. 3, 104; *Gehrlein* BB 2021, 66 (67).

38 BegrRegE BT-Drs. 19/24181, Ziff. B. Art. 1 Teil 1 § 1 Abs. 3.

cherheiten gibt es bezüglich der Frage, inwieweit Geschäftsleiter gegen den Willen ihrer Überwachungsorgane Sanierungsmaßnahmen einleiten können. Schließlich kann festgehalten werden, dass Geschäftsleiter durch die Neuregelungen bei Pflichtverstößen keinem erhöhten Haftungsrisiko ausgesetzt sind.

I. Maßstab für ordnungsgemäße Pflichtenerfüllung

31 Besondere Bedeutung hat § 1 Abs. 1 StaRUG insbesondere deswegen, weil erstmals allgemeine und rechtsformübergreifende Regelungen zur **Krisenfrüherkennung** und zum **Krisenmanagement** normiert werden, die Geschäftsleiter aller haftungsbeschränkter Unternehmen zu beachten haben. Die grundsätzliche Pflicht existierte, wenn auch nur punktuell kodifiziert, allerdings bereits vor der Einführung des StaRUG. Die Vorschrift hat damit hauptsächlich klarstellenden Charakter und fügt sich in den existierenden Rahmen ein, der bis dato durch die jeweiligen spezialgesetzlichen Regelungen gezogen wurde.[39] Für den **Maßstab einer ordnungsgemäßen Pflichtenerfüllung** kann sich daher hinsichtlich von Einzelfragen am geltenden Recht orientiert werden, so dass die Rechtsanwender durch den neuen § 1 Abs. 1 StaRUG in ihrer Pflichtenausübung nicht überfordert sein sollten.[40] Dennoch müssen Geschäftsleiter zukünftig einige neue Aspekte in ihre Erwägungen miteinbeziehen.

1. Gesellschaftsrechtliche Risikoüberwachungspflicht

32 Die **Risikoüberwachungspflicht** aus § 1 Abs. 1 S. 1 StaRUG fand bisher – speziell für den Vorstand einer AG – in § 91 Abs. 2 AktG im Gesellschaftsrecht Erwähnung. Demnach ist der Vorstand einer AG verpflichtet, ein Überwachungssystem im Unternehmen einzurichten, um Entwicklungen, die den Fortbestand der Gesellschaft gefährden, frühzeitig erkennen zu können.[41]

a) Pflicht zur Risikoüberwachung bereits nach alter Rechtslage

33 Hiervon ausgehend entfaltet diese Pflicht nach dem Willen des Gesetzgebers[42] für die Geschäftsleiter von Unternehmen außerhalb des Anwendungsbereich des AktG eine „Ausstrahlungswirkung".[43] Daher wendet man § 91 Abs. 2 AktG jedenfalls auf den GmbH-Geschäftsführer entsprechend an,[44] so dass Geschäftsführer bereits seit jeher die finanzielle Lage ihrer GmbH kontinuierlich prüfen müssen.[45] Diese Pflicht zur ständigen wirtschaftlichen Selbstprüfung ergibt sich zusätzlich dazu aus einer Gesamtschau GmbH-spezifischer[46] Sondernormen.[47]

---

39 BegrRegE BT-Drs. 19/24181, Ziff. B. Art. 1 Teil 1 § 1, 103; *Desch* BB 2020, 2498 (2500); *Kühne/Lienhard* SanB 2020, 144 (144 f.).
40 *Kühne/Lienhard* SanB 2020, 144 (145).
41 *Kruth/Jakobs* DStR 2019, 999 (999); *Römermann* Stbg 2020, 463 (466); *Kühne/Lienhard* SanB 2020, 144 (144).
42 Vgl. BT-Drs. 13/9712, 15 (RegE zu KonTraG).
43 BegrRegE BT-Drs. 19/24181, Ziff. B. Art. 1 Teil 1 § 1, 103.
44 *Brünkmans* ZInsO 2021, 1 (2); *Kruth/Jakobs* DStR 2019, 999 (999); *Kühne/Lienhard* SanB 2020, 144 (145).
45 MüKoGmbHG/*Fleischer* GmbHG § 43 Rn. 63.
46 Siehe § 5a Abs. 4, §§ 30, 43 Abs. 3, §§ 43a, 49 Abs. 2 und 3, § 64 GmbHG.
47 MüKoGmbHG/*Fleischer* GmbHG § 43 Rn. 63; *Bork* ZIP 2011, 101 (102).

Weitere spezialgesetzliche Regelung zur Risikoüberwachung findet sich unter anderem in § 25a Abs. 1 S. 3 KWG (für Kreditinstitute), § 26 VAG (für Versicherungsunternehmen) und in §§ 28, 29 KAGB (für Kapitalverwaltungsgesellschaften).[48] 34

Auch darüber hinaus leitete man – rechtsformunspezifisch – eine allgemeine, außerhalb einer Unternehmenskrise bestehende Pflicht zur kontinuierlichen Überwachung der Unternehmensfinanzen wahlweise aus der Organpflicht der Geschäftsleiter im Innenverhältnis zur Gesellschaft[49] oder aus der Ausstrahlungswirkung des § 91 Abs. 2 AktG ab.[50] 35

b) StaRUG erweitert Beobachtungszeitraum

Diese bestehende Pflicht zur Krisenfrüherkennung erfährt durch das SanInsFoG eine Erweiterung: Während vor der Novelle der §§ 18, 19 InsO durch das SanInsFoG der genaue **Beobachtungszeitraum** für ein **Risikofrüherkennungssystem** nicht abschließend geklärt war,[51] beläuft er sich seit dem 1.1.2021 auf mindestens 24 Monate.[52] 36

Dieser Mindestzeitraum erklärt sich so: Nach dem neuen § 18 Abs. 2 S. 2 InsO erstreckt sich der für die Ermittlung der drohenden Zahlungsunfähigkeit relevante Prognosezeitraum verbindlich für alle Unternehmen auf 24 Monate. Damit der Eintritt dieses Krisenfalls pflichtgemäß im Sinne des § 1 Abs. 1 S. 1 StaRUG frühzeitig erkennbar ist, müssen Geschäftsleiter den Beobachtungszeitraum der Risikofrüherkennung mindestens auf diese Zeitspanne ausdehnen.[53] 37

Dies stellt insbesondere für Geschäftsleiter von KMUs eine Neuerung dar: War nach alter Rechtslage, je nach Größe des Unternehmens und dessen Branchenzugehörigkeit,[54] ein System zur Risikofrüherkennung, welches sich auf eine Zeitspanne von maximal zwei Jahren erstreckte, ausreichend, wandelt sich diese Maximalanforderung durch § 18 Abs. 2 S. 2 InsO in einen Mindeststandard. 38

2. Sanierungspflicht als Unterfall der Geschäftsleiterpflicht

Die **Sanierungspflicht** aus § 1 Abs. 1 S. 2 1. Hs. StaRUG existierte ebenfalls vor dessen Inkrafttreten. Sie war Unterfall der allgemeinen Geschäftsleiterpflicht. Geschäftsleiter mussten daher auch nach der alten Rechtslage mit Eintritt einer betriebswirtschaftlichen Krise geeignete Maßnahmen zur Sanierung des Unternehmens einleiten.[55] 39

---

48 *Desch* BB 2020, 2498 (2500); *Brünkmans* ZInsO 2021, 1 (2).

49 *Thole* ZIP 2020, 1985 (1986); *Schulz* NZI 2020, 1073 (1074); *Poertzgen* ZInsO 2020, 2509 (2510); *Kühne/Lienhard* SanB 2020, 144 (149).

50 *Römermann* Stbg 2020, 463 (466); *Kühne/Lienhard* SanB 2020, 144 (145).

51 Insoweit wurde vor allem ein Prognosezeitraum von ein bis zwei Jahren diskutiert, vgl. Uhlenbrock/*Mock* InsO § 18 Rn. 22; vertiefend hierzu auch: MüKoInsO/*Drukarczyk* § 18 Rn. 60 ff.

52 *Römermann* Stbg 2020, 463 (466).

53 *Römermann* Stbg 2020, 463 (467); *Kühne/Lienhard* SanB 2020, 144 (149).

54 MüKoInsO/*Drukarczyk* § 18 Rn. 60.

55 *Brünkmans* ZInsO 2021, 1 (2); *Bork* ZIP 2011, 101 (106); MAH GmbHR/*Schluck-Amend* § 23 Rn. 27; Oppenländer/Trölitzsch/*Steffan* GmbH-GF-HdB § 37 Rn. 128; *Leinekugel/Skauradszun* GmbHR 2011, 1121 (1122).

a) Befassungsveranlassung richtet sich nach Gesellschaftsvertrag

40 Die **Befassungsveranlassungspflicht** als Unterfall der Sanierungspflicht ist ebenfalls nicht neu. Falls die interne Verfassung – der Gesellschaftsvertrag – des jeweiligen Unternehmens vorschreibt, in bestimmten Situationen zusätzlich zu den Geschäftsleitern weitere Organe in die Entscheidungsfindung miteinzubeziehen, müssen Geschäftsleiter schon allein aufgrund dessen tätig werden. § 1 Abs. 1 S. 3 StaRUG unterstreicht diese Verpflichtungen nur noch einmal.[56]

b) Ergreifung „geeigneter Gegenmaßnahmen"

41 Welche Handlungen in Ausübung des Krisenmanagements als (noch) „geeignete **Gegenmaßnahmen**" oder als (schon) ungeeignete Handlungen zu qualifizieren sind, lässt sich im Einzelfall allerdings schwer bestimmen.

42 Eine erste Hilfestellung kann eine negative Abgrenzung bieten, indem danach gefragt wird, welche Handlungen als ungeeignet zu qualifizieren sind. Klassische Fälle dieser Ungeeignetheit sind ausgesprochene Risikogeschäfte, wie besonders spekulative Risikogeschäfte zum Ausgleich bestehender Verluste, die ohne Einwilligung der Überwachungsorgane erfolgen.[57]

43 Jenseits solcher Extremfälle erschwert gerade der vom Gesetzgeber beabsichtige – stark einzelfallbezogene – dynamische Pflichtenmaßstab eine Verallgemeinerung. Die bestehende gesellschaftsrechtliche Rechtsprechung kann nach wie vor als Orientierungspunkt gelten. Darüber hinaus sollten Geschäftsleiter bei Unsicherheiten externe Rechtsberatung einholen.

3. Kleine Neuerungen bei der Berichtspflicht

44 Auch die **Berichtspflicht** aus § 1 Abs. 1 S. 2 Hs. 2 StaRUG bei der Entdeckung eines bestandsgefährdenden Risikos existierte vor Einführung des StaRUG. Sie gilt für den Vorstand einer AG gegenüber dem Aufsichtsrat (§ 90 Abs. 1 S. 1 Nr. 3, 4 AktG)[58] und für den GmbH-Geschäftsführer gegenüber der Gesellschafterversammlung (§ 49 Abs. 3 GmbHG).[59][60]

45 Soweit die neue Berichtspflicht aus dem StaRUG über diese bisherigen spezialgesetzlichen Pflichten hinausgeht und den Geschäftsleiter allgemein zur Information der Überwachungsorgane im Krisenfall verpflichtet, stellt sie jedoch Neuerung dar.[61]

II. Krisenmanagement gegen den Willen der (Überwachungs-)Organe?

46 Von der Erfüllung der Pflichten aus § 1 Abs. 1 StaRUG zu unterscheiden ist die Frage, ob die Geschäftsleiter in Befolgung des § 1 Abs. 1 S. 2 StaRUG bestimmte Sanierungs-

56 *Thole* ZIP 2020, 1985 (1986).
57 Oppenländer/Trölitzsch/*Steffan* GmbH-GF-HdB § 37 Rn. 129.
58 Dort ist eine Berichtspflicht über den Gang der Geschäfte (insbesondere den Umsatz), die Lage der Gesellschaft sowie über solche Geschäfte, die für die Rentabilität oder Liquidität der Gesellschaft von erheblicher Bedeutung sein können, normiert.
59 Geht der GmbH mindestens die Hälfte des Stammkapitals verlustig, muss der Geschäftsführer unverzüglich die Gesellschafterversammlung einberufen.
60 *Brünkmans* ZInsO 2021, 1 (3); *Schulz* NZI 2020, 1073 (1074 f.); *Kruth/Jakobs* DStR 2019, 999 (999); *Bork* ZIP 2011, 101 (108).
61 *Thole* ZIP 2020, 1985 (1986).

maßnahmen gegen den Willen der (Überwachungs-)Organe einleiten können. Es geht also um die Frage nach dem „letzten Wort“ im Krisenfall.[62]

1. Gesetzgebungsverfahren hinterlässt unklare Rechtslage

Der Referentenentwurf zum StaRUG sah noch vor, dass Geschäftsleiter in bestimmten Fällen – bei Wahrung der Gläubigerinteressen – entgegen expliziter Beschlüsse und Weisungen der Überwachungs- und anderer Organe handeln durften (vgl. § 2 Abs. 1 S. 3 RefE-StaRUG).[63] Der Zusatz „und anderer Organe“ in § 2 Abs. 1 S. 3 RefE-StaRUG nahm nach dem Willen des Gesetzgebers dabei insbesondere auf diejenigen Organe Bezug, in welchen die Gesellschafter organisiert sind, also die Gesellschafter- und Hauptversammlung.[64] 47

Hieraus war zu schließen, dass sie auch gegen den Willen dieser Organe Restrukturierungsmaßnahmen einleiten durften, solange dies im **Gläubigerinteresse** lag.[65] 48

Nachdem § 2 RefE-StaRUG im Laufe des Gesetzgebungsverfahrens ersatzlos gestrichen wurde, fehlt der Endfassung des StaRUG jedoch eine vergleichbare Regelung. Der Wortlaut des § 1 StaRUG schweigt sich hierzu aus. Die Rechtslage ist damit auslegungsbedürftig. 49

2. Systematik des § 1 StaRUG

Die Systematik des § 1 StaRUG deutet darauf hin, dass es bestimmte Fälle gibt, in welchen Geschäftsleiter auch gegen den Willen ihrer (Überwachungs-)Organe, insbesondere gegen den Willen der Gesellschafter, handeln dürfen. 50

a) Berichtspflicht zeitlich nachrangig

Dies lässt sich zum einen aus dem zeitlichen Aufbau der Geschäftsleiterpflichten aus § 1 Abs. 1 StaRUG schlussfolgern. Die Reihenfolge, die das Gesetz hier vorgibt, lautet: Krisenfrüherkennung – Krisenmanagement – Berichterstattung. Regelmäßig müssen Geschäftsleiter damit erstmals mit den Gesellschaftern kommunizieren, wenn (i.) ein Krisenfall entdeckt wurde und sie (ii.) geeignete Gegenmaßnahmen eingeleitet haben. Zu diesem Zeitpunkt können sie in Ausübung ihrer Sanierungspflicht aus § 1 Abs. 1 S. 2 1. Hs. StaRUG schon Maßnahmen eingeleitet haben, bei denen sich erst nach der Berichterstattung herausstellt, dass sie nicht dem Willen der (Überwachungs-)Organe entsprechen. 51

b) Befassungsveranlassung anderer Organe als Ausnahme

Zum anderen ergibt sich aus einem Umkehrschluss zu § 1 Abs. 1 S. 3 StaRUG – der **Befassungsveranlassungspflicht** –, dass Geschäftsleiter nicht in jedem Fall im Einvernehmen mit ihren (Überwachungs-)Organen Sanierungsmaßnahmen einleiten müssen. Die Befassungsveranlassungspflicht normiert ein Regel-Ausnahme-Verhältnis. Die Regel – das Ergreifen geeigneter Gegenmaßnahmen allein durch die Geschäftslei- 52

62 *Thole* ZIP 2020, 1985 (1986); *Bork* ZIP 2011, 101 (107).
63 In § 2 Abs. 1 S. 3 RefE-StaRUG hieß es: „Beschlüsse und Weisungen der Überwachungsorgane und anderer Organe sind unbeachtlich, soweit sie der [...] gebotenen Wahrung der Gläubigerinteressen entgegenstehen.“
64 Vgl. RefE-StaRUG B. Teil 1 § 2 Abs. 1, 115.
65 *Thole* ZIP 2020, 1985 (1986).

ter – erfährt eine Modifizierung in den Fällen, in welchen bestimmte Sanierungsmaßnahmen den Zuständigkeitsbereich anderer Organe berühren.

53 Dann – und nur dann – müssen Geschäftsleiter andere Organe einschalten, bevor sie zur Krisenbewältigung tätig werden. Im Umkehrschluss lässt der Gesetzgeber damit Situationen zu, in welchen Geschäftsleiter mangels gesetzlicher oder vertraglicher Kommunikationspflichten Sanierungsmaßnahmen ergreifen, die nicht im Sinne ihrer Überwachungsorgane sind.

3. Handlungsempfehlung: Differenzierte Betrachtungsweise

54 Die in § 1 StaRUG angelegte Möglichkeit, dass Geschäftsleiter in bestimmten Situationen Sanierungsmaßnahmen auch gegen den Willen ihrer (Überwachungs-)Organe einleiten können, entspricht, wenn auch in ihren Einzelheiten heftig umstritten,[66] der gesellschaftsrechtlichen – spezialgesetzlichen – Rechtslage. Dort existiert eine abgestufte, differenzierte Betrachtungsweise:

a) Angemessene Sofortmaßnahmen

55 Auf der einen Seite des Spektrums gibt es die Kategorie der angemessenen Sofortmaßnahmen zur Krisenbewältigung. Sofortmaßnahmen dienen der Erhaltung der Sanierungsfähigkeit des Unternehmens im Zeitraum zwischen der Krisenerkennung durch die Geschäftsleiter und der Einbeziehung der Gesellschafter in den weiteren Entscheidungsprozess.

56 In dieser Phase stehen Geschäftsleiter regelmäßig unter einem großen Zeitdruck. Aus wirtschaftlicher Sicht ist ein schnelles Tätigwerden erforderlich, um die erkannte Krise erfolgreich abzuwenden. Rechtlich sind die Geschäftsleiter zum Ergreifen von **Sofortmaßnahmen** sogar verpflichtet (vgl. § 43 Abs. 1 GmbHG/§ 93 Abs. 1 AktG).[67] Im Falle der Untätigkeit droht ihnen eine Haftung für den hieraus entstehenden Schaden (vgl. § 43 Abs. 2 GmbHG/§ 93 Abs. 2 AktG). Daher dürfen sie Sofortmaßnahmen auch gegen den (mutmaßlichen) Willen der (Überwachungs-)Organe vornehmen.[68] Nennenswerte Beispiele für solche Sofortmaßnahmen sind die Sicherstellung der Liquidität, die Schaffung logistischer Voraussetzungen für die Unternehmensfortführung oder die Vorbereitung eines vorläufigen Sanierungs-Businessplans.[69]

b) Grundlagengeschäfte

57 Auf der anderen Seite der denkbaren Sanierungsmaßnahmen sind die **Grundlagengeschäfte** angesiedelt. Handlungen auf der Ebene des Gesellschaftsvertrages, also solche, welche die Rechtsform oder die Existenz des Unternehmens betreffen und die der laufende Betrieb des Unternehmens regelmäßig nicht mit sich bringt, sind als Grundlagengeschäfte zu qualifizieren.[70] Auch Maßnahmen, die aufgrund ihrer

66 Vertiefend hierzu: *Bork* ZIP 2011, 101 (106 ff.).
67 *Bork* ZIP 2011, 101 (108).
68 *Bork* ZIP 2011, 101 (108).
69 *Bork* ZIP 2011, 101 (108).
70 BGH NJW 1992, 975; BeckOK HGB/*Meyer*, 30. Ed. 15.10.2020 § 49 Rn. 4; *Leinekugel/Skauradszun* GmbHR 2011, 1121 (1124).

fundamentalen Bedeutung für das Unternehmen und seine Gesellschafter einen Ausnahmecharakter haben,[71] können hierzu gezählt werden.[72]

Sie können nicht alleine von Geschäftsleitern vorgenommen werden. Hier müssen also die betroffenen Gesellschaftsorgane in die Entscheidungsfindung einbezogen werden. So muss der GmbH-Geschäftsführer die beabsichtigen Maßnahmen der Gesellschafterversammlung vorlegen.[73] Bei der AG muss die Hauptversammlung den Grundlagengeschäften zustimmen. 58

c) Auch hier: Beratungsbedarf

Zwischen diesen Extremfällen liegt eine ganze Bandbreite an möglichen Situationen, in welchen es den Geschäftsleitern schwerfallen kann, ihren Entscheidungsspielraum richtig einzuschätzen. Die Rechtslage ist von einer großen Einzelfallkasuistik bestimmt. Daher kann Geschäftsleitern hier nur ein allgemeiner Ratschlag mit auf den Weg gegeben werden: 59

Nach einer Krisenerkennung sollten Geschäftsleiter in jedem Falle zunächst eine Sanierungsprüfung vornehmen. Neben der Frage der Sanierungsfähigkeit des Unternehmens sollten mögliche Maßnahmen zur Krisenbewältigung in die Erwägung einbezogen werden.[74] Ist diese Prüfung erfolgt, müssen Geschäftsleiter bewerten, ob das Unternehmen aus eigener Kraft die Krise bewältigen kann (interne Sanierung) oder ob Gläubiger des Unternehmens oder sonstige Dritte in die Sanierungsbemühungen einbezogen werden müssen (externe Sanierung).[75] 60

4. Gesellschaftsvertragliche Festlegung der Kompetenzen

Letztlich können Geschäftsleiter die Problematik elegant umschiffen, indem sie eine Ebene früher ansetzen: Der Umfang ihrer Befugnisse zur Ergreifung „geeigneter Sanierungsmaßnahmen“ lässt sich auch in Abstimmung mit den Gesellschaftern vertraglich festlegen.[76] Sorgen Geschäftsleiter so in „guten Zeiten“ während eines ordnungsgemäßen Geschäftsgangs für die Klarstellung ihrer Sanierungskompetenzen, existiert in „schlechten Zeiten“ nicht das Risiko, außerhalb der eigenen Befugnisse gegen den Willen ihrer (Überwachungs-)Organe zu handeln. 61

III. Haftungsrisiko bei Verstoß gegen Pflichtenkatalog

Ein weiteres Problem stellt die Frage dar, welchem **Haftungsrisiko** Geschäftsleiter ausgesetzt sind, die gegen die Pflichten aus dem Katalog aus § 1 Abs. 1 StaRUG verstoßen. Die Thematik wird insbesondere dann relevant, wenn zunächst nach der Identifizierung einer Unternehmenskrise durch die Geschäftsleiter Sanierungsmaßnahmen eingeleitet worden sind und es später dennoch – oder gerade deswegen – zu einer Insolvenz des Unternehmensträgers gekommen ist. In dieser Situation werden 62

71 Denkbar wäre beispielsweise die Übertragung des (nahezu) gesamten Gesellschaftsvermögens.
72 *Leinekugel/Skauradszun* GmbHR 2011, 1121 (1124).
73 *Leinekugel/Skauradszun* GmbHR 2011, 1121 (1124).
74 MüKoGmbHG/*Fleischer* § 43 Rn. 63; MAH GmbHR/*Schluck-Amend* § 23 Rn. 27; *Bork* ZIP 2011, 101 (106).
75 *Bork* ZIP 2011, 101 (107).
76 *Wagner* ZNotP 2016, 84 (85 f.).

Insolvenzverwalter und Gläubiger die Entscheidungen der Geschäftsleiter einer besonders kritischen Überprüfung unterziehen.

1. Haftung richtet sich nach geltendem Gesellschaftsrecht

63 Eine explizite Haftungsfolge der Geschäftsleiter bei einem Verstoß gegen den Pflichtenkatalog des § 1 Abs. 1 StaRUG sieht das StaRUG selbst nicht vor. Stattdessen verweist der Gesetzgeber in seiner Begründung zum Regierungsentwurf darauf, dass es bei den bisher bestehenden gesellschaftsrechtlichen Regelungen zur Geschäftsleiterhaftung bleiben soll.[77] Diese seien bereits so umfassend, dass auch ohne neue, rechtsformübergreifende Haftungsnormen im StaRUG keine Haftungslücken entstehen würden.[78]

64 Konkret bedeutet dies, dass die gesellschaftsrechtlichen Normen zur Organhaftung aus § 43 Abs. 2 GmbHG (zulasten des GmbH-Geschäftsführers) und aus § 93 Abs. 2 S. 1 AktG (zulasten des Vorstandes einer AG) ihre Wirkung entfalten werden, wenn die Geschäftsleiter ihren Pflichten aus § 1 Abs. 1 StaRUG nicht nachkommen. Im Wege der Innenhaftung gegenüber der eigenen Gesellschaft laufen die Geschäftsleiter somit bei Nichtbefolgung des § 1 Abs. 1 StaRUG Gefahr, mit Schadensersatzforderungen konfrontiert zu werden, sofern der Gesellschaft kausale Schäden entstanden sind.[79]

2. Gesteigertes Haftungsrisiko durch § 1 StaRUG?

65 Das Haftungsrisiko, dem Geschäftsleiter unterliegen, kann durch die Einführung des § 1 StaRUG und die daraus folgende Pflicht zur Krisenfrüherkennung und zum Krisenmanagement gesteigert werden.

a) Darlegungs- und Beweislastverteilung

66 Allerdings bleibt es bei der spezialgesetzlich normierten **Darlegungs- und Beweislastverteilung** zwischen Geschäftsleiter und Gesellschaft im Haftungsprozess:[80]

67 Nach den allgemeinen Regeln trifft im Rahmen der Haftung aus § 93 Abs. 2 AktG die Gesellschaft im Streitfalle die Darlegungs- und Beweislast dafür, dass (1.) die Geschäftsleiter eine möglicherweise schädigende Handlung vorgenommen haben, dass (2.) der Gesellschaft ein Schaden entstanden ist und dass (3.) die Handlung der Geschäftsleiter kausal für den entstandenen Schaden war.[81]

68 Die gleiche Verteilung der Darlegungs- und Beweislast gilt ebenfalls im Rahmen des § 43 Abs. 2 GmbHG.[82]

---

77 BegrRegE BT-Drs. 19/24181, Ziff. B. Art. 1 Teil 1 § 1, 103.
78 BT-Drs. 19/25353, Ziff. IV. B. Art. 1, 6.
79 *Brünkmans* ZInsO 2021, 1 (3); *Schulz* NZI 2020, 1073 (1074); *Kühne/Lienhard* SanB 2020, 144 (145).
80 *Schulz* NZI 2020, 1073 (1074).
81 MüKoAktG/*Spindler* AktG § 93 Rn. 208.
82 MüKoGmbHG/*Fleischer* GmbHG § 43 Rn. 270ff; MHLS/*Ziemons* GmbHG § 43 Rn. 472.

b) Ermittlung der Schadenshöhe bereitet Probleme

Damit besteht bereits im ersten Schritt – abseits offensichtlicher Extremfälle[83] – für die Gesellschaft insbesondere die Schwierigkeit darin, auf der Ebene des haftungsausfüllenden Tatbestandes einen konkreten Schaden nachzuweisen.[84] Zwar weisen Literatur und Rechtsprechung wiederholt darauf hin, dass an den Nachweis des Schadens bzw. der Schadenshöhe keine überhöhten Anforderungen gestellt werden dürfen und insoweit auch die Möglichkeit zu einer Schadensschätzung im Sinne des § 287 ZPO besteht.[85] Ungeachtet dieser Beweiserleichterung müssen aber weiterhin Tatsachen vorgetragen werden, die hinreichende Anhaltspunkte für eine solche Schätzung bieten.[86] Diese Tatsachen gilt es im Haftungsprozess zu ermitteln. 69

Anlässlich der Vielzahl an Handlungsmöglichkeiten, die § 1 Abs. 1 StaRUG den Geschäftsleitern bei der pflichtgemäßen Ausübung ihrer Krisenfrüherkennungs- und Krisenmanagementpflichten lässt, stellt dies eine Herausforderung für die Klägerseite dar. Nach der Differenzhypothese muss der Unterschied zwischen dem schadensbehafteten Jetzt (Ist-Zustand) und einer hypothetischen, schadenslosen Gegenwart (Soll-Zustand) ausgearbeitet werden. Ohne die Erstellung eines zeit- und kostenaufwändigen Sachverständigengutachtens wird dies im Regelfall nicht gelingen. 70

Gerade in Haftungsprozessen gegen Geschäftsleiter von KMU, in welchen die hierfür benötigten Sachverständigenkosten schnell den Streitwert der Klageforderung übersteigen, ist zu befürchten, dass potenziell Klagewillige nach Abwägung des Prozessrisikos unter dem Gesichtspunkt der Wirtschaftlichkeit von einer Verfolgung ihrer (möglicherweise) existierenden Ansprüche absehen werden. In der Praxis könnte dies regelmäßig zu der Situation führen, dass Geschäftsleiter ihre Pflichten aus § 1 Abs. 1 StaRUG weitestgehend ignorieren können, ohne hierdurch tatsächlich der Gefahr einer Haftung ausgesetzt zu sein. 71

c) Weiterer Schutz durch breiten Ermessensspielraum

Doch auch wenn diese Hürde einmal genommen ist und nach § 93 Abs. 2 S. 2 AktG vermutet wird, dass die Geschäftsleiter den Sorgfaltsmaßstab des § 93 Abs. 1 AktG nicht eingehalten haben,[87] kommt den Geschäftsleitern zugute, dass ihnen bei der Auswahl der zu treffenden Sanierungsmaßnahmen ein breites Ermessen eingeräumt wird,[88] dessen korrekte Ausübung wiederum in den Schutzbereich der **Business Judgement Rule** fällt.[89] Die Geschäftsleiter haben aufgrund dieses weiten Ermessensspielraums bei ordnungsgemäßer Dokumentation ihrer Entscheidungsfindung, gute Chancen, den ihnen obliegenden Entlastungsbeweis zu erbringen. 72

---

83 Beispiel: Der Geschäftsleiter nimmt Schmiergelder an, für die der Zahlende als Ausgleich vom Geschäftsleiter Geschäftsvorteile in entsprechender Höhe erwartet – vgl. Baumbach/Hueck/*Beurskens* GmbHG § 43 Rn. 79; MHLS/*Ziemons* GmbHG § 43 Rn. 487.
84 *Schulz* NZI 2020, 1073 (1074); *Bork* ZIP 2011, 101 (109).
85 Baumbach/Hueck/*Beurskens* GmbHG § 43 Rn. 79; MHLS/*Ziemons* GmbHG § 43 Rn. 485.
86 MHLS/*Ziemons* GmbHG § 43 Rn. 486.
87 MüKoAktG/*Spindler* § 93 Rn. 208.
88 *Schulz* NZI 2020, 1073 (1074); *Bork* ZIP 2011, 101 (109).
89 BeckOGK/*Fleischer*, Ed. 15.1.2020, AktG § 93 Rn. 101.

3. Fazit: Geschäftsleiterfreundliches Haftungsmodell

73 Der Gesetzgeber hat sich damit letztendlich für ein tendenziell geschäftsleiterfreundliches Haftungsmodell entschieden. Was einerseits für die Geschäftsleiter positiv zu bewerten ist, hat andererseits auch seine Schattenseiten: Die Gläubiger von Gesellschaften, die auf eine Krise nicht angemessen reagiert haben, werden so in nur eingeschränktem Maße vor einem Fehlverhalten der Geschäftsleiter geschützt. Dies gilt umso mehr, da die an den Tatbestand die Überschuldung (vgl. § 19 InsO) anknüpfende neue allgemeine Haftungsnorm des § 15b Abs. 4 InsO dadurch an Gewicht verliert, dass der Anwendungsbereich des § 19 InsO nunmehr gem. Abs. 2 S. 1 von zuvor 24 Monate auf 12 Monate verkürzt wird.[90]

74 Ob der Gläubigerschutz bei der Einführung des StaRUG vom Gesetzgeber hinreichend berücksichtigt wurde – so sieht es zumindest der Bundestag selbst[91] – kann daher in der Gesamtschau bezweifelt werden.

D. Praxishinweise

75 Für die Einrichtung des von § 1 Abs. 1 StaRUG geforderten **Risikofrüherkennungssystems** bietet der Gesetzgeber für Geschäftsleiter eine Reihe an Hilfestellungen, die bei der Risikoerkennung und Risikobewertung als Unterstützung herangezogen werden können. Um im Falle einer nachträglich eintretenden Insolvenz im Haftungsprozess gegenüber der Gesellschaft nachweisen zu können, dass die Sorgfaltspflichten bei der Vornahme von Sanierungsmaßnahmen nicht verletzt wurden, wird Geschäftsleitern eine genaue Dokumentation ihrer Entscheidungsfindung empfohlen. Der Berichtspflicht gegenüber den Überwachungsorganen sollte im Zweifel so umfassend wie möglich nachgekommen werden.

I. Einrichtung eines Risikofrüherkennungssystems

76 Das StaRUG enthält keine genauen Vorgaben, welche Anforderungen an die Einrichtung eines **Risikofrüherkennungssystems** zu stellen sind.[92] Insbesondere der vom Gesetzgeber intendierte dynamische **Pflichtenmaßstab**, der maßgeblich von der Art, Größe und Struktur des jeweiligen Unternehmens abhängt, stellt Geschäftsleiter vor die Herausforderung, einen rechtssicheren Weg einzuschlagen.

1. § 101 StaRUG als Hilfestellung

77 Eine gewisse Hilfestellung verspricht § 101 StaRUG.[93] Demnach sollen unter der Internetadresse des Bundesministeriums der Justiz und des Verbraucherschutzes (BMJV)[94] in Zukunft Instrumente zur frühzeitigen Identifizierung von Krisen bereitgestellt werden. Diese Regelung soll sicherstellen, dass Unternehmen und ihre Geschäftsleiter einen klaren und transparenten Zugang zu Frühwarnsystemen haben und so im Falle einer Krise über die Notwendigkeit eines unverzüglichen Tätigwer-

90 BegrRegE BT-Drs. 19/24181, Ziff. B. Art. 1 Teil 1 § 2, 105; *Kühne/Lienhard* SanB 2020, 144 (149).
91 BT-Drs. 19/25353, Ziff. IV. B. Art. 1, 6.
92 *Kühne/Lienhard* SanB 2020, 144 (147).
93 *Kühne/Lienhard* SanB 2020, 144 (145); *Römermann* Stbg 2020, 463 (466); *Gehrlein* BB 2021, 66 (79).
94 Vgl. www.bmjv.de.

dens aufgeklärt werden.[95] Wie hilfreich die dort noch bereitzustellenden Informationen sein werden, bleibt allerdings abzuwarten. Die vom Gesetzgeber versprochene – parallel zum Gesetzgebungsverfahren erfolgende – Anpassung des Portals[96] ist auch nach Inkrafttreten des StaRUG noch nicht erfolgt [Stand: 4.7.2021].

2. Weitere Beratungsangebote

Der Gesetzgeber weist in der Begründung des Referentenentwurfes zum SanInsFoG 78
auf weitere Beratungsangebote hin. Neben den Angeboten, welche durch die Industrie- und Handelskammern sowie die Handwerkskammern eingerichtet sind, verdient insbesondere das staatliche Online-Beratungsportal des Bundesministeriums für Wirtschaft und Energie (BMWi)[97] Erwähnung.[98] Unter der Rubrik „Unternehmen führen" in der Unterkategorie „Herausforderungen meistern" bei dem Stichwort „Früherkennung" sind zwei Ja/Nein-Fragebögen zur Erkennung von Krisenanzeichen bereitgestellt:[99] Die „Früherkennungstreppe"[100] und der „Crashtest zur Schwachstellen-Früherkennung".[101] Aufgrund des sehr allgemeinen Charakters dieser Checklisten dienen sie jedoch lediglich als allererster Startpunkt für die Errichtung eines Systems zur Risikoüberwachung. Konkrete Ratschläge, insbesondere zu der Frage, wie man die Antworten auf die dort gestellten Fragen rechtssicher ermittelt, lassen sich hieraus nicht ableiten.

3. Gesetzliche Hinweispflichten

Eine gewisse Absicherung genießen Geschäftsleiter durch gesetzlich normierte **Hin-** 79
weispflichten, denen die unternehmensberatenden Berufsgruppen unterliegen.

a) Geltendes Recht

Abschlussprüfer sind nach § 321 Abs. 1 S. 2 und 3 HGB im Rahmen ihrer Beurtei- 80
lung der Lage des Unternehmens dazu verpflichtet, auf Entwicklungen aufmerksam zu machen, die den Bestand des Unternehmens gefährden könnten. Diese Risiken müssen von ihnen nochmals ausdrücklich im Bestätigungsvermerk aufgeführt werden (vgl. § 322 Abs. 2 S. 3 HGB).[102]

95 BegrRefE SanInsFoG, Ziff. B Art. 1 Teil 1 § 3, 115.
96 BegrRefE SanInsFoG, Ziff. B Art. 1 Teil 1 § 3, 117.
97 Vgl. www.existenzgruender.de.
98 BegrRefE SanInsFoG, Ziff. B Art. 1 Teil 1 § 3, 117.
99 *Kühne/Lienhard* SanB 2020, 144 (145).
100 Die „Früherkennungstreppe" ist ein Ja/Nein-Fragebogen, der aus neun Kontrollfragen, unterteilt in je drei Fragen zur Krisenfrüherkennung (Stufe 1), Krisenspäterkennung (Stufe 2) und „Krisen-Sehr-Späterkennung" (Stufe 3). Die Fragen sind sehr unspezifisch (Bsp.: „Haben Sie genug neue Kunden gewonnen?" (Stufe 1) / „Ist Ihr Betriebsergebnis wirklich gut?" (Stufe 2) / „Vermeiden Sie erfolgreich die Pleite?" (Stufe 3)). Sie dienen der Ermittlung der aktuellen Lage des Unternehmens. Beantwortet man eine der Fragen mit „Nein", muss man tätig werden.
101 Der „Crashtest zur Schwachstellen-Früherkennung" ist ebenfalls sehr verallgemeinernd (Bsp.: „Nutzen Sie Ihren maximalen Kontokorrent nur selten bzw. überhaupt nicht?" / „Kennen Sie die aktuellen Markttendenzen?") und besteht aus 17 Ja/Nein-Fragen, die auf die Ermittlung der finanziellen Lage des Unternehmens und dessen Marktgegebenheiten den abzielen. Beantwortet man mindestens fünf dieser Fragen mit „Nein", sollte man externe Hilfe einschalten.
102 BegrRefE SanInsFoG, Ziff. B Art. 1 Teil 1 § 3, 116.

b) Hinweis- und Warnpflichten

81 Die bereits durch die Rechtsprechung und die entsprechenden Berufsverbände anerkannten **Hinweis- und Warnpflichten** für Steuerberater und Wirtschaftsprüfer[103] werden in § 102 StaRUG nunmehr gesetzlich verankert und auf die Berufsgruppen der Steuerbevollmächtigten, vereidigten Buchprüfer und Rechtsanwälte ausgeweitet.

82 Bei der Erstellung eines Jahresabschlusses müssen die herangezogenen Experten ihre Mandanten auf das Vorliegen möglicher Insolvenzgründe nach §§ 17–19 InsO und die daran anknüpfenden Geschäftsleiterpflichten hinweisen, sofern entsprechende Anhaltspunkte offenkundig sind und sie annehmen müssen, dass ihren Mandanten die mögliche Insolvenzreife nicht bewusst ist.[104]

4. Vierstufige Risikoerkennung und -bewertung

83 Ungeachtet all dieser Unterstützung liegt es letzten Endes an den Geschäftsleitern selbst, die Vorgabe des § 1 Abs. 1 S. 1 StaRUG umzusetzen und ein effektives System zur Krisenfrüherkennung einzurichten. Hierbei können sie sich an einem vierstufigen Aufbau orientieren:

a) Auswahl der richtigen Indikatoren

84 Bevor mit einer Überwachung begonnen werden kann, müssen Geschäftsleiter auf der ersten Stufe ermitteln, auf welche Indikatoren sie sich zur Krisenfrüherkennung sinnvollerweise stützen sollten.[105] Auf welche Aspekte abzustellen ist, hängt letztlich von der Art des Unternehmens, seinem wirtschaftlichen Umfeld und der Frage ab, welche Krise zu antizipieren ist.[106] Daher können an dieser Stelle nur beispielhaft einige relevante Faktoren aufgeführt werden, deren Bedeutung für das jeweilige Unternehmen im Einzelfall zu bestimmen ist:[107]

Strategiekrise[108]	**Erfolgskrise**[109]	**Liquiditätskrise**[110]
Verlust von Marktanteilen	Sinkende Betriebsleistung durch sinkende Marktnachfrage	Zusatzsicherheiten für Kreditlinien erforderlich
Verlust von Kernkompetenzen	Sinkende Eigenkapitalquote/steigende Verschuldung	Steigender Druck durch Fremdkapitalgeber

103 BGH Urt. v. 26.1.2017 – IX ZR 285/14, Rn. 14, 38, 44ff; *Thole* ZIP 2020, 1985 (1986); *Gehrlein* BB 2021, 66 (79).

104 *Römermann* Stbg 2020, 463 (473).

105 *Kühne/Lienhard* SanB 2020, 144 (146); *Bork* ZIP 2011, 101 (103); *Exler/Situm* KSI 2013, 161 (161 ff.); *Wagner* ZNotP 2016, 84 (84).

106 *Kühne/Lienhard* SanB 2020, 144 (146).

107 Quelle: *Exler/Situm* KSI 2013, 161 (165).

108 Die Strategiekrise bezeichnet die Verschlechterung der Wettbewerbsposition des Unternehmens. Der Erfolg des Unternehmens ist ernsthaft und nachhaltig gefährdet, vgl. *Opferkuch*, Sanierung von Unternehmen, 1. Aufl. 2014, S. 3.

109 Bei einer Erfolgskrise (auch: leistungswirtschaftliche Krise) entstehen dem Unternehmen Verluste, die sukzessive das Eigenkapital verbrauchen. Es besteht die Gefahr der (drohenden) Überschuldung, vgl. *Opferkuch*, Sanierung von Unternehmen, 2014, 4.

110 In der Liquiditätskrise (auch: finanzwirtschaftliche Krise) ist das Unternehmen unfähig, fällige Zahlungsverpflichtungen zu erfüllen. Es verfügt nicht mehr über ausreichende Geldmittel. Zahlungsunfähigkeit tritt ein, vgl. *Opferkuch*, Sanierung von Unternehmen, 5.

Strategiekrise	Erfolgskrise	Liquiditätskrise
Substitutionsrisiken durch neue Produkte/Dienstleistungen	Diskrepanz zwischen Produktion und Absatz	Nur noch kurzfristige Verlängerungen von Kreditlinien
Verschärfter Wettbewerb durch neue Konkurrenten	Sinkende Gewinne/steigende Verluste	Zins- und Tilgungsrückstände
Schrumpfender Markt	Sinkender Rohertrag	Sinkender Cashflow
Konjunkturabhängigkeit	Sinkende Rentabilität	Überziehung von Kreditlinien
Schwankende Rohstoffpreise	Ineffiziente Materialbeschaffung	Nichtausnützung von Skontofristen
Abhängigkeit von Lieferanten/Kunden	Sinkender Auftragsstand	Lieferungen nur noch gegen Vorauszahlung/Sicherheiten
Veränderung des Käuferverhaltens und der Käuferinteressen	Steigende Lagerdauer	Finanzierung von Ausschüttungen durch Aufnahme von Fremdmitteln
Steigende Kundenreklamationen	Steigender Materialausschuss	Steigende Anzahl an Mahnungen und Zahlungserinnerungen
Steigende Personalfluktuation	Fallende Produktivität	Rückstände bei Sozialversicherungsträgern / Finanzbehörden
Steigende Lieferverzögerungen	Lieferverzögerungen	Inanspruchnahme von Zahlungszielen und deren Überschreitung

b) Risikoerfassung

Sind die für das Unternehmen relevanten Indikatoren einmal ausgewählt, kann auf der zweiten Stufe mit der **Risikoerfassung** begonnen werden. Um hierbei den Überblick zu bewahren, empfiehlt es sich, die gesammelten Daten in einem Risikoinventar zu systematisieren. Neben der bloßen Beschreibung des jeweiligen Risikos sollte auch dessen Relevanz für das Unternehmen grob eingeschätzt werden, um die daran anschließende Risikobewertung zu vereinfachen.[111] 85

c) Risikobewertung

Sind alle Daten gesammelt und systematisiert, kann auf der dritten Stufe mit der **Risikobewertung** begonnen werden. Hierunter ist die quantitative Beschreibung eines Risikos durch die Angabe seiner Eintrittswahrscheinlichkeit und seiner potenziellen Schadenshöhe zu verstehen. Alternativ dazu bietet sich in einigen Fällen das Erstellen einer Dreiecksverteilung, bestehend aus Mindestkosten – wahrscheinlichsten Kosten – Maximalkosten an.[112] 86

111 *Kühne/Lienhard* SanB 2020, 144 (147); *Wagner* ZNotP 2016, 84 (84).
112 *Kühne/Lienhard* SanB 2020, 144 (147); *Wagner* ZNotP 2016, 84 (84).

d) Risikoaggregation

87 Selbst wenn der Eintritt eines Risikos nach dessen Bewertung für sich genommen eher unwahrscheinlich sein sollte oder die zu erwartende Schadenshöhe bei einer Risikorealisierung voraussichtlich überschaubar wäre, wird sich insbesondere bei einer Vielzahl von Risiken die jeweilige Gefahr zumindest vereinzelt mit überwiegender Wahrscheinlichkeit realisieren. Daher ist, auf der vierten Stufe, abschließend eine Gesamtbetrachtung der ermittelten Einzelrisiken vorzunehmen. Diese Vorgehensweise, auch **Risikoaggregation** genannt, ist nötig, um das Gesamtrisiko, dem ein Unternehmen ausgesetzt ist, zu ermitteln.[113]

5. Einzelfragen

88 Für darüber hinausgehende Einzelfragen können Geschäftsleiter sich außerdem an den zu § 91 Abs. 2 AktG ausgearbeiteten Grundsätzen orientieren. Diesem ist die Pflicht aus § 1 Abs. 1 S. 1 StaRUG nachgebildet.[114]

89 Aufgrund des dynamischen Pflichtenmaßstabes, der sich an der Art, Größe und Struktur des Unternehmens orientiert, gelten die bestehenden Grundsätze für KMU jedoch wohl nur eingeschränkt.[115] Ein Mindeststandard, den aber alle Unternehmen – ungeachtet ihrer individuellen Merkmale – einhalten müssen, ist die Vornahme einer rollierenden 13-Wochen Liquiditätsplanung.[116] Der Zeitraum von 13 Wochen ist dabei so gewählt, dass eine (drohende) Zahlungsunfähigkeit frühzeitig erkennbar ist. Sanierungsmaßnahmen sollen noch eingeleitet werden können, bevor sich das Unternehmen in dem dreiwöchigen Zeitraum gem. § 15a Abs. 1 S. 2 InsO befindet, der regelmäßig zu kurz ist, um eine bereits eingetretene Zahlungsunfähigkeit noch beseitigen zu können.[117]

II. Dokumentation zur Abwendung einer Geschäftsleiterhaftung

90 Bei der korrekten Ausübung der Pflicht zum Krisenmanagement sind Geschäftsleiter mit einer großen Rechtsunsicherheit konfrontiert: Der ihnen hier zustehende weite Ermessensspielraum, kombiniert mit einer vom Gesetzgeber beabsichtigten starken Einzelfallbetrachtung, stellt sie vor die Schwierigkeit, im Rahmen einer Prognoseentscheidung die richtigen Maßnahmen für die Unternehmenssanierung zu treffen.

91 Mit Blick auf die sie treffende Geschäftsleiterhaftung nach § 43 Abs. 2 GmbHG bzw. § 93 Abs. 2 S. 1 AktG im Falle eines Sorgfaltspflichtverstoßes kann den Geschäftsleitern daher nur angeraten werden, ihre entsprechenden Prognosen und Handlungen sorgfältig zu **dokumentieren** und zu begründen. Die Dokumentation sollte sich dabei sowohl auf die der konkreten Entscheidung zugrundeliegenden Informationen als auch auf die Abwägung und Analyse der jeweiligen Umstände beziehen. Liegt mangels hinreichender Informationen eine weitere Sachverhaltsaufklärung nahe, sollte de-

113 *Kühne/Lienhard* SanB 2020, 144 (147).
114 BegrRegE BT-Drs. 19/24181, Ziff. B. Art. 1 Teil 1 § 1, 103; *Desch* BB 2020, 2498 (2500); *Kühne/Lienhard* SanB 2020, 144 (144 f.); *Kühne/Lienhard* SanB 2020, 144 (146).
115 *Kühne/Lienhard* SanB 2020, 144 (146).
116 *Brünkmans* ZInsO 2021, 1 (3); *Schulz* NZI 2020, 1073 (1076); MüKoGmbHG/*Fleischer* § 43 Rn. 63; *Leinekugel/Skauradszun* GmbHR 2011, 1121 (1122); *Bork* ZIP 2011, 101 (101).
117 *Schulz* NZI 2020, 1073 (1074).

ren Veranlassung aufgezeichnet werden.[118] An die etwaige Einholung externen Sachverstands muss gedacht werden.[119]

Nur so wird es Geschäftsleitern möglich sein, in einem Haftungsprozess den ihnen obliegenden Entlastungsbeweis dafür zu erbringen, dass sie das Krisenmanagement mit der „Sorgfalt eines ordentlichen und gewissenhaften Geschäftsleiters"[120] betrieben haben. 92

III. Berichterstattungspflicht

Die **Berichterstattungspflicht** aus § 1 Abs. 1 S. 2 Hs. 2 StaRUG ist dem § 49 Abs. 3 GmbHG nachempfunden.[121] Da diese Norm jedoch auf einen Spezialfall zugeschnitten ist,[122] lassen sich allgemeine Handlungsempfehlungen für Geschäftsleiter im Rahmen des § 1 StaRUG hieraus nur schwerlich ableiten. Geschäftsleitern ist aufgrund der bisher unklaren Rechtslage daher anzuraten, ihrer Berichterstattungspflicht gegenüber den Überwachungsorganen im Zweifel so umfassend wie möglich nachzukommen. Nur so können einem späteren Vorwurf entgehen, den Überwachungsorganen wichtige Informationen zur wirtschaftlichen Situation des Unternehmens vorenthalten zu haben. 93

E. Gläubigerinteresse verdrängt (doch) nicht Gesellschafterinteresse

I. Paradigmenwechsel in Regierungsentwurf verworfen

In §§ 2, 3 RegE-StaRUG war vorgesehen, dass Geschäftsleiter – haftungsbewehrt – mit Eintritt der drohenden Zahlungsunfähigkeit des Unternehmens primär ihr Verhalten nach den Interessen der Gläubiger ausrichten sollten. Dies hätte zu einem **Paradigmenwechsel** hinsichtlich der Loyalitätspflichten der Geschäftsleiter geführt. Da es hierdurch jedoch zu großen Rechtsunsicherheiten hinsichtlich der korrekten Pflichtenausübung der Geschäftsleiter gekommen wäre, sah man letztlich von der Aufnahme dieser Normen in die Endfassung des StaRUG ab. 94

Der in der Endfassung des StaRUG gestrichene § 2 Abs. 1 RegE-StaRUG[123] sah vor, dass Geschäftsleiter ab dem Zeitpunkt der drohenden Zahlungsunfähigkeit (vgl. § 18 InsO) die Interessen der Gesamtheit der Gläubiger wahren sollten. Diese Pflicht war gem. § 3 Abs. 1 RegE-StaRUG[124] haftungsbewehrt. 95

118 MüKoGmbHG/*Fleischer* § 43 Rn. 63; *Schulz* NZI 2020, 1073 (1078).

119 *Bork* ZIP 2011, 101 (106); *Leinekugel/Skauradszun* GmbHR 2011, 1121 (1122).

120 Vgl. § 43 Abs. 1 GmbHG / § 93 Abs. 1 AktG.

121 *Thole* ZIP 2020, 1985 (1986).

122 In § 49 Abs. 3 GmbHG geht es um die Einberufung der GmbH-Gesellschafterversammlung durch den Geschäftsführer, sofern sich aus der Jahresbilanz oder aus einer im Laufe des Geschäftsjahres aufgestellten Bilanz ergibt, dass die Hälfte des Stammkapitals verloren ist.

123 § 2 Abs. 1 RegE-StaRUG lautete: „Ist die juristische Person [...] drohend zahlungsunfähig [...], wahren die Geschäftsleiter die Interessen der Gesamtheit der Gläubiger. Eine Pflichtverletzung liegt nicht vor, wenn der Geschäftsleiter vernünftigerweise davon ausgehen durfte, auf der Grundlage angemessener Informationen die Interessen der Gläubiger zu wahren."

124 § 3 Abs. 1 RegE-StaRUG lautete: „Ein Geschäftsleiter, welcher seine Pflicht nach § 2 Abs. 1 verletzt, haftet der juristischen Person [...] für den entstandenen Schaden, es sei denn, er hat die Pflichtverletzung nicht zu vertreten."

96 Geschäftsleiter sollten demnach ihr Verhalten ab drohender Zahlungsunfähigkeit des Unternehmens primär nach den Interessen der Unternehmensgläubiger ausrichten (Primat der Gläubigerinteressen).[125] Die Berücksichtigung der Interessen der Anteilseigner sollte demgegenüber nicht vollständig verdrängt werden. Ihnen sollte jedoch gem. § 2 Abs. 4 RegE-StaRUG[126] nur noch eine untergeordnete Rolle zukommen.[127]

97 Ausgangspunkt dieser Idee war für den Gesetzgeber, dass ab dem Zeitpunkt der drohenden Zahlungsunfähigkeit einem Unternehmen gem. § 18 Abs. 1 InsO die Möglichkeit offensteht, freiwillig die Eröffnung des Insolvenzverfahrens zu beantragen. Daneben kann es neuerdings gem. § 29 StaRUG zur nachhaltigen Beseitigung einer drohenden Zahlungsunfähigkeit die im StaRUG normierten Instrumente des Stabilisierungs- und Restrukturierungsrahmens in Anspruch nehmen. Diese beiden Handlungsmöglichkeiten sind also Maßnahmen, die einseitig, auf Initiative des schuldnerischen Unternehmens, in die Rechte seiner Gläubiger eingreifen.[128] Diese Einwirkungsmöglichkeiten sind insoweit problematisch, als ein in die drohende Zahlungsunfähigkeit geratenes Unternehmen regelmäßig „wenig zu verlieren" hat und dessen Gesellschafter und Geschäftsleiter somit eher geneigt sind, zulasten ihrer Gläubiger risikoreiche Maßnahmen zur Rettung des Unternehmens einleiten.[129]

98 Um das Unternehmen in seiner Rolle als Schuldner durch diese Optionen nicht zu bevorteilen und stattdessen für einen gerechten Interessensausgleich gegenüber den unternehmerischen Gläubigern zu sorgen, wollte man die Pflicht aus § 2 Abs. 1 RegE-StaRUG einführen. Diese Norm hatte somit eine gläubigerschützende Zielrichtung. Sie war als „notwendiges Korrektiv" für die Einwirkungsrechte des Unternehmens auf die Befriedigungsaussicht der Gläubiger gedacht.[130] Die Gläubiger sollten im Krisenfalle vor Verlusten bewahrt werden, die infolge einer nicht hinreichenden Berücksichtigung ihrer Interessen durch die Geschäftsleiter entstehen könnten.[131] Zur effektiven Durchsetzung dieser gesetzgeberischen Intentionen sollte die Verschärfung der vorinsolvenzlichen Geschäftsleiterhaftung in § 3 Abs. 1 RegE-StaRUG dienen.[132]

99 Die Verschiebung der Loyalität der Geschäftsleiter weg von den Gesellschaftern und hin zu den Gläubigern des Unternehmens sollte unabhängig davon erfolgen, ob bei drohender Zahlungsunfähigkeit jemals die Optionen aus § 18 Abs. 1 InsO oder § 29 StaRUG gezogen wurden.[133]

II. Paradigmenwechsel

100 Hätte der Gesetzgeber die §§ 2, 3 RegE-StaRUG tatsächlich in die Endfassung des StaRUG aufgenommen, hätte dies zu einem Paradigmenwechsel (auch: **„shift of fidu-**

125 BegrRegE BT-Drs. 19/24181, Ziff. B. Art. 1 Teil 1 § 2 Abs. 1, 106; *Brünkmans* ZInsO 2021, 1 (4).
126 § 2 Abs. 4 RegE-StaRUG lautete: „Vorbehaltlich der Pflicht nach Absatz 1 berücksichtigen Geschäftsleiter nach Maßgabe der allgemeinen Bestimmungen auch die Interessen der an dem Schuldner beteiligten Personen […]."
127 BegrRegE BT-Drs. 19/24181, Ziff. B. Art. 1 Teil 1 § 2 Abs. 1, 106; *Korch* NZG 2020, 1299 (1301).
128 BegrRegE BT-Drs. 19/24181, Ziff. B. Art. 1 Teil 1 § 2, 105; *Korch* NZG 2020, 1299 (1301).
129 *Göb/Nebel* NZI 2020, 988 (988).
130 BegrRegE BT-Drs. 19/24181, Ziff. B. Art. 1 Teil 1 § 2, 105; *Schulz* NZI 2020, 1073 (1076).
131 BegrRegE BT-Drs. 19/24181, Ziff. B. Art. 1 Teil 1 § 3 Abs. 1, 108; *Brünkmans* ZInsO 2021, 1 (4).
132 BegrRegE BT-Drs. 19/24181, Ziff. B. Art. 1 Teil 1 § 3 Abs. 1, 108.
133 *Brünkmans* ZInsO 2021, 1 (4); *Thole* ZIP 2020, 1985 (1986).

ciary duties") der Loyalitätspflichten der Geschäftsleiter mit Eintritt der drohenden Zahlungsunfähigkeit geführt.[134] Statt bisher anstelle der Gesellschafterinteressen erst mit Eintritt der tatsächlichen Zahlungsunfähigkeit (vgl. § 17 InsO) primär die Interessen der Gesellschaftsgläubiger in den Fokus zu rücken, wäre dieser Schutz – zulasten der Gesellschafter – zeitlich vorverlagert worden.[135] Dem shift of fiduciary duties hat die Idee zugrunde gelegen, Blockademaßnahmen der Gesellschafter vorzubeugen.

Die Pflicht zur Berücksichtigung der Gläubigerinteressen hätte sich nach dem Willen des Gesetzgebers mit zunehmender wirtschaftlicher und zeitlicher Vertiefung der drohenden Zahlungsunfähigkeit zu immer konkreteren Handlungs- und Unterlassungspflichten verdichtet. Dieser stetige Übergang auf Grundlage eines sich dem Krisengrad anpassenden Pflichten- und Haftungsregimes hätte das Auswahlermessen der Geschäftsleiter hinsichtlich der Ergreifung von Sanierungsmaßnahmen mit Fortschreiten der Krise verengt.[136] 101

III. Kritische Würdigung

Letzten Endes wurden die §§ 2, 3 RegE-StaRUG im Gesetzgebungsverfahren ersatzlos gestrichen. Dies kann mit der teils heftigen Kritik durch die Rechtspraxis und die Literatur erklärt werden, die den beiden Paragrafen entgegengebracht wurde. Die Pflicht zur primären Beachtung der Gläubigerinteressen hätte hiernach zu einer komplexen und konfliktanfälligen Gemengelage geführt. Es hätten zu große Rechtsunsicherheiten bestanden.[137] 102

Bereits bei der Frage, ob überhaupt „drohende Zahlungsunfähigkeit" vorliegt, hätte es zu Konflikten kommen können. Für deren Ermittlung legt man nunmehr verbindlich einen Prognosezeitraum von 24 Monaten zugrunde (vgl. § 18 Abs. 2 S. 2 InsO). Dieser weite Zeitraum lässt Interpretationsspielräume hinsichtlich der Bewertung der relevanten Unternehmensrisiken zu. Den sich hieraus ergebenden Korridor an möglichen Interpretationsergebnissen hätten Gesellschafter, die einen Wechsel der Loyalitäten ihrer Geschäftsleiter hin zu den Gesellschafts-Gläubigern verhindern möchten, ausnutzen können. Sie hätten die Geschäftsleiter dazu drängen können, die Bejahung des Tatbestandes der drohenden Zahlungsunfähigkeit (pflichtwidrig) zu verneinen.[138] 103

Weiterhin hätten Gesellschafter gegenüber ihren Geschäftsleitern eine Diskussion darüber eröffnen können, welche konkreten Sanierungsmaßnahmen überhaupt im Gläubigerinteresse liegen. Die Vorhersage, welche Handlungen über den langen Prognosezeitraum von 24 Monaten zu welchen Auswirkungen für die Gläubiger führen, wäre mit großen Unsicherheiten behaftet gewesen.[139] Unter Berücksichtigung der aktuell immer noch unsicheren Corona-Lage hätte dieser Aspekt eine besondere Bedeutung gewonnen.[140] 104

134 *Brünkmans* ZInsO 2021, 1 (4); *Korch* NZG 2020, 1299 (1301, 1301); *Bitter* GmbHR 2021, R16 (R17).
135 *Poertzgen* ZInsO 2020, 2509 (2512).
136 BegrRegE BT-Drs. 19/24181, Ziff. B. Art. 1 Teil 1 § 2, 105.
137 *Brünkmans* ZInsO 2021, 1 (5); *Korch* NZG 2020, 1299 (1301, 1301).
138 *Brünkmans* ZInsO 2021, 1 (5); *Poertzgen* ZInsO 2020, 2509 (2512).
139 *Brünkmans* ZInsO 2021, 1 (5); *Schulz* NZI 2020, 1073 (1076, 1077).
140 *Bitter* GmbHR 2021, R16 (R17).

105 Darüber hinaus hätte auch die Konkretisierung des „Interesses der Gesamtheit der Gläubiger“ (so der Wortlaut des § 2 Abs. 1 S. 1 RegE-StaRUG) im Einzelfall Probleme bereitet. Auf der einen Seite ist der Rechtsbegriff für sich genommen schon sehr allgemein und unbestimmt. Auf der anderen Seite ist zu berücksichtigen, dass die Interessen eines Gläubigerkollektivs nicht in jedem Fall gleichlaufend mit den Interessen aller individuellen Gläubiger sind. Divergierende Interessen einzelner Gläubiger(gruppen) hätten die Geschäftsleiter in einen schonenden Ausgleich bringen müssen. Bei einem Fehlverhalten hätte die Haftung des § 3 Abs. 1 RegE-StaRUG gedroht.[141]

106 Gerade Letzteres, die Gefahr einer Haftung, hätte Geschäftsleiter davon abhalten können, überhaupt irgendwelche notwendigen unternehmerischen Entscheidungen zu treffen.[142] Diese Thematik wurde auch im Rahmen einer öffentlichen Anhörung des Rechtsausschusses des Bundestages innerhalb des Gesetzgebungsverfahrens zum SanInsFoG von einem beigezogenen Sachverständigen aufgeworfen.[143]

107 Auf der anderen Seite bemängeln Restrukturierungsberater die Streichung von §§ 2, 3 RegE-StaRUG als „vertane Chance“. Sie befürchten, dass frühzeitige Sanierungen nach dem StaRUG häufig an der Opposition der Gesellschafter scheitern werden. Bewahrheitet sich diese Befürchtung, ist davon auszugehen, dass der Gesetzgeber nachjustieren wird.

141 *Poertzgen* ZInsO 2020, 2509 (2512).
142 *Korch* NZG 2020, 1299 (1301, 1301).
143 *Reuter* InDat Report 10/2020, 13 (16).

§ 4 Sanierungsmoderation

A. Intention des Gesetzgebers

1 Mit der **Sanierungsmoderation** in den §§ 94–100 StaRUG schuf der Gesetzgeber ein in Deutschland neues Verfahren, bei dem durch nichtöffentliche Bestellung eines externen Moderators ein **Vergleich** zwischen einem Schuldner und seinen Gläubigern erreicht werden soll.

2 Der Gesetzgeber will durch diese Möglichkeit insbesondere **Kleinst- und kleinen Unternehmen** praktische Unterstützung bei der Lösung wirtschaftlicher oder finanzieller Schwierigkeiten durch professionelle Sanierungsberater ermöglichen. Darüber hinaus sieht der Gesetzgeber eine Möglichkeit, auch in professionell begleiteten Restrukturierungsprozessen eine **neutrale Vermittlerperson** anzubieten oder eine Vorstufe zur Inanspruchnahme der Instrumente eines Stabilisierungs- und Restrukturierungsrahmens nach StaRUG.[1]

3 Andere Rechtsordnungen bieten derartige Instrumente bereits an. In **Frankreich** gibt es auf Initiative des Schuldners das „mandat ad hoc“, die „proceduré de conciliation“ sowie die „procedure de sauvegarde“.[2] In diesen Verfahren wird jeweils ein Berater oder Aufsichtsorgan gerichtlich bestellt.

B. Verfahrensgang der Sanierungsmoderation

4 Die Sanierungsmoderation ist in den §§ 94–100 StaRUG geregelt. Obwohl sie am Ende des Gesetzes zu finden ist, wird sie regelmäßig den **ersten Schritt** in einer gerichtlich begleiteten Restrukturierung oder Sanierung darstellen.[3] Die Sanierungsmoderation wird nach § 95 Abs. 2 StaRUG nicht öffentlich bekannt gemacht, um die Vertraulichkeit der Sanierungsmoderation zu wahren und ihre Erfolgschancen zu erhöhen.[4] Mangels öffentlicher Bekanntmachung ist sie kein Verfahren im Sinne der EuInsVO.[5] Grund für die Nichtöffentlichkeit der Sanierungsmoderation ist der **Reputationsschutz** des Schuldners. Es soll vermieden werden, dass trotz früher Inanspruchnahme die Assoziation mit einer Insolvenz des Schuldners entsteht.[6] Die internationale Anerkennung eines Sanierungsvergleichs richtet sich nach den Grundsätzen des IPR und der Rom I-VO; im Fall der gerichtlichen Bestätigung kann der Vergleich

1 BT-Drs. 19/24181, 183 (= BR-Drs. 619/20, 212).
2 Vgl. Kindler/Nachmann/Bitzer/*Bauerreis*, 2. Teil Länderberichte: Frankreich, Rn. 33 ff.; *Delzant/Ehret* ZInsO 2009, 990; *Arnold/Slawik* NZI-Beilage 1/2021, 79 (80).
3 *Thole* ZIP 2020, 1985 (1985).
4 BT-Drs. 19/24181, 184.
5 *Thole* ZIP 2020, 1985 (2000); *Hoegen* NZI-Beilage 1/2021, 59 (62).
6 BT-Drs. 19/24181, 184.

nach der Brüssel Ia-VO in der EU anerkannt werden.[7] Die Sanierungsmoderation bietet keinen Zugang zu den Stabilisierungsanordnungen nach § 49 StaRUG.[8]

I. Zugangsvoraussetzungen

5 Die Sanierungsmoderation wird nach § 94 Abs. 1 S. 1 StaRUG nur auf Antrag eines **restrukturierungsfähigen Schuldners** eingeleitet. Restrukturierungsfähig sind nach § 30 Abs. 1 StaRUG Schuldner, die unternehmerisch tätig und insolvenzfähig sind. Die Insolvenzfähigkeit ergibt sich aus § 11 InsO und gilt für natürliche sowie juristische Personen, nicht rechtsfähige Vereine, Personen ohne Rechtspersönlichkeit sowie Nachlässe. Unternehmerisch tätig ist eine natürliche Person nach Art. 2 Abs. 1 Nr. 9 EU-Richtlinie 2019/1023, wenn sie eine gewerbliche, geschäftliche, handwerkliche oder freiberufliche Tätigkeit ausübt.

6 Die Insolvenzfähigkeit von **Gesellschaften ausländischen Rechts** bestimmt sich gemäß Art. 3 Abs. 1 S. 1 EuInsVO bei Gesellschaften aus der EU nach dem Recht des Gründungsstaats.[9] Bei Gesellschaften aus dem EU-Ausland wendet der BGH zur Bestimmung der Insolvenzfähigkeit die Sitztheorie an.[10] Regelmäßig wird sich die Insolvenzfähigkeit nach § 11 Abs. 2 Nr. 1 InsO richten.[11]

7 **Antragsberechtigt** für eine Sanierungsmoderation ist bei juristischen Personen, nicht rechtsfähigen Vereinen und Personen ohne Rechtspersönlichkeit das jeweilige **Vertretungsorgan**. Ein Antragsrecht nicht geschäftsführender Gesellschafter ist nicht vorgesehen.

8 Im Antrag auf eine Sanierungsmoderation sind nach § 94 Abs. 2 StaRUG der Gegenstand des Unternehmens und die Art der wirtschaftlichen oder finanziellen Schwierigkeiten anzugeben. Darüber hinaus sind nach § 94 Abs. 2 S. 2 StaRUG ein **Gläubigerverzeichnis** und ein **Vermögensverzeichnis** sowie eine Erklärung des Schuldners beizufügen, nicht zahlungsunfähig im Sinne des § 17 InsO zu sein. Bei juristischen Personen und Personen ohne Rechtspersönlichkeit, für deren Verbindlichkeiten keine natürliche Person als unmittelbarer oder mittelbarer Gesellschafter haftet, hat die Schuldnerin auch zu erklären, dass keine Überschuldung im Sinne des § 19 InsO vorliegt. Das Gläubigerverzeichnis muss nicht die Anforderungen des § 13 Abs. 1 InsO erfüllen.[12] Für das Vermögensverzeichnis bietet sich eine Orientierung am Aufbau der Bilanz nach § 266 HGB an.[13]

Praxishinweis: Die Erklärung zur Zahlungsfähigkeit und mangelnden Überschuldung kann durch einen Finanzstatus und eine sich hieran anschließende **Liquiditätsplanung** erbracht werden. Ist ein Unternehmen für den Zeitraum der kommenden zwölf Monate zahlungsfähig, liegt nach § 19 Abs. 2 S. 1 InsO eine positive Fortbestehenspro-

---

7 *Hoegen* NZI-Beilage 1/2021, 59 (62, 63).
8 *Smid* NZI-Beilage 1/2021, 64 (66).
9 Dies gilt nicht nur für die Insolvenzfähigkeit, sondern ist ein unionsrechtliches Prinzip, vgl. EuGH NJW 1999, 2027 – *Centros*; NJW 2002, 3614 – *Überseering*; NJW 2003, 3331 – *Inspire Art.*
10 BGH NJW 2009, 289 – *Trabrennbahn.*
11 OLG Zweibrücken NJW-RR 2001, 341; BGH NZG 2002, 1009.
12 Braun/*Blümle/Erbe* StaRUG, § 94 Rn. 12.
13 Braun/*Blümle/Erbe* StaRUG, § 94 Rn. 14.

gnose und somit keine Überschuldung vor.[14] Um auch für den maximalen Zeitraum einer Sanierungsmoderation die positive Fortbestehensprognose darzustellen, sollte die dem Antrag beizufügende Liquiditätsplanung 18 Monate umfassen.

Nach § 94 Abs. 1 S. 2 StaRUG darf der restrukturierungsfähige Schuldner nicht of- 9
fensichtlich zahlungsunfähig oder überschuldet sein, insbesondere seine Zahlungen noch nicht im Sinne des § 17 Abs. 2 S. 2 InsO eingestellt haben.[15] Die **drohende Zahlungsunfähigkeit** ist für die Sanierungsmoderation daher keine notwendige Zugangsvoraussetzung.[16] Dies unterscheidet sie von den weiteren Instrumenten des StaRUG, für die eine drohende Zahlungsunfähigkeit nach § 29 Abs. 1 StaRUG die Zugangsvoraussetzung ist.[17] Die Sanierungsmoderation kann zu einem sehr frühen Zeitpunkt genutzt werden. Sie kommt nicht mehr in Betracht, soweit Zahlungsunfähigkeit oder Überschuldung eingetreten sind.[18] Das Merkmal der Offensichtlichkeit des § 94 Abs. 1 S. 2 StaRUG definiert den **Prüfungsmaßstab** des Restrukturierungsgerichts bei der Anordnung, nicht jedoch die materiellen Zulässigkeitsvoraussetzungen. Die Zahlungsunfähigkeit oder Überschuldung muss nicht offensichtlich sein, um einen Antrag unzulässig zu machen. Der Gesetzgeber will durch die Möglichkeit der Sanierungsmoderation keine Verschiebung der Antragspflichten.[19]

Zuständig zur Anordnung einer Sanierungsmoderation ist nach § 94 Abs. 3 StaRUG 10
das für Restrukturierungssachen zuständige Amtsgericht als **Restrukturierungsgericht** im Sinne der §§ 34 Abs. 1, 35 StaRUG. Restrukturierungsgericht ist nach § 34 Abs. 1 StaRUG das für Regelinsolvenzsachen zuständige Amtsgericht, in dessen Bezirk ein Oberlandesgericht seinen Sitz hat. Örtlich zuständig ist nach § 35 StaRUG das Restrukturierungsgericht, in dessen Bezirk der Schuldner seinen allgemeinen Sitz hat, falls nicht der Mittelpunkt der wirtschaftlichen Tätigkeit in einem anderen Bezirk liegt. Mit dem Bezug zum Mittelpunkt der wirtschaftlichen Interessen knüpft der Gesetzgeber bewusst an die Regelung des § 3 InsO an.[20] Funktionell zuständig ist der **Richter.**[21]

Praxishinweis: Für ausländische Gesellschaften, die in Deutschland nur einen Teil ihres Geschäfts oder einzelne Niederlassungen führen, kommt eine Sanierungsmoderation mangels inländischem Sitz oder Mittelpunkt der wirtschaftlichen Interessen nicht in Betracht.[22]

Bei einem zulässigen Antrag auf Sanierungsmoderation bestellt das Restrukturie- 11
rungsgericht nach § 94 Abs. 1 S. 1 StaRUG mittels **Beschluss** eine geeignete, insbesondere geschäftskundige und von den Gläubigern und dem Schuldner unabhängige, natürliche Person zum Sanierungsmoderator.

14 *Gehrlein* BB 2021, 66 (81).
15 *Desch* BB 2020, 2498 (2511); *Thole* ZIP 2020, 1985 (2000).
16 *Hoegen* NZI-Beilage 1/2021, 59 (60); *Cranshaw/Portisch* ZInsO 2020, 2561 (2576); *Pluta* NZI-Beilage 1/2021, 22 (25); Braun/*Braun* StaRUG, Vor 94-100 Rn. 2; Desch/*Fuhst*, § 8 Rn. 2.
17 *Balthasar* NZI-Beilage 1/2021, 18 mwN.
18 *Wuschek* InsbürO 2021, 67 (69).
19 BT-Drs. 19/24181, 183 (184).
20 BT-Drs. 19/24181, 141.
21 *Vallender* ZInsO 2020, 2579 (2581); *Vallender* NZI-Beilage 1/2021, 30.
22 Vgl. auch *Paulus* ZIP 2020, 2363 zum gesamten StaRUG.

II. Muster: Antrag auf Sanierungsmoderation

12 An das

Amtsgericht […]

– Restrukturierungsgericht –

[*Anschrift*]

Ort, Datum

Antrag auf Bestellung einer Sanierungsmoderatorin/eines Sanierungsmoderators

zu Gunsten der

[*Firma*] [*Anschrift*]

Sehr geehrte Damen und Herren,

als alleinvertretungsberechtigter Geschäftsführer der [*Firma*] stelle ich folgende Anträge:

Zugunsten der [*Firma, Straße, PLZ Ort*], eingetragen im Handelsregister des Amtsgerichts […] unter HRB […] wird für einen Zeitraum von drei Monaten eine Sanierungsmoderatorin bestellt.

Zur Sanierungsmoderatorin wird […] bestellt.

Begründung

1. Rechtliche Verhältnisse

Die [*Firma*] ist […]. Sie hat ihren Sitz in […], Geschäftsanschrift ist […].

Gegenstand des Unternehmens ist […]. Vertretungsbefugt sind […].

Ein aktueller Handelsregisterauszug [sowie eine aktuelle Gesellschafterliste der Gesellschaft] liegen diesem Antrag als **Anlage 1** bei.

2. Art der wirtschaftlichen/finanziellen Schwierigkeiten und Ziel der Sanierungsmoderation

[…]

3. Erklärung zur Zahlungsfähigkeit und Überschuldung, § 94 Abs. 2 S. 2 StaRUG

Die [*Firma*] ist nicht zahlungsunfähig im Sinne des § 17 Abs. 1 InsO, da sie in der Lage ist, die fälligen Zahlungspflichten zu erfüllen. Die Zahlungsfähigkeit ergibt sich aus dem angefügten Finanzstatus sowie der aktuellen Liquiditätsplanung für die kommenden 18 Monate, die diesem Antrag als **Anlage 2** beigefügt sind.

Die [*Firma*] ist nicht überschuldet. Aufgrund der Zahlungsfähigkeit im Zeitraum der nächsten 12 Monate ist auch eine positive Fortbestehensprognose im Sinne des § 19 Abs. 2 S. 1 InsO gegeben.

4. Verzeichnis der Gläubiger und des Vermögens nach § 94 Abs. 2 S. 2 StaRUG

Verbindlichkeiten der [*Firma*] bestehen im Wesentlichen gegenüber […]. Diese sind dargestellt im als **Anlage 3** beigefügten Gläubigerverzeichnis.

Das Vermögen der [*Firma*] ist in der als **Anlage 4** beigefügten Bilanz auf den […] dargestellt.

5. Sanierungsmoderatorin

Die [*Firma*] regt die Bestellung von […] als Sanierungsmoderatorin an.

6. Einbezogene Gläubiger

Beabsichtigt ist eine auf folgende Gläubiger(gruppen) beschränkte Sanierungsmoderation:

– […]

Unterschrift

Geschäftsführer

Anlagen

III. Sanierungsmoderator

Das Restrukturierungsgericht bestellt auf den schuldnerischen Antrag einen **Sanierungsmoderator**. Ein **Vorschlagsrecht** für Schuldner oder Gläubiger sieht das StaRUG nicht vor.[23] Gleichwohl ist es aufgrund des Charakters einer Moderation und des Ziels eines Vergleichsschlusses sinnvoll, wenn das Gericht in geeigneten Fällen etwaige Vorschläge der Beteiligten berücksichtigt. Da der Sanierungsmoderator nach § 99 Abs. 1 Nr. 1 StaRUG auf Antrag des Schuldners ohne weitere Begründung abberufen werden kann, ist die Berücksichtigung von Vorschlägen zielführend. 13

Praxishinweis: In Fällen, in denen eine vorherige Verhandlung und/oder Abstimmung mit den beteiligten Gläubigern erfolgte, empfiehlt es sich, dem Antrag auf Sanierungsmoderation entsprechende Erklärungen der einbezogenen Gläubiger zur Bereitschaft einer Teilnahme an der Sanierungsmoderation und ggf. zur Person des Sanierungsmoderators beizufügen.

Sanierungsmoderator können nur **natürliche Personen** werden, die geeignet, geschäftskundig und unabhängig sind. Dies können jedenfalls Rechtsanwälte, Wirtschaftsprüfer und Steuerberater sein.[24] Es können jedoch auch andere Personen als Sanierungsmoderator bestellt werden, die im konkreten Fall geeignet sind. Der zu bestellende Sanierungsmoderator darf jedoch nicht in Mandats- oder Geschäftsbeziehung mit einer der beteiligten Parteien stehen.[25] Der Gesetzgeber will die Position einem (vorläufigen) Insolvenzverwalter oder Sachwalter annähern, so dass er eine analoge Regelung zu § 76 Abs. 1 InsO und § 274 Abs. 1 InsO geschaffen hat.[26] Er sieht den Sanierungsmoderator als wichtige **Bezugsperson** in den Sanierungsverhandlungen.[27] Der Sanierungsmoderator sollte, wie ein Insolvenzverwalter oder Sachwalter, von den Parteien grundsätzlich unabhängig und für die konkrete Verhandlung geeignet sein.[28] 14

Die Bestellung des Sanierungsmoderators erfolgt nach § 95 Abs. 1 S. 1 StaRUG für einen Zeitraum von bis zu drei Monaten. Dieser Zeitraum kann auf Antrag des Sanierungsmoderators mit Zustimmung des Schuldners und der in die Verhandlung einbezogenen Gläubiger um bis zu weitere drei Monate verlängert werden. Eine **öffentliche Bekanntmachung** der Bestellung erfolgt gemäß § 95 Abs. 2 StaRUG ausdrücklich nicht. Die Sanierungsverhandlungen sollen auch bei Einbeziehung eines Sanierungsmoderators vertraulich behandelt werden, um ihre Erfolgschancen zu erhöhen und die Reputation des Schuldners zu wahren.[29] 15

Der Sanierungsmoderator steht nach § 96 Abs. 5 S. 1 StaRUG unter der **Aufsicht** des Restrukturierungsgerichts. Er hat dem Gericht monatlich einen schriftlichen **Bericht** über den Fortgang der Sanierungsmoderation vorzulegen, § 96 Abs. 3 S. 1 StaRUG. 16

23 *Deppenkemper* ZIP 2020, 2432 (2441).
24 *Schramm* BStBKR 2021, 3.
25 Braun/*Blümle/Erbe* StaRUG, § 94 Rn. 31.
26 BT-Drs. 19/24181, 183 (= BR-Drs. 619/20, 212).
27 BT-Drs. 19/24181, 184 (= BR-Drs. 619/20, 213).
28 *Spiekermann* NZI 2020, 977 (984).
29 BT-Drs. 19/24181, 184 (= BR-Drs. 619/20, 213).

Der Bericht hat nach § 96 Abs. 3 S. 2 Nr. 1–4 StaRUG mindestens Angaben zu enthalten über

- die wirtschaftlichen oder finanziellen Schwierigkeiten des schuldnerischen Unternehmens
- den Kreis der einbezogenen Gläubiger und sonstigen Beteiligten
- den Gegenstand der Verhandlungen und deren Ziel sowie
- den voraussichtlichen Fortgang der Sanierungsmoderation und der Verhandlungen.

17 Das Gericht nimmt keine inhaltliche Prüfung des Berichts vor, sondern beschränkt sich auf die Prüfung der turnusmäßigen Einhaltung der Berichtspflicht und der im Bericht enthaltenen Mindestangaben, soweit keine offensichtliche Fehlerhaftigkeit vorliegt.[30] Das Restrukturierungsgericht kann den Sanierungsmoderator nach dessen Anhörung aus wichtigem Grund **aus dem Amt entlassen**, § 96 Abs. 5 S. 2 und S. 3 StaRUG. Ein wichtiger Grund liegt bei einem Verstoß gegen die Berichtspflicht des § 96 Abs. 3 StaRUG vor.[31]

Praxishinweis: Die einbezogenen Gläubiger und der Schuldner können nach § 38 StaRUG iVm § 299 ZPO **Akteneinsicht** beim Restrukturierungsgericht nehmen.[32]

18 Der Sanierungsmoderator hat nach § 96 Abs. 2 StaRUG das Recht auf Einblick in die **Bücher** und **Geschäftsunterlagen** des Schuldners. Darüber hinaus hat er einen Auskunftsanspruch gegenüber dem Schuldner für angeforderte, zweckmäßige **Informationen** zur Erreichung des Ziels der Sanierungsverhandlungen. Auch an dieser Stelle entspricht die Position des Sanierungsmoderators der eines (vorläufigen) Insolvenzverwalters oder Sachwalters, die entsprechende Rechte nach §§ 22 Abs. 3, 97, 274 Abs. 2 S. 2 InsO haben. Der Sanierungsmoderator erlangt **keine Verwaltungs- oder Verfügungsbefugnis.** Er ist daher auch nicht steuerrechtlicher Vermögensverwalter im Sinne des § 34 Abs. 3 AO.[33]

19 Der Sanierungsmoderator hat dem Restrukturierungsgericht nach § 96 Abs. 4 StaRUG den **Eintritt der Zahlungsunfähigkeit oder der Überschuldung anzuzeigen.** Der Gesetzgeber will hierdurch Ineffizienz im Rahmen der Sanierungsmoderation, deren Missbrauch oder Insolvenzverschleppungen verhindern.[34] Der Sanierungsmoderator hat keinen ausdrücklichen gesetzlichen Prüfungsauftrag zum Eintritt der Insolvenzreife.[35] Er hat den Eintritt der Insolvenzreife anzuzeigen, sobald er davon Kenntnis erlangt.[36] Damit der Sanierungsmoderator sich nicht zum Beteiligten einer Insolvenzverschleppung macht, dürfte es jedoch in seinem eigenen Interesse liegen, den Eintritt von Insolvenzgründen laufend zu überprüfen oder überprüfen und darstellen zu lassen. Dieses Interesse sollten stets auch alle weiteren an Restrukturierungsverhandlungen Beteiligten (Schuldner, Gläubiger, Dritte) haben.

30 BT-Drs. 19/24181, 184 (= BR-Drs. 619/20, 213).
31 BT-Drs. 19/24181, 184 (= BR-Drs. 619/20, 213).
32 Braun/*Blümle/Erbe* StaRUG, § 96 Rn. 13.
33 *Uhländer* DB 2021, 16 (20); *Fischer* NZI-Beilage 1/2021, 69 (70).
34 BT-Drs. 19/24181, 184 (= BR-Drs. 619/20, 213).
35 *Hoegen* NZI-Beilage 1/2021, 59 (61); Braun/*Blümle/Erbe* StaRUG, § 96 Rn. 21.
36 BT-Drs. 19/24181, 184 (= BR-Drs. 619/20, 213).

Die **Vergütung** des Sanierungsmoderators bemisst sich gemäß § 98 Abs. 1 StaRUG nach Zeit- und Sachaufwand. Nach § 98 Abs. 2 StaRUG finden die §§ 80–83 StaRUG entsprechende Anwendung. Die Stundensätze betragen nach §§ 98 Abs. 2, 81 Abs. 3 S. 2 StaRUG im Regelfall für den Sanierungsmoderator bis zu 350 EUR zzgl. USt und für qualifizierte Mitarbeiter bis zu 200 EUR zzgl. USt. Kostenschuldner nach Nr. 9017 KV GKG ist das schuldnerische Unternehmen. 20

Gemäß § 83 Abs. 1 StaRUG ist auch eine abweichende Festsetzung durch das Gericht in besonderen Fällen möglich. § 83 Abs. 2 StaRUG lässt **Vergütungsvereinbarungen** zu, soweit diese nicht zu einer unangemessenen Vergütung führen. Derartige abweichende Vereinbarungen sieht der Gesetzgeber auch bei der Sanierungsmoderation vor, wenn der Schuldner dem zustimmt (vgl. auch § 15 dieses Handbuchs).[37] 21

Die Vergütung wird auf Antrag des Sanierungsmoderators nach §§ 98 Abs. 2, 82 Abs. 1 StaRUG durch das Restrukturierungsgericht nach Beendigung des Amtes per **Beschluss** festgesetzt. Bereits mit der Bestellung setzt das Restrukturierungsgericht nach §§ 98 Abs. 2, 81 Abs. 4 StaRUG die Höhe der Stundensätze sowie einen **Höchstbetrag** für das Honorar fest. Auf Antrag des Sanierungsmoderators ist gemäß §§ 98 Abs. 2, 82 Abs. 4 StaRUG auch die Gewährung von Vorschüssen möglich. Nach §§ 98 Abs. 2, 81 Abs. 5 StaRUG hat der Schuldner vor der Bestellung des Sanierungsmoderators einen **Kostenvorschuss** an das Restrukturierungsgericht zu leisten. 22

Praxishinweis: Die Vergütung wird durch das Restrukturierungsgericht gezahlt, so dass der Sanierungsmoderator im Fall der Folgeinsolvenz nicht das **Anfechtungsrisiko** trägt.

Die Intention des Gesetzgebers, **Kleinst- und kleinen Unternehmen** eine professionelle Sanierungsberatung durch einen Sanierungsmoderator zur Verfügung zu stellen, scheint angesichts der Vergütungsregelung kaum erreichbar.[38] Für die genannten Stundensätze ist auch ohne gerichtliche Bestellung eine professionell begleitete Sanierungsberatung möglich. Insbesondere bei kleinen und Kleinstunternehmen dürften die Stundensätze der in Betracht kommenden Beteiligten am Markt unterhalb der gerichtlich gelisteten Berufsträger liegen. Die Stundensätze des Sanierungsmoderators werden schon aufgrund der erheblichen Spezialisierung und Professionalisierung der Beteiligten regelmäßig am oberen Limit der Regelung des § 81 Abs. 3 StaRUG liegen. 23

Da es sich beim Amt des Sanierungsmoderators um ein gerichtlich zu bestellendes Amt handelt, dürften entsprechende **Vorauswahllisten**, wie es sie für Sachwalter und Insolvenzverwalter gibt, maßgeblich werden.[39] Die dort bereits gelisteten Personen 24

37 BT-Drs. 19/24181, 184 (= BR-Drs. 619/20, 214).

38 Vgl. auch *Smid* ZInsO 2020, 2184 (2189); *Cranshaw/Portisch* ZInsO 2020, 2561 (2576); *Hoegen* NZI-Beilage 1/2021, 59 (62).

39 *Hoegen* NZI-Beilage 1/2021, 59 (61); Vorauswahllisten sind gängige Praxis bei den Insolvenzgerichten. Diese Praxis hat das BVerfG (BVerfG NJW 2004, 2725 = NZI 2004, 574; BVerfG NJW 2006, 2613 = NZI 2006, 453) nicht in Frage gestellt. Das Erstellen einer Liste mit Namen und Anschriften interessierter Bewerber sowie die Erhebung, Verifizierung und Strukturierung von Daten muss gewährleisten, dass die Feststellung der Eignung eines Bewerbers im konkreten Fall und eine sachgerechte Ermessensausübung bei der Auswahl des Insolvenzverwalters aus dem Kreis der geeigneten Bewerber ermöglicht werden. Die konkrete Ausgestaltung der Kriterien hat das BVerfG den Fachgerichten überlassen. (vgl. auch *Vallender*

werden in der Praxis auch als Sanierungsmoderator bestellt werden, was der Gesetzgeber vorsieht.[40] Die Sanierungsmoderation ist damit ggf. eine Vorstufe zur Insolvenzverwaltung. Der Sanierungsmoderator kann nach § 100 Abs. 2 StaRUG ausdrücklich auch zum **Restrukturierungsbeauftragten** und nach § 56 Abs. 1 S. 2 InsO ggf. mit Zustimmung des vorläufigen Gläubigerausschusses zum **Insolvenzverwalter** oder in Verbindung mit § 274 Abs. 1 InsO zum **Sachwalter** bestellt werden.

Praxishinweis: Auch aus diesem Grund sollten die maßgeblichen Beteiligten bereits bei einem Vorschlag und der Auswahl des Sanierungsmoderators einbezogen werden.

25 Das Amt des Sanierungsmoderators endet nach § 99 Abs. 1 Nr. 1 StaRUG auf eigenen Antrag oder auf Antrag des Schuldners. Dann bestellt das Restrukturierungsgericht nach § 99 Abs. 2 StaRUG einen anderen Sanierungsmoderator. Darüber hinaus beruft das Restrukturierungsgericht den Sanierungsmoderator nach § 99 Abs. 1 Nr. 2 StaRUG ab, wenn der Sanierungsmoderator dem Restrukturierungsgericht die Insolvenzreife des Schuldners angezeigt hat.

26 Soweit der Schuldner **Instrumente des Stabilisierungs- und Restrukturierungsrahmens** in Anspruch nimmt, bleibt der Sanierungsmoderator nach § 100 Abs. 1 StaRUG bis zum Ablauf seines Bestellungszeitraums im Amt, wenn nicht zuvor ein Restrukturierungsbeauftragter bestellt wird.

27 Regelungen zur **Haftung** des Sanierungsmoderators enthält das StaRUG nicht. Teilweise wird vertreten, die Haftung des Restrukturierungsbeauftragten nach § 75 Abs. 4 S. 3 StaRUG analog anzuwenden.[41] Da es trotz Verweisungen auf den Restrukturierungsbeauftragten in anderen Regelungen zur Sanierungsmoderation an einer Verweisung zur Haftung fehlt, dürfte eine Analogie jedoch ausscheiden. Vorzugswürdig erscheinen die Haftungsmaßstäbe der Anwaltshaftung.[42]

IV. Sanierungsmoderation und Sanierungsvergleich

28 Der Sanierungsmoderator soll zwischen dem Schuldner und seinen Gläubigern sowie (potenziell) etwaigen Dritten bei der Herbeiführung einer Lösung zur **Überwindung** der wirtschaftlichen oder finanziellen Schwierigkeiten des Schuldners vermitteln, § 96 Abs. 1 StaRUG.

29 Ziel ist eine Lösung zur Überwindung der wirtschaftlichen oder finanziellen Krise. Diese Lösung wird regelmäßig in einem **Vergleich** zwischen Schuldner und einbezogenen Gläubigern bestehen, der zumindest Stundungen oder Tilgungsaussetzungen, darüber hinaus jedoch auch Schuldenschnitte, neue Finanzierungen, die Abtretung von Geschäftsanteilen und die Bestellung neuer Sicherheiten umfassen kann. Ein solcher Vergleich hat nicht den Charakter eines Prozessvergleichs nach § 794 Abs. 1 Nr. 1 ZPO.[43] Er entspricht auch nicht einem Restrukturierungsplan im Sinne der §§ 2 ff.

NJW 2006, 2597). Dennoch dürften die vom BVerfG hierzu getroffenen Entscheidungen auch auf die Listen für die Sanierungsmoderatoren dem Grunde nach anwendbar sein.

40 BT-Drs. 19/24181, 183 (184).

41 *Cranshaw/Portisch* ZInsO 2020, 2561 (2577).

42 *Smid* ZInsO 2020, 2184 (2195); BGH DStRE 2018, 952.

43 *Thole* ZIP 2020, 1985 (2000); *Hoegen* NZI-Beilage 1/2021, 59 (63); aA *Cranshaw/Portisch* ZInsO 2020, 2561 (2576).

StaRUG oder einem Insolvenzplan nach den §§ 217ff. InsO. Es handelt sich um einen Vergleich im Sinne des § 779 BGB.[44]

Ein Sanierungsvergleich kann nach § 97 Abs. 1 S. 1 StaRUG auf **Antrag** des Schuldners durch das Restrukturierungsgericht bestätigt werden. Auch Dritte können am Vergleich beteiligt werden. Es werden in der Regel Sicherungsgeber, Investoren oder Treuhänder sein. Der Vergleich erfordert Einstimmigkeit der Beteiligten. Eine Überstimmung einzelner Beteiligter oder Gruppen ist nicht möglich.[45] Die gerichtliche Bestätigung führt nicht zu einer Titulierung der geregelten Ansprüche.[46] 30

Das Gericht versagt die Bestätigung nach § 97 Abs. 1 S. 2 StaRUG, wenn das dem Vergleich zugrunde liegende **Sanierungskonzept** entweder 31

1. nicht schlüssig ist oder nicht von den tatsächlichen Gegebenheiten ausgeht oder
2. keine vernünftigen Erfolgsaussichten hat.

Zu diesen **Versagungsgründen** hat der Sanierungsmoderator gemäß § 97 Abs. 2 StaRUG gegenüber dem Restrukturierungsgericht schriftlich Stellung zu nehmen. Die Stellungnahme gibt der Sanierungsmoderator als mit der Sache befasster Sachverständiger ab.[47] Der Prüfungsmaßstab des Restrukturierungsgerichts ist gering, da die Beteiligten den Regelungen des Vergleichs zustimmen müssen und nicht ohne ihren Willen gebunden werden können. Eigene wirtschaftliche Erwägungen des Restrukturierungsgerichts sind daher nicht maßgeblich. Lediglich wenn der Vergleich offensichtlich keine Aussicht auf Durchführbarkeit hat oder offensichtlich von falschen Tatsachen ausgeht, erfolgt die Versagung der Bestätigung.[48] 32

Ein **Rechtsmittel** gegen die Versagung der Bestätigung ist nicht vorgesehen. Versagt das Restrukturierungsgericht die Bestätigung, hat es gleichwohl die tragenden Erwägungen darzustellen, um dem Schuldner die Prüfung der Erfolgsaussichten einer sich ggf. anschließenden Inanspruchnahme der Instrumente des präventiven Restrukturierungsrahmens zu ermöglichen.[49] 33

Bestätigt das Restrukturierungsgericht einen Sanierungsvergleich, ist dieser gemäß § 97 Abs. 3 StaRUG nur unter der Voraussetzung des § 90 StaRUG anfechtbar. Nach §§ 97 Abs. 3, 90 Abs. 1 StaRUG sind ein gerichtlich bestätigter Sanierungsvergleich sowie Rechtshandlungen, die zum Vollzug des Vergleichs bis zur **nachhaltigen Restrukturierung** vorgenommen werden, lediglich gegenüber Forderungen im Rang des § 39 Abs. 1 Nr. 5 InsO oder nach § 135 InsO sowie nach § 6 AnfG anfechtbar. Zwar verweist § 97 Abs. 1 S. 1 StaRUG seinem Wortlaut nach nur auf den Vergleich selbst, nicht auf die Vollzugshandlungen.[50] Das Zusammenspiel von § 97 Abs. 1 S. 1 StaRUG und § 90 Abs. 1 StaRUG, der ausdrücklich Planregelungen und Vollzugshandlungen umfasst, führt jedoch zur Anwendung des § 90 StaRUG auch auf die Re- 34

44 *Smid* ZInsO 2020, 2184, (2189) *Cranshaw/Portisch* ZInsO 2020, 2561 (2576).
45 *Müller* ZIP 2020, 2253 (2254); *Commadeur/Utsch* NZG 2020, 1338 (1340); *Gehrlein* BB 2021, 66 (79); *Hoegen* NZI-Beilage 1/2021, 59 (62).
46 *Smid* ZInsO 2020, 2184, (2189).
47 BT-Drs. 19/24181, 184.
48 Desch/*Fuhst*, § 8, Rn. 16.
49 *Vallender* ZInsO 2020, 2677 (2687).
50 *Thole* ZIP 2020, 1985 (2000).

gelungen und Vollzugshandlungen eines Sanierungsvergleichs.[51] Die Regelungen der §§ 97 Abs. 3, 90 StaRUG wollen die Beteiligten an Restrukturierungsplänen und Sanierungsvergleichen in Folgeinsolvenzverfahren privilegieren und von Anfechtungen ausnehmen (vgl. auch § 12 dieses Handbuchs).[52]

35 Rechtshandlungen im Sinne des § 90 Abs. 1 StaRUG zum Vollzug des Plans sind diejenigen, die die Umsetzung des Plans ermöglichen. Hierzu zählen insbesondere die **Auszahlung** und **Besicherung** von Darlehen, nicht jedoch deren spätere **Rückführung.**[53] Dies kann zu Abgrenzungs- und Auslegungsproblemen bei revolvierenden Sicherheiten führen, da sie regelmäßig neu werthaltig werden, so dass nicht lediglich eine Vollzugshandlung erfolgt.[54] Der Gesetzgeber möchte die Beteiligten im Falle der Gutgläubigkeit vor Anfechtungen schützen. Bereits die EU-Richtlinie 2019/1023 enthält Regelungen zum Schutz von Neu- und Zwischenfinanzierungen.[55] Der Schutz des § 90 Abs. 1 StaRUG soll bis zur nachhaltigen Restrukturierung gelten. Soweit es nach Überwindung der durch den Sanierungsvergleich geregelten Krise aus anderen Gründen zur Insolvenz kommt, soll ein Anfechtungsschutz nicht gegeben sein.[56] Die Frage, ob und wann bereits eine nachhaltige Restrukturierung gegeben ist, kann in Anfechtungsprozessen entscheidend werden und daher zu Rechtsunsicherheit führen.[57]

36 Die **Privilegierung** des § 90 Abs. 1 StaRUG gilt nicht, soweit die Bestätigung des Sanierungsvergleichs auf Grundlage unrichtiger oder unvollständiger Angaben des Schuldners erfolgte und dies den Beteiligten am Sanierungsvergleich bekannt war.

37 Nach § 90 Abs. 2 StaRUG ist in Fällen, in denen der Schuldner sein gesamtes Vermögen oder wesentliche Teile davon auf einen Dritten überträgt, Vorsorge zu treffen, damit die nicht in den Vergleich einbezogenen Gläubiger aus der Gegenleistung für die Übertragung befriedigt werden können. Andernfalls findet der Anfechtungsschutz des § 90 Abs. 1 StaRUG keine Anwendung. Dies betrifft insbesondere die Überwindung der Krise durch **übertragende Sanierung.** Dann ist die Befriedigung der nicht am Sanierungsvergleich beteiligten Gläubiger aus dem Kaufpreis oder anderen Mitteln sicherzustellen.

38 Der Anfechtungsschutz nach § 90 StaRUG ist sehr weitgehend und nimmt nur die gesellschaftsrechtlichen Anfechtungsansprüche aus.[58] Der Schutz ermöglicht es einzelnen Gläubigern, durch geringe Vergleichs- und Planbeteiligungen, wie Stundungen oder Tilgungsaussetzungen, in den Genuss der Privilegierung zu kommen.[59] Gerade bei der gerichtlichen Bestätigung eines Sanierungsvergleichs erscheint dieser Schutz zu weitgehend, da das Gericht nach § 97 Abs. 1 StaRUG lediglich die Schlüssigkeit und

51 *Schoppmeyer* ZIP 2021, 869 (880).
52 BT-Drs. 19/24181, 182.
53 BT-Drs. 19/24181, 182.
54 *Zuleger* NZI-Beilage 1/2021, 43 (45).
55 Vgl. *Hoegen* NZI-Beilage 1/2017, 30.
56 BT-Drs. 19/24181, 182.
57 *Desch* BB 2020, 2498 (2506); *Zuleger* NZI-Beilage 1/2021, 43 (45); BeckOK StaRUG/*Fridgen*, § 90 Rn. 34f.
58 *Bork* ZInsO 2020, 2177 (2183).
59 *Thole* ZIP 2020, 1985 (1999); *Müller* ZIP 2020, 2253 (2257).

Erfolgsaussicht prüft.[60] Die Bestätigung sollte daher im Sinne des § 63 Abs. 2 StaRUG gerade bei neuen Finanzierungen und neu gewährten Sicherheiten von einem schlüssigen **Sanierungskonzept** flankiert werden. Dies würde den Anforderungen des BGH an den vorsatzausschließenden Sanierungsversuch nahe kommen.[61] Das Konzept muss nicht den Anforderungen an ein Gutachten nach IDW S6 oder MaS genügen.[62]

Praxishinweis: Die **Rechtsprechung** wird den praktischen Umfang des Anfechtungsschutzes des § 90 StaRUG in Zukunft genauer ausprägen. Gläubiger sollten daher die Einhaltung der vom BGH zur Vermeidung einer Vorsatzanfechtung geschaffenen Voraussetzungen vorsorglich weiterhin beachten.[63]

C. Praktische Anwendungsfälle

Die Sanierungsmoderation dürfte entgegen der Erwartung des Gesetzgebers aufgrund der Vergütung zu verhältnismäßig hohen Stundensätzen nicht für Kleinst- und Kleinunternehmen in Frage kommen.[64] 39

Maßgeblicher praktischer Anwendungsbereich ist die festgefahrene außergerichtliche Restrukturierungs- und Sanierungsverhandlung, die einen Blick und Impulse von außen benötigt. Dies können klassische **Finanzierungsverhandlungen** sein, begleitet von der Erstellung eines Sanierungskonzepts (zB nach IDW S6). Die Sanierungsmoderation kommt jedoch auch bei Verhandlungen über **Dauerschuldverhältnisse**, wie mit Vermietern und Leasinggebern, oder in Geschäftsbeziehungen mit umfangreichen **Rahmenverträgen** in Betracht. 40

Soweit im Fall des Scheiterns laufender Sanierungsverhandlung die Inanspruchnahme von Instrumenten nach dem StaRUG oder eine Insolvenz die Alternativen wären, kann ein Sanierungsmoderator als neutrale Person festgefahrene Positionen gegebenenfalls lösen. Dies kann die **Bewertung** von Vermögensgegenständen und Sicherheiten oder einer **Vergleichsrechnung** betreffen. 41

Für Gläubiger, insbesondere solche, die neue Finanzierungen gewähren und neue Sicherheiten erhalten, kann der **Anfechtungsschutz** des § 90 StaRUG maßgeblich sein.[65] Er kann im Zuge der Sanierungsmoderation mit verhältnismäßig geringem Aufwand und aus Sicht des Schuldners nahezu lautlos erreicht werden. Nach § 90 StaRUG könnten auch bereits ausgereichte Sicherheiten gegen Sanierungsbeteiligungen unter den Anfechtungsschutz fallen. Dies kann für Sicherungsgeber relevant sein, wenn die Bestimmtheit bereits erhaltener Sicherheiten nicht umfassend ist. Notwendig hierfür dürfte jedoch eine **angemessene Gegenleistung** sein, da anderenfalls eine schuldhafte Pflichtverletzung der Geschäftsführung gegenüber dem Unternehmen aufgrund der Belastung von Vermögensgegenständen ohne Gegenleistung im Raum stünde. Hierneben wird die Rechtsprechung zeigen, in welchen Einzelfällen und in welchem Um- 42

60 *Desch* BB 2020, 2498 (2511); *Thole* ZIP 2020, 1985 (2000); *Vallender* ZInsO 2020, 2677 (2687).
61 Vgl. BGH NZI 2018, 840.
62 Vgl. BGH NZI 2016, 636 (637).
63 *Desch* BB 2020, 2498 (2506); *Hoegen* NZI-Beilage 1/2021, 59 (62 f.); *Zuleger* NZI-Beilage 1/2021, 43 (45).
64 So auch die Kritik im Antrag von BÜNDNIS 90/DIE GRÜNEN (BT-Drs. 19/24379).
65 Vgl. *Stahlschmidt* ZInsO 2021, 205.

fang ein Anfechtungsschutz noch mit dem generellen Schutz der übrigen Gläubiger einhergehen kann.

43 Die Sanierungsmoderation kann auch im Zuge der Anbahnung einer **doppelnützigen Treuhand**[66] in Anspruch genommen werden und sowohl den Treuhänder als auch den Treunehmer in den Sanierungsvergleich einbeziehen.

66 Vgl. *Laier* GWR 2010, 184.

§ 5 Stabilisierungsinstrumente

A. Allgemeine Voraussetzungen für die Inanspruchnahme der Stabilisierungsinstrumente

1 Die einzelnen Instrumente des vom StaRUG zur Verfügung gestellten Stabilisierungs- und Restrukturierungsrahmens können von den betroffenen Unternehmen nicht in jeder Situation in Anspruch genommen werden. Vielmehr wird zum einen in § 29 Abs. 1 StaRUG festgelegt, dass eine Inanspruchnahme der Instrumente lediglich unter der Voraussetzung möglich ist, dass das jeweilige Unternehmen **drohend zahlungsunfähig** iSv § 18 Abs. 2 InsO ist und zum anderen, dass das jeweilige Instrument geeignet ist, die drohende Zahlungsunfähigkeit nachhaltig zu beseitigen.

I. Vorliegen einer drohenden Zahlungsunfähigkeit

2 Eine Inanspruchnahme der Instrumente setzt nach dem eindeutigen Wortlaut des § 29 Abs. 1 StaRUG voraus, dass das betroffene Unternehmen drohend zahlungsunfähig ist. Eine drohende Zahlungsunfähigkeit liegt nach § 18 Abs. 2 S. 1 InsO vor, wenn das Unternehmen zwar nicht jetzt, aber zukünftig nicht in der Lage ist, seine fälligen Verbindlichkeiten zu bedienen, wobei hierfür nach § 18 Abs. 2 S. 2 InsO ein **Prognosezeitraum** von zwei Jahren maßgeblich ist. Damit ist der Insolvenzgrund der drohenden Zahlungsunfähigkeit der generelle Auslöser für die Beantragung von Maßnah-

men innerhalb des Stabilisierungs- und Restrukturierungsrahmens.[1] Dabei muss die drohende Zahlungsunfähigkeit im Zeitpunkt der Anzeige gemäß § 31 Abs. 1 StaRUG vorliegen.[2]

3 Es sind demgegenüber ebenfalls Fälle denkbar, in denen sich das Unternehmen zwar in einer **Strategie- oder Erfolgskrise** befindet, aber noch keine drohende Zahlungsunfähigkeit iSv § 18 Abs. 2 InsO vorliegt. In einem solchen Fall scheidet eine Inanspruchnahme des präventiven Rahmens durch das Unternehmen aus.[3] Die Begrenzung des Stabilisierungs- und Restrukturierungsrahmens auf drohend zahlungsunfähige Unternehmen ist in der Sache richtig. Zwar besteht ein legitimes Interesse daran, wirtschaftlich angeschlagene Unternehmen möglichst frühzeitig zu sanieren. Die Instrumente des präventiven Rahmens führen jedoch zu einem Eingriff in die Rechte der betroffenen Gläubiger. In dem Bestehen einer drohenden Zahlungsunfähigkeit liegt eine sachliche Rechtfertigung für den Eingriff in die Gläubigerrechte, da der Schuldner in diesem Fall nach § 18 Abs. 1 InsO die Möglichkeit hat, auf einen Eigenantrag hin ein reguläres Insolvenzverfahren oder Eigenverwaltungsverfahren über sein Vermögen eröffnen zu lassen.[4]

II. Nachhaltige Beseitigung der drohenden Zahlungsunfähigkeit

4 Weiterhin ist in § 29 Abs. 1 StaRUG davon die Rede, dass die von Seiten des Schuldners in Anspruch genommenen Instrumente die drohende Zahlungsunfähigkeit nachhaltig beseitigen müssen. In diesem Zusammenhang stellt sich die Frage, ob erwiesen sein muss, dass die Instrumente, die im jeweiligen Einzelfall vom Schuldner in Anspruch genommen werden, geeignet sind, die drohende Zahlungsunfähigkeit des Schuldners nachhaltig zu beseitigen, damit überhaupt eine Anordnung der Instrumente in Betracht kommt. Unter Zugrundelegung des Wortlauts des § 29 Abs. 1 StaRUG besteht zwischen dem Merkmal der drohenden Zahlungsunfähigkeit und deren Wegfall durch die Inanspruchnahme der Instrumente des Stabilisierungs- und Restrukturierungsrahmens eine finale Verknüpfung. Dies spricht dafür, dass die **nachhaltige Beseitigung** der drohenden Zahlungsunfähigkeit lediglich das Verfahrensziel, jedoch nicht eine im Rahmen des § 29 Abs. 1 StaRUG zu prüfende Voraussetzung darstellt.[5] Eine Definition des Begriffs der Nachhaltigkeit ist in § 29 Abs. 1 StaRUG nicht enthalten. Allerdings wird in § 33 Abs. 2 S. 2 StaRUG auf die nachhaltige Sanierung des Unternehmens abgestellt, wobei nach § 33 Abs. 2 S. 3 StaRUG ein Mindestzeitraum von drei Jahren verlangt wird. Diese Wertung lässt sich auf § 29 Abs. 1 StaRUG übertragen. Somit setzt die nachhaltige Beseitigung der drohenden Zah-

1 Vgl. *Thole* ZIP 2020, 1985 (1990).
2 Vgl. *Gehrlein* BB 2021, 66 (71).
3 Vgl. *Gehrlein* BB 2021, 66 (71); *Ziegenhagen* ZInsO 2020, 2090.
4 Zustimmend *Gehrlein* BB 2021, 66 (71); abweichend allerdings *Müller* ZIP 2020, 2253 (2254), nach dessen Ansicht das Erfordernis einer drohenden Zahlungsunfähigkeit eine zu hohe Einstiegshürde für ein präventives Sanierungsverfahren darstellt. Vgl. auch Schmidt/*Schröder* SanierungsR Teil 2 Rn. 29, der den Standpunkt vertritt, dass schon kreditunwürdige Unternehmen Zugang zum präventiven Restrukturierungsrahmen haben sollten.
5 So auch *Thole* ZIP 2020, 1985 (1990); *Balthasar* NZI-Beilage 2021, 18 (19).

lungsunfähigkeit ebenfalls einen Mindestzeitraum von drei Jahren voraus.[6] Im Ergebnis ist also festzuhalten, dass es sich bei der nachhaltigen Beseitigung der drohenden Zahlungsunfähigkeit lediglich um einen vom Gesetzgeber in die Regelung des § 29 Abs. 1 StaRUG eingeführten Programmsatz handelt.[7]

III. Fälle der eingetretenen Zahlungsunfähigkeit und Überschuldung

Da § 29 Abs. 1 StaRUG eine nur drohende Zahlungsunfähigkeit voraussetzt, ist solchen Unternehmen der Zugang zur präventiven Sanierung nach dem StaRUG versperrt, bei denen die Zahlungsunfähigkeit bereits eingetreten ist und daher ein Insolvenzgrund nach § 17 InsO gegeben ist.[8] Der Ausschluss von zahlungsunfähigen Unternehmen vom Anwendungsbereich des StaRUG ist sachlich gerechtfertigt, da bei solchen Unternehmen aufgrund der bestehenden Insolvenzreife die Interessen aller Gläubiger betroffen sind und daher ein Gesamtverfahren in Form der Regelinsolvenz oder der Eigenverwaltung zur Überwindung der materiellen Insolvenz durchzuführen ist.[9] Dagegen steht dem Schuldner bei einer präventiven Sanierung nach dem StaRUG die Möglichkeit offen, lediglich ausgewählte Gläubiger in das Verfahren einzubeziehen. Im Falle einer bereits **eingetretenen Zahlungsunfähigkeit** ist ein solches Verfahren, dass sich auf bestimmte Gläubiger beschränken kann, nicht interessengerecht. 5

Darüber hinaus kann es in der Praxis vorkommen, dass das Unternehmen materiellrechtlich iSv § 19 Abs. 2 InsO überschuldet ist. Eine **materiellrechtliche Überschuldung** liegt nach § 19 Abs. 2 S. 1 InsO vor, wenn absehbar ist, dass die Zahlungsunfähigkeit des Schuldners in den nächsten 12 Monaten eintreten wird, so dass es an einer positiven Fortführungsprognose fehlt. Wenn man den Wortlaut des § 29 Abs. 1 StaRUG in den Blick nimmt, so scheint dieser dafür zu sprechen, dass überschuldete Unternehmen vom Anwendungsbereich des StaRUG ausgeschlossen sind, da dort die Rede davon ist, dass das betroffene Unternehmen drohend zahlungsunfähig sein muss. Dies wird man dahin gehend auslegen müssen, dass keine anderen Insolvenzgründe gegeben sein dürfen. Im Gegensatz zur drohenden Zahlungsunfähigkeit ist die materiellrechtliche Überschuldung nämlich ein Insolvenzgrund, bei dem der Schuldner gemäß § 15a Abs. 1 InsO innerhalb von sechs Wochen einen Eigenantrag auf Durchführung eines regulären Insolvenzverfahrens zu stellen hat. Allerdings besteht bei der Überschuldung im Unterschied zu der bereits eingetretenen Zahlungsunfähigkeit nach § 19 Abs. 1 S. 1 InsO ein Prognosezeitraum von 12 Monaten. Wenn also der Schuldner darlegen und nachweisen kann, dass er schon Verhandlungen mit den Gläubigern geführt hat und für die Annahme des Restrukturierungsplans in einem Verfahren nach dem StaRUG eine überwiegende Erfolgsaussicht besteht, kann hierdurch die materiellrechtliche Überschuldung entfallen. Dies ist namentlich dann der Fall, wenn sichergestellt ist, dass die Annahme des Restrukturierungsplans zu einer nachhaltigen Sanierung des Unternehmens führt, also die Gefahr des Eintritts der 6

6 Vgl. *Thole* ZIP 2020, 1985 (1991), welcher aber darauf hinweist, dass bei der Frage der nachhaltigen Beseitigung der drohenden Zahlungsunfähigkeit nicht zwingend auf einen bestimmten Zeitraum abzustellen ist.
7 Vgl. *Thole* ZIP 2020, 1985 (1991).
8 Vgl. *Gehrlein* BB 2021, 66 (71); *Desch* BB 2020, 2498 (2498 f.); *Thole* ZIP 2020, 1985 (1993).
9 Vgl. *Gehrlein* BB 2021, 66 (71).

Zahlungsunfähigkeit des Unternehmens beseitigt wurde. In einer derartigen Konstellation fällt das Unternehmen trotz des Vorliegens einer materiellrechtlichen Überschuldung in den Anwendungsbereich des StaRUG, da der Insolvenzgrund der Überschuldung durch die Einleitung des präventiven Sanierungsverfahrens sofort wieder entfällt.[10]

IV. Anzeige des Restrukturierungsvorhabens gegenüber dem Gericht

7 Weitere allgemeine Voraussetzung für die Inanspruchnahme der Stabilisierungs- und Restrukturierungsinstrumente ist nach § 31 Abs. 1 StaRUG, dass das vom Schuldner beabsichtigte Restrukturierungsvorhaben von diesem gegenüber dem zuständigen Restrukturierungsgericht **angezeigt** wird.

1. Inhalt der Anzeige

8 In formaler Hinsicht muss der Schuldner der Anzeige nach § 31 Abs. 2 S. 1 Nr. 1 StaRUG entweder einen Entwurf des bereits vom Schuldner ausgearbeiteten Restrukturierungsplans oder alternativ ein **Restrukturierungskonzept** beifügen, in dem anhand einer Darstellung der Ursachen der Krise einerseits das Restrukturierungsziel beschrieben wird und zum anderen die Maßnahmen genannt werden, die vom Schuldner ins Auge gefasst werden, um das Restrukturierungsziel zu erreichen. In der Praxis wird es sehr häufig vorkommen, dass im Zeitpunkt der Anzeige des Restrukturierungsvorhabens gegenüber dem Restrukturierungsgericht noch kein finaler Entwurf des Plans vorliegt, da mit den Gläubigern etwa noch umfangreiche Verhandlungen durchzuführen sind. In der Regel wird der Schuldner daher im Zeitpunkt der Anzeige des Restrukturierungsvorhabens von der durch § 31 Abs. 2 S. 1 Nr. 1 StaRUG eröffneten Möglichkeit Gebrauch machen, lediglich ein Restrukturierungskonzept bei Gericht einzureichen. Hinsichtlich des inhaltlichen Umfangs des Restrukturierungskonzepts gilt als Mindestvoraussetzung, dass die dortigen Angaben vollständig sind und die aktuelle wirtschaftliche Situation des schuldnerischen Unternehmens schlüssig beschrieben wird.[11] Wie bereits unter → Rn. 4 dargelegt wurde, sieht der Gesetzgeber in der nachhaltigen Sanierung des Unternehmens das vom StaRUG angestrebte Verfahrensziel. Es ist jedoch denkbar, dass das Merkmal der nachhaltigen Sanierung bereits bei der Frage relevant wird, ob der Schuldner ein schlüssiges Sanierungskonzept vorgelegt hat. Wenn etwa absehbar ist, dass zwar der Restrukturierungsplan von den Gläubigern angenommen wird, aber das Unternehmen ein paar Monate nach der Annahme des Plans doch insolvenzreif ist, ist dies ein gewichtiges Argument für die Unschlüssigkeit des Sanierungskonzepts.[12]

9 Weiterhin muss die Anzeige nach § 31 Abs. 2 S. 1 Nr. 2 StaRUG eine **Darstellung des bisherigen Stands der Verhandlungen** zwischen dem Schuldner auf der einen Seite und den Gläubigern, den Gesellschaftern und der sonst von der Sanierung betroffenen Dritten auf der anderen Seite enthalten. Ausweislich der Gesetzesbegründung soll

---

10 So auch *Thole* ZIP 2020, 1985 (1992 f.); *Proske/Streit* NZI 2020, 969 (971); *Pluta/Konen* SanB 2020, 149 (150); *Gehrlein* BB 2021, 66 (71); *Balthasar* NZI-Beilage 2021, 18 (19).

11 Vgl. *Pluta/Konen* SanB 2020, 149 (151).

12 Vgl. *Thole* ZIP 2020, 1985 (1991).

sich das Restrukturierungsgericht auf diese Weise eine Einschätzung darüber bilden können, ob und ggf. in welchem Ausmaß das vom Schuldner beabsichtigte Sanierungsvorhaben Rückhalt auf der Ebene der Gläubiger, der übrigen Stakeholder sowie auf Seiten der Gesellschafter der Schuldnerin hat und mit welchen Widerständen unter Umständen zu rechnen ist.[13] Schließlich wird nach § 31 Abs. 2 S. 1 Nr. 3 StaRUG verlangt, dass der Schuldner in der Anzeige an das Gericht sämtliche von ihm ergriffene Vorkehrungen angibt, welche sicherstellen, dass der Schuldner die ihm nach dem StaRUG obliegenden Verpflichtungen erfüllt. Anhand dieser Voraussetzung ist erkennbar, dass die vom StaRUG bereitgestellten Stabilisierungs- und Restrukturierungsinstrumente lediglich gut vorbereiteten Schuldnern zugutekommen sollen. Der Schuldner könnte den Nachweis etwa dadurch erbringen, dass er in der Sanierung von Unternehmen erfahrene Berater mandatiert hat oder einen ausgewiesenen Sanierungsexperten als Chief Restructuring Officer („CRO“) in die Geschäftsführung des Unternehmens berufen hat und dies gegenüber dem Gericht darlegt.[14]

Ferner muss die Anzeige nach § 31 Abs. 2 S. 2 StaRUG Angaben darüber enthalten, 10
ob durch die vom Schuldner beabsichtigte Sanierung in die **Rechte von Verbrauchern oder von mittleren, kleinen oder Kleinstunternehmen eingegriffen wird**, sei es im Rahmen des gestaltenden Teils des Restrukturierungsplans oder mittels des Erlasses einer Stabilisierungsanordnung, durch welche die Durchsetzbarkeit der vorbezeichneten Forderungen einstweilen gesperrt werden soll. Im Hinblick auf den Begriff des Verbrauchers wird man auf die Definition in § 13 BGB abstellen können. Was unter mittleren, kleinen und Kleinstunternehmen zu verstehen ist, geht ebenfalls nicht unmittelbar aus § 31 Abs. 2 S. 2 StaRUG hervor. Unter Zugrundelegung der Perspektive der Europäischen Kommission fallen hierunter alle Unternehmen mit weniger als 250 Arbeitnehmern. Zudem darf entweder der Jahresumsatz dieser Unternehmen den Betrag von 50 Mio. EUR nicht übersteigen oder es darf jedenfalls eine Jahresbilanzsumme von 43 Mio. EUR nicht überschritten werden.[15] Der Sinn und Zweck der Regelung des § 31 Abs. 2 S. 2 StaRUG besteht darin, dem Restrukturierungsgericht die Prüfung zu ermöglichen, ob dieses von Amts wegen einen obligatorischen Restrukturierungsbeauftragten nach § 73 Abs. 1 S. 1 Nr. 1 StaRUG bestellen muss.

Nach § 31 Abs. 2 S. 3 StaRUG ist der Schuldner zudem verpflichtet, in der Anzeige 11
ggf. darauf hinzuweisen, dass bei der Abstimmung über einen Restrukturierungsplan eine zu bildende Gläubigergruppe voraussichtlich nicht zustimmen wird, so dass die fehlende Zustimmung dieser Gruppe mittels eines **Cross Class Cram Down** nach § 26 StaRUG ersetzt werden muss. Schließlich müssen in der Anzeige nach § 31 Abs. 2 S. 4 StaRUG zeitlich früher rechtshängig gemachte Restrukturierungssachen unter Angabe des Gerichts und des Aktenzeichens erwähnt werden, falls es solche Vorverfahren gibt.

Abschließend stellt sich die Frage, ob die Anzeige auch Ausführungen zu dem Vorlie- 12
gen einer drohenden Zahlungsunfähigkeit iSv § 18 Abs. 2 InsO enthalten muss. Zwar

13 BT-Drs. 19/24181, 135.
14 Vgl. *Pluta/Konen* SanB 2020, 149 (152).
15 Vgl. *Pluta/Konen* SanB 2020, 149 (152) unter Verweis auf die KMU-Definitionsempfehlung der Europäischen Kommission Nr. 2003/361/EG.

scheint der Wortlaut des § 31 Abs. 2 StaRUG **Angaben zum Insolvenzgrund der drohenden Zahlungsunfähigkeit** nicht ausdrücklich zu fordern. Da jedoch dem Restrukturierungsplan nach § 14 Abs. 1 StaRUG zwingend eine Erklärung zu den Aussichten beizufügen ist, dass die drohende Zahlungsunfähigkeit des Schuldners durch den Plan beseitigt wird, sollte auch die Anzeige nach § 31 StaRUG Angaben zum Vorliegen einer drohenden Zahlungsunfähigkeit enthalten. Dies lässt sich mittelbar der Regelung des § 31 Abs. 2 S. 1 Nr. 1 StaRUG entnehmen, welche den Schuldner zur Vorlage des Entwurfs eines Restrukturierungsplans oder zumindest eines schlüssigen und vollständigen Sanierungskonzepts verpflichtet.[16] In der Praxis liegt diese Vorgehensweise auch im besonderen Interesse des Schuldners, da das Restrukturierungsgericht auf diese Weise in die Lage versetzt wird, die vom Schuldner beantragten Stabilisierungsmaßnahmen zeitnah zu erlassen. Der Schuldner verliert also keine kostbare Zeit.[17]

2. Wirkungen der Anzeige

13 Nach § 31 Abs. 3 StaRUG besteht die Wirkung der Anzeige darin, dass die Restrukturierungssache hierdurch rechtshängig wird. Ab diesem Zeitpunkt stehen dem Schuldner die einzelnen Stabilisierungs- und Restrukturierungsinstrumente offen. Wenn der Schuldner im Einzelfall von den jeweiligen Instrumenten Gebrauch macht, werden diese aufgrund der durch die Anzeige bewirkten **Rechtshängigkeit der Restrukturierungssache** zu einer zuständigkeitsrechtlichen Einheit verbunden.[18] Der Eintritt der Rechtshängigkeit ist nicht von einer Entscheidung des Gerichts abhängig, vielmehr tritt schon durch die Anzeige als solche die Rechtshängigkeit der Restrukturierungssache ein. Die Rechtshängigkeit hat nach § 261 Abs. 3 Nr. 1 ZPO zum einen zur Folge, dass eine erneute Anzeige der gleichen Restrukturierungssache bei einem anderen Gericht ausscheidet. Zum anderen bewirkt die Rechtshängigkeit nach § 261 Abs. 3 Nr. 2 ZPO, dass Veränderungen im Hinblick auf die örtliche Zuständigkeit des Gerichts unbeachtlich sind. In der Praxis ist dies relevant, wenn sich der Mittelpunkt der hauptsächlichen wirtschaftlichen Interessen („COMI") des schuldnerischen Unternehmens nach erfolgter Anzeige der Restrukturierungssache verändert, etwa dadurch, dass der Schuldner seinen Sitz verlegt oder seine Betriebsstätte an einen anderen Ort verlegt.[19]

14 Aus dem unmittelbaren Eintritt der Rechtshängigkeit durch die Anzeige iSv § 31 Abs. 1 StaRUG ergibt sich, dass es im Gegensatz zum Regelinsolvenzverfahren und auch zur Eigenverwaltung kein formales Eröffnungsverfahren gibt.[20] Stattdessen begründet bereits die Anzeige ein **Rechtsverhältnis öffentlich-rechtlicher Art**, das die einzelnen Restrukturierungsmaßnahmen zusammenfasst, die ihrerseits wiederum lediglich auf einen darauf gerichteten Antrag des Schuldners zur Anwendung kommen.[21]

---

16 Vgl. *Pluta/Konen* SanB 2020, 149 (150).
17 Vgl. *Pluta/Konen* SanB 2020, 149 (150).
18 BT-Drs. 19/24181, 133.
19 Vgl. *Gehrlein* BB 2021, 66 (72).
20 Vgl. *Deppenkemper* ZIP 2020, 2432 (2433).
21 Vgl. *Deppenkemper* ZIP 2020, 2432 (2433).

Bei Einleitung eines formalen Insolvenzverfahrens prüft das Gericht von Amts wegen, ob es örtlich zuständig ist, über den Insolvenzantrag zu entscheiden. Bezüglich der präventiven Sanierung nach dem StaRUG hat sich der Gesetzgeber für einen anderen Ansatz entschieden. Danach stellt die **örtliche Zuständigkeit** des Restrukturierungsgerichts keine Prozessvoraussetzung dar. Vielmehr wird die Restrukturierungssache von Seiten des Restrukturierungsgerichts von Amts wegen nach § 33 Abs. 1 Nr. 2 StaRUG nachträglich aufgehoben, wenn es an der örtlichen Zuständigkeit fehlt und der Schuldner keinen Verweisungsantrag gestellt bzw. die Anzeige nicht zurückgenommen hat. In der Literatur ist gegen diesen vom Gesetzgeber gewählten Ansatz Kritik geäußert worden. So ist stattdessen vorgeschlagen worden, die Zuständigkeit als Prozessvoraussetzung zu behandeln und die Restrukturierungssache bei fehlender örtlicher Zuständigkeit schlicht als unzulässig zurückzuweisen.[22] In der Praxis dürfte diese Frage jedoch keine größeren Auswirkungen haben. Denn in § 33 Abs. 1 StaRUG wird ausdrücklich bestimmt, dass dem Schuldner eine Inanspruchnahme der Instrumente des Stabilisierungs- und Restrukturierungsrahmen nur dann möglich ist, wenn die Anzeige beim zuständigen Restrukturierungsgericht eingereicht wird. Daher wird das Restrukturierungsgericht in der Praxis die Frage der Zuständigkeit unmittelbar nach dem Eingang der Anzeige prüfen müssen. Bei fehlender Zuständigkeit darf das Gericht insbesondere keine Stabilisierungsmaßnahmen anordnen. Daraus ergibt sich, dass die Zuständigkeit des Gerichts eine allgemeine Voraussetzung für die Inanspruchnahme der einzelnen Stabilisierungs- und Restrukturierungsinstrumente durch den Schuldner ist. Hierin besteht ein wichtiger Unterschied zum Insolvenzverfahren. Für den Erlass von Sicherungsmaßnahmen, welche in ihrer Wirkung einer Stabilisierungsmaßnahme nach dem StaRUG gleichkommen, bedarf es nämlich nicht eines strengen Nachweises der Zuständigkeit des Insolvenzgerichts. Vielmehr können Sicherungsmaßnahmen nach § 21 InsO, wie insbesondere in Form der Bestellung eines vorläufigen Insolvenzverwalters und der Anordnung eines allgemeinen Zustimmungsvorbehalts, schon dann vom Insolvenzgericht erlassen werden, wenn auf Grundlage des Vorbringens des Schuldners eine überwiegende Wahrscheinlichkeit für die internationale und örtliche Zuständigkeit des Gerichts besteht.[23] Den Beratern des schuldnerischen Unternehmens ist daher zu empfehlen, die Frage der internationalen und örtlichen Zuständigkeit sehr genau zu prüfen und gegenüber dem Restrukturierungsgericht nachzuweisen, bevor die Anzeige beim Gericht eingereicht wird. 15

3. Erlöschen der Wirkungen der Anzeige

Der präventiven Sanierung durch das StaRUG liegt eine freiwillige Entscheidung des Schuldners zugrunde. Im Gegensatz zur InsO ist dem StaRUG die Einleitung eines Restrukturierungsverfahrens auf Antrag eines Gläubigers unbekannt. Da die Herrschaft über das Verfahren somit beim Schuldner liegt, kann dieser die Anzeige auch nach erfolgter Einreichung beim Gericht jederzeit **zurücknehmen.** Nach § 31 Abs. 4 Nr. 1 StaRUG tritt hierdurch der Verlust der Wirkungen der Anzeige ein. Weiterhin 16

22 In diesem Sinne *Deppenkemper* ZIP 2020, 2432 (2434).

23 Vgl. BGH Beschl. v. 22.3.2007 – IX ZB 164/06, NJW-RR 2007, 1062 (1063); BGH Beschl. v. 22.4.2010 – IX ZB 217/09, NZI 2010, 680; HambKommInsR/*Schröder* InsO § 21 Rn. 2.

verliert die Anzeige nach § 31 Abs. 4 Nr. 2 StaRUG ihre Wirkung, wenn die Entscheidung über die Bestätigung des Restrukturierungsplans rechtskräftig wird. Denn in diesem Fall ist nur noch der Vollzug des Sanierungsplans ausstehend, so dass kein Bedürfnis für die Rechtshängigkeit der Restrukturierungssache mehr besteht. Der Wegfall der Wirkungen der Anzeige nach § 31 Abs. 4 Nr. 3 StaRUG bezieht sich auf Fallgestaltungen, in denen die Restrukturierungssache von Seiten des Gerichts nach § 33 StaRUG aufgehoben wird.

17 Schließlich tritt nach § 31 Abs. 4 Nr. 4 StaRUG ein Verlust der Wirkungen der Anzeige ein, wenn sechs Monate bzw. bei einer vorherigen Erneuerung der Anzeige durch den Schuldner 12 Monate vergangen sind. Hintergrund ist, dass der Gesetzgeber dem schuldnerischen Unternehmen lediglich einen begrenzten Zeitraum zur Verfügung stellen will, um das Restrukturierungsvorhaben abzuschließen.[24] Durch die Regelung des § 31 Abs. 4 Nr. 4 StaRUG wird deutlich, dass das Sanierungsvorhaben durch das Unternehmen und durch externe Berater sehr gut vorbereitet werden muss, bevor die gerichtliche Anzeige nach § 31 Abs. 1 StaRUG erfolgt. Ansonsten könnte es in der Praxis vorkommen, dass der **maximale Zeitrahmen** von 12 Monaten überschritten wird, was zwangsläufig zur Folge hätte, dass die Wirkungen der Anzeige entfallen.

B. Einzelne Stabilisierungsinstrumente und persönlicher Anwendungsbereich

18 Das StaRUG hält für die betroffenen Unternehmen vier Stabilisierungs- und Restrukturierungsinstrumente bereit. Die einzelnen Instrumente werden in § 29 Abs. 2 StaRUG aufgezählt. Im Einzelnen handelt es sich um die Durchführung eines gerichtlichen Planabstimmungsverfahrens (§ 29 Abs. 2 Nr. 1 StaRUG), die gerichtliche Vorprüfung von Fragen, welche für die Bestätigung eines Restrukturierungsplans erheblich sind (§ 29 Abs. 2 Nr. 2 StaRUG), den gerichtlichen Erlass von Stabilisierungsmaßnahmen zum Zwecke der Einschränkung der individuellen Rechtsdurchsetzung (§ 29 Abs. 2 Nr. 3 StaRUG) sowie die gerichtliche Bestätigung eines Restrukturierungsplans (§ 29 Abs. 2 Nr. 4 StaRUG). In § 29 Abs. 3 StaRUG wird bestimmt, dass dem Schuldner die Möglichkeit offensteht, die einzelnen Instrumente unabhängig voneinander in Anspruch zu nehmen. Hierdurch wird das dem StaRUG zugrunde liegende **modulare System** zum Ausdruck gebracht, den Unternehmen wird also ein Baukasten von verschiedenen Stabilisierungs- und Sanierungsinstrumenten zur Verfügung gestellt.[25]

19 Im Hinblick auf den **persönlichen Anwendungsbereich** kann nach § 30 Abs. 1 S. 1 StaRUG grundsätzlich jeder insolvenzfähige Schuldner von den Stabilisierungs- und Restrukturierungsinstrumenten Gebrauch machen. Die Frage der Insolvenzfähigkeit ist dabei anhand der §§ 11, 12 InsO zu bestimmen. Im Ergebnis fallen damit insbesondere alle Kapital- und Personengesellschaften in den persönlichen Anwendungsbereich des präventiven Rahmens. Nach § 30 Abs. 1 S. 2 StaRUG steht das Verfahren natürlichen Personen lediglich unter der Voraussetzung offen, dass diese unternehmerisch tätig sind. Dies bedeutet, dass der selbstständig tätige Einzelunternehmer den

24 BT-Drs. 19/24181, 136.
25 Vgl. *Proske/Streit* NZI 2020, 969.

präventiven Rahmen nutzen kann, jedoch Verbraucher nicht vom persönlichen Anwendungsbereich erfasst werden. Darüber hinaus ist in § 30 Abs. 2 StaRUG eine Bereichsausnahme für Unternehmen der Finanzbranche iSv § 1 Abs. 19 KWG enthalten. Hierzu zählen vor allem Banken und Versicherungen. Der Grund für diese Bereichsausnahme liegt darin, dass für diese Unternehmen besondere außergerichtliche Verfahren zur Überwindung von Krisen, wie insbesondere das SAG,[26] bestehen.[27] Die insoweit als Aufsichts- und Abwicklungsbehörde zuständige Bundesanstalt für Finanzdienstleistungsaufsicht („BaFin") verfügt über weitreichende Eingriffsbefugnisse, zudem ist im SAG ebenfalls ein Sanierungsplan vorgesehen.

C. Pflichten des Schuldners während der anhängigen Restrukturierungssache

I. Pflichtenmaßstab

Nach § 32 Abs. 1 S. 1 StaRUG ist der Schuldner nach der Anzeige des Restrukturierungsvorhabens an das Gericht verpflichtet, die Restrukturierungssache mit der Sorgfalt eines ordentlichen und gewissenhaften Sanierungsgeschäftsführers zu betreiben und dabei die Interessen der Gesamtheit der Gläubiger zu wahren. Der **Pflichtenmaßstab** betreffend den Geschäftsleiter des zu restrukturierenden Unternehmens weicht von dem sonst geltenden Pflichtenmaßstab ab. Außerhalb einer Restrukturierungssache besteht nach § 43 Abs. 1 GmbHG die Verpflichtung der Geschäftsführer, in den Angelegenheiten der Gesellschaft mit der Sorgfalt eines ordentlichen Geschäftsmanns tätig zu werden. Auch für den Vorstand einer AG wird in § 93 Abs. 1 S. 1 AktG bestimmt, dass die Vorstandsmitglieder bei ihrer Geschäftsführung die Sorgfalt eines ordentlichen und gewissenhaften Geschäftsleiters anzuwenden haben. Hiervon abweichend wird in § 32 Abs. 1 S. 1 StaRUG auf einen ordentlichen und gewissenhaften Sanierungsgeschäftsführer abgestellt. Dieser Pflichtenmaßstab gibt der Schuldnerin zwei Handlungsoptionen. Entweder wird ein CRO in die Geschäftsführung der Schuldnerin berufen, welcher über umfassende Kenntnisse im Bereich des Insolvenz- und Sanierungsrechts verfügt. Wenn keine Organstellung angestrebt wird, kann ein externer Sanierungsexperte auch zum Generalbevollmächtigten der Schuldnerin bestellt werden. Die andere Handlungsoption besteht darin, dass das schuldnerische Unternehmen Berater aus Rechtsanwalts- oder Steuerberaterkanzleien mandatiert, die im Insolvenzrecht und in der Restrukturierung von Unternehmen erfahren sind. Diesen Beratern kommt dann die Aufgabe zu, die Geschäftsführung des Unternehmens während der laufenden Restrukturierungssache zu begleiten und bei Bedarf Rechtsrat zu erteilen. Sollte in der Geschäftsführung des Unternehmens weder insolvenzrechtliche Expertise vorhanden sein noch von dem Unternehmen externe Berater beauftragt werden, liegt bereits aus diesem Grund ein Verstoß gegen die Pflichten aus § 32 Abs. 1 S. 1 StaRUG vor. 20

Die zweite Verpflichtung der Schuldnerin besteht nach § 32 Abs. 1 S. 1 StaRUG darin, die Geschäftsführung des Unternehmens an den **Interessen der Gläubigergesamtheit** auszurichten. Auch hierin liegt eine Abweichung zu den allgemeinen Grundsät- 21

26 Gesetz zur Sanierung und Abwicklung von Instituten und Finanzgruppen vom 10.12.2014, BGBl. I 2091.
27 BT-Drs. 19/24181, 133.

zen. Denn im Normalfall muss sich die Geschäftsführung an den Interessen der Gesellschafter des Unternehmens orientieren.[28] Während der Dauer einer Restrukturierungssache sind jedoch von den Geschäftsführern die Interessen der Gläubigergesamtheit gegenüber den Interessen der Gesellschafter vorrangig zu beachten, da schon eine drohende Zahlungsunfähigkeit des Unternehmens besteht und die Befriedigung der Gläubiger daher konkret gefährdet ist.

II. Einzelne Pflichten

22 In Bezug auf die Pflichten der Geschäftsführung enthält § 32 Abs. 1 S. 2 StaRUG eine Konkretisierung dahin gehend, dass der Schuldner insbesondere Maßnahmen unterlässt, die sich mit dem Restrukturierungsziel nicht vereinbaren lassen oder welche die Erfolgsaussichten der von dem Schuldner beabsichtigten Restrukturierung gefährden. Als ein Beispiel für eine fehlende Vereinbarkeit der Maßnahme mit dem Restrukturierungsziel wird in § 32 Abs. 1 S. 3 StaRUG genannt, dass dies in der Regel dann gilt, wenn die Geschäftsführung Forderungen bezahlen oder besichern will, die durch den ins Auge gefassten Restrukturierungsplan gestaltet werden sollen. Dadurch wird ebenfalls bezweckt, dass der **Grundsatz der Gleichbehandlung der Gläubiger** nicht unterlaufen wird.[29] In den übrigen Fällen kommt es bei der Frage der Vereinbarkeit der Maßnahme auf das konkrete vom Schuldner aufgestellte Restrukturierungskonzept an.[30] Dem Schuldner ist jedoch ein Ermessensspielraum einzuräumen. Lediglich Maßnahmen, die im eindeutigen Widerspruch zu dem von Seiten des Schuldners vorgelegten Restrukturierungskonzept stehen, sind nach § 32 Abs. 1 S. 2 StaRUG unzulässig.

23 Zudem werden in § 32 Abs. 2 bis Abs. 4 StaRUG eine Reihe von **Mitteilungspflichten des Schuldners** gegenüber dem Restrukturierungsgericht statuiert. Einerseits ist der Schuldner nach § 32 Abs. 2 S. 1 StaRUG verpflichtet, dem Gericht jede wesentliche Änderung im Zusammenhang mit dem Gegenstand des angezeigten Restrukturierungsvorhabens und mit der Darstellung des Verhandlungsstands mit den Gläubigern anzuzeigen. Um unnötige Verzögerungen zu verhindern, sollte in der Praxis darauf geachtet werden, dass Mitteilungen an das Gericht wirklich nur bei wesentlichen Änderungen erfolgen. Da der Begriff der Wesentlichkeit der Änderung relativ unbestimmt ist, sollte der Schuldner vorab mit dem Gericht besprechen, welcher Maßstab aus der Sicht des Gerichts diesbezüglich zugrunde zu legen ist.[31] Im Falle eines vorherigen Erlasses einer Stabilisierungsanordnung nach § 49 StaRUG muss der Schuldner dem Gericht ferner nach § 32 Abs. 2 S. 2 StaRUG unverzüglich wesentliche Änderungen anzeigen, welche die Restrukturierungsplanung betreffen. Nach der Absicht des Gesetzgebers soll das Gericht hierdurch in die Lage versetzt werden, zu überprüfen, ob der Schuldner weiterhin zahlungsfähig ist oder ob der Schuldner nunmehr insolvenzreif ist, so dass die Stabilisierungsanordnung nach § 59 StaRUG aufgehoben wer-

28 Vgl. Baumbach/Hueck/*Beurskens* GmbHG § 43 Rn. 27; Altmeppen/*Altmeppen* GmbHG § 43 Rn. 7.
29 Vgl. *Thole* ZIP 2020, 1985 (1993).
30 So auch *Thole* ZIP 2020, 1985 (1993).
31 Vgl. *Pluta/Konen* SanB 2020, 149 (154).

den kann.[32] Bei gerichtlicher Bestellung eines Restrukturierungsbeauftragten bestimmt § 32 Abs. 2 S. 3 StaRUG, dass die Mitteilungspflichten des Schuldners neben dem Gericht auch gegenüber dem Restrukturierungsbeauftragten gelten.

Während der Rechtshängigkeit der Restrukturierungssache besteht nach § 32 Abs. 3 S. 1 StaRUG weiterhin eine Verpflichtung des Schuldners, dem Gericht eine nach der Anzeige eingetretene Zahlungsunfähigkeit iSv § 17 Abs. 2 InsO anzuzeigen. Der präventive Restrukturierungsrahmen soll Unternehmen nicht offenstehen, die bereits zahlungsunfähig sind. Bei **Eintritt der Zahlungsunfähigkeit** kommt eine Aufhebung der Restrukturierungssache nach § 33 Abs. 2 S. 1 Nr. 1 StaRUG in Betracht. Bei einem Schuldner, bei dem es sich um eine juristische Person oder um eine sonstige Gesellschaft ohne natürliche Person als persönlich haftenden Gesellschafter handelt, besteht nach § 32 Abs. 3 S. 2 StaRUG ebenfalls eine Anzeigepflicht, wenn im Laufe des Verfahrens eine materiellrechtliche Überschuldung iSv § 19 Abs. 2 InsO eintritt. Dies kann namentlich dann der Fall sein, wenn die weiteren Verhandlungen des Schuldners mit den Gläubigern ergeben, dass diese der vom Schuldner beabsichtigten Sanierung jetzt mehrheitlich ablehnend gegenüberstehen, so dass die Annahme des Restrukturierungsplans nicht zu erwarten ist. Dann wird der Eintritt der Zahlungsunfähigkeit in den nächsten 12 Monaten oftmals überwiegend wahrscheinlich sein. 24

Schließlich ist eine **Anzeigepflicht des Schuldners** nach § 32 Abs. 4 StaRUG gegeben, wenn sich während des Verfahrens herausstellt, dass keine Aussicht besteht, das vom Schuldner beabsichtigte Restrukturierungsvorhaben umzusetzen. Hiervon ist insbesondere dann auszugehen, wenn der vom Schuldner vorgelegte Restrukturierungsplan bei den planbetroffenen Gläubigern in erkennbarer Weise auf ernsthafte und endgültige Ablehnung gestoßen ist, so dass aufgrund der fehlenden Mehrheiten nicht mit einer Annahme des Plans gerechnet werden kann. Allerdings ist eine lediglich ablehnende Haltung des jeweiligen Gläubigers unschädlich, soweit dieser erklärt, mit dem Schuldner grundsätzlich in Verhandlungen über Zugeständnisse eintreten zu wollen, es sei denn, dass durch diese Zugeständnisse die praktische Realisierbarkeit des gesamten Restrukturierungsvorhabens in Frage gestellt wird.[33] 25

D. Aufhebung der laufenden Restrukturierungssache

In § 33 Abs. 1 und Abs. 2 StaRUG werden die Fälle aufgezählt, in denen das Restrukturierungsgericht die Restrukturierungssache von Amts wegen durch Beschluss aufzuheben hat. Wenn einer dieser Fälle in einem konkreten Verfahren erfüllt ist, ist eine zwingende Aufhebung der Restrukturierungssache durch das Gericht erforderlich, ein **Ermessen des Gerichts** besteht insoweit nicht.[34] 26

I. Eigenantrag auf Eröffnung des Insolvenzverfahrens

Zum einen ist die Restrukturierungssache vom Gericht nach § 33 Abs. 1 Nr. 1 StaRUG aufzuheben, wenn der Schuldner einen **Eigenantrag auf Eröffnung des Insol-** 27

32 BT-Drs. 19/24181, 137.
33 BT-Drs. 19/24181, 138.
34 Vgl. *Thole* ZIP 2020, 1985 (1993).

venzverfahrens über sein Vermögen stellt oder bereits das Insolvenzverfahren über das Vermögen des Schuldners eröffnet wurde. Dies ist selbstredend, da sich die präventive Sanierung nach dem StaRUG und ein förmliches Insolvenzverfahren bzw. ein darauf gerichteter Antrag des Schuldners, welcher nach § 18 Abs. 1 InsO auch bei lediglich drohender Zahlungsunfähigkeit durch den Schuldner gestellt werden kann, gegenseitig ausschließen. Es fällt auf, dass der durch einen Gläubiger gestellte Fremdinsolvenzantrag nicht in § 33 Abs. 1 Nr. 1 StaRUG erwähnt wird. Da jedoch der Fremdantrag die Glaubhaftmachung eines Insolvenzgrunds in Form der Zahlungsunfähigkeit oder der materiellrechtlichen Überschuldung voraussetzt, wird in solchen Fällen eine Aufhebung der Restrukturierungssache wegen Insolvenzreife des Schuldners nach § 33 Abs. 2 S. 1 Nr. 1 StaRUG in Betracht kommen, wenn das Restrukturierungsgericht auf einen Fremdantrag eines Gläubigers hin ermittelt, dass das Vorbringen eines Gläubigers, dass der Schuldner tatsächlich insolvenzreif sei, zutreffend ist.

II. Unzuständigkeit des Restrukturierungsgerichts

28 Außerdem ist eine Aufhebung der Restrukturierungssache nach § 33 Abs. 1 Nr. 2 StaRUG geboten, wenn das Restrukturierungsgericht für die durch den Schuldner anhängig gemachte Restrukturierungssache nicht zuständig ist und der Schuldner innerhalb einer durch das Gericht gesetzten Frist entweder keinen Verweisungsantrag gestellt oder die Anzeige nach § 31 Abs. 1 StaRUG durch Erklärung gegenüber dem Gericht zurückgenommen hat. In der Gesetzesbegründung wird der Fall der **fehlenden örtlichen Zuständigkeit** des Restrukturierungsgerichts angesprochen.[35] Indes gilt die Regelung des § 33 Abs. 1 Nr. 2 StaRUG ebenfalls für die **internationale Zuständigkeit**, die das Restrukturierungsgericht wie die örtliche Zuständigkeit von Amts wegen prüfen muss.[36]

III. Verletzung von Auskunfts- und Mitwirkungspflichten durch den Schuldner

29 Nach § 33 Abs. 1 Nr. 3 StaRUG führt eine schwerwiegende Verletzung des Schuldners gegen die gegenüber dem Gericht und einem Restrukturierungsbeauftragten bestehenden **Auskunfts- und Mitwirkungspflichten** zu einer amtswegigen Aufhebung der Restrukturierungssache. Die Auskunftspflicht des Schuldners gegenüber dem Restrukturierungsgericht ergibt sich aus § 39 Abs. 2 StaRUG, diejenige gegenüber dem Restrukturierungsbeauftragten folgt aus § 76 Abs. 5 StaRUG. Für die Praxis ist bedeutsam, dass nicht mit jedem Verstoß des Schuldners gegen seine Auskunfts- und Mitwirkungspflichten unmittelbar eine Aufhebung der Restrukturierungssache verbunden ist. Denn es muss zwingend eine **schwerwiegende Verletzung** der Auskunfts- und Mitwirkungspflichten vorliegen. Im Übrigen ist es ausreichend, dass der Schuldner in objektiver Hinsicht schwerwiegend gegen seine Auskunftspflichten verstoßen hat, da nach dem Wortlaut des § 33 Abs. 1 Nr. 3 StaRUG kein Verschulden des Schuldners vorausgesetzt wird.

---

35 BT-Drs. 19/24181, 138.
36 Vgl. MüKoInsO/*Ganter*/*Bruns* § 3 Rn. 23.

IV. Eintritt einer materiellen Insolvenzreife des Schuldners

Eine Aufhebung der Restrukturierungssache hat nach § 33 Abs. 2 S. 1 Nr. 1 StaRUG ferner grundsätzlich zu erfolgen, wenn beim Schuldner während der laufenden Restrukturierungssache die Insolvenzgründe der Zahlungsunfähigkeit iSv § 17 Abs. 2 InsO oder der materiellrechtlichen Überschuldung iSv § 19 Abs. 2 S. 1 InsO eintreten. Von der vorstehenden **Insolvenzreife des Schuldners** kann das Gericht entweder über eine Anzeige des Schuldners gemäß § 32 Abs. 3 StaRUG oder mittels anderer Umstände Kenntnis erhalten. Während der Eintritt einer Zahlungsunfähigkeit zu einer sofortigen Aufhebung der Restrukturierungssache führt, soll dies bei einer materiellrechtlichen Überschuldung nach dem Willen des Gesetzgebers so lange nicht der Fall sein, wie für die Annahme des Restrukturierungsplans durch die Gläubiger eine überwiegende Wahrscheinlichkeit besteht, da in diesem Fall für das betroffene Unternehmen eine positive Fortführungsprognose iSv § 19 Abs. 2 S. 1 Hs. 2 InsO besteht.[37] Trotz des nach § 39 Abs. 1 StaRUG geltenden Amtsermittlungsgrundsatzes ist das Restrukturierungsgericht nach der Intention des Gesetzgebers nicht befugt, ohne konkreten Anlass von sich aus sämtliche Umstände zu ermitteln, aus denen sich eine materielle Insolvenzreife des Schuldners ergeben könnte.[38] Wenn es aber konkrete Anhaltspunkte dafür gibt, dass der Schuldner insolvenzreif ist, kommt der Amtsermittlungsgrundsatz uneingeschränkt zum Tragen. In der Praxis wird das Restrukturierungsgericht bei einer fehlenden Anzeige des Schuldners regelmäßig aus den Sachstandsberichten eines zu bestellenden Restrukturierungsbeauftragten oder aus Eingaben eines anderen Verfahrensbeteiligten, etwa eines Gläubigers, belastbare Umstände für eine materielle Insolvenzreife des Schuldners entnehmen können. 30

Trotz eingetretener Zahlungsunfähigkeit oder Überschuldung kann das Restrukturierungsgericht zum einen von einer **Aufhebung der Restrukturierungssache absehen**, wenn die Eröffnung eines förmlichen Insolvenzverfahrens aufgrund des erreichten Stands in der Restrukturierungssache offensichtlich nicht im Interesse der Gläubigergesamtheit liegen würde. Diese Ausnahme hat einen sehr begrenzten Anwendungsbereich. In der Gesetzesbegründung wird nämlich zum Ausdruck gebracht, dass ein Absehen von der Aufhebung der Restrukturierungssache nur dann möglich ist, wenn diese zeitlich kurz vor ihrem Abschluss steht, was namentlich dann der Fall ist, wenn der Restrukturierungsplan bereits von den Gläubigern angenommen wurde und lediglich dessen Bestätigung noch aussteht.[39] Zum anderen kann das Gericht von einer Aufhebung der Restrukturierungssache absehen, wenn die während des Verfahrens eingetretene Insolvenzreife des Schuldners aus einer Kündigung bzw. sonstigen Fälligstellung einer Forderung resultiert, die unter Zugrundelegung des vom Schuldner vorgelegten Restrukturierungskonzepts durch den Restrukturierungsplan gestaltet werden soll, sofern die Annahme des Plans durch die Gläubiger überwiegend wahrscheinlich ist. Bedeutsam ist, dass die Entscheidung über das Absehen von der Aufhebung der Restrukturierungssache in beiden genannten Fällen im Ermessen des Restrukturierungsgerichts liegt. Ein wesentlicher Faktor bei der Ermessensentschei- 31

37 BT-Drs. 19/24181, 139.
38 BT-Drs. 19/24181, 139.
39 BT-Drs. 19/24181, 139.

dung des Gerichts wird der Grad der beim Schuldner eingetretenen Insolvenzreife sein.

V. Fehlende Umsetzbarkeit des Restrukturierungsvorhabens

32 Darüber hinaus hebt das Gericht die Restrukturierungssache gemäß § 33 Abs. 2 S. 1 Nr. 2 StaRUG auf, wenn das vom Schuldner angezeigte Restrukturierungsvorhaben keine Aussicht auf Umsetzung hat. Nach der Intention des Gesetzgebers soll eine Vermutung für die **fehlende Umsetzbarkeit des Restrukturierungsvorhabens** bestehen, wenn die von dem Sanierungsplan betroffenen Gläubiger ihre ablehnende Haltung so verbreitet geäußert haben, dass mit der Annahme des Sanierungsplans nicht gerechnet werden kann.[40] Einfach gelagert ist der Fall, in dem sich die Kenntnis des Gerichts von der fehlenden Umsatzbarkeit des Restrukturierungsvorhabens aus einer Anzeige des Schuldners nach § 32 Abs. 4 StaRUG ergibt. Eine Aufhebung der Restrukturierungssache ist aber auch in solchen Fällen angezeigt, in denen die Kenntnis des Gerichts von der Aussichtslosigkeit der Annahme des Sanierungsplans aus sonstigen Umständen folgt. Dies kommt etwa in Betracht, wenn zahlreiche planbetroffene Gläubiger entweder gegenüber dem Gericht oder gegenüber dem Restrukturierungsbeauftragten geäußert haben, dass sie dem Sanierungsplan unter keinen Umständen zustimmen werden. Dann muss das Gericht im Rahmen des geltenden Amtsermittlungsgrundsatzes weitere Ermittlungen anstellen und prüfen, ob trotz der fehlenden Zustimmung dieser Gläubiger der vom Schuldner vorgelegte Sanierungsplan noch eine realistische Chance hat, von den Gläubigern angenommen zu werden. Wenn dies nicht der Fall sein sollte, hat das Gericht die Restrukturierungssache gemäß § 33 Abs. 2 S. 1 Nr. 2 StaRUG aufzuheben, auch wenn keine Anzeige des Schuldners nach § 32 Abs. 4 StaRUG vorliegt.

VI. Pflichtverletzungen des Schuldners im Zusammenhang mit der Durchführung des Restrukturierungsvorhabens

33 Nach § 33 Abs. 2 S. 1 Nr. 3 StaRUG ist die Restrukturierungssache vom Gericht aufzuheben, wenn dem Gericht Umstände dafür bekannt sind, dass der Schuldner in schwerwiegender Weise gegen die ihm nach § 32 StaRUG obliegenden Pflichten verstoßen hat. Sinn und Zweck dieser Vorschrift ist die Sanktionierung von **schwerwiegenden Pflichtverletzungen des Schuldners** im Zusammenhang mit der Durchführung des Restrukturierungsvorhabens, welches vom Schuldner ähnlich wie bei der Eigenverwaltung nach §§ 270 ff. InsO in eigener Regie und Verantwortung durchgeführt wird. Wiederholte und erhebliche Pflichtverletzungen des Schuldners gefährden die Interessen der Gläubiger, eine bestmögliche Befriedigung zu erhalten, so dass eine Aufhebung der Restrukturierungssache durch das Gericht geboten ist.[41] Allerdings ist zu beachten, dass die Umstände, aus denen sich die schwerwiegenden Pflichtverletzungen des Schuldners ergeben, nach dem Wortlaut des § 33 Abs. 2 S. 1 Nr. 3 StaRUG dem Gericht positiv bekannt sein müssen. Dies setzt grundsätzlich eine volle

40 BT-Drs. 19/24181, 140.
41 BT-Drs. 19/24181, 140.

Überzeugung des Gerichts iSv § 286 Abs. 1 S. 1 ZPO voraus, eine bloße Glaubhaftmachung der Pflichtverletzungen des Schuldners durch einen Gläubiger reicht dagegen nicht aus.

VII. Sperrwirkungen einer früheren Restrukturierungssache

Nach dem Willen des Gesetzgebers sollen die Instrumente des präventiven Restruktu- 34
rierungsrahmens von einem schuldnerischen Unternehmen nicht beliebig oft in Anspruch genommen werden können.[42] Daher entfaltet eine frühere Restrukturierungssache zum einen nach § 33 Abs. 2 S. 1 Nr. 4 lit. a StaRUG eine **Sperrwirkung**, wenn der Schuldner in dem dortigen Verfahren bereits eine Stabilisierungsanordnung nach §§ 49 ff. StaRUG erwirkt hatte oder in dem früheren Verfahren schon ein Restrukturierungsplan bestätigt wurde. Zum anderen gilt die Sperrwirkung nach § 33 Abs. 2 S. 1 Nr. 4 lit. b StaRUG auch in solchen Fällen, in denen der Schuldner in dem früheren Verfahren die ihm nach § 32 StaRUG obliegenden Pflichten schwerwiegend verletzt hat oder in der früheren Restrukturierungssache erhebliche Verletzungen des Schuldners gegen seine Auskunfts- und Mitwirkungspflichten vorgelegen haben. Hierdurch sollen die mit den Pflichtverletzungen des Schuldners verbundenen Sanktionen abgesichert werden, da der Schuldner die Sanktionen ansonsten dadurch unterlaufen könnte, dass er eine neue Anzeige iSv § 31 Abs. 1 StaRUG einreicht.[43]

Trotz des Vorliegens der Voraussetzungen des § 33 Abs. 2 S. 1 Nr. 4 StaRUG darf das 35
Gericht die aktuell anhängige Restrukturierungssache nach § 33 Abs. 2 S. 2 StaRUG nicht aufheben, wenn der Anlass für die frühere Restrukturierungssache zwischenzeitlich durch eine **nachhaltige Sanierung** bewältigt wurde. Hierbei besteht nach § 33 Abs. 2 S. 3 StaRUG eine durch den Schuldner widerlegbare Vermutung dafür, dass es noch zu keiner nachhaltigen Sanierung gekommen ist, wenn seit dem Ende des Anordnungszeitraums betreffend die Stabilisierungsanordnung nach §§ 49 ff. StaRUG in der früheren Restrukturierungssache oder der Entscheidung des Gerichts nach § 60 StaRUG über den Antrag des Schuldners auf Bestätigung des in der früheren Restrukturierungssache zustande gekommenen Restrukturierungsplans ein Zeitraum von weniger als drei Jahren verstrichen ist. Der Begriff der nachhaltigen Sanierung wird in § 33 Abs. 2 S. 2 StaRUG nicht näher definiert. Allerdings ist der Begriff der nachhaltigen Sanierung in § 39 Abs. 4 S. 2 InsO enthalten und spielt dort eine Rolle bei der Frage der Nachrangigkeit von Forderungen aus einem Gesellschafterdarlehen, wenn der Gläubiger an der Gesellschaft Anteile zum Zweck der Sanierung des Unternehmens erwirbt. Eine nachhaltige Sanierung iSv § 39 Abs. 4 S. 2 InsO ist anzunehmen, wenn die Bestandsgefährdung des Unternehmens in Form der drohenden bzw. eingetretenen Zahlungsunfähigkeit oder Überschuldung **für mindestens ein Jahr** beseitigt wurde.[44] Diese Auslegung des Begriffs der nachhaltigen Sanierung lässt sich auf die Vorschrift des § 33 Abs. 2 S. 2 StaRUG übertragen. Hierfür spricht insbesondere,

42 BT-Drs. 19/24181, 140.
43 BT-Drs. 19/24181, 140.
44 So auch HambKommInsR/*Lüdtke* InsO § 39 Rn. 57; sehr weitgehend jedoch Uhlenbruck/*Hirte* § 39 Rn. 67 (Beseitigung der Bestandsgefährdung für mindestens das laufende und das gesamte folgende Geschäftsjahr); anders MüKoInsO/*Ehricke*/*Behme* § 39 Rn. 91 (Abstellen auf die Umstände des jeweiligen Einzelfalls).

dass sich die bei Vorliegen einer bilanziellen Überschuldung von dem Unternehmen zu erstellende positive Fortführungsprognose nach § 19 Abs. 2 S. 1 InsO nur noch auf einen Zeitraum von 12 Monaten erstrecken muss. Zuvor wurde bei der Frage des Bestehens einer positiven Fortführungsprognose überwiegend auf das laufende und das folgende Geschäftsjahr abgestellt.[45] In der Praxis sollte der Schuldner im Falle einer Anzeige eines erneuten Restrukturierungsvorhabens den Nachweis darüber erbringen, dass zumindest für einen Zeitraum von einem Jahr nach der Beendigung der früheren Restrukturierungssache weder eine drohende bzw. eingetretene Zahlungsunfähigkeit noch eine materiellrechtliche Überschuldung vorgelegen hat.

36 Schließlich wird in § 33 Abs. 2 S. 4 StaRUG bestimmt, dass nicht nur eine vorherige Restrukturierungssache, sondern auch ein **früheres Eigenverwaltungsverfahren** nach §§ 270 ff. InsO eine Sperrwirkung gegenüber einer erneuten Inanspruchnahme der Instrumente des vom StaRUG bereitgestellten Restrukturierungsrahmens entfalten kann.

VIII. Ausnahme von der Aufhebung und Rechtsmittel des Schuldners

37 Nach § 33 Abs. 3 StaRUG hat das Gericht trotz Vorliegens eines Aufhebungsgrunds iSv § 33 Abs. 1 und Abs. 2 StaRUG von der Aufhebung der laufenden Restrukturierungssache abzusehen, solange noch eine **Stabilisierungsanordnung in Kraft ist** und das Gericht nach § 59 Abs. 3 StaRUG von einer Aufhebung der Stabilisierungsanordnung Abstand genommen hat, um dem Schuldner die Gelegenheit zu geben, die Restrukturierungssache durch Stellung eines Eigenantrags in ein geordnetes Insolvenzverfahren überzuleiten.

38 Gegen die Aufhebung der Restrukturierungssache durch das Gericht gemäß § 33 Abs. 1–Abs. 3 StaRUG steht dem Schuldner nach § 33 Abs. 4 StaRUG das **Rechtsmittel** der sofortigen Beschwerde zu.

IX. Möglichkeit des Wechsels in ein Eigenverwaltungsverfahren

39 Besonders praxisrelevant ist die Frage, welche Möglichkeiten dem Schuldner für eine Sanierung noch offenstehen, wenn die Restrukturierungssache durch das Gericht nach § 33 StaRUG aufgehoben wird. Hier ist vor allem an den Fall zu denken, dass das Unternehmen während der Rechtshängigkeit der Restrukturierungssache insolvenzreif wird, sei es, dass der Schuldner zahlungsunfähig wird oder eine materiellrechtliche Überschuldung eintritt, weil wesentliche Gläubiger gegenüber dem Schuldner kundtun, dass sie dem vorgelegten Restrukturierungsplan nicht zustimmen werden. Es ist selbstverständlich, dass der Schuldner in einer derartigen Konstellation einen Eigenantrag stellen und ein **Regelinsolvenzverfahren** durchlaufen kann, in dem dann vom Gericht ein Insolvenzverwalter bestellt wird. Das Insolvenzverfahren würde dann in Fremdverwaltung ablaufen, die Geschäftsführung des schuldnerischen Unternehmens würde ihre Befugnisse verlieren.

45 Vgl. OLG Hamburg Urt. v. 8.11.2013 – 11 U 192/11, BeckRS 2013, 21326; HambKommInsR/*Schröder* InsO § 19 Rn. 27.

Eine andere Frage ist jedoch, ob dem Schuldner nach einer gescheiterten Restrukturierungssache noch der Weg offensteht, ein **Insolvenzverfahren in Eigenverwaltung** nach §§ 270 ff. InsO durchzuführen. In diesem Fall würde das Gericht lediglich einen Sachwalter bestellen, die Geschäftsführung könnte weiterhin die Geschicke des Unternehmens unter Aufsicht des Sachwalters bestimmen. Für die Möglichkeit der Anordnung einer Eigenverwaltung nach erfolgter Aufhebung einer Restrukturierungssache spricht einerseits, dass die Eigenverwaltung grundsätzlich auch bei zahlungsunfähigen und rechtlich überschuldeten Unternehmen in Betracht kommt. Eine Begrenzung der Eigenverwaltung auf lediglich drohend zahlungsunfähige Unternehmen ist dem Wortlaut des § 270f Abs. 1 InsO nicht zu entnehmen. 40

Auch im Hinblick auf die Sanierungsaussichten weist die Eigenverwaltung **grundlegende Unterschiede** im Verhältnis zum präventiven Restrukturierungsrahmen nach dem StaRUG auf. Während nach § 25 Abs. 1 StaRUG für die Annahme eines Restrukturierungsplans eine qualifizierte Mehrheit von 75 % in jeder Gläubigergruppe erforderlich ist, ist bei der Eigenverwaltung eine einfache Mehrheit innerhalb der jeweiligen Gläubigergruppe für die Annahme des Insolvenzplans ausreichend. Hinzu kommt, dass bei einem Insolvenzverfahren in Eigenverwaltung nicht nur die Option besteht, das schuldnerische Unternehmen mittels eines Insolvenzplans zu sanieren, sondern es stattdessen auch die Möglichkeit einer übertragenden Sanierung durch Veräußerung der Assets des Schuldners an eine andere Gesellschaft gibt.[46] Demgegenüber ist im StaRUG ausschließlich die Sanierung des Schuldners im Rahmen eines Planverfahrens vorgesehen. 41

Aus alldem ergibt sich, dass der Schuldner von dem Instrument der Eigenverwaltung im Grundsatz auch dann Gebrauch machen kann, wenn zuvor eine Sanierung nach dem StaRUG gescheitert ist. Es gelten dann aber **erhöhte Anforderungen**. So kommt nach § 270b Abs. 2 Nr. 2 InsO die Anordnung einer vorläufigen Eigenverwaltung im Falle einer vorherigen Anordnung von Vollstreckungs- oder Verwertungssperren nach dem StaRUG nur dann in Betracht, wenn trotzdem davon auszugehen ist, dass der Schuldner seine Geschäftsführung an den Interessen der Gläubigergesamtheit ausrichtet.[47] 42

E. Gerichtliche Zuständigkeit für Restrukturierungssachen

I. Sachliche Zuständigkeit

Nach § 34 Abs. 1 S. 1 StaRUG ist das **Amtsgericht**, in dessen Bezirk ein OLG seinen Sitz hat, als Restrukturierungsgericht für den Bezirk des OLG ausschließlich zuständig. Falls das Amtsgericht am Sitz des OLG nicht für Regelinsolvenzverfahren zuständig ist, besteht gemäß § 34 Abs. 1 S. 2 StaRUG eine Zuständigkeit desjenigen Amtsgerichts, welches für Regelinsolvenzverfahren am Sitz des OLG zuständig ist. 43

46 Vgl. zur grundsätzlichen Geltung des Dual-Track-Verfahrens auch bei der Eigenverwaltung etwa *J. Schmidt* NZI 2019, 32 (33).

47 Vgl. auch *Frind* ZIP 2021, 171 (176), der ebenfalls den Standpunkt vertritt, dass ein vorheriges gescheitertes StaRUG-Verfahren die spätere Anordnung der Eigenverwaltung nicht grundsätzlich ausschließt, der Schuldner aber gegenüber dem Gericht die spezifischen Gründe für das Scheitern des StaRUG-Verfahrens darlegen muss, damit die Eigenverwaltung trotzdem ausnahmsweise angeordnet werden kann.

44 Die vorstehende Regelung bedeutet zum einen, dass die Amtsgerichte für Restrukturierungssachen sachlich zuständig sind. Andererseits findet bei Restrukturierungssachen eine **Konzentration** der Verfahren auf ein Amtsgericht für den gesamten Bezirk eines OLG statt. Nach § 34 Abs. 2 S. 1 Nr. 1 StaRUG haben die Bundesländer die Möglichkeit, durch eine Landesrechtsverordnung festzulegen, dass nicht das Amtsgericht am Sitz des OLG, sondern ein anderes für Regelinsolvenzverfahren zuständiges Amtsgericht für den OLG-Bezirk als Restrukturierungsgericht zuständig ist. Zudem kann der Landesgesetzgeber nach § 34 Abs. 2 S. 1 Nr. 2 StaRUG bestimmen, dass einem Restrukturierungsgericht nicht nur die Zuständigkeit für den lokalen OLG-Bezirk, sondern auch für einen oder mehrere weitere OLG-Bezirke des jeweiligen Bundeslands übertragen wird. Dem Landesgesetzgeber ist es allerdings verwehrt, innerhalb eines OLG-Bezirks weitere Amtsgerichte zu Restrukturierungsgerichten zu bestimmen, vielmehr handelt es sich um eine obligatorische Konzentration der Restrukturierungssachen auf ein einziges Amtsgericht für jeden OLG-Bezirk. Während des Gesetzgebungsverfahrens hatte der Bundesrat die Forderung erhoben, dass den Bundesländern die Möglichkeit eingeräumt werden müsse, die Zuständigkeit für Restrukturierungssachen innerhalb eines OLG-Bezirks auf andere oder zusätzliche für Insolvenzsachen zuständige Amtsgerichte zu übertragen.[48] Auch in der Literatur ist die Konzentration der Restrukturierungssachen auf ein Amtsgericht pro OLG-Bezirk teilweise auf deutliche Kritik gestoßen, da die OLG-Bezirke zum Teil in räumlicher Hinsicht sehr groß seien und daher die Übertragung der Zuständigkeit für Restrukturierungssachen auf die lokalen Insolvenzgerichte, welche mit den regionalen Unternehmen und den spezifischen Problemen vor Ort besser vertraut seien, zu erfolgen habe.[49]

45 Der Ansatz des Gesetzgebers, eine verpflichtende Zuständigkeitskonzentration auf ein Restrukturierungsgericht für jeden OLG-Bezirk einzuführen, ist durchweg überzeugend.[50] Man sollte sich vor Augen führen, dass das StaRUG angesichts der Kostenintensivität des Verfahrens in erster Linie Großunternehmen eine präventive Restrukturierung ermöglichen soll. Etwas anderes mag für die Sanierungsmoderation gelten, die kostengünstiger ist und auch von kleinen und mittleren Unternehmen in Anspruch genommen werden kann. Im Falle der Anzeige eines StaRUG-Verfahrens durch ein Großunternehmen sind im Regelfall zahlreiche Gesellschaften des jeweiligen Konzerns betroffen, so dass dem Restrukturierungsgericht genügend sachliche und personelle Ressourcen zur Verfügung stehen müssen, um solche Verfahren effizient bearbeiten zu können. Daher ist eine Konzentration der Restrukturierungssachen auf die großen Insolvenzgerichte des jeweiligen Bundeslands zwingend erforderlich. Hinzu kommt, dass aufgrund der fortlaufenden Befassung mit den StaRUG-Verfahren bei den zentralen Restrukturierungsgerichten eine besondere fachliche Expertise entsteht, welche für die Bearbeitung dieser komplexen Verfahren sehr wichtig ist. Schließlich besteht eine Parallele zu der Zuständigkeitskonzentration bei Konzerninsolvenzen nach § 2 Abs. 3 InsO. Adressaten des StaRUG sind im Wesentlichen große

48 BR-Drs. 619/1/20, 9.
49 So *Deppenkemper* ZIP 2020, 2432 (2436).
50 In diesem Sinne auch *Vallender* NZI-Beilage 2021, 30.

Konzerne. Außerhalb des StaRUG hat der Gesetzgeber die Notwendigkeit der Zuständigkeitskonzentration bei Konzerninsolvenzen in § 2 Abs. 3 S. 1 InsO aufgegriffen und bestimmt, dass der Landesgesetzgeber durch Rechtsverordnung für den Bezirk eines OLG ein einziges Insolvenzgericht bestimmen soll, an dem ein Gruppen-Gerichtsstand nach § 3a InsO begründet werden kann. Diese Zuständigkeitskonzentration bei Konzerninsolvenzen ist jedoch nicht zwingend, da der Landesgesetzgeber nach § 2 Abs. 2 S. 1 InsO auch andere oder zusätzliche Amtsgerichte bestimmen kann, die für Konzerninsolvenzverfahren zuständig sind. Somit geht die Zuständigkeitskonzentration bei den Restrukturierungssachen noch über diejenige bei den Konzerninsolvenzen hinaus.

In der Praxis ist seit dem Inkrafttreten des StaRUG zum 1.1.2021 zu beobachten, 46
dass die zentralen Insolvenzgerichte, die für Restrukturierungssachen zuständig sind, **eigene Abteilungen** für StaRUG-Verfahren eingerichtet haben. In der Regel sind nicht alle, sondern lediglich eine bestimmte Anzahl der Insolvenzrichter des jeweiligen Amtsgerichts für Restrukturierungssachen zuständig. In § 36 StaRUG wird klargestellt, dass für alle weiteren Entscheidungen und Maßnahmen in einer Restrukturierungssache diejenige Abteilung des Restrukturierungsgerichts zuständig ist, die mit der ersten Entscheidung befasst gewesen ist. Auf diese Weise möchte der Gesetzgeber sicherstellen, dass die Entscheidungen in einer Restrukturierungssache so weit wie möglich von dem gleichen Richter getroffen werden.[51]

Nach § 34 Abs. 2 S. 2 StaRUG haben die jeweiligen Landesregierungen die Möglich- 47
keit, die Ermächtigung zum Erlass einer Landesrechtsverordnung auf die Landesjustizverwaltungen zu übertragen. Damit ist das einzelne Landesjustizministerium gemeint. Eine noch weitergehende Konzentration der Restrukturierungssachen wird durch § 34 Abs. 2 S. 3 StaRUG ermöglicht. Danach kann einerseits eine **Vereinbarung zwischen mehreren Bundesländern** dahin gehend getroffen werden, dass bei einem bestimmten, für Restrukturierungssachen zuständigen Amtsgericht gemeinsame Abteilungen eingerichtet werden, welche für die StaRUG-Verfahren der an der Vereinbarung beteiligten Bundesländer zuständig sind. Zum anderen können einzelne Bundesländer vereinbaren, dass die für Restrukturierungssachen geltenden Gerichtsbezirke über die Landesgrenzen hinaus ausgedehnt werden.

II. Örtliche Zuständigkeit

Bei einem Unternehmen, welches einen laufenden Geschäftsbetrieb unterhält, ist ge- 48
mäß § 35 S. 2 StaRUG das Restrukturierungsgericht örtlich zuständig, in dessen Bezirk der Mittelpunkt der wirtschaftlichen Tätigkeit des Schuldners liegt. Die vorstehende Regelung entspricht der Vorschrift des § 3 Abs. 1 S. 2 InsO. Bei der Frage der **örtlichen Zuständigkeit** ist somit auch im Anwendungsbereich des StaRUG der Ort der tatsächlichen Willensbildung maßgeblich, dh von wo aus die unternehmerischen Leitentscheidungen getroffen und in laufende Geschäftsführungsakte umgesetzt wer-

51 BT-Drs. 19/24181, 142.

den.[52] Es kommt insoweit auf die tatsächlichen Verhältnisse im Zeitpunkt der Einreichung der Anzeige des Schuldners nach § 31 Abs. 1 StaRUG bei Gericht an. Wenn sich also der Mittelpunkt der geschäftlichen Tätigkeit des Schuldners zeitlich nach der Anzeige verändert, wird hierdurch die örtliche Zuständigkeit des angerufenen Restrukturierungsgerichts nicht berührt.

49 In den seltenen Fällen, in denen das Unternehmen keine nach außen gerichtete wirtschaftliche Tätigkeit ausübt, ist nach § 35 S. 1 StaRUG das Restrukturierungsgericht des Ortes zuständig, in dessen Bezirk der allgemeine Gerichtsstand des Schuldners liegt. Nach § 17 Abs. 1 S. 1 ZPO richtet sich der allgemeine Gerichtsstand bei juristischen Personen nach deren **Sitz**. Unter Sitz im Sinne dieser Vorschrift ist in erster Linie der in der Satzung des Unternehmens bestimmte Sitz zu verstehen.[53]

50 Von der örtlichen Zuständigkeit ist die **funktionelle Zuständigkeit** zu unterscheiden. Es besteht bei Restrukturierungssachen eine funktionelle Zuständigkeit des Richters, nicht dagegen des Rechtspflegers.[54]

III. Internationale Zuständigkeit

51 Darüber hinaus muss das vom Schuldner angerufene Restrukturierungsgericht von Amts wegen prüfen, ob es für das StaRUG-Verfahren **international zuständig** ist. Da die Einleitung des präventiven Restrukturierungsrahmens nach dem StaRUG zwingend eine drohende Zahlungsunfähigkeit des betroffenen Unternehmens voraussetzt und damit an einen materiellen Insolvenzgrund anknüpft, welches es dem Unternehmen nach § 18 Abs. 1 InsO alternativ erlaubt, einen Eigenantrag auf Eröffnung des Insolvenzverfahrens über sein Vermögen zu stellen, ist das StaRUG-Verfahren insolvenzrechtlich zu qualifizieren. Wenn somit ein grenzüberschreitender Sachverhalt vorliegt, was etwa schon dann der Fall ist, wenn ein Gläubiger in einem anderen EU-Mitgliedstaat ansässig ist, bestimmt sich die Frage der internationalen Zuständigkeit des deutschen Restrukturierungsgerichts nach Art. 3 Abs. 1 EuInsVO. Für diese Sichtweise spricht insbesondere auch Art. 1 Abs. 1 UAbs. 2 EuInsVO, da danach ebenfalls ein Verfahren, welches lediglich an die Wahrscheinlichkeit des Eintritts einer Insolvenz anknüpft, in den sachlichen Anwendungsbereich der EuInsVO einbezogen wird. Die internationale Zuständigkeit der deutschen Restrukturierungsgerichte ist somit zu bejahen, wenn sich der Mittelpunkt der hauptsächlichen Interessen des Schuldners in Deutschland befindet. Dies ist regelmäßig dann der Fall, wenn der Ort der Willensbildung der Verwaltungs- und Kontrollorgane einer Gesellschaft im Inland liegt und dieser Ort nach außen hin für Dritte erkennbar ist.[55] Auch hier sind die tatsächlichen Verhältnisse im Zeitpunkt der Anzeige des Restrukturierungsvorhabens bei Gericht entscheidend.

---

52 Vgl. zu § 3 Abs. 1 S. 2 InsO etwa AG Essen Beschl. v. 1.9.2009 – 166 IN 119/09, NZI 2009, 810 (810 f.); HambKommInsR/*Rüther* InsO § 3 Rn. 13; Braun/*Baumert* InsO § 3 Rn. 7; Andres/Leithaus/*Andres* InsO § 3 Rn. 6.

53 Vgl. Musielak/Voit/*Heinrich* ZPO 18. Aufl. 2021 § 17 Rn. 7.

54 Vgl. *Gehrlein* BB 2021, 66 (72); *Vallender* NZI-Beilage 2021, 30.

55 Vgl. dazu A. Schmidt/*Undritz* EuInsVO Art. 3 Rn. 25; MüKoBGB/*Kindler* Art. 3 EuInsVO Rn. 16.

Wenn ein grenzüberschreitender Sachverhalt gegeben ist, welcher nicht in den räumlichen Anwendungsbereich der EuInsVO fällt, sei es, weil ausschließlich ein Bezug zu einem Drittstaat vorliegt, besteht eine internationale Zuständigkeit der deutschen Restrukturierungsgerichte, wenn diese für die Restrukturierungssache örtlich zuständig sind. Es gilt dann also der **Grundsatz der Doppelfunktionalität** der Regelungen zur örtlichen Zuständigkeit in § 35 StaRUG.[56] Weiterhin regelt § 35 StaRUG neben der örtlichen auch die internationale Zuständigkeit, wenn zwar ein Bezug zu einem anderen EU-Mitgliedstaat besteht, jedoch der sachliche Anwendungsbereich der EuInsVO nicht eröffnet ist.[57] In Art. 1 Abs. 1 UAbs. 1 EuInsVO wird ein öffentliches Gesamtverfahren vorausgesetzt. Der durch das StaRUG bereitgestellte präventive Restrukturierungsrahmen ist nur dann als öffentliches Gesamtverfahren zu qualifizieren, wenn der Schuldner von den Regelungen der §§ 84 ff. StaRUG Gebrauch macht und in dem Verfahren öffentliche Bekanntmachungen erfolgen. Die Vorschriften der §§ 84 ff. StaRUG treten jedoch erst am 17.7.2022 in Kraft, so dass für den davor liegenden Zeitraum die internationale Zuständigkeit generell nach dem Grundsatz der Doppelfunktionalität der örtlichen Zuständigkeit zu bestimmen ist. 52

IV. Bestehen eines Gruppen-Gerichtsstands

Für die Praxis von überragender Bedeutung ist die Regelung des § 37 StaRUG. Diese Regelung bezieht sich auf den Fall, dass ein aus zahlreichen unterschiedlichen Gesellschaften bestehender Konzern durch die Einleitung eines StaRUG-Verfahrens saniert werden soll. Die Anwendbarkeit des § 37 StaRUG setzt zunächst das Bestehen einer Unternehmensgruppe iSv § 3e InsO voraus. Eine solche Unternehmensgruppe ist gegeben, wenn mehrere rechtlich selbstständige Unternehmen, bei denen sich der Mittelpunkt ihrer hauptsächlichen Interessen in Deutschland befindet, entweder durch die Ausübung eines beherrschenden Einflusses oder durch die Zusammenfassung unter einheitlicher Leitung miteinander verbunden sind. Erfasst sind damit sowohl der Unterordnungskonzern als auch der Gleichordnungskonzern.[58] Des Weiteren muss ein zu dem Konzern gehörendes Unternehmen, das nicht offensichtlich von untergeordneter Bedeutung für die gesamte Unternehmensgruppe ist,[59] bei dem zuständigen Restrukturierungsgericht einen zulässigen Antrag auf Inanspruchnahme eines Instruments iSv § 29 Abs. 2 StaRUG gestellt haben. Demgegenüber ist die bloße Anzeige des Restrukturierungsvorhabens nach § 31 Abs. 1 StaRUG für sich genommen noch nicht ausreichend, um einen **Gruppen-Gerichtsstand** für andere konzernangehörige Gesellschaften zu begründen.[60] Schließlich erfolgt die Begründung des Gruppen-Gerichtsstands nicht von Amts wegen, sondern setzt einen darauf gerichteten Antrag des Schuldners voraus. Der Schuldner hat darauf zu achten, dass der Antrag die formalen 53

56 Vgl. zum Grundsatz der Doppelfunktionalität der Regelungen zur örtlichen Zuständigkeit AG Düsseldorf Beschl. v. 9.6.2016 – 513 IK 175/15, NZI 2017, 63; MüKoInsO/*Ganter/Bruns* § 3 Rn. 24.
57 So auch *Kern* NZI-Beilage 2021, 74 (76).
58 Vgl. MüKoInsO/*Bruns* § 3e Rn. 9.
59 Eine untergeordnete Bedeutung des antragstellenden Unternehmens für den gesamten Konzern liegt gemäß § 37 Abs. 2 StaRUG iVm § 3 a Abs. 1 S. 2 InsO regelmäßig nicht vor, wenn bei dem Unternehmen mehr als 15 % der Arbeitnehmer des gesamten Konzerns beschäftigt sind und auf das Unternehmen entweder mehr als 15 % der Bilanzsumme oder mehr als 15 % der Umsatzerlöse der Unternehmensgruppe entfallen.
60 BT-Drs. 19/24181, 142.

Anforderungen nach § 37 Abs. 2 StaRUG iVm § 13a InsO erfüllt. Unter anderem muss die Verfahrenskonzentration bei dem vom Schuldner angerufenen Restrukturierungsgericht gemäß § 37 Abs. 2 StaRUG iVm § 13a Abs. 1 Nr. 2 InsO im gemeinsamen Interesse der Gläubiger liegen. Dieses Kriterium ist großzügig zu handhaben. So besteht schon dann ein gemeinsames Gläubigerinteresse, wenn ansonsten zeitliche Verzögerungen entstehen würden, welche auf die Zuständigkeit mehrerer Restrukturierungsgerichte zurückgehen.[61]

54 Die Rechtsfolge des § 37 Abs. 1 StaRUG besteht darin, dass sich das vom Schuldner angerufene Restrukturierungsgericht auch für die Gruppen-Folgeverfahren zuständig erklärt. Nach § 37 Abs. 2 StaRUG iVm § 3c Abs. 1 InsO ist für die Gruppen-Folgeverfahren die gleiche Abteilung des Restrukturierungsgerichts zuständig, die auch mit der ersten rechtshängig gemachten Restrukturierungssache befasst ist. Gerade für größere Konzerne bietet der Gruppen-Gerichtsstand eine sinnvolle Option, die Sanierung der Unternehmensgruppe zentral bei einem Restrukturierungsgericht durchzuführen und durch die Koordination der einzelnen Verfahren positive Synergieeffekte zu erzielen. Es steht dabei im freien Ermessen des Schuldners, ob dieser einen Antrag auf Begründung eines Gruppen-Gerichtsstands stellt, weil dem Schuldner durch die Regelung des § 37 Abs. 1 StaRUG lediglich ein **Wahlgerichtsstand** zur Verfügung gestellt wird.

55 Die Vorschrift des § 37 Abs. 3 StaRUG betrifft den Fall, dass eine Unternehmensgruppe besteht und einzelne Gesellschaften sich über den präventiven Restrukturierungsrahmen sanieren wollen, während bei anderen Gesellschaften die Durchführung eines förmlichen Insolvenzverfahrens erforderlich ist.[62] Dies kommt namentlich dann in Betracht, wenn bei einzelnen Konzerngesellschaften schon eine eingetretene Zahlungsunfähigkeit vorliegt, da in diesem Fall die Inanspruchnahme des präventiven Restrukturierungsrahmens ausgeschlossen ist. In dieser Konstellation kann nach § 37 Abs. 3 StaRUG auf Antrag des Schuldners ebenfalls ein einheitlicher Gruppen-Gerichtsstand begründet werden, welcher sich sowohl auf die StaRUG-Verfahren als auch auf die Verfahren nach der InsO erstreckt. Dies hat für die beteiligten Gesellschaften den Vorteil, dass die **einzelnen Restrukturierungs- und Insolvenzpläne miteinander verzahnt** werden können.[63]

56 Bei internationalen Konzernen, welche neben deutschen aus zahlreichen **Auslandsgesellschaften** bestehen, wird die Begründung eines Gruppen-Gerichtsstands nach § 37 Abs. 1 StaRUG in der Praxis häufig für einen Teil der Gesellschaften scheitern. Denn nach § 37 Abs. 1 StaRUG iVm § 3e InsO muss der Mittelpunkt der hauptsächlichen Interessen der einzelnen Konzerngesellschaften im Inland liegen, im Übrigen fehlt es bei Auslandsgesellschaften, die ihre wirtschaftliche Tätigkeit in dem jeweiligen ausländischen Sitzstaat ausüben, auch an der internationalen Zuständigkeit der deutschen Restrukturierungsgerichte, da die EuInsVO keinen Konzern-COMI am Sitz der

---

61 Vgl. auch *Laroche* ZInsO 2017, 2585 (2590).
62 BT-Drs. 19/24181, 142.
63 Vgl. *Hoegen/Kranz* NZI 2021, 105 (109).

Muttergesellschaft kennt.[64] Im Einzelfall mag eine Lösung darin bestehen, dass einzelne Auslandsgesellschaften vor der Einleitung eines StaRUG-Verfahrens ihren Sitz in tatsächlicher Hinsicht in das Inland verlegen, so dass der COMI in Deutschland zu lokalisieren ist. Eine Einbeziehung dieser Auslandsgesellschaften in den Gruppen-Gerichtsstand nach § 37 Abs. 1 StaRUG wäre auf diesem Weg grundsätzlich möglich.[65] Eine alternative Lösung könnte bei internationalen Konzernen darin bestehen, dass sich die beteiligten nationalen Gerichte untereinander abstimmen und auf diese Weise die erforderliche Koordination der einzelnen Restrukturierungsverfahren erreicht wird.

In den Fällen, in denen Insolvenzverfahren in mehreren EU-Mitgliedstaaten anhängig 57
sind, sieht Art. 57 EuInsVO die Zusammenarbeit und die Kommunikation der beteiligten Gerichte vor. Die vorstehende Regelung greift ausweislich ihres Wortlauts bei Insolvenzverfahren von Schuldnern ein, welche einer gemeinsamen Unternehmensgruppe angehören. Gemäß Art. 2 Nr. 4 EuInsVO gehören zu den Insolvenzverfahren die in Anhang A der EuInsVO genannten Verfahren. Deutschland hat seine Absicht bekundet, den präventiven Restrukturierungsrahmen nach dem StaRUG in die Anlage A der EuInsVO aufzunehmen, sofern dieser nach §§ 84 ff. StaRUG als öffentliches Verfahren geführt wird.[66] Sollte dieses Vorhaben umgesetzt werden, würde eine rechtliche Grundlage für die **länderübergreifende gerichtliche Koordination** von verschiedenen präventiven Sanierungsverfahren bestehen, soweit das Verfahren von den beteiligten Schuldnern tatsächlich als öffentliches Verfahren betrieben wird. Dies gilt freilich nur, wenn es sich um Konzerngesellschaften handelt, die in einem Mitgliedstaat der EU ansässig sind. Falls auch in Drittstaaten ansässige Konzerngesellschaften betroffen sind und dort präventive Sanierungsverfahren unter Beteiligung von ausländischen Gerichten durchgeführt werden, bleibt den Gerichten lediglich die Möglichkeit einer informellen Koordination.[67]

F. Verfahrensgrundsätze betreffend den präventiven Restrukturierungsrahmen

Nach § 38 S. 1 StaRUG wird das präventive Restrukturierungsverfahren grundsätz- 58
lich nach den **Regelungen der ZPO** durchgeführt. In § 38 S. 2 StaRUG iVm § 128 a ZPO wird klargestellt, dass das Restrukturierungsgericht den Beteiligten von Amts wegen oder auf deren Antrag hin gestatten kann, an einer Versammlung oder einem Termin anstelle einer physischen Anwesenheit im Wege der Bild- und Tonübertragung teilzunehmen.

64 Vgl. Uhlenbruck/*Pape* InsO § 3e Rn. 8; *Kindler/Sakka* EuZW 2015, 460 (464); sehr kritisch zum Erfordernis eines inländischen COMI der betreffenden Gesellschaft für die Durchführung des StaRUG-Verfahrens in Deutschland *Paulus* ZIP 2020, 2363, welcher darauf hinweist, dass etwa in den Niederlanden ein präventives Restrukturierungsverfahren schon dann durchgeführt werden kann, wenn die zu sanierende Gesellschaft und die Niederlande lediglich über sog. minimum contacts miteinander verbunden sind.

65 Voraussetzung ist allerdings, dass zwischen der tatsächlichen Sitzverlegung und dem Antrag auf Begründung eines Gruppen-Gerichtsstands ein hinreichender zeitlicher Abstand liegt. Wenn man diesbezüglich auf die Regelung des Art. 3 Abs. 1 UAbs. 2 S. 2 EuInsVO abstellt, ist hierfür ein Zeitraum von drei Monaten maßgeblich.

66 BT-Drs. 19/24181, 178.

67 Die informelle Kooperation mit anderen Gerichten ist insbesondere in den Staaten des Common Law weit verbreitet, vgl. dazu A. Schmidt/*Tschentscher* EuInsVO Art. 57 Rn. 2.

59 Darüber hinaus wird in § 39 Abs. 1 S. 1 StaRUG bestimmt, dass das Restrukturierungsgericht grundsätzlich von Amts wegen alle Umstände zu ermitteln hat, die für das Verfahren relevant sind. Es gilt somit der **Amtsermittlungsgrundsatz.** In der Literatur wird dies zum Teil kritisch gesehen. Danach sei die Übertragung des nach § 5 Abs. 1 InsO für Insolvenzverfahren geltenden Amtsermittlungsgrundsatzes auf den präventiven Restrukturierungsrahmen abzulehnen, da der Schuldner lediglich bestimmte Gläubiger in ein StaRUG-Verfahren einbeziehen könne und es sich daher im Unterschied zu einem Insolvenzverfahren nicht um ein echtes Gesamtverfahren handele.[68] Diese Kritik ist nicht berechtigt. Die sachlichen Gründe für die Geltung des Amtsermittlungsgrundsatzes bei Insolvenzverfahren sind in der Beschleunigung und Vereinfachung des Verfahrens sowie in der Erforschung der materiellen Wahrheit zum Zwecke der gemeinsamen Befriedigung der Gläubiger zu sehen.[69] Es kann nicht ernsthaft in Abrede gestellt werden, dass es im Interesse des Schuldners und der Gläubiger liegt, das präventive Restrukturierungsverfahren mit der gebotenen Zügigkeit durchzuführen. Trotz der Möglichkeit des Schuldners, nur eine bestimmte Anzahl von Gläubigern in den präventiven Rahmen einzubeziehen, ist für diese Gläubiger sicherzustellen, dass diese gleichmäßig befriedigt werden.

60 Nicht zuletzt zeigt die Regelung des § 32 Abs. 1 S. 3 StaRUG, dass der insolvenzrechtliche Gleichbehandlungsgrundsatz prinzipiell auch bei einem StaRUG-Verfahren zu beachten ist. Hinzu kommt, dass insbesondere bei Kleingläubigern ein Informationsdefizit besteht. Die Geltung des Beibringungsgrundsatzes wäre daher nicht sachgerecht. Es ist daher zu begrüßen, dass der Gesetzgeber den **Amtsermittlungsgrundsatz** auch bei präventiven Restrukturierungsverfahren eingeführt hat. Wie bei einem Insolvenzverfahren ist das Restrukturierungsgericht nicht verpflichtet, sämtliche Ermittlungen selbst durchzuführen. Vielmehr kann das Gericht nach § 39 Abs. 1 S. 2 StaRUG Beweis erheben, insbesondere durch Einholung eines Sachverständigengutachtens oder durch Vernehmung von Zeugen.

61 Nach § 39 Abs. 2 StaRUG besteht eine unmittelbare **Auskunfts- und Mitwirkungspflicht des Schuldners** gegenüber dem Restrukturierungsgericht. In § 39 Abs. 3 S. 1 StaRUG wird bestimmt, dass Entscheidungen des Restrukturierungsgerichts ohne mündliche Verhandlung durch Beschluss ergehen können. Dies soll eine weitere Beschleunigung des Verfahrens ermöglichen.[70]

G. Rechtsmittel und Zustellungsverfahren

62 Nach § 40 Abs. 1 S. 1 StaRUG sind Entscheidungen des Restrukturierungsgerichts lediglich mit einem **Rechtsmittel** angreifbar, wenn das StaRUG ausdrücklich die Möglichkeit der Einlegung einer sofortigen Beschwerde vorsieht. Es besteht eine Abweichung zu der Regelung des § 569 Abs. 1 S. 1 ZPO, da die sofortige Beschwerde nach § 40 Abs. 1 S. 2 StaRUG nur bei dem Restrukturierungsgericht eingelegt werden kann. Genauso wie bei der für Insolvenzverfahren geltenden Vorschrift des § 6 InsO

68 *Deppenkemper* ZIP 2020, 2432 (2437).
69 Vgl. MüKoInsO/*Ganter*/*Bruns* § 5 Rn. 4.
70 BT-Drs. 19/24181, 143.

dient die Einschränkung des Beschwerderechts bei einem StaRUG-Verfahren der Sicherstellung eines zügigen Fortgangs der vom Schuldner eingeleiteten Restrukturierung.[71]

Die Frist für die Einlegung der **sofortigen Beschwerde** beträgt nach § 40 Abs. 2 StaRUG iVm § 569 Abs. 1 S. 1 ZPO zwei Wochen ab der Verkündung der Entscheidung durch das Restrukturierungsgericht, bei einer fehlenden Verkündung zwei Wochen ab der Zustellung der Entscheidung. Für die Praxis ist besonders relevant, dass die Einlegung der sofortigen Beschwerde nach § 570 Abs. 1 ZPO keine ausschiebende Wirkung hat, es sei denn, dass Gegenstand der sofortigen Beschwerde die Verhängung eines Ordnungs- oder Zwangsmittels ist. Im Einzelfall können allerdings sowohl das Restrukturierungsgericht als auch das Beschwerdegericht gemäß § 570 Abs. 2, Abs. 3 ZPO die Vollziehung der Entscheidung aussetzen. Die rechtlichen Hürden hierfür sind aber hoch. So kommt eine Aussetzung der Vollziehung bei einer zulässigen Beschwerde nur in solchen Fällen in Betracht, in denen die Rechtslage zweifelhaft ist und dem Beschwerdeführer durch die Vollziehung der angefochtenen Entscheidung größere Nachteile drohen als den übrigen Beteiligten im Falle einer Anordnung der Aussetzung der sofortigen Vollziehung.[72] 63

Ferner wird in § 40 Abs. 3 S. 1 StaRUG bestimmt, dass die Entscheidung über die Beschwerde erst mit **Eintritt der Rechtskraft** wirksam wird. Dies betrifft den Fall, dass das Beschwerdegericht die erstinstanzliche Entscheidung des Restrukturierungsgerichts aufhebt, der BGH jedoch nach Einlegung einer Rechtsbeschwerde zu dem Ergebnis kommt, dass die in der ersten Instanz durch das Restrukturierungsgericht getroffene Entscheidung richtig ist.[73] Ansonsten wäre die erstinstanzliche Entscheidung unwirksam gewesen und hätte durch das Gericht neu erlassen werden müssen. Allerdings steht es im Ermessen des Beschwerdegerichts, von der Regelung des § 40 Abs. 3 S. 2 StaRUG Gebrauch zu machen und die sofortige Wirksamkeit seiner Entscheidung anzuordnen. Eine derartige Vorschrift ist ebenfalls in § 6 Abs. 3 S. 2 InsO enthalten, welche aber in der Praxis nur in Ausnahmefällen angewendet wurde.[74] Falls das Beschwerdegericht tatsächlich in einem Fall die sofortige Wirksamkeit seiner Entscheidung anordnen sollte, kann die in dem Beschwerdeverfahren unterliegende Partei die Beschwerdeentscheidung und die Anordnung der sofortigen Wirksamkeit nur zusammen gemäß § 574 ZPO anfechten.[75] 64

Betreffend das **Zustellungsverfahren** gelten zunächst aufgrund der Verweisung in § 38 S. 1 StaRUG auf die ZPO die Regelungen der §§ 166 ff. ZPO. In der Vorschrift des § 41 StaRUG sind jedoch Besonderheiten enthalten. Grundsätzlich erfolgt die Zustellung der Schriftstücke gemäß § 41 Abs. 1 S. 1 StaRUG durch das Restrukturierungsgericht von Amts wegen. Nach § 41 Abs. 1 S. 2 StaRUG ist eine förmliche Zustellung mit Postzustellungsurkunde nicht zwingend notwendig, vielmehr kann die Zustellung der Schriftstücke durch Aufgabe zur Post erfolgen. Bei einer Zustellung im Inland gilt 65

71 BT-Drs. 19/24181, 143.
72 Vgl. BGH Beschl. v. 29.11.2019 – IX ZB 56/19, BeckRS 2019, 30930; HambKommInsR/*Rüther* InsO § 6 Rn. 30.
73 BT-Drs. 19/24181, 143.
74 Vgl. Uhlenbruck/*Pape* InsO § 6 Rn. 19.
75 Vgl. MüKoInsO/*Ganter*/*Bruns* § 6 Rn. 75.

das Schriftstück nach § 41 Abs. 1 S. 3 StaRUG nach Ablauf von drei Tagen seit der Aufgabe zur Post als zugestellt. Wenn an einen im Ausland ansässigen Empfänger zugestellt werden soll, kann dies ebenfalls durch Aufgabe des Schriftstücks zur Post erfolgen. In diesem Fall gilt die Zustellung gemäß § 41 Abs. 1 S. 2 StaRUG iVm § 184 Abs. 2 S. 1 ZPO nach Ablauf einer Frist von zwei Wochen als bewirkt.

66 Bei der Einführung des § 41 StaRUG hatte der Gesetzgeber vor Augen, dass an einem StaRUG-Verfahren eine Vielzahl von inländischen und ausländischen Gläubigern beteiligt sind. Daher soll durch die Regelung des § 41 StaRUG ein **unbürokratisches Zustellungsverfahren** bereitgestellt werden.[76] An Empfänger, deren Aufenthalt unbekannt ist, darf eine Zustellung nach § 41 Abs. 2 S. 1 StaRUG nicht erfolgen. Allerdings ist in diesem Fall nach § 41 Abs. 2 S. 2 StaRUG eine Zustellung an ihren Vertreter zulässig, sofern dieser zustellungsbevollmächtigt ist.

67 Da dem präventiven Restrukturierungsrahmen nach dem StaRUG der Grundsatz der Eigenverwaltung zugrunde liegt, kann das Restrukturierungsgericht den Schuldner nach § 41 Abs. 3 StaRUG mit der **Durchführung der Zustellungen beauftragen**. Die Zustellung der Schriftstücke erfolgt dann im Parteibetrieb nach §§ 191 ff. ZPO. Die vorstehende Möglichkeit wird das Restrukturierungsgericht jedoch nur in solchen Fällen in Erwägung ziehen, in denen kein Restrukturierungsbeauftragter bestellt wurde. Falls ein Restrukturierungsbeauftragter vorhanden ist, kann das Restrukturierungsgericht diesen nach § 76 Abs. 6 S. 1 StaRUG mit der Vornahme der Zustellungen beauftragen.

H. Gerichtskosten

68 Betreffend die für die Inanspruchnahme des präventiven Restrukturierungsrahmens entstehenden **Gerichtsgebühren** sind in Nr. 2510 ff. KV GKG ausschließlich Festgebühren vorgesehen. Diese sind deutlich geringer als die Gerichtsgebühren bei einem Regel- bzw. in Eigenverwaltung durchgeführten Insolvenzverfahren, da sich diese nach Nr. 2310 ff. KV GKG nach dem Wert der Aktivmasse abzüglich der bestehenden Drittrechte richten.[77]

69 Nach Nr. 2510 KV GKG entsteht für die Entgegennahme der Anzeige nach § 31 StaRUG durch das Restrukturierungsgericht eine **Festgebühr** in Höhe von 150 EUR. Wenn der Schuldner einen Antrag auf Inanspruchnahme der in § 29 Abs. 2 StaRUG aufgezählten Instrumente des Stabilisierungs- und Restrukturierungsrahmens stellt, fällt nach Nr. 2511 KV GKG hierfür eine Festgebühr in Höhe von 1.000 EUR an, wobei die nach Nr. 2510 KV GKG anfallende Gebühr hierauf angerechnet wird. In den Fällen, in denen das präventive Restrukturierungsverfahren endet, bevor in Bezug auf den vom Schuldner vorgelegten Restrukturierungsplan der gerichtliche Erörterungs- und Abstimmungstermin begonnen hat oder bevor der Restrukturierungsplan gerichtlich bestätigt wurde, sieht Nr. 2511 Abs. 2 KV GKG die Möglichkeit vor, dass das Gericht die Gebühr von 1.000 EUR nach billigem Ermessen auf die Hälfte reduziert. Wenn der Schuldner in derselben Restrukturierungssache die Inanspruch-

76 BT-Drs. 19/24181, 144.
77 Vgl. Binz/Dörndorfer/Zimmermann/*Zimmermann* GKG KV Nr. 2320 Rn. 3.

nahme von mehr als drei Instrumenten des Stabilisierungs- und Restrukturierungsrahmens beantragt, erhöht sich die dafür erhobene Gerichtsgebühr nach Nr. 2512 KV GKG um 500 EUR auf 1.500 EUR.

Für **sofortige Beschwerden bzw. Rechtsbeschwerden**, die im Zusammenhang mit einem StaRUG-Verfahren eingelegt werden, entstehen ebenfalls Gerichtsgebühren. Auch hierbei handelt es sich um Festgebühren, deren Höhe im Einzelnen in Nr. 2520 ff. KV GKG geregelt wird. 70

§ 6 Stabilisierungsverfahren

A. Einleitung

Gemäß §§ 49 ff. StaRUG werden von Seiten des Restrukturierungsgerichts auf Antrag des Schuldners Stabilisierungsmaßnahmen erlassen, um die vom Schuldner angestrebte Sanierung zu unterstützen. Hierbei werden in den §§ 49 ff. StaRUG die **besonderen Voraussetzungen** für den Erlass derartiger Stabilisierungsmaßnahmen normiert. Zuvor ist allerdings in einem ersten Schritt zu prüfen, ob die allgemeinen Voraussetzungen für den Erlass solcher Stabilisierungsmaßnahmen gegeben sind. Dazu gehören nach §§ 29 Abs. 1, Abs. 2 Nr. 3, 30, 31 Abs. 1 StaRUG insbesondere, dass der Schuldner restrukturierungsfähig ist, eine lediglich drohende Zahlungsunfähigkeit iSv § 18 Abs. 2 InsO vorliegt und das Restrukturierungsvorhaben vom Schuldner bei dem zuständigen Restrukturierungsgericht angezeigt wurde. 1

Der **Sinn und Zweck** einer Stabilisierungsanordnung besteht darin, dem Schuldner während der Dauer der Verhandlungen über einen Restrukturierungsplan eine Atempause zu verschaffen und zu verhindern, dass einzelne Gläubiger durch die Ausbringung von Maßnahmen der Einzelzwangsvollstreckung oder des Abzugs von mit Drittrechten belasteten Betriebsmitteln die angestrebte Sanierung des Schuldners vereiteln.[1] 2

1 Vgl. *Gehrlein* BB 2021, 66 (73); *Bork* NZI-Beilage 2021, 38 (39).

B. Besondere Voraussetzungen für den Erlass einer Stabilisierungsanordnung

I. Antrag des Schuldners

3 Eine Stabilisierungsanordnung wird vom Restrukturierungsgericht nicht von Amts wegen erlassen. Vielmehr setzt der Erlass einer Stabilisierungsanordnung nach § 49 Abs. 1 StaRUG einen **Antrag des Schuldners** voraus. Ein derartiger Antrag muss nach § 50 StaRUG eine Reihe von Angaben und Unterlagen enthalten. Zunächst ist der Schuldner nach § 50 Abs. 1 StaRUG verpflichtet, die begehrte Stabilisierungsanordnung im Hinblick auf deren Inhalt, Adressatenkreis und Dauer näher zu bezeichnen. Es muss somit vom Schuldner angegeben werden, ob eine Vollstreckungssperre nach § 49 Abs. 1 Nr. 1 StaRUG oder eine Verwertungssperre gemäß § 49 Abs. 1 Nr. 2 StaRUG angeordnet werden soll. Ebenfalls ist die Angabe durch den Schuldner möglich, dass die beiden vorgenannten Maßnahmen kumulativ zur Anwendung gelangen sollen.

4 Darüber hinaus besteht eine Verpflichtung des Schuldners, die von der Stabilisierungsanordnung betroffenen Gläubiger anzugeben. Hierfür ist es erforderlich, dass der Schuldner die **einzelnen Gläubiger** in dem Antrag mit Namen bzw. Firma, der jeweiligen organschaftlichen Vertreter sowie ladungsfähiger Anschrift bezeichnet.[2] Adressat einer Stabilisierungsanordnung können nach § 49 Abs. 2 S. 2 StaRUG einerseits ein einziger oder mehrere Gläubiger sein. Zum anderen kann sich die Stabilisierungsanordnung nach dem eindeutigen Wortlaut des § 49 Abs. 2 S. 2 StaRUG auch gegen alle Gläubiger des Schuldners richten. Aber auch in diesem Fall ist ein Antrag des Schuldners auf Erlass einer Pauschalanordnung unzulässig, vielmehr müssen die einzelnen Gläubiger in dem vom Schuldner gestellten Antrag **hinreichend konkretisiert** werden.[3] Teilweise wird die Auffassung vertreten, dass ein Antrag des Schuldners auf Erlass einer gegen sämtliche Gläubiger gerichteten Stabilisierungsanordnung ein eindeutiges Indiz für die materielle Insolvenz des Schuldners darstelle, so dass die Anordnung der Stabilisierungsmaßnahme nach § 29 Abs. 1 StaRUG aufgrund der eingetretenen Zahlungsunfähigkeit des Schuldners nicht erfolgen könne.[4] Dies ist jedoch in dieser Allgemeinheit nicht richtig. Denn der von Seiten des Schuldners gestellte Antrag kann auch darauf gerichtet sein, dass sich die begehrte Vollstreckungssperre auf zukünftige Zwangsvollstreckungsmaßnahmen erstreckt, die von den Gläubigern im Zeitpunkt des Antrags auf Erlass der Stabilisierungsanordnung noch nicht erwirkt worden sind.[5] Allerdings ist eine andere Beurteilung geboten, wenn zum Zeitpunkt der Antragstellung durch den Schuldner tatsächlich bereits zahlreiche Gläubiger Zwangsvollstreckungsmaßnahmen gegen den Schuldner ausgebracht haben, da dies auf eine Zahlungseinstellung des Schuldners hindeutet,[6] was nach § 17 Abs. 2 S. 2 InsO die Annahme der Zahlungsunfähigkeit des Schuldners begründet.

---

2 Vgl. *Smid* ZInsO 2021, 198 (199).
3 Vgl. *Smid* ZInsO 2021, 198 (199).
4 In diesem Sinne *Müller* ZIP 2020, 2253 (2258).
5 Durch die Regelung des § 49 Abs. 1 Nr. 1 StaRUG werden ebenfalls zukünftige Zwangsvollstreckungsmaßnahmen untersagt. Insoweit besteht eine Parallele zu § 21 Abs. 2 S. 1 Nr. 3 InsO, vgl. dazu HambKommInsR/*Schröder* InsO § 21 Rn. 60; MüKoInsO/*Haarmeyer/Schildt* § 21 Rn. 72.
6 Zutreffend *Gehrlein* BB 2021, 66 (74).

Der Antrag des Schuldners muss außerdem eine Angabe zu der vom Schuldner begehrten **Dauer der Stabilisierungsanordnung** beinhalten. Nach § 53 Abs. 1 StaRUG kann eine Stabilisierungsanordnung eine Dauer von bis zu drei Monaten haben. 5

Des Weiteren ist der Schuldner nach § 50 Abs. 2 StaRUG verpflichtet, dem Antrag auf Erlass der Stabilisierungsanordnung eine **Restrukturierungsplanung** beizufügen. Die vorstehende Restrukturierungsplanung besteht zum einen nach § 50 Abs. 2 Nr. 1 StaRUG alternativ aus einem aktuellen Entwurf des Restrukturierungsplans oder aus einem auf den Tag der Antragstellung aktualisierten Restrukturierungskonzept. Im Hinblick auf die formalen Anforderungen wird in § 50 Abs. 2 Nr. 1 StaRUG auf die Regelung des § 31 Abs. 2 S. 1 Nr. 1 StaRUG verwiesen. In der Praxis ist allerdings davon auszugehen, dass der Antrag auf Erlass der vom Schuldner begehrten Stabilisierungsanordnungen in zeitlicher Hinsicht unmittelbar nach der Anzeige des Restrukturierungsvorhabens nach § 31 Abs. 1 StaRUG erfolgen wird. Da die Anzeige nach § 31 Abs. 2 S. 1 Nr. 1 StaRUG selbst einen Entwurf des vom Schuldner ins Auge gefassten Restrukturierungsplans oder zumindest ein vom Schuldner ausgearbeitetes Restrukturierungskonzept enthalten muss, werden bei einem gleichzeitigen oder zeitlich unmittelbar darauf folgenden Antrag auf Erlass einer Stabilisierungsanordnung kaum Veränderungen eingetreten sein, die eine Aktualisierung des Planentwurfs oder des Restrukturierungskonzepts erforderlich machen. 6

Die vom Schuldner vorzulegende Restrukturierungsplanung muss nach § 50 Abs. 2 Nr. 2 StaRUG ferner einen **Finanzplan** enthalten, welcher sich auf einen Zeitraum von sechs Monaten erstreckt. Es wird verlangt, dass in dem Finanzplan die Finanzierungsquellen dargestellt werden, durch welche die Fortführung des Unternehmens in dem vorbezeichneten Zeitraum sichergestellt werden soll. Durch diese gesetzliche Vorgabe soll erreicht werden, dass die Zahlungsfähigkeit des schuldnerischen Unternehmens über die nach § 53 Abs. 1, Abs. 2 StaRUG bestehende Anordnungshöchstdauer der Stabilisierungsmaßnahme hinaus gewährleistet ist, es also die Gewähr für die Durchfinanzierung des Schuldners in den kommenden sechs Monaten gibt.[7] Nach § 50 Abs. 2 Nr. 2 Hs. 2 StaRUG bleiben hierbei Finanzierungsquellen außer Betracht, die mit dem Restrukturierungsziel nicht vereinbar sind. Nach der Gesetzesbegründung fallen hierunter etwa Erlöse aus der Veräußerung von Anlagevermögen, welches aber vom Schuldner für die erfolgreiche Durchführung der beabsichtigten Sanierung benötigt wird.[8] Die Vorschrift des § 50 Abs. 2 Nr. 2 Hs. 2 StaRUG ist einschränkend dahin gehend auszulegen, dass der Verkauf von Gegenständen des Anlagevermögens nur dann im Widerspruch zu dem Restrukturierungsziel steht, wenn der Schuldner den Besitz an den Gegenständen aufgibt, so dass diese dem Schuldner nicht mehr als Betriebsmittel zur Verfügung stehen. Dagegen ist es dem Schuldner möglich, Gegenstände des Anlagevermögens zu veräußern und gleichzeitig von dem Käufer wieder anzumieten (sog. Sale & Lease Back), ohne dass ein Verstoß gegen § 50 Abs. 2 Nr. 2 Hs. 2 StaRUG vorliegt.[9] 7

7 BT-Drs. 19/24181, 155.
8 BT-Drs. 19/24181, 155.
9 So auch *Proske/Streit* NZI 2020, 969 (973).

8 Schließlich hat der Schuldner in dem Antrag auf Erlass der Stabilisierungsanordnung nach § 50 Abs. 3 Nr. 1 StaRUG anzugeben, ob, in welchem Umfang und gegenüber welchen Gläubigern er sich mit der **Erfüllung von Verbindlichkeiten aus Arbeitsverhältnissen, Pensionszusagen, dem Steuerschuldverhältnis sowie gegenüber Sozialversicherungsträgern oder Lieferanten** in Verzug befindet. Der Schuldner hat sich nach § 50 Abs. 3 Nr. 2 StaRUG weiterhin in dem Antrag darüber zu erklären, ob und in welchen Verfahren innerhalb der letzten drei Jahre vor dem Antrag Vollstreckungs- oder Verwertungssperren nach § 49 Abs. 1 StaRUG oder gemäß § 21 Abs. 2 S. 1 Nr. 3, Nr. 5 InsO zugunsten des Schuldners angeordnet wurden. Der Antrag muss zudem nach § 50 Abs. 3 Nr. 3 StaRUG eine Erklärung des Schuldners beinhalten, ob dieser seinen nach dem HGB bestehenden Offenlegungspflichten für die letzten drei abgeschlossenen Geschäftsjahren vor dem Antrag nachgekommen ist. Der Sinn und Zweck der Regelung des § 50 Abs. 3 StaRUG besteht darin, dass die Stabilisierungsanordnung nach dem StaRUG für den Schuldner nicht einfacher zu erlangen sein soll als die Anordnung einer vorläufigen Eigenverwaltung, bei der die vorbezeichneten Erklärungen nach § 270a Abs. 2 InsO ebenfalls in den Antrag des Schuldners aufzunehmen sind.[10]

II. Vollstreckungssperre nach § 49 Abs. 1 Nr. 1 StaRUG

9 Gegenstand einer Stabilisierungsanordnung kann nach § 49 Abs. 1 Nr. 1 StaRUG zum einen eine Vollstreckungssperre sein. Wie bei § 21 Abs. 2 S. 1 Nr. 3 InsO hat diese Stabilisierungsanordnung zum Gegenstand, dass bereits laufende Zwangsvollstreckungsmaßnahmen einstweilen eingestellt und künftige Vollstreckungen gegen den Schuldner untersagt werden. Während von der Sicherungsmaßnahme nach § 21 Abs. 2 S. 1 Nr. 3 InsO unbewegliche Sachen ausgeschlossen sind, kann sich die Vollstreckungssperre nach § 49 Abs. 1 Nr. 1 StaRUG ebenfalls auf **Immobilien** beziehen.[11] Sollte das Restrukturierungsgericht die vom Schuldner beantragte Stabilisierungsanordnung erlassen, ist in diesem Fall nach § 30g Abs. 1 S. 1 ZVG ein anhängiges Zwangsversteigerungsverfahren vom Vollstreckungsgericht einstweilen einzustellen. Die einstweilige Einstellung der Zwangsversteigerung setzt aber voraus, dass der Schuldner beim Vollstreckungsgericht einen hierauf gerichteten Antrag stellt. Eine zwingende Einstellung der Zwangsversteigerung durch das Vollstreckungsgericht erfolgt jedoch nicht. Vielmehr kann der die Zwangsversteigerung betreibende Gläubiger nach § 30g Abs. 1 S. 2 ZVG den Einwand erheben, dass die einstweilige Einstellung der Zwangsversteigerung dem Gläubiger aufgrund seiner wirtschaftlichen Verhältnisse nicht zumutbar ist. Es hat dann also eine Interessenabwägung stattzufinden. Der Schuldner sollte die besonderen Gründe darlegen, aus denen sich ergibt, warum der Schuldner die betroffene Immobilie dringend für die Fortführung seines Unternehmens benötigt.

10 Es stellt sich die weitere Frage, ob die von der Vollstreckungssperre betroffenen Gläubiger vor ihrem Erlass **anzuhören** sind. Bei der Vollstreckungssperre nach § 49 Abs. 1

---

10 Vgl. *Desch* BB 2020, 2498 (2508).
11 Vgl. *Schneider/Loszynski* SanB 2020, 136 (143).

Nr. 1 StaRUG handelt es sich um eine Eilmaßnahme. Es besteht daher eine Parallele zu den Sicherungsmaßnahmen im Insolvenzeröffnungsverfahren nach § 21 Abs. 2 S. 1 Nr. 3, Nr. 5 InsO. Eine vorherige Anhörung der von einer Vollstreckungs- oder Verwertungssperre betroffenen Gläubiger würde daher dem praktischen Erfordernis zuwiderlaufen, die Stabilisierungsanordnung möglichst zeitnah zu erlassen. Auch der Gesetzgeber hat während des Gesetzgebungsverfahrens bekräftigt, dass die Anordnung einer Vollstreckungssperre nach § 49 Abs. 1 Nr. 1 StaRUG ohne vorherige Anhörung der hiervon betroffenen Gläubiger erfolgen kann.[12] Ein Verstoß gegen die EU-Restrukturierungsrichtlinie[13] liegt hierin nicht. Denn nach Art. 2 Abs. 1 Nr. 4 der Richtlinie steht den Mitgliedstaaten sogar die Möglichkeit offen, die Aussetzung von Einzelzwangsvollstreckungsmaßnahmen als gesetzliche Folge der Inanspruchnahme des präventiven Restrukturierungsrahmens vorzusehen. Es würde somit keines Antrags des Schuldners bedürfen, bei dem eine Anhörung des Gläubigers vor der gerichtlichen Entscheidung über den Antrag des Schuldners in Betracht kommt.

III. Verwertungssperre nach § 49 Abs. 1 Nr. 2 StaRUG

Entsprechend der Regelung des § 21 Abs. 2 S. 1 Nr. 5 InsO, welche das Insolvenzeröffnungsverfahren betrifft, sieht § 49 Abs. 1 Nr. 2 StaRUG ebenfalls unter bestimmten Voraussetzungen eine Verwertungssperre zugunsten des Schuldners im Hinblick auf Gegenstände vor, bei denen im Falle der Eröffnung eines Insolvenzverfahrens ein Aus- bzw. Absonderungsrecht der betroffenen Gläubiger bestehen würde. Nach dem Wortlaut des § 49 Abs. 1 Nr. 2 StaRUG ist der **Anwendungsbereich** der Verwertungssperre auf Gegenstände des beweglichen Vermögens beschränkt. Zum anderen müssen die Gegenstände für die Fortführung des schuldnerischen Unternehmens von erheblicher Bedeutung sein. 11

Ein besonders praxisrelevantes Beispiel für die Anwendung des § 49 Abs. 1 Nr. 2 StaRUG stellt der sicherungsübereignete oder der geleaste **Fuhrpark** des Schuldners dar. Im ersten Fall steht dem Gläubiger bei einem Insolvenzverfahren ein Absonderungsrecht nach § 51 Nr. 1 InsO zu, im zweiten Fall des Abschlusses von Leasingverträgen bezüglich des Fuhrparks besteht gemäß § 47 S. 1 InsO sogar ein Aussonderungsrecht des Gläubigers. In der Literatur ist die Einbeziehung von Aussonderungsrechten in den Anwendungsbereich des § 49 Abs. 1 Nr. 2 StaRUG teilweise auf Kritik gestoßen, da eine Einbeziehung dieser Rechte in den Restrukturierungsplan nicht möglich sei, in dem Plan jedoch das Ziel des Restrukturierungsvorhabens definiert werde.[14] Zwar ist es zutreffend, dass in dem Restrukturierungsplan nach § 2 Abs. 1 Nr. 2 StaRUG allein Absonderungsanwartschaften gestaltet werden können. Allerdings ist es aus Gründen der Praktikabilität überzeugend, auch Gegenstände, die den Gläubiger bei einem Insolvenzverfahren zur Aussonderung berechtigen würden, in den Anwendungsbereich der Verwertungssperre einzubeziehen. Anderenfalls würde dem Schuldner nach Einleitung eines StaRUG-Verfahrens der Abzug von wesentli- 12

12 BT-Drs. 19/24181, 154.

13 Richtlinie (EU) 2019/1023 des Europäischen Parlaments und des Rates vom 20.6.2019, ABl. L 172/18 vom 26.6.2019.

14 So *Thole* ZIP 2020, 1985 (1995); *Commandeur/Utsch* NZG 2020, 1338 (1340).

chen Betriebsmitteln drohen, was zwangsläufig zu einem Scheitern der vom Schuldner angestrebten Sanierung führen würde.

13 Es ist dennoch fraglich, ob die Verwertungssperre nach § 49 Abs. 1 Nr. 2 StaRUG einen größeren **praktischen Anwendungsbereich** haben wird. Die Inanspruchnahme des präventiven Restrukturierungsrahmens scheidet nämlich aus, wenn bereits eine eingetretene Zahlungsunfähigkeit des Schuldners vorliegt. Der Abzug und die Verwertung der Sicherungsgegenstände setzt bei einem Darlehen aber regelmäßig voraus, dass der Sicherungsgeber nicht in der Lage ist, die Tilgungs- und Zinszahlungen zu erbringen, da erst dann der Sicherungsfall eintritt. Im Hinblick auf vom Schuldner geleastes Anlagevermögen kann der Leasinggeber die Herausgabe der Gegenstände nach den vertraglichen Regelungen ebenfalls erst dann verlangen, wenn der Leasingnehmer die Leasingraten nicht mehr bezahlt und daher eine außerordentliche Kündigung des Leasingvertrags erfolgt ist. Vielfach wird somit schon nach den zwischen dem Schuldner und dem Gläubiger getroffenen Abreden eine Vertragsbeendigung im Stadium einer lediglich drohenden Zahlungsunfähigkeit des Schuldners nicht möglich sein, so dass es der Anordnung einer Verwertungssperre nach § 49 Abs. 1 Nr. 2 StaRUG nicht bedarf.[15]

14 In den Fällen, in denen der Schuldner die Anordnung einer Verwertungssperre begehrt, gelten in Bezug auf den vom Schuldner nach § 50 Abs. 1 StaRUG zu stellenden Antrag besondere Anforderungen. Aufgrund des **sachenrechtlichen Bestimmtheitsgrundsatzes** hat der Schuldner die einzelnen Gegenstände, wobei hierunter verpfändete Sachen, Rechte oder Forderungen sowie sicherungsübereignete Sachen oder zur Sicherung abgetretene Forderungen fallen, hinreichend konkret zu bezeichnen und zu den Verwertungsbedingungen Angaben zu machen.[16]

IV. Erforderlichkeit der Stabilisierungsanordnung im Einzelfall

15 Nach § 49 Abs. 1 StaRUG dürfen Stabilisierungsanordnungen von Seiten des Restrukturierungsgerichts nur erlassen werden, soweit dies zur Wahrung der Aussichten auf die Verwirklichung des Restrukturierungsziels erforderlich ist. Mit dieser Formulierung macht der Gesetzgeber deutlich, dass bei der Frage, ob dem Antrag des Schuldners auf Erlass der von diesem begehrten Stabilisierungsanordnung stattzugeben ist, der **Grundsatz der Verhältnismäßigkeit** zu beachten ist. Bei der Antragstellung hat der Schuldner daher darauf zu achten, dass der Adressatenkreis der vom Schuldner ins Auge gefassten Stabilisierungsanordnung so eng wie möglich und so weit wie nötig gezogen wird.[17]

16 Die Berücksichtigung des Verhältnismäßigkeitsgrundsatzes im Zusammenhang mit einer Stabilisierungsanordnung nach § 49 Abs. 1 StaRUG ist allerdings **kein Novum.** Denn auch bei einem Insolvenzeröffnungsverfahren ist der Erlass einer Sicherungs-

---

15 Vgl. *Smid* ZInsO 2021, 198 (202), nach dessen Ansicht der einzig denkbare praktische Anwendungsfall der Verwertungssperre nach § 49 Abs. 1 Nr. 2 StaRUG dann gegeben ist, wenn zwischen dem Schuldner und dem Gläubiger Streit über die Frage der Rechtmäßigkeit der Kündigung des Darlehensvertrags besteht und hierzu bereits ein laufender Rechtsstreit anhängig ist.

16 Vgl. *Smid* ZInsO 2021, 198 (199).

17 Vgl. die treffende Formulierung von *Smid* ZInsO 2021, 198 (199).

maßnahme gemäß § 21 Abs. 1 S. 1 InsO nur in dem Umfang zulässig, als dies erforderlich ist, um bis zur Entscheidung über den Eröffnungsantrag eine für die Gläubiger nachteilige Veränderung der künftigen Insolvenzmasse zu verhindern. Es gilt somit auch bei den dortigen Sicherungsmaßnahmen der Grundsatz der Verhältnismäßigkeit.[18]

V. Von einer Stabilisierungsanordnung ausgenommene Forderungen

In § 49 Abs. 2 S. 1 StaRUG wird bestimmt, dass sich weder die Vollstreckungs- noch 17
die Verwertungssperre auf Forderungen erstreckt, welche nach § 4 StaRUG durch den Restrukturierungsplan **nicht gestaltet werden können.** Hierbei handelt es sich nach § 4 S. 1 Nr. 1 StaRUG im Wesentlichen um die Ansprüche der Arbeitnehmer aus dem Arbeitsverhältnis einschließlich der Rechte aus Zusagen im Zusammenhang mit der betrieblichen Altersversorgung. Nach § 4 S. 1 Nr. 2, Nr. 3 StaRUG gilt der Ausschluss ebenfalls für Forderungen aus einer vorsätzlich begangenen unerlaubten Handlung sowie für Ansprüche, die in den Anwendungsbereich des § 39 Abs. 1 S. 1 Nr. 3 InsO fallen, wie etwa Ordnungs- oder Zwangsgelder.

In den seltenen Fällen, in denen das StaRUG-Verfahren von einer **natürlichen Person** 18
initiiert wurde, sind von der Stabilisierungsanordnung nach § 49 Abs. 2 S. 1 iVm § 4 S. 2 StaRUG ebenfalls Forderungen und Absonderungsanwartschaften ausgeschlossen, welche dem privaten Bereich des Schuldners zuzuordnen sind.

VI. Erstreckung der Anordnung auf Rechte aus gruppeninternen Drittsicherheiten

Gemäß § 49 Abs. 3 StaRUG kann eine Stabilisierungsanordnung mit dem Inhalt er- 19
lassen werden, dass es dem betroffenen Gläubiger untersagt wird, die **Rechte aus einer gruppeninternen Drittsicherheit** geltend zu machen. Eine dem § 49 Abs. 3 StaRUG vergleichbare Regelung ist in § 21 InsO nicht enthalten. Der Sinn und Zweck des § 49 Abs. 3 StaRUG besteht in der Erleichterung der Sanierung von größeren Konzernen. Denn in der Praxis ist die Finanzierung von Konzernen dadurch gekennzeichnet, dass die Banken die jeweiligen Darlehen entweder an die Gruppenholding oder an ein spezielles Finanzierungsvehikel ausreichen. Allerdings kommen diese Darlehen sämtlichen operativen Konzerngesellschaften zugute. Als Kompensation ist in den Finanzierungsverträgen regelmäßig vorgesehen, dass die zum Konzern gehörenden Tochtergesellschaften als Gesamtschuldner für die Rückzahlung der Darlehen haften und den Banken Sicherheiten aus ihrem Gesellschaftsvermögen einräumen. Wenn die Gruppenholding oder das Finanzierungsvehikel in eine wirtschaftliche Krise geriet, drohte daher bislang die Folgeinsolvenz der Tochtergesellschaften.[19] Vor dem Inkrafttreten des StaRUG konnte lediglich der Versuch unternommen werden, eine Stabilisierung der Tochtergesellschaften mithilfe von Stillhalte-, Entschuldungs- und Entflechtungsvereinbarungen zu erreichen, bei denen aber die Zustimmung aller davon betroffener Gläubiger erforderlich war.[20]

---

18 Vgl. MüKoInsO/*Haarmeyer/Schildt* § 21 Rn. 23; Uhlenbruck/*Vallender* InsO § 21 Rn. 43.
19 In der Sanierungspraxis wird diese Situation als „Melt-Down" bezeichnet, vgl. dazu *Hoegen/Kranz* NZI 2021, 105.
20 Vgl. *Hoegen/Kranz* NZI 2021, 105.

20 Die **Gefahr einer Folgeinsolvenz** betreffend die Tochtergesellschaften wird nunmehr durch die Regelung des § 49 Abs. 3 StaRUG erheblich vermindert. Für die Annahme einer gruppeninternen Drittsicherheit ist nach § 2 Abs. 4 S. 1 StaRUG erforderlich, dass es sich bei den einzelnen Gesellschaften um verbundene Unternehmen iSv § 15 AktG handelt. Durch die Vorschrift des § 49 Abs. 3 StaRUG wird eine Verwertungssperre bezüglich der gruppeninternen Drittsicherheit begründet, so dass die Bank nach § 54 Abs. 1 StaRUG einen Anspruch auf Zahlung der laufenden Zinsen bzw. Ausgleich eines Wertverlusts hat. Es ist zweifelhaft, ob dies tatsächlich zu einer vollständigen Kompensation des Gläubigers führt.[21] Da bei der Frage der Anordnung von Stabilisierungsmaßnahmen der Grundsatz der Verhältnismäßigkeit gilt, ist die Verwertungssperre nach § 49 Abs. 3 StaRUG nur ausnahmsweise anzuordnen, wenn die jeweilige Tochtergesellschaft, durch welche die Einräumung der Drittsicherheit erfolgt ist, noch nicht drohend zahlungsunfähig ist.[22]

VII. Materielle Voraussetzungen einer Stabilisierungsanordnung

21 Der Erlass einer Stabilisierungsanordnung durch das Restrukturierungsgericht setzt nach § 51 Abs. 1 S. 1 StaRUG in der Sache einerseits voraus, dass die vom Schuldner vorgelegte Restrukturierungsplanung **vollständig und schlüssig** ist. Was unter einer schlüssigen Restrukturierungsplanung zu verstehen ist, wird in § 51 Abs. 1 S. 2 StaRUG näher definiert. Danach ist von einer schlüssigen Restrukturierungsplanung auszugehen, wenn nicht offensichtlich ist, dass sich das vom Schuldner verfolgte Restrukturierungsziel nicht mit den vom Schuldner ins Auge gefassten Maßnahmen erreichen lässt. Nach der Intention des Gesetzgebers soll bei der Frage der Vollständigkeit und Schlüssigkeit der Restrukturierungsplanung lediglich ein eingeschränkter Prüfungsmaßstab gelten. So besteht hiernach die Aufgabe des Restrukturierungsgerichts allein darin, die formale Vollständigkeit der Planung sowie deren Plausibilität zu prüfen. Auf diese Weise soll verhindert werden, dass das Restrukturierungsgericht erst nach einem erheblichen Zeitablauf darüber entscheiden kann, ob die vom Schuldner beantragte Stabilisierungsanordnung erlassen werden kann.[23] Vielmehr soll die Entscheidung über den Erlass einer Stabilisierungsanordnung sehr kurzfristig getroffen werden können, da solche Maßnahmen in der Praxis sehr zeitkritisch sind.[24]

22 Die Frage, wann es offensichtlich ist, dass sich das Restrukturierungsziel nicht mit den in Aussicht genommenen Maßnahmen realisieren lässt, ist anhand der Umstände des jeweiligen Einzelfalls zu beurteilen. Indes wird man nur in seltenen Ausnahmefällen eine unschlüssige Restrukturierungsplanung annehmen können. Dies wäre etwa der Fall, wenn das Restrukturierungsgericht bei seiner Plausibilitätskontrolle zu dem Ergebnis kommt, dass die von Seiten des Schuldners ergriffenen Maßnahmen unzweifelhaft nicht geeignet sind, um das Restrukturierungsziel zu erreichen, wobei dieser

---

21 Vgl. *Hoegen/Kranz* NZI 2021, 105 (108).

22 So im Ergebnis auch *Hoegen/Kranz* NZI 2021, 105 (108), welche die Auffassung vertreten, dass in einem solchen Fall die Anordnung nach § 49 Abs. 3 StaRUG nur dann ergehen kann, wenn diese im Gesamtgläubigerinteresse erforderlich ist und die betroffenen Gläubiger einen angemessenen Ausgleich erhalten.

23 BT-Drs. 19/24181, 155.

24 BT-Drs. 19/24181, 155.

Umstand evident sein muss.[25] Diesbezüglich besteht für den Schuldner eine gewisse Rechtsunsicherheit, da die **Offensichtlichkeit der fehlenden Erreichbarkeit des Restrukturierungsziels** eine Wertungsfrage ist. In der Literatur wird daher befürchtet, dass sich hierzu bei den verschiedenen Restrukturierungsgerichten in Deutschland unterschiedliche Prüfungsmaßstäbe und Auffassungen bilden könnten, was die betroffenen Unternehmen zu einem Forum Shopping auf nationaler Ebene verleiten könnte.[26] In den Fällen, in denen die Restrukturierungsplanung des Schuldners behebbare Mängel aufweist, kann das Restrukturierungsgericht trotzdem eine Stabilisierungsanordnung erlassen. Allerdings ist die Stabilisierungsanordnung in diesem Fall nach § 51 Abs. 1 S. 3 StaRUG in zeitlicher Hinsicht auf höchstens 20 Tage begrenzt. Zudem muss der Schuldner die Mängel innerhalb der vorstehenden Frist beheben. Wenn dies erfolgt, wird die jeweilige Stabilisierungsanordnung vom Gericht endgültig erlassen.

Damit die vom Schuldner beantragte Stabilisierungsanordnung erlassen werden 23
kann, dürfen dem Restrukturierungsgericht nach § 51 Abs. 1 S. 1 Nr. 1 StaRUG keine Umstände bekannt sein, dass die vom Schuldner vorgelegte Restrukturierungsplanung oder die Erklärungen des Schuldners nach § 50 Abs. 3 StaRUG in wesentlichen Punkten auf **unzutreffenden Tatsachen** beruhen. Dies gilt nach § 51 Abs. 1 S. 1 Nr. 2–Nr. 4 StaRUG ebenfalls, wenn die vom Schuldner beabsichtigte Restrukturierung aussichtslos ist, da keine Aussicht auf Annahme des Restrukturierungsplans besteht, der Schuldner noch nicht drohend zahlungsunfähig ist oder die vom Schuldner begehrte Stabilisierungsanordnung nicht erforderlich ist, um das Restrukturierungsziel zu erreichen. Dieser Regelung liegt der Gedanke des Gesetzgebers zugrunde, dass das Restrukturierungsgericht nicht wider besseres Wissen eine Stabilisierungsanordnung erlassen soll, obwohl das Gericht Kenntnis von Umständen hat, die dem Erlass der Stabilisierungsanordnung entgegenstehen.[27] Zwar gilt betreffend den präventiven Restrukturierungsrahmen nach § 39 Abs. 1 StaRUG der Amtsermittlungsgrundsatz. Da jedoch der Schuldner naturgemäß ein legitimes Interesse daran hat, dass über seinen Antrag auf Erlass von Stabilisierungsmaßnahmen zeitnah entschieden wird, ist es dem Restrukturierungsgericht verwehrt, von Amts wegen Ermittlungen bezüglich möglicher Umstände nach § 51 Abs. 1 S. 1 Nr. 1–Nr. 4 StaRUG anzustellen, ohne dass hierfür ein konkreter Anlass besteht. Vielmehr ist der Prüfungsumfang des Restrukturierungsgerichts grundsätzlich auf die vom Schuldner eingereichten Unterlagen beschränkt. Darüber hinaus wird das Gericht seiner Entscheidung ebenfalls offenkundige Tatsachen iSv § 291 ZPO zugrunde legen dürfen.

Ein darüber hinaus gehender **Anlass für Amtsermittlungen** des Gerichts besteht nur 24
dann, wenn dem Gericht Tatsachen zur Kenntnis gelangen, aus denen sich der Schluss für das Vorliegen der Voraussetzungen des § 51 Abs. 1 S. 1 Nr. 1–Nr. 4 StaRUG ziehen lässt.[28] So kann es in der Praxis etwa vorkommen, dass von Gläubi-

25 Vgl. *Vallender* ZRI 2021, 165 (169).
26 So *Schneider/Loszynski* SanB 2020, 136 (138 f.); *Thole* ZIP 2020, 1985 (1996), welcher überdies vorschlägt, den in § 51 Abs. 1 S. 1 StaRUG enthaltenen Begriff der Schlüssigkeit genauso auszulegen wie im Zivilprozessrecht.
27 BT-Drs. 19/24181, 155.
28 So auch *Vallender* ZRI 2021, 165 (169).

gern oder von dritter Seite Schutzschriften beim Restrukturierungsgericht eingereicht werden, in denen dargelegt wird, dass Umstände iSv § 51 Abs. 1 S. 1 Nr. 1–Nr. 4 StaRUG vorliegen. Auch in diesem Fall kann das Restrukturierungsgericht aber nicht ohne Weiteres sofort in Amtsermittlungen eintreten. Vielmehr ist hierfür zwingende Voraussetzung, dass der Gläubiger bzw. der Dritte das Vorliegen der Umstände iSv § 51 Abs. 1 S. 1 Nr. 1–Nr. 4 StaRUG in der Schutzschrift zumindest nach § 294 ZPO glaubhaft gemacht hat.[29]

25 In den Fällen, in denen dem Restrukturierungsgericht Umstände bekannt sind, dass **erhebliche Zahlungsrückstände** des Schuldners gegenüber den in § 50 Abs. 3 Nr. 1 StaRUG genannten Gläubigern bestehen oder der Schuldner mindestens in einem der letzten drei abgeschlossenen Geschäftsjahre gegen die ihm nach dem HGB obliegenden Offenlegungspflichten verstoßen hat, ist der Erlass einer Stabilisierungsanordnung nicht generell ausgeschlossen. Allerdings kann die Stabilisierungsanordnung in einem solchen Fall nach § 51 Abs. 2 S. 1 StaRUG nur dann erlassen werden, wenn trotz dieser Umstände zu erwarten ist, dass der Schuldner bereit und in der Lage ist, seine Geschäftsführung an den Interessen der Gesamtheit der Gläubiger auszurichten. Der Sinn und Zweck dieser Vorschrift besteht nach dem Willen des Gesetzgebers darin, einen Gleichlauf zur vorläufigen Eigenverwaltung herzustellen,[30] welche bei Vorliegen der vorgenannten Umstände nach § 270b Abs. 2 InsO ebenfalls nur dann angeordnet werden darf, wenn sichergestellt ist, dass sich die Geschäftsführung des Schuldners an den Interessen der Gläubigergesamtheit orientiert. Die von Seiten des Restrukturierungsgerichts vorzunehmende Prognose, ob der Schuldner seine Geschäftsführung an den Interessen der Gesamtheit der Gläubiger ausrichten wird, ist auf den jeweiligen Einzelfall bezogen. Eine positive Prognose dürfte von dem Restrukturierungsgericht insbesondere dann getroffen werden können, wenn es sich um ein gut vorbereitetes Restrukturierungsvorhaben handelt und für den Schuldner erfahrene Sanierungsexperten tätig sind, sei es in Form eines CRO, eines Generalbevollmächtigten oder in Gestalt von externen Beratern.[31]

26 Die vorbezeichneten Grundsätze gelten nach § 51 Abs. 2 S. 2 StaRUG auch dann, wenn innerhalb der letzten drei Jahre vor der beantragten Stabilisierungsanordnung bereits Vollstreckungs- oder Verwertungssperren nach § 49 Abs. 1 StaRUG oder Sicherungsmaßnahmen gemäß § 21 Abs. 2 S. 1 Nr. 3, Nr. 5 InsO zugunsten des Schuldners angeordnet wurden, es sei denn, dass der Anlass dieser Anordnungen zwischenzeitlich durch eine nachhaltige Sanierung des Schuldners entfallen ist. In der Praxis kommt diese Einschränkung somit dann zum Tragen, wenn der Schuldner vor der Beantragung der in Rede stehenden Stabilisierungsanordnung zuvor schon ein StaRUG-Verfahren oder ein Insolvenzeröffnungsverfahren nach der InsO durchlaufen hat und in diesem Rahmen **Sicherungsmaßnahmen** durch das Restrukturierungsgericht bzw. Insolvenzgericht erlassen wurden. Wenn der Zeitraum von drei Jahren noch nicht abgelaufen ist, kann der Schuldner einwenden, dass es in der Zwischenzeit zu einer nachhaltigen Sanierung des Unternehmens gekommen ist. Der Begriff der

29 Vgl. *Schneider/Loszynski* SanB 2020, 136 (139).
30 BT-Drs. 19/24181, 156.
31 So auch *Riggert* NZI-Beilage 2021, 40 (41).

nachhaltigen Sanierung ist in diesem Zusammenhang genauso auszulegen wie bei § 33 Abs. 2 S. 2 StaRUG. Der Schuldner muss also darlegen, dass die Bestandsgefährdung des Unternehmens in Form der drohenden bzw. eingetretenen Zahlungsunfähigkeit oder Überschuldung für mindestens ein Jahr beseitigt wurde.[32] Insbesondere wird hier an einen vorherigen Restrukturierungs- oder Insolvenzplan zu denken sein.[33] Falls es zu keiner nachhaltigen Sanierung gekommen ist, steht dem Schuldner allein die Möglichkeit offen, gegenüber dem Restrukturierungsgericht den Nachweis zu führen, dass das StaRUG-Verfahren durch erfahrene Sanierungsexperten begleitet wird und sich daher die Geschäftsführung des Schuldners an den Interessen der Gläubigergesamtheit orientieren wird.

C. Weiteres Verfahren

Wenn der Schuldner im Zeitpunkt des Erlasses der Stabilisierungsanordnung noch 27
keinen finalen Restrukturierungsplan vorgelegt hat, steht es nach § 51 Abs. 3 StaRUG im Ermessen des Restrukturierungsgerichts, dem Schuldner eine **Frist zur Vorlage des Restrukturierungsplans** zu setzen.

Die vom Gericht erlassene Stabilisierungsanordnung ist nach § 51 Abs. 4 S. 1 28
StaRUG an alle hiervon betroffenen Gläubiger **von Amts wegen zuzustellen.** Auf diese Weise soll vermieden werden, dass Gläubiger, die keine Kenntnis von der Stabilisierungsanordnung haben, Zwangsvollstreckungsmaßnahmen gegen den Schuldner einleiten.[34] Eine Ausnahme von dem Zustellungserfordernis gilt bei öffentlichen Restrukturierungssachen nach §§ 84 ff. StaRUG. In diesem Fall kann nach § 51 Abs. 4 S. 2 StaRUG auf die Zustellung der Stabilisierungsanordnung verzichtet werden, wenn sich diese an alle Gläubiger richtet, wobei die in § 4 StaRUG genannten Gläubiger außer Betracht bleiben.

Die Entscheidung des Restrukturierungsgerichts über den Antrag des Schuldners auf 29
Erlass der Stabilisierungsanordnung erfolgt nach § 51 Abs. 5 S. 1 StaRUG durch **Beschluss.** Bei einer Zurückweisung des Antrags des Schuldners steht diesem nach § 51 Abs. 5 S. 2 StaRUG das Rechtsmittel der sofortigen Beschwerde zu. Wie bei § 21 Abs. 1 S. 2 InsO sind somit die Gläubiger nicht zur Einlegung einer sofortigen Beschwerde berechtigt, falls nach deren Ansicht die Voraussetzungen für den Erlass einer Stabilisierungsanordnung nicht vorliegen. Vielmehr können die Gläubiger lediglich eine Gegenvorstellung beim Restrukturierungsgericht einreichen.[35]

Falls ein Gläubiger nach Erlass einer Stabilisierungsanordnung einen **Fremdantrag** 30
auf Eröffnung des Insolvenzverfahrens über das Vermögen des Schuldners stellt, wird das Verfahren über den Fremdantrag nach § 58 StaRUG während der Anordnungsdauer der Stabilisierungsmaßnahme ausgesetzt. Indes kann ein Gläubiger einen Fremdantrag nur dann stellen, wenn von diesem ein Insolvenzgrund in Form einer

32 In diesem Sinne auch HambKommInsR/*Lüdtke* InsO § 39 Rn. 57 (bezogen auf die Regelung des § 39 Abs. 4 S. 2 InsO).
33 Vgl. *Smid* ZInsO 2021, 198 (201).
34 BT-Drs. 19/24181, 156.
35 Vgl. LG Göttingen Beschl. v. 24.6.2004 – 10 T 75/04, NZI 2004, 502 (503); K. Schmidt/*Hölzle* InsO § 21 Rn. 30.

eingetretenen Zahlungsunfähigkeit bzw. einer materiellrechtlichen Überschuldung glaubhaft gemacht wird. Sofern der Fremdantrag des Gläubigers hierzu substanziierte Angaben enthält, hat das Restrukturierungsgericht trotz der Regelung des § 58 StaRUG zu prüfen, ob beim Schuldner zwischenzeitlich eine materielle Insolvenzreife eingetreten ist, so dass eine Aufhebung der Stabilisierungsanordnung bzw. der gesamten Restrukturierungssache nach §§ 59 Abs. 1 Nr. 2, 31 Abs. 4 Nr. 3, 33 Abs. 2 S. 1 Nr. 1 StaRUG in Betracht kommt. Da in einem solchen Fall bereits aufgrund der Angaben in dem Fremdantrag des Gläubigers Anhaltspunkte für eine materielle Insolvenzreife des Schuldners vorliegen, gilt bezüglich der weiteren Ermittlungen durch das Restrukturierungsgericht uneingeschränkt der Amtsermittlungsgrundsatz nach § 39 Abs. 1 StaRUG.

D. Dauer der Stabilisierungsmaßnahmen

31 Nach § 53 Abs. 1 StaRUG hat eine Stabilisierungsanordnung eine **zeitliche Geltung** von bis zu drei Monaten. Wenn die in § 51 Abs. 1, Abs. 2 StaRUG genannten materiellen Voraussetzungen für den Erlass von Stabilisierungsmaßnahmen erfüllt sind, kann die Stabilisierungsanordnung, welche zeitlich noch in Kraft ist, nach § 52 StaRUG auf Antrag des Schuldners auf weitere Gläubiger erstreckt, inhaltlich erweitert oder zeitlich verlängert werden. In diesem Fall wird von einer Folgeanordnung gesprochen. Sofern die Anordnungsdauer der Stabilisierungsmaßnahme bereits überschritten ist, kann nach § 52 StaRUG unter den gleichen Voraussetzungen eine neue Stabilisierungsanordnung erlassen werden. Es erfolgt dann also eine Neuanordnung durch das Restrukturierungsgericht.

32 Grundsätzlich ist der Erlass von **Folge- bzw. Neuanordnungen** lediglich im Rahmen der Anordnungshöchstdauer von drei Monaten möglich. Hierbei hat sich der Gesetzgeber an der dreimonatigen Dauer des Schutzschirmverfahrens nach § 270d Abs. 1 S. 2 InsO orientiert.[36] Von der Anordnungshöchstdauer von drei Monaten gilt allerdings nach § 53 Abs. 2 S. 1 StaRUG eine Ausnahme, wenn der Schuldner den Gläubigern ein Planangebot unterbreitet hat und keine Umstände bekannt sind, aus denen sich ergibt, dass mit der Annahme des Restrukturierungsplans nicht innerhalb eines Monats zu rechnen ist. In einem derartigen Fall verlängert sich nach § 53 Abs. 1 S. 2 StaRUG die Anordnungshöchstdauer betreffend die Stabilisierungsmaßnahme um einen Monat. Adressat der Stabilisierungsanordnung können dann aber nur Planbetroffene sein.

33 Eine noch weitergehende zeitliche Geltung der vom Schuldner beantragten Stabilisierungsmaßnahmen ist möglich, wenn der Restrukturierungsplan von den Gläubigern bereits angenommen wurde und der Schuldner beim Restrukturierungsgericht nach § 60 Abs. 1 S. 1 StaRUG einen Antrag auf gerichtliche Bestätigung des Plans gestellt hat. Dann können Folge- oder Neuanordnungen gemäß § 53 Abs. 3 S. 1 StaRUG bis zur Rechtskraft der Planbestätigung, höchstens aber bis zum Ablauf von **acht Monaten** nach dem Erlass der Erstanordnung ergehen. Eine Ausnahme gilt nach § 53 Abs. 3 S. 2 StaRUG dann, wenn der Restrukturierungsplan offensichtlich nicht bestä-

36 BT-Drs. 19/24181, 156.

tigungsfähig ist. Nach der Intention des Gesetzgebers liegt der sachliche Grund für die zeitliche Ausdehnung der Stabilisierungsanordnungen in der bereits erfolgten Annahme des Restrukturierungsplans durch die Gläubiger.[37]

Allerdings scheidet auch im Falle der Annahme des Restrukturierungsplans durch die Gläubiger eine zeitliche Verlängerung der Stabilisierungsanordnung auf bis zu acht Monate nach dem Erlass der Erstanordnung nach § 53 Abs. 4 StaRUG aus, wenn der Schuldner den Mittelpunkt seiner hauptsächlichen Interessen, also den COMI, innerhalb eines Zeitraums von **drei Monaten** vor der erstmaligen Inanspruchnahme der durch das StaRUG bereitgestellten Instrumente des Stabilisierungs- und Restrukturierungsrahmens aus einem anderen Mitgliedstaat der Europäischen Union nach Deutschland verlegt hat. Dies gilt indes nur, sofern der Schuldner das Verfahren nicht nach §§ 84 ff. InsO als öffentliche Restrukturierungssache betreibt. Mit dieser Regelung wurden die Vorgaben in Art. 6 Abs. 8 UAbs. 2 der EU-Restrukturierungsrichtlinie umgesetzt. 34

E. Rechtsfolgen der Verwertungssperre

I. Verpflichtung zur Zinszahlung und zum Ausgleich des Wertverlusts

Wenn der Schuldner eine Verwertungssperre nach § 49 Abs. 1 Nr. 2 StaRUG erwirkt hat, besteht nach § 54 Abs. 1 S. 1 StaRUG grundsätzlich eine Verpflichtung des Schuldners, Zinszahlungen an den Gläubiger zu leisten und den durch die Nutzung des Gegenstands eintretenden Wertverlust durch laufende Zahlungen an den Gläubiger auszugleichen. Inhaltlich entspricht diese Vorschrift im Wesentlichen den **Rechtsfolgen** der in einem Insolvenzeröffnungsverfahren nach § 21 Abs. 2 S. 1 Nr. 5 InsO erlassenen Verwertungssperre. Aus den Gesetzesmaterialien ergibt sich, dass die Gläubiger im Falle des Erlasses einer Verwertungssperre nach § 49 Abs. 1 Nr. 2 StaRUG genauso behandelt werden sollen wie bei der Anordnung einer derartigen Maßnahme in einem Insolvenzeröffnungsverfahren.[38] Von einer Nutzung des Gegenstands wird man nicht mehr sprechen können, wenn das Sicherungsgut im schuldnerischen Unternehmen verbraucht wird bzw. durch den Schuldner verwertet wird.[39] Eine Verpflichtung des Schuldners zur Zinszahlung und zum Ausgleich des Wertverlusts entfällt gemäß § 54 Abs. 1 S. 2 StaRUG, soweit nach der Höhe der Forderung und der sonstigen Belastung des Gegenstands nicht mit einer Befriedigung des Gläubigers aus dem Verwertungserlös zu rechnen ist. Dies kommt bei Absonderungsanwartschaften in Betracht, sofern die zugunsten des Gläubigers bestehende Sicherheit wirtschaftlich wertlos ist, was etwa der Fall sein kann, wenn vorrangige Belastungen bestehen oder die Sicherheit im Verhältnis zu der Forderung des Gläubigers zu gering ist.[40] Um den Gläubiger vor einem denkbaren Forderungsausfall zu schützen, welcher bei einem Scheitern des Sanierungsvorhabens entstehen würde, wird jedenfalls eine Verpflich- 35

37 BT-Drs. 19/24181, 157; kritisch zu der gesetzlichen Anordnungshöchstfrist *Müller* ZIP 2020, 2253 (2258), welcher stattdessen eine Anordnungshöchstdauer von sechs Monaten vorschlägt.
38 BT-Drs. 19/24181, 157.
39 Vgl. *Thole* ZIP 2020, 1985 (1996).
40 Vgl. Andres/Leithaus/*Leithaus* InsO § 169 Rn. 6 (zur Zinszahlungspflicht); Uhlenbruck/*Brinkmann* InsO § 172 Rn. 14 (zum Ausgleich des Wertverlusts).

tung des Schuldners zu monatlichen Zahlungen an den Gläubiger anzunehmen sein, damit noch von laufenden Zahlungen gesprochen werden kann.[41]

II. Forderungseinzug bzw. Veräußerung oder Verarbeitung von beweglichen Sachen

36 Eine für die Sanierungspraxis sehr bedeutsame Regelung ist in § 54 Abs. 2 StaRUG enthalten. Danach darf der Schuldner auch nach der gerichtlichen Anordnung einer Verwertungssperre zur Sicherung an einen Gläubiger abgetretene Forderungen einziehen und auch bewegliche Sachen, an denen bei Eröffnung eines Insolvenzverfahrens Aus- oder Absonderungsrechte geltend gemacht werden könnten, an seine Kunden veräußern oder zum Zwecke der Herstellung einer neuen beweglichen Sache verarbeiten. Allerdings ist der Schuldner verpflichtet, die hierbei erzielten **Erlöse an den Gläubiger auszukehren** oder unterscheidbar zu verwahren, es sei denn, dass der Schuldner mit dem Gläubiger eine anderweitige Vereinbarung trifft.

37 Die Vorschrift des § 54 Abs. 2 StaRUG betrifft im Wesentlichen zum einen von Seiten des Schuldners an eine Bank im Wege der Globalzession zur Absicherung von Darlehensrückzahlungsansprüchen abgetretene Forderungen. Durch die Verwertungssperre wird in einem solchen Fall verhindert, dass die Bank die dem Schuldner in der Sicherungsabrede eingeräumte **Einziehungsermächtigung wirksam widerruft.**[42] Zum anderen fällt insbesondere auch der verlängerte Eigentumsvorbehalt in den Anwendungsbereich des § 54 Abs. 2 StaRUG. Die Verwertungssperre ermöglicht es dem Schuldner, die Vorbehaltsware an seine Kunden zu veräußern und die im Voraus an den Warenlieferanten zur Sicherheit abgetretenen Kaufpreisansprüche einzuziehen. Dies gilt auch dann, wenn der Warenlieferant zuvor die Veräußerungs- und Einziehungsermächtigung durch Erklärung gegenüber dem Schuldner widerrufen hat.[43]

38 Wenn der Schuldner bei einer Globalzession die sicherungszedierten Forderungen vereinnahmt hat oder bei einem verlängerten Eigentumsvorbehalt die Zahlung des Kaufpreises durch seine Kunden erfolgt ist, stehen dem Schuldner drei Optionen zur Verfügung. Zunächst kann der Schuldner die Erlöse an den Gläubiger auskehren. Hierbei wird keine unverzügliche Auskehr der Erlöse an den Gläubiger verlangt. Denn im Unterschied zu § 170 Abs. 1 S. 2 InsO wird in § 54 Abs. 2 StaRUG nicht von einer unverzüglichen Auskehr der Erlöse an den Gläubiger gesprochen. Daher ist dem Schuldner ein angemessener Zeitraum einzuräumen, um die Wirksamkeit der Sicherheit überprüfen zu können und mit dem Gläubiger ggf. in **Verhandlungen über eine Zwischenfinanzierung** einzutreten.[44] Ferner hat der Schuldner zweitens die Möglichkeit, die Erlöse von seinem übrigen Vermögen unterscheidbar zu verwahren. Unter Zugrundelegung der Rechtsprechung des BGH[45] setzt dies die Einrichtung eines zugunsten der Sicherungsnehmer eingerichteten Treuhandkontos durch den Schuldner

41 Vgl. *Riggert* NZI-Beilage 2021, 40 (42).

42 Zustimmend *Knauth* NZI 2021, 158; aA jedoch *Thole* ZIP 2020, 1985 (1996), nach dessen Auffassung die Möglichkeit der Bank, die dem Schuldner bei einer Globalzession eingeräumte Einziehungsbefugnis zu widerrufen, durch die Verwertungssperre nach § 49 Abs. 1 Nr. 2 StaRUG nicht berührt wird.

43 So auch *Knauth* NZI 2021, 158 (161).

44 Vgl. *Knauth* NZI 2021, 158 (159); *Riggert* NZI-Beilage 2021, 40 (42), welcher dem Schuldner einen Zeitraum von einem Monat einräumen will.

45 BGH Urt. v. 24.1.2019 – IX ZR 110/17, NZI 2019, 274 (276).

voraus.[46] Dagegen ist ein vom Schuldner eingerichtetes separates Eigenkonto nicht ausreichend, da nicht ausgeschlossen werden kann, dass andere Gläubiger auf dieses Konto zugreifen. Schließlich ist es dem Schuldner nach § 54 Abs. 2 StaRUG erlaubt, mit dem Gläubiger im Einzelfall eine Finanzierungsvereinbarung zu treffen. Der Gegenstand dieser Vereinbarung besteht darin, dass dem Schuldner die Sicherheitenerlöse im Wege eines Darlehens überlassen werden.[47] In der Praxis hat der Schuldner an dem Abschluss einer solchen Vereinbarung ein ganz erhebliches Interesse, da die Erlöse dem Schuldner ansonsten für die Betriebsfortführung nicht zur Verfügung stehen und es dann beim Schuldner zu Liquiditätsengpässen kommen kann.[48] Indes kann der Gläubiger nicht gezwungen werden, mit dem Schuldner eine Finanzierungsvereinbarung abzuschließen. In der Praxis besteht daher die Gefahr, dass gesicherte Gläubiger einen erheblichen Druck auf den Schuldner ausüben und hierdurch die beabsichtigte Sanierung erschwert wird.[49]

F. Vertragsrechtliche Wirkungen der Stabilisierungsanordnung

I. Kündigungssperre nach § 54 Abs. 1 StaRUG

Bereits in § 44 Abs. 1 S. 1 StaRUG wird bestimmt, dass die Vertragspartner des 39
Schuldners nicht allein aufgrund der Rechtshängigkeit der Restrukturierungssache oder der Inanspruchnahme von Instrumenten des Stabilisierungs- und Restrukturierungsrahmens durch den Schuldner berechtigt sind, das jeweilige Vertragsverhältnis zu kündigen, eine Anpassung des Vertrags zu verlangen, die Leistungen aus dem Vertrag fällig zu stellen oder die ihnen gegenüber dem Schuldner obliegende Leistung zu verweigern. Wenn das Restrukturierungsgericht auf Antrag des Schuldners eine Stabilisierungsanordnung erlässt, kommt die Regelung des § 55 Abs. 1 S. 1 StaRUG ergänzend zum Tragen. Hierbei handelt es sich um die **vertragsrechtlichen Wirkungen** einer Stabilisierungsanordnung, die automatisch mit dem Erlass der Stabilisierungsanordnung eintreten und von Seiten des Restrukturierungsgerichts nicht gesondert angeordnet werden müssen.[50]

In den Anwendungsbereich des § 55 Abs. 1 S. 1 StaRUG fallen Verträge, die im Zeit- 40
punkt des Erlasses der Stabilisierungsanordnung noch nicht vollständig erfüllt worden sind. Wenn noch eine Leistung durch den Schuldner zu erbringen ist, kann der Gläubiger die ihm obliegende Leistung, welche in den Anordnungszeitraum der Stabilisierungsmaßnahme fällt, nicht allein aufgrund der rückständigen Leistung des Schuldners verweigern. Ebenfalls ist es dem Gläubiger verwehrt, das Vertragsverhältnis mit dem Schuldner **durch Kündigung zu beenden** bzw. von dem Schuldner eine Anpassung des Vertrags zu verlangen. Allerdings bleibt es dem Gläubiger nach § 55 Abs. 1 S. 1 Hs. 2 StaRUG unbenommen, die Erbringung des Teils der Gegenleistung zu verweigern, die mit der vom Schuldner zu erbringenden Leistung im Gegenseitigkeitsverhältnis steht und auf diese entfällt. Hieraus ergibt sich, dass die Regelung des

46 In diesem Sinne auch *Zuleger* NZI-Beilage 2021, 43 (44).
47 Vgl. *Knauth* NZI 2021, 158 (161).
48 Vgl. *Desch* BB 2020, 2498 (2507).
49 Vgl. *Knauth* NZI 2021, 158 (162).
50 Vgl. *Schneider/Loszynski* SanB 2020, 136 (141).

§ 55 Abs. 1 S. 1 StaRUG zwar die Geltendmachung eines Zurückbehaltungsrechts durch den Gläubiger nach § 273 BGB sperrt, nicht jedoch die Einrede des nicht erfüllten Vertrags gemäß § 320 BGB ausschließt, wenn die Gegenleistung des Gläubigers mit der rückständigen Leistung des Schuldners im Synallagma steht. Denn durch § 55 Abs. 1 S. 1 StaRUG soll keine Vorleistungspflicht des Gläubigers begründet werden, die anderenfalls nicht bestanden hätte.[51] Der Begriff „etwas schuldig sein" setzt keinen Verzug des Schuldners iSv § 286 BGB voraus. Vielmehr muss der Anspruch des Gläubigers lediglich fällig und die Leistung des Schuldners rückständig sein.[52]

41 Nach dem Wortlaut des § 54 Abs. 1 S. 1 StaRUG darf nicht allein aufgrund der rückständigen Leistung des Schuldners die Leistungsverweigerung bzw. die Kündigung oder Anpassung des Vertrags durch den Gläubiger erfolgen. Aus dieser Formulierung folgt, dass die **Geltendmachung von Beendigungsrechten aus anderen Gründen** durch den Gläubiger möglich ist.[53] Dies kann etwa bei der Verletzung einer Neben- oder Informationspflicht durch den Schuldner oder bei dem Bruch eines vertraglich vereinbarten Covenants in Betracht kommen, soweit hierbei nicht ausdrücklich an die Rechtshängigkeit eines StaRUG-Verfahrens oder die Inanspruchnahme von Instrumenten des Stabilisierungs- und Restrukturierungsrahmens angeknüpft wird.[54]

42 Trotz der durch § 55 Abs. 1 S. 1 StaRUG statuierten Unwirksamkeit der Geltendmachung von Vertragsabänderungsrechten durch den Gläubiger wird man diesem jedoch das Recht einräumen müssen, die mit dem Schuldner vereinbarten **Zahlungsmodalitäten nachträglich zu ändern.** So kann etwa ein Lieferant für künftige Warenlieferungen auf Vorkasse bestehen, obwohl er dem Schuldner für Warenlieferungen in der Vergangenheit ein Zahlungsziel von 30 Tagen eingeräumt hatte.[55]

43 Durch § 55 Abs. 1 S. 2 StaRUG wird klargestellt, dass bei der Frage, ob der Schuldner seinen Vertragspartnern etwas schuldig ist, auf den Zeitpunkt des erstmaligen Erlasses der Stabilisierungsanordnungen abzustellen ist, auch wenn später Folge- oder Neuanordnungen erlassen werden. Nach § 55 Abs. 2 StaRUG greifen die Beschränkungen des § 55 Abs. 1 S. 1 StaRUG nicht ein, wenn der Schuldner für die Fortführung seines Unternehmens nicht auf die dem Gläubiger obliegende Leistung angewiesen ist. Dies erklärt sich vor dem Hintergrund des Art. 7 Abs. 4 UAbs. 1 der EU-Restrukturierungsrichtlinie, welche die vertragsrechtlichen Wirkungen von Stabilisierungsanordnungen auf Vertragsverhältnisse begrenzt, die für die **Weiterführung des täglichen Betriebs des schuldnerischen Unternehmens** erforderlich sind. Im Zweifel ist davon auszugehen, dass der Schuldner die vertraglichen Leistungen für die Betriebsfortführung benötigt. Es muss also positiv feststehen, dass der Schuldner nicht auf die Leistungen des Gläubigers angewiesen ist, um seinen Geschäftsbetrieb ungestört fortführen zu können.[56] Insoweit ist es bereits ausreichend, wenn der Schuldner darlegt, dass ein konkreter Bedarf bezüglich der konkreten Waren oder Dienstleistun-

51 BT-Drs. 19/24181, 158.
52 Vgl. *Thole* ZIP 2020, 1985 (1994).
53 So auch *Thole* ZIP 2020, 1985 (1994).
54 Vgl. *Thole* ZIP 2020, 1985 (1994).
55 Zustimmend *Thole* ZIP 2020, 1985 (1996).
56 BT-Drs. 19/24181, 158.

gen besteht. Der Gläubiger kann somit nicht einwenden, dass der Schuldner die Waren oder Dienstleistungen ebenfalls bei einem anderen Anbieter erhalten könnte.[57]

Im Ergebnis ist festzuhalten, dass die Vorschrift des § 55 Abs. 1 StaRUG eine sehr 44 weitgehende Sperre von Kündigungen, Vertragsanpassungen sowie der Geltendmachung von Leistungsverweigerungsrechten enthält, welche für sämtliche Vertragstypen gilt. Demgegenüber ist die bei einem Regelinsolvenzverfahren bzw. bei der Eigenverwaltung geltende Kündigungssperre des § 112 InsO auf **Miet- und Pachtverhältnisse** beschränkt, bei denen der Schuldner Mieter oder Pächter ist.[58]

II. Einschränkungen bei einer Vorleistungspflicht des Gläubigers

Falls der Gläubiger nach der mit dem Schuldner getroffenen vertraglichen Abrede 45 vorleistungspflichtig ist, soll dieser im Falle der Anordnung einer Stabilisierungsmaßnahme nicht weitere Leistungen erbringen müssen, ohne dass dieser hierfür eine Gegenleistung des Schuldners erhält. Daher wird in § 55 Abs. 3 S. 1 StaRUG bestimmt, dass der Gläubiger in einem solchen Fall von dem Schuldner eine Sicherheitsleistung verlangen kann oder seine Leistung alternativ lediglich Zug um Zug gegen die dem Schuldner obliegende Leistung erbringen muss. In der Sache entspricht die Regelung des § 55 Abs. 3 S. 1 StaRUG der **Unsicherheitseinrede** gemäß § 321 BGB.[59]

Darüber hinaus gilt die in § 55 Abs. 1 StaRUG enthaltene Kündigungssperre nach 46 § 55 Abs. 3 S. 2 StaRUG nicht bei **Darlehensverträgen**, bei denen die Darlehenssumme noch nicht an den Darlehensnehmer ausgezahlt wurde. Wenn der Darlehensnehmer in einer solchen Konstellation ein StaRUG-Verfahren einleitet, kann der Darlehensgeber den Darlehensvertrag gemäß § 55 Abs. 3 S. 2 StaRUG iVm § 490 Abs. 1 BGB wegen der Verschlechterung der Vermögensverhältnisse des Schuldners oder der Werthaltigkeit der für das Darlehen gestellten Sicherheit außerordentlich kündigen. Diese Voraussetzungen werden in der Praxis regelmäßig erfüllt sein, da die Einleitung eines StaRUG-Verfahrens nach § 29 Abs. 1 StaRUG die drohende Zahlungsunfähigkeit des Schuldners voraussetzt.[60] Nach § 55 Abs. 3 S. 3 StaRUG gilt die Ausnahme von der Kündigungssperre ebenfalls für andere Kreditzusagen. In sachlicher Hinsicht werden von der Regelung des § 55 Abs. 3 S. 2 StaRUG nicht nur Ratendarlehen, sondern auch die Ausreichung weiteren Kredits bei einem Kontokorrent erfasst.[61] Ein Kündigungsrecht des Darlehensgebers ist allerdings ausgeschlossen, wenn der Schuldner zuvor die finanziellen Schwierigkeiten gegenüber der Bank offengelegt hat und daher ein **Sanierungsdarlehen** vorliegt.[62]

57 Diese Frage offenlassend *Thole* ZIP 2020, 1985 (1994).

58 Aus diesem Grund stellt die Regelung des § 55 Abs. 1 StaRUG ein echtes Novum dar, vgl. dazu *Schneider/Loszynski* SanB 2020, 136 (144).

59 Vgl. *Thole* ZIP 2020, 1985 (1994).

60 Das Kündigungsrecht des Darlehensgebers nach § 490 Abs. 1 BGB besteht nicht erst dann, wenn die wesentliche Verschlechterung der Vermögensverhältnisse oder der Sicherheit tatsächlich eingetreten ist, sondern bereits bei einem drohenden Eintritt. Daher wird bei § 490 Abs. 1 BGB nicht verlangt, dass schon eine materielle Insolvenzlage in Form einer eingetretenen Zahlungsunfähigkeit oder einer rechtlichen Überschuldung vorhanden ist, da anderenfalls bereits der Vermögensverlust eingetreten wäre, vor dem der Darlehensgeber durch die Vorschrift des § 490 Abs. 1 BGB geschützt werden soll. Vgl. zum Ganzen MüKoBGB/*K. P. Berger* § 490 Rn. 7; Palandt/*Weidenkaff* § 490 Rn. 3.

61 So auch *Thole* ZIP 2020, 1985 (1994).

62 Vgl. Jauernig/*C. Berger* § 490 Rn. 3.

III. Zulässigkeit der Aufrechnung durch den Vertragspartner

47 Aus dem Wortlaut des § 55 Abs. 1 S. 1 StaRUG geht nicht unmittelbar hervor, ob der Vertragspartner des Schuldners nach dem Erlass einer Stabilisierungsanordnung noch berechtigt ist, einem Zahlungsanspruch des Schuldners eine fällige Gegenforderung entgegenzuhalten, die von dem Vertragspartner im Wege der **Aufrechnung** nach §§ 387 ff. BGB geltend gemacht wird. Teilweise wird in der Literatur die Auffassung vertreten, dass die Aufrechnung durch den Gläubiger während der Geltung einer Stabilisierungsanordnung einstweilig ausgeschlossen sei.[63] Dies ergebe sich aus einem Umkehrschluss zu der Regelung des § 56 Abs. 2 S. 1 StaRUG. Danach bleibe nämlich lediglich eine Vereinbarung über ein Liquidationsnetting von der Anordnung einer Verwertungssperre unberührt. Da es sich bei einem Netting um ein Verrechnungsverfahren und damit in der Sache um eine Form der Aufrechnung handele, folge aus § 56 Abs. 2 S. 1 StaRUG, dass im Falle der Anordnung einer Verwertungssperre außerhalb des Liquidationsnetting keine Aufrechnung mehr zulässig sei.[64]

48 Der vorstehenden Ansicht ist jedoch nicht zu folgen. So zeigt bereits ein Vergleich mit der InsO, dass die Möglichkeit der Aufrechnung durch den Erlass einer Stabilisierungsanordnung nicht eingeschränkt wird. Bei einem förmlichen Insolvenzverfahren nach der InsO wird durch § 94 InsO explizit bestimmt, dass eine zugunsten des Gläubigers bestehende Aufrechnungslage durch die Eröffnung des Insolvenzverfahrens grundsätzlich nicht berührt wird. Es ist anerkannt, dass der Erlass einer Sicherungsmaßnahme im Insolvenzeröffnungsverfahren, etwa nach § 21 Abs. 2 S. 1 Nr. 2, Nr. 3 InsO, nicht über § 394 BGB zu einem Aufrechnungsverbot führt.[65] Falls der Gesetzgeber die Aufrechnungsmöglichkeiten des Gläubigers im Falle des Erlasses einer Stabilisierungsanordnung nach § 49 Abs. 1 StaRUG hätte einschränken wollen, wäre die Regelung des § 55 Abs. 1 S. 1 StaRUG anders formuliert worden. Da dies aber nicht erfolgt ist und sich aus dem Wortlaut des § 55 Abs. 1 S. 1 StaRUG **keine Beschränkung der Aufrechnung** ableiten lässt, bleibt dem Gläubiger die Möglichkeit der Aufrechnung nach §§ 387 ff. BGB auch nach dem Erlass einer Stabilisierungsanordnung vollumfänglich erhalten.[66]

IV. Keine Beschränkung von Verfügungen über Finanzsicherheiten

49 Nach § 56 Abs. 1 S. 1 StaRUG wird durch den Erlass einer Stabilisierungsanordnung die Wirksamkeit von Verfügungen über **Finanzsicherheiten** iSv § 1 Abs. 17 KWG nicht berührt. Dies gilt ebenfalls für die Wirksamkeit der Verrechnung von Ansprüchen und Leistungen aus Zahlungsaufträgen, Aufträgen zwischen Zahlungsdienstleistern oder zwischengeschalteten Stellen oder Aufträgen zur Übertragung von Wertpapieren, die in Systeme nach § 1 Abs. 16 KWG eingebracht wurden. Die vorstehende Regelung entspricht wortgleich der im Insolvenzeröffnungsverfahren geltenden Vorschrift des § 21 Abs. 2 S. 2 InsO. Den beiden Regelungen liegt der Gedanke zugrunde,

63 So ausdrücklich *Smid* ZInsO 2021, 198 (203).
64 *Smid* ZInsO 2021, 198 (203).
65 Vgl. Kindler/Nachmann/Bitzer/*Bitzer* InsR-HdB Länderbericht Deutschland Rn. 366; Gottwald/Haas/*Adolphsen* InsR-HdB § 45 Rn. 5.
66 So im Ergebnis auch *Thole* ZIP 2020, 1985 (1996).

dass die dort näher bezeichneten Finanzsicherheiten von einer Stabilisierungsanordnung bzw. Sicherungsmaßnahme ausgenommen sind, um deren freie Verwertbarkeit sicherzustellen und auf diese Weise den freien Dienstleistungs- und Kapitalverkehr im Finanzbinnenmarkt gemäß den Vorgaben der EU-Finanzsicherheitenrichtlinie[67] zu fördern.[68]

Eine § 21 Abs. 2 S. 3 InsO entsprechende Vorschrift ist in § 56 Abs. 1 S. 2 StaRUG 50 enthalten. Hiernach ist die Verfügung oder die Verrechnung auch dann wirksam, wenn ein in § 56 Abs. 1 S. 1 StaRUG genanntes Rechtsgeschäft des Schuldners am Tag der Anordnung der Stabilisierungsmaßnahme getätigt und verrechnet wird oder an diesem Tag die **Bestellung einer Finanzsicherheit** erfolgt, sofern der Vertragspartner nachweist, dass er die Stabilisierungsanordnung nicht kannte und auch keine fahrlässige Unkenntnis vorlag. In der Praxis wird der Vorschrift des § 56 Abs. 1 StaRUG aber nur eine sehr geringe Bedeutung zukommen, da sich diese in erster Linie auf den Interbankenverkehr bezieht und das klassische Kreditgeschäft, wie insbesondere Globalzession und Sicherungsübereignung nicht erfasst wird.[69]

V. Besonderheiten beim Liquidationsnetting

Das **Liquidationsnetting** wird vor allem von Kreditinstituten durchgeführt. Konkret 51 ermittelt das jeweilige Kreditinstitut täglich das gegenüber dem betreffenden Vertragspartner bestehende Ausfallrisiko. Um die nach Beendigung der Geschäfte seitens des Kunden geschuldete Abschlusszahlung bestimmen zu können, werden zum einen die Marktwerte der einzelnen Geschäfte saldiert. Zum anderen wird dann in einem zweiten Schritt eine Verrechnung mit ggf. noch rückständigen Zahlungen und Leistungen vorgenommen. Hierbei wird stets eine Beendigung des Vertragsverhältnisses unterstellt.[70] Im Falle der Einleitung eines förmlichen Insolvenzverfahrens besteht bei Geschäften, denen eine Vereinbarung über ein Liquidationsnetting zugrunde liegt, kein Erfüllungswahlrecht des Insolvenzverwalters nach § 103 InsO. Vielmehr tritt nach § 104 Abs. 1, Abs. 3 InsO kraft Gesetzes eine Beendigung des Vertragsverhältnisses ein, sei es denn, dass die Parteien nach § 104 Abs. 4 InsO eine abweichende Vereinbarung treffen. Der Sinn und Zweck dieser Regelung besteht darin zu verhindern, dass sich der Insolvenzverwalter die für die Insolvenzmasse vorteilhaften Abschlüsse heraussucht und diesbezüglich Erfüllung wählt, während für die aus Sicht der Insolvenzmasse nachteiligen Abschlüsse Nichterfüllung gewählt wird.[71] Dies würde nämlich den berechtigten Interessen der anderen Vertragspartei zuwiderlaufen.

Das berechtigte Interesse der anderen Vertragspartei, ein Liquidationsnetting durch- 52 zuführen, wird in der Vorschrift des § 56 Abs. 2 S. 1 StaRUG aufgegriffen. Danach bleiben Geschäfte, die den Gegenstand einer **Vereinbarung über das Liquidationsnet-**

67 Richtlinie 2002/47/EG des Europäischen Parlaments und des Rates vom 6.6.2002, ABl. L 168/43 vom 27.6.2002.
68 Vgl. HambKommInsR/*Schröder* InsO § 21 Rn. 92.
69 Vgl. MüKoInsO/*Haarmeyer/Schildt* § 21 Rn. 104 (bezogen auf die Vorschrift des § 21 Abs. 2 S. 2 und 3 InsO).
70 Vgl. zum Begriff des Liquidationsnetting zB MüKoInsO/*Fried* § 104 Rn. 212; *Schimansky/Bunte/Lwowski BankR-HdB/Jahn/Reiner* § 114 Rn. 176.
71 Vgl. *Schimansky/Bunte/Lwowski BankR-HdB/Jahn/Reiner* § 114 Rn. 177.

ting iSv § 104 Abs. 3, Abs. 4 InsO bilden können, sowie Vereinbarungen über das Liquidationsnetting von dem Erlass einer Stabilisierungsanordnung unberührt. Die Regelung des § 56 Abs. 2 S. 2 StaRUG betrifft den Fall, dass sich nach Durchführung des Liquidationsnetting eine Forderung zugunsten der anderen Vertragspartei ergibt. Der Schuldner kann dann bezüglich dieser Verbindlichkeit einen Antrag auf Erlass einer Vollstreckungs- oder Verwertungssperre stellen.

G. Organhaftung im Zusammenhang mit Stabilisierungsanordnungen

53 Wenn es sich bei der Schuldnerin um eine juristische Person oder um eine Personengesellschaft handelt, bei der keine natürliche Person als persönlich haftender Gesellschafter vorhanden ist, besteht nach § 57 S. 1 StaRUG eine **persönliche Haftung** der Geschäftsleiter des Unternehmens gegenüber den betroffenen Gläubigern, wenn der Erlass der von dem Unternehmen beantragten Stabilisierungsanordnung aufgrund vorsätzlich oder fahrlässig unrichtiger Angaben des Schuldners erfolgt. Durch die vorstehende Regelung erhalten die von der Stabilisierungsanordnung betroffenen Gläubiger einen unmittelbaren Schadensersatzanspruch gegenüber den Geschäftsleitern des schuldnerischen Unternehmens.[72] Somit wird durch § 57 S. 1 StaRUG eine **unmittelbare Außenhaftung** der organschaftlichen Vertreter des Schuldners gegenüber den Gläubigern begründet.[73] Eine Haftung der Geschäftsleiter besteht bereits bei unrichtigen Angaben, denen lediglich eine einfache Fahrlässigkeit der Geschäftsleiter zugrunde liegt.[74] Ersatzfähig ist der Schaden, welcher den Gläubigern durch den Erlass der Stabilisierungsanordnung entsteht. Der Geschäftsleiter kann nach § 57 S. 2 StaRUG einwenden, dass ihn kein Verschulden trifft. Insoweit liegt die Darlegungs- und Beweislast für das fehlende Verschulden vollumfänglich bei dem Geschäftsleiter.[75]

54 Ferner greift die **Außenhaftung** der Geschäftsleiter gegenüber den Gläubigern nach § 57 S. 3 StaRUG ein, wenn der Schuldner sicherungszedierte Forderungen einzieht bzw. bewegliche Sachen veräußert, an denen bei einem Insolvenzverfahren Aus- oder Absonderungsrechte bestehen würden, und sich der Schuldner hierbei nicht an die durch § 54 Abs. 2 StaRUG aufgestellten Vorgaben bezüglich der Auskehrung oder Verwahrung der Erlöse hält.

55 Gemäß § 57 S. 4 iVm § 43 Abs. 3 StaRUG unterliegen die Schadensersatzansprüche nach § 57 S. 1, S. 3 StaRUG einer **Verjährungsfrist** von grundsätzlich fünf Jahren. Wenn es sich bei dem Schuldner im Zeitpunkt der Pflichtverletzung um eine börsennotierte Gesellschaft handelt, beträgt die Verjährungsfrist sogar zehn Jahre. Die Verjährungsfrist beginnt allerdings erst mit der Entstehung des Anspruchs, also dem Schadenseintritt, zu laufen. Insoweit besteht eine Parallele zu dem Beginn der Verjäh-

72 Vgl. auch *Gehrlein* BB 2021, 66 (74), der zutreffend darauf hinweist, dass die Haftung der Geschäftsleiter gegenüber den Gläubigern deswegen vom Gesetzgeber eingeführt wurde, weil dem Erlass einer Stabilisierungsanordnung keine vollumfängliche Prüfung der Richtigkeit der Angaben des Schuldners durch das Restrukturierungsgericht vorausgeht.

73 Vgl. *Schulz* NZI 2020, 1073 (1078); *Birnbreier* NZI-Beilage 2021, 25 (27).

74 Vgl. *Schulz* NZI 2020, 1073 (1078).

75 Vgl. *Bea/Dressler* NZI 2021, 67 (69).

rungsfrist bei der Organhaftung nach § 43 Abs. 4 GmbHG bzw. § 93 Abs. 6 AktG.[76] Da in § 43 Abs. 3 StaRUG keine besondere Regelung bezüglich des Verjährungsbeginns enthalten ist, folgt dies aus einer Anwendung des § 200 S. 1 BGB. Dabei beginnt die Verjährungsfrist taggenau mit der Anspruchsentstehung und nicht erst mit dem Schluss des Jahres, in dem der Anspruch entstanden ist, zu laufen.

H. Aufhebung der Stabilisierungsanordnung durch das Restrukturierungsgericht

I. Aufhebung auf Antrag des Schuldners oder von Amts wegen

Nach § 59 Abs. 1 Nr. 1 StaRUG wird die Stabilisierungsanordnung von dem Restrukturierungsgericht aufgehoben, wenn dies **vom Schuldner beantragt wird.** Grundlage dieses Aufhebungstatbestands ist Art. 6 Abs. 9 lit. b Alt. 1 der EU-Restrukturierungsrichtlinie. Dahinter steht der Gedanke, dass der Schuldner jederzeit die Möglichkeit haben soll, auf eine Aufhebung der auf seinen Antrag hin erlassenen Stabilisierungsmaßnahme hinzuwirken.[77] 56

Des Weiteren erfolgt nach § 59 Abs. 1 Nr. 2 StaRUG eine Aufhebung der Stabilisierungsanordnung **von Amts wegen** durch das Restrukturierungsgericht, wenn die Anzeige nach § 31 Abs. 4 StaRUG ihre Wirkungen verloren hat oder wenn die Voraussetzungen für eine Aufhebung der Restrukturierungssache nach §§ 31 Abs. 4 Nr. 3, 33 StaRUG gegeben sind. Hintergrund dieser Regelung ist, dass eine wirksame Anzeige des Restrukturierungsvorhabens gemäß § 31 Abs. 1 StaRUG zwingende Voraussetzung für die Inanspruchnahme der einzelnen Instrumente des präventiven Rahmens ist. In den Fällen, in denen die Anzeige nachträglich ihre Wirkungen verliert, wird hierdurch der Stabilisierungsanordnung ihre Grundlage entzogen, so dass diese aufzuheben ist.[78] Die Vorschrift des § 59 Abs. 1 Nr. 2 Alt. 2 StaRUG zielt auf Konstellationen ab, in denen die Aufhebung der Stabilisierungsanordnung zum Schutz der Interessen der Gläubiger geboten ist, etwa weil das schuldnerische Unternehmen insolvenzreif geworden ist, der Schuldner in erheblicher Weise gegen seine Auskunfts- und Mitwirkungspflichten verstoßen hat oder offenkundig geworden ist, dass wesentliche Gläubiger dem Sanierungsvorhaben ablehnend gegenüberstehen und daher keine Aussichten für eine Planannahme bestehen. 57

Die Stabilisierungsanordnung wird nach § 59 Abs. 1 Nr. 3 StaRUG ferner aufgehoben, wenn das Restrukturierungsgericht dem Schuldner eine angemessene Frist zur **Vorlage des Entwurfs eines Restrukturierungsplans** setzt, der Schuldner diese Frist aber verstreichen lässt. Die Frage, was unter einer angemessenen Frist zu verstehen ist, richtet sich nach dem jeweiligen Einzelfall. Wenn es sich bei dem Schuldner um ein großes Unternehmen handelt, welches womöglich noch Teil eines größeren Konzerns ist, wird man dem Schuldner eine längere Frist zur Vorlage des Entwurfs eines Restrukturierungsplans zubilligen müssen als bei einem Schuldner, der als kleines und mittleres Unternehmen („KMU") zu qualifizieren ist. 58

76 Vgl. Altmeppen/*Altmeppen* GmbHG § 43 Rn. 145 (in Bezug auf die Geschäftsleiterhaftung nach § 43 GmbHG); Hüffer/Koch/*Koch* AktG § 93 Rn. 87 (im Hinblick auf den Schadensersatzanspruch nach § 93 AktG).

77 BT-Drs. 19/24181, 159.

78 BT-Drs. 19/24181, 159.

59 Schließlich hebt das Restrukturierungsgericht die Stabilisierungsanordnung gemäß § 59 Abs. 1 Nr. 4 StaRUG auf, wenn dem Gericht Umstände bekannt sind, aus denen sich ergibt, dass der Schuldner nicht bereit und in der Lage ist, seine Geschäftsführung **an den Interessen der Gläubigergesamtheit** auszurichten. Dies wird in zwei Regelbeispielen dahin gehend konkretisiert, dass von einer fehlenden Ausrichtung der Geschäftsführung des Schuldners an den Interessen der Gläubigergesamtheit insbesondere dann auszugehen ist, wenn die vom Schuldner aufgestellte Restrukturierungsplanung in wesentlichen Punkten auf unzutreffenden Tatsachen beruht oder die Rechnungslegung und die Buchführung des Schuldners so unvollständig oder mangelhaft sind, dass eine Beurteilung der Restrukturierungsplanung, vor allem des Finanzplans, nicht möglich ist. Die Regelung des § 59 Abs. 1 Nr. 4 StaRUG weist eine Parallele zu dem Aufhebungsgrund bei der vorläufigen Eigenverwaltung nach § 270e Abs. 1 Nr. 1 InsO auf. Es wird hier besonders deutlich, dass Sanierungsvorhaben nach dem StaRUG die ständige Begleitung durch erfahrene betriebswirtschaftliche Berater voraussetzen. Es muss sichergestellt sein, dass die Rechnungslegung und die Buchführung des schuldnerischen Unternehmens lückenlos ist und keinerlei Mängel aufweist. Erst hierdurch werden die betriebswirtschaftlichen Berater des Schuldners in die Lage versetzt, eine formal ordnungsgemäße und schlüssige Restrukturierungsplanung zu erstellen.

60 Im Rahmen des § 59 Abs. 1 Nr. 4 StaRUG stellt sich die Frage, auf welche Art und Weise die Ermittlung der dort näher bezeichneten Umstände zu erfolgen hat. Den Gesetzesmaterialien ist zu entnehmen, dass diesbezüglich nicht uneingeschränkt der Amtsermittlungsgrundsatz gemäß § 39 Abs. 1 StaRUG gilt. Vielmehr soll sich die Kenntnis des Restrukturierungsgerichts von den Umständen nach der Absicht des Gesetzgebers in erster Linie auf der Grundlage von Berichten bzw. Anzeigen des Restrukturierungsbeauftragten oder sonstiger Personen ergeben, welche an der Restrukturierungssache beteiligt sind.[79] Der Wortlaut des § 59 Abs. 1 Nr. 4 StaRUG enthält die Aussage, dass dem Restrukturierungsgericht die Umstände, aus denen sich der Aufhebungsgrund ergibt, bekannt sein müssen. Fraglich ist, welcher Grad an Überzeugung durch die dem Restrukturierungsgericht bekannt gewordenen Umstände erforderlich ist, damit das Gericht von dem Vorliegen eines Aufhebungsgrunds ausgehen kann. Ein Vergleich mit der Vorschrift des § 59 Abs. 2 StaRUG zeigt, dass eine Stabilisierungsanordnung auf Antrag eines hiervon betroffenen Gläubigers schon dann aufgehoben wird, wenn dieser das Vorliegen des Aufhebungsgrunds lediglich iSv § 294 Abs. 1 ZPO glaubhaft macht. Dadurch soll die Aufhebung der Stabilisierungsmaßnahme für die von der Anordnung betroffenen Gläubiger erleichtert werden. Demgegenüber betrifft die Regelung des § 59 Abs. 1 Nr. 4 StaRUG den Fall einer amtswegigen Aufhebung der Stabilisierungsanordnung durch das Restrukturierungsgericht. Da in diesem Fall kein Aufhebungsantrag nach § 59 Abs. 2 StaRUG vorliegt, reicht das Vorliegen einer gewissen oder auch einer überwiegenden Wahrscheinlichkeit bezüglich der Umstände, die den Aufhebungsgrund begründen, nicht aus. Vielmehr kann die Aufhebung der Stabilisierungsanordnung nach § 59 Abs. 1 Nr. 4 StaRUG nur dann erfolgen, wenn die Umstände zur **vollen Überzeugung des Restruk-**

79 BT-Drs. 19/24181, 159 f.

turierungsgerichts feststehen.[80] Es ist damit ein **Beweismaß** iSv § 286 Abs. 1 ZPO erforderlich. Falls auf Seiten des Restrukturierungsgerichts nach Durchsicht der Berichte des Restrukturierungsbeauftragten oder der Eingaben der anderen Verfahrensbeteiligten noch Zweifel verbleiben, ob tatsächlich ein Aufhebungsgrund anzunehmen ist, sollte das Gericht eigene Ermittlungen anstellen und etwa nach § 39 Abs. 1 S. 2 StaRUG Zeugen oder Sachverständige vernehmen.

Wenn ein Aufhebungsgrund nach § 59 Abs. 1 Nr. 1–Nr. 4 StaRUG vorliegt, ist die 61 Stabilisierungsanordnung von dem Restrukturierungsgericht zwingend aufzuheben, ein **Ermessen des Gerichts** besteht insoweit nicht.[81] Gegen einen von Seiten des Restrukturierungsgerichts erlassenen Aufhebungsbeschluss steht dem Schuldner kein Rechtsmittel zur Verfügung.[82] Allerdings kann der Schuldner in einem solchen Fall ggf. versuchen, beim Restrukturierungsgericht einen neuen Antrag auf Erlass der Stabilisierungsanordnung zu stellen, in dem zusätzlich dargelegt wird, dass ein Aufhebungsgrund nach § 59 Abs. 1 Nr. 1–Nr. 4 StaRUG zu keiner Zeit bestanden hat oder zumindest zwischenzeitlich entfallen ist.

II. Aufhebung auf Antrag eines von der Anordnung betroffenen Gläubigers

Nach § 59 Abs. 2 StaRUG steht den von einer Stabilisierungsanordnung betroffenen 62 Gläubiger die Möglichkeit offen, beim Restrukturierungsgericht einen **Antrag auf Aufhebung der Stabilisierungsanordnung** zu stellen. Der Antrag hat bereits dann Erfolg, wenn der Aufhebungsgrund von dem jeweiligen Gläubiger lediglich iSv § 294 Abs. 1 ZPO glaubhaft gemacht wird. Dagegen können Gläubiger, die von einer Stabilisierungsanordnung nicht betroffen sind, deren Aufhebung nur über eine Eingabe beim Restrukturierungsgericht nach § 59 Abs. 1 Nr. 4 StaRUG erreichen.

Die Aufhebung der Stabilisierungsanordnung gemäß § 59 Abs. 2 StaRUG ist auf die 63 in § 59 Abs. 1 Nr. 2, Nr. 4 StaRUG genannten Aufhebungsgründe beschränkt. Der Erlass einer Stabilisierungsanordnung nach § 49 Abs. 1 StaRUG setzt keine vorherige Anhörung der davon betroffenen Gläubiger durch das Restrukturierungsgericht voraus. Allerdings muss der Schuldner in dem Antrag darlegen, dass die beantragte Stabilisierungsanordnung für die Erreichung des Restrukturierungsziels erforderlich ist. Wenn der Erlass der Stabilisierungsanordnung erfolgt ist und ein hiervon betroffener Gläubiger in Abrede stellt, dass die Maßnahme erforderlich ist, um das Restrukturierungsziel zu erreichen, kann sich der Gläubiger nicht auf die Vorschrift des § 59 Abs. 2 StaRUG stützen, um eine Aufhebung der Stabilisierungsanordnung zu erwirken.[83] Vielmehr kann der Gläubiger in diesem Fall lediglich eine **informelle Gegenvorstellung** beim Restrukturierungsgericht einreichen.

---

80 Vgl. auch *Schneider/Loszynski* SanB 2020, 136 (142), welche Kritik an der Regelung des § 59 Abs. 1 Nr. 4 StaRUG üben, da aus dem Wortlaut nicht eindeutig hervorgehe, dass beim Restrukturierungsgericht eine bestimmte Sicherheit für das Vorliegen der den Aufhebungsgrund begründenden Umstände gegeben sein müsse.

81 Vgl. *Thole* ZIP 2020, 1985 (1997).

82 Vgl. *Schneider/Loszynski* SanB 2020, 136 (142).

83 Vgl. *Riggert* NZI-Beilage 2021, 40 (42), welcher in dem Merkmal der Erforderlichkeit der Stabilisierungsanordnung eine gläubigerspezifische Voraussetzung sieht und daher kritisiert, dass der Gläubiger die fehlende Erforderlichkeit der Stabilisierungsanordnung nicht über § 59 Abs. 2 StaRUG geltend machen kann.

64 Falls es dem Gläubiger gelingt, das Vorliegen eines Aufhebungsgrunds nach § 59 Abs. 1 Nr. 2, Nr. 4 StaRUG glaubhaft zu machen, hat dies auch im Rahmen des § 59 Abs. 2 StaRUG die **zwingende Aufhebung** der Stabilisierungsanordnung zur Folge.

III. Absehen von der Aufhebung der Stabilisierungsanordnung

65 Gemäß § 59 Abs. 3 S. 1 StaRUG kann das Restrukturierungsgericht trotz Vorliegens eines Aufhebungsgrunds **im Einzelfall von der Aufhebung der Stabilisierungsanordnung absehen**, wenn die Fortdauer der Stabilisierungsanordnung geboten erscheint, um im Interesse der Gläubigergesamtheit einen geordneten Übergang der Restrukturierungssache in ein Insolvenzverfahren sicherzustellen. Auf diese Weise wird verhindert, dass durch die sofortige Aufhebung der Stabilisierungsanordnung vollendete Tatsachen geschaffen werden. Die Frage des Absehens von der Aufhebung der Stabilisierungsanordnung liegt im Ermessen des Restrukturierungsgerichts. In der Praxis sollte eine sofortige Aufhebung der Stabilisierungsmaßnahme insbesondere dann unterbleiben, wenn der Schuldner gegenüber dem Restrukturierungsgericht darlegt, dass hinreichende Aussichten bestehen, das schuldnerische Unternehmen in einem Insolvenzverfahren zu sanieren.

66 Wenn das Restrukturierungsgericht von der sofortigen Aufhebung der Stabilisierungsanordnung absieht, setzt das Gericht dem Schuldner nach § 59 Abs. 3 S. 2 StaRUG eine Frist von höchstens drei Wochen, um den **Nachweis der Stellung eines Eigeninsolvenzantrags** zu erbringen. Die vorstehende Frist orientiert sich an dem dreiwöchigen Zeitraum für die Stellung eines Insolvenzantrags bei eingetretener Zahlungsunfähigkeit nach § 15a Abs. 1 S. 2 InsO.[84] Soweit in § 59 Abs. 3 S. 1, S. 2 StaRUG von einem Insolvenzverfahren gesprochen wird, werden hiervon sowohl das Regelinsolvenzverfahren als auch die Sanierung des Schuldners im Rahmen einer Eigenverwaltung nach § 270 Abs. 1 InsO erfasst. Dies folgt daraus, dass es sich bei der Eigenverwaltung lediglich um eine besondere Form eines Insolvenzverfahrens handelt.[85] Nach Ablauf der vom Restrukturierungsgericht gesetzten Frist erfolgt nach § 59 Abs. 3 S. 3 StaRUG die Aufhebung der Stabilisierungsanordnung.

IV. Beendigung der Stabilisierungsanordnung

67 Schließlich endet die Stabilisierungsanordnung nach § 59 Abs. 4 StaRUG, wenn der **Restrukturierungsplan bestätigt ist oder die Planbestätigung versagt wird.** Dies leuchtet ohne Weiteres ein. Bei einer rechtskräftigen Bestätigung des Restrukturierungsplans ist die Sanierung des Schuldners abgeschlossen, so dass die Stabilisierungsanordnung nicht mehr erforderlich ist. Sollte dagegen die Planbestätigung versagt werden, bestehen keinerlei Aussichten mehr, um das vom Schuldner verfolgte Restrukturierungsziel zu erreichen. Es fehlt dann an einer Grundlage für die Fortgeltung der Stabilisierungsanordnung.

84 BT-Drs. 19/24181, 160.
85 Vgl. dazu Gottwald/Haas/*Haas* InsR-HdB § 84 Rn. 2; Buth/Hermanns/*Herbst* Restrukturierung § 28 Rn. 1.

§ 7 Restrukturierungsplan

A. Einleitung

I. Allgemeines

1 Der **Restrukturierungsplan** wird häufig als Kern- oder Herzstück des StaRUG bezeichnet, auch wenn er nur eines der modular anzuwenden Sanierungs- und Restrukturierungstools des StaRUG sein soll.[1] Seine hervorgehobene Bedeutung begründet sich darin, dass er erstmals für das deutsche Recht im Bereich der außergerichtlichen Sanierung und Restrukturierung die Grundlage schafft, die Rechtsbeziehungen zum Schuldner auch für ablehnende Gläubiger verbindlich zu regeln. Durch eine Mehrheitsentscheidung innerhalb der jeweiligen Gruppe oder eine gruppenübergreifende Mehrheitsentscheidung bewirkt die Einbeziehung in den **Restrukturierungsplan** des schuldnerischen Unternehmens eine Neugestaltung der Rechtsbeziehungen auch für die in der Abstimmung unterlegenen planbetroffenen Gläubiger (zu den Mehrheitserfordernissen sowie zur Möglichkeit der gruppenübergreifenden Mehrheitsentscheidung → § 8 Rn. 46 ff.). Für Eingriffe in die Forderungen und Rechte von Planbetroffenen (Gläubiger und Anteilsinhaber) war bislang – ohne gesonderte rechtliche Grundlage – die Zustimmung aller betroffenen Gläubiger zur Vertragsänderung/-anpassung erforderlich. Für solche Konstellationen wurde nunmehr die Sanierungsmoderation mit dem Ziel eines Sanierungsvergleichs geschaffen (zur Sanierungsmoderation → § 4). Der (teil-)konsensuale Restrukturierungsplan bildet als weitere Sanierungsoption das Bindeglied zwischen dieser (voll-)konsensualen außergerichtlichen Lösung mittels **Sanierungsvergleichs** und der gerichtlichen, nur in einem Insolvenzverfahren möglichen Sanierung mittels **Insolvenzplan.**

2 Der Restrukturierungsplan hat zwei wesentliche Funktionen. Er soll den planbetroffenen Gläubiger die notwendigen **Informationen** zur Verfügung stellen, damit diese auf einer ausreichenden Tatsachengrundlage eine Entscheidung über die im gestaltenden Teil dargelegten Maßnahmen treffen können. Des Weiteren bildet der (gerichtliche bestätigte) Restrukturierungsplan die **Grundlage** zur Insolvenzvermeidung und **Bestandssicherung** des Unternehmens.

II. Vorgaben der Richtlinie

3 Die Richtlinie zielt darauf ab, dass bestandsfähige Unternehmen und Unternehmer, die in finanziellen Schwierigkeiten sind, Zugang zu wirksamen nationalen **präventiven Restrukturierungsrahmen** haben.[2] Sie möchte Schuldnern mit dem Restrukturierungsrahmen ermöglichen, finanzielle Schwierigkeiten frühzeitig anzugehen, ihre

1 Vgl. ua *Ringelspacher/Ruch* ZRI 2020, 636; *Brünkmans* ZInsO 2021, 1 (2); *Vallender* ZInsO 2020, 2677; *Groß/Jungclaus* SanB 2021, 6.
2 EU-Richtlinie 2019/1023, Erwägungsgrund 1.

Insolvenz abzuwenden und die Bestandsfähigkeit ihrer Geschäftstätigkeit zu sichern. Der Restrukturierungsplan soll die Grundlage hierfür bilden.[3]

Dafür legt die Richtlinie nur die **Mindestnormen** für den Inhalt eines Restrukturierungsplans fest, will es aber den Mitgliedstaaten ermöglichen, **zusätzliche Erläuterungen** im Restrukturierungsplan vorzuschreiben. Es soll keine Verpflichtung geben, ein Expertengutachten über den Wert der Vermögenswerte zu verlangen, der im Plan angegeben werden muss.[4] Des Weiteren sollen der Restrukturierungsrahmen und damit auch der Restrukturierungsplan allen Unternehmen bis hin zu Kleinstunternehmen sowie der kleinen und mittleren Unternehmen (KMU) zur Verfügung stehen.[5] 4

III. Überblick zur nationalen Umsetzung

Das Ziel des deutschen Gesetzgebers war es, in Erfüllung der Vorgaben der Richtlinie mit dem Restrukturierungsplan ein Instrument zur Restrukturierung zu schaffen, das sowohl den Bedürfnissen von KMU als auch von Konzernstrukturen Rechnung trägt.[6] Die Umsetzung im StaRUG orientiert sich dabei im Wesentlichen an **Inhalt und Struktur des Insolvenzplans** (§§ 217 ff. InsO), der sich in der Praxis bewährt hat. Anpassungen werden nur dort vorgenommen, wo es die Besonderheiten der außergerichtlichen Restrukturierung nach StaRUG erfordert.[7] Für KMU ist in § 16 StaRUG zur einfacheren Umsetzung eine Checkliste des BMJV vorgesehen, die an deren Bedürfnisse angepasst sein soll. Für **Konzernstrukturen** wesentlich ist, dass Tochtergesellschaften, die gruppeninterne Drittsicherheiten iSd § 2 Abs. 4 StaRUG stellen, in den Restrukturierungsplan mit einbezogen werden können. Ein erster Praxisfall zeigt, dass ein Restrukturierungsplan auch darüber hinaus für ein gesellschaftsrechtliche Neu- bzw. Umstrukturierung von Konzerngesellschaften genutzt werden kann.[8] 5

Praxishinweis: Hervorzuheben ist an dieser Stelle, dass sich der deutsche Gesetzgeber insgesamt für eine insgesamt gläubigerschützende Ausgestaltung entschieden hat. Mit dem vorgesehenen Mehrheitskriterium von 75 % wurde die maximale, von der Richtlinie zugelassene Quote gewählt.[9] Die Beendigung von Verträgen war als Teil der operativen Restrukturierungsmaßnahmen zunächst im Gesetzesentwurf enthalten, wurde aber in die Gesetz gewordene Fassung des StaRUG nicht übernommen.[10] Andere Länder wie die Niederlande waren bei der Umsetzung der Richtlinie schuldnerfreundlicher (→ § 1 Rn. 19).[11]

B. Vorbereitung eines Restrukturierungsplans

Die außergerichtliche Restrukturierung eines Unternehmens mittels Restrukturierungsplan wird nur gelingen, wenn ausreichende Vorbereitungen im Vorfeld getroffen 6

3 EU-Richtlinie 2019/1023, Erwägungsgrund 24.
4 EU-Richtlinie 2019/1023, Erwägungsgrund 42.
5 EU-Richtlinie 2019/1023, Erwägungsgrund 17, 18.
6 BT-Drs. 19/24181, 88 f.
7 BT-Drs. 19/24181, 90 ff. (109).
8 AG Hamburg Beschl. v. 12.4.2021, Rn. 14, BeckRS 2021, 7959; *Grau/Pohlmann/Radunz* NZI 2021, 522.
9 EU-Richtlinie 2019/1023, Art. 9 Abs. 6; § 25 Abs. 1 StaRUG.
10 BT-Drs. 19/25303, 48 ff., Streichung der §§ 51 ff. StaRUG-RegE.
11 *Kern* NZI-Beilage 2021, 74; *Herding/Kranz* ZRI 2021, 123; *Kaubisch/Riewe/Hilpert* SanB 2021, 13.

wurden. Die Bedeutung einer umfangreichen Verfahrensvorbereitung zeigt sich auch in den Neuregelungen zum Zugang zur Eigenverwaltung in §§ 270 ff. InsO (Einzelheiten → § 18 Rn. 1 ff.). Dies betrifft die Gespräche und Verhandlungen mit den potenziellen Planbetroffenen – neben den **betriebswirtschaftlichen** Analysen und Planungsrechnungen sowie **rechtlichen Aspekten** der konkreten Verfahrensdurchführung.[12]

I. Gespräche mit Gesellschaftern

7 Nach Feststellung der Krise und zu Beginn der Überlegungen über eine (außer-)gerichtliche Restrukturierung sollte die Geschäftsleitung die **Abstimmung mit den Gesellschaftern** suchen. Ziel dieser internen Besprechungen muss es sein, letztlich deren Zustimmung zur Einleitung eines Restrukturierungsverfahrens bzw. zur entsprechenden Prüfung einzuholen. Das sollte möglichst erfolgen, bevor etwaige Aufwendungen für Berater getätigt werden. Ein Geschäftsführer einer GmbH kann nach § 49 Abs. 1 GmbHG eine Gesellschafterversammlung einberufen. Selbst wenn noch kein Fall des § 49 Abs. 3 GmbHG (Hälfte des Stammkapitals verloren) gegeben ist und keine Verpflichtung zum unverzüglichen Einberufen besteht, dürfte in der Krise der GmbH ein Fall gegeben sein, dass die Einberufung im Interesse der Gesellschaft erforderlich erscheint, § 49 Abs. 2 GmbHG.

8 Die ursprünglich im StaRUG vorgesehene Pflichtenverschiebung der Geschäftsleiter in der Krise hin zur Wahrung der Gläubigerinteressen wurde im Rahmen des Gesetzgebungsverfahrens letztlich nicht umgesetzt.[13] Es soll bei den **allgemeinen gesellschaftsrechtlichen Haftungsmaßstäben** bleiben.[14] Es sind also die allgemeinen Kompetenzverteilungsregeln, zB §§ 35 ff. GmbHG bzgl. Geschäftsführern und insbes. §§ 45, 46 GmbHG bzgl. Gesellschaftern, zu beachten. Eine Orientierung kann hier die bereits zum Insolvenzantrag ergangene Rechtsprechung geben.

9 Für **Geschäftsführer** besteht bei einer Antragstellung **ohne vorherige Zustimmung der Gesellschafter** ein Haftungsrisiko gegenüber der Gesellschaft. In einem obergerichtlich entschiedenen Fall hatte der Geschäftsführer bei (nur) vorliegender drohender Zahlungsunfähigkeit (§ 18 InsO) einen Insolvenzantrag gestellt. Das OLG München entschied, dass der Geschäftsführer – im konkreten Fall der Komplementär-GmbH einer Publikums-KG – gegenüber der KG nach § 43 Abs. 2 GmbHG haften kann, wenn er den Antrag auf Eröffnung des Insolvenzverfahrens ohne Zustimmung der KG-Gesellschafter stellt.[15] Diese Grundsätze sind auf die Situation im StaRUG übertragbar.[16] Bei drohender Zahlungsunfähigkeit besteht keine gesetzliche Handlungspflicht für den Geschäftsführer, weder bzgl. einer Anzeige nach § 31 StaRUG noch bzgl. Antragstellung nach § 13 InsO. Ein Berufen auf die sog. Business Judgement

---

12 *Steffan/Oberg/Poppe* ZIP 2021, 617 zu betriebswirtschaftlichen Aspekten.

13 BT-Drs. 19/25303, Beschlussempfehlung des Ausschusses für Recht und Verbraucherschutz, 15–17; zu den Konsequenzen der Regelungen für die Einleitung eines Verfahrens *Skauradszun*, ZRI 2020, 625, 630/631.

14 BT-Drs. 19/25353, Bericht des Ausschusses für Recht und Verbraucherschutz, 6.

15 OLG München Urt. v. 21.3.2013, NZI 2013, 542 mAnm *Jakobs/Hoffmann* EWiR 2013, 483; zu den Interessen von Geschäftsleitern und Gesellschaften *Tan/Lambrecht* NZI 2019, 249 (250, 251).

16 *Morgen/Arends/Schierhorn* ZRI 2021, 305 (309).

Rule wird dem Geschäftsführer hier ebenso verwehrt sein.[17] Auch die Einleitung eines Restrukturierungsverfahrens stellt eine **gesellschaftsrechtliche Grundlagenentscheidung** dar, die daher in die Zuständigkeit der Gesellschafterversammlung fällt.[18]

Praxishinweis: Ein **Geschäftsführer** sollte nach Erkennen der Krise und vor Einleitung eines Restrukturierungsverfahrens, am besten vor Beauftragung etwaiger Berater, die Gesellschafter zur Krisensituation und seinen Überlegungen für die Restrukturierung informieren und deren Zustimmung durch Gesellschafterbeschluss einholen. Dies kann vor dem auch auf Basis des StaRUG weiterhin unklaren Pflichtenkatalogs nur empfohlen werden.[19] Unabhängig davon treffen ihn die Pflichten des neuen § 1 StaRUG zur Krisenfrüherkennung und zum Krisenmanagement (→ § 3 Rn. 15 ff.).[20]

Praxishinweis: Für die Gesellschafter bedeutet eine entsprechende Information durch den Geschäftsführer, dass sie sich mit ihren Handlungsoptionen zur Beseitigung der Krise und ggf. zur Abwendung eines Verfahrens nach StaRUG oder InsO beschäftigen müssen. Ob Gesellschafter die erforderlichen Mittel zur Verfügung stellen, wird maßgeblich davon abhängen, wie sich ihre rechtliche Position verändert. Im schlechtesten Fall droht in beiden Fällen der Verlust des Unternehmens. In der Praxis wird in Insolvenzverfahren, auch in Eigenverwaltungsverfahren häufig durch einen Investorenprozess überprüft, ob sich der Verkauf des Unternehmens (oder von Teilen) als bestmögliche Verwertung darstellt.[21]

II. Konzepterarbeitung

Haben sich Geschäftsführung und Gesellschafter auf die Vorbereitung bzw. Einlei- 10
tung eines Restrukturierungsverfahrens verständigt, wird der Geschäftsführer – in der Regel gemeinsam mit spezialisierten Beratern – zu prüfen haben, in welchem **Krisenstadium** sich das Unternehmen befindet und welche **Krisenursachen** im Unternehmen bestehen.[22] Nur im Krisenstadium der drohenden Zahlungsunfähigkeit (§ 18 InsO) ist der Zugang zum StaRUG gegeben. Aus den Krisenursachen ist abzuleiten, welche betriebswirtschaftlichen und rechtlichen Maßnahmen erforderlich sind, um die Krise zu beseitigen. Dann kommt es im ersten Schritt darauf an, welches rechtliche Instrument hierfür die beste (Sanierungs-)Option bildet. Müssen mehrere Gläubiger eingebunden werden, verschiedene Maßnahmen getroffen werden und zeichnet sich eine (voll-)konsensuale Lösung mit allen wesentlichen Gläubigern durch Sanierungsvergleich/Sanierungsmoderation (→ § 4 Rn. 1 ff.) nicht ab, stellen zukünftig der Restrukturierungsplan nach dem StaRUG und der Insolvenzplan – ggf. im Rahmen einer Ei-

17 Zur Business Judgement Rule im StaRUG-Kontext *Bea/Dressler* NZI 2021, 67; grundsätzlich bei der GmbH *Fleischer* NZG 2011, 521.

18 Vgl. BGH Urt. v. 25.2.1982, NJW 1982, 1703, zuletzt Anm. *Habersack* NJW 2017, 3084; BGH Urt. v. 26.4.2004, NJW 2004, 1860; insgesamt dazu *Fuhrmann/Heinen/Schilz* NZG 2021, 684 (688).

19 Vgl. zum unklaren Pflichtenkorsett der Geschäftsleiter *Bitter* ZIP 2021, 321; *Schülke* DStR 2021, 621; *Schelo* WM 2021, 513 (518/519).

20 *Nickert/Nickert* DStR 2021, 883.

21 *Reus/Höfer/Harig* NZI 2019, 57 (60); *Brünkmans/Thole* Insolvenzplan-HdB § 2, D, III; *Beck/Depré Insolvenz/Exner/Lehmeier* § 44 Rn. 134 ff.

22 Vergleichbar dem Vorgehen nach den Anforderungen an Sanierungskonzepte (IDW S 6) in der Fassung vom 16.5.2018, IDW Life 8/2018, 813 ff., Rn. 13 ff., 44 ff., 68.

genverwaltung – nach der InsO die zwei wesentlichen **Optionen** dar.[23] Diese Abwägung zwischen Restrukturierungs- und Insolvenzplan hat der Gesetzgeber antizipiert und möchte durch die konkrete Ausgestaltung des StaRUG und der neu gestalteten Regelungen zum Insolvenzplan und zum Zugang der Eigenverwaltung vermeiden, dass die Wahl durch Unterschiede beeinflusst wird, die sich nicht auf zwingende sachliche Gründe zurückführen lassen.[24]

1. Vergleichende Betrachtung von Insolvenz- und Restrukturierungsplan

11 Für die konzeptionellen Überlegungen zu Beginn des Verfahrens mag folgende Übersicht zu beiden Instrumenten des Restrukturierungs- und Insolvenzplans im Rahmen einer Eigenverwaltung eine erste Orientierung bilden.

Thema	Restrukturierungsplan	Insolvenzplan
Gesetzliche Grundlage	§§ 4 ff. StaRUG	§§ 217 ff. InsO
Ziel	Verhinderung der Insolvenz des Schuldners und Sicherung der Bestandsfähigkeit des Unternehmens	gemeinschaftliche Gläubigerbe-friedigung, abweichende Regelung insbes. zum Erhalt des Unternehmens im Insolvenzplan möglich, § 1 InsO
Persönlicher Anwendungsbereich		
Unternehmen/r (Schuldner)	jeder insolvenzfähige Schuldner, bei natürlichen Personen nur Unternehmer, § 30 StaRUG	juristische und natürliche Personen, soweit insolvenzfähig, § 11 InsO
(Plan-) Betroffene Gläubiger	nur die Gläubiger, die am Verfahren beteiligt waren, indem ihre Forderungen in den Plan einbezogen wurden Auswahl der Planbetroffenen durch Schuldner, § 8 StaRUG	alle Gläubiger, auch am Verfahren nicht beteiligte Insolvenzgläubiger

23 Vgl. hierzu *Morgen/Arends/Schierhorn* ZRI 2021, 305; *Hofmann* SanB 2020, 98; *ders.* NZI-Beilage 2019, 22.

24 BT-Drs. 19/24181, 109.

Thema	Restrukturierungsplan	Insolvenzplan
Zeitlicher Anwendungsbereich		
(Antrags-)Grund	Drohende, dh noch nicht eingetretene/akute Zahlungsunfähigkeit, § 18 InsO	ab drohender Zahlungsunfähigkeit ist Antrag auf Eröffnung eines Insolvenzverfahrens und damit Insolvenzplan möglich, § 18 InsO, aber auch bei eingetretener Zahlungsunfähigkeit oder Überschuldung, §§ 17, 19 InsO
Schutzmöglichkeiten des Schuldners in der Erstellungsphase	Stabilisierungsanordnungen, § 29 Abs. 2 Nr. 3 StaRUG	Sicherungsmaßnahmen, §§ 20 ff. InsO im vorläufigen Verfahren Schutzmechanismen der §§ 80 ff. InsO ab Eröffnung des Verfahrens
Ausgestaltung des Plans		
Orientierungshilfe/IDW-Standard	Offen	IDW S2 (inkl. Muster-Gliederung, Muster-Vergleichsrechnung)
Inhalt und Aufbau	Gliederung, § 5 StaRUG Darstellender Teil – Restrukturierungsmaßnahmen (insbes. nicht im Plan geregelte), Grundlagen und Auswirkungen, inkl. Vergleichsrechnung, § 6 StaRUG Gestaltender Teil – Änderung der Rechtsstellung, § 7 StaRUG Anlagen: u.a. Begründung der Eignung der Insolvenzvermeidung und Unternehmensfortbestand (§ 14 StaRUG)	Gliederung, § 219 InsO Darstellender Teil – Maßnahmen nach Eröffnung, Grundlagen und Auswirkungen, inkl. Vergleichsrechnung, § 220 InsO Gestaltender Teil – Änderung der Rechtsstellung, § 221 InsO

Thema Ausgestaltung des Plans	Restrukturierungsplan	Insolvenzplan
einzubeziehende Forderungen	Restrukturierungsforderungen, § 2 Abs. 1 Nr. 1 StaRUG ■ Beachte: unterschiedliche zeitliche Anknüpfungspunkte gem. § 2 Abs. 5 StaRUG Absonderungsanwartschaften gestaltbar, § 2 Abs. 1 Nr. 2 StaRUG	Insolvenzforderungen nach § 38 InsO, dh alle zum Eröffnungszeitpunkt begründete Vermögensansprüche (zu diesen zählen auch Ersatzansprüche nach Vertragsbeendigung der §§ 103 ff. InsO) Absonderungsrechte, §§ 49–51 InsO, grundsätzlich unberührt, aber gestaltbar, § 223 InsO
Gestaltungsmöglichkeiten im Plan	Umfassende Gestaltungsmöglichkeiten/Vertragsfreiheit Auch Einzelbestimmungen aus mehrseitigen Verträgen, § 2 Abs. 2 StaRUG Gesellschafterrechte, § 2 Abs. 3 StaRUG Rechte aus gruppeninternen Drittsicherheiten, § 2 Abs. 4 StaRUG	Gestaltungsmöglichkeiten bzgl. Verwertung der Masse und Erlösverteilung, Verfahrensabwicklung, Haftung nach Beendigung für Absonderungsrechte und Insolvenzforderungen, § 217 InsO Gesellschafterrechte, §§ 217 Abs. 1 S. 2, 225a InsO Rechte aus gruppeninternen Drittsicherheiten, §§ 217 Abs. 2, 223a InsO
Gestaltungsmöglichkeiten außerhalb des Plans		Vertragsbeendigung, §§ 103 ff. InsO insb. verkürzte Kündigungsfrist bei Mietverträgen, § 109 InsO, und Dienstverträgen, § 113 InsO

Thema	Restrukturierungsplan	Insolvenzplan
Ausgestaltung des Plans		
Grenzen der Gestaltung	unbeschränkter Regelungsbereich, über die (Neu-) Regelung der Restrukturierungsforderungen etc hinausgehend Vertragsbeendigungen nur für vergangene Vertragsbestandteile keine arbeitnehmerbezogene Verträge etc, § 4 StaRUG keine Umgestaltung zB von Mietvertragskonditionen, insoweit Vertragsbeendigungsmöglichkeit	Regelungen des § 217 InsO auch gleichzeitig Begrenzung der Gestaltungsmöglichkeiten auf Verwertung, Erlösverteilung, Verfahrensabwicklung, Haftung nach Beendigung
Verfahren		
Initiativrecht	Schuldner	Schuldner Sachwalter nach Beauftragung durch Gläubigerversammlung
Gerichtsbeteiligung	nicht erforderlich, punktuell möglich, idR Antragsrecht des Schuldners	Zwingend
Weitere Beteiligte	nicht erforderlich, ggf. Restrukturierungsbeauftragter, §§ 73 ff. StaRUG, Gläubigerbeirat, § 93 StaRUG	zwingend (vorläufiger) Sachwalter, ggf. (vorläufiger) Gläubigerausschuss, §§ 22a, 67 ff. StaRUG
Vorprüfung	nur Auftrag des Schuldners, §§ 46 ff. StaRUG, Ergebnis in Hinweisbeschluss	durch Gericht nach Planvorlage von Amts wegen, §§ 231 ff. InsO Ergebnis Hinweisbeschluss oder Zurückweisung
Vorprüfung/Rechtsmittel	keine Rechtsmittel	sofortige Beschwerde gegen Zurückweisung, § 231 Abs. 3 InsO

Thema	Restrukturierungsplan	Insolvenzplan
Verfahren		
Abstimmung	Planangebot, §§ 19 ff. StaRUG, Abstimmung außergerichtlich und auf Antrag des Schuldners gerichtlich Stimmrecht, §§ 24 ff. StaRUG	gerichtlicher Erörterungs- und Abstimmungstermin, §§ 235 ff. InsO Stimmrecht, §§ 237 ff. InsO
Erforderliche Mehrheit	Zustimmung bei 3/4 Mehrheit innerhalb der Gruppen oder gruppenübergreifender Mehrheitsentscheidung, § 26 StaRUG	Zustimmung bei einfacher Kopf- und Summenmehrheit der abstimmenden Gläubiger oder gruppenübergreifender Mehrheitsentscheidung, §§ 244, 245 InsO
Bestätigung	Auf Antrag des Schuldners, §§ 60 ff. StaRUG; ggf. Stellungnahme des Restrukturierungsbeauftragten, § 76 Abs. 4 StaRUG Versagung, § 63 StaRUG	erfolgt von Amts wegen durch das Insolvenzgericht nach Annahme es Insolvenzplans und Zustimmung Schuldner sowie Anhörung von Insolvenzverwalter, Gläubigerausschuss und Schuldner, § 248 InsO Versagung, §§ 250, 251 InsO
Bestätigung/Rechtsmittel	sofortige Beschwerde, § 66 StaRUG	sofortige Beschwerde, § 253 InsO
Rechtskraft/Wirkungen	mit Bestätigung, §§ 67 ff. StaRUG Wirkung (gestaltender Teil) gegenüber den Planbetroffenen, unabhängig von Zustimmung oder Teilnahme, §§ 67 ff. StaRUG nur in Höhe der einbezogenen Forderung bzw. eines Teilbetrags, § 70 StaRUG	mit Rechtskraft der Bestätigung, § 254 InsO Wirkung (gestaltender Teil) gegenüber allen Beteiligten/Insolvenzgläubigern, auch wenn Forderung nicht angemeldet oder bei Widerspruch, § 254b InsO

Thema	Restrukturierungsplan	Insolvenzplan
Gesamtverfahrensdauer (Schätzungen)		
Vorbereitung	mehrere Wochen (abhängig von Krisenursachen, Gesprächen mit Gläubigern etc; darüber hinaus bei Stabilisierungsanordnung nach §§ 49 ff. StaRUG Planungsunterlagen für Antrag erforderlich)	mehrere Tage (für reine Antragsvorbereitung, abhängig von Unternehmensgröße etc; bei der Eigenverwaltung umfangreiche Planungsunter-lagen erforderlich, §§ 270 ff. InsO)
Verfahrensdurchführung	drei (max. acht) Monate für Stabilisierungsanordnung, § 53 StaRUG mehrere Wochen (abhängig ua von Einbeziehung des Gerichts und Ladungsfristen)	drei Monate sog. vorläufiges Verfahren drei bis sechs Monate (bei gut vorbereiteten Eigenverwaltungsverfahren), neun bis zwölf Monate in der Praxis häufiger keine Maximaldauer

2. Fazit

Trotz der vom Gesetzgeber gewünschten Parallelen von Insolvenz- und Restrukturierungsplan lassen sich wesentliche Unterschiede feststellen: 12

Während der Insolvenzplan die Rechte aller Gläubiger regelt, stellt bereits die Auswahl der Planbetroffenen und damit der **begrenzte personelle Wirkungskreis des Restrukturierungsplans** ein wesentliches Unterscheidungsmerkmal dar. Darin liegt ein Vorteil der Restrukturierung im außergerichtlichen Bereich. Der Restrukturierungsplan bietet die Möglichkeit, krisenursachen- und vor allem lösungsbezogen nur die insoweit erforderlichen Gläubiger einzubeziehen. Grundsätzlich ausgenommen sind die Arbeitnehmer, was nachteilig sein kann, aber nicht zwingend sein muss. Im Übrigen können Maßnahmen hier außerhalb des Restrukturierungsplans vorgesehen und ggf. als Bedingung (§ 62 StaRUG → Rn. 138 ff.) vorgesehen werden. 13

In der Ausgestaltung des Restrukturierungsplans besteht ebenfalls größerer **Handlungsspielraum.** Das Restrukturierungsverfahren ist von der Privatautonomie geprägt; so werden auch Änderungen (fort-)bestehender Verträge in Einzelbestimmungen ermöglicht. Im Restrukturierungsplan kann der Schuldner in begrenztem Maße Verträge, auch mehrseitige Finanzierungverträge, gestalten. Die Änderungen müssen allein zweckmäßig sein und sind nicht auf das zur Restrukturierung erforderliche Maß beschränkt.[25] Der Restrukturierungsplan ermöglicht insofern „passgenaue" Lösungen. Der Insolvenzplan als Teil des Gesamtvollstreckungsrechts regelt hingegen in 14

25 AG Köln Beschl. v. 3.3.2021, Rn. 9, BeckRS 2021, 5571.

erster Linie die Befriedigung der Gläubiger, auch wenn er sich in der Praxis bereits als ausreichend flexibles Instrument zur Sanierung im Insolvenzverfahren bewährt hat.

15 Liegen die wirtschaftlichen Sanierungserfordernisse auch darin, das **Unternehmen zu verkleinern und unrentable Geschäftsbereiche zu schließen**, dürfte sich die Eigenverwaltung mit Insolvenzplan eher für die Sanierung eignen. Hier können Verträge nach den §§ 103 ff. InsO, insbesondere auch Mietverträge (§ 108 InsO), vereinfacht beendet und personalwirtschaftliche Maßnahmen mit den Erleichterungen der §§ 120 ff. InsO umgesetzt werden. Dies sind zwar allgemeine insolvenzrechtliche Aspekte, wirken sich aber natürlich auch auf die Abwägung zwischen Insolvenzplan und Restrukturierungsplan unmittelbar aus.

III. Gespräche mit wesentlichen Stakeholdern und potenziellen Planbetroffenen

16 Auf Basis des Erst- oder Grobkonzepts sollte die Geschäftsführung die (grundsätzliche) Unterstützung für das Restrukturierungsvorhaben abklären. Die Gespräche werden die wesentliche Weichenstellung für die Wahl der konkreten Verfahrensart geben. Darüber hinaus haben sie ganz konkret im Restrukturierungsverfahren Bedeutung und sollten daher auch stets dokumentiert werden. Die **Darstellung der Verhandlungen** kann zB bei der Anzeige des Restrukturierungsvorhabens relevant sein (§ 31 Abs. 2 Nr. 2 StaRUG) und bilden somit gem. § 31 Abs. 1 StaRUG eine Voraussetzung für die Inanspruchnahme der Stabilisierungsinstrumente nach § 29 StaRUG (zu den Stabilisierungsinstrumenten → § 5 Rn. 1 ff.).

1. Externe Gesprächspartner

17 Bei den Vorgesprächen ist die Geschäftsführung in der **Auswahl der Gesprächspartner**, der Dauer und Intensität der Verhandlungen und den übermittelten **Informationen** frei. Sie wird sich dabei zum einen davon leiten lassen, welche unternehmensexternen Gesprächspartner zB aufgrund der bisherigen Geschäftsbeziehung als Unterstützer einer außergerichtlichen Restrukturierung erweisen könnten; zum anderen wird sie natürlich die Gläubiger ansprechen müssen, deren Forderungen für die Krise des Unternehmens relevant und daher von einem Restrukturierungsplan potenziell betroffen sind. Bei den Gesprächen wird die Geschäftsleitung schon allein in zeitlicher Hinsicht Prioritäten setzen müssen. Bei Gesprächen mit Lieferanten bzw. Warenkreditversicherern ist darauf zu achten, dass eine Fälligstellung aufgelaufener Verbindlichkeiten, eine Kündigung der Geschäftsbeziehung oder des Versicherungsvertrags nicht zum Eintritt der Zahlungsunfähigkeit, § 17 InsO, führt und die Restrukturierung mittels StaRUG oder die Fortführung des Geschäftsbetriebs insgesamt verhindert. Das Verbot von Lösungsklauseln in § 44 StaRUG (→ § 14 Rn. 1 ff.) bietet insoweit einen den §§ 103, 104, 119 InsO vergleichbaren Schutz.[26]

18 Es ist insoweit zwangsläufig, dass eine gewisse Ungleichbehandlung der späteren Planbetroffenen entsteht und Einzelne ggf. auch von Informationen abgeschnitten sind. Besondere, allgemeine Informationsverpflichtungen gegenüber den späteren

26 Vgl. grundlegend BGH, Urteil v. 15. 11. 2012, NZI 2013, 178 mAnm Eickhoff NZI 2013, 180; bzgl. § 104 InsO: BGH, Urteil v. 9.6.2016, NZI 2016, 627.

Planbetroffenen sieht das StaRUG vor Anzeige des Restrukturierungsvorhabens nicht vor. Insbesondere muss das Restrukturierungsvorhaben nicht vorab angekündigt werden oder vorher (erfolgslos) über Alternativlösungen verhandelt werden. Etwaige im Rahmen der Anzeige nach § 31 Abs. 2 Nr. 2 StaRUG erforderlichen Angaben zum **Stand der Verhandlungen mit Gläubigern** dienen lediglich der **gerichtlichen Information.**[27] Selektive Vorgespräche führen hinsichtlich des Restrukturierungsplans auch nicht zu einer unlauteren Herbeiführung der Annahme der Planbestätigung gem. § 63 Abs. 4 StaRUG; diese Vorschrift greift schon von ihrem Wortlaut erst später in der eigentlichen Planverhandlung bzw. -abstimmung und schließlich -bestätigung.[28]

Praxishinweis: Das Unternehmen – das StaRUG spricht vom Schuldner, aber wir sind in der Vorbereitungsphase noch vor dessen Anwendbarkeit – sollte die Vorgespräche bereits auf Basis eines Konzepts für das Restrukturierungsvorhaben und vor dem Hintergrund der gesetzlichen Anforderungen führen. Das Erreichen der erforderlichen (Summen-)Mehrheiten bei den Gläubigern und späteren Planbetroffenen sollte dabei möglichst abgeklärt werden. Erst auf Basis eines vorher erarbeiteten Konzepts kann hierfür die Einordnung in die jeweiligen Gruppen erfolgen und die Mehrheiten in den Gruppen eingeschätzt werden. Nur wenn ein Erreichen der erforderlichen Mehrheiten – ggf. unter Berücksichtigung der gesetzlichen Möglichkeiten der gruppenübergreifenden Mehrheitsentscheidung nach § 26 StaRUG – ausreichend erfolgsversprechend erscheint, sollte der weitere (auch finanzielle) Aufwand in die detaillierte Erstellung des Restrukturierungsplans investiert werden. Darüber hinaus wird sich schon abzeichnen, ob die Bestellung eines Restrukturierungsbeauftragten nach § 73 Abs. 2 StaRUG erforderlich sein wird.

2. Kreditinstitute

Eine wesentliche Rolle werden in aller Regel die finanzierenden **Kreditinstitute** in der 19
Restrukturierung spielen. Hier wird es im Rahmen der Vorbereitung und Gespräche zum Restrukturierungsplan darauf ankommen, dass nicht durch Kündigung oder sonstige Fälligstellung der Finanzierungsverbindlichkeiten aus der drohenden Zahlungsunfähigkeit, § 18 InsO, eine Zahlungsfähigkeit, § 17 InsO, wird. Dies könnte ein Restrukturierungsverfahren verhindern. Daher sollte mit den Kreditinstituten für die Vorbereitungs- und möglichst auch Durchführungsphase der Restrukturierung ein Stillhalteabkommen, sog. stand-still-Vereinbarung, abgeschlossen werden, die die Zahlungsunfähigkeit ausschließt.[29]

Praxishinweis: Das Auslaufen der Finanzierung kann auch Grundlage der drohenden Zahlungsunfähigkeit sein, wenn die Finanzierung innerhalb der nächsten 24 Monate ausläuft und bei Endfälligkeit nicht beglichen werden kann. Hier sollte der Schuldner genau darlegen, dass und warum eine weitere Verlängerung nicht möglich ist. Sofern das Restrukturierungsgericht nicht ausreichend von der drohenden Zahlungsunfähig-

27 AG Hamburg Beschl. v. 12.4.2021, Rn. 14, BeckRS 2021, 7959.
28 AG Köln Beschl. v. 3.3.2021, Rn. 9, BeckRS 2021, 5571.
29 BGH, Urteil v. 20.12.2007, BB 2008, 634 mAnm. Hörmann BB 2008, 637.

keit überzeugt ist, droht die Bestätigung gem. § 63 Abs. 1 Nr. 1 StaRUG versagt zu werden.[30]

20 Andersherum können die Kreditinstitute auch eine **unterstützende Rolle** spielen und – sofern erforderlich – Finanzierungsbeiträge in dieser Phase des Verfahrens erbringen. So können die Gespräche bzw. die Zeit der vorbereitenden Planverhandlungen sowie auch das anschließende Restrukturierungsverfahren weitere Finanzmittel (sog. **Überbrückungs- oder Sanierungskredite**) erforderlich machen. Im Restrukturierungsplan können schließlich vorab ausgereichte Finanzierungen gestaltet werden, so dass eine konstruktive Mitwirkung für Kreditinstitute stets sinnvoll sein dürfte. Ebenso können im Restrukturierungsplan gem. § 12 StaRUG Regelungen zur Zusage von Darlehen oder sonstigen Krediten aufgenommen werden, die zur Finanzierung der Restrukturierung auf der Grundlage des Plans erforderlich sind (neue Finanzierung). Als neue Finanzierung gilt auch deren Besicherung, § 12 S. 2 StaRUG.

Praxishinweis: Der Schuldner wird die Kreditinstitute in die Restrukturierung einbinden wollen. Je nachdem, wie seine Finanzierung aufgebaut ist und welche Finanzierungsteile durch die Restrukturierung neugestaltet werden sollen, hat der Schuldner seine Gesprächspartner auszuwählen. Er kann von einem weiten Gestaltungsspielraum ausgehen, da eine umfassende Änderung der Finanzierungsverträge möglich ist, soweit diese zweckmäßig ist.[31] Es besteht für den Schuldner keine Verpflichtung, mit allen beteiligten Kreditinstituten im Vorfeld in gleichem Umfang Gespräche zu führen.[32] Sieht der Restrukturierungsplan eine neue Finanzierung, § 12 StaRUG, vor, ist im Hinblick auf die Bestätigungsfähigkeit besonders auf die Schlüssigkeit des Restrukturierungskonzepts zu achten, vgl. § 63 Abs. 2 StaRUG (→ Rn. 26, 57 ff.).

3. Interne Gespräche

21 Obwohl § 4 S. 1 Nr. 1 StaRUG Arbeitnehmerforderungen, egal ob individual- oder kollektivrechtlich begründet, ausdrücklich von einer Regelung im Restrukturierungsplan ausnimmt und insoweit keine dem Insolvenzrecht vergleichbaren Sonderrechte bestehen, kann sich eine Informationsverpflichtung in arbeitsrechtlicher Hinsicht je nach Betriebsgröße ergeben.[33] Grundsätzlich bestimmt § 92 StaRUG zu den Beteiligungsrechten nach dem Betriebsverfassungsgesetz, dass die Verpflichtungen des Schuldners gegenüber den Arbeitnehmervertretungsorganen und deren Beteiligungsrechte nach dem Betriebsverfassungsgesetz unberührt bleiben. Das hilft im konkreten Fall wenig und macht eine arbeitsrechtliche Beratung und Begleitung für das zu restrukturierende Unternehmen schon in der Vorbereitungsphase erforderlich. Denn die mögliche Konsequenz unterlassener rechtzeitiger oder umfänglicher Information der Arbeitnehmervertreter kann im schlimmsten Fall die Versagung der Planbestätigung durch das Restrukturierungsgericht sein.[34]

30 AG Köln Beschl. v. 3.3.2021, Rn. 2 ff., BeckRS 2021, 5571.
31 AG Köln Beschl. v. 3.3.2021, Rn. 11 ff., BeckRS 2021, 5571.
32 AG Köln Beschl. v. 3.3.2021 – Rn. 33 ff., BeckRS 2021, 5571.
33 *Salamon/Krim* NZA 2021, 235 (238 ff.); noch zur Richtlinie und RegE *Giese/Jungbauer* BB 2020, 2679 (2682 ff.).
34 *Salamon*/Krim NZA 2021, 235 (240).

Praxishinweis: Vor dem Hintergrund, dass der Gesetzgeber durch § 4 S. 1 Nr. 1 StaRUG Arbeitnehmerforderungen von einer Gestaltung im Restrukturierungsplan ausgenommen hat, mag es überraschen, dass gerade arbeitsrechtliche Informationspflichten bereits in der Vorbereitung des Restrukturierungsvorhabens bestehen. Es sollte in jedem Fall frühzeitig geprüft werden, ab wann eine Informationspflicht besteht.

4. Gerichtliches Vorgespräch

Es bietet sich zum Abschluss der Vorbereitungsphase bzw. nach hinreichend erfolgs- 22
versprechenden Gesprächen mit den Gläubigern an, ein **Vorgespräch mit dem Restrukturierungsgericht** zu suchen. Zwar wurde im Rahmen des StaRUG kein gesetzlicher Anspruch auf ein solches Vorgespräch geschaffen, da eine dem neuen § 10a InsO vergleichbare Regelung fehlt. Es ist aber zu erwarten, dass aufgrund der personellen Überschneidungen zwischen Restrukturierungs- und Insolvenzrichtern auch in Restrukturierungssachen ein Vorgespräch mit dem Gericht möglich ist.

Praxishinweis: Das Vorgespräch bietet je nach konkreter Verfahrensausgestaltung eine der wenigen Möglichkeiten, das Gericht über das Restrukturierungsvorhaben und die wesentlichen Planinhalte zu informieren und es vom Restrukturierungsplan vor der gerichtlichen Entscheidung über die Planbestätigung zu überzeugen. Weitere Möglichkeiten sind die Vorprüfung (§ 46 StaRUG bei gerichtlicher, §§ 47, 48 StaRUG bei außergerichtlicher Abstimmung) und die gerichtliche Abstimmung (§ 45 StaRUG; zur gerichtlichen Vorprüfung und Abstimmung → § 9). Diese Möglichkeiten kommen insbesondere für die Verfahren in Betracht, in denen aufgrund einer Vielzahl von Gläubigern oder einer gruppenübergreifenden Mehrheitsentscheidung (§ 26 StaRUG) eine höhere Rechtssicherheit wichtig ist.[35]

IV. Sanierungsmoderation als Vorstufe?

Die Ausarbeitung eines Restrukturierungsplans und einer verfahrensbezogenen Pla- 23
nung des Restrukturierungsvorhabens kann aber auch schon zu einem früheren Zeitpunkt relevant werden. Sofern das Unternehmen bzw. dessen Geschäftsleitung zunächst eine hinreichende Chance einer **(voll-)konsensualen Lösung** mittels Sanierungsvergleich sieht und als erste Option die **Sanierungsmoderation** nach §§ 94 ff. StaRUG wählt, wird im Rahmen der Verhandlungen mit den Gläubigern die Darstellung von Alternativszenarien ggf. erst die nötige Einigungsbereitschaft herbeiführen. Kein Gläubiger wird freiwillig seine Rechtsposition – auch nur teilweise – aufgeben. Stellen sich die möglichen Alternativen wie die Überstimmung beim Restrukturierungsplan oder sogar beim Insolvenzplan aber als wirtschaftlich (zB schon aufgrund weiterer mit diesen Verfahren verbundener Kosten) schlechter dar, kann sich die Möglichkeit einer außergerichtlichen Einigung doch noch ergeben. Scheitert die Sanierungsmoderation, bleibt in der nächsten Stufe der Weg des Restrukturierungsverfahrens und damit zum Restrukturierungsplan offen.[36]

35 *Hacker/Weber* WPg 2021, 258 (264); *Schelo* WM 2021, 513 (516); noch auf Basis der Richtlinie *Specovius/von Wilcken* NZI 2017, 24 (26).
36 Zu einem solchen stufenweisen Vorgehen *Schelo* WM 2021, 513 (514).

Praxishinweis: In einem der ersten Urteile hatte der Schuldner genau dieses Vorgehen gewählt. Nach dem Scheitern des Sanierungsverfahrens ist er auf den Restrukturierungsplan umgeschwenkt und hat sich der Instrumente (§ 29 StaRUG) der gerichtlichen Vorprüfung (§ 46 StaRUG → § 9 Rn. 5 ff.) und der gerichtlichen Planabstimmung (§ 45 StaRUG → § 9 Rn. 3 ff.) bedient.[37]

Unabhängig von einem etwaigen stufenweisen Vorgehen wird es für das Unternehmen ein sinnvoller Teil der Vorbereitung des Restrukturierungsplans sein, alle Optionen zur Sanierung des Unternehmens zu prüfen, die jeweiligen Gestaltungsmöglichkeiten sowie Vor- und Nachteile der Verfahren abzuwägen und dann die am besten geeignete Option zu wählen. Diese Optionsanalyse kann sich auch als Erfüllung der Geschäftsführerpflichten nach § 1 StaRUG darstellen.[38]

C. Ausarbeitung des Restrukturierungsplans

24 Bei der Ausarbeitung und Ausgestaltung des Restrukturierungsplans sollte das Unternehmen, im Folgenden entsprechend der gesetzlichen Begriffe als Schuldner bezeichnet, von vorneherein zielorientiert in dem Sinne vorgehen, dass er auf das **Ziel der gerichtlichen Bestätigung** des Restrukturierungsplans hinarbeitet und die Gestaltung an den Voraussetzungen der §§ 60 ff. StaRUG ausrichtet (zur gerichtlichen Planbestätigung → § 10 Rn. 1 ff.).

I. Planbestätigung als vorrangiges Ziel der Plangestaltung

25 Bei der Ausarbeitung des Plans sind somit insbesondere die Gründe für eine Versagung nach § 63 StaRUG zu beachten und von Beginn an deren Vermeidung zu arbeiten. Das bedeutet im Einzelnen, dass der Planersteller zur Absicherung der späteren Bestätigungsfähigkeit auf folgende Punkte besonderes Augenmerk legen sollte:

- eine ausführliche Erläuterung, dass der Schuldner drohend zahlungsunfähig ist, belegt mit entsprechenden Planrechnungen
- die Vorschriften über den Inhalt und die verfahrensmäßige Behandlung des Restrukturierungsplans, inklusive der Planabstimmung nicht nur beachtet, sondern dies auch im Plan soweit als möglich dokumentiert
- ein „Planerfüllungskonzept“ entwirft und darlegt, dass und wie Ansprüche aus dem gestaltenden Teil und die Ansprüche der übrigen Gläubiger erfüllt werden können. Auch insoweit wird den betriebswirtschaftlichen Planungsunterlagen eine besondere Bedeutung zukommen.
- Ebenso kann die Bestätigung auf Antrag eines Planbetroffenen, der gegen den Restrukturierungsplan gestimmt hat, gem. § 64 Abs. 1 StaRUG (→ § 10 Rn. 14 ff.) zu versagen sein, wenn der Antragsteller durch den Restrukturierungsplan voraussichtlich schlechter gestellt wird, als er ohne den Plan stünde. Dem können diesbezügliche Ausführungen im gestaltenden Teil, der die Rechtsstellung der Planbetroffenen nach Rechtskraft des Restrukturierungsplans regelt, vorbeugen und dem Restrukturierungsgericht wichtige Aspekte aufzeigen.

---

37 AG Dresden, Beschl. v. 7.6.2021, Ziff. I., ZInsO 2021, 1398.
38 *Salamon/Krim* NZA 2021, 235 (236); *Schelo* WM 2021, 513 (518).

Praxishinweis: Erste Entscheidungen belegen, dass sämtliche Punkte von den Restrukturierungsgerichten geprüft werden – entweder im Rahmen der Vorprüfung (§ 46 StaRUG → § 9 Rn. 5, 46 ff.) oder der Bestätigung (§§ 60 ff. StaRUG → § 10 Rn. 2 ff.). Die Frage des Vorliegens der drohenden Zahlungsunfähigkeit war dabei in besonderer Weise relevant. In einem Verfahren hatte der Schuldner aus Sicht des Gerichts keine ausreichenden Nachweise für die drohende Zahlungsunfähigkeit erbracht, war insofern „zu früh" in das Restrukturierungsverfahren eingetreten. Dabei geht das Gericht davon aus, dass die Feststellung der drohenden Zahlungsunfähigkeit gem. § 63 Abs. 1 Nr. 1 StaRUG die vollständige richterliche Überzeugung verlange, die im Rahmen der Amtsermittlung nach § 39 Abs. 1 StaRUG zu bilden sei. Zu dem gem. § 18 Abs. 2 InsO maßgebliche Prognosezeitraum von 24 Monaten stellt es fest, dass diese ab dem Tag der letzten mündlichen Verhandlung zu berechnen sei, also im Falle der gerichtlichen Planabstimmung ab dem Erörterungs- und Abstimmungstermin. [39]

Eine weitere Entscheidung befasst sich mit der Konstellation, dass während des Restrukturierungsverfahrens aus der drohenden eine tatsächliche Zahlungsunfähigkeit wird. Unter Berufung auf die Gesetzesbegründung wird dargelegt, dass der Schuldner bei der Bestätigung des Restrukturierungsplans mindestens drohend zahlungsunfähig sein muss, die zwischenzeitlich eingetretene Zahlungsunfähigkeit die Bestätigung aber nicht hindere. Als weiteres Argument wird die Regelung des § 33 Abs. 2 Nr. 1 StaRUG angeführt, wonach das Gericht – wie im vorliegenden Fall – nach Anzeige der Zahlungsunfähigkeit von der Aufhebung des Restrukturierungsverfahrens absehen kann.[40]

Die Versagungsgründe werden im gerichtlichen Fokus stehen und umfassend zumindest kurz geprüft werden.[41]

Des Weiteren ist im Falle der Regelung einer **neuen Finanzierung** (§ 12 StaRUG) darauf zu achten, dass das dem Plan zugrundeliegende **Restrukturierungskonzept schlüssig** ist, auf den tatsächlichen Gegebenheiten aufbaut und ausreichende Erfolgsaussichten vermittelt. Die tatsächlichen Gegebenheiten müssen zunächst also einmal dargelegt werden und anschließend erläutert werden, dass das Konzept eine begründete Aussicht auf Erfolg vermittelt. So kann der Versagungsgrund des § 63 Abs. 2 StaRUG vermieden werden. 26

Schließlich sollte auch nur der Eindruck der **Begünstigung eines Planbetroffenen** vermieden werden, um dem Restrukturierungsgericht keine Anhaltspunkte für eine unlautere Herbeiführung der Annahme des Plans zu geben (vgl. Versagungsgrund des § 63 Abs. 4 StaRUG). Dass **Zweifel an der ordnungsgemäßen Annahme** des Restrukturierungsplans bei außergerichtlicher Abstimmung gem. § 63 Abs. 3 S. 1 StaRUG zulasten des Schuldners gehen, kann zwar bei den Regelungen des Plans nur begrenzt berücksichtigt werden, sollte jedoch bei den Überlegungen zur Verfahrensausgestaltung berücksichtigt werden. 27

39 AG Köln Beschl. v. 3.3.2021, Rn. 2ff., BeckRS 2021, 5571.
40 AG Dresden, Beschl. v. 7.6.2021, Ziff. II. 2., ZInsO 2021, 1398 (1399, 1400).
41 Vgl. AG Dresden, Beschl. v. 7.6.2021, Ziff. II. 3., ZInsO 2021, 1398 (1399, 1400).

Praxishinweis: Eine erste Gerichtsentscheidung zeigt, dass die Restrukturierungsgerichte genau diesen Katalog möglicher Versagungstatbestände systematisch abprüfen werden.[42] In dem veröffentlichten Hinweisbeschluss erfolgte dies im Rahmen der gerichtlichen Vorprüfung, deren Gegenstand gem. § 46 Abs. 1 S. 2 StaRUG „[...] kann jede Frage sein, die für die Bestätigung des Restrukturierungsplans erheblich ist, [...]“. Das Gericht äußert zunächst seinen Zweifel an der drohenden Zahlungsunfähigkeit und prüft in der Folge die Schlüssigkeit der Vergleichsrechnung sowie schließlich die Frage der unlauteren Herbeiführung.[43]

II. Gestaltungsmöglichkeiten im Restrukturierungsplan – Restrukturierungsforderungen, §§ 2–4 StaRUG

28 Bei den (Vor-)Überlegungen, Planungen und schließlich auch bei der Erstellung eines Restrukturierungsplans muss sich der Planverfasser stets der rechtlich bestehenden **Gestaltungsmöglichkeiten** bewusst sein. Das heißt im ersten Schritt zu prüfen, welche Forderungen überhaupt durch den Plan gestaltet werden können. Dies regeln im Grundsatz die §§ 2–4 StaRUG, auf die im Folgenden eingegangen werden soll. Der Gesetzgeber hat dabei die maßgeblichen Richtlinienvorgaben als ein weites Spektrum von Maßnahmen der passiv-seitigen Restrukturierung (wie die Kürzung, Fälligkeitsverschiebung oder Umwandlung von gegen den Schuldner gerichteten Forderungen) über vermögensbezogene Maßnahmen (wie die Veräußerung von Vermögensgegenständen, Unternehmensteilen oder gar des gesamten Unternehmens) bis hin zu vertragsbezogenen Maßnahmen (wie etwa die Beendigung von Verträgen) erfasst.[44] Dementsprechend hat der Gesetzgeber eine weite Regelung gewählt, sich in der konkreten Umsetzung erneut am insolvenzplanrechtlichen Vorbild orientiert. Als möglichen Inhalt eines Restrukturierungsplans hat er sowohl die Forderungen und Rechte, die in einem Insolvenzplanverfahren der zwangsweisen Gestaltung unterworfen werden, als auch solche, die erst durch freiwillige Vereinbarung und Aufnahme gestaltet werden, festgelegt.[45]

1. Überblick

29 § 2 StaRUG legt fest, welche Rechtsverhältnisse durch einen Restrukturierungsplan gestaltet werden können. Darüber hinaus legt er in § 3 StaRUG fest, ob und inwieweit **bedingte und nicht fällige Forderungen** einbezogenen und gestaltet werden können. Schließlich schließt er durch § 4 StaRUG bestimmte Forderungen von der Gestaltung durch den Restrukturierungsplan aus.

Praxishinweis: Auch dieser grundsätzlichen Thematik sollte bei der Plangestaltung ausreichend Aufmerksamkeit geschenkt werden. In einer der ersten Entscheidungen hatte das Restrukturierungsgericht im Rahmen der Vorprüfung darauf hingewiesen, dass es sich bei einer im Restrukturierungsplan aufgenommenen Forderung nicht um

42 AG Köln Beschl. v. 3.3.2021, BeckRS 2021, 5571.
43 AG Köln Beschl. v. 3.3.2021, Rn. 1, 6–8, 9, BeckRS 2021, 5571.
44 BT-Drs. 19/24181, 109 mit Verweis auf Art. 2 Abs. 1 Nr. 1, Art. 8 Abs. 1 g der EU-Richtlinie.
45 BT-Drs. 19/24181, 110.

eine Forderung nach § 2 Abs. 1 Nr. 1 StaRUG handelte und der Schuldner daraufhin den Plan geändert.[46]

2. Grundsätze

30 Welche Rechtsverhältnisse auf der Grundlage eines Restrukturierungsplans gestaltet werden können, legt § 2 StaRUG fest. Auch diese Vorschrift orientiert sich im Kern am insolvenzplanrechtlichen Vorbild und erfasst deshalb alle Forderungen, Rechte und Rechtsverhältnisse, die in einem Insolvenzplanverfahren der zwangsweisen – oder durch freiwillige Einbeziehung herbeigeführten – Gestaltung durch einen Insolvenzplan unterworfen werden können.[47]

a) Einzelforderungen

31 § 2 Abs. 1 StaRUG zählt dabei die folgenden **Forderungskategorien** auf und definiert diese gesetzlich:

- Forderungen, die gegen eine restrukturierungsfähige Person (Schuldner) begründet sind (**Restrukturierungsforderungen**), § 2 Abs. 1 Nr. 1 StaRUG,
- die an Gegenständen des schuldnerischen Vermögens bestehenden Rechte, die im Fall der Eröffnung eines Insolvenzverfahrens zur Absonderung berechtigen würden, (**Absonderungsanwartschaften**), § 2 Abs. 1 Nr. 2 StaRUG.

32 Von den Absonderungsanwartschaften werden bestimmte Forderungen (Finanzsicherheiten nach KWG) ausgenommen und sind damit nicht mittels Restrukturierungsplan gestaltbar.[48] Mit den beiden gesetzlich definierten Begriffen der Restrukturierungsforderung und der Absonderungsanwartschaft werden parallele Begrifflichkeiten zur Insolvenzforderung (§ 38 InsO) und dem Absonderungsrecht (§§ 49 ff. InsO) geschaffen – nur in zeitlich auf die Restrukturierungssituation vorgezogener Form. Wer Schuldner, also **restrukturierungsfähige Person** sein kann, regelt § 30 StaRUG. § 30 Abs. 1 S. 1 StaRUG definiert diese als insolvenzfähige Schuldner und verweist damit auf § 11 InsO. Danach sind natürliche und juristische Personen insolvenzfähig; ebenso erfasst werden nicht rechtfähige Vereine und die gängigen Unternehmensrechtsformen der oHG und KG, § 11 Abs. 1 S. 2, Abs. 2 InsO. Zu natürlichen Personen regelt § 30 Abs. 1 S. 2 StaRUG einschränkend, dass diese unternehmerisch tätig sein müssen. § 30 Abs. 2 StaRUG schließt Unternehmen der Finanzbranche iSd § 1 Abs. 19 KWG aus. Hinsichtlich der Frage der **Begründetheit einer Forderung** zum nach § 2 Abs. 5 StaRUG maßgeblichen Zeitpunkt kann sich der planerstellende Schuldner an der zum Insolvenzrecht ergangenen Rechtsprechung und Literatur orientieren.[49] Eine Forderung ist danach begründet, wenn der Rechtsgrund der Entstehung der Forderung im maßgeblichen Zeitpunkt bereits gelegt war, also der anspruchsbegründende Tatbestand vorher materiell-rechtlich abgeschlossen war. Als

---

46 AG Dresden, Beschl. v. 7.6.2021, Ziff. I., ZInsO 2021, 1398.

47 BT-Drs. 19/24181, 111; vgl. *Gehrlein* BB 2021, 66 (68).

48 Vgl. § 2 Abs. 1 Nr. 2 StaRUG; dabei handelt es sich um Finanzsicherheiten im Sinne des § 1 Abs. 17 KWG oder um Sicherheiten, die dem Betreiber eines Systems nach § 1 Abs. 16 KWG zur Absicherung seiner Ansprüche aus dem System oder der Zentralbank eines Mitgliedstaats der Europäischen Union oder der Europäischen Zentralbank gestellt wurden; i.Ü. BT-Drs. 19/24181, 111.

49 BT-Drs. 19/24181, 111.

notwendige Voraussetzung wird daher angesehen, dass der *„Schuldrechtsorganismus"*, der die Grundlage des Anspruchs darstellt, besteht; nicht notwendig hingegen sind die Entstehung der Forderung selbst noch deren Fälligkeit.[50] Man wird sehen, wie sich die Rechtspraxis der Restrukturierung entwickelt.

33 Bei den Restrukturierungsforderungen ist zu beachten, dass sich der **Zeitpunkt**, in dem die Forderungen gegen den Schuldner begründet sind, gem. § 2 Abs. 5 StaRUG je nach konkreter Verfahrensausgestaltung unterscheiden können. In zeitlicher Hinsicht sind danach für die Bestimmung der Restrukturierungsforderung die Rechtsverhältnisse zum Zeitpunkt der Unterbreitung des Planangebots gem. § 17 StaRUG (→ § 8 Rn. 10 ff.) oder im Fall einer Abstimmung im gerichtlichen Planabstimmungsverfahren die Rechtsverhältnisse zum Zeitpunkt der Antragstellung gem. § 45 StaRUG (→ § 9 Rn. 18 ff.) maßgeblich. Schließlich ist im Fall einer Stabilisierungsanordnung gem. § 49 StaRUG (→ § 6 Rn. 3 ff.) der Zeitpunkt der Erstanordnung für die Bestimmung der Restrukturierungsforderung maßgeblich.

b) Mehrseitige Rechtsverhältnisse

34 Darüber hinaus legt § 2 Abs. 2 StaRUG fest, dass bei Restrukturierungsforderungen oder Absonderungsanwartschaften aus einem **mehrseitigen Rechtsverhältnis** auch **Einzelbestimmungen** durch den Restrukturierungsplan gestaltbar sind. Der Gesetzgeber hatte hier insbesondere kollektive Finanzierungsarrangements wie Konsortialfinanzierungen, über Inter-creditor-Agreements verbundene Kreditierungen und quasikollektiver Arrangements auf der Grundlage von Schuldverschreibungen oder Schuldscheindarlehen vor Augen.[51] In Bezug Einzel- bzw. Nebenbestimmungen der Forderungen oder Anwartschaften hat der Gesetzgeber die Gestaltungmöglichkeit durch Restrukturierungsplan für erforderlich gehalten, da, anders als im Insolvenzverfahren, das schuldnerische Unternehmen vollumfänglich fortbesteht, insbesondere mit den bestehenden Finanzierungsverträgen und ihren Bedingungen. Daher sollen Regelungen für ein solches, an sich fortbestehendes und grundsätzlich entsprechend seiner Bedingungen und Bestimmungen auch durchzuführendes Rechtsverhältnis der Plangestaltung zugänglich sein. Dadurch sollen etwa im Zusammenhang mit einer Verlängerung der Fälligkeiten und dem Ausschluss bestehender Kündigungsrechte in der Praxis weniger einschneidende Lösungen als Eingriffe in die Substanz der Forderungen oder Absonderungsanwartschaften ermöglicht werden.[52]

35 Das gilt gem. § 2 Abs. 2, S. 2 StaRUG auch für die Bedingungen von Schuldtiteln im Sinne des § 2 Abs. 1 Nr. 3 WpHG und von Verträgen, die zu gleichlautenden Bedingungen mit einer Vielzahl von Gläubigern geschlossen wurden. Bei den **Wertpapieren nach § 2 Abs. 1 Nr. 3 WpHG** handelt es sich um **Schuldtitel**,

a) insbesondere Genussscheine und Inhaberschuldverschreibungen, Orderschuldverschreibungen sowie Hinterlegungsscheine, die Schuldtitel vertreten, sowie

50 MüKoInsO/*Ehricke/Behme* § 38 Rn. 21.
51 BT-Drs. 19/24181, 111; zu Schuldverschreibungen und weiteren Finanzierungsarrangements *Skauradzun/Kümpel* WM 2021, 1122.
52 BT-Drs. 19/24181, 112.

b) sonstige Wertpapiere, die zum Erwerb oder zur Veräußerung von Wertpapieren nach den Nummern 1 und 2 berechtigen oder zu einer Barzahlung führen, die in Abhängigkeit von Wertpapieren, von Währungen, Zinssätzen oder anderen Erträgen, von Waren, Indices oder Messgrößen bestimmt wird, etc.

Damit will der Gesetzgeber den Restrukturierungsplan über den Anwendungsbereich des **Schuldverschreibungsgesetzes (SchVG)** hinaus auch für die Restrukturierung derartiger Schuldtitel nutzbar machen.[53] Ausgehend von der ohnehin bestehenden Möglichkeit zu Änderungen auf Basis von Mehrheitsentscheidungen, sofern und soweit diese in den Anleihebedingungen zugelassen ist (§ 5 Abs. 1 SchVG), sieht der Gesetzgeber eine Rechtfertigung für Änderungen auf der Grundlage eines Restrukturierungsplans darin, dass Schuldverschreibungen nach dem SchVG den in § 2 Abs. 1 StaRUG genannten Arrangements insoweit vergleichbar sind, als die Mittelaufnahme des Schuldners auf der Grundlage einheitlicher Bedingungen erfolgt. Des Weiteren sieht er die Legitimation von Änderungen der Schuldverschreibungsbedingungen in der vertieften Krise, konkret der drohenden Zahlungsunfähigkeit als Voraussetzung der Bestätigung des Restrukturierungsplans (§ 63 Abs. 1 Nr. 1 StaRUG) sowie der Schutzmöglichkeiten der Planbetroffenen vor einer Schlechterstellung (§ 64 StaRUG).[54]

Beruhen Restrukturierungsforderungen oder Absonderungsanwartschaften auf **unterschiedlichen Rechtsverhältnissen** und haben die Inhaber der Forderungen oder Anwartschaften untereinander und mit dem Schuldner Vereinbarungen über die Durchsetzung der gegenüber diesem bestehenden Forderungen oder Anwartschaften und das relative Rangverhältnis der aus der Durchsetzung resultierenden Erlöse getroffen, so sind nach § 2 Abs. 2 S. 3 StaRUG auch die Bedingungen dieser Vereinbarung durch den Restrukturierungsplan gestaltbar. 36

c) Gesellschafterrechte

Nach § 2 Abs. 3 StaRUG können Schuldner, die eine juristische Person oder eine Gesellschaft ohne Rechtspersönlichkeit sind, auch die **Anteils- oder Mitgliedschaftsrechte** der an dem Schuldner beteiligten Personen durch den Restrukturierungsplan gestalten, sonstige gesellschaftsrechtlich zulässige Regelungen treffen sowie Anteils- und Mitgliedschaftsrechte übertragen. Damit wollte der Gesetzgeber eine § 225a InsO vergleichbare Regelung auch in das Restrukturierungsrecht einführen.[55] Die europäische Richtlinie hatte ihm hierzu Gestaltungsspielraum gegeben.[56] 37

Ermöglicht werden sollen damit umfassende gesellschaftsrechtliche Regelungen im Restrukturierungsplan, der Einstieg eines Gläubigers oder Investors mittels debt-to-equity-swap etc. inklusive der dafür erforderlichen Kapitalmaßnahmen; ebenso Strukturmaßnahmen und Satzungsänderungen.[57] 38

53 BT-Drs. 19/24181, 112; zu den Wechselwirkungen von StaRUG und SchVG *Lürken* ZIP 2021, 1305.
54 BT-Drs. 19/24181, 112.
55 BT-Drs. 19/24181, 111.
56 EU-Richtlinie 2019/1023, Erwägungsgrund 43, 48, 57 sowie Art. 2 Abs. 1 Nr. 2, Art. 12 Abs. 1.
57 *Mulert/Steinert* NZG 2021, 673.

Praxishinweis: Hinsichtlich dessen, was gesellschaftsrechtlich zulässige Gestaltungen in einem Insolvenzplan sind, welche Prüfungskompetenzen das Insolvenzgericht im Rahmen der Vorprüfung nach § 231 InsO hat und welche im Rahmen der späteren Eintragung beim Registergericht verbleiben, welche formellen bzw. materiellen Voraussetzungen bei der Plangestaltung eingehalten werden müssen, etc. besteht für die Praxis keine endgültige Klarheit, so dass auch für Restrukturierungspläne hier besondere Sorgfalt bei der Plangestaltung zu empfehlen ist.[58] Ein erstes Restrukturierungsplanverfahren wurde bereits zur Änderung der Gesellschafterstruktur unter Einbeziehung von Gesellschaftern- und Konzerngruppengesellschaften genutzt.[59]

d) Gruppeninterne Sicherheiten

39 Für Konzernkonstellationen gibt § 2 Abs. 4 StaRUG hinsichtlich etwaiger **gruppeninterner Drittsicherheit** Gestaltungsspielraum, verlangt aber auch, dass der Eingriff durch eine angemessene Entschädigung kompensiert wird. Zu diesen gruppeninternen Sicherheiten zählen für den Gesetzgeber Rechte gegen verbundene Unternehmen als Bürge, Mitschuldner oder aufgrund einer anderweitig übernommenen Haftung oder an Gegenständen des Vermögens dieses Unternehmens. Die Kompensationspflicht gilt entsprechend für eine Beschränkung der persönlichen Haftung eines persönlich haftenden Gesellschafters eines als Gesellschaft ohne Rechtspersönlichkeit verfassten Schuldners.

40 Der Gesetzgeber wollte mit dieser Regelung die Möglichkeiten von Konzernrestrukturierungen durch Eingriffe in gruppeninterne Drittsicherheiten verbessern.[60]

3. Besonderheiten bei bedingten und nicht fälligen Forderungen

41 Mit § 3 Abs. 1 StaRUG wird der Gestaltungsspielraum eines Restrukturierungsplans auch auf solche **Restrukturierungsforderungen** ausgedehnt, die **bedingt oder noch nicht fällig** sind. Der Gesetzgeber sieht dies hinsichtlich der Fälligkeit nur als Klarstellung an, da es nach § 2 Abs. 1 Nr. 1 StaRUG ohnehin nur auf die Begründetheit der Forderung im nach § 2 Abs. 5 StaRUG maßgeblichen Zeitpunkt ankommt, was aber eben gerade keine Fälligkeit voraussetzt.[61]

42 Bei bedingten Forderungen wollte der Gesetzgeber sowohl **auflösend wie auch aufschiebend bedingte** Forderungen (§ 158 Abs. 1, 2 BGB) in die Gestaltungsmöglichkeiten des Restrukturierungsplans aufgrund ihrer Relevanz für die Vermögens- und Finanzlage des Unternehmens einbeziehen.[62] Bei der Ermittlung des Stimmrechts aufschiebend bedingter Forderungen soll die Wahrscheinlichkeit des Bedingungseintritts berücksichtigt werden.[63]

43 Abweichend davon bestimmt § 3 Abs. 2 StaRUG, dass Restrukturierungsforderungen aus **gegenseitigen Verträgen nur** insoweit gestaltbar sind, als die dem anderen Teil ob-

58 *Mulert/Steinert* NZG 2021, 673 weisen hier auf zurecht hin; vgl. ua zur bisherigen Rechtsprechung *Ströhmann/Harder* NZG 2015, 1326.
59 AG Hamburg Beschl. v. 12.4.2021, BeckRS 2021, 7959.
60 BT-Drs. 19/24181, 111.
61 BT-Drs. 19/24181, 114.
62 BT-Drs. 19/24181, 114.
63 BT-Drs. 19/24181, 114.

liegende Leistung bereits erbracht ist. Der Gesetzgeber wollte keine Eingriffe in das Gegenseitigkeitsverhältnis von Verträgen mittels Restrukturierungsplan, soweit nicht allein Nebenbestimmungen nach § 2 Abs. 2 StaRUG betroffen sind.[64] Die im Entwurf der Bundesregierung enthaltene Vertragsbeendigung wurde im Gesetzgebungsverfahren fallengelassen.[65]

Praxishinweis: Die Regelung des § 2 StaRUG schafft an dieser Stelle Klarheit für Plangestaltung und bietet durch die Orientierung an den insolvenzrechtlichen Regelungen eine für die Praxis ausreichende Planbarkeit. Die zu den insolvenzrechtlichen Parallelvorschriften bestehende Rechtsprechung sollte auf die Restrukturierung übertragbar sein.

4. Ausgenommene Rechtsverhältnisse

Gem. § 4 StaRUG sind folgende Forderungen einer Gestaltung durch einen Restruk- 44
turierungsplan **nicht zugänglich**:

- Nr. 1: Forderungen von Arbeitnehmern aus oder im Zusammenhang mit dem Arbeitsverhältnis, einschließlich der Rechte aus Zusagen auf betriebliche Altersversorgung
- Nr. 2: Forderungen aus vorsätzlich begangenen unerlaubten Handlungen und
- Nr. 3: Forderungen nach § 39 Abs. 1 Nr. 3 InsO.

Forderungen nach § 39 Abs. 1 Nr. 3 InsO sind Geldstrafen, Geldbußen, Ordnungsgelder und Zwangsgelder sowie solche Nebenfolgen einer Straftat oder Ordnungswidrigkeit, die zu einer Geldzahlung verpflichten.

Der deutsche Gesetzgeber hat mit der Regelung der Nr. 1 von der in der Richtlinie 45
eingeräumten Möglichkeit Gebrauch gemacht und **Arbeitnehmerforderungen** von der Plangestaltung ausgenommen. Gleichzeitig werden die Vorgaben zur betrieblichen Altersversorgung, die nicht plandisponibel sein soll, umgesetzt.[66] Aus Sicht des Gesetzgebers setzt ein restrukturierungsfähiger, operativ funktionierender Geschäftsbetrieb die Mitwirkung der Arbeitnehmer voraus. Sind deren Ansprüche nicht mehr finanzierbar, sieht er das teilkollektive Restrukturierungsverfahren nicht als die richtige Verfahrensart an. **Personalwirtschaftliche Maßnahmen** sollen möglich sein, nur eben nach den außerhalb der Insolvenz geltenden Maßstäben.[67]

Praxishinweis: Personalwirtschaftliche Restrukturierungsmaßnahmen sind also von der Plangestaltung ausgenommen, können dennoch erfolgen. Eine Einbeziehung in den Plan ist insofern möglich, als der Abschluss solcher Restrukturierungsmaßnahmen als Planbedingung (§ 62 StaRUG → Rn. 138 ff.)) aufgenommen wird. Hier ist zu beachten, dass solche Maßnahmen dennoch im Restrukturierungsplan darzustellen und gesondert hervorzuheben sind, § 6 Abs. 1 S. 2 StaRUG.

64 BT-Drs. 19/24181, 114.
65 BT-Drs. 19/25303, Beschlussempfehlung des Ausschusses für Recht und Verbraucherschutz, 48–50; BT-Drs. 19/25353, Bericht des Ausschusses für Recht und Verbraucherschutz, 8/9.
66 BT-Drs. 19/24181, 114/115, mit Verweis auf Art. 1 Abs. 5a, Abs. 6 EU-Richtlinie 2019/1023.
67 BT-Drs. 19/24181, 114/115.

46 Die weiteren Ausnahmen sind dem Insolvenzplanrecht nachgebildet. Zu den nach § 4 Nr. 2 und Nr. 3 StaRUG ausgenommenen Forderungen verweist der Gesetzgeber darauf, dass der Sanktionscharakter für den Schuldner bestehen bleiben soll.[68]

5. Maßgeblicher Zeitpunkt

47 **Maßgeblicher Zeitpunkt** für die Ermittlung der gestaltbaren Rechte sind die Rechtsverhältnisse zu je nach Verfahrensausgestaltung unterschiedlichen Zeitpunkten. Während in der Insolvenz für die Bestimmung der Insolvenzforderung (§ 38 InsO) die Eröffnung und damit ein durch den gerichtlichen Eröffnungsbeschluss (§ 27 InsO) in der Regel minutengenau festgelegter Zeitpunkt maßgeblich ist, unterscheidet das Restrukturierungsrecht für die Bestimmung der Restrukturierungsforderung in § 2 Abs. 5 StaRUG nach Art des Abstimmungsverfahrens bzw. der der Anordnung einer Stabilisierungsanordnung. Maßgebliche Zeitpunkte sind die Unterbreitung des Planangebots (§ 17 StaRUG) bei der außergerichtlichen Abstimmung, die Antragstellung (§ 45 StaRUG) bei der gerichtlichen Planabstimmungsverfahren und schließlich die Erstanordnung bei einer Stabilisierungsanordnung (§ 49 StaRUG).

Praxishinweis: Die unterschiedlichen zeitlichen Anknüpfungspunkte mögen auf den ersten Blick nicht wesentlich erscheinen, können aber zB bei Ausnutzen der maximalen Dauer einer Stabilisierungsanordnung von acht Monaten durchaus große Relevanz entfalten.

6. Ergänzende Regelungen

48 Abschließend ist darauf hinzuwiesen, dass ein Schuldner bei der Gestaltung der Restrukturierungsforderungen jegliche **ergänzenden Regelungen in einem Restrukturierungsplan** vorsehen kann. Er ist nicht darauf beschränkt, dass nur die Minimal-Änderungen zum Erreichen des Restrukturierungsziels vornehmen zu können. Entscheidend ist, dass die Änderungen zweckmäßig sind.[69] In einem ersten veröffentlichten Hinweisbeschluss nach § 46 Abs. 2 StaRUG wird ausgeführt, dass Restrukturierungsforderungen in einem Restrukturierungsplan umfassend und über die für die Erreichung des Restrukturierungsziels zwingend erforderlichen Änderungen hinaus geändert werden können.[70] Eine derartige Beschränkung auf zwingend erforderliche Änderungen ergibt sich nach dem Beschluss des AG Köln weder aus dem Gesetz noch aus der Gesetzesbegründung. Vielmehr geht das Gericht im vorliegenden Fall eines Konsortialkreditvertrags davon aus, dass es für die Phase der Umsetzung der Restrukturierung zweckmäßig (nicht: erforderlich) sein kann, übermäßig restriktive Bedingungen und Nebenbestimmungen zu lockern oder an die Restrukturierungssituation anzupassen. Es hält daher auch Regelungen mit einer „überschießenden Tendenz“ für möglich, da keine Erforderlichkeit, sondern nur eine Zweckmäßigkeit für eine Änderung vorliegen muss.[71]

---

68 BT-Drs. 19/24181, 115, mit Verweis auf Art. 1 Abs. 5 c EU-Richtlinie 2019/1023.
69 AG Köln Beschl. v. 3.3.2021, BeckRS 2021, 5571.
70 AG Köln Beschl. v. 3.3.2021, BeckRS 2021, 5571.
71 AG Köln Beschl. v. 3.3.2021, BeckRS 2021, 5571.

Praxishinweis: An dieser Stelle bleibt abzuwarten, wie sich die Praxis und die Rechtsprechung entwickeln werden. Bleibt die Zweckmäßigkeit einer Regelung Ausgangspunkt für die im Restrukturierungsplan möglichen Regelungen, bietet sich dem Schuldner ein großer Gestaltungsspielraum. Er ist somit in der Lage, das der Restrukturierung zugrunde liegende Sanierungs- bzw. Restrukturierungskonzept vollständig umzusetzen.

III. Weitere Gestaltungsmöglichkeiten – Besonderheiten des StaRUG, §§ 11–13 StaRUG

Neben den grundsätzlichen Vorgaben zu den mittels Restrukturierungsplan gestaltbaren Restrukturierungsforderungen in §§ 2–4 StaRUG finden sich einzelne Bestimmungen in den §§ 11–13 StaRUG, die Besonderheiten der Gestaltungsmöglichkeiten eines Restrukturierungsplans, deren Auslegung und/oder deren Wirkung bestimmen. 49

1. Überblick

Eine Sonderregelung zur **Haftung des Schuldners** findet sich in § 11 StaRUG, der bestimmt, dass der Schuldner mit der im gestaltenden Teil des Restrukturierungsplans vorgesehenen Befriedigung der Gläubiger von seinen restlichen Verbindlichkeiten diesen gegenüber frei wird. Der Restrukturierungsplan kann jedoch etwas anderes vorsehen. 50

Zur Finanzierung des Restrukturierungsvorhabens bzw. zur zukünftigen finanziellen Aufstellung des restrukturierten Schuldners ermöglicht § 12 StaRUG, dass in den Restrukturierungsplan Regelungen zur Zusage von Darlehen, sonstigen Krediten und deren Besicherung aufgenommen werden können.[72] Diese müssen auf Basis des Restrukturierungsplans zur Finanzierung der Restrukturierung erforderlich sein. § 12 StaRUG definiert dies als **„neue Finanzierung“**. 51

Schließlich regelt § 13 StaRUG, dass im Plan **sachenrechtliche Verhältnisse** gestaltet werden können. Konkret können nach § 13 S. 1 StaRUG Rechte an Gegenständen begründet, geändert, übertragen oder aufgehoben und dafür erforderliche Willenserklärungen im gestaltenden Teil aufgenommen werden. Bei Grundstücken und anderen eingetragenen Rechten ist eine ausreichend genaue Bezeichnung erforderlich (Bestimmtheitsgrundsatz). 52

2. Haftung des Schuldners, § 11 StaRUG

Der Gesetzgeber hat sich bei Haftungsregelung des § 11 StaRUG am insolvenzrechtlichen Vorbild des § 227 InsO orientiert. Der Schuldner wird bei Erfüllung der im gestaltenden Teil vorgesehenen Befriedigung der Gläubiger von den in den Plan einbezogenen Verbindlichkeiten im Übrigen befreit. § 11 StaRUG soll als Auslegungsregel dienen und betrifft nicht nur die Haftung des schuldnerischen Unternehmens selbst, sondern gem. § 11 S. 2 StaRUG auch die **persönliche Haftung der** unbeschränkt haftenden **Gesellschafter.**[73] Die Befreiung von den im Restrukturierungsplan geregelten 53

72 EU-Richtlinie 2019/1023, Erwägungsgrund 66 bezieht sich ausdrücklich auf Finanzierung während der Restrukturierungsverhandlungen als auch während der Umsetzung des Restrukturierungsplans.
73 BT-Drs. 19/24181, 120.

Verbindlichkeiten im Übrigen gilt für beide. Das liegt auf einer Linie mit dem von der Richtlinie verfolgen Ziel neben der Insolvenzabwendung für Unternehmen auch die Entschuldung der Unternehmer zu ermöglichen.[74] Mit § 11 StaRUG wird deutlich, dass der Restrukturierungsplan bzgl. der im Plan geregelten Verbindlichkeiten grundsätzlich abschließende Regelungen treffen will. Es sollen dann keine Rechte aus den bisherigen Rechtsverhältnissen übrigbleiben, weder gegen den Schuldner noch gegen dessen Gesellschafter.

Praxishinweis: Die Regelung des § 11 StaRUG bringt ausweislich der Gesetzesbegründung auch die Möglichkeit der Haftungsbegrenzung für die persönlich haftenden Gesellschafter mit sich. Dies kann Anlass und Motivation der Gesellschafter sein, sowohl überhaupt der Prüfung von Restrukturierungsmöglichkeiten zuzustimmen als auch einen konstruktiven Betrag im Rahmen des Restrukturierungsvorhabens zu leisten; dieser muss nicht zwingend in einem finanziellen Beitrag liegen (zur Einbeziehung der Gesellschafter zu Beginn der Restrukturierung → Rn. 7 ff.).

54 Für den Planersteller ist § 11 StaRUG gleichzeitig als **Handlungsaufforderung** zu sehen. Auf Basis des Restrukturierungskonzepts und der betriebswirtschaftlichen Planung, die dem Restrukturierungsplan selbst und der Fortführung des Schuldners nach Rechtskraft des Restrukturierungsplans zugrunde liegen muss, hat er zu prüfen, von welchen Verbindlichkeiten der Schuldner im welchem Umfang befreit werden muss, damit die Planung aufgeht. Diese Verbindlichkeiten müssen dann entsprechend im gestaltenden Teil modifiziert werden.

Praxishinweis: Zu beachten ist, dass Haftungsbefreiung nur für die in den Plan einbezogenen Forderungen gelten kann. Sie stellt keinen Freibrief für eine allgemeine Haftungsbefreiung dar. Die Forderungen der Gläubiger, die vom Plan nicht betroffen werden, und die Haftung des Schuldners und seiner Gesellschafter diesen gegenüber bleiben unberührt.

55 Andererseits sind Forderungen von Gläubigern, die im Rahmen der Planabstimmung überstimmt werden, natürlich vom Plan betroffen. Insofern ist eine Haftungsbefreiung nach § 11 StaRUG im Rahmen der durch den Plan getroffenen Gestaltungen des Restrukturierungsplans möglich.

56 Sofern ein Gläubiger auf einer von § 11 StaRUG **abweichenden Regelung** besteht, gibt es hierfür Gestaltungsspielraum. Der Restrukturierungsplan kann etwas anderes bestimmen, vgl. § 11 S. 1 Hs. 1 StaRUG. Darüber hinaus ist § 69 StaRUG zu beachten, der das Wiederaufleben gestundeter oder erlassener Forderungen regelt. Dieser bestimmt in § 69 Abs. 1 StaRUG, dass für die in den gestaltenden Teil des Restrukturierungsplans einbezogenen Restrukturierungsforderungen, die gestundet oder teilweise erlassen sind, die **Stundung oder der Erlass** für den Gläubiger hinfällig wird, gegenüber dem der Schuldner mit der **Erfüllung des Plans erheblich in Rückstand** gerät. Ein erheblicher Rückstand ist dabei erst anzunehmen, wenn der Schuldner eine fällige Verbindlichkeit nicht bezahlt hat, obwohl der Gläubiger ihn schriftlich ge-

74 EU-Richtlinie 2019/1023, Erwägungsgrund 1. Die Richtlinie zielt ua darauf ab, „solche Hindernisse zu beseitigen, indem sichergestellt wird, […] dass redliche insolvente oder überschuldete Unternehmer nach einer angemessenen Frist in den Genuss einer vollen Entschuldung kommen […]".

mahnt und ihm dabei eine mindestens zweiwöchige Nachfrist gesetzt hat. Nach § 69 Abs. 2 StaRUG gilt das auch im Falle der Insolvenzeröffnung über das Vermögen des Schuldners, wenn also der Restrukturierungsplan scheitert. Schließlich sieht § 69 Abs. 3 StaRUG auch die Möglichkeit von Absatz 1 oder 2 abweichender Regelungen vor, stellt jedoch klar, dass diese nicht zum Nachteil des Schuldners abweichen dürfen. Diese Regelung soll der Disziplinierung des Schuldners dienen.[75]

Praxishinweis: Das Schlechterstellungsverbot des § 69 Abs. 3 StaRUG dürfte auch bei § 11 StaRUG zu berücksichtigen sein, so dass keine abweichenden Regelungen zu seinen Lasten möglich sind.

3. Neue Finanzierung, § 12 StaRUG

57 Der Gesetzgeber wollte mit dieser Regelung im Einklang mit der Richtlinie klarstellen, dass in den Plan auch Bestimmungen über die Finanzierung des Restrukturierungsvorhabens aufgenommen werden können.[76] Als eine solche neue Finanzierung ist neben der Darlehens- und sonstigen Kreditgewährung auch die Prolongation bestehender Finanzierungen, die Stundung von Zins- oder Tilgungszahlungen anzusehen.

58 Die **Erforderlichkeit** der neuen Finanzierung ist im darstellenden Teil des Restrukturierungsplans zu erläutern und zu begründen.[77] Nach § 12 S. 2 StaRUG gilt auch die Besicherung einer neuen Finanzierung als neue Finanzierung. Umfasst werden nach Auffassung des Gesetzgebers die Gestellung von Personal- und Sachsicherheiten für eine neue Finanzierung. Als Beispiel führt er die die Eingehung einer Mithaftung zur Absicherung eines Kredits an.[78]

Praxishinweis: Neben der Darstellung und Erläuterung im darstellenden Teil müssen im gestaltenden Teil die erforderlichen Änderungen umgesetzt werden. Ggf. sollten die entsprechenden Vereinbarungen in der durch den Plan gestalteten Form – zumindest in einer finalen Entwurfsfassung – als Anlage zum Restrukturierungsplan und ihr Abschluss als Bedingung des Plan nach § 62 StaRUG vorgesehen werden (zur Planbedingung → Rn. 138 ff.).

59 Eine neue Finanzierung macht eine **Bestätigung** des Restrukturierungsplans erforderlich.[79] § 63 Abs. 2 StaRUG sieht vor, dass die Bestätigung zu versagen ist, wenn das dem Plan zugrunde liegende **Restrukturierungskonzept unschlüssig** ist oder wenn Umstände bekannt sind, aus denen sich ergibt, dass das Konzept **nicht von den tatsächlichen Gegebenheiten** ausgeht oder keine begründete Aussicht auf Erfolg vermittelt.[80]

75 BT-Drs. 19/24181, 166.
76 BT-Drs. 19/24181, 120 mit Verweis auf EU-Richtlinie 2019/1023, Art. 2 Abs. 1 Nr. 7, Art. 8 Abs. 1 lit. g Ziff. vi.
77 Anlage zum StaRUG, Nr. 8.
78 BT-Drs. 19/24181, 120.
79 EU-Richtlinie 2019/1023, Erwägungsgrund 48, Art. 10 Abs. 1 lit. b.
80 EU-Richtlinie 2019/1023, Art. 10 Abs. 2 lit. e verlangt, dass die Voraussetzungen der Planbestätigung genau festgelegt sind und insoweit mindestens Folgendes umfassen: Eine etwaige neue Finanzierung, die zur Umsetzung des Restrukturierungsplans erforderlich ist und die Interessen der Gläubiger nicht in unangemessener Weise beeinträchtigt.

Praxishinweis: Es kann nur empfohlen werden, entsprechende Ausführungen zum Restrukturierungskonzept, zu dessen Schlüssigkeit, zur neuen Finanzierung als Teil dieses schlüssigen Konzepts und zu den darauf aufbauenden Erwartungen an eine erfolgreiche Fortführung des Schuldners nach rechtskräftiger Bestätigung des Restrukturierungsplans mit in Restrukturierungsplans aufzunehmen. Es muss beachtet werden, dass die Schilderungen nicht (nur) für die beteiligten Gläubiger, sondern insbesondere für das Restrukturierungsgericht im Rahmen seiner Bestätigungsentscheidung klar und gut nachvollziehbar erfolgen.

4. Sachenrechtliche Änderungen, § 13 StaRUG

60 § 13 StaRUG bestimmt ausdrücklich nur, dass sofern Rechte an Gegenständen begründet, geändert, übertragen oder aufgehoben werden, die erforderlichen Willenserklärungen der Beteiligten in den gestaltenden Teil des Restrukturierungsplans aufgenommen werden können, § 13 S. 1 StaRUG. Sind im Grundbuch eingetragene Rechte an einem Grundstück oder an eingetragenen Rechten betroffen, sind diese Rechte unter Beachtung des § 28 GBO genau zu bezeichnen, § 13 S. 2 StaRUG. Für die in der Praxis selteneren Rechte, die im Schiffsregister, im Schiffsbauregister oder im Register für Pfandrechte an Luftfahrzeugen eingetragen sind, gilt dies entsprechend, § 13 S. 3 StaRUG.

61 Die Gestaltungsmöglichkeiten für den Restrukturierungsplan sind hier weit gehalten. Rechtlich sind keine Besonderheiten zu beachten, abgesehen von den nach allgemeinen zivilrechtlichen (und ggf. grundbuch- und anderen registerrechtlichen) Vorgaben. Der Gesetzgeber belässt es in seiner Begründung auch beim Verweis auf das insolvenzrechtliche Vorbild des § 228 InsO. Er will die Restrukturierung insoweit durch die Zeit- und Kostenersparnisse fördern, die mit den Formerleichterungen durch § 68 StaRUG gegenüber einem Vollzug außerhalb des Plans verbunden sind.[81] Gem. § 68 Abs. 1 StaRUG gelten die in den Restrukturierungsplan aufgenommenen Willenserklärungen der Planbetroffenen und des Schuldners als in der vorgeschriebenen Form abgegeben, wenn Rechte an Gegenständen begründet, geändert, übertragen oder aufgehoben werden sollen. Entsprechendes gilt für die in den Restrukturierungsplan aufgenommenen Verpflichtungserklärungen, § 68 Abs. 3 StaRUG.

62 Explizit ist nunmehr auch in § 925 Abs. 1 S. 3 BGB geregelt, dass die zur Grundstückübereignung erforderliche Auflassung in einem Restrukturierungsplan erklärt werden kann. Der Gesetzgeber stellt hiermit klar, dass die Auflassung formwirksam auch in einem rechtskräftig bestätigten Restrukturierungsplan erklärt werden kann.[82]

Praxishinweis: An den Planersteller stellt § 13 StaRUG insoweit die Anforderungen sämtliche Ausführungen im darstellenden und gestaltenden Teil so genau zu fassen, dass diese sämtlichen zivilrechtlichen, konkret sachenrechtlichen Erfordernissen genügen. Sofern noch tatsächliche Voraussetzungen erfüllt werden müssen, sind diese im Rahmen der Umsetzung des Restrukturierungsplans vorzunehmen. Die Wirkun-

81 BT-Drs. 19/24181, 120.
82 Art. 13 SanInsFoG; BT-Drs. 19/24181, 79 (221).

gen des § 13 StaRUG sind – wie beim Insolvenzplan im Rahmen des § 228 InsO – auf die Erklärungen und die insoweit geltenden Formerleichterungen begrenzt.[83]

Für das Verständnis des Gestaltungsumfangs, der mit § 13 StaRUG verbunden ist, ist es wichtig zu beachten, dass nach insolvenzrechtlichem Verständnis unter Rechten an Gegenständen grundsätzlich sämtliche dinglichen Rechte an Sachen zu verstehen sind, das heißt auch an Geschäftsanteilen, Forderungen oder immateriellen Rechten.[84] 63

Praxishinweis: Insoweit ist § 13 StaRUG auch in Verbindung mit § 2 Abs. 3 StaRUG und § 7 Abs. 4 StaRUG zu sehen, die die Übertragung von Anteils- und Mitgliedschaftsrechten sowie jede gesellschaftsrechtlich zulässige Regelung im Restrukturierungsplan ermöglichen.

5. Fazit

Neben den grundsätzlichen Möglichkeiten zur Gestaltung von Restrukturierungsforderungen ergeben sich durch den Restrukturierungsplan auch Möglichkeiten, die zukünftige finanzwirtschaftliche Aufstellung des Schuldners zu regeln. Das umfasst zum einen die abschließende Regelung bereits bestehender Verbindlichkeiten und zum anderen die zukünftig entstehender Verbindlichkeiten. So kann das schuldnerische Unternehmen zukunftsfähig aufgestellt und insoweit restrukturiert werden. Als zusätzlichen Bonus kann sich der Schuldner Zeit und Kosten sparen, indem er sachenrechtliche Regelungen in den Plan mit aufnimmt. 64

IV. Auswahl, Einteilung und Gleichbehandlung von Planbetroffenen, §§ 8–10 StaRUG

Neben den dargestellten Gestaltungsmöglichkeiten eines Restrukturierungsplans – in sachlicher Hinsicht – hat der Schuldner/Planverfasser auch eine Gestaltungsmöglichkeit dahin gehend, wessen Forderungen durch den Plan gestaltet werden können. Insofern hat der Schuldner **Gestaltungsspielraum in personeller Hinsicht.** Der Gesetzgeber billigt dem Schuldner bei der Plangestaltung insoweit ein Auswahlermessen zu. Im Unterschied zum Insolvenzplan bzw. allgemein zum Insolvenzverfahren hat ein Restrukturierungsverfahren nach StaRUG **teilkollektiven Charakter.** Es ist darauf angelegt, dass nicht alle Gläubiger vom Restrukturierungsplan betroffen werden.[85] Der Schuldner hat somit auch in personeller Hinsicht Gestaltungsspielraum. 65

1. Überblick

Der Schuldner kann sich grundsätzlich aussuchen, wer in den Plan einbezogen und dadurch Planbetroffener werden soll. Er soll in seinem Auswahlermessen jedoch nicht völlig frei sein, um das Restrukturierungsverfahren vor Manipulationen zu schützen.[86] Gewisse Anforderungen werden daher insofern gestellt, dass die Auswahl gem. § 8 StaRUG nach sachgerechten Kriterien zu erfolgen hat. Vor dem Hintergrund der späteren Abstimmung nach Gruppen hat der Schuldner die sachgerecht ausge- 66

83 Vgl. *Kebekus/Wehler* in Graf-Schlicker InsO Rn. 1.
84 *Kebekus/Wehler* in Graf-Schlicker InsO Rn. 1.
85 BT-Drs. 19/24181, 117.
86 BT-Drs. 19/24181, 117.

wählten Planbetroffenen nach § 9 StaRUG in Gruppen einzuteilen. Schließlich hat der Schuldner die Planbetroffenen innerhalb einer Gruppe gleich zu behandeln, indem er ihnen gleiche Rechte anbietet, § 10 StaRUG.

2. Auswahl der Planbetroffenen, § 8 StaRUG

67 Zunächst stellt § 8 StaRUG allgemein fest, dass die Auswahl der Planbetroffenen nach **sachgerechten Kriterien** zu erfolgen hat. Hierfür wird die **Angabe** dieser Kriterien sowie deren **Erläuterung** im darstellenden Teil gefordert. Der Gesetzgeber will mit dieser Regelung das Ermessen des Schuldners begrenzen, Transparenz für die Planbetroffenen schaffen und dadurch der Gefahr von Manipulationen und missbräuchlicher Nutzung des Restrukturierungsverfahrens vorbeugen.[87] Darüber hinaus will der Gesetzgeber die Planbetroffenen in die Lage versetzen, die Sachgerechtigkeit des dem Plan zugrundeliegenden Restrukturierungskonzepts und auch die Sachgerechtigkeit und Angemessenheit der Lastentragung zu beurteilen.[88] Soweit Aufwand und Ertrag einer eigenen Beurteilung unverhältnismäßig wären, wie zB bei Kleingläubigern, sieht das Gesetz zum Ausgleich in § 73 Abs. 1 Nr. 1 StaRUG die Bestellung eines Restrukturierungsbeauftragten vor.[89]

a) Sachgerechte Kriterien

68 Die Auswahl der Planbetroffenen ist nach § 8 S. 2 StaRUG sachgerecht, wenn

- die nicht einbezogenen Forderungen auch in einem Insolvenzverfahren voraussichtlich vollständig erfüllt würden (Nr. 1)
- die in der Auswahl angelegte Differenzierung nach der Art der zu bewältigenden wirtschaftlichen Schwierigkeiten des Schuldners und den Umständen angemessen erscheint, insbesondere, wenn ausschließlich Finanzverbindlichkeiten und die zu deren Sicherung bestellten Sicherheiten gestaltet werden oder die Forderungen von Kleingläubigern, insbesondere Verbrauchern, Klein- und Kleinstunternehmen oder mittleren Unternehmen, unberührt bleiben (Nr. 2) oder
- mit Ausnahme der in § 4 genannten Forderungen sämtliche Forderungen einbezogen werden (Nr. 3).

b) Beispielsfälle

69 Mit dieser Regelung konkretisiert der Gesetzgeber den Begriff der **Angemessenheit.** Diese ist in den Fällen der Nr. 1 und 3 einfach zu belegen.[90] Eine auf Nr. 2 gestützte Auswahl der Planbetroffenen verlangt hingegen eine Darlegung der zu bewältigenden wirtschaftlichen Schwierigkeiten und eine auf Basis dieser Umstände gegebene Angemessenheit der Auswahl der Planbetroffenen. Der Gesetzgeber führt hierzu verschiedene Beispiele an. Zum einen soll die Auswahl beispielhaft angemessen sein, wenn eine auf die Gestaltung von Finanzverbindlichkeiten beschränkte Restrukturierung im Plan geregelt wird. Der Gesetzgeber hält dies gleich aus mehreren Gründen für potenziell angemessen. Die der auf Finanzverbindlichkeiten begrenzten Restrukturie-

87 BT-Drs. 19/24181, 117.
88 BT-Drs. 19/24181, 117.
89 BT-Drs. 19/24181, 118.
90 BT-Drs. 19/24181, 118.

rung sind typischerweise ausschließlich professionelle Gläubiger beteiligt, die ihren Interessen ohne Weiteres im Restrukturierungsprozess geltend machen und die Informationen im darstellenden Teil angemessen interpretieren können. Darüber hinaus kann der Schuldner auf diesem Weg den operativen Geschäftsbetrieb von jedweden Friktionen im Restrukturierungsprozess freihalten.[91]

Auf der anderen Seite sieht der Gesetzgeber die Auswahl der Planbetroffenen als (stets) sachgerecht an, wenn **mittlere, Klein- und Kleinstunternehmen, Verbraucher oder andere Gläubiger ausgenommen** sind. Dabei bezieht er sich zum einen auf die Sanierungsbeiträge, die hinter den Beiträgen zurückbleiben, die von **Groß- oder Finanzgläubigern** geleistet werden können. Zum anderen sieht er eine erhöhte Schutzbedürftigkeit der vorgenannten Gläubiger.[92] 70

In beiden Fällen soll die Einbeziehung anderer bzw. dieser Gläubiger jedoch nicht ausgeschlossen sein. So soll auch die Einbeziehung von Forderungen aus Lieferantenkrediten oder anderen Rechtsverhältnissen sachgerecht sein, wenn die Einbeziehung unter Berücksichtigung der Forderungshöhe und des zu erreichenden **Restrukturierungsziels** erforderlich erscheint. Ebenso kann die Einbeziehung von Kleingläubigern nach den Umständen des Einzelfalls sachgerecht sein. Handelt es sich zum Beispiel beim Schuldner selbst um ein Kleinunternehmen, können unter dessen Gläubigern wiederum andere Kleinunternehmen sein, deren Sanierungsbeiträge für eine erfolgreiche Restrukturierung benötigt werden.[93] 71

c) Fazit

Der Gesetzgeber hat mit den Regelbeispielen des § 8 StaRUG sowie der Gesetzesbegründung hinreichende Ansatzpunkte und wesentliche Argumente für die sachgerechte Auswahl der Planbetroffenen geschaffen. Er will mit Nr. 1 bis 3 keine abschließende Regelung treffen, sondern sieht in letzter Konsequenz stets die Umstände der konkreten Restrukturierungssituation als maßgeblich an. 72

Praxishinweis: An den Planersteller werden an dieser Stelle erhöhte Begründungs- und Argumentationsanforderungen gestellt. Die Auswahl der Planbetroffenen stellt den wesentlichen Unterschied zur gerichtsbekannten Praxis der Insolvenzpläne dar. Insoweit wird insbesondere in den ersten Jahren nach Inkrafttreten des StaRUG von Seiten der Gerichte besonderes Augenmerk auf der sachgerechten Auswahl der Planbetroffenen und der Darlegung der Angemessenheit liegen. In ersten gerichtlichen Entscheidungen wurde § 8 StaRUG zumindest kurz adressiert.[94]

3. Einteilung der Planbetroffenen in Gruppen, § 9 StaRUG

a) Einleitung

Der Gesetzgeber will mit § 9 StaRUG die Vorgaben der Richtlinie zur Einteilung der Planbetroffenen in Gruppen erfüllen und sieht die Regelung gleichzeitig als restruktu- 73

91 BT-Drs. 19/24181, 118.
92 BT-Drs. 19/24181, 118.
93 BT-Drs. 19/24181, 118.
94 AG Köln Beschl. v. 3.3.2021, Ziff. 3, BeckRS 2021, 5571; AG Dresden, Beschl. v. 7.6.2021, Ziff. II. 3. – ZInsO 2021, 1398 (1399, 1400).

rierungsrechtliche Umsetzung der aus den Vorschriften zum Insolvenzplan bekannten Regelungen.[95]

b) Regelungen im Einzelnen

74 Zur Einteilung der Planbetroffenen in Gruppen bestimmt § 9 Abs. 1 S. 1 StaRUG zunächst, dass bei der Festlegung der Rechte der Planbetroffenen Gruppen im Restrukturierungsplan zu bilden sind, soweit Planbetroffene mit **unterschiedlicher Rechtsstellung** betroffen sind. Dabei ist nach § 9 Abs. 1 S. 2 StaRUG **zwingend** zwischen den nachfolgend aufgeführten Gruppen zu unterscheiden:

- den Inhabern von **Absonderungsanwartschaften** (Nr. 1)
- den Inhabern von Forderungen, die im Fall der Eröffnung eines Insolvenzverfahrens als nicht nachrangige Insolvenzforderungen geltend zu machen wären, nebst darauf entfallender Zinsen und Säumniszuschläge (**einfache** Restrukturierungsgläubiger) (Nr. 2)
- den Inhabern von Forderungen, die im Fall der Eröffnung eines Insolvenzverfahrens nach § 39 Abs. 1 Nr. 4, 5 oder Abs. 2 der Insolvenzordnung als nachrangige Insolvenzforderungen anzumelden wären (**nachrangige** Restrukturierungsgläubiger), wobei für jede Rangklasse eine Gruppe zu bilden ist (Nr. 3) und
- den Inhabern von **Anteils- oder Mitgliedschaftsrechten** (Nr. 4).

75 Als ebenfalls zwingend zu bildende Gruppe sieht § 9 Abs. 1 S. 3 StaRUG die Gläubiger **gruppeninterner Sicherheiten** vor. Sofern der gestaltende Teil des Restrukturierungsplans Eingriffe in deren Rechte vorsieht, bilden die betroffenen Gläubiger eigenständige Gruppen.

76 Insgesamt sind nach § 9 Abs. 1 StaRUG also mindestens fünf Gruppen zu bilden, vorausgesetzt natürlich, dass die jeweiligen Rechte im Restrukturierungsplan mitgestaltet werden sollen.

Praxishinweis: Die Pflichtgruppen müssen in Restrukturierungsplänen für alle Unternehmen gebildet werden. Erleichterungen für kleine und mittlere Unternehmen finden sich im StaRUG nicht. Der Gesetzgeber hat vielmehr bewusst keinen Gebrauch von dem Umsetzungsspielraum gemacht, diese von der Verpflichtung zur Bildung von Gruppen generell auszunehmen. Zum einen sieht er keine besonderen Schwierigkeiten, die Pflichtgruppen des § 9 Abs. 1 StaRUG zu bilden, und zum anderen hält er durch die Unterscheidung nach Pflichtgruppen gegebene Transparenz der Darstellung der unterschiedlichen wirtschaftlichen Situation der betroffenen Gläubiger und ggf. Anteilsinhaber auch bei diesen für geboten.[96]

77 Gestaltungsspielraum eröffnet dem Planersteller die Regelung des § 9 Abs. 2 StaRUG. Danach können weitere Gruppen nach Maßgabe **wirtschaftlicher Interessen** gebildet werden. Wie schon bei der Auswahl der Planbetroffenen nach § 8 StaRUG müssen nunmehr die Gruppen sachgerecht voneinander abgegrenzt werden. Die Kriterien für die **Abgrenzung** sind im Plan anzugeben.

95 BT-Drs. 19/24181, 118 mit Verweis auf EU-Richtlinie 2019/1023, Art. 9 Abs. 2.
96 BT-Drs. 19/24181, 118.

Praxishinweis: Die Gruppenbildung liegt insoweit im Ermessen des Planerstellers, dem in ersten Entscheidungen ein wesentlich weiteres Ermessen als im Insolvenzrecht zugebilligt wird.[97]

Abschließend bestimmt § 9 Abs. 2 S. 4 StaRUG, dass Kleingläubiger im Rahmen der nach § 9 Abs. 1 StaRUG zu bildenden Gruppen zu eigenständigen Gruppen zusammenzufassen sind. 78

4. Gleichbehandlung von Planbetroffenen, § 10 StaRUG

a) Einleitung

Mit dem Erfordernis der Gleichbehandlung der Planbetroffenen orientiert sich der Gesetzgeber an den bekannten Vorgaben zum Insolvenzplan und schafft eine § 226 InsO vergleichbare Regelung.[98] 79

b) Regelung im Einzelnen

§ 10 Abs. 1 StaRUG legt zunächst allgemein fest, dass innerhalb jeder Gruppe allen Planbetroffenen **gleiche Rechte anzubieten** sind. 80

Praxishinweis: Die Frage der Gleichbehandlung wird auch in der gerichtlichen Vorprüfung berücksichtigt. In einer ersten Entscheidung war entscheidend, dass den Planbetroffenen die rechtliche Gestaltung, konkret eine Option, gleichermaßen eingeräumt wurde. Inwieweit die Rechte von den Planbetroffenen wahrgenommen werden wollen, ist unerheblich.[99] Wie vom Gesetzeswortlaut vorgegeben, müssen gleiche Recht angeboten werden.

Eine Ausnahme regelt hierzu § 10 Abs. 2 StaRUG, der bestimmt, dass eine **unterschiedliche Behandlung** der Planbetroffenen in einer Gruppe nur mit Zustimmung aller Planbetroffenen, zu deren Lasten die unterschiedliche Behandlung geht, zulässig ist. In diesem Fall ist dem Restrukturierungsplan die **zustimmende Erklärung** eines jeden Planbetroffenen, zu dessen Lasten die unterschiedliche Behandlung geht, beizufügen. 81

Praxishinweis: Der Gesetzgeer hat hier ausdrücklich gewisse Ungleichbehandlungen von Planbetroffenen bei deren Einverständnis akzeptiert. Er fordert zur Dokumentation hierfür eine dem Restrukturierungsplan beizufügende Zustimmungserklärung. Unter diesen Voraussetzungen sieht er keinen Grund, aufgrund der Ungleichbehandlung die Bestätigung des Restrukturierungsplans zu versagen.[100]

Zur **Vermeidung von Missbrauch** regelt § 10 Abs. 3 StaRUG, dass jedes Abkommen des Schuldners oder Dritter mit einzelnen Planbetroffenen, durch das diesen für ihr Verhalten bei Abstimmungen oder sonst im Zusammenhang mit dem Restrukturierungsverfahren ein nicht im Plan vorgesehener Vorteil gewährt wird, nichtig ist. 82

---

97 AG Hamburg Beschl. v. 12.4.2021, Rn. 13, BeckRS 2021, 7959; dazu *Grau/Pohlmann/Radunz* NZI 2021, 522 (527).
98 BT-Drs. 19/24181, 119.
99 AG Köln Beschl. v. 3.3.2021, Rn. 4, BeckRS 2021, 5571.
100 BT-Drs. 19/24181, 119.

5. Fazit

83 Der Planersteller erhält mit den Vorgaben der §§ 8–10 StaRUG eine gewisse Verpflichtung sowohl hinsichtlich der Auswahl als der Gruppenbildung sowie zur Behandlung innerhalb der jeweiligen Gruppen. Allgemeines Kriterium ist die sachgerechte Auswahl bzw. Gruppenbildung.

Praxishinweis: Da die Möglichkeit zur Auswahl der Planbetroffenen der wesentliche Unterschied zum bisherigen Insolvenz(plan-)verfahren ist, sollte der Planersteller diesem Punkt und der Umsetzung der gesetzlichen Vorgaben im Insolvenzplan besondere Aufmerksamkeit schenken. Die bisherigen gerichtlichen Entscheidungen zeigen, dass die Restrukturierungsgerichte die Auswahl der Planbetroffenen anhand der Kriterien des § 8 StaRUG prüfen.[101]

84 Dennoch eröffnen sich dem Planersteller hier entscheidende Gestaltungsspielräume. Aufgrund der Gruppenbildung kann er hier schon die potenziellen Mehrheiten des Restrukturierungsplans regeln und eine wesentliche Grundlage für den Erfolg des Restrukturierungsvorhabens selbst gestalten.

Praxishinweis: Eine erste Einschätzung zum späteren Abstimmungsverhalten sollte der Schuldner aus den geführten Vorgesprächen sowie ggf. aus den fortlaufenden Verhandlungen mit den Gläubigern bzw. Planbetroffenen gewonnen haben. Er sollte dies, soweit gesetzlich möglich, berücksichtigen. Zeichnen sich in einer Gruppe nicht die erforderlichen Mehrheitsverhältnisse von 75 % gem. § 25 Abs. 1 StaRUG ab, kann er über die gruppenübergreifende Mehrheitsentscheidung nach § 26 StaRUG immer noch die Abstimmung zugunsten des Restrukturierungsplans erreichen. Hierfür muss er zum einen die Vorgaben der §§ 26, 27 StaRUG bei der Plangestaltung berücksichtigen, zum anderen hat er in verfahrensrechtlicher Hinsicht die nach § 73 Abs. 2 StaRUG zwingende Bestellung des Restrukturierungsbeauftragten einzuplanen (zu den Mehrheitserfordernissen insgesamt → § 8 Rn. 46 ff., zum Restrukturierungsbeauftragten → § 15 Rn. 1 ff.).

85 Die Gruppenbildung nach § 9 StaRUG wird von den Restrukturierungsgerichten ebenfalls überprüft.[102] Hierbei wird dem Planersteller jedoch ein gegenüber den insolvenzverfahrensrechtlichen Vorgaben des § 222 InsO wesentlich weiteres **Ermessen** zugebilligt.[103]

V. Aufbau und Gliederung des Restrukturierungsplans, §§ 5–7 StaRUG

1. Überblick

86 Die gesetzlichen Vorgaben zur **Gliederung** eines Restrukturierungsplans sind ebenso wie beim Insolvenzplan nur rudimentär ausgestaltet. § 5 StaRUG beschränkt sich darauf, dass ein Restrukturierungsplan aus einem **darstellenden und** einem **gestaltenden Teil** besteht. Darüber hinaus muss ein Restrukturierungsplan mindestens die nach der

101 AG Köln Beschl. v. 3.3.2021, Rn. 3, BeckRS 2021, 5571; AG Hamburg Beschl. v. 12.4.2021 – Rn. 12, BeckRS 2021, 7959.

102 AG Köln Beschl. v. 3.3.2021, Rn. 5 ff., BeckRS 2021, 5571; AG Hamburg Beschl. v. 12.4.2021 – Rn. 13, BeckRS 2021, 7959.

103 AG Hamburg Beschl. v. 12.4.2021, Rn. 13, BeckRS 2021, 7959 mit Verweis auf *Stahlschmidt* ZInsO 2021, 205 (207).

Anlage zu diesem Gesetz erforderlichen Angaben enthalten, die sich im Wesentlichen auf den darstellenden Teil des Restrukturierungsplans beziehen (→ Rn. 91 ff.). Darüber hinaus sind dem Restrukturierungsplan die nach den §§ 14, 15 StaRUG erforderlichen Anlagen beizufügen. Weitergehende Vorgaben zur Gliederung eines Restrukturierungsplans enthält das StaRUG nicht.

Praxishinweis: Ein erster Bestätigungsbeschluss zeigt, dass Restrukturierungsgerichte auch den formal richtigen Aufbau eines Restrukturierungsplans in ihrer Entscheidung berücksichtigen und überprüfen.[104]

2. Orientierung an der bisherigen Praxis des Insolvenzplans

Restrukturierungsplan und Insolvenzplan sollen sich nach den Vorstellungen des Gesetzgebers jedoch grundsätzlich in Aufbau und Inhalt entsprechen und nur im Detail unterscheiden.[105] Insofern kann aktuell zur Orientierung bei der Erstellung eines Restrukturierungsplans der **IDW Standard** zu den Anforderungen an Insolvenzpläne (IDW S 2) herangezogen werden.[106] Darin findet sich in Anlage 1 eine Muster-Gliederung eines Insolvenzplans, die nachfolgend mit den Anforderungen nach StaRUG abgeglichen wird und so als erste Richtschnur für Planersteller (Schuldnerperspektive) oder auch Planbetroffene (Gläubigerperspektive) dienen kann. 87

Praxishinweis: Es ist zu erwarten, dass eine wesentliche Orientierungshilfe für die Praxis durch einen IDW-Standard zum Restrukturierungsplan noch in 2021 veröffentlicht wird. Bis dahin bleibt der IDW S 2 mit seinen Aufbau- und Gliederungshinweisen eine Orientierungshilfe und muss in der konkreten Ausgestaltung an die Vorgaben des StaRUG angepasst werden.

Eine weitere Hilfe für die Praxis wird sich aus der noch nicht vorliegenden Checkliste nach § 16 StaRUG ergeben, für die derzeit eine Expertendiskussion geplant ist (→ Rn. 152 ff.). 88

3. Fazit

Wesentliche Unterschiede in der Ausgestaltung von Restrukturierungsplänen sind aufgrund der starken Orientierung der gesetzlichen Vorgaben des StaRUG an den Regelungen der InsO zum Insolvenzplan nicht zu erwartenden. Aufgrund der personellen Überschneidungen von Restrukturierungsgerichten und Insolvenzgerichten sollte auch in der gerichtlichen Praxis die Ausgestaltung von Restrukturierungsplänen nach dem Vorbild von Insolvenzplänen verfahrensförderlich sein. Daher werden im Folgenden die insoweit inhaltlichen und sonstigen Überschneidungen dargestellt. 89

VI. Inhalt des Restrukturierungsplans

Der Inhalt des Restrukturierungsplans ist immer an den Verhältnissen im Einzelfall auszurichten und muss die individuellen Krisenursachen des Schuldners lösen können. Dabei muss der Plan – wie schon die ggf. verfahrensbegleitend in Anspruch ge- 90

104 AG Hamburg Beschl. v. 12.4.2021, Rn. 10, BeckRS 2021, 7959.
105 BT-Drs. 19/24181, 115.
106 IDW S 2 mit Stand: 18.11.2019, IDW Life 1/2020, 45; vgl. *Harig/Harder* ZRI 2021, 67.

nommenen Hilfen des § 29 StaRUG – darauf gerichtet sein, die drohende Zahlungsunfähigkeit nachhaltig zu beseitigen. Dennoch werden rechtlich gewisse Mindestanforderungen bzgl. Inhalt, Gliederung und Regelungsgehalt gestellt, die sich auch schon für das Insolvenzplanverfahren etabliert haben. Sie bieten eine gewisse Orientierung in der Planerstellung, sind aber vor allem auch für die gerichtliche Bestätigung (§§ 60 ff. StaRUG, vgl. § 10) wichtig.

Praxishinweis: Restrukturierungsgerichte werden in der Praxis mit in Insolvenzverfahren erfahrenen Personen besetzt werden. Es ist daher zu erwarten, dass eine in Aufbau und Inhalt dem Insolvenzplan vergleichbare Gestaltung des Restrukturierungsplans die vom Schuldner gewünschte Kontrolle (zB im Rahmen der Vorprüfung, §§ 46 ff. StaRUG) und auch die Entscheidung über die Bestätigung (§§ 60 ff. StaRUG) erleichtern wird.

1. Mindestinhalt

91 Zum Inhalt des Restrukturierungsplans verweist § 5 S. 2 StaRUG auf die Anlage, die den Mindestinhalt eines Restrukturierungsplan wie nachfolgend dargestellt vorgibt:

Notwendige Angaben im Restrukturierungsplan[107]

Neben den sich aus den §§ 5 bis 15 ergebenden Angaben hat der Restrukturierungsplan mindestens die folgenden Angaben zu enthalten:

1. Firma oder Namen und Vornamen, Geburtsdatum, Registergericht und Registernummer, unter der der Schuldner in das Handelsregister eingetragen ist, Geschäftszweig oder Beschäftigung, gewerbliche Niederlassungen oder Wohnung des Schuldners und bei mehreren Niederlassungen die Hauptniederlassung;
2. die Vermögenswerte und Verbindlichkeiten des Schuldners zum Zeitpunkt der Vorlage des Restrukturierungsplans, einschließlich einer Bewertung der Vermögenswerte, eine Beschreibung der wirtschaftlichen Situation des Schuldners und der Position der Arbeitnehmer sowie eine Beschreibung der Ursachen und des Umfangs der wirtschaftlichen Schwierigkeiten des Schuldners;
3. die Planbetroffenen, die entweder namentlich zu benennen oder unter hinreichend konkreter Bezeichnung der Forderungen oder Rechte zu beschreiben sind;
4. die Gruppen, in welche die Planbetroffenen für die Zwecke der Annahme des Restrukturierungsplans unterteilt wurden, und die auf deren Forderungen und Rechte entfallenden Stimmrechte;

107 BGBl. 2020 I 3280.

5. die Gläubiger, Inhaber von Absonderungsanwartschaften sowie Inhaber von Anteils- oder Mitgliedschaftsrechten, die nicht in den Restrukturierungsplan einbezogen wurden, zusammen mit einer Erläuterung der Gründe für die unterbliebene Einbeziehung; eine Beschreibung unter Bezugnahme auf Kategorien gleichartiger Gläubiger, Inhaber von Absonderungsanwartschaften sowie Inhaber von Anteils- oder Mitgliedschaftsrechten genügt, wenn dadurch die Überprüfung der sachgerechten Abgrenzung nach § 8 nicht erschwert wird;
6. Name und Anschrift des Restrukturierungsbeauftragten, sofern ein solcher bestellt ist;
7. die Auswirkungen des Restrukturierungsvorhabens auf die Beschäftigungsverhältnisse sowie Entlassungen und Kurzarbeiterregelungen und die Modalitäten der Unterrichtung und Anhörung der Arbeitnehmervertretung;
8. sofern der Restrukturierungsplan eine neue Finanzierung (§ 12) vorsieht, die Gründe für die Erforderlichkeit dieser Finanzierung.

Mit dieser Anlage werden die Vorgaben zum Inhalt von Restrukturierungsplänen des Art. 8 Abs. 1 der EU-Richtlinie 2019/1023 in wesentlichen Teilen umgesetzt.[108] Weitergehende inhaltliche Vorgaben der Richtlinie hat der Gesetzgeber nicht in der Anlage, sondern in einzelnen Normen umgesetzt. So sind Informationen zu vorgeschlagenen Restrukturierungsmaßnahmen und ggf. zu deren vorgeschlagener Laufzeit in den Vorgaben zum gestaltenden Teil aufgenommen, § 7 StaRUG. In Bezug auf Angaben zu voraussichtlichen Finanzströmen der Schuldners erfolgte die Umsetzung in § 14 Abs. 2 S. 2 StaRUG.[109] Die wesentliche inhaltliche Aussage des Restrukturierungsplans, dass durch diesen eine begründete Aussicht zur Abwendung der Insolvenz und zur Gewährleistung der Bestandsfähigkeit des Unternehmens besteht, findet sich in § 14 Abs. 1 StaRUG. Der **Restrukturierungsbeauftragte** nimmt zur Erklärung zu diesen Punkten Stellung; die Stellungnahme ist ggf. dem Restrukturierungsplan als Anlage beizufügen, § 76 Abs. 4 StaRUG.[110] 92

Praxishinweis: Die Richtlinie sieht eigentlich noch weitergehende Hilfen für Schuldner, insbesondere kleine und mittlere Unternehmen vor. Diese Verfahrenshilfen sind in § 16 StaRUG als Checklisten für Restrukturierungspläne auch nach deutschem Recht vorgesehen, liegen aber bislang nicht vor (→ Rn. 152 ff.). Die mit den „Notwendigen Angaben im Restrukturierungsplan“ derzeit vorliegende Hilfe für den Schuldner kann für die Praxis höchstens als Ergänzung und Kontrollinstrument dienen, stellt aber keine Unterstützung für Struktur und Aufbau des Restrukturierungsplans insgesamt dar. Insofern dürfte eine Heranziehung der für Insolvenzpläne entwickelten Praxis zielführend sein, zB IDW Standard für Insolvenzpläne (IDW S 2) und die dort vorgeschlagene detaillierte Gliederung.[111]

Leider berücksichtigen die Anforderungen an den Mindestinhalt von Restrukturierungsplänen nicht die gesetzlich vorgegebene Trennung von darstellendem und ge- 93

108 BT-Drs. 19/24181, 188.
109 BT-Drs. 19/24181, 188.
110 Umsetzung der Option des Art. 8 Abs. 1 lit. h EU-Richtlinie 2019/1023.
111 IDW S 2 mit Stand: 18.11.2019, IDW Life 1 / 2020, 45.

staltenden Teil, vgl. § 5 StaRUG. Diese Aufteilung soll im Folgenden in einigen wesentlichen Aspekten abgebildet werden.

2. Darstellender Teil

94 Die Anforderungen an den darstellenden Teil des Restrukturierungsplans regelt § 6 StaRUG.

a) Überblick

95 Im darstellenden Teil sollen gem. § 6 Abs. 1 StaRUG die **Grundlagen** und die **Auswirkungen** des Restrukturierungsplans beschrieben werden. Es müssen alle Angaben enthalten sein, die für die Entscheidung der von dem Plan Betroffenen über die Zustimmung zum Plan und für dessen gerichtliche Bestätigung erheblich sind, einschließlich der **Krisenursachen** und der zur Krisenbewältigung vorzunehmenden Maßnahmen. Soweit **Restrukturierungsmaßnahmen** vorgesehen sind, die nicht über den gestaltenden Teil des Plans umgesetzt werden können oder sollen, sind sie im darstellenden Teil gesondert hervorzuheben.

96 Neben dem Mindestinhalt nach § 5 S. 2 StaRUG soll im darstellenden Teil des Restrukturierungsplans nach der Vorstellung des Gesetzgebers das **Restrukturierungskonzept**, das auf Grundlage des Plans und mit der Bewirkung der im gestaltenden Teil vorgesehenen Rechtsfolgen verwirklicht werden soll, beschrieben und erläutert werden. Darüber hinaus sollen auch die Maßnahmen, die nicht über Gestaltungswirkungen des Plans herbeigeführt werden können oder sollen, dargestellt werden, wozu insbesondere personalwirtschaftliche Maßnahmen zählen.[112]

97 Darüber hinaus muss nach § 6 Abs. 2 StaRUG eine **Vergleichsrechnung** enthalten sein, in der die Auswirkungen des Restrukturierungsplans auf die Befriedigungsaussichten der Planbetroffenen dargestellt werden. Sieht der Plan eine Fortführung des Unternehmens vor, ist für die Ermittlung der Befriedigungsaussichten ohne Plan zu unterstellen, dass das Unternehmen fortgeführt wird. Dies gilt nicht, wenn ein Verkauf des Unternehmens oder eine anderweitige Fortführung aussichtslos ist.

98 Der Gesetzgeber beruft sich bei der Regelung der Vergleichsrechnung erneut auf das Insolvenzplanrecht. Dort gibt es bisher zwar auch keine explizite Regelung zur Notwendigkeit einer Vergleichsrechnung, die aber für die Frage der **Schlechterstellung** durch den Insolvenzplan zwingend ist. Der Gesetzgeber sieht die Vergleichsrechnung daher als eine der Informationen an, die für die Zustimmung der Planbetroffenen und für die Bestätigung des Plans erheblich sind.[113]

99 Abschließend enthält § 6 Abs. 3 StaRUG eine Sonderregelung für Restrukturierungspläne, die Eingriffe in die Rechte von Gläubigern aus **gruppeninternen Drittsicherheiten** nach § 2 Abs. 4 StaRUG vorsehen. Im darstellenden Teil des Restrukturierungsplans sind dann auch die Verhältnisse des die Sicherheit gewährenden verbundenen Unternehmens und die Auswirkungen des Plans auf dieses Unternehmen einzubeziehen. Der Gesetzgeber möchte hierdurch eine Beurteilung der Werthaltigkeit der Si-

112 BT-Drs. 19/24181, 116.
113 BT-Drs. 19/24181, 116.

cherheit und der Auswirkungen des Plans auf die Stellung des Sicherungsnehmers ermöglichen.[114]

b) Gliederung

Der **Aufbau** und die **Gliederung** des Restrukturierungsplans sollten sich, solange keine detaillierten Vorgaben des Gesetzgebers vorliegen, nach der für Insolvenzpläne entwickelten Praxis orientieren.[115] Dies wird insbesondere in ersten Verfahren nach StaRUG und, bis sich durch die Rechtsprechung weitere Anforderungen ergeben haben, die Prüfung von Restrukturierungsplänen durch Gerichte, ggf. bestellte Restrukturierungsbeauftragte oder Berater von Planbetroffenen erleichtern. 100

Nachfolgend erfolgt eine Übertragung der Muster-Gliederung des IDW zu Insolvenzplänen auf Restrukturierungspläne und die durch das StaRUG formulierten Anforderungen. Es bleibt für die Praxis zu hoffen, dass das IDW baldmöglichst einen Standard für Restrukturierungspläne veröffentlichen wird.[116] 101

Muster-Gliederung zum darstellenden Teil eines Restrukturierungsplans[117]

1. Darstellender Teil

1.1	Grundsätzliche Ziele und Regelungsstruktur des Restrukturierungsplans
1.1.1	Art und Ziele des Restrukturierungsplans
1.1.2	Regelungsansatz für Planbetroffene (absonderungsanwartschaftsberechtigte Gläubiger, für nicht nachrangige Gläubiger und für nachrangige Gläubiger
1.2	Wesentliche Angaben zum Verfahren (Daten, Beteiligte)
1.2.1.	Anzeige des Restrukturierungsvorhabens
1.2.2.	Ggf. Stabilisierungsanordnungen (konkrete Maßnahmen)
1.2.3.	Ggf. Bestellung eines Restrukturierungsbeauftragten (konkrete Ausgestaltung, Aufgaben, Befugnisse)
1.3	Darstellung des Vermögens und der Verbindlichkeiten
1.3.1.	Vermögen (grds. Fortführungswerte/ggf. Zerschlagungswerte)
1.3.1.1.	Ggf. Darlegung der Aussichtslosigkeit eines Verkaufs des Unternehmens
1.3.1.2.	Ggf. Darlegung der Aussichtslosigkeit einer anderweitigen Fortführung
1.3.2.	Verbindlichkeiten (gegenüber Planbetroffenen, aber auch sonstigen Gläubigern)
1.4.	Restrukturierungskonzept
1.4.1.	Basisinformationen über die wirtschaftliche und rechtliche Ausgangslage des Unternehmens in seinem Umfeld, einschließlich der Vermögens-, Finanz- und Ertragslage
1.4.2.	Analyse von Krisenstadium und -ursachen

114 BT-Drs. 19/24181, 116.

115 IDW S 2 mit Stand: 18.11.2019, IDW Life 1/2020, 45.

116 Bisher hat das IDW mit der Überarbeitung bestehender Standards umgehend nach Inkrafttreten des SanInsFoG bereits reagiert und zwei Entwurfsfassungen veröffentlicht: IDW ES 9 nF betreffend die Bescheinigungen nach §§ 270d und 270a InsO am 12.1.2021 und IDW ES 11 nF betreffend die Beurteilung des Vorliegens von Insolvenzeröffnungsgründen am 8.1.2021; abrufbar unter: https://www.idw.de/idw/verlautbarungen/entwuerfe, Stand: 30.6.2021.

117 In Anlehnung an Anlage 1 zu IDW S 2 mit Stand: 18.11.2019, IDW Life 1 / 2020, 45.

Muster-Gliederung zum darstellenden Teil eines Restrukturierungsplans

1.4.3.	Darstellung des Leitbilds mit dem Geschäftsmodell des sanierten Unternehmens
1.4.4.	Maßnahmen zur Bewältigung der Unternehmenskrise
1.4.5.	Zusammenfassung der mit dem Restrukturierungsplan umgesetzten Maßnahmen
1.4.5.1.	Vor und nach Restrukturierungsanzeige bereits ergriffene Maßnahmen/Stabilisierungsanordnungen
1.4.5.2.	Mit dem Restrukturierungsplan beabsichtigte Maßnahmen
1.4.5.3.	Restrukturierungsmaßnahmen nach Planbestätigung/Überwachung der Planerfüllung
1.4.5.4.	Nicht über den gestaltenden Teil des Restrukturierungsplan umgesetzte Maßnahmen
1.4.6.	Neufinanzierung
1.4.6.1.	Darstellung der neuen Finanzierung
1.4.6.2.	Erforderlichkeit der neuen Finanzierung, Begründung
1.5.	Darstellung der Beseitigung der drohenden Zahlungsunfähigkeit
1.6.	Auswahl der Planbetroffenen
1.6.1.	Angaben zu den Planbetroffenen (namentlich, konkrete Bezeichnung Forderung/Rechte)
1.6.2.	Angaben zu nicht in den Plan einbezogenen Gläubigern, Inhabern von Absonderungsanwartschaften, Inhabern von Anteils- oder Mitgliedschaftsrechten
1.7.	Gruppenbildung
1.8	Zusammenfassung der Ergebnisse für die Gläubiger bei Annahme des Restrukturierungsplans und einer alternativen Lösung (Vergleichsrechnung)
1.8.1.	Ergebnis des Restrukturierungsplans
1.8.2.	Ergebnis Alternativszenarien
1.8.2.1	Erläuterung / Begründung für in Betracht gezogene und nicht einbezogene Szenarien
1.8.2.2.	Ergebnis der verschiedenen Szenarien
1.8.3.	Ergebnis für die verschiedenen Planbetroffenen
1.8.3.1	Ergebnis für absonderungsanwartschaftsberechtigte Planbetroffene
1.8.3.2.	Ergebnis für nicht nachrangige Planbetroffene
1.8.3.3.	Ergebnis für nachrangige Planbetroffene
1.8.4.	Auswirkungen für Beschäftigungsverhältnisse etc; Anhörung Arbeitnehmervertreter

102 Der darstellende Teil legt die Grundlage für die im gestaltenden Teil zu treffenden Maßnahmen.

Praxishinweis: Eine dem Aufbau eines Insolvenzplans folgende Gliederung des Restrukturierungsplans sollte sowohl im darstellenden Teil als auch für den gestaltenden Teil so lange gewählt werden, bis der Gesetzgeber anderweitige Vorgaben veröffentlicht hat. Ebenso können sich für die Praxis relevante neue Vorgaben durch einen IDW-Standard ergeben; hier sind schon aufgrund der gesetzgeberischen Orientierung an den Vorschriften zum Insolvenzplan keine wesentlichen Abweichungen vom bisherigen IDW S 2 zu erwarten.

c) Einzelheiten

aa) Grundlagen und Auswirkungen des Restrukturierungsplans

Die **Grundlagen und Auswirkungen** des Restrukturierungsplans sind gem. § 6 Abs. 1 S. 1 StaRUG im darstellenden Teil zu beschreiben. Jeder Planbetroffene soll umfassend informiert werden und zu einer eigenen Einschätzung gelangen können, um auf dieser Basis eine Entscheidung über den Restrukturierungsplan treffen zu können. Die Beschreibung kann daher zunächst zu Beginn überblicksartig und allgemein erfolgen, muss dann aber auch detailliert alle für die Entscheidung über den Plan notwendigen Angaben zum Schuldner, dessen wirtschaftlichen, finanziellen und sonstigen Verhältnissen enthalten. 103

Praxishinweis: Das StaRUG kann an dieser Stelle nur einen rechtlichen Rahmen vorgeben und allgemeine Anforderungen aufstellen. Die betriebswirtschaftlichen Voraussetzungen wie die Entwicklung eines Leitbilds des sanierten Unternehmens oder die strategischen, operativen und finanziellen Voraussetzungen der Sanierung müssen durch das Unternehmen selbst erarbeitet und dann in mit Gesellschafter, finanzierenden Kreditinstituten und weitere wesentlichen Stakeholdern abgestimmter Form in den Restrukturierungsplan eingefügt werden.[118] Für diese betriebswirtschaftlichen Themen ist – wie beim Insolvenzplan – der IDW Standard für Sanierungskonzepte (IDW S 6) heranzuziehen.[119] Es bleibt abzuwarten, ob das IDW noch einen gesonderten Standard für Restrukturierungspläne entwickelt und ob dieser dann wie der IDW S 2 auf den IDW S 6 verweist oder eigene Vorgaben zur betriebswirtschaftlichen Seite des Restrukturierungsplans macht. 104

bb) Entscheidungserhebliche Angaben, Krisenursachen und Restrukturierungsmaßnahmen

Des Weiteren wird in § 6 Abs. 1 S. 2, 3 StaRUG eine Darstellung aller entscheidungserheblichen Angaben, Krisenursachen und Restrukturierungsmaßnahmen gefordert, einschließlich der Krisenursachen und der zur Krisenbewältigung vorzunehmenden Maßnahmen. Soweit Restrukturierungsmaßnahmen vorgesehen sind, die nicht über den gestaltenden Teil des Plans umgesetzt werden können oder sollen, sind sie im darstellenden Teil gesondert hervorzuheben. Welche Angaben konkret entscheidungserheblich, also gem. § 6 Abs. 1 S. 2 StaRUG für die Entscheidung der Planbetroffenen über die Zustimmung zum Restrukturierungsplan und für dessen gerichtliche Bestätigung erheblich sind, kommt auf die vom Schuldner gewählte Gestaltung an. Grundsätzlich werden dies die ohnehin erforderlichen Angaben zu den Auswirkungen des Restrukturierungsplans sein, die in Bezug auf die Planbetroffenen bzw. die in einer Gruppe zusammengefassten Planbetroffenen konkretisiert werden müssen. Nur dann 105

118 Vgl. *Girotto/Czernay* NZI-Beilage 2021, 66.
119 IDW Standard: Anforderungen an Sanierungskonzepte (IDW S 6) in der Fassung vom 16.5.2018, IDW Life 8/2018, 813 ff., auf den IDW S 2 (a.a.O.) insoweit in Rn. 30 verweist.

kann der Planbetroffene die wirtschaftlichen Folgen für sich selbst beurteilen. Ebenso dürften die Angaben zur Behandlung der anderen Planbetroffenen (Änderungen für die Rechtstellung der Planbetroffenen in anderen Gruppen, Gleichbehandlung innerhalb der Gruppen, etc.) für die Entscheidung über die Zustimmung für den einzelnen Planbetroffenen relevant sein. Für die gerichtliche Bestätigung erheblich sind erneut die Informationen und entsprechenden Angaben im Plan zu den Kriterien der §§ 63, 64 StaRUG.

Praxishinweis: Die Anforderungen zu Krisenursachen und Restrukturierungsmaßnahmen sind aus den in der Praxis üblichen Grundlagen eines Sanierungskonzepts nach IDW S 6 bekannt.[120] Die Darlegung der Krisenursachen und die aus dem Leitbild des sanierten Unternehmens abgeleiteten Sanierungs- bzw. Restrukturierungsmaßnahmen stellen auch dort einen wesentlichen Bestandteil des Sanierungskonzepts dar.

cc) Vergleichsrechnung

106 Gem. § 6 Abs. 2 S. 1 StaRUG hat der darstellende Teil des Restrukturierungsplans eine **Vergleichsrechnung** zu enthalten, welche die Auswirkungen der Planregelungen auf die Befriedigungsaussichten der Planbetroffenen darstellt und begründet. Diese Vorgabe ist ebenfalls aus dem Insolvenzplanrecht entnommen.[121] Für Insolvenzpläne findet sich die gesetzliche Grundlage nach der Änderung im Rahmen des SanInsFoG nunmehr im ergänzten § 220 Abs. 2 InsO (zu den Neuerungen im Insolvenzplanrecht → § 19 Rn. 1 ff.). Danach enthält der darstellende Teil eines Insolvenzplans insbesondere eine Vergleichsrechnung, in der die Auswirkungen des Plans auf die voraussichtliche Befriedigung der Gläubiger dargestellt werden. Der Planersteller hat hier darzulegen, welche Auswirkungen sich für die einzelnen Planbetroffenen, sinnvoller Weise unterteilt nach den gebildeten Gruppen, bei Annahme (und Bestätigung) des Restrukturierungsplans ergeben. Dem sind im Rahmen der Vergleichsrechnung die Auswirkungen der nächstbesten, realistischen Szenarien zum Restrukturierungsplan gegenüberzustellen (zu den Einzelheiten → Rn. 107 ff.). Neben den rein rechnerischen Auswirkungen können auch andere Faktoren wie die Fristigkeit von Zahlungen, Realisierungsrisiken der jeweiligen Szenarien, etc. berücksichtigt werden.[122]

Praxishinweis: Eine Orientierung für die insolvenzrechtliche Praxis bietet der Standard für Insolvenzpläne (IDW S 2), der neben grundlegenden Ausführungen auch in der dortigen Anlage 2 ein Muster einer Quotenvergleichsrechnung enthält. [123] Dennoch bestehen bei der Vergleichsrechnung im insolvenzplan für den Planersteller Gestaltungsmöglichkeiten, in dem er sein Ermessen beim Ansatz und der Bewertung von Vermögensgegenständen ausübt. [124]

---

120 IDW Standard: Anforderungen an Sanierungskonzepte (IDW S 6) in der Fassung vom 16.5.2018, IDW Life 8/2018, 813 ff.
121 BT-Drs. 19/24181, 116.
122 Vgl. bzgl. der Vergleichsrechnung in Insolvenzplänen IDW S 2 mit Stand: 18.11.2019, IDW Life 1/2020, 45, Rn. 82.
123 IDW S 2 mit Stand: 18.11.2019, IDW Life 1/2020, 45, Rn. 75 ff.
124 *Tan/Lambrecht* NZI 2019, 249.

Ein erster Praxisbericht belegt die besondere Bedeutung der Erstellung der Vergleichsrechnung bereits in der Vorbereitung der Restrukturierung. Konkret sollte mit der Vergleichsrechnung die Grundlage für einen cross-class cram-down gelegt und einem Antrag des ablehnenden Planbetroffenen nach § 64 StaRUG vorgebeugt werden.[125]

Die Anforderungen bleiben – genau wie im Insolvenzrecht – im Detail gesetzlich ungeregelt, so dass sich auch hier erst eine gewisse Rechtspraxis entwickeln muss. In jedem Fall wird die Vergleichsrechnung als gesetzlich zwingend vorgesehener Inhalt des Restrukturierungsplans von den Restrukturierungsgerichten grundsätzlich geprüft werden müssen. Das gilt im Rahmen der Bestätigung gem. § 63 Abs. 1 Nr. 2 StaRUG und somit auch im Rahmen der gerichtlichen Vorprüfung gem. § 46 Abs. 1 StaRUG als für die Bestätigung erhebliche Frage. Die Prüfung wird neben dem grundsätzlichen Vorhandensein der Vergleichsrechnung auch deren Vollständigkeit und Schlüssigkeit umfassen; eine weitergehende inhaltliche Prüfung dürfte der Sachverständigenprüfung durch den Restrukturierungsbeauftragten (→ § 15, Rn. 39 ff., 64) vorbehalten sein.[126]

(1) Rechnerische Darlegung der Planauswirkungen

In Bezug auf die wirtschaftlichen Auswirkungen hat der darstellende Teil auch Be- 107
rechnungen zu enthalten. Die Planbetroffenen sollen erkennen können, welche konkreten Folgen sich für Ihre einbezogenen Restrukturierungsforderungen, aber auch alle anderen einbezogenen Restrukturierungsforderungen ergeben. Die Vorgabe des § 6 Abs. 2 S. 1 StaRUG stellt hier nur „insbesondere“ auf eine Vergleichsrechnung ab. Darin sollen die eben dargestellten Auswirkungen des Restrukturierungsplans auf die Befriedigungsaussichten der Planbetroffenen dargestellt werden und eine Vergleichsrechnung mit anderen potenziell ebenfalls möglichen Szenarien und deren wirtschaftlichen Folgen aufgestellt werden. Konkret soll aus Sicht der Planbetroffenen eine Gegenüberstellung der finanziellen Zuflüsse auf Basis des Restrukturierungsplans und aufgrund des nächstbesten Alternativszenarios erfolgen.[127]

Praxishinweis: Der Gesetzgeber sieht die Aufstellung der Vergleichsrechnung unter mehreren Gesichtspunkten für relevant an. Entscheidend ist sie nicht nur als allgemeine Entscheidungsgrundlage, sondern auch unter dem Gesichtspunkt, dass eine gruppenübergreifende Entscheidung nach § 26 Abs. 1 Nr. 1 StaRUG nur möglich ist, wenn die Mitglieder dieser Gruppe durch den Restrukturierungsplan voraussichtlich nicht schlechtergestellt werden als sie ohne einen Plan stünden. Dementsprechend muss mindestens eine Berechnung auf Basis eines unverändert fortgeführten Unternehmens erfolgen und eine auf Basis des mittels Restrukturierungsplans neu aufgestellten Unternehmens (zu weiteren Vergleichsszenarien → Rn. 109 f.).

(2) Wertansatz

Für den regelmäßig zu erwartenden Fall, dass der Plan eine Fortführung des Unter- 108
nehmens vorsieht, gibt § 6 Abs. 2 S. 2 StaRUG den Wertansatz vor. So ist für die Er-

125 *Grau/Pohlmann/Radunz* NZI 2021, 522 (525).
126 § 73 Abs. 3 Nr. 1 StaRUG verweist zwar nicht auf § 63 Abs. 1 Nr. 2 StaRUG, enthält aber auch nur eine beispielsweise Auflistung („insbesondere“) möglicher Begutachtungsgegenstände.
127 *Grau/Pohlmann/Radunz* NZI 2021, 522 (525, 527).

mittlung der Befriedigungsaussichten ohne Plan zu unterstellen, dass das Unternehmen fortgeführt wird, also in der Regel **Fortführungswerte** anzusetzen. Eine **Ausnahme** gilt für den Fall, dass ein **Verkauf** des Unternehmens **oder eine anderweitige Fortführung aussichtslos** ist, § 6 Abs. 2 S. 3 StaRUG. Der Gesetzgeber begründet diese Bewertungssystematik damit, dass in der Regel die Fortführung des Unternehmens auf der Grundlage des Restrukturierungsplans angestrebt wird. Der Gesetzgeber möchte verhindern, dass Schuldner sich größere Spielräume für Eingriffe in die Rechte der Planbetroffenen verschaffen können. Liquidationswerte sollen vom Schuldner nur dann in der Vergleichsrechnung angesetzt werden dürfen, wenn Fortführung oder Verkauf nicht möglich sind und dies fundiert begründet wird. Der Schuldner soll nicht ohne eine solche **fundierte Begründung** eine Liquidation unterstellen dürfen.[128]

Auch für die Bewertung finden sich im Insolvenzplanrecht vergleichbare Vorgaben in den § 220 Abs. 2 S. 3, 4 InsO. Sofern der Plan danach eine Fortführung des Unternehmens vorsieht, ist für die Ermittlung der voraussichtlichen Befriedigung ohne Plan in der Regel zu unterstellen, dass das Unternehmen fortgeführt wird, also ebenfalls in der Regel von Fortführungswerten auszugehen. Eine Ausnahme hierzu gilt, wenn ein Verkauf des Unternehmens oder eine anderweitige Fortführung aussichtslos ist.

109 Ob eine anderweitige Fortführung des Unternehmens **aussichtslos** ist, wird sich anhand der Unternehmenszahlen und der darauf basierenden Planrechnungen zeigen. Des Weiteren können weitere Faktoren die Fortführung aussichtslos werden lassen, wie zB die Bereitschaft wesentlicher Verfahrensbeteiligter zur Fortführung nur im Falle des Restrukturierungsplans, nicht hingegen bei einer Sanierung im Insolvenzverfahren. Es muss insgesamt eine Konstellation gegeben sein, in der sich kein konkretes und verlässliches Alternativszenario finden lässt. Dann kann ein Ansatz von Fortführungswerten unterbleiben und auf die Insolvenz des Schuldners und somit auf Liquidationswerte abgestellt werden.[129]

Praxishinweis: In einem ersten Planbestätigungsbeschluss war die Frage des richtigen Wertansatzes Gegenstand der Entscheidung. Der Schuldner hatte dort von der Ausnahmeregelung des § 6 Abs. 2 S. 3 StaRUG Gebrauch gemacht und Liquidationswerte in der Vergleichsrechnung angesetzt. Im Ergebnis war nach Auffassung des Restrukturierungsgerichts die Vergleichsrechnung nach § 6 Abs. 2 StaRUG nicht zu beanstanden, da die in der Literatur „insoweit angenommene ‚absolute' Untergrenze – ein Vergleich mit den Werten, die sich bei der Liquidation im Insolvenzverfahren ergeben – eingehalten“ wurde.[130] Eine weitergehende Erläuterung, ob der Schuldner die vom Gesetzgeber geforderte fundierte Begründung geliefert hatte, findet sich im Beschluss nicht.

(3) Festlegung Vergleichsszenarien/Schlüssigkeit

110 Entscheidend für die Vergleichsberechnung wird nicht nur die rechnerische Darlegung der jeweiligen Szenarien sein, sondern auch die Darlegung, **welche Szenarien**

128 BT-Drs. 19/24181, 116.
129 *Grau/Pohlmann/Radunz* NZI 2021, 522 (525, 527).
130 AG Hamburg Beschl. v. 12.4.2021, Rn. 11, BeckRS 2021, 7959 mit Verweis auf *Braun/Böhm* StaRUG § 6 Rn. 27.

überhaupt in Betracht zu ziehen und welche außer Betracht zu lassen sind. Vergleichsszenarien müssen auf Basis der vorliegenden Umstände des Unternehmens realisierbar sein. Der Schuldner muss im Restrukturierungsplan als für ihn (und die Planbetroffenen) bestes Szenario möglichst verschiedene Szenarien, in denen ggf. auch nur einzelne Aspekte des Restrukturierungsplans verändert werden, darlegen und prüfen. Ein nächstbestes Szenario dürfte in der Regel die Sanierung innerhalb eines Insolvenzverfahrens mittels Insolvenzplan sein.

Praxishinweis: Die besondere Bedeutung der schlüssigen Darstellung der Vergleichsszenarien kann vor dem Hintergrund einer ersten Entscheidung im Rahmen der gerichtlichen Vorprüfung nur betont werden. Dort prüft das Restrukturierungsgericht sogar den Multiple für die Ermittlung des Unternehmenswerts im Vergleich ohne Restrukturierungsplan und ohne darin geplante Maßnahmen zum Szenario mit Restrukturierungsplan und mit den Maßnahmen. Des Weiteren prüft es die angesetzten, möglicherweise nächstbesten Szenarien.[131]

Eine Fortführung in der Insolvenz inklusive Insolvenzplan kann als Alternativszenario ausscheiden, wenn das Unternehmen – wie in einem bereits entschiedenen Fall – vor allem öffentliche Auftraggeber hat, die an insolvente Gesellschaften keine Aufträge vergeben dürfen.[132]

Da der Gesetzgeber in § 6 Abs. 2 S. 3 StaRUG den Ansatz von Liquidationswerten ua 111
auf den Fall begrenzt hat, dass ein Verkauf des Unternehmens aussichtslos ist, hat sich bereits eine Diskussion darüber entwickelt, ob auch in StaRUG-Verfahren ein sog. **Dual-Track-Verfahren** vorzunehmen ist, dh das Restrukturierungsverfahren mit zeitgleich ablaufendem Investorenprozess (M&A-Prozess) zu kombinieren ist. Dies hat sich in Insolvenz- und auch Eigenverwaltungsverfahren in gewisser Weise etabliert.[133] Hier ergeben sich zum einen jedoch schon erhebliche zeitliche Unterschiede, da das Insolvenzverfahren in der Regel länger dauert, als es für eine Restrukturierungsverfahren vorgesehen ist. Zum anderen gibt es schon für Eigenverwaltungsverfahren, die auch auf Erhalt des Unternehmens ausgelegt sind, kritische Stimmen hinsichtlich der Erforderlichkeit eines solchen dual track-Verfahrens.[134] Schließlich sind auch die Vor- und Nachteile eines Investorenprozesses zu berücksichtigen. Zwar ist mit dem im Investorenprozess verbindlich zugesagten Kaufpreis ein durch einen Markttest belegter Vergleichswert der potenziellen Gläubigerbefriedigung gegeben, aber dieser Vergleichswert wird „teuer“ erkauft. Neben den erforderlichen Beraterkosten ist berücksichtigen, dass sensible Unternehmensdaten preisgegeben werden, der Investorenprozess eine gewisse Zeit in Anspruch nehmen wird und damit das Ziel einer schnellen Sanierung konterkariert wird. Dies wird schon für das Insolvenzverfahren kritisch gesehen.[135] Erst recht muss das für Restrukturierungsverfahren gelten. Hier ist die Krise noch nicht soweit fortgeschritten, dass sich der Schuldner dem Ge-

131 AG Köln Beschl. v. 3.3.2021, Rn. 6, BeckRS 2021, 5571.
132 AG Dresden, Beschl. v. 7.6.2021, Ziff. II. 1 lit. a, ZInsO 2021, 1398.
133 Vgl. ua *Reus/Höfer/Harig* NZI 2019, 57 (60); *Brünkmans* in Brünkmans/Thole, Insolvenzplan-HdB § 2 III; differenzierend hinsichtlich Verfahren nach § 270a oder § 270b InsO *Tan/Lambrecht* NZI 2019, 249 (250, 251).
134 *Schröder* ZInsO 2018, 668.
135 IDW S 2 mit Stand: 18.11.2019, IDW Life 1/2020, 45, Rn. 80.

samtvollstreckungsverfahren der InsO unterwerfen muss, sondern er hat vielmehr frühzeitig und freiwillig eine Krisenbewältigung eingeleitet. Insofern mag zur Vorbereitung des Restrukturierungsvorhabens oder bei entsprechenden Forderungen von Seiten der Planbetroffenen die Einholung einer Unternehmensbewertung Aufschluss über die Sinnhaftigkeit eines M&A-Prozesses geben. [136]

Praxishinweis: Die Frage eines alternativen Fortführungsszenarios oder einer Veräußerbarkeit des schuldnerischen Unternehmens ohne Planeingriffe war Gegenstand des ersten veröffentlichten Planbestätigungsbeschlusses. Die Veräußerbarkeit war dort von der Schuldnerin vereint worden. Das Restrukturierungsgericht beschränkt seine Ausführungen hierzu darauf, dass andere Optionen weder ersichtlich waren noch vom widersprechenden Planbetroffenen dargelegt wurden. Es verweist auf die Literatur, wonach sich der Planbetroffene, der sich darauf beruft, dass sich die wirtschaftlichen bzw. finanziellen Folgen ohne eine Insolvenz glimpflicher für die Gläubiger darstellen, dies entsprechend belegen muss.[137]

Praxishinweis aus der Perspektive Planersteller/Schuldner: Für den Schuldner zeigen diese Ausführungen, dass er im Restrukturierungsplan auch Ausführungen dazu machen sollte, welche denkbaren Szenarien nicht zum Vergleich herangezogen werden, und dies kurz begründen.

Praxishinweis aus der Perspektive Planbetroffener/Gläubiger: Für planbetroffene Gläubiger wird allein der Verweis auf alternative Szenarien nicht ausreichen. Der Planbetroffene muss für die Beurteilung der Schlechterstellung iSd § 26 Abs. 1 Nr. 1 StaRUG darlegen und belegen, dass es mindestens ein alternatives Szenario mit finanziell besseren Folgen für die Gläubiger gibt.

d) Darlegung Erfüllbarkeit aller gegen den Schuldner bestehenden Ansprüche

112 Für die Planbetroffenen ist es von großer Bedeutung, dass der Restrukturierungsplan und die dort vorgesehenen Restrukturierungsmaßnahmen auch tatsächlich so umgesetzt werden wie sie geplant sind. Da die **Umsetzung** erst nach der Planbestätigung erfolgt, kann die gerichtliche Prüfung hier nur begrenzt sein. Dennoch wollte der Gesetzgeber dem Restrukturierungsgericht hier eine Prüfungspflicht aufgeben. Gem. § 63 Abs. 1 Nr. 3 StaRUG ist die Bestätigung des Restrukturierungsplans von Amts wegen zu versagen, wenn die Ansprüche, die den Planbetroffenen durch den gestaltenden Teil des Plans zugewiesen werden, und die durch den Plan nicht berührten Ansprüche der übrigen Gläubiger offensichtlich nicht erfüllt werden können. Der Gesetzgeber sieht das Gericht in seiner Kontrolle auf eine Offenkundigkeitsprüfung beschränkt, ob die Durchführbarkeit des Plans insoweit, als es um die **Erfüllbarkeit** der gegen das Unternehmen nach Planbestätigung bestehenden Ansprüche geht, gegeben ist.

113 Zur insolvenzrechtlichen Prüfung der Zahlungsunfähigkeit nach § 17 InsO ist bereits höchstrichterlich entschieden, dass eine einmal eingetretene Zahlungsunfähigkeit durch die vollumfängliche Wiederaufnahme der Zahlungen, also Zahlungen an die

136 IDW S 2 mit Stand: 18.11.2019, IDW Life 1/2020, 45, Rn. 81.
137 AG Hamburg Beschl. v. 12.4.2021, Rn. 11, BeckRS 2021, 7959.

Gesamtheit der Gläubiger, beseitigt werden kann; allein die Wiederaufnahme der die Zahlungsunfähigkeit begründenden Zahlungen reicht hingegen nicht aus.[138] Noch weniger reicht eine positive Prognose für die Zukunft aus; entscheidend ist die **tatsächliche Wiederaufnahme der Zahlungen**, also der tatsächliche Ausgleich der bestehenden fälligen Verbindlichkeiten.[139]

Überträgt man diese Überlegungen auf den Restrukturierungsplan, der die drohende Zahlungsunfähigkeit des Schuldners durch den Plan beseitigen soll, muss es dem Schuldner nach Gestaltung eines Teils seiner Verbindlichkeiten wieder möglich sein, alle (nach dem Plan verbleibenden und zukünftigen) Verbindlichkeiten zu erfüllen. Erst und nur dann ist die **Zahlungsfähigkeit** nach der Rechtsprechung des BGH wiederhergestellt. Vor diesem Hintergrund ist die Regelung des § 63 Abs. 1 Nr. 3 StaRUG, der die Erfüllbarkeit der Ansprüche, die den Planbetroffenen durch den gestaltenden Teil des Plans zugewiesen werden, und die durch den Plan nicht berührten Ansprüche der übrigen Gläubiger fordert, eine Selbstverständlichkeit. 114

Praxishinweis: Der Restrukturierungsplan sollte daher bereits im darstellenden Teil Ausführungen enthalten, dass der Schuldner durch die Plangestaltung in die Lage versetzt wird, zukünftig sämtliche Gläubiger zum jeweiligen Fälligkeitszeitpunkt voll zu bedienen. Ausführungen, die sich auf die Planbetroffenen beschränken, sind insoweit nicht ausreichend. Dem Plan wäre dann die Bestätigung zu versagen.

Im Übrigen ist dem Restrukturierungsplan nach § 14 Abs. 1 StaRUG ohnehin eine **begründete Erklärung** zu den Aussichten auf die Beseitigung der drohenden Zahlungsunfähigkeit beizufügen. Nach § 14 Abs. 2 S. 2, 3 StaRUG sind Ausführungen zur Zahlungsfähigkeit des Schuldners für den Zeitraum, in dem die Gläubiger befriedigt werden sollen, zu machen, wobei auch hier Restrukturierungsforderungen und vom Plan unberührte Forderungen zu berücksichtigen sind. Vor diesem Hintergrund macht es ebenfalls Sinn, entsprechende Ausführungen bereits in den darstellenden Teil mit aufzunehmen. 115

e) Auswahl, Einteilung und Gleichbehandlung von Planbetroffenen

Neben den vorgenannten wirtschaftlichen Themen muss der darstellende Teil auch die rechtlich veranlassten Angaben zur Auswahl der Planbetroffenen und deren Einteilung in Gruppen sowie die Gleichbehandlung innerhalb der Gruppen enthalten.

aa) Auswahl

Die **Auswahl** der Planbetroffenen hat gem. § 8 Abs. 1 StaRUG nach sachgerechten Kriterien zu erfolgen, die im darstellenden Teil des Plans **anzugeben und zu erläutern** sind. 116

Insbesondere die **Gruppeneinteilung** bietet dem Schuldner Gestaltungsspielraum, um die erforderlichen Mehrheiten in Gruppen zu erzielen. Das bietet ihm erhebliche Vorteile. Gleichzeitig verpflichtet es ihn, den gesetzlichen Vorgaben zur **Erläuterung und Begründung** besonderes Augenmerk zu widmen. Denn es kann eine Versagung der 117

138 BGH Urt. v. 25.10.2001, NZI 2002, 88; Urt. v. 25.10.2012, NZI 2012, 963; Urt. v. 24.3.2016, NZI 2016, 454.
139 *Ampferl/Kilper* NZI 2018, 191 (193).

Bestätigung des Restrukturierungsplans drohen. Nach § 63 Abs. 3 StaRUG gilt hier für den Fall einer außergerichtlichen Abstimmung sogar eine Zweifelsregelung zulasten des Schuldners, sofern die ordnungsgemäße Annahme des Restrukturierungsplans durch die Planbetroffenen in Frage gestellt wird. Bei einem streitigen Stimmrecht legt das Gericht seiner Entscheidung das nach Maßgabe des § 24 StaRUG (→ § 8 Rn. 46 ff.) zu bestimmende Stimmrecht zugrunde.

Praxishinweis: Gerichte werden die Frage der Auswahl der Planbetroffenen stets zu prüfen haben.[140] Die Einhaltung der Kriterien des § 8 StaRUG und eine ausreichende, das Restrukturierungsgericht überzeugende Darlegung der Auswahl der Planbetroffenen stellt ein wesentliches Unterscheidungsmerkmal vom Insolvenzplan dar. Es ist zu erwarten, dass die Gerichte diesem Punkt daher – unabhängig vom Vorbingen einzelner planbetroffener Gläubige — erhöhte Aufmerksamkeit schenken.

bb) Einteilung

118 Die **Gruppeneinteilung und** die **Gründe** hierfür sind ebenfalls im darstellenden Teil **ausführlich darzustellen.** Allerdings ist dem Schuldner im Restrukturierungsplan ein im Vergleich zum Insolvenzplan weites Ermessen eingeräumt.[141] Auch hierzu hat er jedoch seine Erwägungen darzulegen.

Praxishinweis: Hier werden die Restrukturierungsgerichte auf bisherige Praxiserfahrungen aus Insolvenzplanverfahren zurückgreifen können.

cc) Gleichbehandlung

119 In Bezug auf die Darstellung der **Gleichbehandlung** der Planbetroffenen innerhalb der Gruppe stellen sich grundsätzlich keine besonderen Probleme, wenn die Rechte der Planbetroffenen einer Gruppe alle in identischer Weise geändert bzw. ihnen gleiche Rechte angeboten werden.[142]

Praxishinweis: Eine erste gerichtliche Entscheidung zeigt, dass der Einwand der Ungleichbehandlung von planbetroffenen Gläubigern gegen den Restrukturierungsplan angeführt wird und sich die Gerichte mit dieser Frage auseinandersetzen müssen.[143]

f) Neue Finanzierung

120 § 12 S. 1 StaRUG sieht vor, dass im Restrukturierungsplan Regelungen zur Zusage von **Darlehen oder sonstigen Krediten** aufgenommen werden können, die zur Finanzierung der Restrukturierung auf der Grundlage des Plans erforderlich sind. Dies wird als neue Finanzierung im Sinne des StaRUG gesetzlich definiert, wobei nach § 12 S. 2 StaRUG auch die Besicherung als neue Finanzierung gilt.

121 Bei der **Darstellung und Erläuterung** einer neuen Finanzierung sollte der Schuldner ebenfalls besondere Sorgfalt walten lassen. Der Gesetzgeber hat die Bestätigung des Restrukturierungsplans bewusst von besonderen zusätzlichen Voraussetzungen ab-

140 Vgl. AG Hamburg Beschl. v. 12.4.2021, Rn. 12, BeckRS 2021, 7959; AG Köln Beschl. v. 3.3.2021 – Rn. 3 ff., BeckRS 2021, 5571.

141 AG Hamburg Beschl. v. 12.4.2021, Rn. 12, BeckRS 2021, 7959 mit Verweis auf *Stahlschmidt* ZInsO 2021, 205 (207).

142 AG Köln Beschl. v. 3.3.2021, Rn. 4, BeckRS 2021, 5571.

143 AG Köln Beschl. v. 3.3.2021, Rn. 4, BeckRS 2021, 5571.

hängig gemacht.[144] Nach § 63 Abs. 2 StaRUG ist die Bestätigung des Restrukturierungsplans von Amts wegen zu versagen, wenn das dem Plan zugrunde liegende Restrukturierungskonzept unschlüssig ist oder wenn Umstände bekannt sind, aus denen sich ergibt, dass das Konzept nicht von den tatsächlichen Gegebenheiten ausgeht oder keine begründete Aussicht auf Erfolg vermittelt. Die neue Finanzierung muss also als Teil eines schlüssigen Restrukturierungskonzepts sein und auf belegbaren Tatsachen aufbauen.

Praxishinweis: Soweit die Bestellung neuer Sicherheiten Teil der neuen Finanzierung ist und hierbei Rechte an Gegenständen betroffen sind, sollten die Vorgaben des § 13 StaRUG beachtet und erfüllt werden. Der Schuldner kann sich hier die Vorteile des § 68 StaRUG zunutze machen und Notarkosten etc einsparen. Er muss dafür andererseits im gestaltenden Teil so genaue Ausführungen machen, dass zB einer späteren Eintragung im Grundbuch nichts entgegensteht.

g) Sachenrechtliche Änderungen

Die Änderung sachenrechtlicher Verhältnisse regelt § 13 StaRUG. Die Gesetzesbegründung verweist auf das insolvenzrechtliche Vorbild des § 228 InsO. Auf Basis des § 13 StaRUG können sachenrechtliche Verhältnisse auf der Grundlage von Regelungen im Restrukturierungsplan gestaltet werden. 122

Durch die Formerleichterungen des § 68 StaRUG, der seinerseits § 254a InsO nachgebildet worden ist, möchte der Gesetzgeber dem Schuldner gegenüber einem Vollzug außerhalb des Plans Zeit- und Kostenersparnisse ermöglichen.[145] 123

Praxishinweis: Für den darstellenden Teil bedeutet dies zunächst „nur“, dass hier eine ausreichend genaue Bezeichnung der später im gestaltenden Teil einbezogenen Rechte erfolgen muss. Der Schuldner sollte genau darauf achten, dass er vollständige und richtige Angaben im darstellenden Teil macht. Darüber hinaus sollten bereits hier – auch wenn letztlich die Angaben im gestaltenden Teil nach § 68 StaRUG maßgeblich sind- -sämtliche Angaben, die für die spätere Eintragungsfähigkeit relevant sind, präzise benannt werden.

3. Gestaltender Teil

Im gestaltenden Teil werden – in rechtlicher Hinsicht – die Restrukturierungsmaßnahmen umgesetzt bzw. die Restrukturierungsforderungen so umgestaltet, dass die Restrukturierung auf betriebswirtschaftlicher Ebene gelingen kann. Der durch § 2 StaRUG eröffnete Gestaltungsspielraum des Schuldners wird durch § 7 StaRUG hinsichtlich der Anforderungen an die genaue Darlegung der Gestaltung im Restrukturierungsplan konkretisiert. Die Vorschrift orientiert sich an verschiedenen Vorschriften zum gestaltenden Teil aus dem Insolvenzplanrecht und setzt diese für den Restrukturierungsplan um.[146] 124

144 BT-Drs. 19/24181, 120.
145 BT-Drs. 19/24181, 120 (, 16).
146 BT-Drs. 19/24181, 116 (117).

a) Überblick

125 Allgemein gibt § 7 Abs. 1 StaRUG vor, dass der gestaltende Teil des Restrukturierungsplans, wie die Rechtsstellung der Inhaber der Restrukturierungsforderungen, der Absonderungsanwartschaften, der Rechte aus gruppeninternen Drittsicherheiten und der Anteils- oder Mitgliedschaftsrechte (Planbetroffenen), durch den Plan geändert werden soll. Soweit der darstellende Teil als die Grund- und Ausgangslage der Restrukturierung sowie den erforderlichen Veränderungsbedarf überhaupt erst ermittelt, dient der gestaltende Teil der Umsetzung und legt die erforderlichen Änderungen fest. Die Regelung orientiert sich an § 221 Abs. 1 InsO und enthält eine Legaldefinition für den Begriff des Planbetroffenen.[147]

126 Hinsichtlich der wirtschaftlichen Folgen für die einzelnen Planbetroffenen legt § 7 Abs. 2 S. 1 StaRUG fest, dass im gestaltenden Teil, soweit Restrukturierungsforderungen oder Absonderungsanwartschaften gestaltet werden, zu bestimmen ist, um welchen Bruchteil diese gekürzt, für welchen Zeitraum sie gestundet, wie sie gesichert und welchen sonstigen Regelungen sie unterworfen werden sollen. Insoweit sollen also die Änderungen durch Neu- bzw. Umgestaltung in rechtlicher Hinsicht genau bestimmt werden und damit auch die finanziellen bzw. sonstigen Auswirkungen der Änderungen für die planbetroffenen Gläubiger transparent dargelegt werden. Letztlich hängt die Entscheidung über die Restrukturierung von den **wirtschaftlichen Erwägungen der Planbetroffenen** ab. Nur wenn diese für sie akzeptabel sind, werden sie den Restrukturierungsplan zustimmen.

Praxishinweis: Da die Auswirkungen für alle Planbetroffenen offenzulegen sind, können vor der Abstimmung auch die Zugeständnisse bzw. Restrukturierungsbeiträge aller anderen planbetroffenen Gläubiger in die Entscheidungsfindung einfließen. Der Schuldner kann ggf. im Vorfeld von einzelnen Gläubigern geäußerte Anforderungen an Beiträge anderer Gläubiger oder der Gesellschafter für die eigene Zustimmung erfüllen.

127 Für Konzernkonstellationen und bei Gestaltung der Rechte aus gruppeninternen Drittsicherheiten iSd § 2 Abs. 4 StaRUG fordert § 7 Abs. 2 S. 2 StaRUG, dass auch hier diese Vorgaben (also diejenigen des § 7 Abs. 2 S. 1 StaRUG) zu erfüllen und die rechtlichen Änderungen genau zu bestimmen sind. Je nach konkreter Ausgestaltung der gruppeninternen Drittsicherheiten dürfte die allgemeinen Anforderungen des § 7 Abs. 2 S. 1 StaRUG nicht ausreichend sein.

Praxishinweis: Sofern Drittsicherheiten in Form von dinglichen Sicherheiten betroffen sind, sind hier die sachenrechtlichen Bestimmtheitsanforderungen zu beachten. An dieser Stelle sollte der Schuldner besondere Sorgfalt walten lassen, damit die im gestaltenden Teil vorgesehene Rechtsänderung später auch umgesetzt werden kann.

128 Für Finanzierungs- und sonstige Verträge, die der Schuldner nicht nur bzgl. der Hauptforderung verändern will, sieht § 7 Abs. 3 StaRUG vor, dass im gestaltenden Teil, soweit vertragliche **Nebenbestimmungen** oder Vereinbarungen nach § 2 Abs. 2 StaRUG gestaltet werden, festzulegen ist, wie diese abgeändert werden sollen.

147 BT-Drs. 19/24181, 117.

Schließlich betrifft § 7 Abs. 4 StaRUG Konstellationen, in denen Restrukturierungsforderungen in **Anteils- oder Mitgliedschaftsrechte** an dem Schuldner umgewandelt werden, also zB den häufig genannten debt-to-equity-swap. Er trifft hier verschiedene Vorgaben für den Restrukturierungsplan, verweist im Übrigen aber auf die insolvenzrechtliche Vorschrift des § 225a InsO, der insgesamt für die Regelung Pate stand.[148] § 7 Abs. 4 S. 2 StaRUG stellt zunächst fest, dass eine Umwandlung gegen den Willen der betroffenen Gläubiger ausgeschlossen ist. Es soll also kein planbetroffener Gläubiger in die Gesellschafterrolle gedrängt werden können. Auf der anderen Seite hebt § 7 Abs. 4 S. 3 StaRUG hervor, dass der Restrukturierungsplan insbesondere eine Kapitalherabsetzung oder -erhöhung, die Leistung von Sacheinlagen, der Ausschluss von Bezugsrechten oder die Zahlung von Abfindungen an ausscheidende, am Schuldner beteiligte Personen vorsehen kann. Des Weiteren kann der Restrukturierungsplan nach § 7 Abs. 4 S. 4 StaRUG vorsehen, dass Anteils- oder Mitgliedschaftsrechte übertragen werden. Abschließend enthalten § 7 Abs. 4 S. 5 und 6 StaRUG zum einen den Hinweis darauf, dass im Übrigen jede Regelung getroffen werden kann, die gesellschaftsrechtlich zulässig ist, und zum anderen den Verweis auf § 225a Abs. 4 und 5 InsO, der entsprechend anzuwenden sind. 129

Praxishinweis: Die Frage der gesellschaftsrechtlichen Plangestaltungen hat bei Insolvenzplänen schon zu Schwierigkeiten bei der Umsetzung und verschiedentlich zu Rechtsstreitigkeiten geführt.[149] Insbesondere ging es hierbei auch um die Verteilung Prüfungskompetenz zwischen Registergericht und Insolvenzgericht.[150] Ein erster Praxisfall zeigt, dass auch ein Restrukturierungsplan zur gesellschaftsrechtlichen Neugestaltung eines Unternehmens genutzt werden kann.[151]

Hier ist auch die Wirkung des Restrukturierungsplans zu berücksichtigen. Nach § 68 Abs. 2 S. 1 StaRUG gelten die in den Restrukturierungsplan aufgenommenen Beschlüsse und sonstigen Willenserklärungen der Planbetroffenen und des Schuldners als in der vorgeschriebenen Form abgegeben. Darüber hinaus gelten nach § 68 Abs. 2 S. 2 StaRUG gesellschaftsrechtlich erforderliche Ladungen, Bekanntmachungen und sonstige Maßnahmen zur Vorbereitung von Beschlüssen der Planbetroffenen als in der vorgeschriebenen Form bewirkt. 130

Praxishinweis: Die Regelung des § 68 StaRUG befreit von Formerfordernissen, legt damit aber gleichzeitig fest, dass die Plangestaltungen in das Handelsregister eintragungsfähig sein müssen. Diese Anforderungen muss der Schuldner prüfen und im gestaltenden Teil erfüllen. Aufgrund des genannten Streits zur Prüfungskompetenz bei Insolvenzplänen kann hierzu voraussichtlich keine Rechtssicherheit im Rahmen einer gerichtlichen Vorprüfung des Restrukturierungsplans (§ 46 StaRUG bzw. §§ 47, 48 StaRUG) geschaffen werden.

---

148 BT-Drs. 19/24181, 117.

149 AG Berlin-Charlottenburg Beschl. v. 9.2.2015, ZIP 2015, 394, *Ströhmann/Harder* NZI 2015, 415; allgemein zur Situation der Gesellschafter im Insolvenzplanverfahren *Keller* BB 2020, 2435.

150 *Körner/Rendels* EWiR 2015, 617.

151 Vgl. AG Hamburg Beschl. v. 12.4.2021, BeckRS 2021, 7959; als Planbetroffene waren dort Tochtergesellschaften, Gesellschafter und nahestehende Unternehmen sowie Inhaber von Anteilsrechten einbezogen.

b) Gliederung

131 Auch für den gestaltenden Teil kann derzeit nur die Muster-Gliederung des IDW zu Insolvenzplänen herangezogen und auf Restrukturierungspläne übertragen werden. Es bleibt für die Praxis wünschenswert, dass das IDW baldmöglichst einen Standard für Restrukturierungspläne veröffentlichen wird.[152] Bis ausreichende Rechtsprechung als Grundlage für die Rechtspraxis vorhanden ist, wird voraussichtlich noch etwas Zeit in Anspruch nehmen.

Muster-Gliederung zum gestaltenden Teil eines Restrukturierungsplans[153]

2. Gestaltender Teil

2.1.	Gruppenbildung und -befriedigung
2.1.1.	(Vollstreckbare) Definition der einzelnen Planbetroffenengruppen
2.1.2.	Gruppe 1 bis
2.1.n.	Gruppe n
2.2.	Veränderung der Rechtsstellung der Planbetroffenen
2.2.1.	Plangestaltung für Planbetroffenen der Gruppe 1 bis
2.2.n.	Gruppe n
2.3.	Ergänzende Regelungen
2.3.1.	Ggf. abweichende Regelung nach § 11 StaRUG
2.3.2.	Inkrafttreten des Restrukturierungsplans
2.3.3.	Rückstandsregelung nach § 69 StaRUG
2.3.4.	Regelung zur Planüberwachung, § 72 StaRUG
2.3.5.	Fortsetzung der Gesellschaft (wg. § 60 Abs. 1 Nr. 4 GmbHG)
2.4.	Ggf. Bedingungen für die Bestätigung des Insolvenzplans (§ 62 StaRUG); Festlegung etwaiger Bedingungen: Kapitalerhöhung; Verbindliche Auskunft der Finanzverwaltung zum Vorliegen eines Sanierungsertrags, § 3a EstG

c) Einzelheiten des gestaltenden Teils

132 Der gestaltende Teil setzt auf den im darstellenden Teil erfolgten Ausführungen auf und trifft die mit der Planbestätigung für alle Planbetroffenen verbindlich werdenden Regelungen zu Ihrer Rechtstellung, definiert gewissermaßen die nach dem Restrukturierungsplan verbleibende Passivseite des Schuldners. Hierzu legt er zunächst die Planbetroffenen, inklusive der betroffenen Restrukturierungsforderungen, etc. und die Gruppeneinteilung fest. Sodann werden die Rechtsänderungen für die einzelnen Gruppen verbindlich definiert. Wirtschaftlich betrachtet werden mittels konkreter Befriedigungsquoten auch spiegelbildlich die konkreten Verzichtsquoten der Planbetroffenen festgelegt.

---

152 Bisher hat das IDW mit der Überarbeitung bestehender Standards umgehend nach Inkrafttreten des SanInsFoG bereits reagiert und zwei Entwurfsfassungen veröffentlicht: IDW ES 9 nF betreffend die Bescheinigungen nach §§ 270d und 270a InsO am 12.1.2021 und IDW ES 11 nF betreffend die Beurteilung des Vorliegens von Insolvenzeröffnungsgründen am 8.01.2021; abrufbar unter: https://www.idw.de/idw/verlautbarungen/entwuerfe, Stand: 30.6.2021.

153 In Anlehnung an Anlage 1 zu IDW S 2 mit Stand: 18.11.2019, IDW Life 1 / 2020, 45.

Im Folgenden soll kurz auf einzelne, im gestaltenden Teil zu berücksichtigende gesetzliche Vorgaben eingegangen werden.

aa) Haftung des Schuldners, § 11 StaRUG

133 Der Schuldner soll durch den Restrukturierungsplan soweit entschuldet werden, dass er im Anschluss bestandsfähig und die drohende Zahlungsunfähigkeit nachhaltig bewältigt ist. Dabei werden die zukünftig bestehenden Verpflichtungen durch den gestaltenden Teil des Restrukturierungsplans festgelegt. § 11 S. 1 StaRUG enthält hierzu die Auslegungsregel, dass der Schuldner mit der im gestaltenden Teil vorgesehenen Befriedigung der Gläubiger von seinen restlichen Verbindlichkeiten aus den in den Plan einbezogenen Restrukturierungsforderungen und Absonderungsanwartschaften befreit wird. Eine abweichende Gestaltung bleibt möglich.

Praxishinweis: Der Schuldner kann also im Rahmen des § 11 StaRUG gestalten, inwieweit er selbst, aber auch die Gesellschafter (§ 11 S. 2 StaRUG) aus der Haftung für die Verbindlichkeiten gegenüber den Gläubigern befreit werden. Trifft er keine Regelung, ist er mit Erfüllung der nach Plangestaltung verbleibenden Verbindlichkeiten von sämtlichen Restverbindlichkeiten frei.

bb) Neue Finanzierung, § 12 StaRUG

134 Nach dem zunächst im darstellenden Teil insbesondere die Erforderlichkeit der neuen Finanzierung darzustellen war, muss der gestaltende Teil nunmehr die **Umsetzung und Gestaltung der Finanzierung** regeln. Da nach § 12 S. 2 StaRUG auch die Besicherung einer neuen Finanzierung als neue Finanzierung gewertet wird, sind wiederum – je nach konkreter Ausgestaltung der Sicherheit – weitere zivil-, insbesondere sachenrechtliche Anforderungen (→ Rn. 135) zu berücksichtigen.

Praxishinweis: Der Schuldner sollte der Ausgestaltung der neuen Finanzierung, die in rechtlicher Hinsicht durch den gestaltenden Teil geregelt ist, insbesondere bei der Bestellung von Sicherheiten viel Aufmerksamkeit schenken. Es ist sicher empfehlenswert, die neue Finanzierung in einem Vertragsentwurf zu dokumentieren und diesen als Plananlage beizufügen. Im gestaltenden Teil und dementsprechend im Vertrag können dann auch weitere zweckmäßige Gestaltungen aufgenommen werden.[154]

cc) Änderung sachenrechtlicher Verhältnisse, § 13 StaRUG

135 In Bezug auf Rechte an Gegenständen können die erforderlichen Willenserklärungen der Beteiligten in den gestaltenden Teil des Restrukturierungsplans aufgenommen werden, um ein solches Recht zu begründen, zu ändern, zu übertragen oder aufzuheben, § 13 S. 1 StaRUG. Für Rechte an einem Grundstück etc weist § 13 S. 2 StaRUG auf die erforderliche genaue Bezeichnung hin.

136 Dies gilt es dann auch für die Bestellung von Sicherheiten zu beachten.

Praxishinweis: Genau wie bei den gesellschaftsrechtlichen Maßnahmen sind hier sehr genaue Angaben zu machen, damit die im gestaltenden Teil des Restrukturierungsplans vorgesehenen Rechtsänderungen auch später umgesetzt werden, also zB in der vorgesehenen Form in das Grundbuch eingetragen werden können. § 68 StaRUG be-

154 AG Köln Beschl. v. 3.3.2021, Rn. 2, BeckRS 2021, 5571.

stimmt als sonstige Wirkungen des Restrukturierungsplans, dass die in den Restrukturierungsplan aufgenommenen Willenserklärungen der Planbetroffenen und des Schuldners als in der vorgeschriebenen Form abgegeben gelten. Das spart zwar Notarkosten, entbindet aber nicht von der entsprechenden rechtlichen Gestaltung und Formulierung der jeweiligen Willenserklärung.

VII. Planbedingung

137 Nach § 62 StaRUG wird, sofern der Restrukturierungsplan vorsieht, dass vor dessen Bestätigung bestimmte Leistungen erbracht oder andere Maßnahmen verwirklicht werden sollen, der Plan nur bestätigt, wenn diese Voraussetzungen erfüllt sind und Versagungsgründe nicht vorliegen.

138 Das setzt voraus, dass es einen bedingten Restrukturierungsplan geben kann. Der Schuldner kann also Bedingungen in der Form, dass bestimmte Leistungen erbracht oder andere Maßnahmen verwirklicht werden sollen, vorsehen. In diesem Fall wird der Plan nur bestätigt, wenn diese Voraussetzungen erfüllt sind. Darüber hinaus müssen auch die Voraussetzungen der Planbestätigung nach §§ 60 ff. StaRUG, insbesondere keine Versagungsgründe nach § 63 StaRUG vorliegen.

139 Der Gesetzgeber hat § 62 StaRUG dem insolvenzplanrechtlichen Vorbild des § 249 InsO nachgebildet. Er hat die Notwendigkeit gesehen, den Restrukturierungsplan von bestimmten Bedingungen abhängig gestalten zu können, insbesondere von der Umsetzung von **Restrukturierungsmaßnahmen**, welche **außerhalb des gestaltenden Teils** des Restrukturierungsplans stehen, zum Beispiel die Veräußerung von Vermögensgegenständen, die Änderung von Anleihebedingungen durch einen Beschluss nach § 5 SchVG. Aufgrund der eigenverantwortlichen Verfahrensgestaltung durch den Schuldner hat der Gesetzgeber von weiterer gerichtlicher Mitwirkung abgesehen. Er geht davon aus, dass Schuldner im eigenen Interesse den Bestätigungsantrag regelmäßig erst nach Bedingungseintritt stellen werden.[155]

Praxishinweis: Jeder Schuldner sollte sich gut überlegen, was er als Planbedingung(-en) in den Restrukturierungsplan mit aufnimmt. Nur bei vollständiger Erfüllung aller Planbedingungen kann die Bestätigung erfolgen. Dennoch können sie ein sinnvolles Instrument sein, um die Schritte und Maßnahmen verbindlich festzulegen, die nicht im Restrukturierungsplan geregelt werden (können). Das gibt zum einen für alle die Rechtssicherheit, dass die Planwirkungen ohne Bedingungseintritt nicht eintreten, zum anderen hält es den Druck gegenüber den ggf. einzubeziehenden Dritten hoch, da die Restrukturierung allein an ihrer Mitwirkung bei der Erfüllung der Planbedingung scheitern kann.

Praxishinweis: In der Praxis des Insolvenzplans hat sich für wünschenswerte, aber für den Plan nicht zwingende Bedingungen eine Regelung etabliert, wonach der Schuldner, ggf. gemeinsam mit dem Insolvenzverwalter oder Sachwalter bzw. dessen Zustimmung, auf den Eintritt einer bestimmten Bedingung verzichten kann. Wird der Verzicht dann gegenüber dem Insolvenzgericht angezeigt, kann der Plan bestätigt

155 BT-Drs. 19/24181, 161 (162).

werden. Ein Beispiel hierfür kann die Erteilung einer verbindlichen Auskunft zum Sanierungsertrag durch das Finanzamt sein. Für den Erfolg des Insolvenzplans kommt es nicht auf die verbindliche Auskunft, sondern auf die Behandlung im Rahmen der Veranlagung an.

Exkurs: Sanierungsertrag

Neben den vom Gesetzgeber genannten Beispielen wird in der Praxis voraussichtlich 140
noch die steuerliche Komponente eines Restrukturierungsplans ein Anwendungsfall für Planbedingungen sein.[156] Sieht der Plan einen auch nur anteiligen Verzicht einzelner Gläubiger auf ihre Forderungen vor, entsteht in Höhe der Entlastung gleichzeitig ein grundsätzlich steuerpflichtiger Buchgewinn.[157] Die in der Regel später eintretende Belastung mit darauf entfallenden **Ertragsteuern** – durch steuerliche Veranlagung während der Umsetzungsphase des Restrukturierungsplans – kann den Sanierungserfolg insgesamt gefährden. Diese Problematik ist aus der Praxis des Insolvenzplans bekannt. Die rechtliche Situation hat sich von den rechtlichen Rahmenbedingungen durch die Normierung des sog. **Sanierungsertrags** ua in § 3a EStG, § 7b GewStG zwar theoretisch entspannt, es verbleiben aber rechtliche Unsicherheiten. Nach § 3a Abs. 1 S. 1 EStG sind Betriebsvermögensmehrungen oder Betriebseinnahmen aus einem Schuldenerlass zum Zwecke einer unternehmensbezogenen Sanierung im Sinne des Absatzes 2 (Sanierungsertrag) steuerfrei gestellt. Eine unternehmensbezogene Sanierung nach § 3a Abs. 2 EStG liegt vor, wenn der Steuerpflichtige für den Zeitpunkt des Schuldenerlasses

- die Sanierungsbedürftigkeit und
- die Sanierungsfähigkeit des Unternehmens,
- die Sanierungseignung des betrieblich begründeten Schuldenerlasses und
- die Sanierungsabsicht der Gläubiger

nachweist.

Praxishinweis: Diese Punkte werden in der Regel ohnehin Teil des dem Restrukturierungsplan zugrundeliegenden Restrukturierungskonzepts sein. Bei der Planausarbeitung sollte eine ausdrückliche Darlegung dieser Kriterien erfolgen, ggf. auch nur mit kurzer Begründung und im Übrigen mit planinternen Verweisen. Die spätere steuerliche Beurteilung des Restrukturierungsplans durch die veranlagende Finanzbehörde wird dadurch in jedem Fall vereinfacht.

In der Praxis werden trotz der gesetzlichen Regelungen stets Unsicherheiten verblei- 141
ben, ob die Voraussetzungen im Einzelnen erfüllt sind. Ein BMF-Schreiben zum § 3a EStG ist nicht veröffentlicht worden, kann also für die Praxis nicht herangezogen werden.[158] Bisher geltende BMF-Schreiben und Erlasse der Finanzverwaltung zum Insolvenzplan sind zum einen noch zur Rechtslage vor der gesetzlichen Regelung ergangen, zum anderen sind sie nur begrenzt auf den Restrukturierungsplan übertragbar.

156 Zu den steuerlichen Implikationen des StaRUG *Fischer* NZI-Beilage 2021, 69.
157 *Fischer* NZI-Beilage 2021, 69.
158 *Witfeld* NZI 2021, 77 (78).

Es war anerkannt, dass ein Insolvenzplan in den Anwendungsbereich des sog. Sanierungserlasses fällt und der Sanierungsgewinn mit der Planbestätigung entsteht.[159]

Praxishinweis: Um einen der Restrukturierung entgegenlaufenden Steuereffekt abzuklären, sollte ein Restrukturierungsplan bereits in der Entwurfsphase mit der Finanzverwaltung abgestimmt werden. Die bestmögliche rechtliche Absicherung in engem zeitlichen Zusammenhang mit der Abstimmung über den Restrukturierungsplan kann nur durch eine verbindliche Auskunft nach § 89 AO Abs. 2 AO erfolgen.[160] So enthielt auch der erste bestätigte Restrukturierungsplan eine Bedingung, der zufolge das zuständige Finanzamt eine verbindliche Auskunft erteilen sollte; diese lag zum Zeitpunkt der Planbestätigung vor.[161]

142 Soweit der Restrukturierungsplan einen Investoreneinstieg vorsieht, kann es je nach Höhe der übernommenen Anteile zu einem Verlust von Verlustvorträgen kommen. Dabei unterscheidet § 8c Abs. 1 KStG nach dem prozentualen Anteil und sieht einen Verlustuntergang ab einer Beteiligung von 25 % oder mehr vor. Der Beteiligungserwerb kann jedoch ausnahmsweise nach § 8c Abs. 1a KStG unschädlich sein, wenn er zum Zweck der Sanierung erfolgt.[162] Die steuerliche Nutzbarkeit der Verlustvorträge kann im Einzelfall – wenn auch nur im Rahmen der Mindestbesteuerung (§ 10d EstG – erhebliche Bedeutung für die in der Liquiditätsplanung zu berücksichtigenden Steuerzahlungen nach Planbestätigung haben.

Praxishinweis: Auch in den Fällen eines Restrukturierungsplans mit Investoreneinstieg bzgl. der Anwendbarkeit des § 8c Abs. 1a KStG kann das Einholen einer verbindlichen Auskunft nach § 89 Abs. 2 AO nur empfohlen werden. Im bereits genannten Fall des AG Hamburg erfolgte auf Wunsch des Investors lediglich die Abklärung der Steuerfreiheit des Sanierungsertrags nach § 3a EstG etc.[163]

VIII. Plananlagen

143 Die **betriebswirtschaftlichen Grundlagen** des Restrukturierungsplans werden zu einem erheblichen Teil in den **Plananlagen** enthalten sein. Darstellender und auch gestaltender Teil enthalten nur die wesentlichen Ergebnisse der Ist- und Planzahlen, die im Detail in den Anlagen ermittelt und dargelegt werden. Dies hat sich in der Praxis des Insolvenzplans bereits bewährt. Daher hat der Gesetzgeber auch für den Restrukturierungsplan bestimmte beizufügende Erklärungen und Rechenwerke vorgesehen.

159 BMF-Schreiben vom 22.12.2009 betr. ertragsteuerliche Behandlung von Gewinnen aus einem Planinsolvenzverfahren (§§ 217 ff. InsO), aus einer erteilten Restschuldbefreiung (§§ 286 ff. InsO) oder einer Verbraucherinsolvenz (§§ 304 ff. InsO); (BMF IV C 6 – S 2140/07/10001–01; BStBl. 2010 I 18), mit Ergänzungen der OFD Frankfurt BeckVerw 233116.

160 *Witfeld* NZI 2021, 77 (78); *Fischer* NZI-Beilage 2021, 69, 71; zur Praxis bei Insolvenzplänen unter der neuen gesetzlichen Regelung *Lampe/Breuer/Hotze* DStR 2018, 173.

161 AG Hamburg Beschl. v. 12.4.2021, Rn. 16, BeckRS 2021, 7959; vgl. auch *Grau/Pohlmann/Radunz* NZI 2021, 522 (525, 526).

162 *Fischer* NZI-Beilage 2021, 69 (71).

163 *Grau/Pohlmann/Radunz* NZI 2021, 522 (525).

1. Überblick

In § 14 Abs. 1 StaRUG ist vorgesehen, dass dem Restrukturierungsplan eine **begründete Erklärung** zu den Aussichten darauf beizufügen ist, dass die drohende Zahlungsunfähigkeit des Schuldners durch den Plan beseitigt wird und dass die Bestandsfähigkeit des Schuldners sicher- oder wiederhergestellt wird. Der Gesetzgeber wollte mit dieser Regelung – zusammen mit § 6 Abs. 2 StaRUG – Vorgaben der Richtlinie erfüllen, wonach der Plan eine Begründung dafür enthalten muss, dass und wie sich auf Grundlage des Plans die **Insolvenz verhindern** und die **Bestandsfähigkeit des Unternehmens gewährleisten** lässt.[164] Von der Möglichkeit, die Bestandsfähigkeitsprüfung als Voraussetzung für den Zugang zum Restrukturierungsverfahren vorzusehen, hat der deutsche Gesetzgeber abgesehen.[165] Ebenso hat der Gesetzgeber von einer sachverständigen Begutachtung dieser Begründung an dieser Stelle abgesehen. Dem Restrukturierungsgericht ist jedoch in § 73 Abs. 3 StaRUG die Möglichkeit eröffnet, den Restrukturierungsbeauftragten mit einer gutachterlichen Prüfung zu beauftragen.[166] Es muss also im ersten Schritt erklärt werden, dass die drohende Zahlungsfähigkeit durch die Umsetzung des Restrukturierungsplans **für die nächsten 24 Monate beseitigt** wird.[167] Teilweise werden auch längere Prognosehorizonte von 36 Monaten als zu gering angesehen, da eine nachhaltige Beseitigung der drohenden Zahlungsunfähigkeit nicht nur ein zeitliches, sondern auch ein qualitatives Element habe. Befürwortet wird eine Auslegung im Sinne des Begriffs des sanierten Unternehmens des IDW S 6.[168] 144

Auf eine längerfristige Perspektive zielt im nächsten Schritt die **Erklärung zur Bestandsfähigkeit.** Was genau unter der Bestandsfähigkeit des Unternehmens zu verstehen ist, ergibt sich weder aus dem Gesetzestext noch der Gesetzesbegründung; ebenso ist der EU-Richtlinie keine Definition zu entnehmen. In der Literatur findet sich folgender Ansatz: Bestandsfähigkeit soll dann vorliegen, wenn ein Unternehmen dauerhaft bzw. durchgreifend saniert ist, es nach Umsetzung der Sanierung wieder profitabel aufgestellt ist und somit die **Rentabilität der unternehmerischen Tätigkeit** – als Voraussetzung dafür, aus eigener Kraft im Wettbewerb bestehen zu können – wiederhergestellt ist.[169] Die Wettbewerbsfähigkeit eines Unternehmens als Fähigkeit aus eigener Kraft im Wettbewerb bestehen zu können, soll dann wieder gegeben sein, wenn das Unternehmen sich am Markt refinanzieren kann, dh als Investitionsobjekt für Eigen- und Fremdkapitalgeber attraktiv ist.[170] Unabhängig von einer Begutachtung der Bestandsfähigkeit als Sachverständiger nach § 73 Abs. 3 StaRUG sieht § 76 Abs. 4 StaRUG vor, dass der Restrukturierungsbeauftragte – sofern der Schuldner einen Restrukturierungsplan zur Bestätigung vorlegt – zur Erklärung nach § 14 Abs. 1 StaRUG Stellung nimmt. Erfolgt die Bestellung des **Restrukturierungsbeauftragten** vor der Planabstimmung, ist die **Stellungnahme** den Planbetroffenen als **weitere Anla-** 145

164 Grundlage sind Art. 8 Abs. 1 lit. h S. 1, lit. b, lit. g Ziff. v EU-Richtlinie 2019/1023.
165 Erwägungsgrund 26 EU-Richtlinie 2019/1023.
166 BT-Drs. 19/24181, 120 mit Verweis auf Art. 8 Abs. 1 lit. h S. 1 EU-Richtlinie 2019/1023.
167 *Steffan/Oberg/Poppe* ZIP 2021, 617 (621).
168 *Balthasar* NZI-Beilage 2021, 18 (19); Anforderungen an Sanierungskonzepte (IDW S 6) in der Fassung vom 16.5.2018, IDW Life 8/2018, 813 ff.
169 *Steffan/Oberg/Poppe* ZIP 2021, 617 (622), ebenfalls mit Verweis auf den IDW S 6.
170 *Steffan/Oberg/Poppe* ZIP 2021, 617 (620).

ge beizufügen. In seiner Stellungnahme soll der Restrukturierungsbeauftragte auch die Zweifel am Bestehen oder an der Höhe einer Restrukturierungsforderung, einer Absonderungsanwartschaft, einer gruppeninternen Drittsicherheit oder eines Anteils- und Mitgliedschaftsrechts oder eines diesbezüglichen Streits darstellen, § 76 Abs. 4 S. 3 StaRUG.

Praxishinweis: Der Erklärung des Schuldners zur Beseitigung der drohenden Zahlungsunfähigkeit und Herstellung der Bestandsfähigkeit und ihrer Begründung dürfte in der Praxis besondere Bedeutung zukommen. Zentrales Anliegen des europäischen Richtlinien- und des deutschen Gesetzgebers ist es, krisenbehafteten Unternehmen ein Verfahren zur Insolvenzabwendung zur Verfügung zu stellen.

In einem ersten Hinweisbeschluss im Rahmen der gerichtlichen Vorprüfung (→ § 9 Rn. 46 ff.) führt das Restrukturierungsgericht aus, dass im Rahmen der Bestätigungsprüfung nach § 63 Abs. 1 Nr. 2 StaRUG auch die wirtschaftlichen Annahmen des Plans zu prüfen sind. Der Wortlaut nennt allgemein die Vorschriften zum Inhalt des Plans, was nach der Auffassung des Restrukturierungsgerichts nach dem Willen des Gesetzgebers auch die Plananlagen und damit ua § 14 StaRUG und die dort als Plananlage geforderte begründete Erklärung umfasse. Es sieht den gerichtlichen Prüfungsmaßstab hinsichtlich der wirtschaftlichen Annahmen des Plans deutlich reduziert und auf eine Schlüssigkeitsprüfung begrenzt an. Der Maßstab soll dem aus dem Insolvenzplanverfahren bekannten Prüfungsmaßstab entsprechen.[171]

146 Des Weiteren sieht § 14 Abs. 2 StaRUG vor, dass dem Restrukturierungsplan eine **Vermögensübersicht** beizufügen ist, in der die **Vermögensgegenstände und** die **Verbindlichkeiten,** die sich bei Wirksamwerden des Plans gegenüberstünden, mit ihren jeweiligen Werten aufgeführt sind. Zu den betriebswirtschaftlichen Bewertungsgrundlagen gibt es – im Gegensatz zB zur Regelung in § 6 Abs. 2 StaRUG – keine gesetzlichen Vorgaben. Für die Vermögensübersicht im Insolvenzverfahren finden sich für die Praxis Vorgaben des IDW. Danach sind bei der Bewertung der Vermögensgegenstände grundsätzlich sowohl Zerschlagungs- als auch Fortführungswerte anzugeben. Der Insolvenzverwalter soll neu gewonnene Erkenntnisse, insbesondere wertaufhellende und wertbegründende Tatsachen berücksichtigen und die Bewertung entsprechend anpassen.[172] Übertragen auf die Restrukturierungssituation sind also ebenfalls Vergleichswerte anzugeben, die den Planbetroffenen eine wirtschaftliche Entscheidungsgrundlage vermitteln. Ob sich für das Szenario der Planbestätigung und des nächstbesten Alternativszenarios wirklich genaue Werte bestimmen lassen, darf bezweifelt werden. In Anlehnung an die Vergleichsrechnung nach § 6 Abs. 2 StaRUG sind in jedem Fall grundsätzlich Fortführungswerte anzusetzen. Ob zum Vergleich einfach Liquidationswerte angesetzt werden können und man als Szenario ohne Restrukturierungsplan die Insolvenz (ohne Insolvenzplan) ansetzen kann, erscheint ebenfalls fraglich. Es bleibt abzuwarten, wie sich die Praxis entwickelt. Hinsichtlich der anzugebenden Verbindlichkeiten dürfte in der Restrukturierung stets auf den Nominalwert abzustellen sein.

---

171 AG Köln Beschl. v. 3.3.2021 – Rn. 6, BeckRS 2021, 5571.
172 IDW Rechnungslegungshinweis: Bestandsaufnahme im Insolvenzverfahren (IDW RH HFA 1.010), (Stand: 13.06.2008), WPg Supplement 3/2008, 37 ff., FN-IDW 8/2008, 309 ff.

Zudem ist aufzuführen, welche **Aufwendungen und Erträge** für den Zeitraum, während dessen die Gläubiger befriedigt werden sollen, zu erwarten sind. Hierbei soll angegeben werden, durch welche Abfolge von Einnahmen und Ausgaben die Zahlungsfähigkeit des Unternehmens während dieses Zeitraums gewährleistet werden sollen. Es ist also eine **Ertrags- und Finanzplanung** aufzustellen und dem Plan beizufügen. Der Schuldner soll den Planbetroffenen damit einen Eindruck geben, wie er den Restrukturierungsplan erfüllen will. Dabei sind neben den Restrukturierungsforderungen auch die vom Plan unberührt bleibenden Forderungen sowie die künftig nach dem Plan zu begründenden Forderungen zu berücksichtigen. Bei der Regelung des § 14 Abs. 2 StaRUG orientiert sich der Gesetzgeber an § 229 S. 1, 2 InsO, wonach für den Insolvenzplan, sofern die Gläubiger aus den Erträgen des vom Schuldner oder von einem Dritten fortgeführten Unternehmens befriedigt werden sollen, vergleichbare Plananlagen vorgesehen sind.[173] Die Planbetroffenen sollen also ein umfassendes Bild bekommen und den Plananlagen entnehmen können, welche anderen Gläubiger nicht vom Restrukturierungsplan beeinträchtigt werden, also weiterhin die volle Befriedigung ihrer Forderungen beanspruchen können. 147

Mit § 15 StaRUG werden die Grundlagen des Restrukturierungsplans durch entsprechende **Erklärungen der für die Umsetzung** erforderlichen Personen sichergestellt. Welche Erklärungen konkret beizufügen sind, richtet sich nach den im Restrukturierungsplan vorgenommenen Gestaltungen. Einem Restrukturierungsplan für ein schuldnerisches Unternehmen ohne Rechtspersönlichkeit oder einer KGaA ist eine Erklärung der Personen beizufügen, die nach dem Plan persönlich haftende Gesellschafter des Unternehmens sein sollen, dass sie zur Fortführung des Unternehmens auf der Grundlage des Plans bereit sind, § 15 Abs. 1 StaRUG. Der Gesetzgeber orientiert sich insoweit an § 230 Abs. 1 S. 2 InsO, der Gleiches für den Insolvenzplan vorsieht.[174] 148

Nach § 15 Abs. 2 StaRUG sind dem Restrukturierungsplan im Fall der Übernahme von Anteils- oder Mitgliedschaftsrechten oder Beteiligungen durch Gläubiger die **Zustimmungserklärung** eines jeden dieser Gläubiger beizufügen. Hierbei orientiert sich der Gesetzgeber am Vorbild von § 230 Abs. 2 InsO, demzufolge bei einer Umwandlung von Forderungen in Anteilsrechte dem Plan Zustimmungserklärungen aller davon betroffenen Gläubiger beizufügen sind.[175] Dies zielt auf debt-to-equity-swap-Konstellationen, also die Umwandlung von Restrukturierungsforderungen in die genannten Anteils- oder Mitgliedschaftsrechten oder Beteiligungen und ähnliche Gestaltungen ab. 149

Schließlich fordert § 15 Abs. 3 StaRUG für Konstellationen, in denen ein Dritter für den Fall der Bestätigung des Restrukturierungsplans Verpflichtungen gegenüber den Gläubigern übernommen hat, die Erklärung des Dritten dem Plan als Anlage beizufügen. Sofern der Dritte finanzielle Beiträge für die Befriedigung der Ansprüche der Planbetroffenen leistet, dürfte als Erklärung iSd § 15 Abs. 3 StaRUG nur eine rechtsverbindliche Vereinbarung des Schuldners mit dem Dritten ausreichen. Ob hier weitere Nachweise an die Finanzkraft des Dritten (vergleichbar mit Finanzierungsnachwei- 150

173 BT-Drs. 19/24181, 120 mit Verweis auf Art. 8 Abs. 1 lit. b, g Ziff. 5 EU-Richtlinie 2019/1023.
174 BT-Drs. 19/24181, 120.
175 BT-Drs. 19/24181, 120.

sen potenzieller Investoren bei einem Investorenprozess) von Seiten des Gerichts oder auf Verlangen der Planbetroffenen erforderlich sind, bleibt vom Gesetzestext her unklar.

151 Für Konzernkonstellationen sieht § 15 Abs. 4 StaRUG vor, dass die Zustimmungserklärung des verbundenen Unternehmens, das die Sicherheit gestellt hat, als Plananlage beizufügen. Dies gilt nur, wenn der Restrukturierungsplan entsprechende Eingriffe in die Rechte von Gläubigern aus gruppeninternen Drittsicherheiten vorsieht. Nach § 2 Abs. 4 S. 1, 2. Hs. StaRUG ist ein Eingriff durch eine angemessene Entschädigung zu kompensieren. Insoweit ist in § 15 Abs. 4 StaRUG jedoch keine Plananlage vorgesehen. Erneut bleibt die Entwicklung in der Praxis abzuwarten, ob hier nicht doch ergänzende Anlagen beizufügen sind.

152 Der Gesetzgeber wollte (nur) die Zustimmungsklärung des verbundenen Unternehmens in diesen Fällen quasi zur Bedingung des Restrukturierungsplans machen. Entscheidet das verbundene Unternehmen, dem Gläubiger des Schuldners aufgrund der gestellten Drittsicherheit voll zu befriedigen, gibt es keinen Anlass, es daran zu hindern.[176]

2. Gliederung

153 Zur Orientierung für die beizufügenden Plananlagen kann aktuell nur auf den für Insolvenzpläne bestehenden IDW S 2 zurückgegriffen werden.

Muster-Gliederung zu den Plananlagen eines Restrukturierungsplans[177]

3. Plananlagen

3.1.	Begründete Erklärung zur Abwendung der drohenden Zahlungsunfähigkeit und Bestandssicherung, § 14 Abs. 1 StaRUG
3.2.	Vermögensübersicht
3.2.1.	Vermögensübersicht zum Zeitpunkt der Bestimmung der Restrukturierungsforderungen nach § 2 Abs. 5 StaRUG
3.1.1.1.	Vermögensübersicht bei Wirksamwerden des Restrukturierungsplans, § 14 Abs. 2 S. 1 StaRUG
3.1.1.2.	Handelsbilanz
3.1.1.3.	Überleitungsrechnungen für Zeitraum zwischen Zeitpunkt nach § 2 Abs. 5 StaRUG und Inkrafttreten des Restrukturierungsplans (integrierte Bilanz-, Ergebnis- und Liquiditätsplanung für den Zeitraum der Fortführung)
3.1.2.	Zum Zeitpunkt des Inkrafttretens des Restrukturierungsplans
3.1.2.1.	Vermögensübersicht nach Bestätigung des Restrukturierungsplans
3.1.2.2.	Plan-Bilanzen auf Basis des Handelsrechts für Zeitpunkte nach Inkrafttreten des Restrukturierungsplans

176 BT-Drs. 19/24181, 120.
177 In Anlehnung an Anlage 1 zu IDW S 2 mit Stand: 18.11.2019, IDW Life 1/2020, 45.

Muster-Gliederung zu den Plananlagen eines Restrukturierungsplans

3.1.2.3.	Ergebnisplan (Plan Gewinn- und Verlustrechnungen) auf Basis des Handelsrechts für Zeiträume nach Inkrafttreten des Restrukturierungsplans
3.1.2.4.	Finanzplan (Plan Liquiditätsrechnungen) für Zeiträume nach Inkrafttreten des Restrukturierungsplans
3.2.	Ergänzende Plananlagen (ua Erklärungen nach § 15 Abs. 3, 4 StaRUG)
3.3.	Planbetroffenenverzeichnisse
3.3.1.	Planbetroffene der Gruppe 1 bis
3.3.n.	Planbetroffene der Gruppe n
3.4.	Verzeichnis der nicht planbetroffenen sonstigen Gläubiger

3. Form und Inhalt

Vorgaben zur Form und/oder zu den inhaltlichen Details der Erklärungen nach § 14 Abs. 1 StaRUG, zur Vermögensübersicht sowie zum Ergebnis- und Finanzplan nach § 14 Abs. 2 StaRUG finden sich im Gesetz nicht. Solange kein neuer IDW Standard zu den betriebswirtschaftlichen Aspekten besteht, bietet sich eine Orientierung an den Ausführungen des IDW im Standard zu Sanierungskonzepten an. Da ein Sanierungskonzept nach IDW S 6 einen integrierten Sanierungsplan fordert, der aus einem Vermögens-, Finanz- und Ertragsplan besteht, bestehen hier Parallelen zu den in § 14 Abs. 2 StaRUG gesetzlich geforderten Anlagen zum Restrukturierungsplan.[178] 154

IX. Vereinfachung für KMU

In § 16 StaRUG ist eine Checkliste für Restrukturierungspläne vorgesehen, die das Bundesministerium der Justiz und für Verbraucherschutz bekannt machen und auf der Internetseite www.bmjv.bund.de veröffentlichen soll. Die **Checkliste** soll an die Bedürfnisse von kleinen und mittleren Unternehmen **(KMU) angepasst** sein. Bis zum Erstellungszeitpunkt dieses Buchs ist die Veröffentlichung der Checkliste nicht erfolgt.[179] Vielmehr hat die Bundesjustizministerin Lambrecht angekündigt, dass nur zu der Checkliste nach § 16 StaRUG ein Konsultationsprozess mit der Fach- und Verbandsöffentlichkeit einleitet werden soll.[180] 155

1. Hintergrund

Mit dieser Regelung möchte der deutsche Gesetzgeber den Vorgaben der Richtlinie entsprechen. Die Richtlinie sieht ein besonderes Bedürfnis für KMU, eine **kostengünstige Restrukturierung** zu ermöglichen, da diese Unternehmen den Großteil aller Unternehmen in der Union ausmachen. Dadurch soll der derzeitigen Praxis entgegengewirkt werden, wonach bei diesen Unternehmen eher liquidiert als restrukturiert wird, 156

178 *Steffan/Oberg/Poppe* ZIP 2021, 617 (621, 622).
179 www.bmjv.de; letzter Abruf 30.6.2021.
180 Interview mit Bundesjustizministerin Christine Lambrecht INDat Report für die Ausgabe 02_2021 vom 18.3.2021, abrufbar unter https://www.bmjv.de/SharedDocs/Interviews/DE/2021/Print/0318_INDat%20-Report.html (Stand: 30.6.2021).

da sie unverhältnismäßig höhere Kosten zu tragen haben als größere Unternehmen. Die nationalen Gesetzgeber sollen daher umfassende Checklisten für Restrukturierungspläne, die an die **Bedürfnisse und Besonderheiten von KMU** angepasst sind, entwickeln und online zur Verfügung stellen. Bei der Definition von KMU soll eine Orientierung an der europäischen Richtlinie über den Jahresabschluss, den konsolidierten Abschluss und damit verbundene Berichte von Unternehmen bestimmter Rechtsformen etc erfolgen.[181] Demnach handelt es sich hierbei um mittelständische Unternehmen mit bis zu 249 Mitarbeitern, einem Jahresumsatz von höchstens 50 Mio. EUR bzw. einer Jahresbilanzsumme von höchstens 43 Mio. EUR.[182]

157 Die **Richtlinie** sieht darüber hinaus noch **weitergehende Vereinfachungen** vor. KMU sollen aufgrund ihrer relativ einfachen Kapitalstruktur von der Verpflichtung zur Behandlung von betroffenen Parteien in unterschiedlichen Klassen ausgenommen werden können. Wird nur eine Abstimmungsklasse gebildet und stimmt diese gegen den Plan, sollen die Schuldner die Möglichkeit haben, einen anderen Plan vorzulegen.[183] Der deutsche Gesetzgeber hat von einer Umsetzung jedoch abgesehen.[184]

2. Fazit

158 Es bleibt leider nur abzuwarten, was das Ergebnis des angekündigten Konsultationsprozesses unter Leitung des BMJV sein wird. Ob diese Checklisten dann die Grundlage dafür bilden, dass KMU in stärkerem Maße vom Restrukturierungsverfahren nach StaRUG Gebrauch machen werden, wird die Praxis zeigen. Im Rahmen der vom Gesetzgeber bis zum 31.7.2024 geplanten Evaluierung soll insbesondere geprüft werden, ob das Restrukturierungsverfahren durch Verfahrenshilfen (zB Musteranzeigen, -anträge oder Formulierungshilfen) zugänglicher werden würde.[185] Insofern kann mit Spannung erwartet werden, zu welchen Verfahrenshilfen diese Ansätze führen.

159 Für den Moment bleibt nur die Orientierung an den zum Insolvenzplan vorliegenden Praxishilfen wie die IDW-Standards. Dort werden den Besonderheiten von KMU zB bei Sanierungskonzepten hinsichtlich des Umfangs und der Analysetiefe zugesprochen.[186]

---

181 EU-Richtlinie 2019/1023, Erwägungsgrund 17, 18 mit Verweis auf die Richtlinie 2013/34/EU der Europäischen Parlaments und des Rates vom 26.6.2013 über den Jahresabschluss, den konsolidierten Abschluss und damit verbundene Berichte von Unternehmen bestimmter Rechtsformen und zur Änderung der Richtlinie 2006/43/EG des Europäischen Parlaments und des Rates und zur Aufhebung der Richtlinien 78/660/EWG und 83/349/EWG des Rates.

182 *Smid* NZI-Beilage 2021, 64.

183 EU-Richtlinie 2019/1023, Erwägungsgrund 46.

184 *Smid* NZI-Beilage 2021, 64 (65).

185 BT-Drs. 19/24181, 102 (103).

186 IDW Standard: Anforderungen an Sanierungskonzepte (IDW S 6) in der Fassung vom 16.5.2018, IDW Life 8/2018, 813 ff. Rn. 39 ff.

§ 8 Abstimmung über den Restrukturierungsplan

A. Einleitung

Der Gesetzgeber des SanInsFoG will im Rahmen des StaRUG für Schuldner die Möglichkeit schaffen, sich sowohl **privatrechtlich** als auch in einem **gerichtlichen** Verfahren über einen Restrukturierungsplan mit seinen Gläubigern zu vergleichen.[1] 1

Eine außergerichtliche, freie Sanierung biete die Kreativität, Flexibilität und Effizienz privatautonomen Handels als sinnvolle Grundlage zur Restrukturierung und könne dem Ziel dienen, dass Sanierungen im Idealfall „früh, still und schnell" vollzogen werden.[2] Diese Möglichkeit der Restrukturierung will der Gesetzgeber jedoch in bestimmten Punkten hinsichtlich der **Flexibilität** einschränken und die Gestaltungsmacht des Schuldners begrenzen. 2

Es gelten gesetzliche **Mindestanforderungen an den Abstimmungsprozess**, die sicherstellen, dass planbetroffene Gläubiger angemessen beteiligt werden und in einem adäquaten Zeitraum ausreichende Informationen erhalten.[3] 3

Darüber hinaus sollen Schuldner, die nicht über genügend eigene Personalstärke oder die finanzielle Ausstattung für entsprechende Beratung verfügen, insbesondere kleine und Kleinstunternehmen, die Möglichkeit erhalten, ein **gerichtliches Abstimmungsverfahren** zu betreiben und dabei durch einen gerichtlich bestellten **Restrukturierungsbeauftragten** unterstützt werden.[4] 4

Letztlich sollen die Interessen kleinerer Gläubiger gewahrt werden, auch auf dieser Seite insbesondere die Interessen kleiner und Kleinstunternehmen sowie von Verbrauchern. Bei der Beteiligung dieser – nach Meinung des Gesetzgebers – **schutzbedürf-** 5

1 BT-Drs. 19/24181, 121.
2 BT-Drs. 19/24181, 92 mit Bezug auf *K. Schmidt*, Verhandlungen des 54. Deutschen Juristentages, Band I (1982) S. D 97ff.
3 BT-Drs. 19/24181, 92.
4 BT-Drs. 19/24181, 92; Im Gesetzgebungsprozess wurde von der Opposition (Antrag von BÜNDNIS 90/DIE GRÜNEN, BR 19/24379) kritisiert, dass die Instrumente des Restrukturierungsrahmens für kleine und Kleinstunternehmen (zB Start-ups, Solo-Selbstständige und Einzelunternehmer) kaum Anwendung finden dürften. Es wurde deshalb gefordert, das StaRUG dahingehend zu verbessern, dass ein vereinfachtes Verfahren für die vorinsolvenzliche Sanierung und Restrukturierung für von der Corona-Pandemie betroffene KMU eingeführt wird. Auch sollte ein niedrigschwelliger Zugang zum Verfahren mit einer unkomplizierten Antragstellung geschaffen werden.

tigen Gläubiger ist daher ebenfalls ein Restrukturierungsbeauftragter zu bestellen, insbesondere für die Festlegung der Modalitäten des Abstimmungsprozesses.[5]

6 Das **außergerichtliche Planabstimmungsverfahren** besteht aus einem privatrechtlich ausgestalteten **Angebot** des Schuldners zu einem Restrukturierungsplan und der **Annahme** durch die planbetroffenen Gläubiger.[6] Das Angebot ist dabei regelmäßig bedingt auf die Annahme des Angebots durch sämtliche in den Restrukturierungsplan einbezogenen Gläubiger. Für die Erklärungen zum Restrukturierungsplan, insbesondere Angebot und Annahme, gelten die Auslegungsregelungen über **Willenserklärungen** sowie die Regelungen zu Willensmängeln nach den §§ 116 ff. BGB.[7] Willensmängel können nur bis zur Rechtskraft einer gerichtlichen Planbestätigung geltend gemacht werden und gelten danach gemäß § 67 Abs. 6 StaRUG als geheilt. Dies soll die Interessen des Schuldners und der weiteren Planbeteiligten schützen.[8]

7 Bei der **gerichtlichen Planabstimmung** orientiert sich der Gesetzgeber an den Bestimmungen zum Insolvenzplan, insbesondere zum dortigen Erörterungs- und Abstimmungstermin.[9]

B. Außergerichtliches Planabstimmungsverfahren

8 Grundsätzlich obliegt dem **Schuldner** die **Entscheidung** darüber, den Restrukturierungsplan im außergerichtlichen Verfahren nach den §§ 17–22 StaRUG zur Abstimmung zu stellen oder gemäß § 23 StaRUG von der Möglichkeit Gebrauch zu machen, ein gerichtliches Verfahren nach den §§ 45, 46 StaRUG durchzuführen.

9 In den Fällen der obligatorischen Bestellung eines **Restrukturierungsbeauftragten** nach § 73 Abs. 1 Nr. 1–3 StaRUG, wenn also entweder (1.) die Rechte von Verbrauchern oder mittleren, kleinen oder Kleinstunternehmen berührt werden, (2.) der Schuldner eine Stabilisierungsanordnung beantragt hat, die sich gegen alle oder im Wesentlichen alle Gläubiger richten soll oder (3.) der Restrukturierungsplan eine Planüberwachung im Sinne des § 72 StaRUG vorsieht, entscheidet der Restrukturierungsbeauftragte gemäß § 76 Abs. 2 Nr. 1 StaRUG darüber, wie der Restrukturierungsplan zur Abstimmung gebracht wird.[10]

I. Planangebot

10 **Vorlageberechtigt** für ein Planangebot ist nach § 17 Abs. 1 S. 1 StaRUG ausschließlich der Schuldner. Grundsätzlich ist auch außerhalb des StaRUG ein Vergleichsangebot an wesentliche Gläubiger und Stakeholder im Rahmen einer Restrukturierung möglich und üblich. Die §§ 17 ff. StaRUG ermöglichen jedoch ein strukturiertes – optional gerichtliches – Planabstimmungsverfahren sowie nach §§ 60 ff. StaRUG auf Antrag des Schuldners die gerichtliche Bestätigung des Restrukturierungsplans.

5 BT-Drs. 19/24181, 92.
6 *Desch* BB 2020, 2498 (2503).
7 BT-Drs. 19/24181, 121; BeckOK StaRUG/*Spahlinger* § 17 Rn. 15.
8 BT-Drs. 19/24181, 121.
9 BT-Drs. 19/24181, 92 (121).
10 BT-Drs. 19/24181, 173.

Das Planangebot des Schuldners hat nach § 17 Abs. 1 S. 1 StaRUG den deutlichen **Hinweis** zu enthalten, dass der Plan bei mehrheitlicher Annahme und gerichtlicher Bestätigung auch gegenüber Planbetroffenen wirksam werden kann, die das Planangebot nicht angenommen haben. Ein fehlender Hinweis stellt einen Versagungsgrund für die gerichtliche Bestätigung des Restrukturierungsplans nach § 63 Abs. 1 Nr. 2 StaRUG dar.[11] 11

Um die planbetroffenen Gläubiger mit einer ausreichenden Informationsgrundlage zu versorgen, hat das Planangebot den vollständigen **Restrukturierungsplan nebst Anlagen** zu enthalten, § 17 Abs. 1 S. 2 StaRUG. Eine Zurverfügungstellung über einen elektronischen Datenraum ist ebenfalls möglich.[12] Darüber hinaus sind die bisherigen und noch zu erwartenden **Kosten** des Restrukturierungsverfahrens sowie ggf. die zu erwartende Vergütung des Restrukturierungsbeauftragten darzustellen. Hierzu gehören auch Kosten für mandatierte Sanierungsberater.[13] Es sind nur die Kosten darzustellen, die in Bezug zur Restrukturierungssache nach dem StaRUG stehen, nicht sämtliche zuvor angefallenen Beratungskosten, beispielsweise für Sanierungsgutachten. Die Planbeteiligten sollen einen Überblick über die Kosten der Restrukturierung erhalten, über deren Zustandekommen sie mit dem Restrukturierungsplan abstimmen.[14] 12

Gemäß § 17 Abs. 2 StaRUG muss der Schuldner das Planangebot so fassen, dass daraus für die Planbetroffenen **zweifelsfrei hervorgeht**, mit welchen Forderungen oder Rechten sie in den Restrukturierungsplan einbezogen werden und welchen Gruppen sie zugeordnet sind. Darüber hinaus ist festzulegen, welche **Stimmrechte** den Betroffenen gewährt werden. Zweifel gehen zulasten des Schuldners als Planvorlegender.[15] Es muss eine ausreichende Bestimmtheit und zweifelsfreie Zuordnung zu Gruppen und Maßnahmen erfolgen, um den Betroffenen eine informierte Entscheidung zu ermöglichen. Es ist im Rahmen des Planabstimmungsverfahrens auch möglich, einzelne Gläubiger mehreren Gruppen zuzuordnen.[16] Auch in diesem Punkt entspricht die Planabstimmung der Systematik der Insolvenzplanverfahren nach den §§ 217 ff. InsO.[17] 13

Das Planangebot hat nach § 17 Abs. 3 StaRUG den **weiteren Hinweis** zu enthalten, dass gemäß § 21 Abs. 1 StaRUG auf Verlangen einzelner Planbetroffener eine **Versammlung** zwecks Erörterung des Plans abgehalten werden kann, wenn eine Gelegenheit zur gemeinschaftlichen Erörterung bisher nicht allen Planbetroffenen gewährt wurde. Die Planbetroffenen sollen die Möglichkeit haben, eine Erörterung im Wege der Versammlung abzuhalten, und hierauf bereits im Planangebot hingewiesen werden. 14

Praxishinweis: Es ist möglich, eine Abstimmung über den Restrukturierungsplan durchzuführen ohne jegliche Versammlung der Planbetroffenen oder einen gerichtli-

11 BeckOK StaRUG/*Skauradszun* § 63 Rn. 17.
12 BeckOK StaRUG/*Spahlinger* § 17 Rn. 36.
13 BT-Drs. 19/25353, 7.
14 BT-Drs. 19/25353, 6.
15 Morgen/*Backes* Art. 15 Rn. 11.
16 BT-Drs. 19/24181, 122.
17 Vgl. Uhlenbruck/*Lüer*/*Streit* InsO § 222 Rn. 11.

chen Erörterungs- und Abstimmungstermin.[18] In diesem Fall sollte das Planangebot bereits die Hinweise im Sinne der §§ 64 Abs. 4 S. 1, 66 Abs. 3 S. 2 StaRUG enthalten. § 64 Abs. 4 S. 1 StaRUG erfordert den Hinweis, dass für einen zulässigen Antrag auf Minderheitenschutz nach § 64 Abs. 1 StaRUG die Geltendmachung einer Schlechterstellung durch den Plan im Abstimmungsverfahren notwendig ist. § 66 Abs. 3 S. 2 StaRUG fordert den Hinweis darauf, dass für die Zulässigkeit einer sofortigen Beschwerde nach § 66 Abs. 1 StaRUG der Widerspruch im Abstimmungsverfahren sowie die ausdrückliche Ablehnung des Plans notwendig sind. Enthält das Planangebot diese Hinweise nicht und erfolgen weder eine Versammlung der Planbetroffenen nach § 20 StaRUG noch ein gerichtlicher Erörterungs- und Abstimmungstermin nach § 45 StaRUG, entfallen die genannten Zulässigkeitsvoraussetzungen für den Antrag eines Planbetroffenen auf Minderheitenschutz und eine sofortige Beschwerde.

15 Das Planangebot unterliegt nach § 17 Abs. 4 S. 1 StaRUG der **Schriftform**, soweit nicht zwischen dem Schuldner und einzelnen Planbetroffenen eine abweichende Form vereinbart wurde. Dies gilt für einzelne Planbetroffene, die sich ausdrücklich mit einer anderen Form für die Übermittlung des Planangebots einverstanden erklären.[19] Die Form für die Planannahme bestimmt der Schuldner im Planangebot.[20] Tut er dies nicht, gilt nach § 17 Abs. 4 S. 2 StaRUG auch für die Planannahme das Erfordernis der Schriftform.

16 Das Planangebot ist nach § 18 StaRUG im Zweifel so auszulegen, dass der Schuldner es unter die **Bedingung** stellt, dass sämtliche Planbetroffenen dem Restrukturierungsplan zustimmen oder dass der Plan gerichtlich bestätigt wird. Es soll nicht zulasten des Schuldners eine Auslegung dahin gehend erfolgen, dass der Schuldner sich nur gegenüber einzelnen, den Restrukturierungsplan annehmenden Planbetroffenen isoliert binden will, wenn nicht alle in den Plan einbezogenen Betroffenen dem Restrukturierungsplan zustimmen.[21] Da es sich bei § 18 StaRUG um eine **Auslegungsregelung** handelt, kann der Plan hiervon abweichen, so dass eine isolierte Bindung bei entsprechender Regelung im Plan oder über eine entsprechende Auslegung möglich wäre.[22]

II. Planannahmefrist

17 Der Schuldner setzt den Planbetroffenen eine Frist zur Entscheidung über den Restrukturierungsplan, § 19 S. 1 StaRUG. Die **Mindestfrist** beträgt 14 Tage. Sie kann nach § 19 S. 3 StaRUG verkürzt werden, wenn dem Plan ein Restrukturierungskonzept zugrunde liegt, das den Planbetroffenen mindestens 14 Tage in Textform zugänglich gemacht wurde.

18 Der Gesetzgeber will den Planbetroffenen ausreichende Bedenkzeit vor der Entscheidung über Annahme oder Ablehnung des Plans gewähren und sieht hierfür 14 Tage

---

18 BT-Drs. 19/24181, 122; Morgen/*Kowalewski/Praß* Art. 9 Rn. 76; Braun StaRUG/*Pehl* § 17 Rn. 7.
19 BT-Drs. 19/24181, 122.
20 BT-Drs. 19/24181, 122.
21 BT-Drs. 19/24181, 122.
22 BeckOK StaRUG/*Spahlinger* § 18 Rn. 7.

vor. Auch der Schuldner hat Interesse an einer konstruktiv gewählten Annahmefrist, da die **Nichtbeteiligung** einer Ablehnung gleichkommt.[23]

Die Bedenkzeit ist auch gewahrt, wenn den Planbetroffenen das **Restrukturierungskonzept** 14 Tage lang vorliegt und dieses die wesentlichen Planinhalte sowie die vorgesehene Gestaltung der Rechtsverhältnisse ausreichend bestimmt darstellt und erläutert.[24] 19

Der Schuldner hat daher spätestens 14 Tage vor dem Entscheidungstermin zumindest in **Textform** das Restrukturierungskonzept zu übersenden. Diese 14 Tage sind die Mindestfrist für die Durchführung der Planabstimmung ohne Erörterungstermin. 20

III. Abstimmung im Rahmen einer Versammlung

Der Schuldner kann auch ohne entsprechenden Antrag eines Planbetroffenen in Eigeninitiative den Restrukturierungsplan im Rahmen einer **Versammlung der Planbetroffenen** zur Abstimmung stellen. Hierzu hat er nach § 20 Abs. 1 StaRUG die Planbetroffenen mit einer **Ladungsfrist** von 14 Tagen schriftlich im Sinne des § 126 BGB und unter Beifügung des Restrukturierungsplans nebst Anlagen zu laden. 21

Die 14-tägige Ladungsfrist kann auf minimal sieben Tage verkürzt werden, wenn der Schuldner die Möglichkeit einer elektronischen Teilnahme an der Versammlung einräumt. Dies sind insbesondere Telefon- und Videokonferenzsysteme. Auch in diesem Fall muss den Planbetroffenen der vollständige Restrukturierungsplan oder das Restrukturierungskonzept nach § 19 S. 2 und 3 StaRUG mindestens 14 Tage vor dem Termin zur Wahrung der Annahmefrist vorliegen.[25] 22

Praxishinweis: Das Einberufungsschreiben sollte Hinweise im Sinne der §§ 64 Abs. 4 S. 2, 66 Abs. 3 S. 1 StaRUG enthalten. Nach § 64 Abs. 4 S. 2 StaRUG ist der Hinweis notwendig, dass für einen zulässigen Antrag auf Minderheitenschutz nach § 64 Abs. 1 StaRUG die Geltendmachung einer Schlechterstellung durch den Plan im Abstimmungsverfahren notwendig ist. § 66 Abs. 3 S. 1 StaRUG erfordert den Hinweis, dass für die Zulässigkeit einer sofortigen Beschwerde nach § 66 Abs. 1 StaRUG der Widerspruch im Abstimmungsverfahren sowie die Abstimmung gegen den Plan notwendig sind. Enthält das Einberufungsschreiben diese Hinweise nicht, entfallen diese Zulässigkeitsvoraussetzungen für den Antrag eines Planbetroffenen auf Minderheitenschutz und eine sofortige Beschwerde.

§ 20 Abs. 2 StaRUG definiert die **elektronische Teilnahme** an der Versammlung der Planbetroffenen dahingehend, dass eine Anwesenheit am Versammlungsort nicht notwendig ist, soweit die Planbetroffenen ihre Rechte ganz oder teilweise im Wege elektronischer Kommunikation ausüben können. Die Einrichtung der technischen Voraussetzungen obliegt dem Schuldner.[26] Die Abstimmung im Rahmen einer Versammlung nach § 20 StaRUG kann jedoch nicht ausschließlich auf elektronischer Teilnah- 23

23 *Ringelspacher/Ruch* ZRI 2020, 636 (639).
24 BT-Drs. 19/24181, 123.
25 BT-Drs. 19/24181, 123.
26 BT-Drs. 19/24181, 123.

me beruhen, so dass Planbetroffene die Möglichkeit erhalten müssen, persönlich an einem Versammlungsort der Versammlung teilnehmen zu können.[27]

24 Für den Fall **technischer Schwierigkeiten** bei der durchgängigen Teilnahme liegt die Beweislast zur Exkulpation nach § 63 Abs. 3 S. 1 StaRUG beim Schuldner.[28]

25 Der Schuldner ist nach § 20 Abs. 3 StaRUG **Versammlungsvorsitzender** und leitet die Versammlung der Planbetroffenen. Er führt die Diskussion und ermöglicht den Planbetroffenen, sich zum Restrukturierungsplan und zum Abstimmungsprozess äußern zu können. Darüber hinaus hat er Auskünfte über den Restrukturierungsplan und die zugrundeliegenden Umstände zu erteilen.[29] Der Schuldner hat hierbei die Gestaltungsfreiheit über den Versammlungsablauf.[30]

26 Die Planbetroffenen können Vorschläge zur Abänderung des Plans unterbreiten, wobei § 20 Abs. 3 S. 4 StaRUG hierfür eine Mindestfrist von einem Tag vor der Versammlung und die Textform vorsieht. **Änderungsvorschläge** sind zu erörtern, müssen jedoch vom Schuldner nicht übernommen werden. Bei Nichteinhaltung der Ein-Tages-Frist kann der Schuldner die Änderungsvorschläge nach seinem Ermessen dennoch übernehmen.[31] Die Vorlage **konkurrierender Restrukturierungspläne** ist ausgeschlossen, es wird lediglich der vom Schuldner vorgelegte Plan zur Abstimmung gestellt.[32] Anteilsinhaber haben, auch nach dem Willen des Richtliniengebers, keine Vorlage- und unmittelbaren Einflussrechte.[33] Die Weisungsrechte der Gesellschafterversammlung an die Geschäftsführung sind durch das StaRUG jedoch nicht eingeschränkt, sodass der Inhalt des Restrukturierungsplans grundsätzlich mit den Gesellschaftern abzustimmen ist.[34]

27 Der Restrukturierungsplan kann auch noch in der Versammlung inhaltlich in einzelnen Punkten abgeändert werden, § 20 Abs. 4 StaRUG. Die Grundsätze zur Änderung im Termin sind an denen zu § 240 InsO beim Insolvenzplanverfahren zu orientieren.[35] Die **Änderungen** müssen sich daher auf einzelne Punkte beschränken.[36] Eine Änderung des Restrukturierungsplans seinem Wesen nach erfordert ein neues Planangebot und eine erneute Abstimmungsversammlung.[37]

28 Die im Restrukturierungsplan nach § 9 StaRUG gebildeten **Gruppen** der Planbetroffenen stimmen jeweils gesondert über den Restrukturierungsplan ab. Einzelne Planbetroffene können auch mehreren Gruppen zugeordnet sein.[38] Die Modalitäten der Abstimmung bestimmt der Schuldner. Sie kann zum Beispiel durch Wahlzettel oder Handzeichen erfolgen. Bei elektronischer Stimmabgabe ist der Zugang der elektro-

27 BeckOK StaRUG/*Spahlinger* § 20 Rn. 14; Braun StaRUG/*Pehl* § 20 Rn. 5.
28 BT-Drs. 19/24181, 123.
29 Braun StaRUG/*Pehl* § 20 Rn. 7.
30 BeckOK StaRUG/*Spahlinger* § 20 Rn. 22.
31 BT-Drs. 19/24181, 123.
32 BT-Drs. 19/24181, 123; BeckOK StaRUG/*Spahlinger* § 20 Rn. 28; Braun StaRUG/*Pehl* § 20 Rn. 9.
33 Morgen/*Tresselt* Art. 12 Rn. 51.
34 *Ristelhuber* NZI 2021, 417 (419).
35 BT-Drs. 19/24181, 124.
36 Vgl. für den Insolvenzplan: Uhlenbruck/*Lüer/Streit* InsO § 240 Rn. 4; LG Düsseldorf NZI 2020, 436.
37 BT-Drs. 19/24181, 124; BeckOK StaRUG/*Spahlinger* § 20 Rn. 27; Braun StaRUG/*Pehl* § 20 Rn. 10; für den Insolvenzplan: MüKoInsO/*Hintzen* § 240 Rn. 10; Nerlich/Römermann/*Braun* § 240 Rn. 8.
38 BT-Drs. 19/24181, 124.

nisch abgegebenen Stimme auf gleichem Wege zu bestätigen, § 20 Abs. 5 S. 3 StaRUG. Die Abgabe der Stimmen für die Annahme des Plans ist gemäß § 20 Abs. 5 S. 4 StaRUG auch ohne Teilnahme an einer Versammlung möglich, bis diese beendet ist. Die privatautonome Ausgestaltung erfordert daher auch bei Durchführung einer Versammlung nicht die persönliche Teilnahme zur Abstimmung.

IV. Erörterung im Rahmen einer Versammlung

Das Recht der Planbetroffenen, im Fall einer Abstimmung ohne Versammlung zumindest eine **mündliche Erörterungsversammlung** zu verlangen, wird in § 21 Abs. 1 StaRUG geregelt. Eine gesonderte Begründung ist hierfür nicht erforderlich. Eine trotz Antrag eines Planbetroffenen nicht durchgeführte Versammlung stellt einen von Amts wegen zu beachtenden Versagungsgrund für die gerichtliche Bestätigung des Restrukturierungsplans nach § 63 Abs. 1 Nr. 2 StaRUG dar.[39] Dies gilt auch dann, wenn der Plan von der erforderlichen Mehrheit der Gläubiger angenommen wurde.[40] 29

Auch im Falle der Erörterung im Rahmen einer Versammlung hat die Einberufung schriftlich mit einer **Frist** von 14 Tagen zu erfolgen, § 21 Abs. 2 StaRUG. Dies soll den Planbetroffenen insbesondere die Organisation der Anreise ermöglichen.[41] Bei Zulassung der elektronischen Teilnahme verkürzt sich die Mindesteinberufungsfrist zum Erörterungstermin auf sieben Tage. Auch in diesem Fall darf die Annahmefrist des § 19 StaRUG 14 Tage nicht unterschreiten, um den Planbetroffenen ausreichend Vorbereitungszeit zur Durchsicht des Restrukturierungsplans oder eines Restrukturierungskonzepts zu geben. 30

Die entsprechende Anwendung von § 20 Abs. 3 StaRUG wird durch § 21 Abs. 3 StaRUG angeordnet, so dass der Schuldner den **Vorsitz des Erörterungstermins** führt und die Planbetroffenen jeweils Änderungsvorschläge in Textform machen können. 31

Eine durch einen Gläubiger beantragte Erörterungsversammlung, die erst für einen Termin nach Ablauf der **Planannahmefrist** des § 19 S. 1 StaRUG terminiert wird, führt nach § 21 Abs. 4 S. 1 StaRUG zu einer Verlängerung der Annahmefrist bis zum Ablauf des Versammlungstags. 32

Durch § 21 Abs. 4 S. 2 StaRUG wird klargestellt, dass vor dem Erörterungstermin abgegebene Erklärungen von Planbetroffenen, insbesondere die Annahme oder Ablehnung, bei einer danach durchgeführten Erörterungsversammlung **keine Bindungswirkung** mehr haben. Die Planbetroffenen sollen die Erörterung in ihrer Entscheidung einfließen lassen und ihre Meinung ändern können.[42] 33

V. Dokumentation der Abstimmung

Nach § 22 Abs. 1 StaRUG hat der Schuldner den **Ablauf** des Planannahmeverfahrens und das **Ergebnis** der Abstimmung zu dokumentieren und nach der Abstimmung unverzüglich schriftlich festzuhalten. 34

39 BeckOK StaRUG/*Spahlinger* § 21 Rn. 5.
40 BT-Drs. 19/24181, 124.
41 BT-Drs. 19/24181, 124.
42 BT-Drs. 19/24181, 124.

35 Sofern der Schuldner die **gerichtliche Bestätigung** des Restrukturierungsplans beantragt, hat er die Dokumentation nach § 60 Abs. 1 S. 3 StaRUG dem Antrag beizufügen. Diese Dokumentation bildet die Grundlage für die gerichtliche Überprüfung des Planabstimmungsprozesses. Sie entfaltet keine besondere Beweiskraft und stellt lediglich eine Erklärung des Schuldners über das Planannahmeverfahren und die Abstimmung dar.[43]

36 Der Schuldner hat den **Planbetroffenen** die Dokumentation gemäß § 22 Abs. 2 StaRUG unverzüglich nach der Abstimmung zugänglich zu machen. Eine Form ist hierfür nicht bestimmt, so dass elektronische oder Textform ausreicht.[44] Die Regelung dient der Kontrollmöglichkeit durch die Planbetroffenen, so dass Schriftform nicht erforderlich ist.

VI. Muster-Vorlagen Planangebot und Ladung

37 Das Planangebot nach § 17 StaRUG für eine Abstimmung über den Restrukturierungsplan im schriftlichen Verfahren sowie eine Ladung nach § 20 StaRUG sollten die jeweils notwendigen Informationen und Hinweise nach den §§ 17–22 StaRUG enthalten.

38 Die nachfolgende **Muster-Vorlage** dient der Orientierung und gibt einen möglichen Aufbau eines Planangebots bei Abstimmung im **schriftlichen Verfahren.**

39 **Muster: Planangebot**

An:

Vollständige Firmierung

und Anschrift

des Planbetroffenen

Ort, Datum

Planangebot nach § 17 des Gesetzes über den Stabilisierungs- und Restrukturierungsrahmen für Unternehmen (StaRUG)

Sehr geehrte Damen und Herren,

die [Firma] befindet sich in der Restrukturierung. Um das Restrukturierungskonzept umzusetzen legen wir Ihnen mit diesem Schreiben einen Restrukturierungsplan im Sinne der §§ 2 ff. StaRUG zur Abstimmung vor.

Als **Anlage 1** zu diesem Planangebot erhalten Sie den vollständigen Restrukturierungsplan nebst sämtlicher Anlagen. Der Plan entspricht den Vorgaben des StaRUG.

Mit diesem Planangebot sollen Sie als Planbetroffener in die Regelung des Restrukturierungsplans einbezogen werden und eine ausreichende Informationsgrundlage für die Entscheidung über Annahme oder Ablehnung des Angebotes erhalten.

I. Einbezogene Forderungen/Gruppenzugehörigkeit/Stimmrecht

Sie werden als Planbetroffener mit den aus **Anlage 2** ersichtlichen Forderungen [*und/oder Rechten*] in den Restrukturierungsplan einbezogen. Sie werden der *Gruppe […]* zugeordnet. Die einbezogenen Forderungen ergeben Stimmrechte von *[…]*.

43 BT-Drs. 19/24181, 124.
44 BeckOK StaRUG/*Spahlinger* § 22 Rn. 17.

II. Annahmefrist und Form

Die Planannahme hat bis zum [*Datum*] zu erfolgen (Planannahmefrist im Sinne des § 19 S. 1 StaRUG).

Die Annahme ist schriftlich gegenüber der [*Firma, Anschrift*] zu erklären.

Soweit keine Beteiligung erfolgt, entspricht dies einer Ablehnung. Wir bitten Sie daher um aktive Ausübung Ihres Stimmrechts.

III. Hinweise

Bitte beachten Sie Folgendes auch für den Fall, dass Sie Ihr Stimmrecht nicht wahrnehmen möchten:

> **Der Restrukturierungsplan kann im Fall seiner mehrheitlichen Annahme und gerichtlichen Bestätigung auch gegenüber Planbetroffenen wirksam werden, die das Angebot nicht annehmen, § 17 Abs. 2 S. 1 StaRUG.**

Auf Verlangen eines oder mehrerer Planbetroffener ist eine Versammlung der Planbetroffenen zwecks Erörterung des Plans abzuhalten. Soweit Sie eine Versammlung der Planbetroffenen zur Erörterung verlangen, bitten wir um Mitteilung innerhalb der Planannahmefrist bis zum [*Datum*]. Die Einberufung erfolgt in diesem Fall gesondert. Sofern die Versammlung erst nach Ablauf der Planannahmefrist stattfindet, verlängert sich die Planannahmefrist bis zum Ablauf des Tags der Erörterungsversammlung oder einem im Erörterungstermin zu bestimmenden späteren Termin. Für den Fall, dass Sie bereits vor der Erörterung des Restrukturierungsplans ihr Stimmrecht ausüben, entfällt die Bindung an diese Erklärung, soweit Sie sich im Rahmen der Versammlung oder in der verlängerten Frist erneut erklären, § 21 Abs. 4 S. 2 StaRUG.

Für die Zulässigkeit eines Antrags auf Minderheitenschutz im Sinne des § 64 Abs. 1 StaRUG ist die Geltendmachung der voraussichtlichen Schlechterstellung durch den Plan im Abstimmungsverfahren erforderlich, § 64 Abs. 4 S. 1 StaRUG.

Für die Zulässigkeit einer sofortigen Beschwerde gemäß § 66 Abs. 1 StaRUG sind der Widerspruch gegen den Restrukturierungsplan und die Ablehnung des Plans erforderlich, § 66 Abs. 3 S. 2 StaRUG.

IV. Darstellung der Kosten der Restrukturierungssache

Die bereits angefallenen und noch zu erwartenden Kosten des Restrukturierungsverfahrens [*ggf. einschließlich in der Vergütung des Restrukturierungsbeauftragten*] sind in der als **Anlage 3** beigefügten Übersicht dargestellt.

Mit freundlichen Grüßen

[*Firma*]

Anlagen

Die nachfolgende **Muster-Vorlage** dient der Orientierung und gibt einen möglichen Aufbau eines Planangebots nebst Ladung bei Abstimmung im Rahmen einer **Versammlung** der Planbetroffenen. 40

Muster: Planangebot mit Ladung 41

Vollständige Firmierung

Anschrift

des Planbetroffenen

Ort, Datum

Planangebot und Ladung nach §§ 17, 20 des Gesetzes über den Stabilisierungs- und Restrukturierungsrahmen für Unternehmen (StaRUG)

Sehr geehrte Damen und Herren,

die [Firma] befindet sich in der Restrukturierung. Um das Restrukturierungskonzept umzusetzen, legen wir Ihnen mit diesem Schreiben einen Restrukturierungsplan im Sinne der §§ 2 ff. StaRUG zur Abstimmung vor und laden Sie als Planbetroffene zur Abstimmung im Rahmen einer Versammlung der Planbetroffenen.

Als **Anlage 1** zu diesem Planangebot erhalten Sie den vollständigen Restrukturierungsplan nebst sämtlicher Anlagen. Der Plan entspricht den Vorgaben des StaRUG.

Mit diesem Planangebot sollen Sie als Planbetroffener in die Regelung des Restrukturierungsplans einbezogen werden und eine ausreichende Informationsgrundlage für die Entscheidung über Annahme oder Ablehnung des Angebotes erhalten.

I. Einbezogene Forderungen/Gruppenzugehörigkeit/Stimmrecht

Sie werden als Planbetroffener mit den aus **Anlage 2** ersichtlichen Forderungen [*und/oder Rechten*] in den Restrukturierungsplan einbezogen. Sie werden der Gruppe *[…]* zugeordnet. Die einbezogenen Forderungen ergeben Stimmrechte von *[…]*.

II. Ladung zur Versammlung der Planbetroffenen

Wir laden Sie hiermit ein, zur Versammlung der Planbetroffenen für den [*Datum mit Frist von 7 oder 14 Tagen*] in [*Ort, Anschrift*].

In der Versammlung der Planbetroffenen erfolgen die Erörterung und die Abstimmung über den Restrukturierungsplan.

Sie können als Planbetroffene auch ohne Anwesenheit am Versammlungsort teilnehmen und sämtliche oder einzelne ihrer Rechte ganz oder teilweise im Wege elektronischer Kommunikation ausüben (elektronische Teilnahme). Hierzu erhalten Sie folgende elektronische Zugangsdaten: *[…]*.

Planbetroffene haben das Recht, Vorschläge zur Abänderung des Plans zu unterbreiten. Die Vorschläge sind gegenüber der [*Firma*] mindestens einen Tag vor dem Beginn der Versammlung der Planbetroffenen in Textform zugänglich zu machen, § 20 Abs. 3 S. 2 StaRUG.

Soweit keine Beteiligung erfolgt, entspricht dies einer Ablehnung. Wir bitten Sie daher um aktive Ausübung Ihres Stimmrechts.

III. Hinweise

Bitte beachten Sie Folgendes auch für den Fall, dass Sie Ihr Stimmrecht nicht wahrnehmen möchten:

> **Der Restrukturierungsplan kann im Fall seiner mehrheitlichen Annahme und gerichtlichen Bestätigung auch gegenüber Planbetroffenen wirksam werden, die das Angebot nicht annehmen, § 17 Abs. 2 S. 1 StaRUG.**

Für die Zulässigkeit eines Antrags auf Minderheitenschutz im Sinne des § 64 Abs. 1 StaRUG ist die Geltendmachung der voraussichtlichen Schlechterstellung durch den Plan im Abstimmungsverfahren erforderlich, § 64 Abs. 4 S. 2 StaRUG.

Für die Zulässigkeit einer sofortigen Beschwerde gemäß § 66 Abs. 1 StaRUG sind der Widerspruch gegen den Restrukturierungsplan und die Ablehnung des Plans erforderlich, § 66 Abs. 3 S. 1 StaRUG.

IV. Darstellung der Kosten der Restrukturierungssache

Die bereits angefallenen und noch zu erwartenden Kosten des Restrukturierungsverfahrens [*ggf. einschließlich in der Vergütung des Restrukturierungsbeauftragten*] sind in der als **Anlage 3** beigefügten Übersicht dargestellt.

Mit freundlichen Grüßen

[*Firma*]

Anlagen

C. Gerichtliches Planabstimmungsverfahren

Der Schuldner hat nach § 23 StaRUG die Möglichkeit, den Restrukturierungsplan im gerichtlichen Verfahren nach den §§ 45, 46 StaRUG zur Abstimmung zu bringen. Die §§ 17–22 StaRUG sind in diesem Fall nicht anwendbar. 42

Der Schuldner kann das **gerichtliche Abstimmungsverfahren** nutzen, um Streitigkeiten über den formellen Ablauf sowie über Stimmrechtszuweisungen zu vermeiden und das Gericht im Vorfeld der Planbestätigung auch das Abstimmungsverfahren führen zu lassen.[45] Hierzu dient auch der Vorprüfungstermin nach § 46 StaRUG.[46] 43

Auf Antrag des Schuldners bestimmt das Restrukturierungsgericht nach § 45 Abs. 1 StaRUG einen Erörterungs- und Abstimmungstermin. Die Ladungsfrist beträgt 14 Tage. 44

Praxishinweis: Der Schuldner sollte darauf achten, dass die Ladung die Hinweise im Sinne der §§ 64 Abs. 4 S. 3, 66 Abs. 3 S. 1 StaRUG enthält. Nach § 64 Abs. 4 S. 3 StaRUG ist der Hinweis erforderlich, dass für einen zulässigen Antrag auf Minderheitenschutz nach § 64 Abs. 1 StaRUG die Glaubhaftmachung einer Schlechterstellung durch den Plan im Erörterungs- und Abstimmungstermin notwendig ist. § 66 Abs. 3 S. 1 StaRUG erfordert den Hinweis, dass für die Zulässigkeit einer sofortigen Beschwerde nach § 66 Abs. 1 StaRUG der Widerspruch im Abstimmungsverfahren sowie die Abstimmung gegen den Plan notwendig sind. Enthält die Ladung diese Hinweise nicht, entfallen die entsprechenden Zulässigkeitsvoraussetzungen für den Antrag eines Planbetroffenen auf Minderheitenschutz und eine sofortige Beschwerde.

Die Regelungen zum **Stimmrecht** und zu den **erforderlichen Mehrheiten** sind im außergerichtlichen und im gerichtlichen Planabstimmungsverfahren identisch und bestimmen sich nach den §§ 24–28 StaRUG (vgl. auch § 9 dieses Handbuchs). 45

D. Stimmrecht und erforderliche Mehrheiten

Das StaRUG orientiert sich bei der Bestimmung der Stimmrechte und den erforderlichen Mehrheiten am Insolvenzplanverfahren.[47] Es verzichtet jedoch auf die Notwendigkeit einer Kopf- und Summenmehrheit im Sinne des § 244 Abs. 1 InsO in jeder Gruppe. Erforderlich ist eine **qualifizierte Summenmehrheit** von 75 % sämtlicher der Gruppe zugeordneter Stimmrechte. 46

Zwar hat der Gesetzgeber ohne das Erfordernis einer Kopfmehrheit die Gefahr der Dominanz von Großgläubigern gesehen, will allerdings eine gruppeninterne Dominanz durch die Regelung des § 9 Abs. 2 S. 4 StaRUG vermeiden, nach der für Kleingläubiger separate Gruppen zu bilden sind.[48] Die dem Gesetz zugrundeliegende EU-Richtlinie 2019/1023[49] lässt in Art. 9 Abs. 6 den nationalen Gesetzgebern bei der Umsetzung die Wahl, ob für eine Planannahme eine Kopf- und Summenmehrheit 47

45 *Cranshaw/Portisch* ZInsO 2020, 2617 (2624).
46 *Thole* ZIP 2020, 1985 (1990, 1994).
47 BT-Drs. 19/24181, 125; *Desch* BB 2020, 2498 (2503).
48 BT-Drs. 19/24181, 125.
49 Richtlinie 2019/1023 des Europäischen Parlaments und des Rates vom 20.6.2019 über präventive Restrukturierungsrahmen, über Entschuldung und über Tätigkeitsverbote sowie über Maßnahmen zur Steigerung der Effizienz von Restrukturierungs-, Insolvenz- und Entschuldungsverfahren und zur Änderung der

oder lediglich eine Summenmehrheit erforderlich sein soll.[50] Darüber hinaus überlässt es die EU-Richtlinie 2019/1023 den nationalen Gesetzgebern, das notwendige Quorum zwischen 50 % und 75 % festzulegen.[51] Der deutsche Gesetzgeber hat sich gegen eine Kopfmehrheit entschieden, da er Umgehungsstrategien durch die strategische Aufspaltung von Forderungen vermeiden will. Er hält diese Gefahr im Insolvenzplanverfahren aufgrund der klaren zeitlichen Bezugsgröße des Zeitpunkts der Verfahrenseröffnung für geringer. Zwar sei es auch bei einem Restrukturierungsplan möglich, einen geeigneten Bezugszeitpunkt zu definieren, der missbräuchliche Gestaltungen vermeiden könnte. Dies würde das Abstimmungsverfahren jedoch streitanfällig machen und unnötig verkomplizieren.[52]

I. Stimmrecht

48 Die Stimmrechte ergeben sich nach § 24 Abs. 1 StaRUG aus den folgenden Positionen der einbezogenen Planbeteiligten:

- Restrukturierungsforderungen
- Absonderungsanwartschaften
- Anteils- oder Mitgliedschaftsrechte
-

Maßgeblicher Zeitpunkt für die Forderungen und Rechte sowie die Stellung als Planbetroffener ist der Tag der Planvorlage.[53]

49 (Ungesicherte) **Restrukturierungsforderungen** bestimmen gemäß § 24 Abs. 1 Nr. 1 StaRUG das Stimmrecht für die Summenmehrheit nach Ihrem Betrag, soweit sich aus § 24 Abs. 2 StaRUG nicht etwas anderes ergibt.

50 **Bedingte Forderungen** sind nach § 24 Abs. 2 Nr. 1 StaRUG unter Berücksichtigung der Wahrscheinlichkeit des Bedingungseintritts zu bewerten. Die Regelung gilt sowohl für aufschiebend als auch für auflösend bedingte Restrukturierungsforderungen.[54] Der Nominalwert ist mit der Wahrscheinlichkeit zu multiplizieren, mit der der Bedingungseintritt erwartet wird.[55] Bedingte Forderungen sind nach § 3 Abs. 1 StaRUG gestaltbar, sollen jedoch ein Stimmrecht nur unter Berücksichtigung der Wahrscheinlichkeit des Bedingungseintritts gewähren.

51 Nach § 24 Abs. 2 Nr. 2 StaRUG werden **noch nicht fällige, unverzinsliche Forderungen** auf den Tag der Planvorlage abgezinst. Der Gesetzgeber orientiert sich dabei am Rechtsgedanken des § 41 Abs. 2 InsO.

52 Forderungen auf **unbestimmte Geldbeträge oder in ausländischen Währungen** bzw. Rechnungseinheiten werden nach § 24 Abs. 2 Nr. 3 StaRUG mit dem nach § 45 InsO zu bestimmenden Wert angesetzt. Forderungen, die nicht auf Geld gerichtet sind oder

---

Richtlinie (EU) 2017/1132 (Richtlinie über Restrukturierung und Insolvenz), im Folgenden „EU-Richtlinie 2019/1023“.

50 Morgen/*Kowalewski/Praß* Art. 9 Rn. 73.
51 Morgen/*Kowalewski/Praß* Art. 9 Rn. 73; *Hofmann* NZI Beilage 1/2019, 22 (26).
52 BT-Drs. 19/24181, 125,127.
53 BeckOK StaRUG/*Spahlinger* § 24 Rn. 34.
54 BeckOK StaRUG/*Spahlinger* § 24 Rn. 20.
55 BT-Drs. 19/24181, 126; *Thole* ZIP 2020, 1985 (1990).

deren Geldbetrag unbestimmt ist, werden gemäß § 45 S. 1 InsO geschätzt. Für ausländische Währungen oder Forderungen in Rechnungseinheiten lässt § 45 S. 2 InsO den Kurswert für den Zahlungsort maßgeblich werden und diesen in die inländische Währung umrechnen. Maßgeblicher Zeitpunkt ist die Planvorlage.[56]

Restrukturierungsforderungen auf **wiederkehrende Leistungen** werden nach Maßgabe des § 46 InsO bestimmt, § 24 Abs. 2 Nr. 4 StaRUG. Danach sind solche Forderungen mit dem nach Abzinsung im Sinne des § 41 InsO ausstehenden Betrags für die noch anzusetzenden Leistungen geltend zu machen. Unter Berücksichtigung des § 24 Abs. 2 Nr. 4 StaRUG ist auf den Zeitpunkt der Planvorlage abzustellen. Sofern die Dauer der Leistungen nicht bestimmt ist, lässt § 46 S. 2 InsO die Schätzung im Sinne des § 45 S. 1 InsO zu. 53

Nach § 24 Abs. 1 Nr. 2 StaRUG wird das Stimmrecht für **Absonderungsanwartschaften** und **gruppeninterne Drittsicherheiten** nach ihrem Wert bemessen. Die Regelung orientiert sich an § 76 Abs. 2 InsO.[57] Es kann zu einer Aufspaltung des Stimmrechts von gesicherten Gläubigern kommen, soweit der Inhaber auf eine Befriedigung aus der Sicherung verzichtet oder mit dieser voraussichtlich ausfällt. Den gesicherten Gläubigern steht gemäß § 24 Abs. 3 StaRUG in der Gruppe der ungesicherten Restrukturierungsgläubiger nur ein Stimmrecht zu, soweit ihnen der Schuldner für die gesicherte Forderung auch persönlich haftet und ihre Forderungen ausfallen. Nach § 24 Abs. 3 S. 2 StaRUG kann der Ausfall geschätzt werden. Die Regelung ist § 237 Abs. 1 S. 2 InsO nachgebildet. Die gesicherten Gläubiger können in der Gruppe der gesicherten Forderungen sowie in der Gruppe der ungesicherten Restrukturierungsforderungen zusammen höchstens mit dem Nominalbetrag der Forderung abstimmen.[58] Doppelte Stimmgewichte sind auch für besicherte Forderungen nicht vorgesehen. Das führt dazu, dass die besicherten Gläubiger in der Gruppe der Restrukturierungsforderungen nur mit dem nach Abzug des Werts der Sicherheit verbleibendem Forderungsbetrag abstimmen können.[59] Soweit die Sicherheit nicht werthaltig ist, wären die gesicherten Gläubiger in voller Höhe bei den ungesicherten Restrukturierungsforderungen stimmberechtigt und hätten in der Gruppe der Absonderungsanwartschaften oder gruppeninternen Drittsicherheiten kein Stimmrecht. 54

Nach § 24 Abs. 1 Nr. 3 StaRUG richtet sich das Stimmrecht bei **Anteils- oder Mitgliedschaftsrechten** nach dem Anteil am gezeichneten Kapital oder Vermögen des Schuldners. Die Regelung ist § 238a Abs. 1 InsO nachgebildet. Gesellschaftsrechtliche Stimmrechtsbeschränkungen oder sonstige Sonderstimmrechte werden bei der Abstimmung über den Restrukturierungsplan nicht berücksichtigt. 55

Soweit das auf eine Forderung oder ein Sicherungs- bzw. Anteilsrecht entfallende Stimmrecht **streitig** ist, kann der Schuldner in der Abstimmung das von ihm bei der Planerstellung zugrunde gelegte Stimmrecht ansetzen, § 24 Abs. 4 StaRUG. In der Dokumentation über die Abstimmung hat er zu vermerken, inwieweit und aus welchem Grund das Stimmrecht streitig ist. Im Rahmen der gerichtlichen Abstimmung 56

56 BeckOK StaRUG/*Spahlinger* § 24 Rn. 27.
57 BT-Drs. 19/24181, 125.
58 BT-Drs. 19/24181, 126.
59 BT-Drs. 19/24181, 126.

hat das Restrukturierungsgericht bei Streit über die Stimmrechtszuweisung dessen Höhe festzusetzen, § 63 Abs. 3 S. 2 StaRUG. Aus diesem Grund sieht § 24 Abs. 4 StaRUG vor, dass der Schuldner den Streit und die Zuweisung dokumentieren muss. Die gerichtliche Stimmrechtsfestsetzung hat vor Beginn der Abstimmung über den Plan zu erfolgen.[60] Der Schuldner kann bei streitigen Stimmrechten im Rahmen der Abstimmung auch ein anderes Stimmrecht zugrunde legen, als er es beim Planangebot vorgesehen hatte, wenn er dies im Zuge der Abstimmung auch den weiteren Planbetroffenen offenlegt.[61]

II. Erforderliche Mehrheiten zur Planannahme

57 Die Annahme des Restrukturierungsplans erfordert eine **qualifizierte Summenmehrheit** von 75 % sämtlicher Mitglieder in jeder Gruppe, § 25 Abs. 1 StaRUG. Der Gesetzgeber hat bewusst auf eine Kopfmehrheit verzichtet und will Kleingläubiger durch die Verpflichtung des Schuldners zur Bildung einer für Kleingläubiger separaten Gruppe in § 9 Abs. 2 S. 4 StaRUG schützen. Da im Restrukturierungsplan nicht sämtliche, sondern nur konkret benannte Gläubiger einbezogen werden, würde eine Kopfmehrheit die Mehrheiten nicht sinnvoll abbilden.[62] Mit dem Quorum von 75 % soll der Dominanz von Großgläubigern über Kleingläubiger zusätzlich entgegengewirkt werden.[63] Die Mehrheitsentscheidung folgt zwar dem insolvenzrechtlichen Vorbild des § 243 InsO, jedoch kommt es auf sämtliche Gläubiger an, nicht lediglich die abstimmenden Gruppenmitglieder.[64] Bezugswert für die Bestimmung der erforderlichen Mehrheit sind sämtliche der jeweiligen Gruppe zugeordnete Stimmrechte. Beteiligen sich Gruppenmitglieder nicht an der Abstimmung, werden diese Stimmen faktisch als Gegenstimmen gewertet.[65]

58 Forderungen oder Rechte, die mehreren Planbetroffenen gemeinschaftlich zustehen, gewähren gemäß § 25 Abs. 2 StaRUG lediglich ein Stimmrecht, so dass die **Gesamtgläubiger** als ein Planbetroffener behandelt werden. Dies gilt auch für mit **Pfandrechten** oder **Nießbrauch** belastete Rechte.

III. Gruppenübergreifende Mehrheitsentscheidung

59 Die Bestätigung eines Restrukturierungsplans muss nach Art. 11 der EU-Richtlinie 2019/1023 auch gegen das Votum einer Gruppe von Planbeteiligten möglich sein. Art. 11 Abs. 1 Unterabs. 1b i der EU-Richtlinie 2019/1023 setzt für eine **Mehrheitsentscheidung** voraus, dass die überstimmende Mehrheit der zustimmenden Gruppen auch gesicherte oder vorrangige Gläubiger enthalten muss.[66] Art. 11 Abs. 1 Unterabs. 1b ii der EU-Richtlinie 2019/1023 sieht jedoch auch vor, dass es ausreicht, wenn bei den zustimmenden Gruppen eine Gläubigergruppe enthalten ist, deren Mitglieder werthaltige Forderungen oder Rechte innehaben. Der deutsche Gesetzgeber entnimmt

60 Vgl. für den Insolvenzplan: BGH ZIP 2021, 203.
61 BT-Drs. 19/24181, 126.
62 *Goetker/Schulz* ZIP 2016, 2095 (2105).
63 BT-Drs. 19/24181, 127.
64 BT-Drs. 19/24181, 127; *Desch* BB 2020, 2498 (2504); *Thole* ZIP 2020, 1985 (1990).
65 BT-Drs. 19/24181, 123.
66 *Lau/Schwarz* NZG 2020, 450 (455).

hieraus, dass zu den zustimmenden Gruppen mindestens eine Gruppe von gesicherten oder nicht nachrangigen Gläubigern gehören muss.[67] Die zustimmende Gruppe muss in einem Liquidations- oder Insolvenzverfahren voraussichtlich noch Zahlungen erhalten.[68] Um dies im Einzelfall bewerten zu können, muss auch ein etwaiger Nachrang im Insolvenzverfahren berücksichtigt werden.[69]

Die EU-Richtlinie 2019/1023 ermöglicht den Mitgliedstaaten in Art. 11 sowohl die 60
Anwendung der relativen Prioritätsregel als auch die Anwendung der absoluten Prioritätsregel.[70] Die **relative Prioritätsregel** besagt, dass die Bestätigung eines Plans auch bei Ablehnung einer Gruppe erfolgen kann, wenn eine im Vergleich zu der ablehnenden Gruppe nachrangige Gruppe von Gläubigern im Plan einen Wert erhält, solange die Gläubiger der ablehnenden Gruppe bessergestellt werden als die ihr gegenüber nachrangigen Gläubigergruppen.[71] Nach der **absoluten Prioritätsregel** kann eine Planbestätigung gegen eine nicht zustimmende Gruppe nur erfolgen, wenn die Gläubiger einer gegenüber der ablehnenden Gruppe nachrangigen Gruppe keinerlei wirtschaftliche Werte erhalten.[72] Letztlich ermöglicht es Art. 11 Abs. 2 Unterabs. 2 der EU-Richtlinie 2019/1023 auch, die absolute Prioritätsregel anzuwenden und sie in einzelnen Fällen zu durchbrechen, wenn dies erforderlich ist, um die Ziele des Restrukturierungsplans zu erreichen und wenn der Restrukturierungsplan die Rechte oder Beteiligungen der überstimmten Planbetroffenen nicht in unangemessener Weise beeinträchtigt.[73] Für diesen Weg hat sich der deutsche Gesetzgeber entschieden, indem er in § 28 StaRUG eine punktuelle Durchbrechung der nach § 27 StaRUG grundsätzlich geltenden absoluten Prioritätsregel schafft.[74]

Die §§ 26–28 StaRUG legen fest, unter welchen Voraussetzungen die Zustimmung 61
einer den Plan ablehnenden Gruppe ersetzt wird. Die Zustimmung gilt auch ohne Mehrheit als erteilt, wenn die Voraussetzungen des § 26 StaRUG kumulativ vorliegen. In § 27 StaRUG wird der Grundsatz der absoluten Priorität statuiert und definiert, wann eine Gruppe von Gläubigern im Sinne des § 26 Abs. 1 Nr. 2 StaRUG angemessen am Planwert beteiligt ist. Nach § 28 StaRUG kann schließlich der Grundsatz der absoluten Priorität durchbrochen werden, so dass die angemessene Beteiligung am Planwert auch gegeben sein kann, wenn die Voraussetzungen des § 27 Abs. 1 Nr. 2 und 3 StaRUG nicht erfüllt sind.

Die Zustimmung einer Gruppe, in der die nach § 25 Abs. 1 StaRUG erforderliche 62
Mehrheit nicht erreicht wird, gilt nach § 26 Abs. 1 StaRUG dennoch als erteilt, wenn kumulativ

1. die Mitglieder dieser Gruppe durch den Restrukturierungsplan voraussichtlich nicht schlechter gestellt werden als ohne Plan,
2. die Gruppenmitglieder angemessen am Planwert beteiligt werden und

67 BT-Drs. 19/24181, 127.
68 Morgen/*Kowalewski/Praß* Art. 11 Rn. 29.
69 *Specovius/von Wilcken* NZI-Beilage 1/2017, 24 (27); AG Dresden ZInsO 2021, 1398 (1399).
70 *Hofmann* NZI Beilage 1/2019, 22 (26).
71 BT-Drs. 19/24181, 128; Morgen/*Kowalewski/Praß* Art. 11 Rn. 50.
72 BT-Drs. 19/24181, 128; Morgen/*Kowalewski/Praß* Art. 11 Rn. 52.
73 Morgen/*Kowalewski/Praß* Art. 11 Rn. 53.
74 Spahlinger NZI-Beilage 1/2021, 32 (34); *Ringelspacher/Ruch* ZRI 2020, 636 (639).

3. die Mehrheit der abstimmenden Gruppen den Plan mit den erforderlichen Mehrheiten zugestimmt hat.

63 Bei lediglich **zwei vorhandenen Gruppen** reicht gemäß § 26 Abs. 1 Nr. 3 StaRUG die Zustimmung der anderen Gruppe aus, um die ablehnende Gruppe zu überstimmen. Die zustimmenden Gruppen dürfen jedoch nicht ausschließlich aus Anteilsinhabern oder nachrangigen Restrukturierungsgläubigern bestehen. Die Überstimmung der Restrukturierungsgläubiger ist daher durch die Gesellschafter nicht ohne weitere Gruppen möglich. Da § 2 Abs. 3 StaRUG die Einbeziehung von Anteils- oder Mitgliedschaftsrechten vorsieht, besteht für Gesellschafter das Risiko des Verlusts von Anteilen durch Mehrheitsentscheidung der Gläubiger.[75] Es ist auch möglich, eine Kapitalherabsetzung auf null vorzusehen und bei der anschließenden Kapitalerhöhung das Bezugsrecht der Altgesellschafter auszuschließen.[76] Art. 12 der EU-Richtlinie 2019/1023 sieht vor, dass die Anteilsinhaber den Restrukturierungsplan nicht grundlos verhindern oder erschweren dürfen. Angesichts der Tatsache, dass der Restrukturierungsplan außerhalb eines Insolvenzverfahrens bei lediglich drohender Zahlungsunfähigkeit vorgelegt wird und die Gesellschafter grundsätzlich noch „im Geld sind", scheint die Gefahr eines Totalverlusts zu weitgehend.[77] Die Interessenkollision zwischen Gesellschaftern, Unternehmen und Gläubigern kann die Restrukturierung auch im Restrukturierungsrahmen erheblich behindern. Der **Gesellschafter** kann die Restrukturierung durch Abberufung der Geschäftsleitung blockieren. Eine Regelung entsprechend § 276a InsO ist im StaRUG nicht enthalten. Die Geschäftsleitung dürfte zudem bei lediglich drohender Zahlungsunfähigkeit und nach dem Entfallen des in §§ 2, 3 des Regierungsentwurfs zunächst vorgesehenen ausdrücklichen Vorrangs der Gläubigerinteressen einen Restrukturierungsplan nicht ohne Gesellschafterbeschluss vorlegen.[78]

64 Bei einem Eingriff in die Rechte der Gläubiger aus **gruppeninternen Drittsicherheiten** und bei **Beschränkung der persönlichen Haftung** der Gesellschafter kommt nach § 26 Abs. 2 StaRUG eine Überstimmung nur in Betracht, wenn die betroffenen Gläubiger angemessen für den Verlust der Sicherheit oder der persönlichen Haftung entschädigt werden. Da § 2 Abs. 4 S. 1 StaRUG bei einem Eingriff in Rechte aus gruppeninternen Drittsicherheiten stets eine angemessene Entschädigung vorsieht, ist die Erwähnung in § 26 Abs. 2 StaRUG für den Fall einer gruppenübergreifenden Mehrheitsentscheidung nur als Klarstellung zu verstehen.[79]

65 § 26 Abs. 1 Nr. 1 StaRUG regelt mit dem Verbot der Schlechterstellung das Kriterium des Gläubigerinteresses im Sinne der Art. 2 Abs. 1 Nr. 6, 10 Abs. 2 Unterabs. 1d der EU-Richtlinie 2019/1023.[80] Das für eine Mehrheitsentscheidung notwendige Kriterium ist nach Art. 2 Abs. 1 Nr. 6 EU-Richtlinie 2019/1023 erfüllt, „*wenn kein ablehnender Gläubiger durch einen Restrukturierungsplan schlechter gestellt würde als bei*

75 *Korch* NZG 2020, 1299 (1300); *Doebert/Krüger* NZI 2021, 614 (618).
76 *Grau/Pohlmann/Radunz* NZI 2021, 522 (524).
77 Vgl. *Proske/Streit* NZI 2020, 969 (970); *Korch* NZG 2020, 1299 (1300) mwN; *Korch* ZIP 2020, 446 (448); *Schäfer* ZIP 2019, 1645 (1646).
78 *Rauhut* NZI-Beilage 1/2021, 52 (54); *Ristelhuber* NZI 2021, 417 (419).
79 *Westphal/Dittmar* NZI-Beilage 1/2021, 46 (47).
80 BT-Drs. 19/24181, 128.

Anwendung der normalen Rangfolge der Liquidationsprioritäten nach nationalem Recht, sei es im Falle der Liquidation, unabhängig davon, ob diese stückweise oder in Form eines Verkaufs als fortgeführtes Unternehmen erfolgt, oder im Falle des nächstbesten Alternativszenarios, wenn der Restrukturierungsplan nicht bestätigt würde". Es entspricht grundsätzlich dem Schlechterstellungsgebot des § 245 Abs. 1 Nr. 1 InsO.[81] Das **Gläubigerinteresse** ist nach der EU-Richtlinie 2019/1023 entweder an der Einzelverwertung (inkl. Veräußerung des Geschäftsbetriebs als Ganzes) oder dem nächstbesten Alternativszenario zu messen.[82] Der deutsche Gesetzgeber will das **nächstbeste Alternativszenario** als Vergleichsmaßstab heranziehen.[83] Das Verbot der Schlechterstellung gilt nach § 26 Abs. 1 Nr. 1 StaRUG auch für Anteilsinhaber.

Um die **Schlechterstellung** im Sinne des § 26 Abs. 1 Nr. 1 StaRUG zu prüfen, hat das 66
Gericht eine Prognose darüber anzustellen, ob das Ergebnis ohne Plan für die Gläubiger schlechter wäre als bei Planumsetzung.[84] Diese Prognose ist aufgrund der noch nicht eingetretenen Insolvenz und der damit häufig noch verbundenen Vielzahl alternativer Ergebnisse wesentlich schwieriger als im Insolvenzplan bei § 245 Abs. 1 Nr. 1 InsO.[85] Um die Prognose überhaupt zu ermöglichen, bedarf es einer detaillierten **Vergleichsrechnung** im Sinne des § 6 Abs. 2 StaRUG.[86] Die Vergleichsrechnung darf nach § 6 Abs. 2 S. 2 und S. 3 StaRUG vom Fortführungsszenario nur abweichen, wenn ein Verkauf oder eine anderweitige Fortführung aussichtslos sind. Die Vergleichsgröße soll nicht durch die Darstellung nur der Liquidation als Alternativszenario schlechtgerechnet werden.[87] Aus diesem Grund bedarf der Ansatz von Liquidationswerten einer „fundierten Begründung".[88] In hierzu geeigneten Einzelfällen kann auch ein **Dual-Track-Verfahren** erforderlich sein.[89] In der Berechnung des Fortführungsszenarios ist zu prüfen, welche Beiträge der Planbeteiligten ohne den vorgelegten Restrukturierungsplan zu erbringen wären, damit die Restrukturierung gelingen und die drohende Zahlungsunfähigkeit abgewendet werden kann.[90] Zu vergleichen ist der Restrukturierungsplan daher mit den wirtschaftlichen Konsequenzen des mit überwiegender Wahrscheinlichkeit durchführbaren nächstbesten Alternativszenarios.[91] Für den Fall der Einbeziehung von gruppeninternen Drittsicherheiten im Sinne des § 2 Abs. 4 S. 1 StaRUG ist die Vergleichsrechnung nach § 6 Abs. 3 StaRUG auch auf das verbundene Unternehmen zu beziehen. Soweit keiner der Beteiligten ein Alternativ-

81 *Freitag* ZIP 2019, 541 (544); Morgen/*Kowalewski/Praß* Art. 11 Rn. 43.
82 Morgen/*Tresselt* Art. 12 Rn. 76.
83 BT-Drs. 19/24181, 128; AG Hamburg, NZI 2021, 544 (545).
84 Vgl. für den Insolvenzplan: LG Mühlhausen NZI 2007, 724 (727); K. Schmidt/*Spliedt* InsO § 245 Rn. 9; da die Regelung des § 26 Abs. 1 Nr. 1 StaRUG der des § 245 Abs. 1 Nr. 1 InsO nachempfunden ist (vgl. BT-Drs. 19/24181, 128), ist eine Prognose anhand der überwiegenden Wahrscheinlichkeit anzustellen (vgl. BeckOK StaRUG/*Spahlinger* § 26 Rn. 18; Distler ZIP 2021, 1033 (1040). Eine positive Feststellung der Schlechterstellung (so *Blankenburg* ZInsO 2017, 241 (249) mit Bezug auf Art. 2 Nr. 9 der EU-Richtlinie 2019/1023) ist nicht erforderlich.
85 *Brinkmann* NZI-Beilage 1/2019, 27 (28); *Distler* ZIP 2021, 1033 (1037).
86 *Grau/Pohlmann/Radunz* NZI 2021, 522 (525); Braun StaRUG/*Herzig* § 26 Rn. 4 ff.
87 *Desch* BB 2020, 2498 (2504).
88 BT-Drs. 19/24181, 116.
89 Morgen/*Tresselt* Art. 12 Rn. 77; Morgen/*Kowalewski/Praß* Art. 11 Rn. 47, 48.
90 Morgen/*Backes/Blankenburg* Art. 10 Rn. 38.
91 *Spahlinger* NZI-Beilage 1/2021, 32 (34); AG Dresden ZInsO 2021, 1398.

szenario außerhalb der Insolvenz vorträgt, ist das Insolvenzverfahren als Vergleich zu betrachten.[92]

67 Die angemessene Beteiligung am Planwert im Sinne des § 26 Abs. 1 Nr. 2 StaRUG definiert § 27 StaRUG.

IV. Absolute Priorität und angemessene Beteiligung am Planwert

68 § 27 StaRUG regelt, wann eine **angemessene wirtschaftliche Beteiligung am Planwert** im Sinne des § 26 Abs. 1 Nr. 2 StaRUG für eine gruppenübergreifende Mehrheitsentscheidung gegeben ist.

69 Die Regelung ist § 245 Abs. 2 InsO nachempfunden und setzt die Vorgaben aus Art. 11 Abs. 1 Unterabs. 1c und 1d sowie Abs. 2 der EU-Richtlinie 2019/1023 um. Eine angemessene wirtschaftliche Beteiligung am Planwert liegt hiernach vor, wenn kumulativ

1. kein anderer Planbetroffener wirtschaftliche Werte erhält, die den vollen Betrag seines Anspruchs übersteigen,
2. weder gegenüber der jeweiligen Gläubigergruppe im Insolvenzverfahren nachrangige Gläubiger oder der Schuldner bzw. Anteilsinhaber wirtschaftliche Werte erhalten, die nicht durch eine Leistung in das schuldnerische Vermögen vollständig ausgeglichen werden und
3. kein Planbetroffener, der in einem Insolvenzverfahren gleichrangig wäre, bessergestellt wird als die Gläubiger im gleichen Rang.

70 Wie beim Insolvenzplan nach § 245 Abs. 2 S. 1 Nr. 2 InsO regelt auch § 27 Abs. 1 Nr. 2 StaRUG, dass der Schuldner, ein Anteilsinhaber oder ein im Vergleich zur überstimmten Gruppe im Insolvenzverfahren nachrangiger Gläubiger wirtschaftliche Werte erhalten kann, wenn diese durch Leistung in das schuldnerische Vermögen vollständig ausgeglichen werden. Ein solcher Ausgleich ist gegeben, wenn der Schuldner, der Anteilsinhaber oder der nachrangige Gläubiger durch Leistung dafür sorgt, dass die vorrangigen Gläubiger entsprechende Werte erhalten.[93] Die Weiterführung des Unternehmens durch den Schuldner stellt nicht den Erhalt eines wirtschaftlichen Werts dar, wenn kein Dritter bereit ist, das Unternehmen zu den im Plan vorgesehenen Bedingungen fortzuführen.[94]

71 Nach § 27 Abs. 2 StaRUG ist eine angemessene wirtschaftliche Beteiligung im Sinne des § 26 Abs. 1 Nr. 2 StaRUG für **Anteilsinhaber** bereits gegeben, wenn

1. kein Gläubiger wirtschaftliche Werte erhält, die seinen Forderungsbetrag übersteigen und
2. keine andere am Schuldner beteiligte Person wirtschaftliche Werte behält.

72 Hierdurch wird ein Gleichrang zwischen den Gesellschaftern hergestellt, so dass über den Restrukturierungsplan nicht einzelne Gesellschafter kaltenteignet werden.

---

92 AG Hamburg, NZI 2021, 544 (545).
93 BT-Drs. 19/24181, 129 (201).
94 AG Dresden ZInsO 2021, 1398 (1399) mit Bezug auf BT-Drs. 12/2443, 209 zu § 245 InsO.

V. Durchbrechung der absoluten Priorität

73 Ausnahmen vom Grundsatz der absoluten Priorität (§ 27 StaRUG) für bestimmte Konstellationen werden durch § 28 StaRUG definiert.

74 Nach § 28 Abs. 1 S. 1 StaRUG können **gleichrangige Gläubiger** entgegen § 27 Abs. 1 Nr. 3 StaRUG anders behandelt werden, wenn dies nach der Art der wirtschaftlichen Schwierigkeiten des schuldnerischen Unternehmens und nach den Umständen sachgerecht ist.[95] Dies ist notwendig, da der Restrukturierungsplan es im Gegensatz zum Insolvenzplan erlaubt, nur einen Teil der Gläubiger des Unternehmens als Planbetroffene in die Restrukturierung einzubeziehen. Die Auswahl der Planbetroffenen hat nach § 8 StaRUG nach sachgerechten Kriterien zu erfolgen, die im darstellenden Teil des Plans zu erläutern sind.

75 Durch die Möglichkeit, nur einzelne Gläubiger einzubeziehen, muss es im Restrukturierungsplan auch möglich sein, **Gläubiger des gleichen Ranges unterschiedlich zu behandeln.** Dem trägt § 28 Abs. 1 S. 1 StaRUG Rechnung. Der Gesetzgeber hat insbesondere Finanzgläubiger für die Restrukturierung nach dem StaRUG vorgesehen.[96] Es kann jedoch auch sachgerecht sein, sämtliche Gläubiger einzubeziehen und nach dem Grundsatz der absoluten Priorität des § 27 Abs. 1 StaRUG gleich zu behandeln. Die Regelungen der §§ 8 und 28 Abs. 1 StaRUG sollen gerade flexible Lösungen ermöglichen.[97] § 28 Abs. 1 S. 2 StaRUG stellt klar, dass eine Durchbrechung der absoluten Priorität nicht sachgerecht ist, wenn auf die überstimmte Gruppe mehr als die Hälfte der Stimmrechte der Gläubiger des betroffenen Rangs entfällt. Dies ist der Fall, wenn die überstimmten Gläubiger gruppenübergreifend mehr als 50 % der betroffenen Restrukturierungsforderungen eines Ranges ausmachen. Diese Regelung wird in der Praxis insbesondere dafür sorgen, dass ein Überstimmen der **Finanzgläubiger** nicht ohne weiteres möglich wird. Die Ungleichbehandlung ist jedoch auch nicht zwingend sachgerecht, wenn die überstimmten Gläubiger weniger als 50 % der Restrukturierungsforderungen eines Ranges ausmachen.[98]

76 Die in § 27 Abs. 1 Nr. 2 StaRUG bereits angelegte Möglichkeit, den **Schuldner oder am Schuldner beteiligte Personen** gegen entsprechenden finanziellen Ausgleich trotz Erforderlichkeit einer gruppenübergreifenden Mehrheitsentscheidung am Unternehmensvermögen beteiligt zu lassen, wird durch § 28 Abs. 2 StaRUG erweitert, wenn

1. die Mitwirkung des Schuldners oder Gesellschafters an der Fortführung des Unternehmens unerlässlich ist, um den Planwert zu verwirklichen und die hierzu benötigte Person sich zu der erforderlichen Mitwirkung für mindestens fünf Jahre verpflichtet hat oder
2. die Eingriffe in die Gläubigerrechte geringfügig sind, insbesondere weil kein Verzicht erfolgt und eine Stundung um nicht mehr als 18 Monate vorgesehen ist.

77 Für eine relevante Beteiligung am Unternehmensvermögen im Sinne der §§ 27 Abs. 1 Nr. 2, 28 Abs. 2 StaRUG bedarf es eines **positiven Eigenkapitals** nach Planumset-

95 *Proske/Streit* NZI 2020, 969 (971).
96 BT-Drs. 19/24181, 129.
97 BT-Drs. 19/24181, 130.
98 BT-Drs. 19/25353, 7.

zung.[99] Die Mitwirkung des Schuldners oder des Gesellschafters muss aufgrund besonderer in seiner Person liegender Umstände unerlässlich und darf nicht substituierbar sein.[100] Allgemeine Ausführungen zur tragenden Rolle, notwendiger Kontakte oder Expertise des Inhabers reichen hierzu nicht aus.[101]

78 Der Schuldner oder Gesellschafter hat sich zu der für die Planumsetzung erforderlichen **Mitwirkung** im Plan zu verpflichten und für den Fall, dass seine Mitwirkung aus von ihm zu vertretenden Gründen vor dem im Plan definierten Zeitraum (maximal fünf Jahre) endet, die ihm belassenen Werte zurückzugewähren. Es dürfte dem Planverfasser überlassen sein, an wen der Gesellschafter seine Beteiligung am Unternehmensvermögen in diesen Fällen zurückzugewähren hat.[102]

79 Um dem Ziel der frühzeitigen Restrukturierung Rechnung zu tragen, ist eine Durchbrechung der absoluten Priorität auch möglich, wenn lediglich **geringfügige Eingriffe** in Gläubigerrechte durch gruppenübergreifende Mehrheitsentscheidung umgesetzt werden, § 28 Abs. 2 Nr. 2 StaRUG. Der Gesetzgeber nennt als Beispiele eine Stundung der Gläubiger für einen Zeitraum von unter 18 Monaten und das Fehlen einer Kürzung der Gläubigerrechte durch den Restrukturierungsplan.

80 Durch die Regelung des § 28 Abs. 2 StaRUG erhält der Schuldner bzw. Gesellschafter die Möglichkeit, seine **Beteiligung am Unternehmen** zu erhalten und gleichzeitig eine gruppenübergreifende Mehrheitsentscheidung zu erzielen. Dies ist richtig, da das StaRUG darauf angelegt ist, bei lediglich drohender Zahlungsunfähigkeit und möglichst frühzeitig Restrukturierungsmaßnahmen zu ermöglichen. Wenn der Restrukturierungsrahmen stets mit der latenten Gefahr verbunden wäre, dass der Schuldner oder Gesellschafter seine Beteiligung verliert, vollständig neu erwerben muss oder Einstimmigkeit benötigt, wird er diesen Weg der Restrukturierungen nicht wählen.[103]

81 Der **Umkehrschluss** aus § 28 Abs. 2 StaRUG ist, dass bei allen nicht nur geringfügigen Regelungen zulasten der Gläubiger, die Beteiligung des Gesellschafters mit positivem Kapitalanteil, der keinen zwingenden Beitrag zur Fortführung leistet, durch einen ausgleichenden Gesellschafterbeitrag im Sinne des § 27 Abs. 1 Nr. 2 StaRUG zu erhalten ist, wenn eine gruppenübergreifende Mehrheitsentscheidung getroffen werden soll. Ein Schuldenschnitt ohne Gesellschafterbeitrag ist zwar auch in der bisherigen außergerichtlichen Restrukturierung unüblich. Die Grenzen des § 28 Abs. 2 StaRUG scheinen jedoch aus Sicht des Gesellschafters zu eng gesetzt zu sein. Der Gesellschafter wird den Weg in den Restrukturierungsrahmen nicht (rechtzeitig) mitgehen, wenn er bei Erhalt einer (auch nur geringen) Beteiligung keine Gläubigergruppe überstimmen kann. Gleichzeitig riskiert der Gesellschafter den Verlust seiner Beteiligung, wenn das Unternehmen die Anteile in den Restrukturierungsplan einbezieht.[104]

---

99 *Thole* ZIP 2020, 1985 (1990); Brünkmans/Thole/*Thole* § 17 Rn. 29.
100 BT-Drs. 19/24181, 130.
101 *Thole* ZIP 2020, 1985 (1990).
102 BeckOK StaRUG/*Spahlinger* § 28 Rn. 21.
103 Vgl. *Korch* NZG 2020, 1299 (1300) mwN; *Korch* ZIP 2020, 446 (448); *Schäfer* ZIP 2019, 1645 (1646).
104 *Spahlinger* NZI-Beilage 1/2019, 69 (70).

§ 9 Gerichtliche Planabstimmung und Vorprüfung

A. Einleitung

I. Überblick zu den Möglichkeiten der Einbeziehung des Restrukturierungsgerichts

1 Der wesentliche Vorteil der Restrukturierung auf Basis des StaRUG im Vergleich zur früheren Rechtslage liegt in der Möglichkeit, außergerichtlich verhandelte Sanierungs- und **Restrukturierungslösungen gerichtlich „absegnen"** zu lassen. So kann der „vollkonsensuale" Sanierungsvergleich auf Antrag des Schuldners gerichtlich bestätigt werden, wenn keine Versagungsgründe vorliegen, § 97 StaRUG (→ § 4 Rn. 28 ff.); der „teilkonsensuale" Restrukturierungsplan kann ebenfalls auf Antrag des Schuldners, § 60 StaRUG, nach Anhörung der Planbetroffenen, § 61 StaRUG, gerichtlich bestätigt werden, wenn keine Versagungsgründe vorliegen, §§ 63, 64 StaRUG (→ § 10 Rn. 1 ff.). Mit der Planbestätigung treten insbesondere die im gestaltenden Teil geregelten Wirkungen ein, erforderliche Willenserklärungen gelten als formgerecht abgegeben und anfechtungsrechtliche Privilegien für etwaige Vollzugshandlungen greifen ein (§§ 67, 68 und 90 StaRUG), womit für den Schuldner insbesondere Kostenersparnisse verbunden sind. Die Einbeziehung des Restrukturierungsgerichts kann sich aber nicht nur auf das Ergebnis, sondern auch schon auf den Weg dorthin, das Abstimmungsverfahren und die Klärung rechtlicher Einzelfragen im Vorfeld der Abstimmung, beziehen. Der Schuldner soll sich die nach seiner Einschätzung erforderliche gerichtliche Unterstützung und Absicherung beschaffen können.

2 Um zu diesem Ziel zu gelangen, hat der Gesetzgeber dem Schuldner in § 29 StaRUG verschiedene **Instrumente** an die Hand gegeben. Dazu zählen nach § 29 Abs. 2 StaRUG die Durchführung eines **gerichtlichen Planabstimmungsverfahrens** (gerichtliche Planabstimmung, Nr. 1) und die **gerichtliche Vorprüfung** von Fragen, die für die

Bestätigung des Restrukturierungsplans erheblich sind (Vorprüfung, Nr. 2). Der Schuldner kann – in zeitlicher Reihenfolge betrachtet – das Restrukturierungsgericht bereits vor dem Planangebot (§ 17 StaRUG) bzw. dem Antrag auf Erörterungs- und Abstimmungstermin (§ 45 StaRUG) zur Prüfung der für die Planbestätigung erheblichen Fragen im Wege der Vorprüfung einbeziehen. Das Abstimmungsverfahren kann nach § 45 StaRUG vor dem Restrukturierungsgericht stattfinden und der Schuldner sich auch an dieser Stelle gerichtlicher Unterstützung bedienen. Der Schuldner bestimmt insoweit Zeitpunkt und Umfang der gerichtlichen Einbeziehung.

1. Gerichtliche Planabstimmung

3 Für die Planbestätigung ist neben anderen Voraussetzungen eine Annahme des Plans durch die Planbetroffenen mit den dafür vorgesehenen Mehrheiten erforderlich. Die Abstimmung kann vom Unternehmen selbst organisiert werden und **außergerichtlich** stattfinden.[1] In diesem Fall muss eine **zusätzliche Dokumentation** zum Abstimmungsprozess vorgelegt werden, um die gerichtliche Planbestätigung erhalten zu können (§ 60 Abs. 1, S. 3 StaRUG). Wird das Restrukturierungsgericht erst zu diesem späten Zeitpunkt einbezogen, sollen ihm alle für die Bestätigungsentscheidung benötigten Informationen und Unterlagen zur Verfügung gestellt werden.[2]

4 Alternativ kann das Unternehmen die **gerichtliche Planabstimmung** (§§ 45 f. StaRUG) **beantragen** und das Restrukturierungsgericht früher und in aktiver Rolle in den Abstimmungsprozess mit einbinden. Das Gericht ist dann bei der Erörterung des Restrukturierungsplans und der Stimmrechte sowie der sich ggf. anschließenden Abstimmung anwesend. Der Schuldner ist bei der gerichtlichen Planabstimmung von einer zusätzlichen Dokumentation des Abstimmungsprozesses entlastet. Er kann das Verfahren insgesamt beschleunigen und noch im Erörterungs- und Abstimmungstermin den **Antrag auf Planbestätigung** (§ 60 StaRUG) stellen.

2. Vorprüfung

5 Die Einbeziehung des Gerichts kann vor der eigentlichen Abstimmung durch die vorherige **gerichtliche Klärung** jeglicher für die spätere **Planbestätigung relevanter Fragen**, sog. Vorprüfung, abgerundet werden, § 46 StaRUG. Dabei können insbesondere auch die Grundlagen der Abstimmung hinsichtlich der Auswahl und Einteilung der Planbetroffenen mit dem Gericht erörtert werden.

6 Das planvorlegende Unternehmen kann durch die Einschaltung des Restrukturierungsgerichts rechtliche Unsicherheiten zB bei der Auswahl der Planbetroffenen, deren Stimmrechten sowie der Einteilung in Gruppen oder sonstige potenziell strittige Punkte des Restrukturierungsplan vorab klären. Insgesamt dient die Einbeziehung des Restrukturierungsgerichts somit der Rechtssicherheit.

7 Der Gesetzgeber hat die Notwendigkeit für eine gewisse Rechtssicherheit ebenso für das **außergerichtliche Verfahren** erkannt und auch dafür die Möglichkeit einer gerichtlichen Vorprüfung eröffnet, §§ 47, 48 StaRUG. Genau wie bei der gerichtlichen

1 Ohne Versammlung §§ 17 ff. StaRUG, mit Versammlung §§ 20 ff. StaRUG; vgl. BT-Drs. 19/24181, 121 ff.
2 BT-Drs. 19/24181, 161.

Planabstimmung sollen neben den genannten abstimmungsrelevanten Fragen an sich auch alle das Verfahren der privatautonom organisierten Planabstimmung betreffenden Fragen mit dem Gericht vorab geklärt werden können.

Leider entfalten die gesetzlich vorgesehenen Hinweisbeschlüsse keine Bindungswir- 8
kung, so dass zwar ein „Mehr" an Rechtssicherheit, aber keine abschließende Rechtssicherheit gewonnen werden kann.

Praxishinweis: Die Bedeutung der frühzeitigen Einbindung des Gerichts in allen wesentlichen Phasen des Verfahrens ist aus der Praxis der Eigenverwaltung mit dem Ziel einer Sanierung durch einen Insolvenzplan spätestens seit dem Gesetz zur weiteren Erleichterung der Sanierung von Unternehmen (ESUG)[3] bekannt. Das betrifft im sog. vorläufigen Verfahren insbesondere Anträge zur Ermächtigung zur Begründung von Masseverbindlichkeiten und im eröffneten Verfahren den Insolvenzplan. Im Rahmen der Evaluierung der durch das ESUG geschaffenen Rahmenbedingungen wurde die Bedeutung der Einbeziehung des Gerichts erkannt, auch schon für die Verfahrensvorbereitung, also vor Einreichung des Insolvenzantrags. Dazu wurde im Rahmen des SanInsFoG nunmehr ein Anspruch des Schuldners auf ein Vorgespräch erstmalig gesetzlich geregelt, wenn auch nur für größere Unternehmen.[4] Darin sollen alle für das Verfahren relevanten Gegenstände erörtert werden können.[5]

Ein **Vorgespräch** mit dem Restrukturierungsgericht durch eine § 10a InsO vergleich- 9
bare Regelung ist für die Verfahren des StaRUG leider gesetzlich nicht vorgesehen. Es bleibt für die Praxis zu hoffen, dass sich die personellen und organisatorischen Gemeinsamkeiten zwischen Insolvenz- und Restrukturierungsgerichten schuldnerfreundlich auswirken und Vorgespräche auch in StaRUG-Verfahren möglich sein werden.[6] In jedem Fall sollte der Schuldner sich nach einem solchen Vorgespräch erkundigen und das Gericht ggf. schon vor dem Einreichen der Anzeige (§ 31 StaRUG) vom Ziel und Umsetzbarkeit seines Restrukturierungsvorhabens überzeugen.

II. Vorgaben der Richtlinie

Die EU-Richtlinie 2019/1023 macht **keine konkreten Vorgaben** zur Planabstimmung. 10
Nach Art. 9 Abs. 2 EU-Richtlinie 2019/1023 ist sicherzustellen, dass die betroffenen Parteien das Recht haben, über den Plan abzustimmen. Darüber hinaus werden Vorgaben gemacht, wer kein Stimmrecht hat oder davon ausgeschlossen werden kann. Zu den Plangruppen – die Richtlinie spricht von Klassen – wird festgelegt, dass diese auf Grundlage überprüfbarer Kriterien in ausreichendem Maße nach gemeinsamen Interessen gebildet werden. In jedem Fall sollen Gläubiger mit gesicherten und ungesicherten Forderungen in unterschiedlichen Klassen behandelt werden. Stimmrechte

3 BGBl. 2011 I 2582; in Kraft getreten zum 1.3.2012.
4 Zuletzt *Thole* NZI-Beilage 1/2021, 90; der Gesamtbericht *Jacoby/Madaus/Sack/Schmidt, H./Thole*, ESUG-Evaluierung, abrufbar beim BMJV: https://www.bmjv.de/SharedDocs/Artikel/DE/2018/101018_Bericht_ESUG.html, Stand: 10.10.2018.
5 BT-Drs. 19/24181, 192.
6 In der Rechtspraxis waren die nunmehr in § 10a InsO normierten Vorgespräche bei den meisten Insolvenzgerichten möglich und üblich.

und die Bildung der Gruppen sollen beim Antrag auf Bestätigung des Restrukturierungsplans oder zu einem früheren Zeitpunkt geprüft werden.

III. Überblick zur nationalen Umsetzung

11 Das durch die Richtlinie vorgesehene Recht zur Abstimmung über den Plan wird in Deutschland in **drei Formen** umgesetzt:

- Der Schuldner kann die Abstimmung außergerichtlich ohne eine Versammlung der Planbetroffenen organisieren, §§ 17 ff. StaRUG (→ § 8 Rn. 8 ff.).
- Er kann sie außergerichtlich mit einer Versammlung vornehmen, wobei die Teilnahme auch auf elektronischem Wege möglich sein kann, §§ 20 ff. StaRUG (→ § 8 Rn. 21 ff.).
- Schließlich kann er eine Abstimmung im Rahmen eines Erörterungs- und Abstimmungstermins vor dem Restrukturierungsgericht durchführen, §§ 23, 45 f. StaRUG.[7]

12 Das StaRUG orientiert sich auch bzgl. der gerichtlichen Planabstimmung an der aus dem **Insolvenzverfahren** bekannten Termins- und Abstimmungsmethodik, verweist in wesentlichen Teilen auf die Vorschriften der InsO und belässt es im Übrigen bei wenigen Regelungen.[8] Der Gesetzgeber hält die **gerichtliche Planabstimmung** für sinnvoll, wenn es Streit über den ordnungsgemäßen Ablauf des Abstimmungsverfahren mit dem Risiko der Planversagung zu vermeiden gilt.[9] Das ist an dieser Stelle zu begrüßen, da es dem Schuldner für konfliktträchtige Abstimmungen einen formellen Rahmen und Rechtssicherheit bietet. Die Restrukturierungsgerichte sind auf Basis eigener Erfahrung und der zu den insolvenzrechtlichen Vorschriften ergangenen Rechtsprechung unmittelbar in der Lage versetzt, diese Rechtssicherheit bieten zu können.

13 Die **Vorprüfung** ist ebenfalls aus dem **Insolvenzplanverfahren**, konkret § 231 InsO, bekannt und findet dort zwingend statt. Die Regelung sieht vor, dass das Insolvenzgericht den Plan in folgenden drei Fällen von Amts wegen zurückzuweisen hat:

- wenn die Vorschriften über das Recht zur Vorlage und den Inhalt des Plans, insbesondere zur Bildung von Gruppen, nicht beachtet sind und der Vorlegende den Mangel nicht beheben kann oder innerhalb einer angemessenen, vom Gericht gesetzten Frist nicht behebt,
- wenn ein vom Schuldner vorgelegter Plan offensichtlich keine Aussicht auf Annahme durch die Beteiligten oder auf Bestätigung durch das Gericht hat oder
- wenn die Ansprüche, die den Beteiligten nach dem gestaltenden Teil eines vom Schuldner vorgelegten Plans zustehen, offensichtlich nicht erfüllt werden können.

In diesen Fällen wird der Insolvenzplan durch gerichtlichen Beschluss zurückgewiesen, der gem. § 231 Abs. 3 InsO mit der sofortigen Beschwerde vom Schuldner angegriffen werden kann.

---

7 Dem Gesetzgeber schwebt dabei aber nur eine Versammlung als Hybridveranstaltung vor, dh dass die elektronische Teilnahme zB in Form eine Videokonferenz nur ergänzend vorgesehen werden darf. Eine Beschränkung allein auf die elektronische Veranstaltung der Versammlung soll nicht möglich sein, BT-Drs. 19/24181, 123.

8 Verweis auf §§ 239–242 InsO in § 45 Abs. 4 StaRUG.

9 BT-Drs. 19/24181, 125.

Die **insolvenzrechtliche Regelung** ist in ihrer Rechtsfolge der Zurückweisung des Plans **strenger**, hat insoweit den Vorteil der Verbindlichkeit und ist auch Rechtsmitteln zugänglich, § 231 Abs. 3 InsO. Die im StaRUG gewählte Gestaltung bietet dem Schuldner zunächst eine Gestaltungsmöglichkeit dahingehend, dass er entscheiden kann, on eine Vorprüfung überhaupt stattfindet, und inhaltlich ein breiteres Spektrum an mit dem Gericht zu klärenden Themen, sofern diese für die Bestätigung des Restrukturierungsplans relevant sind. Insgesamt verschiebt sich die endgültige gerichtliche Klärung jedoch an das Ende des Verfahrens in die Frage der Rechtmäßigkeit der Bestätigung des Restrukturierungsplans, denn erst die Bestätigung bzw. Ablehnung kann gem. § 66 StaRUG von Planbetroffenen oder Schuldner angegriffen werden. 14

Auch wenn das StaRUG – durchaus überraschend – **keine** dem § 10a InsO vergleichende **Möglichkeit des Vorgesprächs** vor Beginn des Restrukturierungsverfahrens vorsieht, kann mit der gerichtlichen Vorprüfung eine – wenn auch nicht verbindliche – Form der vorherigen Abstimmung des Restrukturierungsplans zu einem ausreichend frühen Zeitpunkt des Verfahrens erreicht werden. 15

Praxishinweis: Die Diskussion um die Zulässigkeit und die Möglichkeit eines Vorgesprächs mit dem Insolvenzgericht wurde durch das SanInsFoG mit der Einführung des § 10a InsO beendet und zugunsten des Schuldners gelöst.[10] Bereits vor dieser gesetzlichen Regelung war es in der Praxis zu empfehlen, um das Gericht nicht mit Antragstellung und den umfangreichen beizufügenden Unterlagen zu überraschen.[11] Auch mit den Restrukturierungsgerichten sollte vor Anzeige der Restrukturierungssache ein Vorgespräch mit dem Gericht stattfinden. Der Schuldner kann das Gericht frühzeitig vom Ziel der angestrebten Sanierung des Unternehmens und seinem Konzept für das Verfahren überzeugen. Damit stellt er eine erste wichtige Weiche für das gesamte Verfahren, schon bevor dieses in rechtlicher Hinsicht begonnen hat.

Innerhalb des StaRUG sind die gerichtliche Planabstimmung und Vorprüfung jeweils als eigener Abschnitt und damit auch als **eigenständiges Instrument** innerhalb der Stabilisierungs- und Restrukturierungsinstrumente vorgesehen, § 29 Abs. 2 Nr. 1, Nr. 2 StaRUG.[12] Zu beachten ist, dass die Anzeige des Restrukturierungsvorhabens nach § 31 StaRUG Voraussetzung für die Inanspruchnahme der Instrumente des § 29 StaRUG ist. 16

B. Erörterungs- und Abstimmungstermin

Das Restrukturierungsgericht bestimmt gem. § 45 Abs. 1 S. 1 StaRUG auf Antrag des Schuldners einen Termin, in dem der Restrukturierungsplan und das Stimmrecht der Planbetroffenen erörtert werden und anschließend über den Plan abgestimmt wird. Die Ladungsfrist beträgt vierzehn Tage, § 45 Abs. 1 S. 2 StaRUG. 17

10 Kritisch zur Neuregelung *Frind* NZI 2020, 865 (867); vgl. zur Diskussion *Lojowsky/Buchalik* ZInsO 2013, 1017.
11 Brünkmans/Thole/*Brünkmans* Insolvenzplan-HdB § 2 Rn. 73 ff.; Kübler/*Neußner* § 6 Rn. 96 ff.
12 *Bork* NZI Beilage 1/2021, 38 (39).

I. Antrag des Schuldners

18 Voraussetzung ist zunächst ein Antrag des Schuldners, § 45 Abs. 1 S. 1 StaRUG. Der Gesetzgeber will die Restrukturierung durch das Antragserfordernis nicht nur inhaltlich, sondern auch in der **verfahrensmäßigen Ausgestaltung** dem Schuldner überlassen, so dass die gerichtliche Abstimmung nur auf seinen Wunsch hin erfolgt. Der Antrag setzt als Instrument des § 29 StaRUG die Anzeige des Restrukturierungsvorhabens nach § 31 StaRUG voraus.

Praxishinweis: Der Schuldner sollte sich unter Berücksichtigung des bisherigen Verlaufs der Verhandlungen mit den Planbetroffenen gut überlegen, ob ein ausreichende konsensuale Basis für eine außergerichtliche Abstimmung besteht oder das zu erwartende Abstimmungsverhalten eine gerichtliche Abstimmung erfordert. Ein vom Gericht verantworteter Prozess dürfte die Akzeptanz des Abstimmungsergebnisses insbesondere bei den überstimmten Gläubigern erhöhen. Im Übrigen können ggf. strittige Fragen, insb. hinsichtlich der Stimmrechte, direkt mit dem Restrukturierungsgericht im Erörterungstermin geklärt werden. Hier bietet sich auch die Inanspruchnahme der gerichtlichen Vorprüfung nach § 46 StaRUG an (→ Rn. 46 ff.), um die Klärung schon vor dem eigentlichen Erörterungs- und Abstimmungstermin herbeizuführen. Schließlich ist bei einer Vielzahl von Gruppen oder bei der Einbeziehung von Kleingläubigern eine gerichtliche Abstimmung zu empfehlen.[13]

19 Ein planbetroffener Gläubiger oder sonstiger Beteiligter kann daher keinen Antrag auf Durchführung eines gerichtlichen Erörterungs- und Abstimmungstermins stellen. Eine **Ausnahme** hierzu kann im Falle der Bestellung des **Restrukturierungsbeauftragten** auftreten. Ihm steht gem. § 76 Abs. 2 Nr. 1 StaRUG die Entscheidung darüber zu, wie der Restrukturierungsplan zur Abstimmung gebracht wird. Er kann also entscheiden, ob im gerichtlichen Verfahren nach § 45 StaRUG oder außergerichtlich über den Plan abgestimmt wird; in letzterem Fall hat er weitere Aufgaben wie die Leitung und Dokumentation zu übernehmen.[14] Voraussetzung für dieses Bestimmungsrecht des Restrukturierungsbeauftragten ist jedoch, dass ein Fall von § 73 Abs. 1 Nr. 1 oder 2 oder Abs. 2 StaRUG vorliegt. § 73 Abs. 1 Nr. 1 StaRUG betrifft Verfahren mit einem Eingriff in die Rechte von Verbrauchern etc, § 73 Abs. 1 Nr. 2 StaRUG den Fall einer Stabilisierungsanordnung gegenüber allen oder im Wesentlichen allen Gläubiger und § 73 Abs. 2 StaRUG schließlich Konstellationen, in denen absehbar ist, dass das Restrukturierungsziel nur gegen den Willen von Inhabern von Restrukturierungsforderungen oder Absonderungsanwartschaften erreichbar ist, ohne deren Zustimmung zum Restrukturierungsplan eine Planbestätigung allein unter den Voraussetzungen des § 26 StaRUG möglich ist (in diesen Fällen ist ein Restrukturierungsbeauftragter zu bestellen → § 15 Rn. 4 ff.).

Praxishinweis: Es bleibt abzuwarten, wie sich die gerichtliche Praxis der Bestellung eines Restrukturierungsbeauftragten entwickelt und ob die oben genannten Voraussetzungen für die Bestellung des Restrukturierungsbeauftragten restriktiv gehandhabt

13 *Thole* ZIP 2020, 1985 (1994).
14 *Flöther* NZI Beilage 1/2021, 48 (49).

werden. Wenn ein Restrukturierungsbeauftragter bestellt ist, wird er über die Planabstimmung bestimmen können und in der Regel die gerichtliche Abstimmung wählen.

Praxishinweis: Gläubiger bzw. Planbetroffene haben zwar im Rahmen des schuldnerorientierten Restrukturierungsverfahrens kein eigenes Antragsrecht, können aber bei Bestellung eines Restrukturierungsbeauftragten über diesen auf die Form des Abstimmungsprozesses Einfluss nehmen.

Dem Antrag des Schuldners ist nach § 45 Abs. 2 StaRUG der vollständige **Restrukturierungsplan nebst Anlagen beizufügen.** Damit soll die vollständige Information des Restrukturierungsgerichts und auch der Planbetroffenen sichergestellt werden.[15] 20

Relevanz hat die Antragstellung darüber hinaus für die nach § 2 StaRUG **gestaltbaren Rechtsverhältnisse.** Im Fall der Abstimmung im gerichtlichen Verfahren nach § 45 StaRUG sind die Rechtsverhältnisse im **Zeitpunkt der Antragstellung** maßgeblich, § 2 Abs. 5 S. 1 StaRUG. 21

II. Ladung, Fristen und Formalia

Die Planbetroffenen sind gem. § 45 Abs. 1 S. 2, Abs. 3 S. 1 StaRUG mit einer **Ladungsfrist** von mindestens **vierzehn Tagen** zum Erörterungs- und Abstimmungstermin zu laden. Die Ladung muss den **Hinweis** darauf enthalten, dass Termin und Abstimmung auch ohne Anwesenheit aller Planbetroffenen durchgeführt werden können, § 45 Abs. 3 S. 2 StaRUG. Soll die Möglichkeit der **virtuellen Teilnahme** gegeben werden, §§ 38 S. 2 StaRUG, 128a ZPO, sind in der Ladung Hinweise bzgl. Aufzeichnung und Sicherstellung der Vertraulichkeit aufzunehmen. Die Ladung erfolgt grundsätzlich von Seiten des Gerichts. Alternativ kann das schuldnerische Unternehmen vom Gericht mit der Ladung beauftragt werden, § 45 Abs. 3 S. 3 StaRUG. In diesem Fall erfolgt die **Zustellung** gem. § 41 Abs. 3 StaRUG nach den §§ 191–194 ZPO und damit durch den Gerichtsvollzieher. Dieser wiederum kann die Post mit der Zustellung beauftragen, § 194 ZPO. Die Mindestladungsfrist von vierzehn Tagen muss in beiden Fällen, gerichtlicher oder Zustellung durch den Schuldner, eingehalten werden.[16] Schließlich kann auch der **Restrukturierungsbeauftragten** mit der Zustellung beauftragt werden, § 76 Abs. 6, S. 1 StaRUG. Im Gegensatz zum Antrag (dort § 45 Abs. 2 StaRUG) gibt es für die Ladung keine gesetzliche Vorgabe, welche **Unterlagen beizufügen** sind. Eine § 17 Abs. 1 S. 2 StaRUG entsprechende Regelung, wonach bei der außergerichtlichen Abstimmung dem Planangebot der vollständige Restrukturierungsplan nebst Anlagen sowie Erläuterungen zu den Kosten beizufügen sind (→ § 8 Rn. 10 ff.), besteht ebenfalls nicht und ist gem. § 23 StaRUG ausdrücklich nicht auf das Verfahren nach § 45 StaRUG anwendbar. In der Praxis der Insolvenzplanverfahren hat es sich bewährt, zumindest eine Zusammenfassung der wesentlichen Elemente des Insolvenzplans mit der Ladung zu übermitteln. Darin sind insbesondere die Plangruppen und die Veränderung ihrer Rechtstellung enthalten. Damit wird den Gläubigern eine Informationsgrundlage für ihre spätere Abstimmungsentscheidung gegeben. Ob sich eine solche Praxis auch in Restrukturierungsverfahren etabliert, 22

15 BT-Drs. 19/24181, 147.
16 BT-Drs. 19/241818, 147.

bleibt abzuwarten. Zur Verfahrensbeschleunigung ist eine frühzeitige und möglichst vollständige Information der Planbetroffenen zu empfehlen.

Praxishinweis: Wird der Schuldner mit der Ladung vom Gericht beauftragt, sollte er insbesondere den Hinweispflichten besondere Aufmerksamkeit schenken. Die einschränkenden Voraussetzungen der Zulässigkeit einer sofortigen Beschwerde gegen die Planbestätigung (§ 66 Abs. 2 StaRUG) gelten in vollem Umfang nur dann, wenn in der Ladung zum Termin auf die Notwendigkeit des Widerspruchs und der Ablehnung des Plans besonders hingewiesen wurde, § 66 Abs. 3 S. 1 StaRUG (→ § 10 Rn. 38). Er kann also schon mit ordnungsgemäßer Hinweiserteilung das Risiko etwaiger Verzögerungen der Restrukturierung durch Anordnung einer aufschiebenden Wirkung nach § 66 Abs. 4 StaRUG verringern.

Will der Schuldner den Plan auf Basis eines gerichtlichen Hinweisbeschlusses nach einer Vorprüfung im Erörterungs- und Abstimmungstermin ändern, hat er diese Änderungsabsicht im Ladungsschreiben mitzuteilen.[17] Ob er auch bereits den geänderten Plan oder konkrete Änderungsformulierungen der betroffenen Passagen des Restrukturierungsplans mit versenden muss, ist genauso unklar, wie die Frage der mit der Ladung zu übermittelnden unterlagen.

23 In zeitlicher Hinsicht sieht § 45 Abs. 1 S. 2 StaRUG eine vierzehntägige Ladungsfrist vor; somit laufen damit außergerichtliche Abstimmung und gerichtliche Abstimmung parallel. In der außergerichtlichen Abstimmung besteht gem. § 19 S. 2 StaRUG eine Mindestfrist zur Annahme des Restrukturierungsplans, in der jeder Planbetroffene diesen prüfen kann. Im gerichtlichen Verfahren erhält der Planbetroffene dazu innerhalb der Ladungsfrist Gelegenheit – vorausgesetzt er erhält mit Ladung den Restrukturierungsplan nebst Anlagen oder eine ausreichende Zusammenfassung von dessen Inhalt (→ Rn. 22). Am Ende steht jeweils die Entscheidung über die Annahme oder Ablehnung des Restrukturierungsplans. Die Option zur Verkürzung dieser Entscheidungsfrist durch vorherige Übermittlung des Restrukturierungskonzepts gem. § 19 S. 3 StaRUG besteht im gerichtlichen Verfahren hingegen nicht.

Praxishinweis: Der Hinweis auf die Abstimmungsmöglichkeit in Abwesenheit einzelner Planbetroffener hat eine große Bedeutung. Denn das Nichterscheinen einzelner Planbetroffener verhindert zwar nicht die Durchführung des Erörterungs- und Abstimmungstermins, § 45 Abs. 3 S. 2 StaRUG. Allerdings ist zu beachten, dass sich die auf die fernbleibenden Planbetroffenen entfallenden Stimmrechte wie Ablehnungen auswirken.[18]

Praxishinweis: Planbetroffene sollten die Zeit vor dem Erörterungs- und Abstimmungstermin intensiv zur Prüfung des Restrukturierungsplans nutzen. Sie können im Rahmen der Erörterung etwaige Fragen klären und Änderungen am Plan einfordern. Diese können ggf. noch im Termin in den Restrukturierungsplan eingearbeitet und über diesen dann in der geänderten Form abgestimmt werden (§ 45 Abs. 4 StaRUG iVm § 240 InsO).

---

17 AG Dresden, Beschl. v. 7.6.2021, Ziff. I., ZInsO 2021, 1398.
18 BT-Drs. 19/24181, 147.

III. Ablauf des Erörterungs- und Abstimmungstermins

Die Regelung zum Erörterungs- und Abstimmungstermin orientiert sich am **insolvenzrechtlichen Vorbild** des § 235 Abs. 1 InsO.[19] Danach bestimmt das Insolvenzgericht einen Termin, in dem der Insolvenzplan und das Stimmrecht der Beteiligten erörtert werden und anschließend über den Plan abgestimmt wird (Erörterungs- und Abstimmungstermin). Übertragen auf Restrukturierungssachen sollen im Termin also der Restrukturierungsplan sowie die Stimmrechte der planbetroffenen Gläubiger erörtert und anschließend über den Restrukturierungsplan abgestimmt werden, § 45 Abs. 1 S. 1 StaRUG.[20] Über § 38 S. 2 StaRUG, § 128a ZPO ist auch die virtuelle Teilnahme möglich. 24

Um sich auf die zukünftige Praxis konkret vorbereiten zu können, soll hier ein Ausblick auf die voraussichtliche gerichtliche Handhabung geworfen werden. Das Restrukturierungsgericht wird (wie das Insolvenzgericht in Insolvenzplanverfahren) an dem in der Ladung genannten Tag im Gericht zur Sache aufrufen und die Planbetroffenen in den Sitzungssaal kommen lassen. In größeren Restrukturierungsverfahren erscheinen auch eine Einlasskontrolle und die Aufforderung, einen Nachweis der Planbetroffenheit (zB durch die Ladung) vorzulegen, möglich. Es wird hier auf die Anzahl der Planbetroffenen ankommen. In größeren Insolvenzverfahren haben sich derartige Einlasskontrollen bereits etabliert und Abstimmungstermine über Insolvenzpläne haben bereits in Messehallen oder anderen geeigneten Räumlichkeiten stattgefunden.[21] Bei lediglich wenige Finanzgläubiger betreffenden Restrukturierungsverfahren dürfte sich der Terminsverlauf schlanker gestalten. Das Gericht wird die Feststellung der Anwesenheit der Planbetroffenen, bei Vertretern nur mit entsprechenden Vollmachtsnachweisen, etc im Protokoll vermerken. 25

Praxishinweis: Planbetroffene sollten ihre Vertreter nach Erhalt der Ladung für den Termin ankündigen und insoweit erforderliche Vollmachten vorab übermitteln, um den Ablauf am Tag selbst zu beschleunigen. In jedem Fall sollte der Vertreter die Originalvollmacht bei gerichtlichen Termin bei sich haben.

Im Anschluss erfolgt die Vorstellung und **Erläuterung des Restrukturierungsplans durch den Schuldner** bzw. seine Berater. Unabhängig vom Umfang der im Vorfeld geführten Gespräche mit den Planbetroffenen werden die wesentlichen Punkte des Plans und seiner rechtlichen und wirtschaftlichen (Aus-)Wirkungen vorzustellen sein. Danach wird das Gericht den anwesenden Planbetroffenen die Möglichkeit zu Nachfragen und insgesamt zur **Erörterung** des Plans geben. Die Ergebnisse der Erörterung können vielfältig sein und von der Änderung einzelner Regelungen bis hin zur Erforderlichkeit umfassender Änderungen reichen, einen gesonderten Abstimmungstermin erforderlich machen oder zu einer gesonderten schriftlichen Abstimmung führen. Die 26

19 BT-Drs. 19/241818, 147.
20 *Bork* NZI Beilage 1/2021, 38 (39).
21 Bspw. Galeria Karstadt Kaufhof in der Messe Essen, https://www.waz.de/wirtschaft/karstadt-und-kaufhof-verdi-will-fuer-insolvenzplan-stimmen-id230297884.html; Prokon-Verfahren in der Messe Hamburg, https://www.ostsee-zeitung.de/Nachrichten/Wirtschaft/Prokon-Glaeubigerversammlung-entscheidet-ueber-Insolvenzplan; jeweils Stand: 5.3.2021.

weiteren inhaltlichen Details regelt § 45 Abs. 4 S. 1 StaRUG im Wesentlichen mit dem Verweis auf die insolvenzplanrechtlichen Vorschriften der §§ 239–242 InsO.

27 Der Verweis auf § 240 InsO regelt die **Änderungsmöglichkeiten** des Restrukturierungsplans. Nach § 240 S. 1 InsO ist der Planvorlegende berechtigt, **einzelne Regelungen** des Plans aufgrund der Erörterung im Termin inhaltlich zu ändern. § 240 S. 2 InsO bestimmt, dass über den so geänderten Plan noch in demselben Termin abgestimmt werden kann. Der Umfang dieser Änderungskompetenz des Schuldners ist im Insolvenzrecht umstritten.[22] Der Wortlaut des § 240 InsO beschränkt diese auf „einzelne Regelungen", lässt aber im Übrigen offen, was darunter genau zu verstehen ist. Teilweise werden auch substantielle Änderungen für zulässig gehalten, solange für die Beteiligten am Ende klar und offensichtlich ist, worüber sie abstimmen.[23] Die Regelung hat auch zuletzt noch zu kontroverser Rechtsprechung der Instanzgerichte geführt.[24] Die Rechtsprechung zu § 240 InsO sieht der Gesetzgeber für die außergerichtliche Abstimmung ausdrücklich als maßgeblich an.[25] Grundsätzlich bestimmt § 20 Abs. 4 StaRUG, dass über den Plan auch dann abgestimmt werden kann, wenn dieser aufgrund der Erörterungen in der Versammlung inhaltlich in einzelnen Punkten abgeändert wird. Diese Änderungsmöglichkeit ist nach Auffassung des Gesetzgebers auf einzelne Punkte beschränkt; bei **weitergehenden Änderungen** sieht er ein **neues Planangebot** nach §§ 17 ff. StaRUG oder eine Einberufung zu einer neuen Abstimmungsversammlung nach § 20 Abs. 1 StaRUG als erforderlich an.[26]

Praxishinweis: Der Schuldner kann mit der Änderungsmöglichkeit im gerichtlichen Termin noch die gerichtlichen Hinweise aus der Vorprüfung umsetzen, muss dies aber bereits in der Ladung ankündigen. [27] Er kann den Restrukturierungsplan so ändern, dass er überhaupt erst bestätigungsfähig iSd §§ 60 ff. StaRUG wird.

Für Gläubiger sollte die durch den Verweis auf § 240 InsO geschaffene Möglichkeit zur Planänderung Motivation genug sein, auch bei der gerichtlichen Abstimmung anwesend zu sein, um über den Restrukturierungsplan in seiner geänderten Form abstimmen zu können. Das gilt insbesondere vor der insolvenzrechtlich unklaren Begrenzung auf einzelne Regelungen und der Frage, ob die gesetzliche Regelung Schutz vor grundlegenden Änderungen bietet.

28 §§ 241, 242 InsO sehen die Möglichkeit eines gesonderten Abstimmungstermins und die Möglichkeit der schriftlichen Abstimmung ohne Teilnahme an diesem Termin vor. Der Verweis zeigt gleichzeitig, dass auch im Restrukturierungsverfahren das Regel-Ausname-Verhältnis der InsO gilt.[28] Der einheitliche Erörterungs- und Abstimmungstermin stellt die Regel, der gesonderte Abstimmungstermin die Ausnahme dar. Das Restrukturierungsgericht kann also ausnahmsweise einen gesonderten Termin bestimmen, der nicht mehr als einen Monat nach dem Erörterungstermin liegen soll,

22 Gottwald/Haas/*Koch*/*de Bra* InsR-HdB § 66 Rn. 33 ff.; MüKoInsO/*Hintzen* § 240 Rn. 8.
23 Gottwald/Haas/*Koch*/*de Bra* InsR-HdB § 66 Rn. 33.
24 LG Düsseldorf Beschl. v. 20.12.2019, NZI 2020, 436, mAnm *Madaus*; AG Düsseldorf Beschl. v. 14.11.2019 – BeckRS 2019, 39726; AG Düsseldorf Beschl. v. 8.10.2019 – VIA 2020, 54, mAnm *Harder*.
25 BT-Drs. 19/24181, 124.
26 BT-Drs. 19/24181, 124.
27 AG Dresden, Beschl. v. 7.6.2021, Ziff. I., ZInsO 2021, 1398.
28 MüKoInsO/*Hintzen* § 235 Rn. 5.

§ 241 Abs. 1 S. 1, 2 InsO. Es muss die Planbetroffenen und den Schuldner zu diesem Termin laden, § 241 Abs. 2 S. 1 InsO. Auf eventuelle Änderungen des Restrukturierungsplans ist dabei besonders hinzuweisen, § 241 Abs. 2 S. 5 InsO.

Damit die **schriftliche Abstimmungsmöglichkeit** des § 242 Abs. 1 InsO wahrgenommen werden kann, hat das Restrukturierungsgericht nach dem Erörterungstermin einen Stimmzettel an die Planbetroffenen zu übersenden und dabei das Stimmrecht mitzuteilen, § 242 Abs. 2 S. 1 InsO. Damit die schriftliche Abstimmung berücksichtigt werden kann, muss sie dem Restrukturierungsgericht spätestens am Tag vor dem Abstimmungstermin zugegangen sein, § 242 Abs. 2 S. 2 Hs. 1 InsO. Damit den schriftlich abstimmenden Planbetroffenen diese Frist bewusst ist, muss hierauf bei Übersendung des Stimmzettels **hingewiesen** werden, § 242 Abs. 2 S. 2 Hs. 2 InsO. 29

Eine schriftliche Stimmabgabe ohne Teilnahme am Erörterungstermin ist bei der außergerichtlichen Abstimmung möglich. § 20 Abs. 5 S. 4 StaRUG bestimmt, dass diese bis zum Ende der Abstimmung erfolgen muss. 30

Praxishinweis: Die Möglichkeit eines gesonderten schriftlichen Abstimmungstermins wird bei der gerichtlichen Abstimmung zu einer zeitlichen Streckung des Verfahrens führen. Das steht in einem gewissen Gegensatz zu dem grundsätzlich auf kurzfristige Umsetzung ausgerichteten Restrukturierungsverfahren. Die schriftliche Abstimmung stellt daher voraussichtlich genauso wie auch im Insolvenzplanverfahren eine Ausnahme dar.

Bleibt es bei einem einheitlichen Erörterungs- und Abstimmungstermin, werden also zunächst im Rahmen der Erörterung alle Fragen, insbesondere der Planbetroffenen, geklärt und eventuelle Änderungen vorgenommen. Damit abschließend über den Restrukturierungsplan abgestimmt werden kann, sind zuletzt noch die **Stimmrechte der Planbetroffenen** gerichtlich zu klären. Die Stimmrechte richten sich gem. § 45 Abs. 4 S. 1 StaRUG nach den allgemeinen, für das außergerichtliche Abstimmungsverfahren geltenden Regelungen der §§ 24–28 StaRUG (→ § 8 Rn. 46 ff.). Der Urkundsbeamte der Geschäftsstelle hat die den Beteiligten nach dem Ergebnis der Erörterung im Termin zustehenden Stimmrechte in einem **Verzeichnis** festzuhalten, § 45 Abs. 4, S. 1 StaRUG iVm § 239 InsO. Grundlage dieser Stimmliste sind die im Restrukturierungsplan im darstellenden Teil angesetzten Stimmrechte oder das Stimmrecht, auf das sich die Beteiligten gem. § 45 Abs. 2 S. 2 StaRUG im Termin geeinigt haben.[29] Eine gerichtliche Entscheidung erfolgt zu den unstreitigen oder zu den zunächst streitigen, aber im Termin mittels Einigung geklärten Stimmrechten nicht.[30] 31

Bei **Streitigkeiten** über das Stimmrecht, für die sich im Erörterungstermin keine Einigung zwischen den Beteiligten erzielen lässt, legt das Restrukturierungsgericht das Stimmrecht fest, § 45 Abs. 4 S. 2 StaRUG. Diese **Festlegung** ist für die Frage der erforderlichen Mehrheiten im Rahmen der Planabstimmung verbindlich. 32

29 Gem. § 5 S. 2 StaRUG iVm der Anlage „Notwendige Angaben im Restrukturierungsplan", dort Nr. 4 sind „die Gruppen, in welche die Planbetroffenen für die Zwecke der Annahme des Restrukturierungsplans unterteilt wurden, und die auf deren Forderungen und Rechte entfallenden Stimmrechte" zwingend im Plan anzugeben; iÜ BT-Drs. 19/24181, 148.

30 BT-Drs. 19/24181, 148.

Praxishinweis: Für das Insolvenzplanverfahren hat der BGH kürzlich zur Festsetzung der Gläubigerstimmrechte vor der Abstimmung über den Insolvenzplan entschieden, dass die Festsetzung durch das Insolvenzgericht vor dem Beginn der Abstimmung abgeschlossen sein muss. Darüber hinaus hat er sich für eine Wiederholungsbedürftigkeit einer ohne vorherige Klärung der Stimmrechte vorgenommene Abstimmung ausgesprochen.[31] Diese Entscheidung dürfte auf die Abstimmung über den Restrukturierungsplan übertragbar sein. Die gerichtliche Festsetzung des Stimmrechts der Planbetroffenen muss in jedem Fall vor dem Beginn über die Abstimmung erfolgt sein.

Praxishinweis: Eine Probeabstimmung, um zu sehen, ob es auf die genaue Festsetzung des Stimmrechts überhaupt ankommt, ist dem BGH zufolge grundsätzlich möglich. Dies entbindet das Gericht aber nicht vom Erfordernis einer Abstimmung nach Festsetzung des Stimmrechts. Der BGH hatte aber der im entschiedenen Fall vom Gericht gewählten Vorgehensweise, eine Einigung oder eine gerichtliche Entscheidung über die Stimmrechtsfestsetzung zunächst zurückzustellen, eine Abstimmung unter Beteiligung aller anwesenden Gläubiger unabhängig von ihrer Stimmberechtigung durchzuführen und erst nachträglich über die Stimmrechtsfestsetzung zu entscheiden, eine klare Absage erteilt. Diese Vorgehensweis stellt einen Verfahrensmangel dar.[32]

33 Ist das vom Gericht bestimmte **Stimmrecht fehlerhaft festgelegt**, kann der Planbetroffene dies im Planbestätigungsverfahren und im Beschwerdeverfahren **rügen.**[33] Besteht Streit über das einem Planbetroffenen zustehende Stimmrecht, legt das Gericht seiner Entscheidung über die Planbestätigung das nach Maßgabe des § 24 StaRUG zu bestimmende Stimmrecht zugrunde, § 63 Abs. 3 S. 2 StaRUG. Führt die fehlerhafte Festlegung des Stimmrechts dazu, dass die Vorschriften über die verfahrensmäßige Behandlung des Restrukturierungsplans sowie über die Annahme des Plans durch die Planbetroffenen in einem wesentlichen Punkt nicht beachtet worden sind und der Schuldner den Mangel nicht beheben kann oder innerhalb einer angemessenen, vom Gericht gesetzten Frist nicht behebt, ist Bestätigung des Restrukturierungsplans von Amts wegen zu versagen, § 63 Abs. 1 Nr. 2 StaRUG.[34] Das Restrukturierungsgericht stellt mit der Entscheidung im Rahmen der Abstimmung noch nicht fest, in welcher Höhe das Recht gegenüber dem schuldnerischen Unternehmen geltend gemacht werden kann. Die Höhe kann gem. § 70 Abs. 1 StaRUG später abweichend, insbesondere durch ein zuständiges Fachgericht im Zuge eines außerhalb der Restrukturierungssache zu führenden Rechtsstreits, festgestellt werden.[35]

IV. Abstimmung im gerichtlichen Erörterungs- und Abstimmungstermin

34 Nach der Erörterung erfolgt die Abstimmung. Hierzu verweist § 45 Abs. 4 S. 1 StaRUG auf die Regelungen zum **Stimmrecht, den erforderlichen Mehrheiten und der**

31 BGH Beschl. v. 17.12.2020 – IX ZB 38/18, BeckRS 2020, 38489; Anm. *Leithaus* NZI 2021, 177; Anm. *Harig* VIA 2021, 28.
32 BGH Beschl. v. 17.12.2020 – IX ZB 38/18, BeckRS 2020, 38489.
33 *Spahlinger* NZI-Beilage 2021, 32 (33).
34 *Spahlinger* NZI-Beilage 2021, 32 (33).
35 BT-Drs. 19/24181, 147, 148.

Möglichkeiten der gruppenübergreifenden Mehrheitsentscheidung der §§ 24–28 StaRUG, die auch für das außergerichtliche Abstimmungsverfahren gelten (→ § 8 Rn. 46 ff.).

1. Stimmrecht

35 Es gilt dasselbe wie bei der außergerichtlichen Planabstimmung. Ein Stimmrecht haben **nur Planbetroffene** mit den von § 24 StaRUG vorgebebenen Werten:

- Restrukturierungsforderungen grundsätzlich mit deren (Forderungs-)Betrag (§ 24 Abs. 1 Nr. 1 StaRUG),
- Absonderungsanwartschaften und gruppeninternen Drittsicherheiten mit deren Wert und schließlich Anteils- oder Mitgliedschaftsrechte mit dem Anteil am gezeichneten Kapital oder Vermögen des Schuldners (§ 24 Abs. 1 Nr. 3 StaRUG).
- Einzelheiten der Bestimmung des zugrunde zu legenden Wertes ergeben sich in Sonderfällen wie bei bedingten, unverzinslichen, der Höhe nach unbestimmten oder in ausländischen Währungen angegebenen Forderungen aus § 24 Abs. 2 StaRUG, der auf die insolvenzrechtlichen Be- und Umrechnungsvorschriften der §§ 41, 45, 46 InsO verweist (Einzelheiten → § 8 Rn. 46 ff.).

Die Orientierung an und Bezugnahme auf die insolvenzrechtlichen Vorschriften ermöglicht eine Orientierung an der in diesem Bereich ergangenen Rechtsprechung und wird die gerichtliche Handhabung vereinfachen. Eine Besonderheit ergibt sich durch § 45 Abs. 4 S. 2 StaRUG. Danach legt das Gericht das Stimmrecht fest, wenn streitig Ist, welches Stimmrecht die Forderung, die Absonderungsanwartschaft, die gruppeninterne Drittsicherheit oder das Anteils- oder Mitgliedschaftsrecht einem Planbetroffenen gewährt und sich darüber keine Einigung zwischen den Beteiligten erzielen lässt. Die dem Schuldner in der außergerichtlichen Abstimmung zustehende Kompetenz (§ 24 Abs. 4 StaRUG) liegt hier also beim Restrukturierungsgericht. Es hat im Terminsprotokoll Grund und Umfang der Streitigkeit bzgl. des Stimmrechts zu dokumentieren. Auf Basis des festgelegten Stimmrechts erfolgt die Abstimmung. Für streitige Restrukturierungsforderungen gilt im Übrigen § 70 StaRUG, so dass der Planbetroffene die vom Schuldner anzuerkennende Höhe seiner Forderung später klären kann. Ohne Streitigkeiten ist das vom Schuldner im Restrukturierungsplan angesetzte bzw. nach Einigung im Erörterungstermin das so festgelegte Stimmrecht für die Abstimmung anzusetzen. Eine Stimmrechtsentscheidung durch das Restrukturierungsgericht unterbleibt hier. Das Stimmrecht bleibt für das Abstimmungsergebnis dauerhaft gültig. Der Urkundsbeamte der Geschäftsstelle hält entsprechend § 239 InsO in einem Verzeichnis fest, welche Stimmrechte den Planbetroffenen nach dem Ergebnis der Erörterung im Termin zustehen.[36]

36 Im Vergleich zur außergerichtlichen Abstimmung ergibt sich ein Unterschied bei der Stimmrechtsfestsetzung für die Planbetroffenen aufgrund der unterschiedlichen Bestimmung der Restrukturierungsforderungen, konkret beim hierfür maßgeblichen Zeitpunkt. Nach § 2 Abs. 5 S. 1 StaRUG sind für die außergerichtliche Abstimmung die Rechtsverhältnisse zum Zeitpunkt der Unterbreitung des Planangebots maßgeb-

36 BT-Drs. 19/24181, 148.

lich; im Fall einer Abstimmung im gerichtlichen Planabstimmungsverfahren sind hingegen die **Rechtsverhältnisse zum Zeitpunkt der Antragstellung** nach § 45 StaRUG entscheidend. Ergeben sich nach diesem Zeitpunkt Änderungen, sind sie für die Abstimmung unbeachtlich.[37]

37 Im Rahmen der Entscheidung über die **Planbestätigung** ergibt sich nach § 63 Abs. 3 StaRUG ein wesentlicher Unterschied zwischen außergerichtlicher und gerichtlicher Planabstimmung. Wenn die Planabstimmung nicht im gerichtlichen Verfahren erfolgt, gehen **Zweifel** an der ordnungsgemäßen Annahme des Restrukturierungsplans durch die Planbetroffenen **zulasten des Schuldners.** Besteht Streit über das einem Planbetroffenen zustehende Stimmrecht, legt das Gericht seiner Entscheidung das nach Maßgabe des § 24 StaRUG zu bestimmende Stimmrecht zugrunde.

2. Erforderliche Mehrheiten

38 Die zur Annahme des Restrukturierungsplan erforderlichen Mehrheiten liegen wie bei der außergerichtlichen Abstimmung vor, wenn in jeder Gruppe auf die dem Plan zustimmenden Gruppenmitglieder mindestens drei Viertel der Stimmrechte in dieser Gruppe entfallen, § 25 Abs. 1 StaRUG. Maßstab sind also alle Stimmrechte, die in einer Gruppe bestehen. Von diesem müssen mindestens 75 % für den Plan votieren, damit eine Zustimmung dieser Gruppe zum Restrukturierungsplan gegeben ist. Gem. § 25 Abs. 2 S. 1 StaRUG werden Planbetroffene, denen eine Forderung oder ein Recht gemeinschaftlich zusteht, bei der Abstimmung als ein Planbetroffener behandelt. Entsprechendes soll nach § 25 Abs. 2 S. 2 StaRUG gelten, wenn an einem Recht ein Pfandrecht oder ein Nießbrauch besteht (→ § 8 Rn. 57 ff.).

Praxishinweis: Sofern ein planbetroffener Gläubiger vom Restrukturierungsplan überzeugt ist und diesem zustimmt, sollte er in jedem Fall im Termin anwesend sein, bei der Abstimmung teilnehmen und für den Plan votieren. Alles andere wäre aufgrund des genannten Maßstabs als Ablehnung des Plans zu werten; das gilt sowohl für eine Enthaltung wie auch für eine nicht abgegebene Stimme.[38]

3. Gruppenübergreifende Mehrheitsentscheidung

39 Kann in einer Gruppe nicht das erforderliche Quorum von 75 % erreicht werden, besteht im Restrukturierungsverfahren noch die Möglichkeit der gruppenübergreifenden Mehrheitsentscheidung, sog. cross-class cram-down. Im Ergebnis wird dann nach § 26 StaRUG die Zustimmung dieser Gruppe fingiert. Dafür müssen kumuliert die Voraussetzungen des § 26 Abs. 1 StaRUG gegeben sein, dh

- keine Schlechterstellung der Mitglieder der nicht zustimmenden Gruppe im Vergleich zur Situation ohne Plan (§ 26 Abs. 1 Nr. 1 StaRUG),
- deren angemessene Beteiligung am wirtschaftlichen Wert, der auf der Grundlage des Plans den Planbetroffenen zufließen soll (Planwert, § 26 Abs. 1 Nr. 2 StaRUG) und

37 *Spahlinger* NZI-Beilage 2021, 32 (33).
38 *Spahlinger* NZI-Beilage 2021, 32 (33).

- die Mehrheit der abstimmenden Gruppen mit den erforderlichen Mehrheiten zugestimmt hat (§ 26 Abs. 1 Nr. 3 StaRUG; → § 8 Rn. 59 ff.).

Was als angemessene Beteiligung am wirtschaftlichen Wert anzusehen ist, richtet sich grundsätzliche nach den Vorgaben des § 27 StaRUG, der eine Besserstellung gleichrangiger planbetroffener Gläubiger verhindern soll (→ § 8 Rn. 68 ff.). Ausnahmen und damit eine Ungleichbehandlung der Planbetroffenen sind nach § 28 StaRUG möglich, wenn diese im Einzelfall sachgerecht oder durch besondere Umstände zu rechtfertigen sind (zu den Einzelheiten (→ § 8 Rn. 73 ff.).

Praxishinweis: Ist für den Schuldner absehbar, dass eine Gruppe dem Restrukturierungsplan nicht zustimmen wird, sollte er stets einen Antrag auf gerichtliche Erörterung und Abstimmung stellen. Durch die gerichtliche Durchführung wird die ordnungsgemäße Abstimmung sichergestellt und Zweifel gehen im Rahmen der Planbestätigung nicht zu seinen Lasten.[39]

V. Abschluss des Erörterungs- und Abstimmungstermins

Mit der Abstimmung und der Feststellung des Ergebnisses endet der Abstimmungstermin. Das Ergebnis wird vom Restrukturierungsgericht protokolliert. 40

VI. Vorteile des gerichtlichen Erörterungs- und Abstimmungstermins im weiteren Verfahren

Im Rahmen der späteren Planbestätigung ergeben sich verschiedene Vorteile durch den gerichtlich durchgeführten Erörterungs- und Abstimmungstermin. Das Verfahren kann insgesamt schneller zum Abschluss gebracht und die Planbestätigung erteilt werden, wie die nachfolgend skizzierten Aspekte zeigen. 41

1. Anhörung, § 61 StaRUG

Für das Planbestätigungsverfahren bestimmt § 61 S. 1 StaRUG, dass eine Anhörung der Planbetroffenen vor der Entscheidung über die Bestätigung des Restrukturierungsplans durch das Restrukturierungsgericht erfolgen kann. Im Falle einer **außergerichtlichen Planabstimmung** ist die **Anhörung zwingend** vorgesehen und das Restrukturierungsgericht verpflichtet, einen Termin zur Anhörung der Planbetroffenen durchzuführen, § 61 S. 2 StaRUG. Hierfür gelten die Ladungsfristen der §§ 45 Abs. 3, 46 Abs. 1 S. 4 entsprechend, dh das Restrukturierungsgericht hat mit einer Mindestladungsfrist von sieben Tagen (oder mehr) zu laden. Um nach erfolgter Abstimmung möglichst kurzfristig zur Planbestätigung zu gelangen, kann der Schuldner mittels einer gerichtlichen Erörterung und Abstimmung diese Verzögerung durch eine Anhörung vermeiden. 42

Praxishinweis: Im ersten veröffentlichen Planbestätigungsverfahren bzw. -beschluss hat das Restrukturierungsgericht ausdrücklich von einer Anhörung nach § 61 S. 1

39 Nach § 63 Abs. 3 S. 1 StaRUG gehen Zweifel an der ordnungsgemäßen Annahme des Restrukturierungsplans nur dann zulasten des Schuldners, wenn die Planabstimmung nicht im gerichtlichen Verfahren erfolgt ist.

StaRUG abgesehen, weil sich die Planbetroffenen mit den entscheidungsrelevanten Fragen bereits im Erörterungs- und Abstimmungstermin auseinandergesetzt hatten.[40]

43 Die **gerichtliche** Durchführung des Erörterungs- und Abstimmungstermins stellt sich insoweit als Vorteil dar, weil die Durchführung der Anhörung in das **gerichtliche Ermessen** gestellt wird und vor dem Hintergrund der vorherigen Einbeziehung des Restrukturierungsgerichts wohl eher in Ausnahmefällen in Betracht kommt. Der Schuldner kann hier also einen zeitlichen Vorteil erlangen.

2. Versagung der Bestätigung, § 63 StaRUG

44 Der Schuldner kann sich durch die gerichtliche Abstimmung vom „Nachweisrisiko" der Ordnungsgemäßheit der Annahme des Restrukturierungsplans entlasten und damit die Planbestätigung absichern.[41] Mögliche Gründe für eine Versagung der Bestätigung des Restrukturierungsplans sind in § 63 StaRUG geregelt. Einen wesentlichen Unterschied zwischen außergerichtlicher und gerichtlicher Abstimmung macht das StaRUG durch die **Vermutungsregelung** des § 63 Abs. 3 StaRUG. So gehen **Zweifel** an der ordnungsgemäßen Annahme des Restrukturierungsplans (Versagungsgrund nach § 63 Abs. 1 Nr. 2 StaRUG) bei der **außergerichtlichen Abstimmung zulasten** des Schuldners. Ob solche Zweifel vorliegen bzw. von widersprechenden Planbetroffenen geltend gemacht werden, lässt sich bei der Abstimmung nicht absehen. In jedem Fall kann sich der Schuldner durch die gerichtliche Erörterung und Abstimmung doppelt entlasten. Erstens ist es dann Aufgabe des Restrukturierungsgerichts, für die ordnungsgemäße Abstimmung und damit Annahme des Restrukturierungsplans zu sorgen, und zweitens greift die Vermutungsregelung des § 63 Abs. 3 StaRUG nicht.

45 Auch insoweit stellt sich die gerichtliche Durchführung des Erörterungs- und Abstimmungstermins als Vorteil dar. Sie erhöht somit die Rechtssicherheit des Verfahrens für den Schuldner, mindert die Angriffsmöglichkeiten der dissentierenden Planbetroffenen und bringt insgesamt eine höhere Planbarkeit des Verfahrens mit sich. Nicht zu vernachlässigen ist auch die Entlastung für den Schuldner bzw. dessen Berater in Bezug auf Durchführung und anschließende Dokumentation der Abstimmung.[42]

C. Vorprüfungstermin

46 Der Schuldner hat bereits im Vorfeld zur eigentlichen Abstimmung die Möglichkeiten zur Klärung von bestätigungsrelevanten Fragen durch eine **gerichtliche Vorprüfung**. Die Möglichkeit eines Vorprüfungstermins besteht sowohl für die **gerichtliche** Abstimmung als auch für die **außergerichtliche** Abstimmung. Im Vorprüfungstermin kann das schuldnerische Unternehmen jede Frage, die für die Planbestätigung erheblich ist, mit dem Restrukturierungsgericht klären, § 46 Abs. 1 StaRUG bzw. § 47 S. 2 StaRUG.

---

40 AG Hamburg Beschl. v. 12.4.2021, Rn. 17, BeckRS 2021, 7959.
41 Der Gesetzgeber spricht vom sich aus § 63 Abs. 3 StaRUG ergebenden Nachweisrisiko, BT-Drs. 19/24181, 147.
42 Vgl. ua *Hacker/Weber* WPg 2021, 258 [263, 264].

I. Gerichtliche Abstimmung

47 Für die gerichtlichen Planabstimmung nach § 45 StaRUG ist der Vorprüfungstermin in § 46 StaRUG geregelt. Der **Vorprüfungstermin** findet als gesonderter Termin vor dem Erörterungs- und Abstimmungstermin statt, § 46 Abs. 1 S. 1 StaRUG. Gegenstand sind alle bestätigungsrelevanten Aspekte des Verfahrens und des Restrukturierungsplans an sich. Beispielhaft sind in § 46 Abs. 1 S. 2 StaRUG Fragen der Auswahl der Planbetroffenen und der Gruppeneinteilung (§ 46 Abs. 1 S. 2 Nr. 1 StaRUG), des für die jeweiligen Forderungen zu gewährenden Stimmrechts (§ 46 Abs. 1 S. 2 Nr. 2 StaRUG) sowie des Vorliegens der drohenden Zahlungsunfähigkeit (§ 46 Abs. 1 S. 2 Nr. 3 StaRUG) genannt. Der Gesetzgeber wollte damit dem Schuldner die Möglichkeit eröffnen, die **Bestätigungsfähigkeit des Plans** abzuklären. Diese Vorprüfung hat ihre Entsprechung in der insolvenzplanrechtlichen Vorschrift des § 231 InsO.[43]

1. Initiativrecht

a) Antrag des Schuldners

48 Ebenso wie der Erörterungs- und Abstimmungstermin findet ein gesonderter gerichtlicher Vorprüfungstermin grundsätzlich nur auf Initiative und entsprechenden Antrag des schuldnerischen Unternehmens statt, § 46 Abs. 1 S. 1 StaRUG. Das **Antragserfordernis** ist einer der Unterschiede zum insolvenzplanrechtlichen Vorbild des § 231 InsO, da die Prüfung und ggf. Zurückweisung des Plans dort vom Amts wegen erfolgt.[44] Die Vorprüfung als Instrument nach § 29 Abs. 2 Nr. 2 StaRUG setzt die Anzeige des Restrukturierungsvorhabens gem. § 31 StaRUG voraus. Eine Antragsmöglichkeit für Planbetroffene besteht nicht; sie können jedoch durch ggf. schriftliche Stellungnahmen gegenüber dem Restrukturierungsgericht eine gerichtliche Vorprüfung zweckmäßig erscheinen lassen und auf die Anberaumung von Amts wegen nach § 46 Abs. 3 StaRUG hinwirken (s.u.).

b) Von Amts wegen durch das Restrukturierungsgericht

49 Das Gericht kann jedoch auch einen Vorprüfungstermin von Amts wegen bestimmen, wenn dies **zweckmäßig** ist, § 46 Abs. 3 StaRUG. Eine solche Konstellation ist nach der Vorstellung des Gesetzgebers zB gegeben, wenn das Gericht von sich aus erkennt, dass bestimmte unter § 46 Abs. 1 StaRUG fallende Punkte streitig oder zweifelhaft sind und voraussichtlich einer umfangreichen Erörterung bedürfen. Das gesetzgeberische Ziel ist die Entlastung des späteren Abstimmungstermins.[45] Darauf kann auch der Restrukturierungsbeauftragte hinwirken und die Vorprüfung beim Restrukturierungsgericht anregen. Auch wenn § 76 Abs. 2 Nr. 1, letzter Hs. StaRUG nur auf die Vorschriften zur Vorprüfung bei der außergerichtlichen Abstimmung (§§ 47, 48 StaRUG, s.u. Rn. 61 ff.) verweist, dürfte auch § 46 StaRUG mit erfasst sein. Der Gesetzgeber wollte dem Restrukturierungsbeauftragten eine umfassende Kompetenz über den Panabstimmungsprozess einräumen, wenn ein Fall des § 73 Abs. 1 Nr. 1

43 BT-Drs. 19/24181, 148.
44 BT-Drs. 19/24181, 148.
45 BT-Drs. 19/24181, 148.

oder Nr. 2 StaRUG, also Verbraucher oder KMU beteiligt sind oder eine Stabilisierungsanordnung gegen (fast) alle Gläubiger beantragt wurde, vorliegt.[46]

Praxishinweis: Ein erstes Urteil zeigt, dass die Restrukturierungsgerichte von der in § 46 Abs. 3 StaRUG vorgesehenen Möglichkeit eines gerichtlich bestimmten Vorprüfungstermins Gebrauch machen. Nähere Ausführungen dazu, warum das Restrukturierungsgericht von der nach § 46 Abs. 3 letzter Hs. StaRUG erforderlichen Zweckmäßigkeit der Vorprüfung ausgegangen ist, finden sich darin leider nicht.[47]

50 Den Ausführungen des Restrukturierungsgerichts kann man jedoch entnehmen, dass sich einzelne Planbetroffene gegen den intendierten Sanierungsweg schon im Vorfeld des gerichtlichen Verfahrens ausgesprochen und sich nun nach Erhalt der Ladung, aber noch vor dem Erörterungs- und Abstimmungstermin an das Gericht mit verschiedenen Bedenken gegen die bisherige Verfahrensführung und den Inhalt des Restrukturierungsplan gewendet haben. [48] Da ein solcher Planbetroffener voraussichtlich auch im Rahmen der Planbestätigung seine Bedenken erneut geltend machen wird, lässt schon dieser Umstand einen Vorprüfungstermin im entschiedenen Fall zweckmäßig erscheinen.

2. Ladung, Fristen

51 Die Planbetroffenen sind auch zum Vorprüfungstermin zu laden. Die **Ladung** hat wie beim Erörterungs- und Abstimmungstermin mit dem **Hinweis** zu erfolgen, dass die Durchführung auch ohne Anwesenheit aller geladenen Planbetroffenen erfolgen kann. Der Schuldner kann mit der Ladung beauftragt werden. Beides ergibt sich über den Verweis in § 46 Abs. 1 S. 3 StaRUG auf § 45 Abs. 3 StaRUG. Schließlich kann wie auch beim gerichtlichen Erörterungs- und Abstimmungstermin der Restrukturierungsbeauftragte nach § 76 Abs. 6 S. 1 StaRUG mit der Zustellung der Ladung beauftragt werden. Gem. § 46 Abs. 1 S. 4 beträgt die Ladungsfrist zum Erörterungstermin mindestens sieben Tage. Gesetzgeberische Grundlage für diese gegenüber dem Erörterungs- und Abstimmungstermin kürzere Ladungsfrist ist, dass die Planbetroffenen sich vor dem Anhörungstermin im Rahmen der Vorprüfung noch keine abschließende Meinung bilden müssen.[49]

Praxishinweis: Trotz der gesonderten Ladungsfristen für Erörterungs- und Abstimmungstermin und für die Vorprüfung bleibt es insgesamt bei vierzehn Tagen Ladungsfrist für den gerichtlichen Teil; die Vorprüfung ist nicht gesondert einzuplanen. Das entspricht der vom Gesetzgeber gewünschten Beschleunigung des Verfahrens. So war die Konstellation auch in einer ersten gerichtlichen Vorprüfung, zu der der Hinweisbeschluss veröffentlich wurde. Hier wies das Gericht in seiner Begründung zu Beginn auf die „Kürze der zur Verfügung stehenden Zeit“ hin. Der Vorprüfungstermin fand eine Woche vor dem bereits zuvor anberaumten Erörterungs- und Abstimmungstermin.[50] Es blieb also bei der Gesamtdauer von 14 Tagen.

46 BT-Drs. 19/24181, 174.
47 AG Köln Beschl. v. 3.3.2021 – 83 RES 1/21, BeckRS 2021, 5571.
48 AG Köln Beschl. v. 3.3.2021 – 83 RES 1/21, BeckRS 2021, 5571.
49 BT-Drs. 19/24181, 148.
50 AG Köln Beschl. v. 3.3.2021 – 83 RES 1/21, BeckRS 2021, 5571.

Es wird in aller Regel zweckmäßig sein, erst nach dem Vorprüfungstermin und der anschließenden Einarbeitung der gerichtlichen Hinweise (§ 46 Abs. 2 StaRUG) den Antrag auf die gerichtliche Bestimmung eines Erörterungs- und Abstimmungstermins zu stellen. Diesem Antrag sind gem. § 45 Abs. 2 StaRUG der vollständige Restrukturierungsplan nebst Anlagen beizufügen. Änderungen sind zwar auch noch im Erörterungs- und Abstimmungstermin möglich (§ 45 Abs. 4 StaRUG iVm § 240 InsO), aber auf einzelne Regelungen und die Erörterung im Termin begrenzt. Insofern sollten gerichtlich angeregte Änderungen vorher eingearbeitet werden.

3. Gegenstand der Vorprüfung

Als Gegenstand der Vorprüfung und damit als Inhalt des Vorprüfungstermins kommt jede Frage in Betracht, die **für die Bestätigung** des Restrukturierungsplans **erheblich** sein kann, § 46 Abs. 1 S. 2 StaRUG. Weitergehende inhaltliche Vorgaben oder Beschränkungen gibt es für die gerichtliche Vorprüfung nicht. Der Gesetzgeber wollte hier gerade eine umfassende Möglichkeit schaffen, Fragen, von denen die Bestätigungsfähigkeit des Restrukturierungsplans abhängt, vorab gerichtlich klären zu lassen.[51] Planbetroffene können durch Teilnahme an der Vorprüfung ebenfalls klärungsbedürftige Punkte gegenüber dem Restrukturierungsgericht vorbringen. Ihre Teilnahme ist wie beim Abstimmungs- und Erörterungstermin physisch oder virtuell möglich, §§ 38 S. 2 StaRUG, 128a ZPO. 52

Der Gesetzgeber hat in § 46 StaRUG folgende, beispielhaft aufgeführte Punkte als erheblich für die Planbestätigung angesehen: 53

- Erfüllen der Anforderungen der §§ 8, 9 StaRUG bei der Auswahl der Planbetroffenen und der Gruppeneinteilung (§ 46 Abs. 1 S. 2 Nr. 1 StaRUG),
- Zuweisung des zu gewährenden Stimmrechts für eine Restrukturierungsforderung, eine Absonderungsanwartschaft oder ein Anteils- oder Mitgliedschaftsrecht (§ 46 Abs. 1 S. 2 Nr. 2 StaRUG) und
- Vorliegen der drohenden Zahlungsunfähigkeit (§ 46 Abs. 1 S. 2 Nr. 3 StaRUG).

Die Aufzählung des § 46 StaRUG ist nicht abschließend. Weitere für die Planbestätigung erhebliche Punkte ergeben sich aus den **Versagungsgründen** des § 63 StaRUG, die unter anderen von den konkret im Plan vorgesehen Restrukturierungsmaßnahmen abhängen (Einzelheiten → § 10 Rn. 14 ff.). Unabhängig von den konkreten Restrukturierungsmaßnahmen ist die Bestätigung von Amts wegen zu versagen, wenn der Schuldner nicht drohend zahlungsunfähig ist (§ 63 Abs. 1 Nr. 1 StaRUG), die Vorschriften über den Inhalt und die verfahrensmäßige Behandlung des Restrukturierungsplans sowie über die Annahme des Plans durch die Planbetroffenen in einem wesentlichen Punkt nicht beachtet worden sind und der Schuldner den Mangel nicht beheben kann oder innerhalb einer angemessenen, vom Restrukturierungsgericht gesetzten Frist nicht behebt (§ 63 Abs. 1 Nr. 2 StaRUG) oder die Ansprüche, die den Planbetroffenen durch den gestaltenden Teil des Plans zugewiesen werden, und die durch den Plan nicht berührten Ansprüche der übrigen Gläubiger offensichtlich nicht erfüllt werden können (§ 63 Abs. 1 Nr. 3 StaRUG). Sämtliche, von § 63 StaRUG er- 54

51 BT-Drs. 19/24181, 148.

fasste Punkte können ebenfalls als für die Bestätigung des Restrukturierungsplans erhebliche Fragen Gegenstand der Vorprüfung sein. Bei der inhaltlichen Prüfung wird das Restrukturierungsgericht zumindest überprüfen, ob neben dem Mindestinhalt gem. § 5 S. 2 StaRUG die grundsätzlichen Vorgaben zu Gliederung und Inhalt (§§ 5–7 StaRUG, → § 7 Rn. 86 ff.) erfüllt. Insbesondere das Vorhandensein einer Vergleichsrechnung nach § 6 Abs. 2 StaRUG (→ § 7 Rn. 106 ff.), inklusive Erläuterung und Begründung des angenommenen Alternativszenarios dürfte wie schon in der insolvenzrechtlichen Praxis wichtiger Gegenstand der Vorprüfung sein.[52] Dabei wird die gerichtliche Prüfung auf eine Vollständigkeits- und Schlüssigkeitsprüfung zu begrenzen und eine ggf. erforderliche vertiefte inhaltliche Prüfung auf den Restrukturierungsbeauftragten als Sachverständigen (→ § 15 Rn. 39 ff.) zu übertragen sein. Aufgrund der im Vergleich zum Insolvenzplan wesentlich umfassenderen Gestaltungsmöglichkeiten durch die Auswahl der in den Plan einbezogenen Forderungen (§§ 2 ff. StaRUG) und der Auswahl und Einteilung der Planbetroffenen (§§ 8 ff. StaRUG) sind auch diese Fragen als praxisrelevanter Gegenstand der Vorprüfung anzusehen.

Praxishinweis: In dem bereits angeführten ersten veröffentlichten Urteil hat das Restrukturierungsgericht fast alle angeführten Punkte aufgegriffen. Es prüfte zunächst die drohende Zahlungsunfähigkeit (§ 46 Abs. 1 S. 2 Nr. 3 und zugleich § 63 Abs. 1 Nr. 1 StaRUG). Danach geht es auf die Auswahl der Planbetroffenen und deren Gleichbehandlung sowie die Gruppeneinteilung der Planbetroffenen und die sachgerechte Einteilung aufgrund unterschiedlicher wirtschaftlicher Interessen ein (§ 46 Abs. 1 S. 2 Nr. 1 StaRUG). Abschließend wird die Schlüssigkeit der Vergleichsrechnung (§ 63 Abs. 1 Nr. 2 StaRUG) und – aufgrund des Vortrags des Planbetroffenen – auf die Frage der unlauteren Herbeiführung der Annahme des Restrukturierungsplans (§ 63 Abs. 4 StaRUG) geprüft, konkret aufgrund einer mangelhaften Information des Planbetroffenen im Vorfeld der Anzeige des Restrukturierungsvorhabens nach § 31 StaRUG.[53]

55 Sieht der Restrukturierungsplan hingegen eine neue Finanzierung (§ 12 StaRUG) vor, ist nach § 63 Abs. 2 StaRUG die Bestätigung zu versagen, wenn das Restrukturierungskonzept unschlüssig ist, wenn dem Restrukturierungsgericht Umstände bekannt sind, denen zufolge das Restrukturierungskonzept nicht von den tatsächlichen Gegebenheiten ausgeht oder keine begründete Aussicht auf Erfolg vermittelt (Einzelheiten → § 10 Rn. 25 ff.). Neben rechtlichen können somit auch die betriebswirtschaftlichen Aspekte für die Planbestätigung erheblich und damit auch Gegenstand der Erörterung im Rahmen der gerichtlichen Vorprüfung sein.

Praxishinweis: Die Vorprüfung sollte vom Schuldner dazu genutzt werden, noch vor der gerichtlichen Abstimmung dem Restrukturierungsgericht das betriebswirtschaftliche Konzept des Restrukturierungsplans und dessen Plausibilität – insbesondere hinsichtlich der in Bezug auf zukünftige Entwicklungen getroffenen Annahmen – zu erläutern und es insoweit vom Restrukturierungsvorhaben zu überzeugen. Erst auf dieser Basis ergeben die Erörterung der rechtlichen Fragestellungen zur Plangestaltung

52 *Tan/Lambrecht* NZI 2019, 249, 251.
53 AG Köln Beschl. v. 3.3.2021 – 83 RES 1/21, BeckRS 2021, 5571.

und zur Abstimmung Sinn. Der Katalog des § 46 StaRUG sollte dabei vom Schuldner als Mindestinhalt der mit dem Restrukturierungsgericht bei der Vorprüfung zu besprechenden Punkte angesehen werden. In Insolvenzplanverfahren ist insbesondere die Gruppenbildung ein kritischer Punkt, so dass auch für Restrukturierungsverfahren eine kritische gerichtliche Prüfung zu erwarten ist.[54]

4. Ergebnis der Vorprüfung – Hinweisbeschluss

Das Ergebnis der Vorprüfung fasst das Restrukturierungsgericht in einem **Hinweisbeschluss** zusammen, § 46 Abs. 2 StaRUG. Dieser ist **unverbindlich** ausgestaltet und kann **nicht durch Rechtsmittel** angegriffen werden. Im Vergleich zur insolvenzplanrechtlichen Situation riskiert der Schuldner hier dafür keine in § 231 InsO vorgesehene Zurückweisung (s.u.). Der Gesetzgeber sieht das Restrukturierungsgericht jedoch, wenn es im weiteren Verfahrensverlauf vom Hinweisbeschluss abweichen will, zur Wahrung des rechtlichen Gehörs regelmäßig dazu verpflichtet, auf die beabsichtigte Abweichung rechtzeitig hinzuweisen und den Beteiligten Gelegenheit zur Stellungnahme zu geben.[55] Insofern gewinnt der Schuldner eine gewisse Rechtssicherheit. Er kann zumindest nicht mehr von einer abweichenden rechtlichen Einschätzung des Restrukturierungsgerichts überrascht werden. 56

Praxishinweis: In jedem Fall bietet der Hinweisbeschluss dem Schuldner die Möglichkeit, auf die gerichtliche Einschätzung einzugehen und die ggf. erforderlichen Änderungen bereits im Ladungsschreiben zum Erörterungs- und Abstimmungstermin anzukündigen. So hatte der Schuldner in einem Fall darauf reagiert, dass das Restrukturierungsgericht die im Plan aufgenommenen Forderungen nicht als Restrukturierungsforderungen iSd § 2 Abs. 1 Nr. 1 StaRUG angesehen hatte, weshalb die insoweit gebildete Gruppe kein Stimmrecht haben konnte.[56]

Dies stellt einen weiteren Unterschied zur **insolvenzplanrechtlichen Vorschrift** des § 231 InsO dar, in der die gerichtliche Zurückweisung des Plans vorgesehen ist.[57] In der Praxis werden solche **Zurückweisungsbeschlüsse** häufig Gegenstand von Beschwerdeverfahren.[58] Sieht das Insolvenzgericht im Rahmen der Vorprüfung, dass die Vorschriften zum Recht zur Vorlage und den Inhalt des Insolvenzplans, insbesondere zur Bildung von Gruppen, nicht beachtet wurden, kann es jedoch auch einen Hinweisbeschluss erlassen und dem Planvorlegenden eine Frist zur Nachbesserung setzen, § 231 Abs. 1 Nr. 1 InsO.[59] Dieser Hinweisbeschluss ist – wie im Restrukturierungsverfahren – ohne Bindungswirkung für das Gericht.[60] Insofern besteht wiederum eine Parallele des Restrukturierungs- zum Insolvenzverfahren. 57

54 Bzgl. der Gruppenbildung in Insolvenzplänen zuletzt AG Ludwigshafen Beschl. v. 26.1.2021 – 3a IN 139/19, BeckRS 2021, 1062.
55 BT-Drs. 19/24181, 148.
56 AG Dresden, Beschl. v. 7.6.2021, Ziff. I., ZInsO 2021, 1398.
57 BT-Drs. 19/24181, 148.
58 Vgl. zuletzt ua LG Mannheim Beschl. v. 24.7.2020 – 4 T 127/17, ZInsO 2021, 456; dazu *Smid* ZInsO 2021, 424.
59 So der Sachverhalt zuletzt bei AG Ludwigshafen Beschl. v. 26.1.2021 – 3a IN 139/19, BeckRS 2021, 1062 und bei LG Mannheim Beschl. v. 24.7.2020 – 4 T 127/17, ZInsO 2021, 456.
60 BGH Beschl. v. 16.2.2017 – IX ZB 103/15, NJW 2017, 2280, Anm. *Storz* NZI 2017, 260.

Praxishinweis: Dem Schuldner kann – schon mangels der Möglichkeit eines Vorgesprächs nach dem Vorbild des § 10a InsO – nur empfohlen werden, von der Möglichkeit der gerichtlichen Vorprüfung Gebrauch zu machen. Es bietet ihm die Chance, dem Restrukturierungsgericht vor dem entscheidenden Erörterungs- und Abstimmungstermin sein Restrukturierungsvorhaben umfassend zu erläutern und eigene Fragen sowie eventuelle Rückfragen des Gerichts zu klären.

5. Fazit

58 Bewertet man die Vorprüfung nach § 46 StaRUG und den darin vorgesehenen Hinweisbeschluss, ist ein Vorteil in der **Verfahrensbeschleunigung** und in der – zumindest erhöhten – **Rechtssicherheit** für den planvorlegenden Schuldner zu sehen.[61] Der Hinweisbeschluss ist unverbindlich und nicht rechtsmittelfähig, bietet aber eine erste Korrekturmöglichkeit. Der Schuldner kann über den Restrukturierungsplan (ggf. in auf Basis des Hinweisbeschlusses geänderter Form) im Abstimmungstermin abstimmen lassen.

59 Die **fehlende Rechtsmittelfähigkeit** des Hinweisbeschlusses stellt sich aber auch gleichzeitig als Nachteil dar. Denn das Restrukturierungsgericht prüft, sofern eine positive Abstimmung erfolgt und der Schuldner die Bestätigung des Restrukturierungsplan beantragt hat, erstmals zu diesem späten Verfahrenszeitpunkt verbindlich, ob alle Voraussetzungen für die Planbestätigung vorliegen. Versagt es die Bestätigung, kann der Schuldner erst in diesem Verfahrensstadium mit einem Rechtsmittel, konkret mit der sofortigen Beschwerde (§ 66 Abs. 1 S. 2 StaRUG) vorgehen. Unterliegt er, waren die seit der Vorprüfung unternommenen weiteren Änderungen und Anpassungen des Restrukturierungsplans sowie die weiteren Verfahrensschritte vergebens.[62]

60 Die im Rahmen des Bestätigungsverfahrens in § 63 Abs. 1 Nr. 2 StaRUG vorgesehene Möglichkeit, dass der Schuldner einen **Mangel** ggf. innerhalb einer angemessenen, vom Restrukturierungsgericht gesetzten Frist **beheben** kann, bezieht sich zwar auf sämtliche Vorschriften über den Inhalt und die verfahrensmäßige Behandlung des Restrukturierungsplans sowie über die Annahme des Plans durch die Planbetroffenen und besteht auch, wenn diese in einem wesentlichen Punkt nicht beachtet worden sind. Es wird dem Schuldner jedoch in der Regel nicht gelingen (können), Mängel noch nach der eigentlichen Abstimmung zu beheben.

II. Vorprüfung bei außergerichtlicher Planabstimmung

1. Einleitung

61 Auch bei einer privatautonom organisierten Abstimmung ohne Einbeziehung des Gerichts kann sich das Unternehmen durch eine gerichtliche Vorprüfung eine Rechtssicherheit verschaffen und Unsicherheiten bezüglich der Bestätigungsfähigkeit des Plans vorab beseitigen.[63] Der Gesetzgeber hat dem Schuldner in §§ 47, 48 StaRUG

61 *Stahlschmidt* ZInsO 2021, 205 (210).
62 Am Beispiel der Gruppenbildung *Smid* ZInsO 2021, 424 (425).
63 BT-Drs. 19/24181, 149.

die Möglichkeit gegeben, das Gericht im Wege der Vorprüfung einzubeziehen, aber die eigentliche Abstimmung weiterhin außergerichtlich durchführen zu können.

2. Antrag

62 Der Schuldner hat einen Antrag auf Vorprüfung durch das Restrukturierungsgericht zu stellen, § 47 S. 1 StaRUG. Ohne seine Initiative bleibt das Verfahren ohne gerichtliche Einbeziehung. Insoweit laufen die Vorprüfungen bei späterer gerichtlicher und außergerichtlicher Abstimmung gleich. Eine Möglichkeit zur Vorprüfung von Amts wegen – wie in § 46 Abs. 3 StaRUG – gibt es gem. §§ 47, 48 StaRUG nicht. Der Restrukturierungsbeauftragte wirkt gem. § 76 Abs. 2 Nr. 1, letzter Hs. StaRUG – nach entsprechendem Hinweis an die Planbetroffenen – auf eine Klärung des Stimmrechts im Wege einer Vorprüfung nach den §§ 47 und 48 hin, wenn Restrukturierungsforderungen dem Grunde oder der Höhe nach streitig oder zweifelhaft sind.

3. Verfahren, Fristen, Anhörung

63 Wesentliche Unterschiede ergeben sich im Verfahren der Vorprüfung. Da bei der außergerichtlichen Planabstimmung das Restrukturierungsgericht nicht weiter einbezogen ist, sollen die Rechte der Planbetroffenen bei der gerichtlichen Vorprüfung gewahrt werden. Zum Zwecke der Gewährung **rechtlichen Gehörs** sind die Planbetroffenen, die von der Vorprüfungsfrage berührt sind, anzuhören, § 48 Abs. 1 StaRUG. Einen weiteren Vorteil der **Anhörung** sieht der Gesetzgeber darin, dass dem Restrukturierungsgericht auf diesem Weg etwaige Einwände der Planbetroffenen bereits bekannt werden. Damit soll vermieden werden, dass es später allein deshalb von der im Hinweisbeschluss geäußerten Auffassung wieder abrücken muss, weil ihm erst später Einwände bekannt werden, die Planbetroffene schon im Zeitpunkt der Vorprüfungsentscheidung hatten.[64]

64 Die konkrete Art der Anhörung legt der Gesetzgeber in das **Ermessen** des Restrukturierungsgerichts.[65] Es kann einen **Anhörungstermin** ansetzen **oder** die Anhörung **schriftlich** vornehmen, vgl. § 48 Abs. 2 S. 2 StaRUG. Sofern ein Anhörungstermin stattfindet, muss zu diesem mit den gleichen Angaben wie in der Ladung zum gerichtlichen Erörterungs- und Abstimmungstermin geladen werden, § 48 Abs. 2 S. 3 iVm § 45 Abs. 3 StaRUG. Es muss eine **Ladung** der von der/den Vorprüfungsfrage(n) Planbetroffenen erfolgen. Die Ladung muss also den Hinweis enthalten, dass der Termin auch ohne Anwesenheit aller geladenen Planbetroffenen stattfinden kann. Das Restrukturierungsgericht kann auch den Schuldner mit der Ladung beauftragen. Die Ladungsfrist beträgt mindestens sieben Tage.[66]

4. Gegenstand der Vorprüfung

65 Ebenso wie bei der gerichtlichen Vorprüfung kann Gegenstand der gerichtlichen Vorprüfung bei der außergerichtlichen Abstimmung jede Frage sein, die für die **Bestäti-**

64 BT-Drs. 19/24181, 149.
65 BT-Drs. 19/24181, 149.
66 Der Verweis in § 48 Abs. 2 S. 3 StaRUG ist zwar auf § 46 Abs. 1 S. 3 StaRUG gerichtet, meint aber die Sieben-Tages-Frist des § 46 Abs. 1 S. 4 StaRUG.

gung des Restrukturierungsplans erheblich ist, § 47 S. 2 StaRUG. Dazu wird vollumfänglich auf die Vorschrift des § 46 Abs. 1 S. 2 StaRUG verwiesen und ergänzend klargestellt, dass auch die Anforderungen des Planabstimmungsverfahrens vom Plangebot bis hin zur Dokumentation der Planabstimmung nach den §§ 17–22 StaRUG mit dem Restrukturierungsgericht im Rahmen der Vorprüfung erörtert werden können. Insbesondere die Dokumentationserfordernisse haben für die Planbestätigung bei außergerichtlicher Planabstimmung, da sie schon dem Antrag des Schuldners auf Planbestätigung beigefügt werden müssen, besondere Bedeutung, vgl. § 60 Abs. 1 S. 3 StaRUG (Einzelheiten → § 10 Rn. 3). Insofern sollten auch die konkreten Dokumentationsanforderungen mit dem Restrukturierungsgericht vorab geklärt werden. Genau wie für die Vorprüfung im gerichtlichen Abstimmungsverfahren ist die Aufzählung der möglichen Prüfungsgegenstände nicht abschließend.[67]

5. Ergebnis

66 Das Ergebnis der Vorprüfung wird wiederum in einem **Hinweisbeschluss** zusammengefasst, § 48 Abs. 2 S. 1 StaRUG. Dieser hat auch **keine Bindungswirkung**. Das Restrukturierungsgericht kann also bei späteren Entscheidungen, insbesondere der Planbestätigungsentscheidung – einen entsprechenden Hinweis und die erneute Gewährung rechtlichen Gehörs vorausgesetzt –, eine abweichende Rechtsauffassung zugrunde legen.[68]

67 Der Hinweisbeschluss soll gem. § 48 Abs. 2 S. 2 StaRUG **zwei Wochen nach Antragstellung** oder nach dem **Anhörungstermin** ergehen. Die Zwei-Wochen-Frist dient der Verfahrensbeschleunigung, der Gesetzgeber hält bei mehreren Vorprüfungsfragen oder einer hohen Komplexität im Einzelfall auch eine **längere** Entscheidungsfrist als gerechtfertigt an.[69] Durch die kurzfristige Information soll der Schuldner in die Lage versetzt werden, den Entwurf des Restrukturierungsplans entsprechend anzupassen und zwecks Vorlage im Rahmen der Abstimmung zu finalisieren.

Praxishinweis: Plant der Schuldner, die Abstimmung über den Restrukturierungsplan außergerichtlich durchzuführen, bietet ihm die gerichtliche Vorprüfung die Chance, sein Vorhaben – wenn auch nur unverbindlich – vor der Entscheidung über die Planbestätigung vom Gericht prüfen zu lassen. Durch die Anhörung lassen sich auch die rechtlichen Standpunkte der Planbetroffenen in Erfahrung bringen, so dass der Schuldner ggf. eine entsprechende Plananpassungen vor der Abstimmung vornehmen kann. Da ohnehin nur für die Planbestätigung erhebliche Fragen erörtert werden dürfen, kann dem Schuldner auch bei außergerichtlicher Abstimmung nur empfohlen werden, von der Möglichkeit der gerichtlichen Vorprüfung Gebrauch zu machen.

D. Fazit

68 Die umfängliche Nutzung der **gerichtlichen Begleitung** mittels Vorprüfung und Durchführung der Planabstimmung bietet für ein Restrukturierungsvorhaben die

67 BT-Drs. 19/24181, 149.
68 BT-Drs. 19/24181, 149.
69 BT-Drs. 19/24181, 149.

größtmögliche **Rechtssicherheit.** Die Vorprüfung ermöglicht eine (begrenzte) Rechtssicherheit zum Vorliegen der drohenden Zahlungsunfähigkeit, der Auswahl der Planbetroffenen, der Gruppenbildung und der Stimmrechte.[70] Die gerichtliche Planabstimmung bietet dem Schuldner eine höhere Rechtssicherheit, die Festsetzung der Stimmrechte vermeidet, dass Zweifel an der ordnungsgemäßen Annahme des Restrukturierungsplans durch die Planbetroffenen zulasten des Schuldners gehen, und wird so in der Regel zu einer schnelleren Planbestätigung durch das Restrukturierungsgericht führen.

Praxishinweis: Unabhängig von diesen rechtlichen Aspekten dürfte die gerichtliche Durchführung der Abstimmung in der Praxis zu einer höheren Akzeptanz, insbesondere bei überstimmten Planbetroffenen führen.

Praxishinweis: Auf die auch nur auf Antrag des Schuldners erfolgende gerichtliche Planbestätigung (§ 60 Abs. 1 StaRUG) sollten die planbetroffenen Gläubiger auch im Eigeninteresse hinwirken. Die Einschränkung der Anfechtbarkeit der Regelungen und Rechtshandlungen im Rahmen des Vollzugs eines bestätigten Restrukturierungsplans bis zur nachhaltigen Restrukturierung gilt nur bei einer Bestätigung auf Basis unrichtiger oder unvollständiger Angaben des Schuldners und bei Kenntnis des anderen Teils, § 90 Abs. 1 StaRUG.[71] Die Regelung setzt voraus, dass überhaupt eine Bestätigung erfolgt ist.

E. Vergleichende Betrachtung außergerichtlicher und gerichtlicher Abstimmung

Abschließend sollen die wesentlichen Faktoren sowie Vor- und Nachteile der außergerichtlichen Abstimmung (ohne und mit Versammlung) und der gerichtlichen Planabstimmung verglichen werden. 69

Übersicht zur Abstimmung und Vorprüfung

	Außergerichtliche Abstimmung ohne Versammlung, §§ 17 ff. StaRUG	**Außergerichtliche Abstimmung mit Versammlung, §§ 20 ff. StaRUG**	**Gerichtliche Abstimmung im Erörterungs- und Abstimmungstermin, §§ 23, 45 f. StaRUG**
Entscheidungsgrundlage	Restrukturierungsplan nebst Anlagen sowie Kosten, § 17 Abs. 1 S. 2 StaRUG	Restrukturierungsplan nebst Anlagen, § 20 Abs. 1 S. 5 StaRUG	Restrukturierungsplan nebst Anlagen, § 45 Abs. 2 StaRUG
Ladungsfrist (mindestens)	14 Tage, § 19 S. 1 StaRUG	14 Tage, § 20 Abs. 1 S. 3 StaRUG	14 Tage, § 45 Abs. 1 S. 2 StaRUG

70 *Stahlschmidt* ZInsO 2021, 205 (210).
71 *Stahlschmidt* ZInsO 2021, 205 (210).

	Außergerichtliche Abstimmung ohne Versammlung, §§ 17 ff. StaRUG	**Außergerichtliche Abstimmung mit Versammlung, §§ 20 ff. StaRUG**	**Gerichtliche Abstimmung im Erörterungs- und Abstimmungstermin, §§ 23, 45 f. StaRUG**
Beschleunigungsmöglichkeit	Restrukturierungskonzept, § 19 Abs. 1 S. 3 StaRUG	elektronische Teilnahmemöglichkeit, § 20 Abs. 1 S. 4 StaRUG	
Verzögerungsrisiko	Erörterungstermin, § 17 Abs. 3 StaRUG iVm § 21 StaRUG ■ mind. ein Planbetroffener ■ Frist 7–14 Tage, § 21 Abs. 2 StaRUG ■ ggf. Verlänge-rung der Frist zur Annahme nach § 19 StaRUG		Gesonderter Abstimmungstermin, § 241 InsO, mit schriftlicher Abstimmung, § 242 InsO, jeweils iVm § 45 Abs. 4 S. 1 StaRUG ■ Frist soll nicht mehr als ein Monat sein, § 241 Abs. 1 S. 2 InsO
Streitiges Stimmrecht	iRd Abstimmung gilt das im Plan zugewiesene Stimmrecht, § 24 Abs. 4 StaRUG		Erörterung des Stimmrechts und einvernehmliche oder gerichtliche Festlegung, § 45 Abs. 4 S. 2 StaRUG
Änderungsmöglichkeit		Vorschlag von Planbetroffenen, § 20 Abs. 3 S. 3 StaRUG Mind. einen Tag vor Versammlung schriftlich, § 20 Abs. 3 S. 4 StaRUG Nach Erörterung, § 20 Abs. 4 StaRUG	nach Erörterung, § 45 Abs. 4 S. 1 StaRUG iVm § 240 InsO

	Außergerichtliche Abstimmung ohne Versammlung, §§ 17 ff. StaRUG	Außergerichtliche Abstimmung mit Versammlung, §§ 20 ff. StaRUG	Gerichtliche Abstimmung im Erörterungs- und Abstimmungstermin, §§ 23, 45 f. StaRUG
Umfang der Änderungen		einzelne Punkte, § 20 Abs. 4 StaRUG	einzelne Regelungen, § 45 Abs. 4 S. 1 StaRUG iVm § 240 S. 1 InsO
Abstimmung nach Änderung			im selben Termin möglich, § 45 Abs. 4 S. 1 StaRUG iVm § 240 S. 2 InsO
Planbestätigung			
Voraussetzungen für Planbestätigung	zusätzliche Dokumentation erforderlich, § 60 Abs. 1 S. 3 StaRUG	zusätzliche Dokumentation erforderlich, § 60 Abs. 1 S. 3 StaRUG	
Auslegungsregelung bei Zweifeln an ordnungsgemäßer Abstimmung	zulasten des Schuldners, § 63 Abs. 3 S. 1 InsO, dh im Zweifel Versagung der Planbestätigung	zulasten des Schuldners, § 63 Abs. 3 S. 1 InsO, dh im Zweifel Versagung der Planbestätigung	
Verzögerung Planbestätigung	Zwingende Anhörung bzw. Anhörungstermin, § 61 S. 2 StaRUG	zwingende Anhörung bzw. Anhörungstermin, § 61 S. 2 StaRUG	fakultative Anhörung bzw. Anhörungstermin, § 61 S. 1 StaRUG; gerichtliches Ermessen
Frist für Anhörung	Ladungsfrist von 7 Tagen, § 61 S. 3 iVm § 46 Abs. 1 S. 4 StaRUG	Ladungsfrist von 7 Tagen, § 61 S. 3 iVm § 46 Abs. 1 S. 4 StaRUG	Ladungsfrist von 7 Tagen, § 61 S. 3 iVm § 46 Abs. 1 S. 4 StaRUG

§ 10 Gerichtliche Bestätigung des Restrukturierungsplans

A. Einleitung

Die §§ 60–72 StaRUG regeln die gerichtliche Bestätigung eines Restrukturierungsplans. Dies umfasst neben dem **Planbestätigungsverfahren** die Rechtsmittel sowie die Wirkungen des Plans und eine etwaige Planüberwachung. Der Gesetzgeber des SanInsFoG hat sich bei den Rechtsmitteln und den Wirkungen an den Regelungen der InsO zum Insolvenzplanverfahren orientiert.[1] 1

Praxishinweis: Das gerichtliche Planbestätigungsverfahren ist Voraussetzung für die Wirkung gegenüber Planbetroffenen, die gegen den Plan gestimmt oder trotz ordnungsgemäßer Beteiligung nicht am Abstimmungsverfahren teilgenommen haben. Da es bei Mehrheitsentscheidungen und insbesondere bei einer Durchbrechung der absoluten Priorität nach § 28 StaRUG häufig Dissens über das Vorliegen der Voraussetzungen geben wird, ist die gerichtliche Planabstimmung und -bestätigung sowohl für den Schuldner als auch für die dem Plan zustimmenden Gläubiger wesentlich für die weitere Planungssicherheit. Erfolgt die Planabstimmung nicht im gerichtlichen Verfahren, gehen Zweifel an der ordnungsgemäßen Planannahme nach § 63 Abs. 3 S. 1 StaRUG zulasten des Schuldners.

B. Gerichtliches Bestätigungsverfahren

Die gerichtliche Bestätigung eines von den Planbetroffenen mit den notwendigen Mehrheiten angenommenen Restrukturierungsplans erfolgt nach § 60 Abs. 1 S. 1 StaRUG lediglich auf **Antrag des Schuldners**. Die weiteren Planbeteiligten sind nicht antragsberechtigt.[2] Das Verfahren und die Entscheidung über eine Beteiligung des Gerichts sollen in den Händen des Schuldners bleiben. Die Regelung zeigt, dass das Restrukturierungsgericht nicht für sämtliche Planbeteiligten als Kontrollinstanz nutz- 2

1 BT-Drs. 19/24181, 161–169.
2 BT-Drs. 19/24181, 161.

bar sein soll, sondern am grundsätzlich vom Schuldner gesteuerten Verfahren nur beteiligt werden soll, soweit er es in Anspruch nimmt. Der Schuldner kann nach § 60 Abs. 1 S. 2 StaRUG den Antrag auf gerichtliche Bestätigung auch noch im Erörterungs- und Abstimmungstermin vor dem Restrukturierungsgericht (§ 45 StaRUG) stellen. Auch nach dem Erörterungs- und Abstimmungstermin ist eine Antragstellung noch möglich.[3]

Praxishinweis: Wenn der Schuldner eine gerichtliche Planabstimmung durchführt, sollte er regelmäßig auch die gerichtliche Planbestätigung anstreben.[4] Dies führt zur Planungssicherheit für den Schuldner und die weiteren Planbeteiligten, falls eine gruppenübergreifende Mehrheitsentscheidung und die Durchbrechung der absoluten Priorität erfolgen müssen.

3 In Fällen, in denen keine gerichtliche Planabstimmung nach § 45 StaRUG erfolgte, hat der Schuldner seinem Antrag auf gerichtliche Planbestätigung nach § 60 Abs. 1 S. 3 StaRUG sowohl den Restrukturierungsplan nebst Anlagen als auch die **Dokumentation** über das Abstimmungsverfahren und dessen Ergebnis beizufügen.

4 Bei Gesellschaften ohne Rechtspersönlichkeit oder Kommanditgesellschaft auf Aktien haben die **persönlich haftenden Gesellschafter** dem Antrag auf gerichtliche Bestätigung zuzustimmen, soweit der Restrukturierungsplan sie nicht von der persönlichen Haftung der gestalteten Forderungen befreit, § 60 Abs. 2 S. 1 StaRUG. Die Zustimmung der Gesellschafter ist nicht erforderlich, wenn die persönlich haftenden Gesellschafter entweder juristische Personen oder Gesellschaften ohne Rechtspersönlichkeit sind, bei der keine natürliche Person persönlich haftet. Natürliche Personen als persönlich haftende Gesellschafter sollen in eine gerichtliche Bestätigung eingebunden sein, damit die schuldnerische Gesellschaft mit ihren Gläubigern nicht Regelungen an den Gesellschaftern vorbei vereinbaren kann, die zwar die Haftung der Schuldnerin, nicht jedoch die persönliche Haftung der Gesellschafter ausschließen und die Restrukturierung nur auf Kosten der Gesellschafter herbeiführen.[5]

5 Das Restrukturierungsgericht entscheidet über den Antrag auf Bestätigung des Restrukturierungsplans durch **Beschluss** des Restrukturierungsrichters, § 60 Abs. 1 S. 1 iVm § 34 Abs. 1 S. 1 StaRUG.

6 Vor der Entscheidung über die Bestätigung des Restrukturierungsplans kann das Gericht die Planbetroffenen nach § 61 S. 1 StaRUG anhören. Das Gericht hat die Planbetroffenen gemäß § 61 S. 2 StaRUG anzuhören, wenn die Planabstimmung nicht im gerichtlichen Verfahren nach § 45 StaRUG erfolgte. In diesem Fall hat das Restrukturierungsgericht die Planbetroffenen mit einer Frist von mindestens sieben Tagen zur **Anhörung** zu laden. Mit der Zustellung der Ladungen kann der Schuldner beauftragt werden. Die Ladung hat den Hinweis darauf zu enthalten, dass die Planbestätigung auch erfolgen kann, wenn nicht sämtliche Planbetroffenen an der Anhörung teilnehmen, § 61 S. 3 iVm §§ 45 Abs. 3, 46 Abs. 1 S. 4 StaRUG. Anzuhörende Planbetroffene sind die in § 7 Abs. 1 StaRUG genannten Inhaber von Restrukturierungsforderun-

3 BeckOK StaRUG/*Skauradszun* § 60 Rn. 26.
4 *Stahlschmidt* ZInsO 2021, 205 (210).
5 BT-Drs. 19/24181, 161.

gen, Absonderungsanwartschaften, Rechten aus gruppeninternen Drittsicherheiten sowie von Anteils- oder Mitgliedschaftsrechten, nicht jedoch der Restrukturierungsbeauftragte.[6] Dem Restrukturierungsbeauftragten muss jedoch nach der Gesetzesbegründung Gelegenheit zur Stellungnahme gegeben werden.[7]

Die Gelegenheit zur Stellungnahme vor gerichtlicher Planbestätigung muss gewährt 7
werden, wenn die Abstimmung nicht im Erörterungs- und Abstimmungstermin, sondern nach den §§ 17 ff. StaRUG erfolgte. Eine **außergerichtliche Planabstimmung** kann gänzlich ohne Termin erfolgen, so dass spätestens bei gerichtlicher Bestätigung die Gelegenheit zur Stellungnahme gewährt werden muss. Etwas anderes gilt, wenn bereits eine gerichtliche Abstimmung mit entsprechender Ladung über § 45 StaRUG erfolgte. In diesen Fällen soll die Möglichkeit einer weiteren Anhörung im Ermessen des Gerichts liegen.[8]

Das Restrukturierungsgericht bestätigt den Restrukturierungsplan, wenn etwaige im 8
Plan vorgesehene **Bedingungen** im Sinne des § 62 StaRUG eingetreten sind und kein **Versagungsgrund** nach § 63 StaRUG vorliegt.

C. Planbedingungen

Wie ein Insolvenzplan (§ 249 InsO) kann der Restrukturierungsplan bedingt sein. Da 9
ein Restrukturierungsplan nach dem StaRUG, anders als ein Insolvenzplan im eröffneten Insolvenzverfahren, stets vom Schuldner betrieben wird, ohne dass das Verfahren zwingend auf einen mit einem Insolvenzverfahren vergleichbaren Abschluss zuläuft, ist eine Versagung im Sinne des § 249 S. 2 InsO bei Überschreiten einer gerichtlich zu setzenden Frist nicht vorgesehen.[9] Der Restrukturierungsplan kann jedoch eine Frist für den Bedingungseintritt vorsehen.[10]

Als **Bedingung** können sämtliche Maßnahmen angelegt werden, die nicht direkt im 10
gestaltenden Teil des Restrukturierungsplans umgesetzt werden. Dies können beispielsweise sein: die Bereitstellung von Sicherheiten, die Gewährung von Krediten, gesellschaftsrechtliche Maßnahmen oder Personalmaßnahmen.[11] Der Gesetzgeber denkt für den Restrukturierungsplan auch an die Änderung von **Anleihebedingungen** nach § 5 SchVG.[12] Mit Art. 18 SanInsFoG wurde daher das SchVG um § 19 Abs. 6 ergänzt.[13]

In der Praxis wird neben der Umsetzung und Besicherung neuer Finanzierungen, so- 11
weit dies nicht vollständig im gestaltenden Teil des Restrukturierungsplans erfolgen kann, insbesondere auch die **Umsetzung arbeitsrechtlicher Maßnahmen** als Bedingung nach § 62 StaRUG in Betracht kommen. Zwar sind Forderungen von Arbeitnehmern aus oder im Zusammenhang mit dem Arbeitsverhältnis sowie Rechte aus

6 Braun StaRUG/*Fendel* § 61 Rn. 7; BeckOK StaRUG/*Skauradszun* § 61 Rn. 1.1.
7 BT-Drs. 19/24181, 161.
8 BT-Drs. 19/24181, 161.
9 Braun StaRUG/*Fendel* § 62 Rn. 3.
10 BeckOK StaRUG/*Skauradszun* § 62 Rn. 7.
11 Vgl. für den Insolvenzplan: MüKoInsO/*Sinz* § 249 Rn. 7 ff.
12 BT-Drs. 19/24181, 161.
13 Vgl. zu Schuldverschreibungen und Restrukturierungsplan: *Lürken* ZIP 2021, 1305; *Skauradszun/Kümpel* WM 2021, 1122.

Zusagen auf betriebliche Altersversorgung nach § 4 Nr. 1 StaRUG in einem Restrukturierungsplan nicht gestaltbar. Jedoch sind arbeitsrechtliche Maßnahmen, der Abschluss eines Sanierungstarifvertrags, Sanierungsbeiträge des Personals außerhalb eines Tarifvertrags oder die Einrichtung einer Transfergesellschaft regelmäßige Restrukturierungsmaßnahmen in Sanierungskonzepten und -gutachten. § 4 Nr. 1 StaRUG schließt zwar die Gestaltung von Rechten aus dem Arbeitsverhältnis im Plan aus, nicht jedoch die Umsetzung von Restrukturierungsmaßnahmen neben dem Plan.[14] Um eine Verknüpfung und die notwendige Sicherheit für sämtliche Beteiligten zu gewähren, bietet sich die Aufnahme einer entsprechenden Bedingung an. Der Restrukturierungsplan wird dann erst wirksam, wenn die vorgesehenen Maßnahmen umgesetzt oder vereinbart sind.

12 Auch **Verbindlichkeiten aus betrieblicher Altersversorgung** können notwendig zu regelnde Teilbereiche einer Restrukturierung sein.[15] Um diese mit dem Restrukturierungsplan zu verbinden, kommt ein außergerichtlicher Vergleich mit dem Pensionssicherungsverein auf Gegenseitigkeit (PSVaG) nach § 7 Abs. 1 S. 4 Nr. 2 BetrAVG zur Abwendung eines Insolvenzverfahrens als Bedingung in Betracht. Ein solcher Vergleich ist bei drohender Zahlungsunfähigkeit und ohne die Einbeziehung sämtlicher Gläubiger möglich.[16]

13 Das **Restrukturierungsgericht** hat den Eintritt der Bedingungen vor gerichtlicher Bestätigung im Wege der Amtsermittlung zu prüfen.[17] Es kann dem Schuldner hierbei Fristen zur Auskunft über den Stand von Bedingungen setzen.[18]

D. Versagungsgründe

14 Das Restrukturierungsgericht versagt die Bestätigung des Restrukturierungsplans von Amts wegen, wenn ein **Versagungsgrund** nach § 63 Abs. 1 Nr. 1–3 StaRUG vorliegt. Dies ist der Fall, wenn

- der Schuldner nicht (mehr) drohend zahlungsunfähig ist,
- wesentliche Verfahrensvorschriften im Rahmen des Planangebots und der Planannahme verletzt wurden und dieser Mangel nicht mehr behoben werden kann oder
- die gestalteten Ansprüche sowie die nicht im Plan behandelten Ansprüche der Gläubiger offensichtlich nicht erfüllt werden können.

I. Versagung wegen fehlender drohender Zahlungsunfähigkeit

15 Die Versagung der Planbestätigung nach § 63 Abs. 1 Nr. 1 StaRUG geht von dem Fall aus, dass der Schuldner vollumfänglich zahlungsunfähig ist und ihm die Zahlungsunfähigkeit nicht im Sinne des § 18 InsO droht. Nicht gemeint ist der Fall, dass der Schuldner nicht mehr drohend zahlungsunfähig, sondern bereits zahlungsunfähig

---

14 *Salamon/Krimm* NZA 2021, 235 (236); BeckOK StaRUG/*Skauradszun* § 62 Rn. 5 mit dem Beispiel der Begründung einer Transfergesellschaft.
15 Morgen/*Morgen* Art. 1 Rn. 21.
16 Höfer/de Groot/Küpper/Reich/*Höfer/Reich* BetrAVG Betriebsrentengesetz § 7 Rn. 63, 64.
17 *Vallender* NZI-Beilage 1/2021, 30 (31).
18 BeckOK StaRUG/*Skauradszun* § 62 Rn. 10.

ist.[19] Ein Eingriff in die Gläubigerrechte soll nur bei drohender Zahlungsunfähigkeit und nicht außerhalb einer Krise, zum Beispiel zur Verbesserung des Ergebnisses des Schuldners, möglich sein.[20] Das Restrukturierungsgericht hat daher das Vorliegen der drohenden Zahlungsunfähigkeit von Amts wegen zu prüfen.[21]

Es kann einen Restrukturierungsbeauftragten bestellen, um die Prüfung als Sachverständiger vorzunehmen, § 73 Abs. 3 Nr. 1 StaRUG. Die Feststellung der drohenden Zahlungsunfähigkeit zur Planbestätigung verlangt die vollständige richterliche Überzeugung, die im Rahmen der Amtsermittlung nach § 39 Abs. 1 S. 1 StaRUG zu bilden ist.[22] Zeitlicher Anknüpfungspunkt für den in § 18 InsO geregelten 24-monatigen Prognosezeitraum ist der (voraussichtliche) Erörterungs- und Abstimmungstermin.[23] 16

II. Versagung wegen Verstoß gegen Verfahrensvorschriften

Der Versagungsgrund des § 63 Abs. 1 Nr. 2 StaRUG bei Nichtbeachtung wesentlicher Punkte der Vorschriften über **Inhalt, verfahrensmäßige Behandlung und Annahme des Plans** umfasst insbesondere die Planabstimmung und -erörterung. Die Vorschrift orientiert sich an § 250 Nr. 1 InsO.[24] Es können daher die Versagungsgründe im Sinne des § 250 Nr. 1 InsO und die hierzu ergangene Rechtsprechung herangezogen werden. 17

1. Verstoß gegen Vorschriften über den Inhalt des Plans

Im **darstellenden Teil** müssen, wie im Insolvenzplan, alle Angaben zu den Grundlagen und Auswirkungen des Plans enthalten sein, die für die Entscheidung der Gläubiger über die Zustimmung zum Plan und für dessen gerichtliche Bestätigung erheblich sind.[25] Ist der darstellende Teil in erheblicher Weise fehlerhaft oder unvollständig, liegt ein Versagungsgrund im Sinne des § 63 Abs. 1 Nr. 2 StaRUG vor. Dies gilt auch bei für die Gläubigerentscheidung wesentlichen Fehlern in der **Vergleichsrechnung** im Sinne des § 6 Abs. 2 S. 1 StaRUG.[26] 18

Der deutsche Gesetzgeber weicht bewusst von Art. 10 Abs. 1c der EU-Richtlinie 2019/1023 ab, wonach ein Restrukturierungsplan, der zu einem Verlust von mehr als 25 % der Arbeitsplätze führt, von einer gerichtlichen Bestätigung abhängig ist.[27] Die EU-Richtlinie überlässt es den nationalen Gesetzgebern, von der Möglichkeit abzuweichen und Eingriffe in Arbeitsverhältnisse auch gänzlich auszuschließen.[28] Diesen Weg hat der deutsche Gesetzgeber mit § 4 S. 1 Nr. 1 StaRUG gewählt.[29] 19

---

19 BT-Drs. 19/24181, 162.
20 *Schäfer* ZIP 2020, 2164 (2166); Braun StaRUG/*Fendel* § 63 Rn. 3.
21 *Vallender* ZRI 2021, 165 (170).
22 AG Köln NZI 2021, 433; BeckOK StaRUG/*Skauradszun* § 63 Rn. 12; a.A.: *Thole* NZI 2021, 436, der für die Versagung auf die Überzeugung vom Fehlen der drohenden Zahlungsunfähigkeit abstellt.
23 AG Köln NZI 2021, 433 (434); *Thole* NZI 2021, 436.
24 BT-Drs. 19/24181, 162.
25 Vgl. für den Insolvenzplan: BGH WM 2012, 1640; BGH ZIP 2010, 341; BGH WM 2009, 1336 (1338).
26 BeckOK StaRUG/*Skauradszun* § 63 Rn. 17; *Doebert/Krüger* NZI 2021, 614 (617); vgl. für den Insolvenzplan: BGH NZI 2018, 691 (694).
27 BT-Drs. 19/24181, 165.
28 Morgen/*Backes/Blankenburg* Art. 10 Rn. 9.
29 *Salamon/Krimm* NZA 2021, 235 (240).

20 Weitere **inhaltliche Mängel** iSd § 63 Abs. 1 Nr. 2 StaRUG sind zum Beispiel folgende.[30]

- Fehler bei der Auswahl der Planbetroffenen nach § 8 StaRUG,
- die Gruppenbildung entgegen § 9 StaRUG,
- die fehlende Gleichbehandlung iSd § 10 StaRUG,
- die Gestaltung vertrags-, gesellschafts- und/oder sachenrechtlich unzulässiger Maßnahmen,
- die fehlende Darstellung der Auswirkungen auf ein Gruppenunternehmen, wenn Rechte betreffend eine gruppeninterne Drittsicherheit gestaltet werden sollen.

21 Auch das Fehlen von **Pflichtanlagen** führt zur Versagung nach § 63 Abs. 1 Nr. 2 StaRUG, wenn die Anlagen einen wesentlichen, nicht im Restrukturierungsplan selbst enthaltenen Inhalt haben.[31]

2. Verstoß gegen Vorschriften über die verfahrensmäßige Behandlung des Plans

22 Verstöße gegen **Verfahrensvorschriften**, die einen Versagungsgrund darstellen, sind soweit sie **wesentlich** sind und sich auf das Abstimmungsverhalten der Planbetroffenen ausgewirkt haben:

- Verstoß gegen das Planvorlagerecht,[32]
- Verstoß gegen notwendige Einberufungen nach §§ 20, 21 StaRUG und Ladungen nach §§ 45, 46 StaRUG,[33]
- Verstoß gegen die Hinweispflicht des § 17 Abs. 1 S. 1 StaRUG,
- Verstoß gegen die Annahmefrist des § 19 StaRUG,[34]
- Abstimmung ohne vorherige Festsetzung der Stimmrechte.[35]

3. Verstoß gegen Vorschriften über die Planannahme

23 Ein Versagungsgrund liegt auch vor, wenn die Regelungen über die Stimmrechtszuweisung, erforderliche Mehrheiten und gruppenübergreifende Mehrheitsentscheidungen nach den §§ 24–28 StaRUG nicht beachtet werden. Da diese Vorschriften den **Kern der Abstimmung** und der Annahme bilden, sind Verstöße hiergegen regelmäßig als wesentlich anzusehen.[36]

Praxishinweis: Soweit keine gerichtliche Planabstimmung nach § 45 StaRUG erfolgte, hat der Schuldner das durch ihn geleitete Planabstimmungsverfahren lückenlos nachzuweisen. Zweifel gehen nach § 63 Abs. 3 S. 1 StaRUG zu seinen Lasten.[37] Die Einhaltung der Formalien und Fristen der §§ 17 ff. StaRUG sowie deren Dokumentation nach § 22 StaRUG sind für den Schuldner daher entscheidend, um im gerichtlichen Planbestätigungsverfahren nicht angreifbar zu sein. Auch die Stimmrechtszuwei-

---

30 BeckOK StaRUG/*Skauradszun* § 63 Rn. 17; vgl für den Insolvenzplan: MüKoInsO/*Sinz* § 250 Rn. 6 ff.
31 BT-Drs. 19/24181, 162; *Desch* BB 2020, 2498 (2505); BeckOK StaRUG/*Skauradszun* § 63 Rn. 19 f.
32 Vgl. für den Insolvenzplan: MüKoInsO/*Sinz* § 250 Rn. 19; Nerlich/Römermann/*Braun* § 250 Rn. 7.
33 BT-Drs. 19/24181, 124; vgl. für den Insolvenzplan: BGH ZIP 2011, 781 (782).
34 BeckOK StaRUG/*Skauradszun* § 63 Rn. 22.
35 Vgl. für den Insolvenzplan: BGH ZIP 2021, 203 (204).
36 Vgl. für den Insolvenzplan: MüKoInsO/*Sinz* § 250 Rn. 36; Nerlich/Römermann/*Braun* § 250 Rn. 8.
37 *Cranshaw/Portisch* ZInsO 2020, 2617 (2624); BeckOK StaRUG/*Skauradszun* § 63 Rn. 47; Braun StaRUG/*Fendel* § 63 Rn. 15.

sung sollte im Einvernehmen mit den Planbetroffenen erfolgen. Andernfalls ist nach § 63 Abs. 3 S. 2 StaRUG im Fall von Streit über die Stimmrechte einzelner Planbetroffener die Entscheidung des Gerichts maßgeblich.

III. Verstoß wegen Nichterfüllbarkeit des Plans

Nach § 63 Abs. 1 Nr. 3 StaRUG hat das Gericht die Bestätigung zu versagen, wenn offensichtlich ist, dass die Ansprüche der beteiligten und der nichtbeteiligten Gläubiger nicht (mehr) erfüllt werden können. Das Restrukturierungsgericht hat hierbei keine vollumfängliche Prüfung, sondern lediglich eine Offenkundigkeitsprüfung der **Durchführbarkeit** des Plans und der **Erfüllbarkeit** der Ansprüche der Beteiligten und weiteren Gläubiger vorzunehmen.[38] 24

IV. Versagung wegen unschlüssigem Restrukturierungskonzept

Ein maßgeblicher Inhalt des Plans ist die Erklärung des Schuldners zur Wiederherstellung der Bestandsfähigkeit des Unternehmens im Sinne des § 14 Abs. 1 StaRUG. Art. 10 Abs. 3 der EU-Richtlinie 2019/1023 sieht vor, dass das Restrukturierungsgericht die Planbestätigung ablehnen kann, wenn keine vernünftige Aussicht besteht, über den Plan eine Insolvenz zu verhindern und die Bestandsfähigkeit des Unternehmens zu gewährleisten. Wesentliche Mängel bei der **Restrukturierungsaussicht** führen daher bei Vorliegen einer neuen Finanzierung zur Versagung der Planbestätigung.[39] 25

Nach § 63 Abs. 2 StaRUG hat das Gericht im Fall einer **neuen Finanzierung** im Sinne des § 12 StaRUG eine Schlüssigkeitsprüfung des Restrukturierungskonzepts vorzunehmen. Das Gericht muss das Restrukturierungskonzept nicht umfassend prüfen oder durch Sachverständige prüfen lassen. Dem Restrukturierungsgericht obliegt lediglich eine Schlüssigkeitsprüfung und die Berücksichtigung offensichtlicher Mängel, um die Vorgaben von Art. 10 Abs. 2 Unterabs. 1e der EU-Richtlinie 2019/1023 umzusetzen.[40] Das Gericht kann jedoch auch einen Restrukturierungsbeauftragten bestellen, um die Prüfung als Sachverständiger vorzunehmen, § 73 Abs. 3 Nr. 1 StaRUG. Die Versagung der Bestätigung erfolgt in Fällen, in denen keine Aussicht darauf besteht, eine Insolvenz zu vermeiden oder die schuldnerische **Rentabilität** wieder herzustellen.[41]

V. Versagung wegen unlauterer Herbeiführung der Planannahme

Entsprechend der insolvenzrechtlichen Regelung des § 250 Nr. 2 InsO ist die Bestätigung des Restrukturierungsplans nach § 63 Abs. 4 StaRUG von Amts wegen zu versagen, wenn die Annahme unlauter herbeigeführt wurde, insbesondere wenn diese durch **Begünstigung** einzelner Planbetroffener „erkauft" wurde. Hier kann die zu § 250 Nr. 2 InsO ergangene Rechtsprechung herangezogen werden. 26

38 BT-Drs. 19/24181, 162; Braun StaRUG/*Fendel* § 63 Rn. 11.
39 BT-Drs. 19/24181, 162; BeckOK StaRUG/*Skauradszun* § 63 Rn. 18.
40 BT-Drs. 19/24181, 162; zu Fragen der Prüfungstiefe des Restrukturierungsgerichts: *Jacobi* ZInsO 2017, 1 (11); BeckOK StaRUG/*Skauradszun* § 63 Rn. 45.
41 Morgen/*Kowalewski/Praß* Art. 11 Rn. 35, 36.

27 Unter die unlautere Herbeiführung der Planannahme fällt der **Kauf von Stimmen,** der zu einem verfälschten Abstimmungsergebnis führen kann.[42] Ebenso wurde der Kauf von Forderungen, der einzelnen Gläubigern besondere Vorteile bietet, für unlauter und nichtig gehalten, wenn dadurch die Annahme eines Insolvenzplanes herbeigeführt wird.[43] Hierbei liegt ein besonderes Augenmerk auf dem Sondervorteil durch den Forderungskauf. Das „Debt Trading" soll zulässig sein.[44] Eine unlautere Herbeiführung der Planannahme kann auch vorliegen, wenn einzelnen Beteiligten sogenannte „Kick-Back-Zahlungen" zugesagt oder wenn strittige Forderungen zu Unrecht anerkannt werden.[45]

VI. Bestätigung des Plans

28 Sind im Plan vorgesehene Bedingungen eingetreten und liegen keine Versagungsgründe nach § 63 StaRUG vor, bestätigt das Restrukturierungsgericht den Plan mittels **Beschluss** und gibt die Entscheidung entweder im Erörterungs- und Abstimmungstermin oder in einem gesonderten Termin bekannt, § 65 Abs. 1 StaRUG.

29 Den Planbetroffenen ist gemäß § 65 Abs. 2 S. 1 StaRUG nach gerichtlicher Bestätigung ein Hinweis auf den Bestätigungsbeschluss sowie ein **Abdruck** des Plans oder eine **Zusammenfassung** des wesentlichen Inhalts zu übersenden. Die Übersendung kann unterbleiben, wenn der bereits mit dem Planangebot übermittelte Restrukturierungsplan unverändert angenommen wurde, § 65 Abs. 2 S. 3 StaRUG.

E. Minderheitenschutz und Rechtsmittel

30 Den Planbetroffenen stehen gegen die gerichtliche Bestätigung des Restrukturierungsplans der Antrag auf **Minderheitenschutz** nach § 64 StaRUG sowie die **sofortige Beschwerde** nach § 66 StaRUG offen. Die Regelungen sind den §§ 251 und 253 InsO nachgebildet, die entsprechende Möglichkeiten im Insolvenzplanverfahren für überstimmte Gläubiger vorsehen. Da im Zuge eines Restrukturierungsplans eine andere Situation als im Insolvenzplanverfahren gegeben ist, hat das Restrukturierungsgericht das Gläubigerinteresse anhand der konkreten Situation zu werten.[46] Eine gescheiterte Insolvenzplanbestätigung führt häufig zur Liquidation, während ein gescheitertes Bestätigungsverfahren im Stabilisierungs- und Restrukturierungsrahmen nicht zwingend eine Insolvenz oder Liquidation zur Folge haben muss. Überstimmte Gläubiger sind noch keine Insolvenzgläubiger im Rang des § 38 InsO, sondern haben grundsätzlich durchsetzbare Forderungen gegen das schuldnerische Unternehmen, das lediglich drohend zahlungsunfähig ist. Aus diesem Grund ist das Quorum für eine gruppenübergreifende Mehrheitsentscheidung – anders als in einem Insolvenzplanverfahren – nicht 50 % der teilnehmenden Planbetroffenen, sondern 75 % der einbezogenen Planbetroffenen.

---

42 BT-Drs. 12/2443, 211; BGH NJW 1952, 1009 ff; BeckOK StaRUG/*Skauradszun* § 63 Rn. 52.
43 BGHZ 162, 283 (290).
44 HambKommInsR/*Thies* § 250 Rn. 13; Uhlenbruck/*Lüer/Streit* InsO § 250 Rn. 30.
45 BeckOK InsO/*Geiwitz/von Danckelmann* InsO § 250 Rn. 11; Uhlenbruck/*Lüer/Streit* InsO § 250 Rn. 30.
46 BT-Drs. 19/24181, 163.

I. Minderheitenschutz

Der in § 64 StaRUG geregelte Minderheitenschutz entspricht dem des § 251 InsO im Insolvenzplanverfahren.[47] Ein Planbetroffener kann den Antrag stellen, die Bestätigung des Plans zu versagen. Der Antrag ist begründet, wenn der Antragsteller durch den Restrukturierungsplan voraussichtlich schlechtergestellt wird als er ohne Plan stünde. Nicht zu berücksichtigen ist nach § 64 Abs. 1 S. 2 StaRUG eine Wertminderung von Sicherheiten aufgrund einer zuvor nach § 49 Abs. 1 StaRUG angeordneten Vollstreckungs- oder Verwertungssperre. Das Restrukturierungsgericht kann einen Restrukturierungsbeauftragten bestellen, um die Prüfung der Begründetheit als Sachverständiger vorzunehmen, § 73 Abs. 3 Nr. 1 StaRUG. Die Bestellung kann bereits erfolgen, wenn der Antrag auf Minderheitenschutz lediglich absehbar oder angekündigt ist.[48] 31

Den Antrag auf Minderheitenschutz kann auch ein Anteilsinhaber stellen, wenn er planbetroffen ist.[49] Wie im Insolvenzplanverfahren ist **Zulässigkeitsvoraussetzung** für einen Antrag auf Minderheitenschutz, dass der Antragsteller im Abstimmungsverfahren dem Plan widersprochen, gegen diesen gestimmt hat und eine Schlechterstellung im Vergleich zur Situation ohne Plan geltend macht. Nach § 64 Abs. 2 S. 2 StaRUG ist die Schlechterstellung bei einer Abstimmung im gerichtlichen Erörterungs- und Abstimmungstermin nach § 45 StaRUG im Termin glaubhaft zu machen. Für die Glaubhaftmachung gilt § 38 S. 1 StaRUG iVm § 294 ZPO. Eine pauschale Rüge reicht nicht aus.[50] Der Antrag auf Minderheitenschutz im Abstimmungstermin enthält den für die Zulässigkeit notwendigen Widerspruch.[51] 32

Der Gesetzgeber hat in § 64 Abs. 3 StaRUG zugunsten der Fortführung und Restrukturierung vorgesehen, dass ein Antrag auf Minderheitenschutz unmittelbar durch das Restrukturierungsgericht abzuweisen ist, wenn der Restrukturierungsplan ausreichende Mittel vorsieht, um eine etwaige **Schlechterstellung** im Vergleich zum Plan finanziell auszugleichen. Dies erfolgt im Insolvenzplanverfahren regelmäßig durch entsprechende Rückstellungen, die der Höhe nach so bemessen sein müssen, dass nicht nur der konkret den Antrag auf Minderheitenschutz geltend machende Betroffene, sondern überhaupt in Betracht kommende Schäden aller Gläubiger gleicher Rechtsposition ausgeglichen werden können.[52] Im Unterschied zum Insolvenzplanverfahren ist dem Umstand Rechnung zu tragen, dass maximal 25 % der jeweiligen Gruppe überstimmt werden können.[53] Das Restrukturierungsgericht kann den nach § 73 Abs. 3 Nr. 1 StaRUG zu bestellenden Restrukturierungsbeauftragten auch die Frage begutachten lassen, ob die bereitgestellten Mittel ausreichend dimensioniert sind.[54] Mit seinem Anspruch auf finanziellen Ausgleich ist der Planbetroffene nach § 64 33

47 BT-Drs. 19/24181, 163.
48 BeckOK StaRUG/*Hänel* § 73 Rn. 117.
49 BT-Drs. 19/24181, 163.
50 Morgen/*Kowalewski/Praß*, Art. 11, Rn. 41.
51 Vgl. für den Insolvenzplan: BGH NZI 2007, 522.
52 Vgl. für den Insolvenzplan: BGH NZI 2014, 751, Rn. 27.
53 BeckOK StaRUG/*Skauradszun* § 64 Rn. 88.
54 BeckOK StaRUG/*Hänel* § 73 Rn. 117.

Abs. 3 S. 2 StaRUG auf den ordentlichen Rechtsweg verwiesen. Es ist wie im Insolvenzplanverfahren auch die vergleichsweise Einigung mit dem Schuldner möglich.

34 Die Zulässigkeitsvoraussetzung nach § 64 Abs. 2 S. 1 StaRUG, also der ausdrückliche Widerspruch gegen den Plan und die Geltendmachung einer voraussichtlichen Schlechterstellung, finden nur Anwendung, wenn hierauf im Planangebot, im Einberufungsschreiben zur Versammlung der Planbetroffenen nach § 20 StaRUG oder in der Ladung zum Erörterungs- und Abstimmungstermin hingewiesen wurde, § 64 Abs. 4 StaRUG.

II. Sofortige Beschwerde

35 Bestätigt das Restrukturierungsgericht den Restrukturierungsplan, steht den Planbetroffenen nach § 66 Abs. 1 S. 1 StaRUG jeweils die **sofortige Beschwerde** gegen den Beschluss offen. Die Regelung ist § 253 InsO nachgebildet.[55] Da der Schuldner im Gegensatz zum Insolvenzplanverfahren die Restrukturierungssache nach dem StaRUG ausschließlich selbst betreibt, steht ihm die sofortige Beschwerde nach § 66 Abs. 1 S. 2 StaRUG nur zu, wenn die Bestätigung des Plans abgelehnt wurde.

1. Zulässigkeit

36 Die sofortige Beschwerde ist nach § 40 Abs. 1 S. 2 StaRUG beim Restrukturierungsgericht einzulegen. Die Beschwerdefrist beginnt mit der Verkündung der Bestätigung des Restrukturierungsplans, § 40 Abs. 2 StaRUG iVm § 65 Abs. 1 StaRUG. Zuständiges Beschwerdegericht ist nach § 38 S. 1 StaRUG, § 19b Abs. 1 ZPO iVm § 71 Abs. 2 Nr. 6 GVG das Landgericht am Sitz des Restrukturierungsgerichts.

37 Kumulative **Zulässigkeitsvoraussetzungen** für die sofortige Beschwerde sind, dass der Beschwerdeführer

- dem Plan im Abstimmungsverfahren nach § 64 Abs. 2 StaRUG widersprochen hat,
- gegen den Plan gestimmt hat und
- glaubhaft macht, dass er durch den Plan wesentlich schlechtergestellt wird, als er ohne Plan stünde, und dieser Nachteil nicht durch nach § 64 Abs. 3 StaRUG bereitgestellte Mittel ausgeglichen werden kann.

Die Glaubhaftmachung der wesentlichen Schlechterstellung hat innerhalb der Beschwerdefrist zu erfolgen.[56]

38 Die Voraussetzung des Widerspruchs gegen den Plan sowie der Gegenstimme nach § 66 Abs. 2 Nr. 1 und Nr. 2 StaRUG finden nach § 66 Abs. 3 StaRUG nur Anwendung, wenn im Planangebot, dem Einberufungsschreiben zur Versammlung der Planbetroffenen nach § 20 StaRUG oder in der Ladung zum Erörterungs- und Abstimmungstermin nach § 45 StaRUG ein **Hinweis** hierauf enthalten war.

Praxishinweis: Während im Insolvenzplanverfahren entsprechende Hinweise in der Ladung des Insolvenzgerichts zum Erörterungs- und Abstimmungstermin enthalten

55 BT-Drs. 19/24181, 164.
56 Vgl. für den Insolvenzplan: LG Köln NZI 2021, 397 (398).

sein müssen, erfordern die verschiedenen Organisationsformen des StaRUG eine entsprechende Differenzierung nach der Durchführung des Planabstimmungsverfahrens.

2. Begründetheit

Die sofortige Beschwerde ist begründet, wenn eine wesentliche **Schlechterstellung** vorliegt, die nicht durch etwaige nach § 64 Abs. 3 StaRUG bereitgestellte Mittel ausgeglichen werden kann. Prüfungsmaßstab ist der wirtschaftliche Vergleich der Situation bei Bestätigung des Restrukturierungsplans und der Situation ohne eine Bestätigung.[57] Im Rahmen der sofortigen Beschwerde sind strengere Anforderungen an die Schlechterstellung zu stellen als beim Minderheitenschutz. Eine wesentliche Schlechterstellung liegt erst vor, wenn die negative Abweichung von dem Wert, den der Beschwerdeführer voraussichtlich ohne Plan erhalten hätte, mindestens 10 % beträgt.[58] 39

3. Antrag auf aufschiebende Wirkung der sofortigen Beschwerde

Der Gesetzgeber will Verzögerungen bei der Planumsetzung durch Akkordstörer oder Einzelinteressen zugunsten der Restrukturierung des Unternehmens vermeiden.[59] Daher ist eine **aufschiebende Wirkung** nach § 66 Abs. 4 StaRUG nur auf Antrag des Beschwerdeführers anzuordnen. Voraussetzung für die Anordnung ist neben dem Antrag, dass der Vollzug des Restrukturierungsplans schwerwiegende, insbesondere nicht rückgängig zu machende Nachteile bedeuten würde, die außer Verhältnis zu den Vorteilen des sofortigen Planvollzugs stehen. Bei der Prüfung hat das Beschwerdegericht eine Wertung vorzunehmen. Es kommt bei der Abwägung ausschließlich auf die wirtschaftlichen Interessen des Beschwerdeführers an, nicht auf ideelle Motive. 40

4. Antrag auf unverzügliche Zurückweisung der sofortigen Beschwerde

Nach § 66 Abs. 5 S. 1 StaRUG kann das Beschwerdegericht die Beschwerde auf **Antrag des Schuldners** unverzüglich zurückweisen, wenn die alsbaldige Rechtskraft der Planbestätigung vorrangig erscheint. Für den Antrag des Schuldners nach § 66 Abs. 5 S. 1 StaRUG gilt § 38 Abs. 1 StaRUG iVm § 569 ZPO. Es bedarf der Einreichung einer Antragsschrift beim Beschwerdegericht. Der Antrag des Schuldners kann ab der Einlegung einer sofortigen Beschwerde und muss vor einer Entscheidung des Beschwerdegerichts gestellt werden.[60] 41

Die Zurückweisung der sofortigen Beschwerde erfolgt gemäß § 66 Abs. 5 S. 2 StaRUG nicht, wenn ein **besonders schwerer Rechtsverstoß** vorliegt. Die Regelung ist § 253 Abs. 4 InsO nachempfunden, so dass die dortige Rechtsprechung herangezogen werden kann. Ein besonders schwerer Rechtsverstoß im Sinne des § 253 Abs. 4 S. 2 42

---

57 Vgl. für den Insolvenzplan: MüKoInsO/*Sinz* § 253 Rn. 55.

58 Vgl. für den Insolvenzplan: BT-Drs. 17/5712, 35; LG Wuppertal BeckRS 2016, 10503; LG Hamburg BeckRS 2015, 1490; BGH NZI 2014, 751, Rn. 42; LG Köln NZI 2021, 397 (398).

59 BT-Drs. 19/24181, 164.

60 Vgl. für den Insolvenzplan: *Harig* NZI 2018, 969 mwN.

InsO wurde häufig mit „sofort als unerträglich erkennbar" definiert.[61] Im Insolvenzplanverfahren sind insbesondere folgende alternative Fallbeispiele anerkannt:

- unlautere Herbeiführung der Planannahme
- vorsätzliche Nichtbeteiligung von Gläubigern
- Eingriff in bestehende Absonderungsrechte ohne Kompensation oder Zustimmung des Gläubigers
- Dept-Equity-Swap ohne Zustimmung des jeweiligen Gläubigers.[62]

Das Bundesverfassungsgericht (BVerfG) ließ zuletzt offen, ob der Rechtsverstoß nur schwer im Sinne des § 253 Abs. 4 S. 2 InsO ist, wenn er offensichtlich ist, äußerte sich jedoch kritisch.[63] Das Beschwerdegericht sollte im Rahmen der Prüfung des § 66 Abs. 5 S. 2 StaRUG daher nicht lediglich die Offensichtlichkeit prüfen.[64]

43 Liegt kein besonders schwerer Rechtsverstoß vor, wägt das Beschwerdegericht die durch Bestätigung und Vollzug des Restrukturierungsplans eintretenden Nachteile des planbetroffenen Beschwerdeführers gegen die Vollzugsinteressen der weiteren Planbeteiligten und des Schuldners ab. Bei dieser **Abwägung** kommt es ausschließlich auf die wirtschaftlichen Interessen des Beschwerdeführers und nicht auf etwaige Nichtvermögensinteressen an.[65] Im Plan vorgesehene Ausgleichsmittel nach § 64 Abs. 3 StaRUG sowie der in § 66 Abs. 5 S. 3 StaRUG geregelte Schadensersatzanspruch und dessen Durchsetzbarkeit sind bei der Abwägung zu berücksichtigen.[66] Bereits Art. 16 Abs. 4 Unterabs. 2 der EU-Richtlinie 2019/1023 sieht vor, dass eine Planbestätigung gegen Ausgleich eines finanziellen Nachteils möglich sein soll.[67] Verfahrensverstöße, die nicht zu einer wesentlichen wirtschaftlichen Schlechterstellung des planbetroffenen Beschwerdeführers geführt haben, sind nicht in die Abwägung einzubeziehen.

44 Kommt das Beschwerdegericht zu dem Ergebnis, dass kein besonders schwerer Rechtsverstoß im Sinne des § 66 Abs. 5 S. 2 StaRUG vorliegt und die wirtschaftlichen Nachteile des Beschwerdeführers im Vergleich zu den Vollzugsinteressen der übrigen Planbeteiligten nicht überwiegen, ist die Beschwerde unverzüglich zurückzuweisen. Andernfalls ist der Antrag des Schuldners auf Planvollzug abzuweisen.

45 Kann das Beschwerdegericht bereits absehen, dass die Beschwerde mangels Glaubhaftmachung der Schlechterstellung oder durch Ausgleich etwaiger Schäden unzulässig oder die Beschwerde zwar zulässig, aber nach wirtschaftlicher Abwägung insge-

61 Vgl. für den Insolvenzplan: Brünkmanns/Thole/*Hirschberger* § 21 Rn. 64; K. Schmidt/*Spliedt* InsO § 253 Rn. 20; Braun/*Frank* § 253 Rn. 17.

62 Vgl. für den Insolvenzplan: K. Schmidt/*Spliedt* InsO § 253 Rn. 20; Brünkmanns/Thole/*Hirschberger* § 21 Rn. 64; MüKoInsO/*Sinz* § 253 Rn. 67.

63 BVerfG NZI 2020, 1112 (1117).

64 BeckOK StaRUG/*Skauradszun* § 66 Rn. 72.

65 Vgl. für den Insolvenzplan: Brünkmanns/Thole/*Hirschberger* § 21, Rn. 69; Kübler/Prütting/Bork/*Pleister* InsO § 253 Rn. 35; *Fischer* NZI 2013, 513 (518); MüKoInsO/*Sinz* § 253 Rn. 68.

66 Vgl. für den Insolvenzplan: Kübler/Prütting/Bork/*Pleister* § 253 Rn. 36; *Fischer* NZI 2013, 513 (518); *Lehmann/Rühle* NZI 2014, 889 (892).

67 Morgen/*Hirschberger* Art. 16 Rn. 39.

samt unbegründet ist, ist einem Antrag des Schuldners nach § 66 Abs. 5 StaRUG stattzugeben.[68]

Der Beschwerdeführer hat bei Zurückweisung seiner sofortigen Beschwerde wegen eines Antrags nach § 66 Abs. 5 S. 1 StaRUG Anspruch auf **Ersatz des Schadens**, der ihm im Falle der zulässigen und begründeten Beschwerde durch den Planvollzug entsteht. Der Anspruch ist gegen den Schuldner gerichtet. Der Beschwerdeführer ist damit auf den ordentlichen Rechtsweg verwiesen, wobei das Landgericht ausschließlich zuständig ist, das die Beschwerde zurückgewiesen hat, § 66 Abs. 5 S. 4 StaRUG. 46

Praxishinweis: Es empfiehlt sich für den Schuldner, ausreichend Mittel für den Ersatzanspruch bereit zu stellen, die auch für den Minderheitenschutz nach § 64 Abs. 3 StaRUG genutzt werden können.

F. Wirkungen der Planbestätigung

Die im gestaltenden Teil des Restrukturierungsplans festgelegten Regelungen treten nach § 67 Abs. 1 S. 1 StaRUG mit dem Beschluss über die Bestätigung in Kraft. Da Art. 16 Abs. 3 Unterabs. 1 der EU-Richtlinie 2019/1023 ausdrücklich keine aufschiebende Wirkung für Rechtsmittel vorsieht, tritt die Wirkung anders als im Insolvenzplanverfahren nicht erst mit der Rechtskraft ein.[69] Eine aufschiebende Wirkung muss nach § 66 Abs. 4 S. 1 StaRUG auf Antrag des Beschwerdeführers durch das Beschwerdegericht gesondert angeordnet werden. Dies stellt einen Ausnahmefall zur Wahrung des Beschleunigungsgebots dar.[70] 47

Praxishinweis: Die Rückabwicklung eines teilweise umgesetzten Restrukturierungsplans wird das Unternehmen regelmäßig vor erhebliche Probleme stellen und kann zum endgültigen Scheitern der Restrukturierung führen.[71] Die Beteiligten sollten daher in jedem Stadium der Restrukturierung grundsätzlich an konsensualen Lösungen arbeiten.

Wie im Insolvenzplanverfahren nach § 254 InsO treten nach gerichtlicher Bestätigung des Restrukturierungsplans sämtliche Wirkungen auch gegenüber **Planbetroffenen** ein, die an der Abstimmung nicht teilgenommen haben. Nach § 67 Abs. 1 S. 2 StaRUG müssen die Planbetroffenen hierzu ordnungsgemäß am Abstimmungsverfahren beteiligt worden sein. 48

Bei Gesellschaften ohne Rechtspersönlichkeit oder Kommanditgesellschaften auf Aktien wirken Forderungsverzichte nach § 67 Abs. 2 StaRUG auch zugunsten der **persönlich haftenden Gesellschafter**, soweit der Restrukturierungsplan nichts anderes vorsieht. Der Gesetzgeber will auch persönlich haftende Gesellschafter von Forderungsverzichten umfassen, um zu vermeiden, dass sie Rückgriff auf die schuldnerische Gesellschaft nehmen und hierdurch die Restrukturierung gefährden.[72] 49

68 Vgl. für den Insolvenzplan: *Pleister/Tholen* ZIP 2015, 414 (415); MüKoInsO/*Sinz* § 253 Rn. 71; *Fischer* NZI 2013, 513 (517).
69 BT-Drs. 19/24181, 165.
70 Morgen/*Backes* Art. 16 Rn. 31.
71 *Spahlinger* NZI-Beilage 1/2017, 27 (29).
72 BT-Drs. 19/24181, 165.

50 § 67 Abs. 3 S. 1 StaRUG regelt entsprechend der Regelung des § 254 Abs. 2 InsO, dass Rechte der Gläubiger gegen **Mitschuldner** und **Bürgen** nicht durch den Restrukturierungsplan beeinträchtigt werden, soweit sie nicht als **gruppeninterne Drittsicherheiten** gestaltet wurden. Der Schuldner hingegen wird auch gegenüber den Mitschuldnern und Bürgen von der Haftung befreit, § 67 Abs. 3 S. 2 StaRUG. Die Befreiung von den Verbindlichkeiten gegenüber Mitschuldnern und Bürgen ist konsequent, um die Restrukturierung des Schuldners nicht zu unterlaufen. Regelungen zugunsten von Mitschuldnern oder Bürgen bedürfen, soweit es keine Regelungen zu gruppeninternen Drittsicherheiten im Sinne des § 2 Abs. 4 StaRUG gibt, einer gesonderten Restrukturierung des Mitschuldners/Bürgen oder einer ausdrücklichen Regelung im oder neben dem Restrukturierungsplan.

51 § 67 Abs. 4 und Abs. 5 StaRUG übernehmen die Regelungen aus § 254 Abs. 3 und Abs. 4 InsO, wonach eine **Übererfüllung** gegenüber Gläubigern und eine Überbewertung der Gläubigerforderungen im Rahmen eines Debt-To-Equity-Swaps nicht zu Ansprüchen des Schuldners führen. Die restrukturierten Forderungen bestehen als erfüllbare, aber nicht erzwingbare Naturalobligationen fort.[73] Gerade im Restrukturierungsplan, den der Schuldner selbst konzipiert und vorlegt, kann er sich nach der gerichtlichen Bestätigung nicht auf Übererfüllung oder Überbewertungen berufen und Zahlungen zurückfordern.

52 § 68 StaRUG ist an § 254a InsO orientiert und enthält eine Fiktion der **Formwirksamkeit** für im Restrukturierungsplan abgegebene Willenserklärungen.

53 Wie das Insolvenzplanverfahren enthält auch das Restrukturierungsplanverfahren mit § 69 StaRUG eine Regelung zum **Wiederaufleben** gestundeter oder erlassener Forderungen. Die Regelung ist § 255 InsO nachgebildet. Haben Planbetroffene ihre Forderungen aufgrund des Restrukturierungsplans gestundet oder teilweise erlassen, werden Stundung und Erlass hinfällig, wenn der Schuldner mit der im Plan vorgesehenen Erfüllung in erheblichen Rückstand gerät oder über das Vermögen des Schuldners ein Insolvenzverfahren eröffnet wird.

54 Ein erheblicher **Rückstand** gemäß § 69 Abs. 1 S. 2 StaRUG wird erst angenommen, wenn eine laut Plan fällige Verbindlichkeit auf schriftliche Mahnung des Gläubigers mit zweiwöchiger Nachfristsetzung nicht erfüllt wird. Von dieser Regelung kann gemäß § 69 Abs. 3 S. 2 StaRUG nicht zulasten des Schuldners abgewichen werden. Im Übrigen kann jedoch ein Wiederaufleben nach § 69 Abs. 3 S. 1 StaRUG abweichend geregelt und daher auch ausgeschlossen werden.

Praxishinweis: Als Gläubiger ist daher zu prüfen, ob bei einem Rückstand der Planerfüllung oder einem späteren Insolvenzverfahren des Schuldners die Forderung wiederauflebt oder der Plan so gestaltet ist, dass der Verzicht endgültig wirkt und auch eine Anmeldung in einem Insolvenzverfahren des Schuldners nicht mehr möglich wäre.

55 Da es im Restrukturierungsplan keine Insolvenztabelle und damit auch kein formelles Feststellungsverfahren entsprechend den §§ 174 ff. InsO gibt, regelt § 70 StaRUG,

73 BT-Drs. 19/24181, 166.

wie nach Bestätigung des Restrukturierungsplans mit **streitigen Forderungen** und Ausfallforderungen umzugehen ist. Der Schuldner kann im Restrukturierungsplan zwar bei entsprechenden Mehrheiten die Gestaltung der Forderungen festlegen, nicht jedoch ihren vorherigen Bestand oder ihre vorherige Höhe einseitig regeln. Forderungen, die zwischen Gläubiger und Schuldner dem Grunde oder der Höhe nach streitig sind, müssen daher vor Anwendung der Planregelungen in bestimmter Höhe festgestellt werden. Dies kann durch einvernehmliche Feststellung zwischen den Parteien oder Klage vor den ordentlichen Gerichten erfolgen. Öffentlich-rechtliche Gläubiger können durch Verbescheidung der Forderungen eine Titulierung herbeiführen, der Schuldner hiergegen mit den entsprechenden Rechtsmitteln vorgehen. Der Bestand und die Höhe der Forderung sind grundsätzlich außerhalb des Restrukturierungsrahmens festzustellen.[74] Die Stimmrechtsfestsetzung im Erörterungs- und Abstimmungstermin durch das Restrukturierungsgericht hat keine materiell-rechtliche Wirkung auf die Forderungshöhe.[75]

§ 70 Abs. 1 StaRUG legt fest, dass streitige Restrukturierungsforderungen nach Plan- 56
bestätigung in der Höhe, in der sie später festgestellt werden, ebenfalls den Wirkungen des Restrukturierungsplans unterliegen, nicht aber über den Betrag hinaus, der im Restrukturierungsplan insgesamt für die Forderung angesetzt wurde. Setzt der Schuldner eine Restrukturierungsforderung daher zu gering an, bleibt ein später darüber hinaus festgestellter Betrag vom Restrukturierungsplan unberührt.[76] Der Gesetzgeber will dem Schuldner die Möglichkeit nehmen, Forderungen geringer anzusetzen, um Stimmrechte einzelner Gläubiger zu minimieren.[77] Ist eine Restrukturierungsforderung tatsächlich geringer als sie im Plan angesetzt wurde, sind die **Gestaltungswirkungen** des Restrukturierungsplans auf den geringeren Betrag zu beziehen.[78]

Der Gesetzgeber bildet folgendes **Beispiel:** 57

„[...] wenn eine Steuerforderung im Plan entsprechend einer bestehenden Festsetzung unter dem Vorbehalt der Nachprüfung mit einem Betrag von 10.000 Euro angesetzt und durch Plangestaltung um 20 % gekürzt wird, und später im Rahmen einer Änderung der Steuerfestsetzung nach § 164 Absatz 2 der Abgabenordnung die Steuerforderung (vor Kürzung) auf 6.000 Euro herabgesetzt wird. In diesem Fall ist die Kürzung um 20 % auf die niedrigere Festsetzung in Höhe von 6.000 Euro zu beziehen und beläuft sich somit auf nur 1.200 Euro, so dass der Schuldner noch 4.800 Euro Zu zahlen hat. Auf diese Weise wird sichergestellt, dass der betroffene Gläubiger (hier: der Fiskus) letztlich nicht stärker belastet wird als die anderen Gläubiger, die derselben Gruppe im Sinne des § 11 zugeordnet waren.“[79]

Im Restrukturierungsplan sind streitige Forderungen sowie Forderungen, deren Aus- 58
fall noch nicht feststeht, nur in der Höhe zu berücksichtigen, wie die Stimmrechtsfestsetzung durch den Schuldner oder das Restrukturierungsgericht erfolgte, § 70

74 BT-Drs. 19/24181, 167.
75 BeckOK StaRUG/*Wilke* § 70 Rn. 5.
76 BeckOK StaRUG/*Wilke* § 70 Rn. 20 Braun StaRUG/*Bauch* § 70 Rn. 2.
77 BT-Drs. 19/24181, 167.
78 BeckOK StaRUG/*Wilke* § 70 Rn. 19; Braun StaRUG/*Bauch* § 70 Rn. 3.
79 BT-Drs. 19/24181, 167.

Abs. 2 StaRUG. Ein Rückstand, der zum Wiederaufleben gestundeter oder erlassener Forderungen nach § 69 Abs. 1 StaRUG führt, ist bei diesen Forderungen noch nicht anzunehmen, wenn der Schuldner sie bis zur endgültigen Feststellung in Höhe des zugeteilten Stimmrechtes berücksichtigt.

59 Hat der Schuldner eine Forderung zu gering angesetzt und daher eine zu geringe Quote gezahlt, hat er gemäß § 70 Abs. 3 S. 1 StaRUG den fehlenden Anteil nachzuzahlen, sobald die Restrukturierungsforderung endgültig festgestellt ist. Ein erheblicher Rückstand im Sinne des § 69 Abs. 1 S. 1 StaRUG an dem fehlenden Anteil kann nach schriftlicher Mahnung und zweiwöchiger Nachfrist ebenfalls entstehen und zum Wiederaufleben des gestundeten oder erlassenen Teils führen.

Praxishinweis: Nach rechtskräftigem Urteil oder vergleichsweiser Regelung zur Höhe einer streitigen Forderung sollte der Schuldner umgehend die Quote auf diese Forderung zahlen, wenn Quotenzahlungen gemäß dem Restrukturierungsplan bereits fällig waren. Eine vergleichsweise Regelung zur Höhe streitiger Forderungen mit einzelnen Gläubigern sollte eine ausdrückliche und angemessene Frist zur Quotenzahlung enthalten, so dass der Gläubiger nicht die Möglichkeit bekommt, die gesamte Forderung wiederaufleben zu lassen. Da § 69 Abs. 1 S. 1 StaRUG lediglich die Forderungen des jeweiligen Gläubigers wiederaufleben lässt, gegenüber dem der Schuldner mit der Erfüllung des Plan in erheblichen Rückstand gerät und der dies nach § 69 Abs. 1 StaRUG geltend macht, kann eine solche Vereinbarung individuell getroffen werden. Sie geht nicht zulasten der anderen Gläubiger, soweit sie einen erheblichen Rückstand nicht geltend machen und ihre Forderungen somit nicht wiederaufleben.

60 Hat der Schuldner auf die streitige Forderung nach endgültiger Feststellung eine zu hohe Quote bezahlt, kann er den zu viel gezahlten Betrag nach § 70 Abs. 4 StaRUG in der Höhe zurückfordern, als er den nicht fälligen Teil der Forderung übersteigt, die dem Gläubiger nach dem Restrukturierungsplan zusteht. Dies durchbricht die Regelung des § 67 Abs. 4 StaRUG, wonach ein Gläubiger, der weitergehend befriedigt worden ist als der Restrukturierungsplan es vorsieht, nicht zur Rückgewähr verpflichtet ist. § 70 Abs. 4 StaRUG schafft im Fall von streitigen sowie noch nicht bezifferbaren Ausfallforderungen eine **Sonderregelung** zugunsten des Schuldners.[80]

G. Vollstreckung aus dem Restrukturierungsplan

61 Die Regelungen zur Vollstreckung haben Ihr Vorbild in § 257 InsO.[81] Der rechtskräftig bestätigte Restrukturierungsplan ermöglicht laut § 71 Abs. 1 StaRUG die **Zwangsvollstreckung** gegen den Schuldner wie aus einem vollstreckbaren Urteil. § 71 Abs. 2 StaRUG erweitert dies auf Dritte, die sich schriftlich gegenüber dem Restrukturierungsgericht, ohne Vorbehalt der Einrede der Vorausklage, zu Leistungen verpflichtet haben. Auch aus diesem Grund sind Verpflichtungserklärungen Dritter dem Restrukturierungsplan nach § 15 Abs. 3 StaRUG als Anlage beizufügen. Der bestätigte Restrukturierungsplan tritt nach § 71 Abs. 4 StaRUG an die Stelle früherer Titel, so dass eine Vollstreckung aus diesen unzulässig wird. Die Forderung darf zur Vollstreckung

80 BT-Drs. 19/24181, 168.
81 BT-Drs. 19/24181, 168.

im **Bestätigungsbeschluss** nicht als bestritten benannt sein. Der Schuldner muss bei streitigen Forderungen daher entsprechende Transparenz schaffen.[82]

Soweit ein Gläubiger die Vollstreckung aufgrund eines erheblichen Rückstands des Schuldners mit der Erfüllung des Plans im Sinne des § 69 Abs. 1 StaRUG geltend macht, hat der Gläubiger die nach § 69 Abs. 1 StaRUG notwendige Mahnung und den Ablauf der zweiwöchigen Nachfrist glaubhaft zu machen. Darüber hinaus ist nach § 71 Abs. 3 StaRUG kein Beweis für den Rückstand des Schuldners zu führen, soweit die Forderung nach dem Restrukturierungsplan fällig ist. 62

Um eine Vollstreckbarkeit zu ermöglichen, muss der Restrukturierungsplan einen **vollstreckbaren Inhalt** haben.[83] Die Höhe der einbezogenen Forderungen sowie die darauf entfallenden Quoten müssen im Plan eindeutig geregelt sein.[84] Es ist daher nicht zulässig, noch nicht definierte Beträge oder Quoten im gestaltenden Teil zu regeln. Hat der Plan keinen vollstreckbaren Inhalt, hat das Restrukturierungsgericht dem Planvorlegenden eine Nachfrist im Sinne des § 63 Abs. 1 Nr. 2 StaRUG zu setzen. Falls der Plan nicht nachgebessert würde, wären die Vorschriften über den Inhalt des Restrukturierungsplans mangels Vollstreckbarkeit nicht erfüllt. 63

Praxishinweis: Soweit die Gläubiger aus späteren Vermögenszuflüssen oder noch nicht bezifferbaren Beträgen (anteilig) befriedigt werden sollen, bietet sich die Gestaltung mit einer geringen vollstreckbaren Quote und einer Besserungsklausel an. Besserungsklauseln können aufgrund der Ungewissheit ihres Eintritts einen nichtvollstreckbaren Inhalt haben.[85]

H. Planüberwachung

Der Bestätigung des Restrukturierungsplans kann sich eine Planüberwachung anschließen, die sich an den Regelungen zur Überwachung des Insolvenzplans orientiert.[86] In diesen Fällen fungiert nach § 72 Abs. 2 StaRUG der **Restrukturierungsbeauftragte** als Planüberwacher. Ein Restrukturierungsbeauftragter ist daher nach § 73 Abs. 1 S. 1 Nr. 3 StaRUG im Fall der vorgesehenen Planüberwachung von Amts wegen zu bestellen. Im Zuge der Bestellung des Restrukturierungsbeauftragten ist nach § 81 Abs. 4 S. 2 StaRUG auch der Höchstbetrag des **Honorars** unter Berücksichtigung des voraussichtlichen Aufwands durch das Restrukturierungsgericht zu bestimmen. Im Fall einer bereits absehbaren Planüberwachung ist der Aufwand der Überwachung in die Festsetzung mit einzubeziehen.[87] Die Regelung des § 73 Abs. 1 S. 1 Nr. 3 StaRUG ist plandispositiv, sodass die Planüberwachung auch auf eine andere Person übertragen werden kann.[88] 64

Der Planüberwacher überprüft zugunsten der Gläubiger, ob die im gestaltenden Teil vorgesehenen Ansprüche erfüllt werden. Stellt der Planüberwacher fest, dass entstan- 65

82 BeckOK StaRUG/*Wilke* § 71 Rn. 6.
83 BeckOK StaRUG/*Wilke* § 71 Rn. 3.
84 Vgl. für den Insolvenzplan: BGH NZI 2018, 691 (694); AG Hannover ZIP 2016, 2081 (2082).
85 Vgl. *Frind* WM 2018, 1920 (1923).
86 BT-Drs. 19/24181, 169.
87 BeckOK StaRUG/*Hänel* § 81 Rn. 6.
88 BeckOK StaRUG/*Hänel* § 73 Rn. 45 mwN zum Insolvenzplan.

dene Ansprüche nicht erfüllt werden, hat er dies dem **Restrukturierungsgericht** und den betroffenen Gläubigern anzuzeigen, § 72 Abs. 3 StaRUG.

66 Die Planüberwachung bietet sich an, wenn in der Zukunft Ansprüche der Gläubiger entstehen können, deren Erfüllung die Gläubiger nicht ohne Weiteres selbst nachvollziehen können. Dies ist der Fall, wenn nicht lediglich vollstreckbare und bereits festgelegte Quoten auszuzahlen sind, sondern Vermögenszuflüsse in einer im Plan gestalteten Art und Weise ausgeschüttet werden sollen. Darüber hinaus kommt eine Planüberwachung in Betracht, wenn neben künftigen Ausschüttungen weitere Maßnahmen umgesetzt werden sollen, die für die Gläubiger von Relevanz sind.

67 Die Planüberwachung kann nach § 72 Abs. 4 Nr. 2 StaRUG für maximal drei Jahre ab Rechtskraft des Restrukturierungsplans angeordnet werden und ist nach diesem Zeitraum durch das Restrukturierungsgericht aufzuheben. Die **maximal dreijährige Überwachungsfrist** des § 72 Abs. 4 Nr. 2 StaRUG korrespondiert nicht mit § 28 Abs. 2 Nr. 1 StaRUG, wonach der Schuldner oder Anteilsinhaber sich für bis zu fünf Jahre zu Mitwirkungshandlungen verpflichten kann. Dieser Zeitraum kann nicht vollständig im Rahmen einer Planüberwachung abgedeckt werden. Der Gesetzgeber unterstellt, dass nach einem Zeitraum von drei Jahren eine bisher ordnungsgemäße Planerfüllung sich weiter fortsetzt.[89] Die Erfüllung von im Plan definierten Ansprüchen ist daher auch über einen Zeitraum von mehr als drei Jahren möglich. Dieser Zeitraum kann dann nicht mehr einer Planüberwachung im Sinne des § 72 StaRUG unterworfen werden. Soweit die Gläubiger das Bedürfnis nach weiterer, externer Überwachung haben, kommen **Treuhandlösungen** in Betracht.[90]

68 Die Aufhebung der Überwachung durch das Restrukturierungsgericht erfolgt zudem nach (gewährleisteter) **Erfüllung** der zu überwachenden Ansprüche (§ 72 Abs. 4 Nr. 1 StaRUG) und nach Eröffnung des Insolvenzverfahrens oder Abweisung mangels Masse (§ 72 Abs. 4 Nr. 3 StaRUG).

---

89 BT-Drs. 19/24181, 169.

90 Im Ergebnis so auch: BeckOK StaRUG/*Wilke* § 72 Rn. 12.

§ 11 Öffentliche Restrukturierungssachen

A. Einleitung

Insbesondere bei Sanierungen, die einen **grenzüberschreitenden Bezug** aufweisen, 1 kann ein Bedürfnis dafür bestehen, dass die Restrukturierungssache von dem Schuldner öffentlich betrieben wird. Als Gründe für die Betreibung einer öffentlichen Restrukturierungssache werden in den Gesetzesmaterialien zum einen die Anerkennungsfähigkeit der in dem StaRUG-Verfahren erzielten Ergebnisse im Ausland und zum anderen die Möglichkeit der Kenntnisnahme der Restrukturierungssache durch die nicht in den Restrukturierungsplan einbezogenen Gläubiger genannt.[1]

Anders als die übrigen Vorschriften des StaRUG, welche bereits am 1.1.2021 in Kraft 2 getreten sind, erfolgt das **Inkrafttreten** der Regelungen betreffend die öffentlichen Restrukturierungssachen in §§ 84 ff. StaRUG erst zum 17.7.2022. Dies bedeutet, dass es dem Schuldner bis zu diesem Zeitpunkt verwehrt ist, die Restrukturierungssache öffentlich zu betreiben.

B. Charakteristika einer öffentlichen Restrukturierungssache

I. Antrag des Schuldners

In der Praxis besteht häufig ein Bedürfnis, dass eine geplante Sanierung nicht nach 3 außen an die Öffentlichkeit dringt. Falls nämlich öffentlich bekannt wird, dass bei einem Unternehmen wirtschaftliche Probleme bestehen, kann sich dies nachteilig auf die Kreditwürdigkeit des Unternehmens auswirken.[2] In einer präventiven Restrukturierungssache erfolgen daher nach § 84 Abs. 1 S. 1 StaRUG öffentliche Bekanntmachungen nur, wenn dies von Seiten des Schuldners ausdrücklich beantragt wird. Gemäß § 84 Abs. 1 S. 2 StaRUG ist dieser **Antrag** von dem Schuldner zwingend vor der ersten Entscheidung in der Restrukturierungssache zu stellen und kann von dem Schuldner nur bis zu der ersten Entscheidung zurückgenommen werden. Wenn der Schuldner die Restrukturierungssache öffentlich betreiben möchte, empfiehlt es sich somit, dass der erforderliche Antrag von dem Schuldner zeitgleich mit der Anzeige

1 BT-Drs. 19/24181, 179.

2 Vgl. *von Bismarck/Schulz* NZI-Beilage 2019, 82 (83 f.), die zutreffend darauf hinweisen, dass sich die Publizität einer Restrukturierungssache nicht selten zu einem Hemmschuh für die von dem Schuldner beabsichtigte Sanierung entwickeln kann.

des Restrukturierungsvorhabens nach § 31 Abs. 1 StaRUG beim zuständigen Restrukturierungsgericht eingereicht wird.

4 Nach § 84 Abs. 1 S. 3 StaRUG findet auf den von Seiten des Schuldners zu stellenden Antrag die Regelung des Art. 102c § 5 EGInsO entsprechende Anwendung. Falls also Anhaltspunkte dafür bestehen, dass für die präventive Restrukturierungssache die internationale Zuständigkeit eines anderen Mitgliedstaats der Europäischen Union besteht, ist der Schuldner verpflichtet, in dem **Antrag** nach § 84 Abs. 1 StaRUG anzugeben, seit wann der Sitz bzw. die Hauptniederlassung an dem in dem Antrag genannten Ort besteht, in welchen anderen Mitgliedstaaten sich Gläubiger oder wesentliche Teile des Vermögens des Schuldners befinden oder wesentliche Teile der Tätigkeit des Schuldners ausgeübt werden. Zudem hat der Schuldner in dem Antrag die Tatsachen zu nennen, aus denen sich ergibt, dass der Schuldner gewöhnlich der Verwaltung seiner Interessen in Deutschland nachgeht. Schließlich muss sich der Schuldner in dem Antrag dazu erklären, ob er bereits in einem anderen Mitgliedstaat der Europäischen Union die Durchführung einer präventiven Restrukturierungssache beantragt hat bzw. eine solche bereits in einem anderen Mitgliedstaat anhängig ist.

II. Inhalt der öffentlichen Bekanntmachungen

5 Wenn sich der Schuldner dazu entschlossen hat, die Restrukturierungssache öffentlich zu betreiben und einen entsprechenden Antrag gestellt hat, hat das Restrukturierungsgericht gemäß § 84 Abs. 2 S. 1 Nr. 1 StaRUG in der ersten Entscheidung, die in der Restrukturierungssache ergeht, die Gründe anzugeben, aus denen sich die **internationale Zuständigkeit** der deutschen Gerichte ergibt. Darüber hinaus muss die erste Entscheidung des Restrukturierungsgerichts nach § 84 Abs. 2 S. 1 Nr. 2 StaRUG die Angabe enthalten, ob die internationale Zuständigkeit der inländischen Gerichte auf Art. 3 Abs. 1 EuInsVO oder auf Art. 3 Abs. 2 EuInsVO beruht. Hintergrund ist die Regelung des Art. 4 Abs. 1 EuInsVO. Nach Art. 4 Abs. 1 S. 1 EuInsVO hat das Gericht die Frage der internationalen Zuständigkeit von Amts wegen zu prüfen. Ferner wird in Art. 4 Abs. 1 S. 2 EuInsVO bestimmt, dass in der Entscheidung zur Eröffnung des Insolvenzverfahrens die Gründe anzugeben sind, auf denen die internationale Zuständigkeit des Gerichts beruht, wobei ebenfalls eine Angabe dazu erforderlich ist, ob die internationale Zuständigkeit auf Art. 3 Abs. 1 EuInsVO, dh bei Eröffnung eines Hauptinsolvenzverfahrens, oder auf Art. 3 Abs. 2 EuInsVO, dh bei Eröffnung eines Sekundär- oder Partikularinsolvenzverfahrens, gestützt wird.

6 In den Fällen, in denen die Restrukturierungssache öffentlich betrieben wird und das Restrukturierungsgericht die internationale Zuständigkeit der deutschen Gerichte bejaht und ein Hauptinsolvenzverfahren nach Art. 3 Abs. 1 EuInsVO eröffnet, kann hiergegen gemäß § 84 Abs. 2 S. 3 StaRUG iVm Art. 102c § 4 EGInsO **sofortige Beschwerde** eingelegt werden. Die Einlegung der sofortigen Beschwerde kann durch den Schuldner oder durch einen Gläubiger erfolgen. Da jedoch eine präventive Restrukturierungssache ausschließlich auf Antrag des Schuldners durchgeführt wird, können in der Praxis lediglich Fälle auftreten, in denen die sofortige Beschwerde von einem Gläubiger des Schuldners eingelegt wird. Falls der Gläubiger die Einlegung der sofortigen Beschwerde versäumt, kann dieser nach Art. 102c § 4 S. 1 EGInsO im späteren

Verlauf des StaRUG-Verfahrens nicht mehr gemäß Art. 5 Abs. 1 EuInsVO rügen, dass es an der internationalen Zuständigkeit der deutschen Restrukturierungsgerichte fehlt.

Inhaltlich erstreckt sich die öffentliche Bekanntmachung nach § 84 Abs. 2 S. 2 StaRUG auf die **Pflichtinformationen**, die im Einzelnen in Art. 24 Abs. 2 EuInsVO aufgezählt sind. Außerdem sind nach § 85 Abs. 1 StaRUG der Ort und die Zeit gerichtlicher Termine, die Bestellung und die Abberufung eines Restrukturierungsbeauftragten sowie die gerichtlichen Entscheidungen, welche in einer Restrukturierungssache ergehen, öffentlich bekannt zu machen. Im Falle der Vornahme von öffentlichen Bekanntmachungen iSv § 85 Abs. 1 StaRUG kann das Restrukturierungsgericht nach § 85 Abs. 2 S. 1 StaRUG davon absehen, die Ladungen zu Terminen an Aktionäre, Kommanditaktionäre und an Inhaber von Schuldverschreibungen zuzustellen. Insoweit besteht eine Parallele zu den Vorschriften der §§ 235 Abs. 3 S. 3, 241 Abs. 2 S. 2 InsO. Wenn der Schuldner in der Rechtsform einer börsennotierten Aktiengesellschaft firmiert, ist nach § 85 Abs. 2 S. 2 StaRUG die Vorschrift des § 121 Abs. 4a AktG entsprechend anzuwenden. Dies hat zur Folge, dass die Veröffentlichung in diesem Fall durch solche Medien erfolgen muss, bei denen davon ausgegangen werden kann, dass sie die betreffenden Informationen in der gesamten Europäischen Union verbreiten. Diese Anforderungen sind in der Regel lediglich bei elektronischen Informationsmedien, wie etwa dem Bundesanzeiger, erfüllt.[3] 7

III. Durchführung der öffentlichen Bekanntmachungen

Nach § 86 Abs. 1 S. 1 StaRUG erfolgen die einzelnen öffentlichen Bekanntmachungen durch eine zentrale und länderübergreifende Veröffentlichung im Internet, wobei auch eine auszugsweise Veröffentlichung zulässig ist. Gemäß § 86 Abs. 1 S. 2 StaRUG gilt die Bekanntmachung als bewirkt, sobald nach dem Tag der Veröffentlichung zwei weitere Tage verstrichen sind. Hierbei handelt es sich um eine **Zustellungsfiktion**,[4] die ihr Vorbild in § 9 Abs. 1 S. 3 InsO hat. 8

In § 86 Abs. 2 S. 1 StaRUG ist vorgesehen, dass die Einzelheiten der zentralen und länderübergreifenden Veröffentlichung im Internet im Zusammenhang mit einer öffentlichen Restrukturierungssache durch eine **Rechtsverordnung** geregelt werden können. Der Erlass einer solchen Rechtsverordnung hat durch das Bundesjustizministerium zu erfolgen. Nach § 86 Abs. 2 S. 2 StaRUG ist bei dem Erlass der Rechtsverordnung darauf zu achten, dass dort insbesondere Löschungsfristen vorgesehen sind und Vorschriften in die Rechtsverordnung aufgenommen werden, welche sicherstellen, dass die Veröffentlichungen unversehrt, vollständig, sachlich richtig und aktuell bleiben sowie jederzeit ihrem Ursprung nach zugeordnet werden können. Insoweit ist das Bundesjustizministerium bereits tätig geworden und hat in die InsBekV[5] Regelun- 9

3 Vgl. Hüffer/Koch/*Koch*, AktG § 121 Rn. 11 i; anders jedoch MüKoAktG/*Kubis* § 121 Rn. 84, nach dessen Ansicht eine wirksame Veröffentlichung nur dann vorliegt, wenn diese in dem Medienbündel nach § 3 WpAV erfolgt.

4 Vgl. Andres/Leithaus/*Andres* InsO § 9 Rn. 4.

5 Verordnung zu öffentlichen Bekanntmachungen in Insolvenzverfahren und Restrukturierungssachen im Internet vom 12.2.2002, BGBl. I 677, zuletzt geändert durch Art. 7 SanInsFoG vom 22.12.2020.

gen betreffend das öffentlich betriebene StaRUG-Verfahren aufgenommen. Die neuen Vorschriften treten zum 17.7.2022 in Kraft.

10 Nach § 86 Abs. 3 StaRUG genügt die öffentliche Bekanntmachung zum Nachweis der Zustellung an die Beteiligten, auch wenn im StaRUG eine besondere Form der Zustellung vorgeschrieben ist. Auch hier besteht eine Parallele zu der bei Insolvenzverfahren geltenden Regelung des § 9 Abs. 3 InsO. Der Sinn und Zweck des § 86 Abs. 3 StaRUG besteht darin, das StaRUG-Verfahren zu vereinfachen, da bei einer öffentlichen Restrukturierungssache eine **Einzelzustellung** an eine ggf. große Anzahl von Betroffenen entbehrlich ist.[6]

IV. Öffentliches Restrukturierungsforum

11 Durch die Vorschrift des § 87 Abs. 1 StaRUG wird den planbetroffenen Gläubigern ein **öffentliches Restrukturierungsforum** bereitgestellt. Danach können Planbetroffene im Restrukturierungsforum des Bundesanzeigers andere Planbetroffene auffordern, das Stimmrecht im Rahmen einer Planabstimmung in bestimmter Weise auszuüben, eine Stimmrechtsvollmacht zu erteilen oder einen Vorschlag zur Änderung des von Seiten des Schuldners vorgelegten Restrukturierungsplans zu unterstützen. Von der Gesetzessystematik her ist die Regelung des § 87 StaRUG im Bereich der öffentlichen Restrukturierungssachen nach §§ 84 ff. StaRUG angesiedelt. Hieraus lässt sich ableiten, dass die Nutzung des Restrukturierungsforums durch die planbetroffenen Gläubiger lediglich in einer **öffentlichen Restrukturierungssache** möglich ist.[7]

12 Der **Sinn und Zweck** des § 87 StaRUG besteht darin, den planbetroffenen Gläubigern insbesondere in größeren Restrukturierungssachen ein Instrument zur Verfügung zu stellen, um miteinander in Kontakt zu treten. Der Gesetzgeber erwartet, dass das Restrukturierungsforum vor allem von Kleingläubigern genutzt werden wird.[8] Konkret soll es den planbetroffenen Gläubigern durch das Restrukturierungsforum ermöglicht werden, im Vorfeld der Planabstimmung miteinander in Kontakt zu treten, sich zu organisieren, ihre Interessen gemeinsam zu vertreten und sich auf gemeinsame Abstimmungsstrategien oder Änderungsvorschläge zum Restrukturierungsplan zu verständigen.[9]

13 Die **formalen Anforderungen** im Hinblick auf die Aufforderung eines planbetroffenen Gläubigers sind in § 87 Abs. 2 StaRUG enthalten. Das Vorliegen einer wirksamen Aufforderung setzt voraus, dass in dieser der Name und die Anschrift des Planbetroffenen, der Schuldner, das Restrukturierungsgericht und das gerichtliche Aktenzeichen der Restrukturierungssache, der Vorschlag für die Stimmrechtsausübung bzw. für die Stimmrechtsvollmacht oder zur Änderung des Plans sowie den Tag der Versammlung der Planbetroffenen oder des Fristablaufs zur Annahme des Planangebots bezeichnet werden. Um einen Missbrauch des Restrukturierungsforums durch anonyme Auffor-

6 BT-Drs. 19/24181, 180.
7 So auch Braun/*Tashiro* StaRUG § 87 Rn. 5, welche zu Recht ausführt, dass auch in nicht-öffentlichen Restrukturierungssachen ein praktisches Bedürfnis für ein Restrukturierungsforum bestehen kann.
8 BT-Drs. 19/24181, 180.
9 BT-Drs. 19/24181, 180.

derungen zu verhindern, ist der planbetroffene Gläubiger verpflichtet, seinen Klarnamen nebst Anschrift anzugeben.[10]

Es ist dem planbetroffenen Gläubiger freigestellt, ob er seine Aufforderung begründen möchte. Falls sich der planbetroffene Gläubiger für diese Option entscheidet, kann in die Aufforderung nach § 87 Abs. 3 StaRUG ein Hinweis aufgenommen werden, dass sich die **Begründung** auf der Internetseite des Auffordernden findet, wobei die elektronische Adresse dieser Website namentlich bezeichnet werden kann. Gemäß § 87 Abs. 4 StaRUG bleibt dem Schuldner im Falle einer Aufforderung durch einen planbetroffenen Gläubiger allein die Möglichkeit, eine Stellungnahme zu der Aufforderung zu verfassen und in dem Restrukturierungsforum des Bundesanzeigers darauf hinzuweisen, dass die Stellungnahme auf seiner Homepage abrufbar ist. Im Übrigen ist es dem Schuldner verwehrt, sich an der zwischen den planbetroffenen Gläubigern geführten Diskussion aktiv zu beteiligen.[11] Bei Restrukturierungssachen, die einen grenzüberschreitenden Bezug aufweisen und an denen zahlreiche ausländische Gläubiger beteiligt sind, sollten die planbetroffenen Gläubiger darauf achten, dass der Aufforderung eine englische Übersetzung beigefügt ist.[12] Dies gilt ebenfalls für die Stellungnahme des Schuldners. Auch diese sollte in der deutschen und in der englischen Sprache formuliert sein. 14

Nach § 87 Abs. 5 StaRUG können die **äußere Gestaltung** des Restrukturierungsforums und die weiteren Einzelheiten, insbesondere zu der Aufforderung, dem Hinweis, den Entgelten, zu Löschungsfristen, zum Löschungsanspruch, zu Missbrauchsfällen und zur Einsichtnahme, durch eine Rechtsverordnung des Bundesjustizministeriums geregelt werden. Der genaue Inhalt der noch zu erlassenden Rechtsverordnung ist derzeit noch nicht absehbar. Ein wichtiger Punkt ist die Frage, ob dem Schuldner bei einem missbräuchlichen Einsatz des Restrukturierungsforums durch planbetroffene Gläubiger hiergegen ein Rechtsmittel zur Verfügung stehen soll.[13] Von einem Missbrauch wäre etwa dann auszugehen, wenn der planbetroffene Gläubiger in die Aufforderung unwahre Tatsachen betreffend den Schuldner aufnimmt, welche geeignet sind, die Reputation des Schuldners nachhaltig zu schädigen. Zum anderen stellt sich die Frage, ob das Restrukturierungsforum einen Forumsmoderator vorsehen soll,[14] welchem unter anderem die Aufgabe zukommt, die einzelnen Aufforderungen der planbetroffenen Gläubiger zu koordinieren. 15

V. Anwendbarkeit von Vorschriften in Art. 102c EGInsO

Wenn die Restrukturierungssache von dem Schuldner öffentlich betrieben wird, sind nach § 88 StaRUG eine ganze Reihe von Vorschriften, die in **Art. 102c EGInsO** enthalten sind, entsprechend anwendbar. 16

Der in § 88 StaRUG enthaltene Verweis auf die Regelungen in Art. 102c §§ 1, 2, 3 Abs. 1, Abs. 3 EGInsO bedarf keiner besonderen Erläuterung. Gegenstand des § 88 17

10 Vgl. Braun/*Tashiro* StaRUG § 87 Rn. 7.
11 Vgl. Braun/*Tashiro* StaRUG § 87 Rn. 11.
12 Vgl. Braun/*Tashiro* StaRUG § 87 Rn. 12.
13 Vgl. dazu auch Braun/*Tashiro* StaRUG § 87 Rn. 9.
14 Vgl. Braun/*Tashiro* StaRUG § 87 Rn. 9.

StaRUG iVm Art. 102c EGInsO sind öffentliche Restrukturierungssachen, die einen Bezug mit einem oder mehreren Mitgliedstaaten der Europäischen Union aufweisen, so dass die EuInsVO anwendbar ist. In einem solchen Fall regelt Art. 102c § 1 EGInsO die Frage der **örtlichen Zuständigkeit** der deutschen Restrukturierungsgerichte, wobei dieser Vorschrift lediglich eine Auffangfunktion zukommt.[15] Demgegenüber dient die Regelung des Art. 102c § 2 EGInsO der Vermeidung von Kompetenzkonflikten innerhalb der verschiedenen europäischen Restrukturierungsgerichte. Falls bereits in einem anderen Mitgliedstaat der Europäischen Union eine Restrukturierungssache betreffend denselben Schuldner anhängig ist, wird in Art. 102c § 3 Abs. 1, Abs. 3 EGInsO das Verfahren in Bezug auf die Einstellung der Restrukturierungssache durch das inländische Restrukturierungsgericht geregelt.

18 Die Vorschrift des § 88 StaRUG iVm Art. 102c § 6 EGInsO bezieht sich auf den Fall, dass eine Klage nach Art. 6 EuInsVO erhoben wird. Hierbei handelt es sich um solche Klagen, die unmittelbar aus der Restrukturierungssache hervorgehen und mit dieser in einem engen Zusammenhang stehen. Die internationale Zuständigkeit derartiger **Annexklagen** bestimmt sich nach Art. 6 Abs. 1 EuInsVO, während für solche Klagen nach Art. 102c § 6 Abs. 1 EGInsO eine örtliche Zuständigkeit des am Ort des Restrukturierungsgerichts sachlich zuständigen Gerichts besteht.

19 Eine besonders hohe praktische Bedeutung hat die in § 88 StaRUG enthaltene Verweisung auf die Regelung des Art. 102c § 15 EGInsO. Wenn das StaRUG-Verfahren öffentlich betrieben wird, aber es sich hierbei um ein **Sekundärinsolvenzverfahren** iSv Art. 3 Abs. 3 EuInsVO handelt, setzt eine gerichtliche Bestätigung des Restrukturierungsplans nach Art. 102c § 15 S. 1 EGInsO zwingend voraus, dass dem Restrukturierungsplan nicht nur eine qualifizierte Mehrheit, sondern sämtliche Gläubiger zustimmen. Wie sich aus Art. 102c § 15 S. 2 EGInsO ergibt, gilt lediglich eine Ausnahme betreffend die Forderungen von Gläubigern, denen Absonderungsanwartschaften zustehen. Für die Praxis bedeutet dies, dass eine präventive Sanierung des Schuldners im Rahmen eines Sekundärinsolvenzverfahrens nicht realisierbar ist. Da jedoch ein StaRUG-Verfahren nur auf Initiative des Schuldners eingeleitet werden kann, hat dieser es in der Hand, die Restrukturierungssache, sofern diese öffentlich betrieben wird, als Hauptinsolvenzverfahren nach Art. 3 Abs. 1 EuInsVO anhängig zu machen.[16]

20 Schließlich sind nach § 88 StaRUG die Regelungen in Art. 102c §§ 25, 26 EGInsO entsprechend anwendbar. Diese Vorschriften enthalten zum einen Rechtsbehelfe gegen Entscheidungen des Gruppen-Koordinators nach Art. 69 Abs. 2 EuInsVO. Zum anderen sind dort Rechtsbehelfe gegen Entscheidungen im Zusammenhang mit der Frage vorgesehen, wer nach Art. 77 Abs. 4 EuInsVO die Kosten des Gruppen-Koordinationsverfahren zu tragen hat. Falls der deutsche Gesetzgeber sein Vorhaben umsetzt, das öffentlich betriebene StaRUG-Verfahren in den Anhang A der EuInsVO aufzunehmen,[17] handelt es sich bei einem solchen Verfahren um ein Insolvenzverfahren iSv Art. 2 Nr. 4 EuInsVO. Im Falle der beabsichtigten Restrukturierung von ver-

15 Vgl. MüKoInsO/*Thole* Art. 102c § 1 EGInsO Rn. 1.
16 Vgl. Braun/*Tashiro* StaRUG § 87 Rn. 11.
17 BT-Drs. 19/24181, 178.

schiedenen Konzerngesellschaften, deren COMI sich in unterschiedlichen Mitgliedstaaten der Europäischen Union befindet, könnte somit bei öffentlichen Restrukturierungssachen nach Art. 61 Abs. 1 EuInsVO ein länderübergreifendes **Gruppen-Koordinationsverfahren** durchgeführt werden. Voraussetzung hierfür ist ein Antrag eines Verwalters bei einem Restrukturierungsgericht, welches für ein Mitglied der Unternehmensgruppe zuständig ist. Der in Art. 61 Abs. 1 EuInsVO enthaltene Begriff des Verwalters wird in Art. 2 Nr. 5 EuInsVO legaldefiniert. Hiernach ist unter einem Verwalter jede Person oder Stelle zu verstehen, deren Aufgabe darin besteht, die in Insolvenzverfahren angemeldeten Forderungen zu prüfen und zuzulassen, die Gesamtinteressen der Gläubiger zu vertreten, die Insolvenzmasse vollständig oder teilweise zu verwalten bzw. zu verwerten oder die Geschäftstätigkeit des Schuldners zu überwachen.

Die Tätigkeit des Restrukturierungsbeauftragten ist in vielen Bereichen mit derjeni- 21
gen eines Sachwalters in einem Eigenverwaltungsverfahren vergleichbar. Deshalb sollte der Gesetzgeber den Restrukturierungsbeauftragten in den Anhang B der EuInsVO aufnehmen.[18] Sollte dies so tatsächlich umgesetzt werden, würde eine rechtliche Grundlage dafür bestehen, bei präventiven Sanierungen, die sich auf Konzerngesellschaften aus unterschiedlichen EU-Mitgliedstaaten erstrecken, ein Gruppen-Koordinationsverfahren durchzuführen. So könnte etwa der von dem deutschen Restrukturierungsgericht bestellte Restrukturierungsbeauftragte zum **Gruppen-Koordinator** ernannt werden.

C. Anerkennung der Rechtswirkungen des StaRUG-Verfahrens im Ausland

Bei der Restrukturierung von größeren Unternehmen kommt es in der Praxis sehr 22
häufig vor, dass daran Gläubiger beteiligt sind, die ihren Sitz im Ausland, dh in einem Mitgliedstaat der Europäischen Union oder in einem Drittstaat haben. In solchen Fällen hat der Schuldner, welcher ein StaRUG-Verfahren durchläuft, naturgemäß ein Interesse daran, dass sich die Rechtswirkungen des Restrukturierungsplans ebenfalls auf die ausländischen Gläubiger beziehen, sofern der Schuldner diese in den Restrukturierungsplan einbezogen hat. Bei der Frage der **Anerkennung** des deutschen StaRUG-Verfahrens im Ausland ist zu unterscheiden, ob die Restrukturierungssache von dem Schuldner öffentlich betrieben wird oder ob in dem Verfahren keine öffentlichen Bekanntmachungen erfolgen.

I. Öffentliches Betreiben der Restrukturierungssache

Ab dem 17.7.2022 hat der Schuldner die Möglichkeit, einen Antrag nach § 84 Abs. 1 23
S. 1 StaRUG zu stellen und die Restrukturierungssache öffentlich zu betreiben. Sollte der deutsche Gesetzgeber bis dahin sein Vorhaben umsetzen und das **öffentlich betriebene StaRUG-Verfahren** in den Anhang A der EuInsVO aufnehmen, würde dies nach Art. 32 Abs. 1 UAbs. 1 S. 1 EuInsVO grundsätzlich dazu führen, dass die Rechtswirkungen des Restrukturierungsplans in allen Mitgliedstaaten der Europä-

18 Für eine Aufnahme des Restrukturierungsbeauftragten in den Anhang B der EuInsVO auch *Jacobi* ZRI 2020, 256 (257).

ischen Union automatisch eintreten würden, ohne dass ein förmliches Anerkennungsverfahren durchgeführt werden müsste. Nach dem Wortlaut des Art. 32 Abs. 1 UAbs. 1 S. 1 EuInsVO erstreckt sich die Anerkennung auf den von einem Gericht bestätigten Vergleich. Dies bedeutet, dass die Wirkungen eines Restrukturierungsplans im europäischen Ausland nur unter der Voraussetzung anzuerkennen sind, dass eine Planbestätigung nach §§ 60 ff. StaRUG durch das Restrukturierungsgericht erfolgt.[19]

24 Eine Anerkennung der Rechtswirkungen des Restrukturierungsplans in den anderen EU-Mitgliedstaaten kann nicht mit dem Argument verneint werden, dass es sich bei dem StaRUG-Verfahren nicht um ein Insolvenzverfahren iSv Art. 32 Abs. 1 UAbs. 1 S. 1 EuInsVO handelt. Wie sich aus Art. 1 Abs. 1 UAbs. 1 EuInsVO ergibt, gilt die EuInsVO für öffentliche Gesamtverfahren. Diese Voraussetzungen sind bei einem öffentlich betriebenen StaRUG-Verfahren erfüllt, auch wenn der Schuldner nur einen Teil seiner Gläubiger in den Restrukturierungsplan einbezogen hat. Insoweit ist eine abstrakte Betrachtungsweise geboten. Maßgeblich ist, dass das StaRUG dem Schuldner nun einmal die Möglichkeit eröffnet, alle Gläubiger in den Restrukturierungsplan aufzunehmen. Eine Ausnahme gilt lediglich für die in § 4 StaRUG genannten Forderungen. Hiervon sind insbesondere die Forderungen der Arbeitnehmer betroffen. Ferner ist zu berücksichtigen, dass nach dem Willen des europäischen Gesetzgebers **präventive Sanierungsverfahren** vom Anwendungsbereich der EuInsVO erfasst sein sollen. Besonders deutlich kommt dies in Art. 1 UAbs. 2 EuInsVO zum Ausdruck, da sich danach die EuInsVO auch auf solche Verfahren erstreckt, welche in Situationen eingeleitet werden können, in denen lediglich die Wahrscheinlichkeit einer Insolvenz besteht. Diese Formulierung bezieht sich gerade auf präventive Sanierungsverfahren.[20] Wenn also das öffentlich geführte StaRUG-Verfahren in den Anhang A der EuInsVO aufgenommen wird, liegt nach Art. 2 Nr. 4 EuInsVO ein Insolvenzverfahren vor, so dass eine automatische Anerkennung im europäischen Ausland eintritt.

25 Falls beim Schuldner Gläubiger vorhanden sind, die in einem **Drittstaat** außerhalb der Europäischen Union ansässig sind, scheidet eine Anerkennung der Rechtswirkungen des Restrukturierungsplans nach der EuInsVO im Verhältnis zu diesen Gläubigern aus. Insbesondere ist der betreffende Drittstaat nicht an die in der EuInsVO enthaltenen Regelungen zur automatischen Anerkennung des von einem europäischen Restrukturierungsgericht bestätigten Restrukturierungsplans gebunden. Die Frage, ob der durch den Restrukturierungsplan bewirkte teilweise Forderungserlass in dem Drittstaat, in welchem der jeweilige Gläubiger ansässig ist, anzuerkennen ist, ist von den Regelungen des autonomen Rechts des Drittstaats abhängig.[21] Probleme bei der Anerkennung können sich vor allem in solchen Fällen ergeben, in denen auf die Forderung nach den entsprechenden kollisionsrechtlichen Vorschriften das Recht eines Drittstaats Anwendung findet.[22]

---

19 So auch MüKoInsO/*Thole* Art. 32 EuInsVO Rn. 9 b; A. Schmidt/*Undritz* EuInsVO Art. 32 Rn. 4; Uhlenbruck/*Hermann* InsO Art. 32 EuInsVO Rn. 17.
20 Vgl. Uhlenbruck/*Knof* InsO Art. 1 EuInsVO Rn. 27; Gottwald/Haas/*Kolmann*/*Ch. Keller* InsR-HdB § 129 Rn. 12.
21 Vgl. dazu Brünkmans/Thole/*Thole* Insolvenzplan-HdB § 40 Rn. 54.
22 Vgl. Brünkmans/Thole/*Thole* Insolvenzplan-HdB § 40 Rn. 54.

II. Durchführung der Restrukturierungssache ohne öffentliche Bekanntmachungen

In der Praxis besteht bei zahlreichen Schuldnern ein Interesse daran, dass die bei ihnen vorhandenen wirtschaftlichen Schwierigkeiten nicht nach außen hin bekannt werden. Falls der Schuldner in einer solchen Situation davon Abstand nimmt, die präventive Restrukturierungssache öffentlich zu betreiben, kann eine Anerkennung nach der EuInsVO nicht erfolgen, da diese nach Art. 1 Abs. 1 UAbs. 1 EuInsVO lediglich auf öffentliche Gesamtverfahren anwendbar ist. Diese Voraussetzung ist bei **vertraulich geführten präventiven Sanierungsverfahren**, bei denen keine öffentlichen Bekanntmachungen erfolgen, nicht erfüllt.[23] 26

Es stellt sich dann die Frage, ob eine Anerkennung der nicht-öffentlichen Variante des StaRUG-Verfahrens in den anderen Mitgliedstaaten der Europäischen Union nach der **EuGVVO** möglich ist. Nach Art. 1 Abs. 1 S. 1 EuGVVO werden vom Anwendungsbereich der EuGVVO zwar grundsätzlich Zivil- und Handelssachen erfasst. Allerdings findet die EuGVVO nach Art. 1 Abs. 2 lit. b EuGVVO auf Konkurse, Vergleiche und ähnliche Verfahren keine Anwendung. Unter diese Regelung fällt auch das StaRUG-Verfahren, und zwar unabhängig davon, ob dieses öffentlich betrieben wird oder nicht. Zum einen kann das StaRUG-Verfahren nach § 29 Abs. 1 StaRUG lediglich bei einer drohenden Zahlungsunfähigkeit des Schuldners eingeleitet werden. Das Vorliegen einer drohenden Zahlungsunfähigkeit eröffnet dem Schuldner nach § 18 Abs. 1 InsO alternativ die Möglichkeit, einen Eigeninsolvenzantrag zu stellen. Zum anderen weist der im StaRUG vorgesehene Restrukturierungsplan erhebliche Gemeinsamkeiten mit dem Insolvenzplan in einem Regelinsolvenz- bzw. Eigenverwaltungsverfahren auf. Schließlich kann das StaRUG-Verfahren von dem Schuldner als Gesamtverfahren betrieben werden, weil mit Ausnahme der in § 4 StaRUG bezeichneten Forderungen sämtliche Gläubiger in den Restrukturierungsplan einbezogen werden können. Demnach fallen sowohl die öffentliche als auch die nicht-öffentliche Variante des StaRUG-Verfahrens unter die Vorschrift des Art. 1 Abs. 2 lit. b EuGVVO, so dass eine Anerkennung nach der EuGVVO ausscheidet.[24] 27

Gegen die vorstehende Betrachtungsweise spricht ebenfalls nicht, dass die EuInsVO lediglich für öffentliche Gesamtverfahren gilt und daher bei der nicht-öffentlichen Variante des StaRUG-Verfahrens eine Lücke besteht, welche durch Rückgriff auf die Regelungen der EuGVVO zu schließen ist. Denn in Erwägungsgrund 7 der EuInsVO heißt es ausdrücklich, dass sich aus dem Umstand, dass ein nationales Verfahren nicht in dem Anhang A der EuInsVO aufgeführt ist, nicht ergibt, dass dieses Verfahren unter die EuGVVO fällt. Hieraus ergibt sich, dass das Argument eines angeblich erforderlichen **Lückenschlusses** nicht verfängt.[25] Als Ergebnis ist somit festzuhalten, dass bei der nicht-öffentlichen Variante des StaRUG-Verfahrens keine automatische Anerkennung der Wirkungen des Restrukturierungsplans im Ausland eintritt. Vielmehr richtet sich die Frage der Anerkennung nach den jeweiligen natio- 28

---

23 Vgl. MüKoInsO/*Reinhart* Art. 1 EuInsVO Rn. 6 a.

24 Zustimmend *Westpfahl/Dittmar* NZI-Beilage 2021, 46 (46 f.); *Schlöder/Parzinger/Knebel* ZIP 2021, 1041 (1044); *Thole* ZIP 2020, 1985 (1998), welcher davon ausgeht, dass über diese Frage letztendlich der EuGH entscheiden muss. Für die Anerkennung des StaRUG-Verfahrens nach der EuGVVO jedoch Musielak/Voit/*Stadler* EuGVVO Art. 1 Rn. 6; *Skauradszun* ZIP 2019, 1501 (1503); *J. Schmidt* ZInsO 2021, 654 (658).

25 So auch MüKoInsO/*Thole* Art. 19 EuInsVO Rn. 7.

nalen Regelungen des internationalen Insolvenz- oder Zivilprozessrechts des Staates, in dem der einzelne Gläubiger ansässig ist.[26] Dies gilt für Gläubiger, die ihren Sitz in einem EU-Mitgliedstaat haben, genauso wie für Gläubiger, deren Sitz sich in einem Drittstaat befindet.

D. Anerkennung der Rechtswirkungen von ausländischen präventiven Restrukturierungsverfahren im Inland

29 Weiterhin stellt sich spiegelbildlich die Frage der Anerkennung der Rechtswirkungen eines im Ausland durchgeführten präventiven Restrukturierungsverfahrens in Deutschland. Konkret geht es darum, ob im Inland ansässige Gläubiger an den in dem ausländischen Restrukturierungsplan enthaltenen teilweisen Forderungserlass gebunden sind. Von besonderer praktischer Bedeutung ist dabei das in den Niederlanden geltende präventive Sanierungsverfahren. Der Vorteil dieses sog. **Dutch Scheme of Arrangement** besteht einerseits darin, dass dort Regelungen zur einseitigen Beendigung von Verträgen durch den restrukturierungswilligen Schuldner vorgesehen sind,[27] so dass das niederländische Verfahren eine unkomplizierte leistungswirtschaftliche Sanierung des Schuldners erlaubt. In Deutschland wollte der Gesetzgeber ursprünglich ebenfalls Regelungen zur einseitigen Vertragsbeendigung in das StaRUG aufnehmen. Nachdem in der Literatur jedoch überwiegend Kritik an diesen Vorschriften geäußert und die Auffassung vertreten wurde, dass die Möglichkeit einer einseitigen Vertragsbeendigung aufgrund des Grundsatzes „Pacta sunt servanda" einem förmlichen Insolvenzverfahren, sei es in Form der Eigenverwaltung oder eines in Fremdverwaltung durchgeführten Verfahrens, vorbehalten sein müsse,[28] hat der deutsche Gesetzgeber diese Regelungen kurz vor der Verabschiedung des StaRUG ersatzlos gestrichen. Die niederländischen Regelungen sind daher in diesem Punkt für den Schuldner günstiger. Darüber hinaus hat das niederländische Recht für den Schuldner den Vorteil, dass für die Annahme des Restrukturierungsplans lediglich eine Mehrheit von zwei Dritteln der abstimmenden Klassenmitglieder erforderlich ist,[29] während nach § 25 Abs. 1 StaRUG eine Mehrheit von 75 % innerhalb der einzelnen Gläubigergruppen notwendig ist.

30 Wenn das niederländische präventive Restrukturierungsverfahren öffentlich betrieben wird, sind die Rechtswirkungen des Restrukturierungsplans in Deutschland nach der EuInsVO anzuerkennen, ohne dass ein förmliches Anerkennungsverfahren durchgeführt werden muss. Auch die Niederlande wollen die öffentliche Variante ihres sog. **Dutch Scheme of Arrangement** in den Anhang A der EuInsVO aufnehmen.[30] Das im

26 Vgl. *Westpfahl/Dittmar* NZI-Beilage 2021, 46 (47); *Hoegen/Kranz* NZI 2021, 105 (109).
27 Vgl. *Kern* NZI-Beilage 2021, 74 (76).
28 So *Hofmann* NZI 2020, 871 (874); *Thole* ZIP 2020, 1985 (1995); *Müller* ZIP 2020, 2253 (2257); *Deppenkemper* ZIP 2020, 2432 (2440); für eine einseitige Lösungsmöglichkeit von Verträgen im Rahmen eines präventiven Restrukturierungsverfahrens dagegen *Desch* BB 2020, 2498 (2507); *Proske/Streit* NZI 2020, 969 (972 f.), welche darauf hinweisen, dass die Einleitung eines präventiven Sanierungsverfahrens zwingend das Vorliegen eines Insolvenzgrunds in Form der drohenden Zahlungsunfähigkeit voraussetze und der Schuldner daher alternativ einen Eigeninsolvenzantrag mit der Folge stellen könne, dass eine Beendigung von für den Schuldner nachteiligen Verträgen über die Anwendung der Vorschriften der §§ 103 ff. InsO erreicht werde.
29 Vgl. *Kern* NZI-Beilage 2021, 74 (75).
30 *Kern* NZI-Beilage 2021, 74 (76).

niederländischen Recht vorgesehene präventive Sanierungsverfahren kann ebenfalls nicht-öffentlich betrieben werden. Da die EuInsVO in einem solchen Fall keine Anwendung findet und aufgrund der Regelung des Art. 1 Abs. 2 lit. b EuGVVO auch keine Anerkennung nach Art. 36 Abs. 1 EuGVVO erfolgen kann, richtet sich die Frage der Anerkennung der Wirkungen des niederländischen Restrukturierungsplans nach § 328 ZPO.[31] Demgegenüber scheidet eine Anerkennung nach § 343 InsO aus, weil dem Anhang A der EuInsVO eine negative Abgrenzungsfunktion zukommt.[32]

31 So auch MüKoInsO/*Thole* Art. 19 EuInsVO Rn. 7.

32 Vgl. MüKoInsO/*Thole* Art. 19 EuInsVO Rn. 7; *Schlöder/Parzinger/Knebel* ZIP 2021, 1041 (1046 f.).

§ 12 Anfechtungs- und Haftungsrecht

A. Einführung

Die §§ 89–91 StaRUG befassen sich mit den **anfechtungs- und haftungsrechtlichen Folgen**, die sich aus dem Scheitern eines Sanierungsversuches innerhalb eines rechtshängigen Restrukturierungsverfahrens ergeben können. 1

Während § 89 StaRUG allgemeingültige Regeln zum Schutz vor Anfechtungs- und Haftungsrisiken während der Rechtshängigkeit der Restrukturierungssache aufstellt, beschäftigt sich § 90 StaRUG konkret mit dem Anfechtungsschutz planbezogener Maßnahmen. § 91 StaRUG lässt den Zeitraum der Rechtshängigkeit der Restrukturierungssache für die Berechnung der Anfechtungsfristen im Interesse der Insolvenzgläubiger unberücksichtigt. 2

B. Rechtshandlungen während der Rechtshängigkeit der Restrukturierungssache (§ 89 StaRUG)

I. Regelungsinhalt

§ 89 StaRUG normiert Haftungs-, Anfechtungs- und Zahlungsprivilegierungen für Unternehmen ab **Rechtshängigkeit der Restrukturierungssache.** 3

4 § 89 StaRUG schränkt die Anfechtungs- und Haftungsrisiken der Vertragspartner eines Unternehmens ein, vgl. Abs. 1. Die **Einschränkungen** gelten gem. Abs. 2 auch nach Eintritt der Insolvenzreife weiter, sofern das Restrukturierungsgericht von der Aufhebung der Restrukturierungssache abgesehen hat. Nach Anzeige der Insolvenzreife innerhalb einer rechtshängigen Restrukturierungssache bleibt das Zahlungsverbot aus § 15b Abs. 1 S. 1 InsO aufrechterhalten. Die in § 15b Abs. 1 S. 2, Abs. 2 S. 1 InsO vorgesehen Zahlungsprivilegierungen werden für den Zeitraum bis zu einer Entscheidung des Gerichts über die Fortführung der Restrukturierungssache modifiziert, vgl. Abs. 3.

1. Einschränkung der Anfechtungs- und Haftungsmöglichkeiten

5 Hat ein Vertragspartner der Gesellschaft davon Kenntnis, dass die Restrukturierungssache rechtshängig ist (vgl. § 31 Abs. 3 StaRUG) oder dass die Gesellschaft Instrumente des Stabilisierungs- und Restrukturierungsrahmens (vgl. § 29 StaRUG) in Anspruch nimmt, kann dies für sich genommen die Annahme eines sittenwidrigen Beitrages zur Insolvenzverschleppung oder die Annahme eines Gläubigerbenachteiligungsvorsatzes nicht begründen, vgl. § 89 Abs. 1 StaRUG.

a) Schutz der Restrukturierungssache

6 Die Regelung soll verhindern, dass die Geschäftspartner der schuldnerischen Gesellschaft sich aus Sorge um spätere Anfechtungs- und Haftungsrisiken allein aufgrund der Rechtshängigkeit der Restrukturierungssache oder der Inanspruchnahme von Instrumenten des StaRUG davon abschrecken lassen, die Geschäftsbeziehungen fortzuführen oder sich am Restrukturierungsplan zu beteiligen.[1]

b) Reichweite des Schutzes

7 § 89 Abs. 1 StaRUG verringert durch die Bezugnahme auf **„sittenwidrige Beiträge zur Insolvenzverschleppung"** die Haftungsgefahr von **Kreditgebern** nach §§ 138, 826 BGB wegen Sittenverstoßes bei der Gewährung oder Besicherung von Krediten.[2] Diese tragen nach der Rechtsprechung des BGH zu einer sittenwidrigen Insolvenzverschleppung bei, wenn sie um ihrer eigenen Vorteile willen durch die Gewährung von Kredite die unvermeidliche Insolvenz der Gesellschaft lediglich hinausschieben, hierdurch andere Gläubiger über die Kreditfähigkeit des Unternehmens getäuscht und geschädigt werden und die Kreditgeber sich dieser Erkenntnis mindestens leichtfertig verschließen. Alternativ kann ein sittenwidriges Verhalten auch darin liegen, dass die Geldgeber sich zur Sicherung eines Kredits (fast) das gesamte freie gesellschaftliche Vermögen übertragen lassen und hierdurch andere gegenwärtige oder künftige Gläubiger über die Kreditwürdigkeit der Gesellschaft täuschen und zur Vergabe weiterer Kredite verleiten.[3] Nach § 89 Abs. 1 StaRUG kann die Annahme eines solchen sittenwidrigen Beitrags nicht allein darauf gestützt werden, dass ein Kreditgeber Kenntnis von dem Versuch des Schuldners hat, sich unter dem StaRUG zu sanieren.

---

1 BegrRegE BT-Drs. 19/24181, Ziff. B. Art. 1 Teil 2 § 96, 181; *Gehrlein* BB 2021, 66 (77); *Bork* ZInsO 2020, 2177 (2181).

2 BegrRegE BT-Drs. 19/24181, Ziff. B. Art. 1 Teil 2 § 96, 181; *Thole* ZIP 2020, 1985 (1998); *Desch* BB 2020, 2498 (2506); *Bork* ZInsO 2020, 2177 (2181); *Gehrlein* BB 2021, 66 (78).

3 BGH Urt. v. 12.4.2016 – XI ZR 305/14, NJW 2016, 2662 Rn. 40 f.

Zudem reduziert § 89 Abs. 1 StaRUG die Anfechtungsrisiken, die sich aus § 133 InsO und § 3 AnfG (**Anfechtung wegen vorsätzlicher Benachteiligung**) ergeben.[4] Die umständliche Formulierung im Gesetzestext, die vom „Vorsatz einer Benachteiligung der Gläubiger" sowie der Kenntnis eines „an der Rechtshandlung Beteiligten" spricht, ist so zu verstehen, dass die Kenntnis der Vertragspartner vom Gläubigerbenachteiligungsvorsatz der Gesellschaft gemeint ist. 8

c) Notwendigkeit einer Gesamtbetrachtung

Zur Feststellung, ob bestimmte Rechtshandlungen anfechtbar sind oder eine Haftung begründen können, ist nach wie vor eine **Gesamtbetrachtung** aller Umstände des Einzelfalles notwendig. § 89 StaRUG schließt Anfechtung und Haftung nämlich nicht per se aus. Das macht die Formulierung „nicht allein" in § 89 Abs. 1 StaRUG deutlich. Auf einen Benachteiligungsvorsatz der schuldnerischen Gesellschaft und auf dessen Kenntnis beim Vertragspartner kann weiterhin geschlossen werden, sofern andere Umstände, die von der Einschränkung der Anfechtungsmöglichkeiten nicht umfasst sind, hinzutreten.[5] 9

aa) Eintritt in StaRUG als Indiz nicht ausreichend

Innerhalb einer solchen **Gesamtbetrachtung** kann die Kenntnis von der Rechtshängigkeit der Restrukturierungssache bzw. von der Inanspruchnahme der Instrumente des StaRUG fortan nur als einer von mehreren Faktoren Berücksichtigung finden.[6] Die Schlussfolgerung des Insolvenzverwalters, der Gläubiger habe Kenntnis von einem Sanierungsversuch unter dem StaRUG und deshalb auch von der drohenden Zahlungsunfähigkeit als Einstiegsvoraussetzung gehabt, greift mithin zu kurz. Ohnehin hat die drohende Zahlungsunfähigkeit seit dem Inkrafttreten der Reform des Anfechtungsrechts am 5.4.2017 als Vermutungstatbestand respektive Beweisanzeichen an Bedeutung verloren. 10

bb) Festhalten an Rechtsprechung zur Vorsatzanfechtung bei fehlgeschlagenen Sanierungen

Die vom BGH ausgearbeiteten Vorgaben zur Vorsatzanfechtung bei ernsthaften, letztlich aber fehlgeschlagenen **Sanierungsversuchen** bleibt aufgrund der Möglichkeit einer Gesamtbetrachtung weiterhin maßgeblich.[7] Demnach scheidet ein Benachteiligungsvorsatz aus, wenn die angefochtene Rechtshandlung Bestandteil eines ernsthaften, wenn auch letztlich fehlgeschlagenen Sanierungsversuchs war. Der Sanierungsversuch ist in dieser Situation jedenfalls dann ernsthaft, wenn ihm ein schlüssiges, von den tatsächlichen Gegebenheiten ausgehendes Sanierungskonzept vorausgegangen ist, welches mindestens schon ansatzweise umgesetzt worden ist und Aussicht auf Erfolg hatte.[8] 11

---

4 *Thole* ZIP 2020, 1985 (1998); *Desch* BB 2020, 2498 (2506); *Bork* ZInsO 2020, 2177 (2178); *Gehrlein* BB 2021, 66 (77).
5 *Gehrlein* BB 2021, 66 (78); *Thole* ZIP 2020, 1985 (1998); *Desch* BB 2020, 2498 (2506); *Bork* ZInsO 2020, 2177 (2178).
6 *Thole* ZIP 2020, 1985 (1998).
7 *Gehrlein* BB 2021, 66 (78); *Desch* BB 2020, 2498 (2506); *Bork* ZInsO 2020, 2177 (2181).
8 BHG Urt. v. 28.3.2019 – IX ZR 7/18, BB 2019, 1489.

2. Schutz der Restrukturierungssache bei Weiterführung trotz Eintritt materieller Insolvenz

12 Für den Fall, dass das Restrukturierungsgericht nach einer pflichtgemäßen **Anzeige der Zahlungsunfähigkeit oder Überschuldung** (vgl. § 32 Abs. 3 S. 1 StaRUG) die Restrukturierungssache im Einklang mit § 33 Abs. 2 Nr. 1 Hs. 2 und 3 StaRUG nicht aufhebt, gelten die Privilegierungen des § 89 Abs. 1 StaRUG auch für die Kenntnis der Zahlungsunfähigkeit und Überschuldung, vgl. § 89 Abs. 2 StaRUG. Eine Anfechtung oder ein sittenwidriger Beitrag zu einer Insolvenzverschleppung kann also nicht alleine auf den Eintritt der materiellen Insolvenz und deren Kenntnis gestützt werden. Hintergrund ist, dass die Eröffnung eines Insolvenzverfahrens unter Berücksichtigung des Fortschrittes der Restrukturierungssache nach der Wertung des Gerichts nicht im Interesse der Gläubiger liegt und dass stattdessen die Unternehmenssanierung für die Gläubiger der vorteilhafteste Weg ist.[9]

13 Die unbeschränkte Geltung der Haftungs- und Anfechtungsnormen wäre in dieser Situation nicht nur widersprüchlich,[10] sondern auch hinderlich. Sie würde auf die Geschäftspartner der Gesellschafter genau diejenige abschreckende Wirkung entfalten, die § 89 Abs. 1 StaRUG vermeiden will.[11] Der Erfolg der Restrukturierungssache würde unnötigerweise gefährdet werden.

14 Hervorzuheben ist, dass die Privilegierungen des § 89 Abs. 2 StaRUG erst greifen, wenn das Restrukturierungsgericht die Fortführung der Restrukturierungssache trotz Insolvenzreife verfügt hat.

3. Zahlungsprivilegierungen nach Anzeige des Eintritts materieller Insolvenz

15 Bis das Restrukturierungsgericht nach einer Anzeige der Zahlungsunfähigkeit oder Überschuldung darüber entschieden hat, ob die Restrukturierungssache gem. § 33 Abs. 2 S. 1 Nr. 1 StaRUG aufgehoben wird, gilt jede **Zahlung im ordnungsgemäßen Geschäftsgang**, insbesondere Zahlungen, die für die Fortführung der gewöhnlichen Geschäftstätigkeit und die Vorbereitung und Umsetzung des angezeigten Restrukturierungsvorhabens erforderlich sind, als mit der Sorgfalt eines ordentlichen Geschäftsleiters vereinbar, vgl. § 89 Abs. 3 S. 1 StaRUG.

a) Zeitliche Vorverlagerung des Sanierungsschutzes

16 Wie bereits § 89 Abs. 2 StaRUG soll § 89 Abs. 3 S. 1 StaRUG ebenfalls Wertungswidersprüche vermeiden, welche sich aus der (potenziellen) **Fortführung der Restrukturierungssache** nach Anzeige der Insolvenzreife ergeben können. Solange gem. § 33 Abs. 2 S. 1 Nr. 1 StaRUG die Fortsetzung der Sanierung im Sinne des StaRUG im Interesse der Gläubigergesamtheit liegt, dürfen Geschäftsleiter nicht zur Notgeschäftsführung gezwungen werden. Die damit verbundenen Einschränkungen der Handlungsmöglichkeiten würden eine erfolgreiche Sanierung nur erschweren.[12]

---

9 BegrRegE BT-Drs. 19/24181, Ziff. B. Art. 1 Teil 2 § 96, 182; *Gehrlein* BB 2021, 66 (77).

10 BegrRegE BT-Drs. 19/24181, Ziff. B. Art. 1 Teil 2 § 96, 182.

11 BegrRegE BT-Drs. 19/24181, Ziff. B. Art. 1 Teil 2 § 96, 181; *Gehrlein* BB 2021, 66 (77); *Bork* ZInsO 2020, 2177 (2181).

12 BegrRegE BT-Drs. 19/24181, Ziff. B. Art. 1 Teil 2 § 96, 182; *Gehrlein* BB 2021, 66 (78); *Thole* ZIP 2020, 1985 (1999).

Um diese Zielsetzung bestmöglich zu erreichen, setzt § 89 Abs. 3 StaRUG im Gegensatz zu § 89 Abs. 2 StaRUG zeitlich etwas früher an: Sobald die Gesellschaft den Eintritt materieller Insolvenz ordnungsgemäß nach § 32 Abs. 3 StaRUG angezeigt hat[13] und noch bevor das Restrukturierungsgericht darüber entschieden hat, ob die Restrukturierungssache aufgehoben oder fortgeführt wird, entfaltet § 89 Abs. 3 StaRUG seine Wirkung. 17

b) Fortgeltung des Zahlungsverbots bei Rechtshängigkeit der Restrukturierungssache

Durch § 89 Abs. 3 S. 1 StaRUG wird zunächst klargestellt, dass das rechtsformübergreifende **Zahlungsverbot** ab Insolvenzreife aus § 15b Abs. 1 S. 1 InsO auch auf Insolvenzverschleppungen anzuwenden ist, die während der Rechtshängigkeit der Restrukturierungssache im Sinne des StaRUG eintreten.[14] Das wird dadurch deutlich, dass § 89 Abs. 3 S. 1 StaRUG die sich aus § 15b Abs. 1 S. 2 InsO ergebende Haftungsprivilegierungen für Zahlungen, die mit der Sorgfalt eines ordentlichen und gewissenhaften Geschäftsleiters vereinbar sind, für seinen Anwendungsbereich konkretisiert.[15] 18

Da die Oberkategorie der privilegierten Zahlungen – **„Zahlungen im ordnungsgemäßen Geschäftsgang"** – in § 89 Abs. 3 S. 1 und § 15b Abs. 2 S. 1 InsO jeweils identisch sind, können für die Auslegung dieses Begriffs die in § 15b InsO ausgearbeiteten Maßstäbe auch an dieser Stelle herangezogen werden. 19

c) Eingeschränkte Zahlungsprivilegierung bis zur gerichtlichen Entscheidung

In Abweichung von § 15b Abs. 2 S. 1 InsO[16] gilt die Zahlungsprivilegierung aus § 89 Abs. 3 S. 1 StaRUG jedoch gem. § 89 Abs. 3 S. 2 StaRUG nicht für solche Zahlungen, die bis zu der absehbar zu erwartenden Entscheidung des Restrukturierungsgerichts zurückgehalten werden können, ohne dass damit Nachteile für eine Fortsetzung des Restrukturierungsvorhabens verbunden sind. Nach der Gesetzesbegründung folgt diese Wartepflicht schon aus der Verpflichtung der Geschäftsleiter zur Wahrung der Gesamtgläubigerinteressen.[17] 20

II. Rechtsunsicherheit durch doppelte Prognoseentscheidung

Die Rückausnahme in § 89 Abs. 3 S. 2 StaRUG, wonach Zahlungen von der Privilegierung des § 89 Abs. 3 S. 1 StaRUG ausgenommen werden, die im Fall ihrer Zurückstellung keine **Nachteile für eine Fortsetzung des Restrukturierungsvorhabens** befürchten lassen, kann schnell für **Rechtsunsicherheit** sorgen. § 89 Abs. 3 S. 2 StaRUG lässt nämlich offen, ob jede denkbare Art von Nachteilen ausreicht, damit die Rückausnahme nicht greift und von einer Privilegierung ausgegangen werden kann. Hierfür könnte zumindest der Wortlaut der Vorschrift sprechen, der verallgemeinernd auf „Nachteile" abstellt, ohne diese weiter als „wesentlich" oder „erheblich" zu qualifizieren. Ferner spricht die Systematik von § 89 Abs. 3 StaRUG dafür, den Begriff 21

13 *Desch* BB 2020, 2498 (2501).
14 BegrRegE BT-Drs. 19/24181, Ziff. B. Art. 1 Teil 2 § 96, 182; *Gehrlein* BB 2021, 66 (78).
15 BegrRegE BT-Drs. 19/24181, Ziff. B. Art. 1 Teil 2 § 96, 182; *Desch* BB 2020, 2498 (2501).
16 *Desch* BB 2020, 2498 (2501).
17 BegrRegE BT-Drs. 19/24181, Ziff. B. Art. 1 Teil 2 § 96, 182.

„Nachteile“ weit zu verstehen. Denn § 89 Abs. 3 S. 1 StaRUG stellt den Grundsatz auf, dass Zahlungen bis zur Entscheidung des Gerichts als im ordnungsgemäßen Geschäftsgang erfolgt anzusehen sind. § 89 Abs. 3 S. 2StaRUG statuiert sodann die Ausnahme, dass Zahlungen dann zurückzuhalten sind, wenn hieraus keine Nachteile für eine etwaige Fortsetzung des Restrukturierungsvorhabens entstehen.

22 Ein weites Verständnis des Begriffs „Nachteile“ würde allerdings dazu führen, dass der durch § 89 Abs. 3 S. 2 StaRUG bezweckte Schutz der Massesicherung[18] bis zur gerichtlichen Entscheidung weitestgehend leerliefe. Denn im Zweifel kann jede zurückgehaltene Zahlung auf fällige Forderungen ein Restrukturierungsvorhaben gefährden, so dass Geschäftsführer gemäß § 89 Abs. 3 S. 2 StaRUG von der Haftung befreit würden.

23 **Praxishinweis: Weite Auslegung des Begriffs Nachteile**

Geschäftsführer sollten nach Anzeige des Eintritts materieller Insolvenzvor sorgfältig prüfen, ob es tatsächlich Nachteile für das Restrukturierungsvorhaben nach sich zöge, Zahlungen vorerst zurückzustellen. Bei Zweifeln sollten sie zur Vermeidung eigener Haftung Zahlungen vorerst nicht ausführen.

C. Planfolgen und Planvollzug (§ 90 StaRUG)

24 § 90 StaRUG trifft Regelungen zum **Anfechtungsausschluss** für Rechtshandlungen, die in Vollziehung des Restrukturierungsplans vorgenommen werden.

I. Regelungsinhalt

25 § 90 StaRUG schließt die Anfechtung von Maßnahmen, die im Einklang mit einem gerichtlich bestätigten Restrukturierungsplan erfolgen, weitestgehend aus. Die Norm gilt entsprechend für gerichtlich bestätigte Sanierungsvergleiche im Sinne des § 97 StaRUG.

1. Anfechtungsausschluss für restrukturierungsplanbezogene Maßnahmen

26 § 90 Abs. 1 StaRUG schreibt vor, dass die Regelungen eines rechtskräftig bestätigten Restrukturierungsplans und Rechtshandlungen, die im Vollzug eines solchen Plans erfolgen, bis zur nachhaltigen Restrukturierung einer Anfechtung nur zugänglich sind, wenn die Planbestätigung auf der Grundlage unrichtiger oder unvollständiger Angaben des Schuldners erfolgte und dem anderen Teil dies bekannt war.

27 Damit geht der Anfechtungsschutz für bestimmte Rechtshandlungen weit über den **Zeitraum** der Rechtshängigkeit der Restrukturierungssache hinaus.

28 Die Einschränkung der Anfechtungsmöglichkeit gilt jedoch nicht für Regelungen und Rechtshandlungen über Forderungen auf Rückgewähr eines Gesellschafterdarlehens oder Forderungen aus Rechtshandlungen, die einem solchen Darlehen wirtschaftlich entsprechen (vgl. § 39 Abs. 1 S. 1 Nr. 5, Abs. 4 und 5 InsO) sowie für angreifbare Si-

18 BegrRegE BT-Drs. 19/24181, Ziff. B. Art. 1 Teil 2 § 96, 182.

cherheitsleistungen im Rahmen eines Gesellschafterdarlehens im Sinne der § 135 InsO und § 6 AnfG.[19]

a) Vertrauensschutz in Planstabilität

29 Die anfechtungsrechtliche Privilegierung des Vollzugs des gerichtlich bestätigten Restrukturierungsplans bezweckt den **Vertrauensschutz** der Planbeteiligten. Anfechtungen befürchten insbesondere Finanzgeber, die Überbrückungs- und Sanierungskredite bereitstellen. Sie sollen grundsätzlich von der Stabilität des Plans und der in seinem Vollzug vorgenommenen Handlungen ausgehen und darauf vertrauen dürfen, nicht durch das Insolvenzanfechtungsrecht zur Rückgewähr verpflichtet zu werden, wenn der Plan entgegen ihren Erwartungen scheitert.[20]

b) Sachlicher Anwendungsbereich

30 Abgesehen von § 135 InsO und § 6 AnfG schließt § 90 Abs. 1 StaRUG sämtliche Maßnahmen von einer Anfechtung aus, die im Restrukturierungsplan vorgesehen werden. Eine weitere Differenzierung nach Anfechtungstatbeständen erfolgt nicht.[21]

c) Handlungen zum Vollzug des Plans

31 Die in § 90 Abs. 1 StaRUG angesprochenen **„Rechtshandlungen, die im Vollzug eines Restrukturierungsplans erfolgen"**, sind solche, welche die Umsetzung des Plans ermöglichen sollen.[22]

32 Nennenswerte Beispiele hierfür sind die Übertragung von Vermögensgegenständen durch die schuldnerische Gesellschaft (vgl. § 13 StaRUG) und Ausgleichs- und Abfindungszahlungen an Gläubiger und Anteilsinhaber (vgl. § 64 Abs. 3 StaRUG).[23]

33 Fraglich ist hingegen, inwieweit neue Finanzierungen, also Darlehen und sonstige Kredite, die zur Finanzierung der Restrukturierungssache auf der Grundlage des Plans erforderlich sind (vgl. § 12 S. 1 StaRUG), in den Schutzbereich von § 90 StaRUG einzubeziehen sind. Ausgehend vom Wortlaut des § 90 Abs. 1 StaRUG wäre denkbar, dass eine Anfechtung im Zusammenhang mit sämtlichen Finanzierungsbeiträgen, die Teil des Restrukturierungsplan sind, umfassend ausgeschlossen ist. Das wäre Anfechtungsschutz, den es bei einem Insolvenzplan in dieser Form nicht gibt.[24]

34 Allerdings spricht vieles dafür, dass potenziell anfechtbare Rückzahlungen von Finanzierungsbeiträgen keine Rechtshandlungen zum „Vollzug des Plans" sind. Denn der Restrukturierung dienlich ist die Ausreichung von Finanzierungsbeiträgen, nicht aber deren Rückzahlung.[25] Die Privilegierung wird sich daher vornehmlich bei der Bestellung von Sicherheiten auswirken, wobei sich auch insoweit die Frage stellt, ob das Werthaltigmachen von Sicherheiten noch „Handlungen zum Vollzug des Plans" sind. Aufgrund der derzeit bestehende Rechtsunsicherheiten ist Kreditgebern zu empfehlen,

19 *Müller* ZIP 2020, 2253 (2257).
20 BegrRegE BT-Drs. 19/24181, Ziff. B. Art. 1 Teil 2 § 97, 182; *Gehrlein* BB 2021, 66 (78); *Desch* BB 2020, 2498 (2506).
21 *Bork* ZInsO 2020, 2177 (2182).
22 BegrRegE BT-Drs. 19/24181, Ziff. B. Art. 1 Teil 2 § 97, 182; *Gehrlein* BB 2021, 66 (78).
23 *Gehrlein* BB 2021, 66 (78); *Müller* ZIP 2020, 2253 (2257).
24 *Thole* ZIP 2020, 1985 (1999); BegrRegE BT-Drs. 19/24181, Ziff. B. Art. 1 Teil 2 § 97, 182.
25 *Thole* ZIP 2020, 1985 (1999).

weiterhin Sanierungsgutachten einzuholen und ihr Engagement davon abhängig zu machen, dass hinreichend konkrete Sanierungsaussichten bestehen.

d) Zeitliche Reichweite

35 Da nur das Vertrauen in den Restrukturierungsplan geschützt werden soll, beginnt der Anfechtungsschutz des § 90 Abs. 1 StaRUG ab der gerichtlichen Bestätigung des Restrukturierungsplans.[26] Seinem Wortlaut nach ist der Schutz zudem auf den Zeitraum „**bis zur nachhaltigen Restrukturierung**“ beschränkt. Hierbei handelt es sich um einen unbestimmten Rechtsbegriff, der unterschiedlich ausgelegt werden kann und daher Rechtsunsicherheiten hervorruft.

36 Der umfassende Anfechtungsschutz nahezu sämtlicher gerichtlich bestätigter Planmaßnahmen gem. § 90 Abs. 1 StaRUG[27] schränkt den Anwendungsbereich für § 89 Abs. 1 und 2 StaRUG ein, für den insbesondere in drei Konstellationen eine eigenständige Bedeutung bleibt:

37 § 89 Abs. 1 und 2 StaRUG greift als Auffangtatbestand in solchen Fällen, für welche im Restrukturierungsplan keine Regelungen getroffen wurden.[28] Zudem kommt § 89 StaRUG zum Tragen, wenn ein Restrukturierungsplan (noch) nicht gerichtlich bestätigt wurde, sei es, weil der Plan erst noch ausgearbeitet werden muss, sei es, weil die Option der gerichtlichen Planbestätigung nicht gewählt wurde. Schließlich entfaltet § 89 Abs. 1 und 2 StaRUG seine Wirkung für die Fälle, die ausdrücklich von § 90 Abs. 1 StaRUG ausgenommen sind.[29]

2. Verschärfte Anforderungen bei Übertragung wesentlicher Vermögensteile

38 Die Begrenzung der Anfechtungsmöglichkeiten gelten gem. § 90 Abs. 2 StaRUG nur eingeschränkt, sofern der gestaltende Teil des Restrukturierungsplans die **Übertragung des gesamten schuldnerischen Vermögens oder wesentlicher Teil** davon vorsieht. Damit in einer solchen Situation die wirtschaftlichen Interessen der nicht planbetroffenen Gläubiger hinreichend berücksichtigt werden,[30] entfaltet § 90 Abs. 1 StaRUG seine schützende Wirkung nur dann, wenn die nicht planbetroffenen Gläubiger vorrangig aus der dem Wert des Gegenstands der Übertragung angemessenen Gegenleistung befriedigt werden.

3. Ausdehnung auf gerichtlich bestätigte Sanierungsvergleiche

39 § 97 Abs. 3 StaRUG weitet den Anwendungsbereich des § 90 Abs. 1 und 2 StaRUG auf gerichtlich bestätigte Sanierungsvergleiche im Sinne des § 97 Abs. 1 StaRUG aus, welche zwischen der Gesellschaft, ihren Gläubigern und Dritten zustande kommen.[31]

26 *Desch* BB 2020, 2498 (2506).
27 *Bork* ZInsO 2020, 2177 (2182).
28 *Bork* ZInsO 2020, 2177 (2182).
29 *Bork* ZInsO 2020, 2177 (2182).
30 BegrRegE BT-Drs. 19/24181, Ziff. B. Art. 1 Teil 2 § 97, 182.
31 *Bork* ZInsO 2020, 2177 (2178).

II. Unklarheiten

§ 90 StaRUG weist sowohl in sachlicher als auch in zeitlicher Hinsicht Unklarheiten auf, die dem Zweck, das Vertrauen der Planbeteiligten in den Restrukturierungsplan zu stärken,[32] zuwiderlaufen. 40

1. Unzureichender Schutz von Finanzierern?

Nach dem Willen des Gesetzgebers soll die Rückgewähr von Darlehen grundsätzlich nicht vom Anwendungsbereich des § 90 Abs. 1 StaRUG umfasst sein.[33] Diese Entscheidung erfährt Kritik.[34] Die Kritiker meinen, der Anfechtungsschutz der Darlehensrückzahlung wäre das effektivste Mittel gewesen, um kreditwillige Gläubiger oder Dritte davon zu überzeugen, sich an der Sanierung der Gesellschaft durch die Bereitstellung neuer Finanzierungen im Sinne des § 12 StaRUG zu beteiligen. 41

Insoweit darf allerdings nicht übersehen werden, dass im zeitlichen Anwendungsbereich der §§ 89, 90 StaRUG ausgereichte Sicherheiten grundsätzlich anfechtungsfest sind. Finanzierer erfahren insoweit bereits ein hohes Maß an Rechtssicherheit. Dass darüber hinaus Anfechtungsrisiken in Bezug auf eine spätere Rückzahlung besteht, ist in der Gesamtschau vertretbar und nachvollziehbar. Denn wenn die krisenbehaftete Gesellschaft oder deren Gesellschafter nicht mehr über ausreichendes belastbares Vermögen verfügt, um das Darlehen voll abzusichern, liegt es im Interesse aller Beteiligten, wenn Finanzierer ihr Investment kritisch überdenken. Wäre ihnen stets jedes Anfechtungsrisiko genommen, selbst wenn eine nachhaltige Sanierung mit hohen Unsicherheiten verbunden ist, können neue Finanzierungen mehr Schaden als Nutzen verursachen. Es ist daher in der Gesamtschau durchaus sinnvoll, dass Finanzierer auch unter dem StaRUG dazu angehalten sind, neue Kreditierungen sorgfältig zu prüfen. 42

2. Konflikte aufgrund zeitlicher Begrenzung des Anfechtungsschutzes

Die zeitliche Begrenzung des Anfechtungsschutzes führt zu zwei Problemen: Für einen effektiven Schutz müssten auf der einen Seite Maßnahmen, die zur Vorbereitung des Restrukturierungsplans dienen, ebenfalls vom Anwendungsbereich umfasst sein. Auf der anderen Seite ist durch das Ende des Schutzes mit dem Erreichen einer „nachhaltigen Restrukturierung“[35] Missbrauchspotential vorhanden. 43

a) Schutzbedürfnis vor Bestätigung des Restrukturierungsplans

§ 90 StaRUG setzt, wie auch § 89 StaRUG, ein rechtshängiges Restrukturierungsverfahren voraus. Überbrückungskredite, die vor der Einleitung des Verfahrens zugunsten der Gesellschaft ausgezahlt werden, fallen somit aus dem Schutzbereich heraus. Dies erscheint mit Blick auf die erforderlichen Vorbereitungsmaßnahmen problematisch. So verlangt die Anzeige einer Restrukturierungssache die Vorlage umfangreicher Unterlagen, vgl. § 31 Abs. 2 StaRUG. Regelmäßig werden sich die angeforderten 44

---

32 BegrRegE BT-Drs. 19/24181, Ziff. B. Art. 1 Teil 2 § 97, 182; *Gehrlein* BB 2021, 66 (78); *Desch* BB 2020, 2498 (2506).

33 BegrRegE BT-Drs. 19/24181, Ziff. B. Art. 1 Teil 2 § 97, 182; *Gehrlein* BB 2021, 66 (78); *Thole* ZIP 2020, 1985 (1999); *Desch* BB 2020, 2498 (2506).

34 *Bork* ZInsO 2020, 2177 (2181) mwN.

35 BegrRegE BT-Drs. 19/24181, Ziff. B. Art. 1 Teil 2 § 97, 182; *Gehrlein* BB 2021, 66 (78); *Frind* ZInsO 2020, 2241 (2248); *Desch* BB 2020, 2498 (2506); *Müller* ZIP 2020, 2253 (2257).

Dokumente nur unter Einbeziehung kostenintensiver Hilfe eines Sachverständigen erstellen lassen. Fehlt hierfür das notwendige Kapital, wird sich die erforderliche Liquiditätsgewinnung mangels Anfechtungsschutzes schwierig gestalten.[36]

45 Zur Finanzierung der Planerstellung **vor Rechtshängigkeit der Restrukturierungssache** wäre daher die Einbeziehung solcher Kredite wünschenswert gewesen.[37] Ob in Ermangelung einer gesetzlichen Regelung die Rechtsprechung §§ 89, 90 StaRUG auf diese Konstellationen analog anwenden wird, ist aufgrund des ausdrücklich entgegenstehenden Gesetzeswortlautes jedenfalls zu bezweifeln.

b) Zeitliche Begrenzung birgt Missbrauchsgefahr

46 Der **unbestimmte Rechtsbegriff** der „nachhaltigen Restrukturierung" stellt gem. § 90 Abs. 1 StaRUG den Endpunkt der Beschränkung der Anfechtungsmöglichkeiten dar.[38] Rechtshandlungen, welche die Gesellschaft nach diesem Zeitpunkt trifft, sind grundsätzlich einer Anfechtung zugänglich. Unklar bleibt dabei allerdings, ob die „nachhaltige Restrukturierung" bereits mit der Aufhebung des Restrukturierungsverfahren eintritt,[39] oder ob dieser Begriff – je nach den Umständen des Einzelfalls – eine weitergehende Reichweite besitzt.[40]

47 Die Unbestimmtheit des Begriffs birgt Gefahren für die Geschäftspartner: Nach dem Scheitern der Sanierungsbemühungen bestellte Insolvenzverwalter könnten motiviert sein, das Erreichen einer „nachhaltigen Restrukturierung" frühzeitig zu behaupten, um so die (tatsächlich existierenden) Anfechtungsverbote des § 90 Abs. 1 StaRUG auszuhebeln und Insolvenzanfechtungen den Weg zu bereiten.[41]

D. Fristenberechnung (§ 91 StaRUG)

48 Die Zeit der Rechtshängigkeit der Restrukturierungssache wird in den Fristenlauf der §§ 3–6a AnfG sowie der §§ 88, 130–136 InsO nicht eingerechnet, vgl. § 91 StaRUG. Die sich hieraus ergebende Verlängerung der Anfechtungszeiträume um die Phase der Rechtshängigkeit der Restrukturierungssache soll eine Schlechterstellung der Gläubiger, die allein durch die Nutzung des präventiven Restrukturierungsverfahrens des StaRUG eintreten würde, in einem späteren Insolvenzverfahren verhindern.[42]

36 *Bork* ZInsO 2020, 2177 (2180 f.).
37 *Bork* ZInsO 2020, 2177 (2184).
38 BegrRegE BT-Drs. 19/24181, Ziff. B. Art. 1 Teil 2 § 97, 182; *Gehrlein* BB 2021, 66 (78); *Frind* ZInsO 2020, 2241 (2248); *Desch* BB 2020, 2498 (2506).
39 Hiervon scheint jedenfalls Bork implizit auszugehen, vgl. *Bork* ZInsO 2020, 2177 (2181).
40 *Desch* BB 2020, 2498 (2506).
41 *Desch* BB 2020, 2498 (2506).
42 BegrRegE BT-Drs. 19/24181, Ziff. B. Art. 1 Teil 2 § 98, 183.

§ 13 Pflicht zur Anzeige der Insolvenzreife und Haftung bei Verstoß

A. Einführung

Die §§ 42, 43 StaRUG knüpfen an die Rechtshängigkeit der Restrukturierungssache an und regeln die **Anzeigeplicht** des Eintritts materieller Insolvenz und die Organhaftung bei Verstoß. 1

B. Pflicht zur Anzeige der Insolvenzreife (§ 42 StaRUG)

§ 42 StaRUG modifiziert die Regeln zur Insolvenzantragspflicht für die Dauer der Unternehmenssanierung unter dem StaRUG. Die durch § 42 StaRUG aufgestellte Pflicht ist haftungsbewehrt. Die Geltendmachung hierauf gestützter Schadensersatzansprüche stellt Gläubiger allerdings vor Herausforderungen. 2

I. Regelungsinhalt

3 Die **Insolvenzantragspflicht ruht** im Zeitraum der Rechtshängigkeit der Restrukturierungssache. Sie wird durch eine Pflicht zur Anzeige der Insolvenzreife ersetzt. Die Stellung eines Insolvenzantrages erfüllt zugleich die Anzeigepflicht. Die Verletzung der Anzeigepflicht ist strafbewehrt.

1. Ruhen der Antragspflicht

4 Die Pflicht zur Insolvenzantragsstellung aus § 15a Abs. 1–3 InsO, § 42 Abs. 2 BGB ruht gem. § 42 Abs. 1 S. 1 StaRUG während der Dauer der Rechtshängigkeit der Restrukturierungssache.

a) Schutz der Restrukturierungssache

5 Die Aussetzung der Insolvenzantragspflicht dient dem Schutz des Restrukturierungserfolgs. Die krisenbehaftete Gesellschaft soll davor bewahrt werden, einen Insolvenzantrag stellen zu müssen, obwohl die Restrukturierung planmäßig, mit Aussicht auf Erfolg und im Gläubigerinteresse voranschreitet.[1]

b) Beginn der Suspendierung

6 Die Suspendierung der Insolvenzantragspflicht beginnt mit **Rechtshängigkeit der Restrukturierungssache.** Was hierunter zu verstehen ist, regelt § 31 Abs. 3 StaRUG. Demnach bedarf es zur Herbeiführung der Rechtshängigkeit einer ordnungsgemäßen Anzeige der Restrukturierungssache im Sinne des § 31 Abs. 1 und 2 StaRUG.[2]

7 Die Aussetzung der Insolvenzantragspflicht erfolgt nicht rückwirkend, sondern nur für die Zukunft (ex nunc). Eine bereits vor Rechtshängigkeit der Restrukturierungssache eingetretene Insolvenzverschleppung kann durch die Einleitung einer Sanierung im Sinne des StaRUG nicht nachträglich geheilt werden.[3]

c) Aufleben der Antragspflicht

8 Verliert die Anzeige der Restrukturierungssache gem. § 31 Abs. 4 StaRUG ihre Wirkung, lebt die Antragspflicht aus § 15a Abs. 1–3 InsO, § 42 Abs. 2 BGB wieder auf, vgl. § 42 Abs. 4 StaRUG.

9 Gem. § 31 Abs. 4 StaRUG ist dies der Fall, wenn die Gesellschaft die Anzeige zurücknimmt (Nr. 1), die Entscheidung über die Planbestätigung rechtskräftig wird (Nr. 2), das Gericht die Restrukturierungssache nach § 33 StaRUG aufhebt (Nr. 3) oder seit der Anzeige sechs Monate oder, sofern die Gesellschaft die Anzeige zuvor erneuert hat, zwölf Monate vergangen sind (Nr. 4) (vgl. § 31 Abs. 4 StaRUG).

2. Substitution der Antrags- durch Anzeigepflicht

10 Gem. § 42 Abs. 1 S. 2 StaRUG sind die Antragspflichtigen für die Zeit, in welcher die Insolvenzantragspflicht ruht, dazu verpflichtet, dem Restrukturierungsgericht den

---

1 BegrRegE BT-Drs. 19/24181, Ziff. B. Art. 1 Teil 2 § 44, 145; *Poertzgen* ZInsO 2020, 2509 (2515).
2 *Thole* ZIP 2020, 1985 (1991); *Kranzfelder/Ressmann* ZInsO 2021, 191 (193).
3 *Thole* ZIP 2020, 1985 (1991).

Eintritt der Zahlungsunfähigkeit (vgl. § 17 InsO) bzw. der Überschuldung (vgl. § 19 InsO) ohne schuldhaftes Zögern anzuzeigen.

a) Gläubigerschützende Anzeigepflicht

Die Anzeigepflicht hat eine gläubigerschützende Funktion. Sie soll sicherstellen, dass 11
das Restrukturierungsgericht über eine Verschlechterung der wirtschaftlichen Lage der Gesellschaft informiert wird. Nur so vermag das Gericht gem. § 33 Abs. 2 S. 1 Nr. 1 StaRUG zu prüfen, ob die Fortführung der Restrukturierungssache trotz Eintritt der Insolvenzreife im **Interesse der Gläubiger** liegt oder ob die Restrukturierungssache zum Schutze der Gläubiger aufzuheben ist.[4]

b) Adressatenkreis

Die Gruppen der „Antragspflichtigen" aus § 15a InsO und § 42 Abs. 2 BGB und der 12
Anzeigepflichtigen aus § 42 StaRUG sind identisch. Dies macht § 42 Abs. 1 S. 2 StaRUG deutlich, der insoweit die „Antragspflichtigen" adressiert.[5] Das bedeutet, dass neben den jeweiligen Mitgliedern der Vertretungsorgane der Gesellschaft und der Abwickler[6] unter anderem auch die Gesellschafter einer führungslosen Gesellschaft zum Kreis der Antragspflichtigen gehören.[7]

c) „Ohne schuldhaftes Zögern"

Die Anzeige muss „ohne schuldhaftes Zögern" erfolgen. Die im Gegensatz zu § 15a 13
Abs. 1 S. 2 InsO fehlende zeitliche Konkretisierung des Rechtsbegriffs[8] ist dahin gehend zu verstehen, dass jegliche Verzögerung im Zusammenhang mit der Anzeige der Insolvenzreife ausgeschlossen werden soll. Nur so lässt sich verhindern, dass die Gesellschaftsgläubiger zusätzlichen insolvenzbedingten Risiken ausgesetzt sind.[9] Geschäftsleiter sollten daher „ohne schuldhaftes Zögern", in Anlehnung an § 121 BGB, mit „unverzüglich" gleichsetzen.[10]

d) Parallele zu § 32 Abs. 3 S. 1 StaRUG

Die Pflicht zur Anzeige der Insolvenzreife aus § 42 Abs. 1 S. 2 StaRUG ist grundsätz- 14
lich identisch mit der Anzeigepflicht aus § 32 Abs. 3 S. 1 StaRUG. Lediglich der Adressat der Pflicht ist ein anderer: Statt an die Antragspflichtigen aus § 15a InsO richtet sich § 32 StaRUG an die schuldnerische Gesellschaft selbst.[11]

3. Freiwilliger Insolvenzantrag anstelle einer Anzeige erfüllt Anzeigepflicht

Die Stellung eines freiwilligen Insolvenzantrages im Sinne des § 15a InsO gilt gem. 15
§ 42 Abs. 2 StaRUG als rechtzeitige Erfüllung der Anzeigepflicht.

4 BegrRegE BT-Drs. 19/24181, Ziff. B. Art. 1 Teil 2 § 44, 145; *Gehrlein* BB 2021, 66 (75); *Thole* ZIP 2020, 1985 (1991); *Smid* ZInsO 2021, 117 (124).
5 BegrRegE BT-Drs. 19/24181, Ziff. B. Art. 1 Teil 2 § 44, 145; *Kranzfelder/Ressmann* ZInsO 2021, 191 (193).
6 MüKoInsO/*Klöhn* § 15a Rn. 66; BeckOK InsO/*Wolfer*, 21. Ed. 15.10.2020, § 15a Rn. 7.
7 BegrRegE BT-Drs. 19/24181, Ziff. B. Art. 1 Teil 2 § 44, 145.
8 In § 15a Abs. 1 S. 2 InsO wird für die Erfüllung der Insolvenzantragspflicht eine Höchstfrist von drei Wochen (bei Zahlungsunfähigkeit) bzw. von sechs Wochen (bei Überschuldung) normiert.
9 *Schulz* NZI 2020, 1073 (1078).
10 *Smid* ZInsO 2021, 117 (123).
11 BegrRegE BT-Drs. 19/24181, Ziff. B. Art. 1 Teil 2 § 44, 144; *Desch* BB 2020, 2498 (2501); *Thole* ZIP 2020, 1985 (1991); *Smid* ZInsO 2021, 117 (124); *Kranzfelder/Ressmann* ZInsO 2021, 191 (193).

4. Strafbarkeit der Anzeigeverschleppung

16 Die Verletzung der Anzeigepflicht ist, in Parallele zu § 15a Abs. 4, 5 und 7 InsO, **strafbewehrt.** Es gelten dieselben Grundsätze wie in § 15a InsO.[12] Im Unterschied zu § 15a InsO wird in § 42 Abs. 3 StaRUG allerdings nur die fehlende Anzeige sowie die nicht rechtzeitige Anzeige sanktioniert. Die „nicht richtige" Anzeige steht, anders als in § 15a Abs. 4 Nr. 2 InsO, nicht unter Strafe.

17 Bei einem vorsätzlichen Verstoß gegen die Anzeigepflicht gem. § 42 Abs. 3 S. 1 StaRUG ist mit einer Freiheitsstrafe bis zu drei Jahren oder mit Geldstrafe zu rechnen. Bei fahrlässiger Pflichtverletzung verringert sich die Strafandrohung gem. S. 2 auf ein Jahr Freiheitsstrafe. Wie auch in § 15a Abs. 7 InsO, sind gem. § 42 Abs. 3 S. 3 Insolvenzantragspflichtige von Vereinen oder Stiftungen im Sinne des § 42 BGB von der Strafandrohung ausgenommen.

II. Geschäftsleiterhaftung bei Verstoß gegen Anzeigepflicht

18 Die Anzeigepflicht aus § 42 Abs. 1 S. 2 StaRUG ist aufgrund ihrer Parallelität zu § 15a InsO Schutzgesetz im Sinne des § 823 Abs. 2 BGB.[13] Ein pflichtwidriges Unterlassen der Anzeige der Insolvenzreife ist mithin haftungsbewehrt. Im Rahmen dieser „Anzeigeverschleppungshaftung"[14] müssen Geschäftsleiter Neugläubigern, die nach Eintritt der Anzeigepflicht mit dem Schuldner kontrahiert haben, den Vertrauensschaden ersetzen. Altgläubigern ist der Quotenschaden zu ersetzen, wobei dieser als Gesamtschaden vom Insolvenzverwalter aufgrund der aufwendigen Berechnung und Darlegung in der Praxis nur selten geltend gemacht wird.[15]

III. Beweisschwierigkeiten

19 Ob die Gefahr einer Haftung aus § 823 Abs. 2 BGB ein effektives Mittel zur Disziplinierung von Geschäftsleitern ist, bleibt abzuwarten. Bei der Durchsetzung der Gläubigerschäden wird es zu Beweisschwierigkeiten auf Seiten der Anspruchssteller kommen. Problematisch wird insbesondere sein, dass gem. § 33 Abs. 2 S. 1 Nr. 1 StaRUG das Restrukturierungsgericht nach Anzeige der Insolvenzreife darüber entscheidet, ob eine Weiterführung der Restrukturierungssache für die Gläubiger der Gesellschaft interessengerecht ist. Dass das Restrukturierungsgericht bei rechtzeitiger Anzeige die Restrukturierungssache aufgehoben hätte und es nur aufgrund der Verspätung der Anzeige zu einem Schaden gekommen ist, müssen Gläubiger plausibel darlegen.[16]

C. Pflichten und Haftung der Organe (§ 43 StaRUG)

20 § 43 StaRUG verpflichtet Geschäftsleiter, bei ihrer Tätigkeit für die Gesellschaft während der Rechtshängigkeit der Restrukturierungssache[17] einen bestimmten **Sorgfalts-**

---

12 BegrRegE BT-Drs. 19/24181, Ziff. B. Art. 1 Teil 2 § 44, 145; *Poertzgen* ZInsO 2020, 2509 (2515); *Smid* ZInsO 2021, 117 (123).
13 *Brinkmann* ZIP 2020, 2361 (2368); *Gehrlein* BB 2021, 66 (75); *Smid* ZInsO 2021, 117 (124); *Thole* ZIP 2020, 1985 (1991); *Kranzfelder/Ressmann* ZInsO 2021, 191 (193).
14 *Brinkmann* ZIP 2020, 2361 (2368).
15 *Brinkmann* ZIP 2020, 2361 (2368); *Kranzfelder/Ressmann* ZInsO 2021, 191 (193).
16 *Kranzfelder/Ressmann* ZInsO 2021, 191 (194).
17 *Brünkmans* ZInsO 2021, 125 (127); *Scholz* ZIP 2021, 219 (222).

maßstab einzuhalten. Die konkrete Ausgestaltung der Pflicht wirft in der Praxis Fragen auf. Zur Haftungsvermeidung sollten Geschäftsleiter einige Hinweise beachten.

I. Regelungsinhalt

Die innerhalb der Restrukturierungssache geltenden Sorgfaltspflichten der Geschäftsleiter sind haftungsbewehrt. Die sich hieraus ergebenden Schadensersatzansprüche stehen grundsätzlich nicht zur Disposition der Gesellschaft. Sie verjähren regelmäßig in fünf Jahren. 21

1. Geschäftsleiterpflichten in der Restrukturierung

Gem. § 43 Abs. 1 S. 1 StaRUG sind die Geschäftsleiter von juristischen Personen und von Gesellschaften ohne Rechtspersönlichkeit im Sinne des § 15a Abs. 1 S. 3, Abs. 2 InsO dazu verpflichtet, darauf hinzuwirken, dass die schuldnerische Gesellschaft die Restrukturierungssache mit der Sorgfalt eines ordentlichen und gewissenhaften Geschäftsleiters betreibt und die Interessen der Gesamtheit der Gläubiger wahrt. 22

a) Doppelte Schutzrichtung

§ 43 Abs. 1 S. 1 StaRUG verfolgt zwei Ziele: Zum einen soll der vorgegebene Sorgfaltsmaßstab die schuldnerische Gesellschaft selbst schützen. Ein Missbrauch oder eine fehlerhafte Anwendung der Instrumente des StaRUG soll vermieden werden.[18] Zum anderen dient die Norm dem Gläubigerschutz. Durch die Schaffung des StaRUG werden der schuldnerischen Gesellschaft weitgehende Freiheiten bei der Gestaltung und Organisation der Unternehmenssanierung eingeräumt. Damit diese zusätzlichen Freiheiten nicht zu einer übermäßigen Gefährdung der Gesellschaftsgläubiger führen, muss die Durchführung der Restrukturierungssache an die Wahrung der Interessen der Gläubiger rückgebunden werden.[19] 23

b) Umfang der Geschäftsleiterpflichten

Der durch § 43 Abs. 1 S. 1 StaRUG vorgegebene Pflichtenumfang verläuft parallel[20] zu demjenigen der schuldnerischen Gesellschaft aus § 32 Abs. 1 StaRUG.[21] Hiermit wird die sich aus der allgemeinen Legalitätspflicht ergebende Bindung der Geschäftsleiter an die Einhaltung der Pflichten der Gesellschaft aus § 32 StaRUG betont.[22] 24

aa) Relevanz der Regelbeispiele des § 32 StaRUG

Aufgrund der Parallelität der Normen lassen sich die Regelbeispiele des § 32 Abs. 1 StaRUG auf den Pflichtenumfang der Geschäftsleiter in § 43 Abs. 1 StaRUG übertragen. Sie müssen also insbesondere Maßnahmen unterlassen, welche sich mit dem Restrukturierungsziel nicht vereinbaren lassen oder welche die Erfolgsaussichten der in 25

---

18 BegrRegE BT-Drs. 19/24181, Ziff. B. Art. 1 Teil 2 § 34, 136; *Scholz* ZIP 2021, 219 (223).
19 BegrRegE BT-Drs. 19/24181, Ziff. B. Art. 1 Teil 2 § 34, 136; *Scholz* ZIP 2021, 219 (223).
20 Soweit der Wortlaut in § 32 Abs. 1 S. 1 StaRUG minimal von dem in § 43 Abs. 1 S. 1 StaRUG abweicht – in § 32 StaRUG ist zusätzlich das Wort „dabei“ vor der Passage „die Interessen der Gesamtheit der Gläubiger“ eingefügt – handelt es sich lediglich um ein redaktionelles Versehen – vgl. *Scholz* ZIP 2021, 219 (222 f.).
21 BT-Drs. 19/25353, Ziff. B. Art. 1 § 43, 8; *Gehrlein* BB 2021, 66 (75); *Scholz* ZIP 2021, 219 (222); *Kranzfelder/Ressmann* ZInsO 2021, 191 (195); *Guntermann* WM 2021, 214 (219).
22 BT-Drs. 19/25353, Ziff. B. Art. 1 § 43, 8; *Brünkmans* ZInsO 2021, 125 (127); *Gehrlein* BB 2021, 66 (75); *Smid* ZInsO 2021, 117 (120); *Scholz* ZIP 2021, 219 (221); *Guntermann* WM 2021, 214 (219).

Aussicht genommen Restrukturierungssache gefährden (vgl. § 32 Abs. 1 S. 2 StaRUG). Mit dem Restrukturierungsziel ist es in der Regel nicht vereinbar, Forderungen zu begleichen oder zu besichern, welche durch den Restrukturierungsplan gestaltet werden sollen (vgl. § 32 Abs. 1 S. 3 StaRUG).[23]

bb) Maßnahmen bei Gelegenheit der Sanierung

26 Der Pflichtenumfang aus § 43 Abs. 1 S. 1 StaRUG beschränkt sich nicht nur auf die sorgfältige Anordnung von Maßnahmen, welche in Ausübung der Restrukturierung getroffen werden. Vielmehr unterfallen ihm auch sonstige unternehmerische Entscheidungen, die lediglich bei Gelegenheit der Sanierung getroffen werden. Hochriskante Geschäfte, welche grundsätzlich nicht mit einer laufenden Sanierung im Zusammenhang stehen, aber von außen kommend negativ auf den Sanierungserfolg einwirken können, sind zu unterlassen.[24]

2. Innenhaftung auf Gläubigergesamtschaden bei Pflichtverstoß

27 Verletzen Geschäftsleiter ihre Pflichten aus § 43 Abs. 1 S. 1 StaRUG, haften sie der Gesellschaft in Höhe des den Gläubigern entstandenen Schadens, es sei denn, sie haben die Pflichtverletzung nicht zu vertreten, vgl. § 43 Abs. 1 S. 2 StaRUG.

a) Umfang des Schadensersatzanspruchs

28 Da die Gesellschaft Inhaberin des Anspruches aus § 43 Abs. 1 S. 2 StaRUG ist, handelt es sich um eine **reine Innenhaftung** der Geschäftsleiter.[25] Der Schadensersatzanspruch richtet sich auf die Kompensation des **Gläubigergesamtschadens.**[26] Hiervon umfasst sind die Schäden, welche den Gläubigern gemeinschaftlich durch eine Vermögensminderung der Gesellschaft entstanden sind. Das Vermögen reduziert sich entweder durch eine Verringerung der Aktiva oder eine Vermehrung der Passiva.[27]

b) Innenhaftung entspricht allgemeinem Grundsatz

29 Die Ausgestaltung als Innenhaftung entspricht dem allgemeinen gesellschaftlichen Grundsatz der Binnenhaftung. Der Grundsatz kommt beispielsweise in den spezialgesetzlichen Haftungstatbeständen der § 43 Abs. 2 GmbHG und § 93 Abs. 2 AktG[28] zum Ausdruck. Er dient der Disziplinierung der Geschäftsleiter im Falle eines Pflichtverstoßes.[29]

c) Parallele Haftung aus § 823 Abs. 1 BGB

30 Auch wenn aufgrund § 43 Abs. 1 S. 2 StaRUG Gläubigereinzelschäden grundsätzlich nicht kompensierbar sind,[30] bleibt das Recht der Gläubiger, einen Ausgleich der ih-

---

23 *Scholz* ZIP 2021, 219 (223); *Kranzfelder/Ressmann* ZInsO 2021, 191 (195); *Guntermann* WM 2021, 214 (219).

24 *Guntermann* WM 2021, 214 (219).

25 *Brünkmans* ZInsO 2021, 125 (128); *Gehrlein* BB 2021, 66 (75); *Kranzfelder/Ressmann* ZInsO 2021, 191 (195); *Guntermann* WM 2021, 214 (218).

26 *Brünkmans* ZInsO 2021, 125 (128); *Smid* ZInsO 2021, 117 (117); *Scholz* ZIP 2021, 219 (224); *Kranzfelder/Ressmann* ZInsO 2021, 191 (195); *Guntermann* WM 2021, 214 (218).

27 *Brünkmans* ZInsO 2021, 125 (128).

28 *Guntermann* WM 2021, 214 (218); *Brünkmans* ZInsO 2021, 125 (126); *Bea/Dressler* NZI 2021, 67 (68); *Kranzfelder/Ressmann* ZInsO 2021, 191 (195).

29 *Guntermann* WM 2021, 214 (218).

30 *Brünkmans* ZInsO 2021, 125 (128).

nen entstandene Schäden aus unerlaubter Handlung über § 823 Abs. 1 BGB einzufordern, von § 43 Abs. 1 StaRUG unberührt. Dies wird insbesondere relevant, wenn Geschäftsleiter aufgrund unrichtiger Angaben mittels des Restrukturierungsplans auf dingliche Absonderungsanwartschaften im Sinne des § 2 Abs. 1 Nr. 2 StaRUG einwirken oder wenn sie unberechtigterweise in Restrukturierungsforderungen (vgl. § 2 Abs. 1 Nr. 1 StaRUG) eingreifen.[31]

Aufgrund der bewussten Entscheidung des Gesetzgebers, die Haftung aus § 43 Abs. 1 S. 2 StaRUG als Innenhaftung zu konzipieren, kann der Pflichtenkatalog des § 43 Abs. 1 S. 1 StaRUG demgegenüber nicht als Schutzgesetz im Sinne von § 823 Abs. 2 BGB qualifiziert werden.[32] 31

3. Erstattungspflicht nicht disponibel; Verjährungsvorschriften

§ 43 Abs. 2 und 3 StaRUG sind § 15b Abs. 4 S. 4 und 5, Abs. 7 InsO nachgebildet. Sie entsprechen den allgemeinen Grundsätzen, denen gesellschaftsrechtliche Haftungsansprüche bei der Verletzung gläubigerschützender Pflichten unterliegen.[33] 32

a) Unwirksamkeit von Verzichten und Vergleichen

§ 43 Abs. 2 StaRUG stellt klar, dass die Haftungsansprüche aus § 43 Abs. 1 S. 2 StaRUG nicht zur Disposition der Gesellschaft stehen.[34] Ein Verzicht der schuldnerischen Gesellschaft auf ihre Ansprüche im Sinne des § 43 Abs. 1 S. 2 StaRUG oder ein diesbezüglicher Vergleich ist grundsätzlich gem. § 43 Abs. 2 S. 1 StaRUG unwirksam, sofern der Ersatz zur Befriedigung der Gläubiger erforderlich ist. Dies gilt nur ausnahmsweise nicht, sofern sich der Ersatzpflichtige zur Abwendung eines Insolvenzverfahrens über sein Vermögen mit seinen Gläubigern vergleicht, sofern die Ersatzpflicht in einem Insolvenzplan geregelt wird oder sofern für die ersatzberechtigte Gesellschaft ein Insolvenzverwalter handelt, vgl. § 43 Abs. 2 S. 2 StaRUG. 33

b) Kenntnisunabhängige Verjährung

Die Ansprüche nach § 43 Abs. 2 S. 1 StaRUG verjähren gem. § 43 Abs. 3 S. 1 StaRUG grundsätzlich in fünf Jahren kenntnisunabhängig ab Anspruchsentstehung, also ab Eintritt der ersten Schadensposition.[35] Ist das Unternehmen börsennotiert, beträgt die Verjährungsfrist in Anlehnung an § 93 Abs. 6 AktG[36] gem. § 43 Abs. 3 S. 2 StaRUG zehn Jahre. 34

II. Unklarheiten

Es bedarf einer genaueren Betrachtung, inwieweit die Grundsätze der **Business Judgement Rule („BJR")** auf die ordnungsgemäße Pflichtenausübung der Geschäftsleiter im Rahmen des § 43 Abs. 1 S. 1 StaRUG anwendbar sind, ob die Gläubiger- oder die Gesellschafterinteressen im Konfliktfall überwiegen und wie der Schadensersatzan- 35

31 *Brünkmans* ZInsO 2021, 125 (128); *Smid* ZInsO 2021, 117 (124).
32 *Scholz* ZIP 2021, 219 (226).
33 BT-Drs. 19/25353, Ziff. B. Art. 1 § 43, 8; *Gehrlein* BB 2021, 66 (75).
34 *Brünkmans* ZInsO 2021, 125 (129).
35 *Scholz* ZIP 2021, 219 (225).
36 BegrRegE BT-Drs. 19/24181, Ziff. B. Art. 5 Nr. 9, 196.

spruch aus § 43 Abs. 1 S. 2 StaRUG außerhalb eines Insolvenzverfahrens durchgesetzt werden kann.

1. Modifikation der BJR ab Rechtshängigkeit der Restrukturierungssache

36 Geschäftsleiter werden sich dafür interessieren, inwieweit sie bei der ordnungsgemäßen Ausübung ihrer Pflichten aus § 43 Abs. 1 S. 1 StaRUG auf die Grundsätze der aus § 93 Abs. 1 S. 2 AktG abgeleiteten BJR zurückgreifen können. Hiernach verletzen Geschäftsleiter ihre Pflichten nicht, wenn sie bei unternehmerischen Entscheidungen vernünftigerweise annehmen dürfen, auf der Grundlage angemessener Informationen zum Wohle der Gesellschaft zu handeln. Eine Schadensersatzpflicht der Geschäftsleiter wird dann nur noch relevant, sofern sie die Grenzen eines derart verantwortungsvollen Handelns überschreiten.[37]

a) Gesetzesentstehung spricht gegen Anwendbarkeit der BJR

37 Gegen eine Anwendung der BJR spricht zunächst, dass § 43 Abs. 1 StaRUG – anders als seine Vorgängerversion im Gesetzesentwurf[38] – explizit keinen der BJR entsprechenden Haftungsfreiraum vorsieht. Dies deutet darauf hin, dass der Gesetzgeber sich im Laufe des Gesetzgebungsprozesses bewusst gegen eine derartige Privilegierung der Geschäftsleiter entschieden hat.[39]

38 Für einen Ausschluss der BJR lässt sich außerdem die Gesetzesbegründung anführen. Hieraus geht hervor, dass § 43 Abs. 1 S. 1 StaRUG lediglich klarstellende Bedeutung hat und sich die dort normierten Pflichten für Geschäftsleiter bereits aus der Legalitätspflicht, welche der Gesetzgeber beim UMAG[40] vom 22.9.2005 ausdrücklich aus dem Anwendungsbereich der BJR ausgenommen hatte, ergeben.[41]

b) Sinn und Zweck des StaRUG sprich für Anwendbarkeit der BJR

39 Hingegen sprechen die Zielsetzung sowie der Sinn und Zweck des StaRUG für eine Anwendbarkeit der BJR in § 43 Abs. 1 StaRUG. Das StaRUG dient der Ermöglichung effektiver vorinsolvenzlicher Unternehmenssanierungen. Die Erreichung dieses Ziels würde erheblich erschwert, wenn Geschäftsleitern innerhalb der Restrukturierungssache kein geschützter Beurteilungsspielraum verbliebe. Geschäftsleiter, welche ein Haftungsrisiko aus § 43 Abs. 1 S. 2 StaRUG vermeiden wollen, könnten sich dazu gedrängt sehen, von der Eingehung von für die Sanierung notwendigen Risiken abzusehen. Gegebenenfalls könnten sie sogar ganz von einer Sanierung absehen und sofort Eröffnung des Insolvenzverfahrens beantragen.[42] Mithin deutet einiges darauf hin, dass die BJR im Rahmen des § 43 Abs. 1 StaRUG anwendbar ist.[43]

---

37 *Bea/Dressler* NZI 2021, 67 (68).

38 Vgl. §§ 45, 2 Abs. 1 S. 2 StaRUG-RegE. Für die Konkretisierung des Umfangs der in § 45 StaRUG-RegE normierten Geschäftsleiterhaftung verwies die Vorschrift auf § 2 Abs. 1 S. 2 StaRUG-RegE. Dort hieß es: *„Eine Pflichtverletzung liegt nicht vor, wenn der Geschäftsleiter vernünftigerweise davon ausgehen durfte, auf der Grundlage angemessener Informationen die Interessen der Gläubiger zu wahren."*

39 *Guntermann* WM 2021, 214 (219).

40 Gesetz zur Unternehmensintegrität und Modernisierung des Anfechtungsrechts.

41 BT-Drs. 19/25353, Ziff. B. Art. 1 § 43, 8; *Guntermann* WM 2021, 214 (219).

42 *Guntermann* WM 2021, 214 (219).

43 *Guntermann* WM 2021, 214 (220); so auch *Bea/Dressler* NZI 2021, 67 (68).

2. Gläubiger- vs. Gesellschaftsinteressen

Weiterhin stellt sich die Frage, welche der in § 43 Abs. 1 S. 1 StaRUG zu berücksichtigenden Interessen – Gläubiger- oder Gesellschaftsinteresse – im Konfliktfall Vorrang genießt. Insbesondere wird entscheidend sein, ob sich Geschäftsleiter einem Haftungsrisiko aus § 43 Abs. 1 S. 2 StaRUG dadurch entledigen können, dass sie entsprechend einer Gesellschafterweisung tätig werden. Da § 43 StaRUG hierzu jedenfalls explizit keine Regelung trifft,[44] muss ein Lösungsansatz durch Auslegung der Norm entwickelt werden. 40

a) Vorrang der Gesellschafterweisungen

Die Entstehungsgeschichte des StaRUG kann als Argument für den Vorrang von Gesellschafterweisungen angeführt werden. Der im Gesetzgebungsprozess gestrichene § 2 Abs. 2 S. 2 StaRUG-RegE[45] sah noch ausdrücklich vor, dass Gesellschafterweisungen unbeachtlich sein sollten, sofern sie dem Interesse der Gläubiger entgegenstehen. Im Umkehrschluss könnte hieraus geschlossen werden, dass der Gesetzgeber sich letztendlich bewusst gegen eine Nachrangigkeit von Weisungsbeschlüssen entschieden hat, die im Konflikt zum Gesamtgläubigerinteresse stehen.[46] 41

b) Legalitätspflicht als Hinweis auf Weisungsverweigerungsrecht

Dem ist entgegenzuhalten, dass sich das Fehlen einer dem § 2 Abs. 2 S. 2 StaRUG-RegE vergleichbaren Norm in der Endfassung des StaRUG auch durch ein redaktionelles Versehen erklären lässt. Der Gesetzgeber stand bei der Schaffung des StaRUG unter einem enormen Zeitdruck. Zwischen dem ersten Referentenentwurf des BMJV vom 19.9.2020 und dem Inkrafttreten des StaRUG am 1.1.2021 vergingen nur wenige Monate. 42

Hinzu kommt, dass Geschäftsleiter bei ihrer Pflichtenausübung der Legalitätspflicht unterliegen.[47] Dies bedeutet, dass sie weder aufgrund eigener Initiative noch aufgrund einer Gesellschafterweisung rechtswidrig handeln dürfen, selbst wenn dies im besten Interesse der Gesellschaft wäre.[48] Weisungen, die im Gegensatz zu dem durch § 43 Abs. 1 S. 1 StaRUG bezweckten Gläubigerschutz stehen, würden aber genau zu einem solch rechtswidrigen Tätigwerden führen, welches im Widerspruch zur Legalitätspflicht stünde. 43

c) Primat des Gläubigerschutzes und shift of fiduciary duties

Hieraus lässt sich schließen, dass Geschäftsleiter Weisungen der Gesellschafter nicht befolgen müssen, wenn sie im Konflikt zum Gläubigergesamtinteresse stehen. Stattdessen ist Letzterem Vorrang zu gewähren.[49] Dieses Ergebnis führt mittelbar dazu, dass es ab der Rechtshängigkeit der Restrukturierungssache, wenn § 43 StaRUG erst- 44

44 *Guntermann* WM 2021, 214 (220).

45 § 2 Abs. 2 S. 2 StaRUG-RegE lautete: *„Beschlüsse und Weisungen der Überwachungsorgane und anderer Organe sind unbeachtlich, soweit sie der […] gebotenen Wahrung der Gläubigerinteressen entgegenstehen.“*

46 *Guntermann* WM 2021, 214 (220).

47 *Scholz* ZIP 2021, 219 (224).

48 *Brünkmans* ZInsO 2021, 125 (128).

49 *Brünkmans* ZInsO 2021, 125 (128); *Scholz* ZIP 2021, 219 (224).

mals seine Wirkung entfaltet,[50] zu einen **shift of fiduciary** kommt.[51] Ab diesem Zeitpunkt gilt das Primat des Gläubigerschutzes.

3. Durchsetzbarkeit des Schadensersatzanspruches

45 Kommt es nach Rechtshängigkeit einer Restrukturierungssache zu einem Insolvenzverfahren, machen die Insolvenzverwalter etwaige Schadensersatzansprüche aus § 43 Abs. 1 S. 2 StaRUG gegen die Geschäftsleiter geltend.[52] Wird ein Insolvenzverfahren hingegen nicht eröffnet, müsste die Gesellschaft selbst gegen ihre Geschäftsleiter vorgehen, was in der Praxis selbst bei Fremdgeschäftsführern selten ist.

a) Innenhaftung bei der AG und Personenhandelsgesellschaften

46 Handelt es sich bei der Anspruchsinhaberin um eine AG, kann der Aufsichtsrat gemäß § 112 S. 1AktG?gegen die Vorstandsmitglieder der AG gerichtlich vorgehen.[53] Auch innerhalb von Personenhandelsgesellschaften haben die gem. §§ 125 Abs. 1, 126 Abs. 1 HGB jeweils einzelvertretungsberechtigten Gesellschafter die Möglichkeit, gegen die übrigen pflichtwidrig handelnden Geschäftsleiter-Gesellschafter vorzugehen.[54]

b) Innenhaftung bei der GmbH

47 Bei der GmbH hingegen kann es im Rahmen der Anspruchsdurchsetzung zu erheblichen tatsächlichen Hürden kommen.[55] Gem. § 46 Nr. 8 GmbHG machen die GmbH-Gesellschafter Ersatzansprüche der GmbH gegen die Geschäftsführer geltend. Bei Einmann-GmbHs,[56] welche gerade im Sektor der kleinen und mittleren Unternehmen (KMU) weit verbreitet sind, führt dies zu der paradoxen Situation, dass sich der Gesellschafter-Geschäftsführer selbst verklagen müsste, um den Gläubigergesamtschaden im Namen der GmbH einzufordern.[57]

c) Fehlende Kompetenz des Restrukturierungsbeauftragten

48 Diesem Problem hätte man vorbeugen können, indem man, zumindest für den Zeitraum einer laufenden Sanierung, dem Restrukturierungsbeauftragten die Kompetenz zur Einforderung des Schadensersatzes nach § 43 Abs. 1 S. 2 StaRUG hätte übertragen können.[58] In Ermangelung einer entsprechenden Regelung bleibt es bei diesem für Gesellschaftsgläubiger unbefriedigenden Ergebnis.

III. Praxishinweise

49 Die ordnungsgemäße Ausübung ihrer Pflichten sollten Geschäftsleiter aufgrund einer für sie nachteiligen Beweislastverteilung sorgsam **dokumentieren.** Geschäftsleitern

50 *Brünkmans* ZInsO 2021, 125 (131).
51 *Bea/Dressler* NZI 2021, 67 (68).
52 *Brünkmans* ZInsO 2021, 125 (128).
53 Bei der eingetragenen Genossenschaft (eG) ergibt sich dies aus § 39 Abs. 1 S. 1 GenG – vgl. *Smid* ZInsO 2021, 117 (118).
54 *Smid* ZInsO 2021, 117 (118).
55 *Brünkmans* ZInsO 2021, 125 (128).
56 Bei Einmann-GmbHs gibt es nur einen einzigen Gesellschafter, der in aller Regel schon allein aus Kostengründen zugleich der Geschäftsführer ist – vgl. *Smid* ZInsO 2021, 117 (118).
57 *Smid* ZInsO 2021, 117 (118).
58 *Brünkmans* ZInsO 2021, 125 (128).

obliegt gem. § 43 Abs. 1 S. 2 StaRUG im Prozess die Darlegungs- und Beweislast dafür, dass sie die Interessen der Gläubigergesamtheit gewahrt und die Restrukturierungssache mit der Sorgfalt eines ordentlichen und gewissenhaften Geschäftsleiters betrieben haben.[59]

Um die gesetzliche Vermutung einer zumindest fahrlässigen Pflichtverletzung[60] erfolgreich widerlegen zu können, sollten Geschäftsleiter ihre vor den einzelnen Geschäftsführungsentscheidungen vorzunehmende **Abwägungen der Gesellschafts- und Gläubigerinteressen** in nachvollziehbarer Weise dokumentieren. Sie sollten sich bewusst sein, dass ihr Handeln umso mehr eine Rechtfertigung erfordert, je eher es die Interessen der Gesellschaftsgläubiger gefährdet. Dies gilt insbesondere für Maßnahmen, die in erster Linie den Gesellschaftern zugutekommen.[61] 50

59 *Smid* ZInsO 2021, 117 (118); *Scholz* ZIP 2021, 219 (225); *Kranzfelder/Ressmann* ZInsO 2021, 191 (195).
60 *Kranzfelder/Ressmann* ZInsO 2021, 191 (195).
61 *Schulz* NZI 2020, 1073 (1079).

§ 14 Verbot von Lösungsklauseln

A. Einführung

1 Die grundsätzliche Möglichkeit, vertragliche Lösungsrechte bei gegenseitigen Verträgen zu vereinbaren, wird durch § 44 StaRUG zugunsten des Schutzes der Restrukturierungssache beschnitten.[1] Wie weit diese Einschnitte reichen, ist insbesondere aufgrund des in § 44 Abs. 2 StaRUG normierten Umgehungsverbotes nicht immer eindeutig zu beantworten. Ist eine Stabilisierungsmaßnahme angeordnet, muss zusätzlich § 55 StaRUG beachtet werden.

B. Wirksamkeit von Lösungsrechten

2 Gesetzliche oder vertragliche Lösungsrechte aufgrund einer Restrukturierungssache sind gem. § 44 StaRUG nur in bestimmten Ausnahmefällen wirksam.

I. Eingriff in die Störfallvorsorge

3 § 44 Abs. 1 S. 1 StaRUG stellt klar,[2] dass die Rechtshängigkeit der Restrukturierungssache oder die Inanspruchnahme von Instrumenten des Stabilisierungs- und Restrukturierungsrahmens ohne Weiteres keinen Einfluss auf die bestehenden Vertragsbeziehungen der Gesellschaft mit Dritten hat. So folgt hieraus nicht automatisch ein Grund, ein bestehendes Vertragsverhältnis mit der Gesellschaft zu beenden (Nr. 1), von der Gesellschaft geschuldete Leistungen fällig zu stellen (Nr. 2) oder die der Gesellschaft geschuldete Leistung zu verweigern oder die Anpassung oder anderweitige Gestaltung des Vertrages mit der Gesellschaft zu verlangen (Nr. 3). Hiervon wird ohne Weiteres auch nicht die Wirksamkeit des Vertrages berührt, vgl. § 44 Abs. 1 S. 2 StaRUG.

1. Schutz vor sanierungsgefährdender Störfallvorsorge

4 § 44 StaRUG soll sicherstellen, dass sich allein der Umstand, dass die schuldnerische Gesellschaft die Möglichkeiten des StaRUG für eine vorinsolvenzliche Sanierung nutzt, nicht negativ auf den Bestand und die Abwicklung existierender Vertragsverhältnisse auswirkt.[3] Nur so kann eine Gefährdung des Sanierungserfolgs verhindert werden.[4]

---

1 *Heckschen/Weitbrecht* NZI 2020, 976 (976).
2 BegrRegE BT-Drs. 19/24181, Ziff. B. Art. 1 Teil 2 § 46, 146.
3 BegrRegE BT-Drs. 19/24181, Ziff. B. Art. 1 Teil 2 § 46, 146.
4 *Heckschen/Weitbrecht* NZI 2020, 976 (976).

2. „Inanspruchnahme“ der Instrumente des StaRUG

5 Der Begriff der „Inanspruchnahme“ der Instrumente des StaRUG in § 44 Abs. 1 S. 1 StaRUG ist unter Berücksichtigung der Zielsetzung der Norm weit zu verstehen. Hierunter fällt nicht nur die Gewährung der konkreten Verfahrenshilfen. Vielmehr ist bereits der darauf gerichtete Antrag der Gesellschaft als „Inanspruchnahme“ zu qualifizieren.[5]

3. Notwendigkeit der Gesamtbetrachtung

6 Die Formulierung „ohne Weiteres kein Grund“ in § 44 Abs. 1 S. 1 StaRUG macht deutlich, dass lediglich die Rechtshängigkeit der Restrukturierungssache oder Inanspruchnahme von Instrumenten des StaRUG für sich genommen kein Grund ist, sich vom Vertrag zu lösen. Klauseln, die zusätzlich an weitere Gründe anknüpfen, haben nach dem Willen des Gesetzgebers hingegen Bestand.[6] Beispiele für Aspekte, die als zusätzliche Anknüpfungspunkte dienen können, sind insbesondere der Verzug der schuldnerischen Gesellschaft, sonstige Leistungsstörungen[7] sowie die Verletzung von Neben- oder Informationspflichten.[8]

II. Umgehungsverbot

7 Vereinbarungen, die § 44 Abs. 1 StaRUG entgegenstehen, sind gem. § 44 Abs. 2 StaRUG in Anlehnung an § 119 InsO[9] unwirksam. Wie bei Abs. 1 bleiben allerdings auch innerhalb des Abs. 2 solche Klauseln zulässig, welche zusätzlich oder allein auf weitere Umstände zur Loslösung vom Vertrag abstellen.[10] Zu diesen weiterhin erlaubten Absprachen zählen beispielsweise vereinbarte Kündigungsmöglichkeiten wegen einer Verschlechterung der Vermögensverhältnisse.[11]

III. Ausnahmen vom Verbot von Lösungsklauseln

8 § 44 Abs. 3 StaRUG nimmt eine Reihe von Geschäften vom Verbot der Lösungsklauseln aus § 44 Abs. 1 und 2 StaRUG aus: Das Verbot gilt nicht für Fixgeschäfte und Geschäfte über Finanzleistungen nach § 104 Abs. 1 InsO. Gleiches gilt, zur Vermeidung von Rechtsunsicherheiten, für Vereinbarungen über das Liquidationsnetting gem. § 104 Abs. 3 und 4 InsO. Auch Finanzsicherheiten im Sinne des § 1 Abs. 17 KWG unterfallen nicht dem Verbot. Dies gilt unabhängig von der Frage, ob sie in einem Sicherungszusammenhang mit Geschäften im Sinne des § 104 Abs. 1 InsO stehen oder ob sie sonstige Forderungen sichern. Schließlich bleiben auch Geschäfte, die im Rahmen eines Systems gem. § 1 Abs. 16 KWG der Verrechnung von Ansprüchen und Leistungen unterliegen, von § 44 Abs. 1 und 2 StaRUG ausgenommen.[12]

---

5 BegrRegE BT-Drs. 19/24181, Ziff. B. Art. 1 Teil 2 § 46, 146.
6 BegrRegE BT-Drs. 19/24181, Ziff. B. Art. 1 Teil 2 § 46, 146; *Thole* ZIP 2020, 1985 (1994).
7 BegrRegE BT-Drs. 19/24181, Ziff. B. Art. 1 Teil 2 § 46, 146.
8 *Thole* ZIP 2020, 1985 (1994).
9 *Gehrlein* BB 2021, 66 (75); *Desch* BB 2020, 2498 (2501); *Thole* ZIP 2020, 1985 (1993).
10 BegrRegE BT-Drs. 19/24181, Ziff. B. Art. 1 Teil 2 § 46, 146; *Desch* BB 2020, 2498 (2501); *Gehrlein* BB 2021, 66 (75).
11 *Desch* BB 2020, 2498 (2501).
12 BegrRegE BT-Drs. 19/24181, Ziff. B. Art. 1 Teil 2 § 46, 147.

C. Reichweite des Umgehungsverbotes

Welche Vereinbarungen im Einzelnen dem Umgehungsverbot des § 44 Abs. 2 StaRUG unterfallen, ist umstritten. So wird sich teilweise dafür ausgesprochen, das Verbot aus § 44 Abs. 2 StaRUG eng auslegen, so dass zulässig sei, auf die drohende Zahlungsfähigkeit und weitere Krisenmerkmale als Kündigungsgrund abzustellen.[13] Will man die Zielsetzung des gesamten § 44 StaRUG – eine erfolgreiche Fortführung des Unternehmensbetriebs[14] – hinreichend berücksichtigen, ist die Norm allerdings weit auszulegen. In diesem Fall verbietet § 44 Abs. 2 StaRUG auch Vereinbarungen, welche der Rechtshängigkeit der Restrukturierungssache oder der Inanspruchnahme der Instrumente des StaRUG zeitlich vorgelagert sind.[15] Insbesondere Vereinbarungen hinsichtlich des Eintritts der drohenden Zahlungsunfähigkeit, welche gem. § 29 Abs. 1 StaRUG Zugangsvoraussetzung für den Restrukturierungsrahmen des StaRUG ist,[16] fallen bei einer extensiven Lesart unter § 44 Abs. 2 StaRUG.[17] 9

Letztlich wird sich die Reichweite von § 44 Abs. 2 StaRUG in der Praxis an der Rechtsprechung zu § 119 InsO orientieren.[18] Hiernach sind Lösungsklauseln in Verträgen über die fortlaufende Lieferung von Waren oder Energie unwirksam, die an den Insolvenzantrag oder die Insolvenzeröffnung anknüpfen.[19] Etwas anderes gilt ausnahmsweise dann, wenn die Vereinbarung einer *gesetzlich* vorgesehenen Lösungsmöglichkeit entspricht oder an Tatsachen anknüpft, die auch außerhalb einer Insolvenz gegeben sein können.[20] 10

D. Sonderfall: Anordnung einer Stabilisierungsmaßnahme

Geht es um die **Anordnung einer Stabilisierungsmaßnahme**, muss zusätzlich zu § 44 StaRUG auch § 55 StaRUG beachtet werden.[21] Hiernach können Gläubiger, sofern die Gesellschaft zum Zeitpunkt der Stabilisierungsanordnung ihnen etwas aus einem Vertrag schulden, grundsätzlich nicht allein wegen der rückständigen Leistung eine ihnen im Anordnungszeitraum obliegende Leistung verweigern oder Vertragsbeendigungs- oder -abänderungsrechte geltend machen (vgl. § 55 Abs. 1 StaRUG). 11

---

13 *Heckschen/Weitbrecht* NZI 2020, 976 (976); *Thole* ZIP 2020, 1985 (1991).
14 *Heckschen/Weitbrecht* NZI 2020, 976 (976).
15 *Desch* BB 2020, 2498 (2501).
16 *Gehrlein* BB 2021, 66 (71).
17 *Desch* BB 2020, 2498 (2501).
18 *Desch* BB 2020, 2498 (2502).
19 *BGH* ZIP 2013, 274.
20 *BGH* ZIP 2007, 383; NZI 2006, 229.
21 *Desch* BB 2020, 2498 (2502); *Thole* ZIP 2020, 1985 (1994).

§ 15 Restrukturierungsbeauftragter

A. Einleitung

Die durch das StaRUG geschaffene Person des **Restrukturierungsbeauftragten** ist eine Rechtsfigur, die dem deutschen Insolvenzrecht bislang nicht bekannt war. Vielmehr ist die Person des Restrukturierungsbeauftragten durch den europäischen Gesetzgeber im Rahmen der **EU-Restrukturierungsrichtlinie** eingeführt worden. Nach Art. 2 Abs. 1 Nr. 12 der Richtlinie bestehen die Aufgaben des Restrukturierungsbeauftragten insbesondere darin, den Schuldner oder die Gläubiger bei der Ausarbeitung oder Aushandlung eines Restrukturierungsplans zu unterstützen, die Tätigkeit des Schuldners während der Verhandlungen über den Restrukturierungsplan zu überwachen und Bericht an die Justiz- oder Verwaltungsbehörde zu erstatten sowie die teilweise Kontrolle über die Vermögenswerte oder Geschäfte des Schuldners während der Verhandlungen zu übernehmen. 1

2 Die vorbezeichneten **Aufgaben** des Restrukturierungsbeauftragten weisen starke Parallelen zu dem (vorläufigen) Sachwalter bei der Eigenverwaltung nach §§ 270 ff. InsO auf.[1] Es bestehen aber auch Gemeinsamkeiten mit dem in einem Insolvenzeröffnungsverfahren nach § 5 Abs. 1 S. 2 InsO zu bestellenden Sachverständigen, da der Restrukturierungsbeauftragte von dem Restrukturierungsgericht mit der Durchführung von Ermittlungen beauftragt werden kann und er dem Gericht über das Ergebnis seiner Ermittlungen Bericht erstattet.[2] Schließlich hat der Restrukturierungsbeauftragte die Funktion eines Mediators und kann im Verhältnis zum Schuldner bzw. zu den Gläubigern beratend tätig werden.[3]

3 Für die Praxis ist bedeutsam, dass der Restrukturierungsbeauftragte als **neutrale Person** zwischen dem Schuldner und den Gläubigern steht. Im Gegensatz zu einem (vorläufigen) Insolvenzverwalter ist der Restrukturierungsbeauftragte nicht in die operative Führung der Geschäfte des Schuldners eingebunden. Auch nach der Bestellung eines Restrukturierungsbeauftragten führt der Schuldner sein Unternehmen in eigener Verantwortung fort, der Schuldner kann sich allerdings bei der Führung der Geschäfte Sanierungskompetenz von außen holen, sei es durch externe Berater oder in Form eines CRO bzw. Generalbevollmächtigten. Somit lässt die Schaffung des Amtes des Restrukturierungsbeauftragten nicht die Notwendigkeit entfallen, dass beim Schuldner in sämtlichen Stadien des StaRUG-Verfahrens Personen mit operativer Sanierungserfahrung vorhanden sind, die den Schuldner in dem Sanierungsprozess begleiten.

B. Obligatorischer Restrukturierungsbeauftragter

I. Voraussetzungen für eine Bestellung von Amts wegen

4 In § 73 StaRUG werden die Fälle genannt, in denen ein Restrukturierungsbeauftragter von dem Restrukturierungsgericht **von Amts wegen** zu bestellen ist, ohne dass dafür ein Antrag des Schuldners oder der Gläubiger erforderlich ist.

1. Bestellung nach § 73 Abs. 1 StaRUG

5 Nach § 73 Abs. 1 S. 1 Nr. 1 StaRUG ist ein Restrukturierungsbeauftragter zum einen zwingend zu bestellen, wenn durch die vom Schuldner ins Auge gefasste Restrukturierung in die Rechte von Verbrauchern oder mittleren, kleinen oder Kleinstunternehmen eingegriffen werden soll. Dies ist namentlich dann der Fall, wenn der Schuldner beabsichtigt, die Forderungen der vorgenannten Gläubiger bzw. deren Absonderungsanwartschaften durch den Restrukturierungsplan zu gestalten oder die Durchsetzung solcher Forderungen bzw. Absonderungsanwartschaften durch den Erlass einer Stabilisierungsanordnung nach §§ 49 ff. StaRUG zu sperren. Der Sinn und Zweck für die **obligatorische Bestellung** eines Restrukturierungsbeauftragten liegt darin, dass Verbraucher sowie kleine und mittlere Unternehmen regelmäßig nicht über

1 So auch *Flöther* NZI-Beilage 2021, 48; *Blersch* NZI-Beilage 2019, 77 (79); *Smid* ZInsO 2020, 2184 (2191); *Desch* BB 2020, 2498 (2510).

2 Vgl. *Smid* ZInsO 2020, 2184 (2190); *Gehrlein* BB 2021, 66 (76), welcher in der Tätigkeit als Gutachter sogar die Hauptfunktion des Restrukturierungsbeauftragten sieht.

3 Vgl. *Seagon* NZI-Beilage 2019, 73 (74).

hinreichende Erfahrungen im Umgang mit Restrukturierungen verfügen und daher nicht in der Lage sind, ihre Interessen in einem StaRUG-Verfahren selbst wahrzunehmen.[4] Sowohl bei Verbrauchern als auch bei KMU kommt noch hinzu, dass die Höhe der gegen das schuldnerische Unternehmen bestehenden Forderung oftmals sehr gering ist, so dass es sich für diese Gläubiger in vielen Fällen in wirtschaftlicher Hinsicht nicht lohnt, ihre Rechte in dem präventiven Restrukturierungsverfahren durchzusetzen.[5] Durch die Bestellung eines Restrukturierungsbeauftragten, welcher als neutraler Dritter fungiert, wird die Berücksichtigung der Interessen der Verbraucher und der KMU sichergestellt.

Bei der Frage, ob ein **Verbraucher** an dem Verfahren beteiligt ist, wird man die in 6 § 13 BGB enthaltene Definition des Verbrauchers heranziehen können[6]. Wann von einem mittleren, kleinen oder Kleinstunternehmen auszugehen ist, richtet sich nach der **KMU-Definitionsempfehlung** der Europäischen Kommission Nr. 2003/361/EG.[7]

Das Restrukturierungsgericht kann bei Einleitung eines StaRUG-Verfahrens der **Anzeige des Schuldners** entnehmen, ob ein Eingriff in die Rechte von Verbrauchern bzw. 7 KMU beabsichtigt ist. Nach § 31 Abs. 2 S. 2 StaRUG muss die Anzeige des Schuldners nämlich hierzu zwingend Angaben enthalten.

Darüber hinaus hat die Bestellung eines Restrukturierungsbeauftragten nach § 73 8 Abs. 1 S. 1 Nr. 2 StaRUG zu erfolgen, wenn der Schuldner eine **Stabilisierungsanordnung** nach §§ 49 ff. InsO beantragt hat, welche sich mit Ausnahme der nach § 4 StaRUG ausgenommenen Forderungen gegen alle oder im Wesentlichen gegen alle Gläubiger des Schuldners richten soll. In einem derartigen Fall weist die vom Schuldner initiierte Restrukturierung gesamtverfahrensartige Züge auf, so dass es aus der Sicht des Gesetzgebers der Bestellung eines Restrukturierungsbeauftragten als neutralem Dritten bedarf.[8] Falls der Schuldner den Erlass einer Stabilisierungsanordnung beantragt, die sich gegen sämtliche bzw. fast alle Gläubiger richten soll, ist dies zudem ein starkes Indiz dafür, dass beim Schuldner erhebliche wirtschaftliche Schwierigkeiten bestehen. In dieser Konstellation ist es angezeigt, dass ein Restrukturierungsbeauftragter bestellt wird, welcher die laufende Geschäftsführung des Schuldners überwacht.[9] Es ist nicht ganz klar, was der Gesetzgeber mit dem Fall meint, in dem sich die vom Schuldner beantragte Stabilisierungsanordnung im Wesentlichen gegen alle Gläubiger richten soll. So bleibt hier offen, ob es allein auf die quantitative Anzahl der in die Stabilisierungsanordnung einzubeziehenden Gläubiger ankommt oder ob auch auf die wirtschaftliche Bedeutung der Gläubiger abzustellen ist, die vom Schuldner in den Antrag auf Erlass der Stabilisierungsanordnung aufgenommen werden. Die Frage der wirtschaftlichen Bedeutung des Gläubigers richtet sich nach der Höhe seiner Forderung bzw. dem Vorhandensein einer Sicherheit, aus welcher

4 BT-Drs. 19/24181, 170.
5 BT-Drs. 19/24181, 170.
6 So auch *Schulte-Kaubrügger/Dimassi* ZIP 2021, 936 (937).
7 Danach gehören zu den KMUs Unternehmen mit weniger als 250 Arbeitnehmern. Zugleich darf entweder der Jahresumsatz dieser Unternehmen den Betrag von 50 Mio. Euro nicht übersteigen oder es darf jedenfalls eine Jahresbilanzsumme von 43 Mio. Euro nicht überschritten werden.
8 BT-Drs. 19/24181, 170.
9 BT-Drs. 19/24181, 170.

sich bei Durchführung eines Insolvenzverfahrens ein Absonderungsrecht ergeben würde.

9 Schließlich ist ein Restrukturierungsbeauftragter nach § 73 Abs. 1 S. 1 Nr. 3 StaRUG zu bestellen, wenn von Seiten des Schuldners ein Restrukturierungsplan vorgelegt wird, in dem eine Überwachung der Erfüllung der den Gläubigern zustehenden Ansprüche vorgesehen ist. Hintergrund ist, dass die **Planüberwachung** nach § 72 Abs. 2 StaRUG einem Restrukturierungsbeauftragten zu übertragen ist.

10 Trotz des Vorliegens einer der drei Tatbestände des § 73 Abs. 1 S. 1 Nr. 1–Nr. 3 StaRUG kann das Restrukturierungsgericht nach § 73 Abs. 1 S. 2 StaRUG im Einzelfall von der Bestellung eines Restrukturierungsbeauftragten absehen, wenn eine solche zur Wahrung der Rechte der Beteiligten nicht erforderlich oder offensichtlich unverhältnismäßig ist. Die Entscheidung hierüber liegt im **pflichtgemäßen Ermessen** des Restrukturierungsgerichts.[10] In der Praxis sollte von der Regelung des § 73 Abs. 1 S. 2 StaRUG nur in ganz seltenen Fällen Gebrauch gemacht werden[11], wobei die volle Darlegungslast für die fehlende Erforderlichkeit bzw. offensichtliche Unverhältnismäßigkeit der Bestellung eines Restrukturierungsbeauftragten beim Schuldner liegt.

2. Bestellung nach § 73 Abs. 2 StaRUG

11 Ferner ist die Bestellung eines Restrukturierungsbeauftragten nach § 73 Abs. 2 S. 1 StaRUG obligatorisch, wenn absehbar ist, dass das Restrukturierungsziel nur gegen den Willen von Inhabern von Restrukturierungsforderungen oder Absonderungsanwartschaften erreichbar ist, ohne deren Zustimmung zum Restrukturierungsplan eine Planbestätigung allein unter den Voraussetzungen des § 26 StaRUG möglich ist. Diese Konstellation bezieht sich auf die Notwendigkeit, eine im Rahmen des Restrukturierungsplans voraussichtlich fehlende Zustimmung einer Gläubigergruppe durch einen sog. **Cross Class Cram Down** zu ersetzen. Nach dem Wortlaut des § 73 Abs. 2 S. 1 StaRUG hat die Bestellung eines Restrukturierungsbeauftragten zu erfolgen, wenn die Erforderlichkeit einer gruppenübergreifenden Mehrheitsentscheidung gemäß § 26 StaRUG absehbar ist. Zwar hat der Schuldner bereits in der Anzeige gemäß § 31 Abs. 2 S. 3 StaRUG anzugeben, ob damit zu rechnen ist, dass das Restrukturierungsziel nur gegen den Widerstand einer nach Maßgabe des § 9 StaRUG zu bildenden Gläubigergruppe durchgesetzt werden kann. Unter Zugrundelegung der Gesetzesmaterialien soll die Bestellung des Restrukturierungsbeauftragten durch das Restrukturierungsgericht aber nicht bereits auf der Grundlage der Angaben des Schuldners in der Anzeige nach § 31 Abs. 2 S. 3 StaRUG erfolgen. Vielmehr geht der Gesetzgeber davon aus, dass sich erst nach Abschluss der Verhandlungen zwischen dem Schuldner und den Gläubigern bei der Abstimmung über den Restrukturierungsplan zeige, ob die erforderliche Zustimmung bei einer Gläubigergruppe nicht erreicht werde, so dass es eines Cross Class Cram Down bedürfe.[12] Wenn man also uneingeschränkt der Gesetzesbegründung folgt, wird der Restrukturierungsbeauftragte im Falle der Notwendigkeit eines Cross Class Cram Down erst in einer zeitlich sehr fort-

10 BT-Drs. 19/24181, 170.
11 Zustimmend *Schulte-Kaubrügger/Dimassi* ZIP 2021, 936 (938).
12 BT-Drs. 19/24181, 171.

geschrittenen Phase des StaRUG-Verfahrens bestellt. Eine Funktion als Mediator kann der Restrukturierungsbeauftragte dann nicht mehr wahrnehmen, da die betreffende Gläubigergruppe schon zuvor die Zustimmung zu dem Restrukturierungsplan verweigert hat. Somit kann die Aufgabe des Restrukturierungsbeauftragten lediglich darin bestehen, das Verfahren der Ersetzung der fehlenden Zustimmung der Gläubigergruppe zu überwachen, insbesondere im Hinblick darauf, ob die Voraussetzungen der §§ 26–28 StaRUG erfüllt sind.

Nach § 73 Abs. 2 S. 2 StaRUG ist trotz der Erforderlichkeit eines Cross Class Cram 12
Down kein Restrukturierungsbeauftragter zu bestellen, wenn an der Restrukturierung ausschließlich **Unternehmen des Finanzsektors** als Planbetroffene beteiligt sind. Eine Definition, welche Unternehmen des Finanzsektors als solche zu qualifizieren sind, enthält § 73 Abs. 2 S. 2 StaRUG nicht. Der Begriff des Finanzsektors weist eine Parallele zu dem in § 1 Abs. 19 KWG enthaltenen Begriff der Finanzbranche auf. In erster Linie sind daher Banken und Versicherungen als Unternehmen des Finanzsektors einzuordnen. Der Grund für die fehlende Notwendigkeit der Bestellung eines Restrukturierungsbeauftragten ist darin zu sehen, dass zum Finanzsektor gehörende Unternehmen mit Restrukturierungssachen vertraut sind und daher ihre Interessen selbst wahrnehmen können.[13] Nach § 73 Abs. 2 S. 3 StaRUG stehen den Unternehmen des Finanzsektors solche Planbetroffene gleich, die als Rechtsnachfolger in die von Unternehmen des Finanzsektors begründeten Forderungen eingetreten sind oder die mit Forderungen aus geld- oder kapitalmarktgehandelten Instrumenten betroffen werden. Falls bei einem Instrument keine Verbriefung erfolgt ist, steht dieses Instrument nach § 73 Abs. 2 S. 4 StaRUG einem geld- und kapitalmarktgehandelten Instrument gleich, sofern das nicht verbriefte Instrument zu gleichlautenden Bedingungen ausgegeben wurde. Unter § 73 Abs. 2 S. 3 und 4 StaRUG fallen einerseits Fälle, in denen eine Bank oder eine Versicherung die gegen den Schuldner bestehende Forderung an ein Unternehmen abgetreten hat, welches nicht zum Finanzsektor gehört. Zum anderen dürfte sich die vorstehende Regelung auch auf Gläubiger beziehen, denen Forderungen aus Anleihen, wie etwa einer Schuldverschreibung, gegenüber dem Schuldner zustehen.

3. Bestellung nach § 73 Abs. 3 StaRUG

Weiterhin hat das Restrukturierungsgericht nach § 73 Abs. 3 StaRUG die Möglich- 13
keit, von Amts wegen einen Restrukturierungsbeauftragten zu bestellen und diesen mit der Prüfung von für die Restrukturierungssache relevanten Fragen zu beauftragen. In einer derartigen Konstellation nimmt der Restrukturierungsbeauftragte die Aufgabe eines **Sachverständigen** wahr. Die Prüfungskompetenz des Restrukturierungsbeauftragten ist nicht auf bestimmte Fragen beschränkt. In § 73 Abs. 3 Nr. 1, Nr. 2 StaRUG wird vielmehr lediglich beispielhaft erwähnt, dass das Restrukturierungsgericht einen Restrukturierungsbeauftragten insbesondere mit der Prüfung beauftragen kann, ob die Voraussetzungen für die Bestätigung des Restrukturierungsplans nach §§ 63 Abs. 1 Nr. 1, Abs. 2, 64 Abs. 1 StaRUG gegeben sind oder ob der

13 Vgl. *Flöther* NZI-Beilage 2021, 48 (49).

Restrukturierungsplan bei einem Eingriff in gruppeninterne Drittsicherheiten oder einer Beschränkung der Haftung von unbeschränkt haftenden Gesellschaftern eine angemessene Entschädigung vorsieht.

14 Die Frage der Bestellung eines Restrukturierungsbeauftragten nach § 73 Abs. 3 StaRUG liegt im **Ermessen des Restrukturierungsgerichts.** Da jedoch das Restrukturierungsgericht die vorzunehmenden Prüfungen insbesondere in größeren StaRUG-Verfahren nicht selbst vornehmen kann, wird das Gericht in der Praxis fast immer einen Restrukturierungsbeauftragten von Amts wegen bestellen, welcher dann die Prüfungen als Sachverständiger übernimmt.[14]

II. Auswahl des Restrukturierungsbeauftragten durch das Gericht

15 Die Kriterien für die **gerichtliche Auswahl** des Restrukturierungsbeauftragten werden in § 74 Abs. 1 StaRUG festgelegt. Danach ist von dem Restrukturierungsgericht ein für den jeweiligen Einzelfall geeigneter, in Restrukturierungs- und Insolvenzsachen erfahrener Steuerberater, Wirtschaftsprüfer oder Rechtsanwalt oder eine sonstige natürliche Person mit vergleichbarer Qualifikation zum Restrukturierungsbeauftragten zu bestellen. Zudem muss die zum Restrukturierungsbeauftragten zu bestellende natürliche Person von den Gläubigern und vom Schuldner unabhängig sein. Die Auswahl des Restrukturierungsbeauftragten im Einzelfall hat aus dem Kreis aller zur Übernahme des Amtes bereiten natürlichen Personen zu erfolgen.

1. Abstrakt geeigneter Personenkreis

16 Die Vorschrift des § 74 Abs. 1 StaRUG weist eine deutliche Parallele zu der Regelung des § 56 Abs. 1 S. 1 InsO auf, in welcher die Kriterien für die Auswahl des Insolvenzverwalters genannt werden. Da in § 274 Abs. 1 InsO auf die Vorschrift des § 56 InsO verwiesen wird, gilt dies auch in Bezug auf die Kriterien bei der Auswahl des Sachwalters im Rahmen einer Eigenverwaltung. Es fällt zunächst ins Auge, dass zum Restrukturierungsbeauftragten nur **natürliche Personen** bestellt werden können. Der in der Sache überzeugende Ausschluss von juristischen Personen oder Personengesellschaften von dem Kreis der in Betracht kommenden Restrukturierungsbeauftragten basiert auf der Erwägung, dass es sich bei dem Restrukturierungsbeauftragten um ein höchstpersönliches Amt handelt, welches eine konkrete Personenbindung erfordert.[15] Anders als der Insolvenzverwalter ist der Restrukturierungsbeauftragte jedoch nicht Partei kraft Amtes.[16]

17 Die als Restrukturierungsbeauftragte infrage kommende natürliche Person muss keiner bestimmten Berufsgruppe angehören.[17] Zwar werden in § 74 Abs. 1 StaRUG Steuerberater, Wirtschaftsprüfer und Rechtsanwälte als Beispiele für Berufe genannt, deren Angehörige für das Amt des Restrukturierungsbeauftragten abstrakt geeignet

14 So auch *Flöther* NZI-Beilage 2021, 48 (49); kritisch im Hinblick auf die weitreichenden Möglichkeiten des Restrukturierungsgerichts, einen Restrukturierungsbeauftragten von Amts wegen mit der Prüfung von Fragen als Sachverständiger zu beauftragen *Proske/Streit* NZI 2020, 969 (974).
15 BT-Drs. 19/24181, 171.
16 Vgl. *Smid* ZInsO 2020, 2184 (2186).
17 Vgl. *Flöther* NZI-Beilage 2021, 48.

sind. Allerdings genügt nach dem Wortlaut des § 74 Abs. 1 StaRUG auch eine mit den drei Berufsgruppen vergleichbare Qualifikation. Mit dieser Formulierung hat der Gesetzgeber an die möglichen Aussteller einer Bescheinigung nach § 270d Abs. 1 S. 1 InsO angeknüpft, die Voraussetzung für die Durchführung eines Schutzschirmverfahrens ist.[18] Dort ist etwa anerkannt, dass eine mit einem in Insolvenzsachen erfahrenen Steuerberater, Wirtschaftsprüfer oder Rechtsanwalt vergleichbare Qualifikation auch bei Personen vorhanden ist, die über ein abgeschlossenes Hochschulstudium verfügen, sofern diese bereits langjährig im Insolvenz- bzw. Restrukturierungsbereich tätig sind.[19] Hiernach können die Voraussetzungen für eine vergleichbare Qualifikation insbesondere auch bei **Unternehmensberatern** vorliegen, falls diese erfolgreich ein Hochschulstudium absolviert haben und über eine hinreichende praktische Erfahrung in der Insolvenz- und Sanierungsberatung verfügen.[20]

18 Weiterhin wird in § 74 Abs. 1 StaRUG verlangt, dass ein zu bestellender Restrukturierungsbeauftragter von den Gläubigern und dem Schuldner unabhängig ist. Betreffend die vom Schuldner geforderte **Unabhängigkeit** lässt sich aus der Regelung des § 56 Abs. 1 S. 4 InsO ableiten, dass ein Restrukturierungsbeauftragter auch dann unabhängig sein kann, wenn der Schuldner ihn für das Amt vorgeschlagen hat bzw. die für das Amt des Restrukturierungsbeauftragten in Betracht kommende Person den Schuldner vor der Anzeige des Restrukturierungsvorhabens in allgemeiner Form über den Ablauf und die Folgen eines StaRUG-Verfahrens beraten hat. Von einer Unabhängigkeit wird man jedoch nicht mehr sprechen können, wenn die als Restrukturierungsbeauftragter in Frage kommende Person dem Schuldner zuvor im Rahmen eines förmlichen Mandatsverhältnisses im Zusammenhang mit der vom Schuldner geplanten Sanierung umfassend Rechtsrat erteilt hat, da in einem solchen Fall eine echte Vorbefassung vorliegt.

19 Hinsichtlich der Unabhängigkeit des Restrukturierungsbeauftragten von den Gläubigern kann man wiederum der Vorschrift des § 56 Abs. 1 S. 4 Nr. 1 InsO entnehmen, dass der von einem Gläubiger unterbreitete Vorschlag, eine konkrete Person zum Restrukturierungsbeauftragten zu bestellen, die Unabhängigkeit dieser Person nicht generell ausschließt. Im Übrigen kann eine Unabhängigkeit im Verhältnis zu den Gläubigern schon dann zu verneinen sein, wenn bei der Person ein Grund vorliegt, welcher nach § 42 Abs. 2 ZPO die **Besorgnis der Befangenheit** begründet. Eine Besorgnis der Befangenheit kann auch dann angenommen werden, wenn die sich um das Amt des Restrukturierungsbeauftragten bewerbende Person zwar nicht selbst einen an der präventiven Sanierung beteiligten Gläubiger laufend vertritt, sondern die laufende Vertretung durch einen anderen Berufsträger erfolgt, welcher der gleichen Kanzlei angehört.

20 Die Frage der Unabhängigkeit des Restrukturierungsbeauftragten muss in der Praxis von dem jeweiligen Restrukturierungsgericht überprüfbar sein. Wie dies schon in der Vergangenheit für die Ämter des Insolvenzverwalters und des Sachwalters gehandhabt wurde, sollte auch eine Verpflichtung des Restrukturierungsbeauftragten

18 BT-Drs. 19/24181, 171.
19 Vgl. MüKoInsO/*Kern* § 270b Rn. 52.
20 Vgl. Uhlenbruck/*Zipperer* § 270 b Rn. 17 (Frage des Einzelfalls).

bestehen, eine **schriftliche Erklärung zu der Frage der Unabhängigkeit** beim Restrukturierungsgericht einzureichen. Insoweit kann auf den vom Bundesarbeitskreis Insolvenzgerichte eV („BAKinso") erstellten Fragebogen zurückgegriffen werden.[21]

21 Schließlich hat die Auswahl des Restrukturierungsbeauftragten gemäß § 74 Abs. 1 StaRUG aus dem Kreis aller zur Übernahme des Amtes bereiten Personen zu erfolgen. Dies bedeutet, dass die Personen, die Interesse daran haben, zu Restrukturierungsbeauftragten bestellt zu werden, eine Bewerbung bei dem einzelnen Restrukturierungsgericht einreichen müssen. Nach Durchlaufen des Bewerbungsverfahrens wird dann die jeweilige Person, die abstrakt betrachtet für das Amt des Restrukturierungsbeauftragten geeignet ist, von dem einzelnen Restrukturierungsgericht als Restrukturierungsbeauftragter gelistet. Somit wird bei jedem Restrukturierungsgericht eine Liste aller abstrakt als Restrukturierungsbeauftragter geeigneten Personen geführt. Sinn und Zweck der Führung einer **Vorauswahlliste** für Restrukturierungsbeauftragte ist, dass das Restrukturierungsgericht im Einzelfall ohne zeitliche Verzögerung die Bestellungsentscheidung treffen kann.[22]

2. Konkrete Eignung im Einzelfall

22 Aus sämtlichen in abstrakter Hinsicht geeigneten Personen hat das Restrukturierungsgericht im jeweiligen Einzelfall eine Person zum Restrukturierungsbeauftragten zu bestellen, die für die **konkrete Restrukturierungssache** geeignet ist. Maßgebliche Kriterien können etwa eine besondere Branchenkenntnis der Person oder eine ausgeprägte Sanierungskompetenz sein, welche die auszuwählende Person durch vorherige erfolgreiche Unternehmenssanierungen, sei es mittels eines Plans oder durch eine übertragende Sanierung, erworben hat. In der Literatur wird kritisiert, dass die Regelung des § 74 Abs. 1 StaRUG darauf hinauslaufe, dass in der Praxis lediglich die klassischen Insolvenzverwalterkandidaten eine realistische Chance haben würden, zu Restrukturierungsbeauftragten bestellt zu werden.[23] Die geäußerte Kritik ist jedoch in dieser allgemeinen Form nicht gerechtfertigt. Vor allem hat der Gesetzgeber durch die offene Formulierung des § 74 Abs. 1 StaRUG gezeigt, dass das Amt des Restrukturierungsbeauftragten nicht nur denjenigen Personen offensteht, die als Insolvenzverwalter und Sachwalter tätig sind. Es steht daher auch den in der Sanierungsberatung tätigen Berufsträgern frei, sich bei den Restrukturierungsgerichten als Restrukturierungsbeauftragter listen zu lassen.

23 Allerdings wird das Restrukturierungsgericht bei seiner Bestellungsentscheidung im Einzelfall den Umstand berücksichtigen müssen, dass die präventive Restrukturierung nach dem StaRUG scheitern kann, so dass der Schuldner gezwungen ist, einen **Eigeninsolvenzantrag** zu stellen. In diesem Fall ist das StaRUG-Verfahren beendet und es müsste vom Insolvenzgericht ein Sachwalter bzw. Insolvenzverwalter bestellt werden. Sowohl der Sachwalter als auch der Insolvenzverwalter müsste eine Insolvenztabelle

21 Der Fragebogen zur Unabhängigkeit des Verwalters ist Ergebnis der BAKinso-Tagung vom 5.11.2012 und ist auf der Homepage des BAKinso unter https://www.bak-inso.de/dokumente-stellungnahmen/verwalteraus wahl/ abrufbar.

22 BT-Drs. 19/24181, 172; anders jedoch *Seagon* NZI-Beilage 2019, 73 (76), nach dessen Auffassung die für das Insolvenzverfahren etablierte Listenpraxis nicht auf die präventive Restrukturierung zu übertragen ist.

23 So *Proske/Streit* NZI 2020, 969 (974).

führen. Beim Insolvenzverwalter würde noch hinzukommen, dass dieser unmittelbar die Betriebsfortführung des schuldnerischen Unternehmens organisieren müsste. Falls also das Restrukturierungsgericht eine Person zum Restrukturierungsbeauftragten bestellt, die nicht als Sachwalter bzw. Insolvenzverwalter tätig ist, würde es im Falle eines Scheiterns der präventiven Restrukturierung zu praktischen Problemen kommen, weil bei der Person, die zuvor Restrukturierungsbeauftragter war, zB keine ausreichenden personellen bzw. sachlichen Ressourcen vorhanden sind, um in dem Verfahren als Sachwalter bzw. Insolvenzverwalter tätig zu sein. Hierdurch würde kostbare Zeit verloren gehen, da dann zwingend eine andere Person zum Sachwalter bzw. Insolvenzverwalter zu bestellen wäre, die sich erst in das Verfahren einarbeiten müsste. Da Sanierungen in der Praxis sehr zeitkritisch sind, gefährdet eine solche Vorgehensweise den Erfolg der Sanierung erheblich. Hinzu kommt, dass mit der erforderlichen Einarbeitung der anderen Person auch eine signifikante Erhöhung der Verfahrenskosten verbunden ist. Denn in derartigen Fällen werden häufig die Voraussetzungen für die Gewährung eines Zuschlags nach § 3 Abs. 1 InsVV erfüllt sein, wohingegen dieser Zuschlag bei einer Person, die in dem Verfahren zuvor bereits als Restrukturierungsbeauftragter tätig war, nicht bzw. in geringerer Höhe anfallen würde.

Die vorbezeichneten Ausführungen bedeuten aber nicht, dass Sanierungsberater, die 24
nicht als Sachwalter oder Insolvenzverwalter tätig sind, bei der konkreten Auswahl des zu bestellenden Restrukturierungsbeauftragten zu benachteiligen sind. Vielmehr stellt der **Aspekt der Kontinuität** zwischen der Person des Restrukturierungsbeauftragten und derjenigen eines im Falle des Scheiterns des StaRUG-Verfahrens zu bestellenden Sachwalters bzw. Insolvenzverwalters nur einen Faktor innerhalb der von Seiten des Restrukturierungsgerichts vorzunehmenden Bestellungsentscheidung dar. Dies zeigt nicht zuletzt auch die Regelung des § 56 Abs. 1 S. 2 InsO. Danach ist die Zustimmung des vorläufigen Gläubigerausschusses erforderlich, wenn eine Person, die zuvor in einer präventiven Restrukturierungssache als Restrukturierungsbeauftragter oder Sanierungsmoderator tätig war, zum Insolvenzverwalter bestellt werden soll. Nach §§ 274 Abs. 1, 56 Abs. 1 S. 2 InsO gilt dies auch für den Sachwalter.

3. Berücksichtigung der Vorschläge von Schuldner- oder Gläubigerseite

Nach § 74 Abs. 2 S. 1 StaRUG hat das Restrukturierungsgericht bei der Frage, wel- 25
che Person im konkreten Einzelfall zum Restrukturierungsbeauftragten zu bestellen ist, **Vorschläge** des Schuldners, der am Schuldner beteiligten Personen und der Gläubiger zu berücksichtigen. Unter an dem Schuldner beteiligte Person sind bei einer GmbH die Gesellschafter zu verstehen. Nach dem Wortlaut des § 74 Abs. 2 S. 1 StaRUG bezieht sich das Vorschlagsrecht auf die Fälle eines obligatorisch zu bestellenden Restrukturierungsbeauftragten gemäß § 73 Abs. 1, Abs. 2 StaRUG. Im Rahmen des § 74 Abs. 2 S. 1 StaRUG ist das Restrukturierungsgericht jedoch nicht an den Vorschlag des jeweiligen Verfahrensbeteiligten gebunden, vielmehr findet lediglich eine Berücksichtigung der Vorschläge im Rahmen der gerichtlichen Auswahlentscheidung statt.[24]

24 BT-Drs. 19/24181, 172.

26 Ein grundsätzlich für das Restrukturierungsgericht **verbindlicher Vorschlag** in Bezug auf die Person des Restrukturierungsbeauftragten wird zum einen durch die Vorschrift des § 74 Abs. 2 S. 2 StaRUG ermöglicht. Danach besteht für den Schuldner die Möglichkeit, eine Bescheinigung eines in Restrukturierungs- und Insolvenzsachen erfahrenen Steuerberaters, Wirtschaftsprüfers bzw. Rechtsanwalts oder einer Person mit vergleichbarer Qualifikation vorzulegen, aus welcher sich ergibt, dass beim Schuldner die Voraussetzungen des § 51 Abs. 1, Abs. 2 StaRUG erfüllt sind. Die vorstehende Bescheinigung ähnelt der bei Durchführung eines Schutzschirmverfahrens nach § 270d Abs. 1 S. 1 InsO zu erstellenden Bescheinigung. Indes hat die Bescheinigung bei § 74 Abs. 2 S. 2 StaRUG einen anderen Inhalt. Denn hier bezieht sich die Bescheinigung im Wesentlichen darauf, dass die vom Schuldner vorgelegte Restrukturierungsplanung vollständig und schlüssig ist sowie keine Negativmerkmale iSv § 51 Abs. 2 StaRUG vorhanden sind. In einem solchen Fall ist der Vorschlag des Schuldners bezüglich der Person des Restrukturierungsbeauftragten grundsätzlich für das Restrukturierungsgericht bindend, es sei denn, dass die vorgeschlagene Person für das Amt des Restrukturierungsbeauftragten offensichtlich ungeeignet ist, was von dem Restrukturierungsgericht zwingend begründet werden muss.

27 Trotz Vorliegens eines im Grundsatz für das Restrukturierungsgericht verbindlichen Vorschlags nach § 74 Abs. 2 S. 2 StaRUG ist die vom Schuldner benannte Person nicht zum Restrukturierungsbeauftragten zu bestellen, wenn es aus der Sicht des Restrukturierungsgerichts an der Unabhängigkeit der Person vom Schuldner bzw. von den am Schuldner beteiligten Personen oder von den Gläubigern fehlt. Dies folgt aus dem klaren Wortlaut des § 74 Abs. 1 StaRUG, nach welchem die **Unabhängigkeit** des Restrukturierungsbeauftragten eine zwingende und unverzichtbare Voraussetzung für die Bestellung ist.[25]

28 Darüber hinaus kann auch von Gläubigerseite gegenüber dem Restrukturierungsgericht ein Vorschlag bezüglich der Person des Restrukturierungsbeauftragten unterbreitet werden. Nach § 74 Abs. 2 S. 3 StaRUG steht ein solches Vorschlagsrecht den durch den Restrukturierungsplan betroffenen Gläubigern zu, sofern auf diese in jeder der nach § 9 StaRUG gebildeten oder noch zu bildenden Gruppen von Inhabern von Restrukturierungsforderungen und Absonderungsanwartschaften mehr als 25 % der Stimmrechte entfallen bzw. voraussichtlich entfallen werden. Es muss sich dabei um einen gemeinschaftlichen Vorschlag der vorbezeichneten Gläubiger handeln. Das **Vorschlagsrecht der Gläubiger** kommt nach dem ausdrücklichen Wortlaut des § 74 Abs. 2 S. 3 StaRUG nicht zum Tragen, wenn schon durch den Schuldner die Unterbreitung eines grundsätzlich verbindlichen Vorschlags bezüglich der Person des Restrukturierungsbeauftragten nach § 74 Abs. 2 S. 2 StaRUG erfolgt ist. Durch das erforderliche Quorum von mehr als 25 % soll nach der Absicht des Gesetzgebers verhindert werden, dass das den planbetroffenen Gläubigern zustehende Vorschlagsrecht durch einzelne Akkordstörer zu missbräuchlichen Zwecken eingesetzt wird.[26] Das

25 So auch in Bezug auf die parallele Fallgestaltung bei einem Vorschlag des Schuldners hinsichtlich der Person des vorläufigen Sachwalters im Rahmen eines Schutzschirmverfahrens nach § 270 d Abs. 2 InsO HambKommInsR/*Fiebig* InsO § 270 b Rn. 30; Gottwald/Haas/*Haas* InsR-HdB § 86 Rn. 63.

26 BT-Drs. 19/24181, 172.

Restrukturierungsgericht kann nach § 74 Abs. 2 S. 3 StaRUG von dem gemeinsamen Vorschlag einer Summenmehrheit von mehr als 25 % innerhalb jeder Gläubigergruppe nur dann abweichen, wenn die von den Gläubigern vorgeschlagene Person offensichtlich als Restrukturierungsbeauftragter ungeeignet ist. Wie bei einem Vorschlag auf Schuldnerseite gilt auch hier, dass der von den Gläubigern unterbreitete Vorschlag für das Restrukturierungsgericht ebenfalls unbeachtlich ist, wenn es bei der vorgeschlagenen Person an der nach § 74 Abs. 1 StaRUG erforderlichen Unabhängigkeit vom Schuldner bzw. von den Gläubigern fehlt.

4. Bestellung eines weiteren Restrukturierungsbeauftragten

Wenn das Restrukturierungsgericht entweder eine Person zum Restrukturierungsbeauftragten bestellt, die vom Schuldner vorgeschlagen wurde, oder einem Vorschlag der planbetroffenen Gläubiger bezüglich der Person des zu bestellenden Restrukturierungsbeauftragten folgt, hat das Restrukturierungsgericht nach § 74 Abs. 3 StaRUG die Möglichkeit, einen **weiteren Restrukturierungsbeauftragten** zu bestellen. Einem solchen weiteren Restrukturierungsbeauftragten können von Seiten des Restrukturierungsgerichts grundsätzlich alle Aufgaben übertragen werden. Eine Ausnahme stellen lediglich die Entscheidung über die Art und Weise der Abstimmung über den Restrukturierungsplan sowie die Leitung der Versammlung der planbetroffenen Gläubiger und die Dokumentation der Abstimmung nach § 76 Abs. 2 Nr. 1 Hs. 1 und 2 StaRUG dar. 29

In der Praxis sollte das Restrukturierungsgericht nur in besonders gelagerten Ausnahmefällen einen weiteren Restrukturierungsbeauftragten nach § 74 Abs. 3 StaRUG bestellen.[27] Die Gesetzesbegründung enthält lediglich die Aussage, dass es dem Restrukturierungsgericht im Falle eines vom Schuldner oder von den Gläubigern „mitgebrachten“ Restrukturierungsbeauftragten möglich sein soll, einen weiteren Restrukturierungsbeauftragten zu bestellen.[28] Daher besteht aus der Sicht des Gesetzgebers offenbar ein Bedürfnis für einen weiteren Restrukturierungsbeauftragten, wenn sich nach der Bestellung der vom Schuldner bzw. von den Gläubigern vorgeschlagenen Person zum Restrukturierungsbeauftragten zeigt, dass dieser im Verhältnis zum Schuldner oder zu den Gläubigern nicht unabhängig ist. Insoweit genügt es bereits, wenn lediglich objektive Indizien für die fehlende Unabhängigkeit des Restrukturierungsbeauftragten vorliegen.[29] Wenn nämlich zur vollen Überzeugung des Restrukturierungsgerichts feststeht, dass bei dem Restrukturierungsbeauftragten eine echte Interessenkollision besteht und dieser daher nicht unabhängig ist, kann das Gericht nach § 75 Abs. 2 StaRUG vorgehen und den Restrukturierungsbeauftragten aus wichtigem Grund von Amts wegen aus dem Amt entlassen. Die Bestellung eines **weiteren Restrukturierungsbeauftragten**, die im Übrigen aufgrund des Vergütungsanspruchs der zu bestellenden Person zu einer signifikanten Erhöhung der Kosten des StaRUG-Verfahrens führt, würde sich somit in einem solchen Fall erübrigen. 30

27 Für eine restriktive Anwendung des § 74 Abs. 3 StaRUG ebenfalls *Flöther* NZI-Beilage 2021, 48 (50).
28 BT-Drs. 19/24181, 173.
29 Vgl. *Deppenkemper* ZIP 2020, 2432 (2441).

III. Rechtsstellung des Restrukturierungsbeauftragten

31 Da der Restrukturierungsbeauftragte zwar ein privates Amt wahrnimmt, welches jedoch durch seine Bestellung öffentlich-rechtlich begründet ist,[30] steht der Restrukturierungsbeauftragte nach § 75 Abs. 1 S. 1 StaRUG unter der **Aufsicht des Restrukturierungsgerichts.** Gemäß § 75 Abs. 1 S. 2 StaRUG kann das Restrukturierungsgericht von dem Restrukturierungsbeauftragten jederzeit einzelne Auskünfte oder einen Bericht über den Sachstand verlangen. Mit dieser Regelung wird ein Gleichlauf mit dem Insolvenzverwalter und dem Sachwalter geschaffen, welche nach §§ 58 Abs. 1, 274 Abs. 1 InsO ebenfalls unter der Aufsicht des Insolvenzgerichts stehen.

32 Nach § 75 Abs. 2 S. 1 StaRUG kann das Restrukturierungsgericht den Restrukturierungsbeauftragten aus **wichtigem Grund** aus dem Amt entlassen. Einerseits können objektive Umstände einen wichtigen Grund für die Entlassung des Restrukturierungsbeauftragten darstellen. In Betracht kommt hier etwa eine längere Krankheit oder ein vollständiger Berufswechsel des Restrukturierungsbeauftragten.[31] Zum anderen kann auf der Basis von subjektiven Umständen ein wichtiger Grund anzunehmen sein, welcher die Entlassung des Restrukturierungsbeauftragten rechtfertigt. Derartige subjektive Gründe, die in der Praxis weitaus häufiger vorkommen als die objektiven Gründe, können sich zB aus einer später erkannten oder eingetretenen Unzuverlässigkeit, Unfähigkeit oder Befangenheit sowie aus schuldhaften und erheblichen Pflichtverstößen des Restrukturierungsbeauftragten im Einzelfall ergeben.[32]

33 Wie sich aus § 75 Abs. 2 S. 2 StaRUG ergibt, kann die **Entlassung des Restrukturierungsbeauftragten aus wichtigem Grund** entweder von Amts wegen durch das Restrukturierungsgericht oder auf Antrag des Restrukturierungsbeauftragten, des Schuldners oder eines Gläubigers erfolgen. Auch diese Bestimmung lehnt sich an die Vorschriften der §§ 59 Abs. 1 S. 2, 274 Abs. 1 InsO an, welche die Entlassung von Insolvenzverwaltern und Sachwaltern aus wichtigem Grund regeln. Nach § 75 Abs. 2 S. 3 StaRUG kann der vom Schuldner oder von einem Gläubiger gestellte Antrag auf Entlassung des Restrukturierungsbeauftragten nur darauf gestützt werden, dass die zum Restrukturierungsbeauftragten bestellte Person nicht unabhängig ist, was von dem Antragsteller glaubhaft zu machen ist. Grundlage für die vorstehende Regelung ist Art. 26 Abs. 1 lit. d der EU-Restrukturierungsrichtlinie, wonach der Schuldner und die Gläubiger zur Vermeidung eines Interessenkonflikts die Möglichkeit haben, die Ersetzung des vom Gericht bestellten Verwalters zu verlangen. Allerdings bleibt es dem Schuldner und den Gläubigern mittelbar möglich, die Entlassung des Restrukturierungsbeauftragten auf einen anderen Grund als seine fehlende Unabhängigkeit zu stützen. So können schwerwiegende Pflichtverletzungen des Restrukturierungsbeauftragten sowohl von Schuldner- als auch von Gläubigerseite durch eine schriftliche Eingabe an das Restrukturierungsgericht herangetragen werden, woraufhin das Ge-

30 Vgl. *Smid* ZInsO 2020, 2184 (2185).
31 Vgl. Gottwald/Haas/*Pechartscheck* InsR-HdB § 22 Rn. 19 (im Hinblick auf die Entlassung des Insolvenzverwalters aus wichtigem Grund).
32 Gottwald/Haas/*Pechartscheck* InsR-HdB § 22 Rn. 19.

richt zu prüfen hat, ob der Restrukturierungsbeauftragte auf der Grundlage der in der Eingabe genannten Gründe von Amts wegen aus dem Amt zu entlassen ist.[33]

Bevor das Restrukturierungsgericht darüber entscheidet, ob der Restrukturierungsbeauftragte von Amts wegen oder auf Antrag des Schuldners oder eines Gläubigers aus dem Amt zu entlassen ist, hat nach § 75 Abs. 2 S. 4 StaRUG eine **Anhörung des Restrukturierungsbeauftragten** durch das Gericht zu erfolgen. Falls das Restrukturierungsgericht den Restrukturierungsbeauftragten aus dem Amt entlässt, steht diesem nach § 75 Abs. 3 S. 1 StaRUG das Recht zu, gegen die Entscheidung des Gerichts sofortige Beschwerde einzulegen. Wenn das Restrukturierungsgericht einen vom Schuldner oder von einem Gläubiger gestellten Antrag auf Entlassung des Restrukturierungsbeauftragten ablehnt, kann der Antragsteller hiergegen nach § 75 Abs. 3 S. 2 StaRUG sofortige Beschwerde einlegen. 34

IV. Haftung des Restrukturierungsbeauftragten

Nach § 75 Abs. 4 S. 1 StaRUG besteht eine Verpflichtung des Restrukturierungsbeauftragten, die ihm übertragenen Aufgaben mit der erforderlichen Sorgfalt und Gewissenhaftigkeit zu erfüllen. Zudem hat der Restrukturierungsbeauftragte nach § 75 Abs. 4 S. 2 StaRUG seine Aufgaben unparteiisch, also mit der notwendigen Neutralität, wahrzunehmen. Falls der Restrukturierungsbeauftragte die ihm obliegenden Pflichten in schuldhafter Weise verletzt, besteht nach § 75 Abs. 4 S. 3 StaRUG eine **Schadensersatzpflicht** des Restrukturierungsbeauftragten gegenüber den von der Pflichtverletzung Betroffenen. 35

1. Orientierung der Haftung an der Regelung des § 60 Abs. 1 InsO

Die Haftung des Restrukturierungsbeauftragten ist an die Haftung von Insolvenzverwaltern und Sachwaltern nach §§ 60 Abs. 1, 274 Abs. 1 InsO angelehnt. Voraussetzung für die **Haftung des Restrukturierungsbeauftragten** ist das Vorliegen einer schuldhaften Pflichtverletzung. Dem Restrukturierungsbeauftragten ist es verwehrt, die nach § 75 Abs. 4 S. 3 StaRUG bestehende Haftung durch eine vertragliche Abrede zu beschränken.[34] Soweit in § 75 Abs. 4 S. 3 StaRUG die Rede davon ist, dass der Schadensersatzanspruch den von der Pflichtverletzung des Restrukturierungsbeauftragten Betroffenen zusteht, macht der Gesetzgeber mit dieser Formulierung deutlich, dass es sich bei dem Anspruchsberechtigten auch um einen Dritten handeln kann, welcher nicht als Gläubiger an der Restrukturierungssache beteiligt ist.[35] Der für den Restrukturierungsbeauftragten zugrunde zu legende Sorgfaltsmaßstab bestimmt sich nach der Spezifizität der einzelnen Tätigkeiten, die dem Restrukturierungsbeauftragten nach §§ 73 Abs. 3, 76 StaRUG übertragen werden.[36] Da der Gesetzgeber in dem Restrukturierungsbeauftragten eine neutrale Person sieht, welche nicht im Lager des 36

33 Diese Sichtweise entspricht der Rechtsprechung des BGH zu § 59 Abs. 1 S. 2 InsO aF, nach welcher ein vom Schuldner gestellter unzulässiger Antrag auf Entlassung des Insolvenzverwalters als Anregung für eine Tätigkeit des Insolvenzgerichts von Amts wegen gewertet werden kann. Vgl. dazu BGH Beschl. v. 2.3.2006 – IX ZB 225/04, NZI 2006, 474 (474 f.).

34 Vgl. *Flöther* NZI-Beilage 2021, 48 (51).

35 Vgl. *Flöther* NZI-Beilage 2021, 48 (51).

36 Vgl. *Smid* ZInsO 2020, 2184 (2195).

Schuldners steht, kann sich der Restrukturierungsbeauftragte im Rahmen einer möglichen Haftung nicht auf die sog. Business Judgement Rule berufen.[37]

2. Praktisches Bedürfnis für eine Berufshaftpflichtversicherung

37 Aufgrund der weitreichenden Haftung des Restrukturierungsbeauftragten gemäß § 75 Abs. 4 S. 3 StaRUG, welche überdies keiner Haftungsbegrenzung zugänglich ist, sollten alle Restrukturierungsbeauftragten über eine **Berufshaftpflichtversicherung** mit einer ausreichenden Deckungssumme verfügen. Bisher ist in den Versicherungspolicen lediglich ein Versicherungsschutz für die Tätigkeit als (vorläufiger) Insolvenzverwalter, Sonderinsolvenzverwalter, (vorläufiger) Sachwalter und Treuhänder vorgesehen, da die Ämter des Restrukturierungsbeauftragten und des Sanierungsmoderators erst zum 1.1.2021 geschaffen wurden. Es ist daher zu empfehlen, dass die Tätigkeit als Restrukturierungsbeauftragter bzw. Sanierungsmoderator ausdrücklich in die Police der Berufshaftpflichtversicherung aufgenommen wird. Hierbei kann sich der Restrukturierungsbeauftragte oder der Sanierungsmoderator ggf. der Hilfe eines Versicherungsmaklers bedienen. Es ist zu erwarten, dass zahlreiche Versicherer eine Berufshaftpflichtversicherung anbieten werden, die sich auch auf Tätigkeiten als Restrukturierungsbeauftragter bzw. Sanierungsmoderator erstreckt. Das Bestehen eines ausreichenden Versicherungsschutzes sollte im besonderen Interesse des Restrukturierungsbeauftragten bzw. des Sanierungsmoderators liegen, da die Geschädigten bei einer Pflichtverletzung des Amtsträgers auch auf dessen private Vermögenswerte zugreifen können.

3. Verjährung des Schadensersatzanspruchs

38 Nach § 75 Abs. 4 S. 4 StaRUG gilt für die **Verjährung** des gegen einen Restrukturierungsbeauftragten gerichteten Schadensersatzanspruchs grundsätzlich die regelmäßige Verjährungsfrist nach §§ 195, 199 BGB. Allerdings sind in Bezug auf die Höchstfrist für den Eintritt der Verjährung Besonderheiten zu beachten. Nach § 75 Abs. 4 S. 5 StaRUG verjährt der gegen den Restrukturierungsbeauftragten bestehende Schadensersatzanspruch spätestens nach Ablauf von drei Jahren, nachdem die Rechtshängigkeit der Restrukturierungssache entfallen ist. Es kommt insoweit für den Beginn der Verjährungsfrist nicht auf den Schluss des Jahres an.[38] Vielmehr ist auf den Tag abzustellen, an dem der Wegfall der Rechtshängigkeit der Restrukturierungssache eingetreten ist. In den Fällen, in denen der Restrukturierungsplan eine Planüberwachung vorsieht, beginnt die dreijährige Verjährungshöchstfrist nach § 75 Abs. 4 S. 6 StaRUG erst mit dem Abschluss der Planüberwachung zu laufen.

V. Aufgaben des obligatorischen Restrukturierungsbeauftragten

39 Die dem obligatorisch zu bestellenden Restrukturierungsbeauftragten obliegenden **Aufgaben** werden in § 76 StaRUG aufgezählt.

---

37 Vgl. auch BGH Urt. v. 12.3.2020 – IX ZR 125/17, NZI 2020, 671, in dem eine entsprechende Anwendung der in § 93 Abs. 1 S. 2 AktG enthaltenen Business Judgment Rule auf die Haftung des Insolvenzverwalters bei einer Betriebsfortführung nach § 60 Abs. 1 InsO abgelehnt wurde.

38 Vgl. K. Schmidt/*Thole* InsO § 62 Rn. 7; Uhlenbruck/*Sinz* § 62 Rn. 8 (in Bezug auf die Regelung des § 62 S. 2 InsO).

1. Feststellung von Umständen iSv § 33 StaRUG

Wenn der Restrukturierungsbeauftragte bei seiner Tätigkeit Umstände feststellt, die eine Aufhebung der Restrukturierungssache nach § 33 StaRUG rechtfertigen, ist er nach § 76 Abs. 1 StaRUG verpflichtet, dies unverzüglich dem Restrukturierungsgericht mitzuteilen. In den Gesetzesmaterialien wird hier insbesondere der Fall genannt, in welchem dem Restrukturierungsbeauftragten Umstände bekannt werden, aus denen sich ergibt, dass beim Schuldner eine Zahlungsunfähigkeit iSv § 17 Abs. 2 InsO eingetreten ist.[39] Des Weiteren soll der Restrukturierungsbeauftragte nach der Intention des Gesetzgebers nicht fortlaufend von sich aus überprüfen, ob ein Aufhebungsgrund iSv § 33 StaRUG vorliegt. Vielmehr greift die **Anzeigepflicht** gegenüber dem Restrukturierungsgericht in solchen Fällen ein, in denen dem Restrukturierungsbeauftragten im Rahmen seiner Tätigkeit und der Erfüllung seiner Aufgaben Umstände iSv § 33 StaRUG bekannt werden.[40] In der Sache weist die Regelung des § 76 Abs. 1 StaRUG eine Parallele zu der bei der Eigenverwaltung geltenden Vorschrift des § 274 Abs. 3 S. 1 InsO auf, wonach eine Mitteilungspflicht des Sachwalters gegenüber dem Insolvenzgericht und dem Gläubigerausschuss besteht, wenn der Sachwalter bei seiner Tätigkeit feststellt, dass die Fortsetzung der Eigenverwaltung zu Nachteilen für die Gläubiger führen wird. 40

2. Mitwirkung an der Abstimmung über den Restrukturierungsplan

Bei einem vom Schuldner beabsichtigten Eingriff in die Rechte von Verbrauchern bzw. in solche von mittleren, kleinen oder Kleinstunternehmen oder bei Beantragung einer prinzipiell gegen alle Gläubiger gerichteten Stabilisierungsanordnung durch den Schuldner oder im Falle der Erforderlichkeit eines Cross Class Cram Down stehen dem Restrukturierungsbeauftragten nach § 76 Abs. 2 Nr. 1 StaRUG weitgehende **Mitwirkungsrechte** im Zusammenhang mit der **Abstimmung** über den vom Schuldner vorgelegten **Restrukturierungsplan** zu. Zum einen kann der Restrukturierungsbeauftragte darüber entscheiden, wie der Restrukturierungsplan zur Abstimmung gebracht wird. Dies bedeutet, dass dem Restrukturierungsbeauftragten die Entscheidung darüber zusteht, ob über den Restrukturierungsplan außergerichtlich abgestimmt wird oder ob ein gerichtliches Planabstimmungsverfahren nach § 23 StaRUG stattfindet. Wenn sich der Restrukturierungsbeauftragte dazu entschließt, die Abstimmung über den Restrukturierungsplan außergerichtlich durchzuführen, leitet der Restrukturierungsbeauftragte nach § 76 Abs. 2 Nr. 1 StaRUG die Versammlung der planbetroffenen Gläubiger und dokumentiert die Abstimmung. Außerdem kommt dem Restrukturierungsbeauftragten die Aufgabe zu, die Forderungen, Absonderungsanwartschaften, gruppeninternen Drittsicherheiten sowie die Anteils- und Mitgliedschaftsrechte der Planbetroffenen zu prüfen. Falls eine Restrukturierungsforderung, Absonderungsanwartschaft, gruppeninterne Drittsicherheit oder ein Anteils- und Mitgliedschaftsrecht dem Grunde oder der Höhe nach streitig bzw. zweifelhaft ist, hat der Restrukturierungsbeauftragte die anderen Planbetroffenen hierauf hinzuweisen und auf eine Klärung des Stimmrechts mittels einer Vorprüfung nach §§ 47, 48 StaRUG durch das 41

39 BT-Drs. 19/24181, 173.
40 BT-Drs. 19/24181, 173.

Restrukturierungsgericht hinzuwirken. Nach § 47 S. 1 StaRUG setzt die Vorprüfung einen Antrag des Schuldners voraus. In der Praxis wird daher der Restrukturierungsbeauftragte Kontakt mit dem Schuldner aufnehmen und diesen veranlassen, den erforderlichen Antrag auf Durchführung der Vorprüfung beim Restrukturierungsgericht zu stellen. Wenn der Schuldner die Stellung eines Antrags nach § 47 S. 1 StaRUG ohne sachlichen Grund verweigert, kann dieses Verhalten einen Aufhebungsgrund nach § 33 StaRUG darstellen, wodurch die Mitteilungspflicht des Restrukturierungsbeauftragten nach § 76 Abs. 1 StaRUG ausgelöst wird.[41]

42 Durch die vorbezeichneten Aufgaben des Restrukturierungsbeauftragten soll vor allem dem **Minderheitenschutz** Rechnung getragen werden, dh der Restrukturierungsbeauftragte nimmt die Interessen derjenigen wahr, die dazu selbst nicht in der Lage sind.[42]

3. Übertragung von mit einem Sachwalter vergleichbaren Aufgaben

43 Nach § 76 Abs. 2 Nr. 2 lit. a StaRUG kann das Restrukturierungsgericht dem Restrukturierungsbeauftragten die Befugnis übertragen, die wirtschaftliche Lage des Schuldners zu prüfen und dessen **Geschäftsführung zu überwachen.** Ferner steht es nach § 76 Abs. 2 Nr. 2 lit. b StaRUG im Ermessen des Restrukturierungsgerichts, den Restrukturierungsbeauftragten zu ermächtigen, von dem Schuldner zu verlangen, dass eingehende Gelder lediglich von dem Restrukturierungsbeauftragten entgegengenommen und Zahlungen nur von dem Restrukturierungsbeauftragten geleistet werden können. Schließlich kann das Restrukturierungsgericht dem Schuldner nach § 76 Abs. 2 Nr. 3 StaRUG aufgeben, dem Restrukturierungsbeauftragten vorzunehmende Zahlungen anzuzeigen und Zahlungen außerhalb des gewöhnlichen Geschäftsverkehrs lediglich unter der Voraussetzung zu tätigen, dass der Restrukturierungsbeauftragte der Vornahme dieser Zahlungen zustimmt.

44 Die Tätigkeit des Restrukturierungsbeauftragten im Rahmen der diesem von Seiten des Restrukturierungsgerichts nach § 76 Abs. 2 Nr. 2, Nr. 3 StaRUG übertragenen Befugnisse entspricht im Wesentlichen dem Aufgabenspektrum des **Sachwalters** bei der Eigenverwaltung. Zunächst ist eine der Regelung des § 76 Abs. 2 Nr. 2 lit. a StaRUG vergleichbare Vorschrift in § 274 Abs. 2 S. 1 InsO enthalten. Wie bei § 76 Abs. 2 Nr. 2 lit. b StaRUG ist ein Kassenführungsrecht in § 275 Abs. 2 InsO vorgesehen, welches dem Sachwalter zusteht. Ebenfalls gibt es in der Eigenverwaltung eine Parallelvorschrift zu § 76 Abs. 2 Nr. 3 StaRUG, weil gemäß § 275 Abs. 1 S. 1 InsO die Eingehung von Verbindlichkeiten, die nicht zum gewöhnlichen Geschäftsbetrieb gehören, unter dem Vorbehalt der Zustimmung des Sachwalters steht. Demnach hat das Restrukturierungsgericht die Möglichkeit, die Überwachungsfunktion des Restrukturierungsbeauftragten erheblich zu erweitern und die Tätigkeit des Restrukturierungsbeauftragten letztendlich an das Profil eines Sachwalters anzugleichen.

45 Wenn sich das Restrukturierungsgericht dafür entscheidet, dem Restrukturierungsbeauftragten die in § 76 Abs. 2 Nr. 2, Nr. 3 StaRUG genannten Befugnisse einzuräumen,

41 So auch *Smid* ZInsO 2020, 2184 (2192).
42 Vgl. *Flöther* NZI-Beilage 2021, 48 (49).

wird dies in den vom Gericht zu erlassenden Beschluss aufgenommen. Um etwa das Kassenführungsrecht nach § 76 Abs. 2 Nr. 2 lit. b StaRUG wahrnehmen zu können, muss den Kreditinstituten des Schuldners der gerichtliche Beschluss über die Bestellung des Restrukturierungsbeauftragten und ggf. eine von Seiten des Gerichts ausgestellte Bestallungsurkunde übersandt werden. Im Anschluss daran erhält der Restrukturierungsbeauftragte **Zugriff auf die Konten des Schuldners**, wobei die Befugnisse des Restrukturierungsbeauftragten auf die Entgegennahme und die Ausführung von Zahlungen beschränkt sind.[43] Da beim StaRUG-Verfahren die präventive Sanierung des Schuldners außerhalb eines förmlichen Insolvenzverfahrens im Vordergrund steht, ist es dem Restrukturierungsbeauftragten jedoch verwehrt, die Kassenführung über ein Sonderkonto abzuwickeln. Vielmehr können entweder die allgemeinen Geschäftskonten des Schuldners oder ein vom Schuldner eingerichtetes separates Eigenkonto genutzt werden. Bezüglich des Zustimmungsvorbehalts nach § 76 Abs. 2 Nr. 3 StaRUG ist der Begriff des gewöhnlichen Geschäftsbetriebs genauso zu verstehen wie bei § 275 Abs. 1 S. 1 InsO. Die Verpflichtung des Schuldners zur Einholung der Zustimmung des Restrukturierungsbeauftragten erstreckt sich danach auf alle Zahlungen, welche sich nicht auf das Tagesgeschäft des schuldnerischen Unternehmens beziehen.[44]

Für die Praxis ist von besonderer Bedeutung, dass das Restrukturierungsgericht dem Restrukturierungsbeauftragten nach dem eindeutigen Wortlaut des § 76 Abs. 2 Nr. 2, Nr. 3 StaRUG die einem Sachwalter vergleichbaren Befugnisse lediglich in solchen Fällen einräumen darf, in denen die Voraussetzungen des § 73 Abs. 1 S. 1 Nr. 1, Nr. 2, Abs. 2 S. 1 StaRUG erfüllt sind. Somit kann das Restrukturierungsgericht von den Regelungen in § 76 Abs. 2 Nr. 2, Nr. 3 StaRUG nur dann Gebrauch machen, wenn an der vom Schuldner beabsichtigten Restrukturierung Verbraucher bzw. mittlere, kleine oder Kleinstunternehmen beteiligt sind, der Schuldner den Erlass einer umfassenden, prinzipiell gegen sämtliche Gläubiger gerichteten Stabilisierungsanordnung beantragt hat oder absehbar ist, dass die fehlende Zustimmung einer Gläubigergruppe durch einen Cross Class Cram Down ersetzt werden muss. Es ist nicht zu verkennen, dass insbesondere bei größeren Unternehmen, die womöglich noch in eine Konzernstruktur eingegliedert sind, ein praktisches Bedürfnis bestehen kann, dem Restrukturierungsbeauftragten im Interesse der Gläubiger **Überwachungsaufgaben** zu übertragen, die einem Sachwalter vergleichbar sind, ohne dass die Voraussetzungen des § 73 Abs. 1 S. 1 Nr. 1, Nr. 2, Abs. 2 S. 1 StaRUG gegeben sind. Hinzu kommt, dass der Schuldner frei darüber entscheiden kann, welche Gläubiger in den Restrukturierungsplan bzw. in eine vom Schuldner zu beantragende Stabilisierungsanordnung einbezogen werden. Folglich ist es dem Schuldner möglich, durch die Auswahl der Gläubiger, die in das StaRUG-Verfahren einbezogen werden, zu verhindern, dass das Restrukturierungsgericht dem Restrukturierungsbeauftragten Aufgaben und Befugnisse überträgt, die einem Sachwalter entsprechen. In Einzelfällen mag sich dies nachteilig für 46

43 Vgl. HambKommInsR/*Fiebig* InsO § 275 Rn. 13; MüKoInsO/*Kern* § 275 Rn. 25 (in Bezug auf das Kassenführungsrecht des Sachwalters nach § 275 Abs. 2 InsO).

44 Vgl. AG Köln Beschl. v. 15.12.2014 – 74 IN 152/12, NZI 2015, 282 (285); HambKommInsR/*Fiebig* InsO § 275 Rn. 4; anders aber K. Schmidt/*Undritz* InsO § 275 Rn. 3; MüKoInsO/*Kern* § 275 Rn. 10 (Abstellen auf die Art und den Umfang der bisherigen Schuldnergeschäfte).

die Gläubiger auswirken. Allerdings ist dies eine bewusste Entscheidung des Gesetzgebers, nach dessen Willen bei einer präventiven Sanierung nach dem StaRUG ein geringerer Grad an Überwachung des Schuldners bestehen soll. Etwas anderes gilt jedoch dann, wenn in das StaRUG-Verfahren alle Gläubiger des Schuldners einbezogen werden, so dass quasi ein Gesamtverfahren und damit eine Vergleichbarkeit zur Eigenverwaltung nach §§ 270 ff. InsO vorliegt.

47 In den Fällen des § 76 Abs. 2 Nr. 2, Nr. 3 StaRUG steht die Entscheidung, ob dem Restrukturierungsbeauftragten die dort genannten Befugnisse eingeräumt werden, im pflichtgemäßen Ermessen des Restrukturierungsgerichts. Man wird hier eine Faustformel dahin gehend aufstellen können, dass die Bestellung eines Restrukturierungsbeauftragten **mit einem Sachwalter vergleichbaren Befugnissen** desto eher geboten ist, je größer das schuldnerische Unternehmen ist, da die Höhe der von dem Unternehmen erzielten Umsätze regelmäßig von der Größe des Geschäftsbetriebs abhängig ist und bei hohen Umsätzen naturgemäß ein legitimes Interesse der Gläubiger an einer Überwachung der Geschäftsführung des Schuldners besteht.

4. Aufgaben im Falle des Erlasses einer Stabilisierungsanordnung

48 Wenn das Restrukturierungsgericht auf Antrag des Schuldners eine **Stabilisierungsanordnung** nach § 49 Abs. 1 StaRUG erlassen hat, obliegt es dem Restrukturierungsbeauftragten nach § 76 Abs. 3 Nr. 1 StaRUG, fortlaufend zu prüfen, ob die Anordnungsvoraussetzungen fortbestehen und ob ein Aufhebungsgrund vorliegt. Damit dem Restrukturierungsbeauftragten eine derartige Prüfung möglich ist, untersucht dieser die Verhältnisse des Schuldners. Darüber hinaus steht dem Restrukturierungsbeauftragten nach § 76 Abs. 3 Nr. 2 StaRUG das Recht zu, die Gründe für die Aufhebung der Stabilisierungsanordnung geltend zu machen.

49 Soweit in § 76 Abs. 3 Nr. 1 StaRUG von Verhältnissen des Schuldners gesprochen wird, bezieht sich dies in erster Linie auf die Vermögensverhältnisse des schuldnerischen Unternehmens. Insbesondere kommt es darauf an, in welchem finanz- und leistungswirtschaftlichen Zustand sich das schuldnerische Unternehmen befindet.[45] Daneben spielt die Zusammensetzung der Geschäftsführung des Schuldners sowie das Maß an Unterstützung eine Rolle, das dem Schuldner von seinen wesentlichen Stakeholdern entgegengebracht wird.[46] In der Praxis erfolgt die Geltendmachung eines Aufhebungsgrunds iSv § 76 Abs. 3 Nr. 2 StaRUG dadurch, dass der Restrukturierungsbeauftragte die Umstände, aus denen sich der **Aufhebungsgrund** für die Stabilisierungsanordnung ergibt, dem Restrukturierungsgericht mitteilt. Demgegenüber steht dem Restrukturierungsbeauftragten nicht die Befugnis zu, beim Restrukturierungsgericht einen förmlichen Antrag auf Aufhebung der Stabilisierungsanordnung zu stellen.[47]

45 Vgl. *Smid* ZInsO 2020, 2184 (2192).
46 Vgl. *Smid* ZInsO 2020, 2184 (2192).
47 Vgl. *Smid* ZInsO 2020, 2184 (2192).

5. Aufgaben bei Vorlage eines Restrukturierungsplans

Wenn der Schuldner einen Restrukturierungsplan zur Bestätigung vorlegt, hat der Restrukturierungsbeauftragte nach § 76 Abs. 4 S. 1 StaRUG die Aufgabe, zu der vom Schuldner nach § 14 Abs. 1 StaRUG vorzulegenden **Erklärung zur Bestandsfähigkeit** des schuldnerischen Unternehmens Stellung zu nehmen. Mit dieser Regelung setzt der deutsche Gesetzgeber die Vorgaben in Art. 8 Abs. 1 lit. h der EU-Restrukturierungsrichtlinie um. Danach müssen Restrukturierungspläne, die den Gläubigern zur Annahme bzw. einer Justiz- oder Verwaltungsbehörde zur Bestätigung vorgelegt werden, eine Begründung enthalten, in welcher erläutert wird, warum eine begründete Aussicht besteht, dass der Restrukturierungsplan die Insolvenz des Schuldners verhindern und die Bestandsfähigkeit des schuldnerischen Unternehmens gewährleisten wird. Die Mitgliedstaaten können frei darüber entscheiden, ob die Vorlage bzw. Bestätigung dieser Begründung durch einen externen Experten oder durch den Restrukturierungsbeauftragten erfolgen muss. 50

In § 76 Abs. 4 S. 1 StaRUG heißt es, dass eine **Stellungnahme des Restrukturierungsbeauftragten** erforderlich ist, wenn der Schuldner einen Restrukturierungsplan zur Bestätigung vorlegt. Dies ist dahin gehend zu verstehen, dass die Stellungnahme von dem Restrukturierungsbeauftragten in solchen Fällen einzuholen ist, in denen der Schuldner entweder bereits einen Antrag auf Planbestätigung durch das Restrukturierungsgericht nach § 60 Abs. 1 S. 1 StaRUG gestellt hat oder von Seiten des Schuldners die Absicht bekundet wurde, einen derartigen Antrag zu stellen. Wie sich aus § 63 Abs. 1 Nr. 2 StaRUG ergibt, setzt die gerichtliche Planbestätigung zwingend voraus, dass die Vorschriften über den Inhalt und die verfahrensmäßige Behandlung des Restrukturierungsplans eingehalten wurden. Zu diesen Anforderungen gehört ebenfalls die Erklärung des Schuldners zur Bestandsfähigkeit nach § 14 Abs. 1 StaRUG.[48] 51

Falls der Restrukturierungsbeauftragte zeitlich vor der Planabstimmung bestellt wird, ist die Stellungnahme des Restrukturierungsbeauftragten zu der Bestandsfähigkeitserklärung des Schuldners gemäß § 76 Abs. 4 S. 2 StaRUG dem Restrukturierungsplan als weitere Plananlage beizufügen. Nach § 76 Abs. 4 S. 3 StaRUG müssen in der **Stellungnahme des Restrukturierungsbeauftragten** auch ggf. bestehende Zweifel an dem Bestehen oder an der Höhe einer Restrukturierungsforderung, einer Absonderungsanwartschaft, einer gruppeninternen Drittsicherheit oder eines Anteils- und Mitgliedschaftsrechts nach § 76 Abs. 2 Nr. 1 Hs. 4 StaRUG bzw. ein diesbezüglicher Streit dargestellt werden. Dies hat zur Folge, dass sich die Stellungnahme des Restrukturierungsbeauftragten mittelbar auf Stimmrechtsstreitigkeiten erstreckt.[49] 52

In der Sache ist die Erforderlichkeit der Einholung der Stellungnahme des Restrukturierungsbeauftragten zu den vorgenannten Fragen zu begrüßen, da auf diese Weise die weitere gerichtliche Prüfung vorstrukturiert wird, was zu einer Beschleunigung des gesamten Planverfahrens führt.[50] Der Restrukturierungsbeauftragte wird in die- 53

48 Vgl. *Smid* NZI-Beilage 2021, 64 (65).
49 BT-Drs. 19/24181, 174.
50 Vgl. *Thole* ZIP 2020, 1985 (1997).

sem Zusammenhang als **Sachverständiger** für das Restrukturierungsgericht im Rahmen des nach § 39 Abs. 1 StaRUG geltenden Amtsermittlungsgrundsatzes tätig.[51]

6. Durchführung von Zustellungen für das Restrukturierungsgericht

54 Nach § 41 Abs. 1 S. 1 StaRUG erfolgen die vorzunehmenden Zustellungen von Amts wegen durch das Restrukturierungsgericht. Wenn das Gericht einen obligatorischen Restrukturierungsbeauftragten bestellt hat, kann die **Vornahme der Zustellungen** nach § 76 Abs. 6 S. 1 StaRUG von Seiten des Gerichts auf den Restrukturierungsbeauftragten übertragen werden. Die Regelung des § 76 Abs. 6 S. 1 StaRUG ist an die Vorschrift des § 8 Abs. 3 InsO angelehnt, welche sich neben dem Insolvenzverwalter auch auf den Sachwalter erstreckt.[52] Der Restrukturierungsbeauftragte muss die Zustellungen nach § 76 Abs. 6 S. 2 StaRUG nicht selbst durchführen, sondern kann sich der Hilfe des eigenen Personals oder eines externen Dienstleisters bedienen. Es ist zu erwarten, dass die Restrukturierungsgerichte in der Praxis sehr häufig von der Möglichkeit der Übertragung der Durchführung der Zustellungen auf den Restrukturierungsbeauftragten Gebrauch machen werden. So wird dies insbesondere bei StaRUG-Verfahren in Betracht kommen, an denen eine Vielzahl von Gläubigern beteiligt sind, so dass eine große Anzahl von Zustellungen vorzunehmen ist.[53]

VI. Pflichten des Schuldners im Verhältnis zum Restrukturierungsbeauftragten

55 Gemäß § 76 Abs. 5 StaRUG besteht eine Verpflichtung des Schuldners, dem Restrukturierungsbeauftragten die erforderlichen Auskünfte zu erteilen, ihm **Einsicht in die Bücher und Geschäftspapiere** zu gewähren und ihn bei der Erfüllung der Aufgaben zu unterstützen. Es gibt insoweit eine Parallele zu den Auskunfts- und Mitwirkungspflichten des Schuldners in einem förmlichen Insolvenzverfahren nach § 97 InsO. Zudem besteht eine Ähnlichkeit zu den Befugnissen eines vorläufigen Insolvenzverwalters nach § 22 Abs. 3 InsO. Im Unterschied zu einem vorläufigen Insolvenzverwalter ist der Restrukturierungsbeauftragte aber nicht berechtigt, die Geschäftsräume des Schuldners zu betreten und dort Nachforschungen anzustellen.

56 Eine der Regelung des § 98 Abs. 2 InsO vergleichbare Bestimmung ist in § 76 Abs. 5 StaRUG nicht enthalten, so dass das Restrukturierungsgericht keine Möglichkeit hat, die dem Schuldner im Verhältnis zum Restrukturierungsbeauftragten obliegenden **Auskunfts- und Mitwirkungspflichten** im Wege der Anordnung von Zwangsmaßnahmen durchzusetzen.[54] Bei wiederholten schwerwiegenden Verstößen des Schuldners gegen seine Auskunfts- und Mitwirkungspflichten erfolgt jedoch nach § 76 Abs. 1 iVm § 33 Abs. 1 Nr. 3 StaRUG eine Mitteilung des Restrukturierungsbeauftragten an das Restrukturierungsgericht, so dass der Schuldner im Falle eines unkooperativen Verhaltens die gerichtliche Aufhebung der Restrukturierungssache riskiert.

51 Vgl. *Smid* ZInsO 2020, 2184 (2192).
52 Vgl. MüKoInsO/*Ganter/Bruns* § 8 Rn. 35; Uhlenbruck/*Pape* § 8 Rn. 8.
53 BT-Drs. 19/24181, 174.
54 Vgl. *Smid* ZInsO 2020, 2184 (2190).

C. Fakultativer Restrukturierungsbeauftragter

I. Bestellungsvoraussetzungen

Nach § 77 Abs. 1 S. 1 StaRUG erfolgt die Bestellung eines **fakultativen Restrukturierungsbeauftragten**, welcher die Verhandlungen zwischen den Beteiligten fördert, zum einen auf Antrag des Schuldners. Zum anderen können auch Gläubiger beim Restrukturierungsgericht die Bestellung eines fakultativen Restrukturierungsbeauftragten beantragen. Allerdings steht den Gläubigern nach § 77 Abs. 1 S. 2 StaRUG ein gemeinschaftliches Antragsrecht lediglich unter der Voraussetzung zu, dass auf die antragstellenden Gläubiger mehr als 25 % der Stimmrechte in einer Gläubigergruppe entfallen oder voraussichtlich entfallen werden und sich die einzelnen Gläubiger verpflichten, die durch die Bestellung eines fakultativen Restrukturierungsbeauftragten entstehenden Kosten als Gesamtschuldner zu übernehmen. Es kommt insoweit auf die Summenmehrheit in einer Gläubigergruppe an.[55] 57

Nach § 77 Abs. 2 StaRUG kann der von Seiten des Schuldners oder von den Gläubigern gestellte **Antrag** auf Bestellung eines fakultativen Restrukturierungsbeauftragten ebenfalls darauf gerichtet sein, diesem zusätzlich eine oder mehrere der in § 76 StaRUG genannten Aufgaben zu übertragen. Es ist nicht zu erwarten, dass der Schuldner in der Praxis einen solchen Antrag stellen wird. Allerdings wird insbesondere bei größeren StaRUG-Verfahren ein Interesse von Gläubigern bestehen, dass der Restrukturierungsbeauftragte nach § 76 Abs. 2 Nr. 2, Nr. 3 StaRUG mit Aufgaben betraut wird, welche denjenigen eines Sachwalters bei der Eigenverwaltung entsprechen. Hier ist insbesondere an den Fall zu denken, in dem die Voraussetzungen des § 73 Abs. 1 S. 1 Nr. 1, Nr. 2, Abs. 2 StaRUG nicht erfüllt sind, so dass es dem Restrukturierungsgericht verwehrt ist, einen obligatorisch zu bestellenden Restrukturierungsbeauftragten mit der Wahrnehmung von Überwachungsaufgaben zu beauftragen.[56] 58

Nach der Absicht des Gesetzgebers soll durch das bei einem Gläubigerantrag erforderliche **Quorum** von mehr als 25 % der Stimmrechte innerhalb einer Gläubigergruppe verhindert werden, dass das Antragsrecht von einzelnen Gläubigern dazu verwendet wird, um den vom Schuldner in Gang gesetzten Sanierungsprozess zu verlangsamen bzw. zu stören.[57] Im Grundsatz besteht ein berechtigtes Interesse des Schuldners daran, dass das Instrument des fakultativen Restrukturierungsbeauftragten nicht durch auf Gläubigerseite vorhandene Akkordstörer zu missbräuchlichen Zwecken eingesetzt wird. Allerdings können in der Praxis durchaus Fälle vorkommen, in denen ein legitimes Bedürfnis dafür besteht, die Aufgaben des Restrukturierungsbeauftragten an diejenigen eines Sachwalters anzugleichen. Aufgrund der starren Regelung des § 77 Abs. 1 S. 2 StaRUG, welche zwingend ein Quorum von mehr als 25 % der Stimmrechte in einer Gläubigergruppe verlangt, können die Besonderheiten des einzelnen StaRUG-Verfahrens bei der Frage der Bestellung eines fakultativen Restruktu- 59

55 Vgl. *Flöther* NZI-Beilage 2021, 48 (50).
56 Vgl. *Gehrlein* BB 2021, 66 (77).
57 BT-Drs. 19/24181, 175.

rierungsbeauftragten nicht berücksichtigt werden, was vor dem Hintergrund der berechtigten Interessen der Gläubiger kritisch zu sehen ist.

II. Auswahl und Rechtsstellung

60 Die **gerichtliche Auswahl** des fakultativen Restrukturierungsbeauftragten erfolgt prinzipiell nach den gleichen Grundsätzen wie beim obligatorisch zu bestellenden Restrukturierungsbeauftragten. Denn in § 78 Abs. 1 StaRUG wird bestimmt, dass die Regelung des § 74 Abs. 1 StaRUG auf die Bestellung des fakultativen Restrukturierungsbeauftragten entsprechende Anwendung findet. Allerdings ist eine der Vorschrift des § 74 Abs. 2 S. 2 StaRUG vergleichbare Regelung in § 78 StaRUG nicht enthalten, so dass dem Schuldner, auf dessen Antrag hin gemäß § 77 Abs. 1 S. 1 StaRUG ein fakultativer Restrukturierungsbeauftragter zu bestellen ist, kein verbindliches Vorschlagsrecht bezüglich der Person des von Seiten des Restrukturierungsgerichts zu bestellenden fakultativen Restrukturierungsbeauftragten zusteht.[58] Die vom Schuldner unterbreiteten Vorschläge können vielmehr lediglich im Rahmen der vom Restrukturierungsgericht zu treffenden Auswahlentscheidung Berücksichtigung finden,[59] ohne dass eine Bindungswirkung besteht.

61 Demgegenüber steht der Gläubigerseite das Recht zu, eine grundsätzlich für das Restrukturierungsgericht **verbindliche Vorgabe** bezüglich der Person des fakultativen Restrukturierungsbeauftragten zu machen. In der Sache ist hierfür nach § 78 Abs. 2 StaRUG erforderlich, dass die Unterbreitung des Vorschlags durch solche Gläubiger erfolgt, die zusammen alle voraussichtlich in den Restrukturierungsplan einbezogenen Gruppen repräsentieren. Weder aus dem Wortlaut des § 78 Abs. 2 StaRUG noch aus der Gesetzesbegründung geht unmittelbar hervor, unter welchen Voraussetzungen davon auszugehen ist, dass eine Gruppe von Gläubigern repräsentativ ist. Es erscheint vorzugswürdig, an das verbindliche Vorschlagsrecht des vorläufigen Gläubigerausschusses nach § 56a Abs. 2 InsO anzuknüpfen und das Vorliegen einer repräsentativen Gruppe von Gläubigern zu bejahen, wenn der Vorschlag bezüglich der Person des fakultativen Restrukturierungsbeauftragten von Gläubigern aus jeder Gruppe des vom Schuldner aufgestellten Restrukturierungsplans unterbreitet wird.[60] Es wird aber nicht vorausgesetzt, dass die Zustimmung ein bestimmtes Quorum innerhalb der einzelnen Gläubigergruppe erreicht. Für diese Auslegung spricht insbesondere der Vergleich mit der Vorschrift des § 74 Abs. 2 S. 3 StaRUG, da dort anders als bei § 78 Abs. 2 StaRUG ausdrücklich ein Quorum von mehr als 25 % der Stimmrechte innerhalb jeder Gläubigergruppe verlangt wird.

62 Im Falle der Unterbreitung des Vorschlags durch eine repräsentative Gruppe von Gläubigern darf das Restrukturierungsgericht nach § 78 Abs. 2 StaRUG von diesem Vorschlag lediglich dann abweichen, wenn die von den Gläubigern vorgeschlagene Person offensichtlich für das Amt des fakultativen Restrukturierungsbeauftragten un-

58 Vgl. *Flöther* NZI-Beilage 2021, 48 (50).
59 BT-Drs. 19/24181, 175.
60 So auch *Flöther* NZI-Beilage 2021, 48 (51); ähnlich *Smid* ZInsO 2020, 2184 (2194), nach dessen Auffassung solche Gläubiger repräsentativ sind, die zusammen alle in den Restrukturierungsplan einbezogenen Gruppen repräsentieren.

geeignet ist. Ferner ist eine Abweichung von dem Vorschlag der Gläubiger in den Fällen zulässig, in denen der fakultative Restrukturierungsbeauftragte lediglich zum Zwecke der Förderung der Verhandlungen zwischen den Beteiligten bestellt werden soll und der Schuldner dem von den Gläubigern unterbreiteten Vorschlag widerspricht. Hinter dem Widerspruchsrecht des Schuldners steht der Gedanke, dass dem Schuldner als Herr des Verfahrens nicht ein Restrukturierungsbeauftragter, dem die Rolle eines **Mediators** zukommt, aufgezwungen werden soll.[61] Unter Zugrundelegung der Ausführungen in der Gesetzesbegründung scheidet ein Widerspruch des Schuldners jedoch aus, wenn der fakultative Restrukturierungsbeauftragte nicht nur als Mediator tätig werden soll, sondern beabsichtigt ist, dass dieser auch prüfende und überwachende Aufgaben übernimmt.[62]

Die **Rechtsstellung** des fakultativen Restrukturierungsbeauftragten entspricht derjeni- 63
gen beim obligatorisch zu bestellenden Restrukturierungsbeauftragten. Insoweit wird in § 78 Abs. 3 StaRUG auf die Regelung des § 75 StaRUG verwiesen.

III. Aufgaben

Nach § 79 StaRUG kommt dem fakultativen Restrukturierungsbeauftragten die **Auf-** 64
gabe zu, den Schuldner und die Gläubiger bei der Ausarbeitung und Aushandlung des Restrukturierungskonzepts und des Restrukturierungsplans zu unterstützen. Somit hat der fakultative Restrukturierungsbeauftragte einerseits die Funktion eines Mediators. Zum anderen fungiert der fakultative Restrukturierungsbeauftragte als Berater für den Schuldner und für die Gläubiger, da er neben der Aushandlung auch an der Ausarbeitung des Restrukturierungskonzepts und des Restrukturierungsplans beteiligt werden kann. Indes hat die Tätigkeit des fakultativen Restrukturierungsbeauftragten allein einen unterstützenden Charakter. So ist es dem fakultativen Restrukturierungsbeauftragten etwa verwehrt, das gesamte Restrukturierungskonzept bzw. den kompletten Restrukturierungsplan selbst zu erstellen.[63]

Auffallend ist, dass der fakultative Restrukturierungsbeauftragte bereits bei der 65
Erstellung des **Restrukturierungskonzepts** hinzugezogen werden kann, welches die Grundlage für den späteren Restrukturierungsplan darstellt.

D. Vergütung des Restrukturierungsbeauftragten

Der Restrukturierungsbeauftragte hat nach § 80 S. 1 StaRUG einen Anspruch auf 66
Vergütung für seine Tätigkeit. Hierbei setzt sich die Vergütung aus dem Honorar und den Auslagen des Restrukturierungsbeauftragten zusammen. Gegenstand der Regelungen der §§ 80ff. StaRUG ist die Vergütung sowohl des obligatorischen als auch des fakultativen Restrukturierungsbeauftragten.

61 BT-Drs. 19/24181, 175.
62 BT-Drs. 19/24181, 175.
63 BT-Drs. 19/24181, 175.

I. Regelvergütung auf der Grundlage von Stundensätzen

67 Nach § 81 Abs. 1 StaRUG erhält der Restrukturierungsbeauftragte, welcher in einem StaRUG-Verfahren persönlich tätig wird, ein Honorar auf der Basis von angemessenen **Stundensätzen.** Da der Restrukturierungsbeauftragte insbesondere bei einer größeren Restrukturierungssache nicht alle Tätigkeiten in eigener Person erbringen kann, ist in § 81 Abs. 2 StaRUG vorgesehen, dass ebenfalls die Tätigkeit von qualifizierten Mitarbeitern von dem Restrukturierungsbeauftragten in Ansatz gebracht und hierfür ein Honorar auf der Grundlage von angemessenen Stundensätzen verlangt werden kann. Aus der Gesetzesbegründung lässt sich ableiten, dass unter qualifizierten Mitarbeitern solche Personen zu verstehen sind, deren Aufgaben über rein administrative Tätigkeiten hinausgehen und sich auf spezifisch im Rahmen der Restrukturierung zu erfüllende Tätigkeiten beziehen, welche besondere rechtliche oder betriebswirtschaftliche Kenntnisse voraussetzen, wobei diese Kenntnisse durch eine entsprechende Ausbildung nachgewiesen sein müssen.[64]

68 Die **Höhe** der vom Restrukturierungsgericht festzusetzenden **Stundensätze** ist nach § 81 Abs. 3 S. 1 StaRUG von der Größe des schuldnerischen Unternehmens, von der Art und von dem Umfang der wirtschaftlichen Schwierigkeiten des Schuldners sowie von der Qualifikation des Restrukturierungsbeauftragten und derjenigen seiner qualifizierten Mitarbeiter abhängig. Eine Orientierungshilfe für das Restrukturierungsgericht bietet die Vorschrift des § 81 Abs. 3 S. 2 StaRUG. Danach beläuft sich der Stundensatz für die persönliche Tätigkeit des Restrukturierungsbeauftragten im Regelfall auf bis zu 350 EUR und derjenige für den Einsatz von qualifizierten Mitarbeitern regelmäßig auf bis zu 200 EUR. Es handelt sich hierbei um die Nettobeträge der Stundensätze. Durch die Verwendung des Begriffs „im Regelfall" wird deutlich, dass das Restrukturierungsgericht im Einzelfall auch Stundensätze oberhalb der Schwelle von 350 EUR bzw. 200 EUR festsetzen kann.

69 Auch vor dem Inkrafttreten des StaRUG zum 1.1.2021 war im deutschen Recht bereits ein Zeithonorar im insolvenzrechtlichen Kontext vorgesehen. So richtet sich die Vergütung des nach § 5 Abs. 1 InsO im Rahmen der Amtsermittlung von Seiten des Insolvenzgerichts zu bestellenden **Sachverständigen** nach dem **JVEG.** Dies galt auch schon vor dem 1.1.2021. Nach § 9 Abs. 4 JVEG erhält der Sachverständige für seine Tätigkeit ein Honorar, welches sich auf der Grundlage von Stundensätzen bemisst. Die an Stundensätze anknüpfende Vergütung des Restrukturierungsbeauftragten stellt daher kein Novum im Bereich des Insolvenz- und Sanierungsrechts dar.[65] Zutreffend ist jedoch, dass sich die Vergütung des Insolvenzverwalters und des Sachwalters nach der InsVV bestimmt, welcher ein Zeithonorar unbekannt ist.[66] Die Einführung eines Zeithonorars bezüglich der Vergütung des Restrukturierungsbeauftragten ist im Wesentlichen damit zu erklären, dass die präventive Sanierung nach dem StaRUG auf der EU-Restrukturierungsrichtlinie basiert. Anders als in Deutschland erfolgt die Vergütung der Tätigkeit von Insolvenzverwaltern in verschiedenen anderen

64 BT-Drs. 19/24181, 176.
65 So aber *Thole* ZIP 2020, 1985 (1997).
66 Vgl. BGH Beschl. v. 25.6.2009 – IX ZB 118/08, BeckRS 2009, 19755; *Keller*, Vergütung und Kosten im Insolvenzverfahren § 2 Rn. 102.

Mitgliedstaaten der Europäischen Union auf der Grundlage des beim Insolvenzverwalter und seinen Mitarbeitern angefallenen Zeitaufwands.[67]

II. Festsetzung der Stundensätze durch das Restrukturierungsgericht

Nach § 81 Abs. 4 S. 1 StaRUG legt das Restrukturierungsgericht bereits im Zeitpunkt der Bestellung des Restrukturierungsbeauftragten die für die Vergütung des Restrukturierungsbeauftragten und seiner qualifizierten Mitarbeiter maßgeblichen Stundensätze verbindlich fest. Darüber hinaus hat das Restrukturierungsgericht nach § 81 Abs. 4 S. 2 StaRUG einen Höchstbetrag für das Honorar zu bestimmen. Die Bestimmung dieses **Honorarhöchstbetrags** erfolgt auf der Grundlage von Stundenbudgets, die dem voraussichtlichen Aufwand und der Qualifikation des Restrukturierungsbeauftragten und seiner qualifizierten Mitarbeiter angemessen Rechnung zu tragen haben. Auf diese Weise sollen die für das Amt des Restrukturierungsbeauftragten ausgewählte Person und die Kostenschuldner nach § 25a GKG in die Lage versetzt werden, sich von Anfang an eine Kenntnis über die finanziellen Grundlagen zu verschaffen, die mit der Erfüllung der Aufgaben des Restrukturierungsbeauftragten in dem konkreten StaRUG-Verfahren verbunden sind.[68] Es besteht dementsprechend nach § 81 Abs. 4 S. 3 StaRUG eine Verpflichtung des Restrukturierungsgerichts, den Restrukturierungsbeauftragten und die Kostenschuldner vor der Entscheidung anzuhören. 70

Wenn sich in einer Restrukturierungssache abzeichnet, dass das zu Beginn des Verfahrens von Seiten des Restrukturierungsgerichts festgesetzte Stundenbudget überschritten wird, kann unter den Voraussetzungen des § 81 Abs. 6 StaRUG eine **Erhöhung des Stundenbudgets** erfolgen. Hierfür muss der Restrukturierungsbeauftragte nach § 81 Abs. 6 S. 1 StaRUG gegenüber dem Restrukturierungsgericht darlegen, aus welchen Gründen und in welchem Ausmaß ein Erhöhungsbedarf besteht und warum das anfänglich festgesetzte Stundenbudget nicht ausreichend ist, um die dem Restrukturierungsbeauftragten obliegenden Aufgaben und Befugnisse sachgerecht wahrzunehmen. Nach § 81 Abs. 6 S. 2 StaRUG hat das Restrukturierungsgericht die Kostenschuldner zu der vom Restrukturierungsbeauftragten begehrten Erhöhung des Stundenbudgets anzuhören und danach unverzüglich über die Frage der Anpassung des Budgets zu entscheiden. Des Weiteren heißt es in § 81 Abs. 6 S. 3 StaRUG, dass die Regelung des § 81 Abs. 5 StaRUG entsprechend anzuwenden ist. Dies bedeutet, dass das Restrukturierungsgericht im Falle einer Erhöhung des Stundenbudgets bei den Kostenschuldnern einen weiteren Vorschuss bezüglich der Vergütung des Restrukturierungsbeauftragten, bei welcher es sich um Auslagen iSv Nr. 9017 KV GKG handelt, anzufordern hat. In der Praxis ist dem Restrukturierungsbeauftragten anzuraten, das Erhöhungsbegehren nach § 81 Abs. 6 StaRUG rechtzeitig gegenüber dem Restrukturierungsgericht zu äußern, da der Restrukturierungsbeauftragte ansonsten Gefahr läuft, dass er für die weiteren Tätigkeiten kein Honorar erhält.[69] 71

67 Vgl. dazu *Blersch* NZI-Beilage 2019, 77 (78), welcher ausführt, dass etwa die Insolvenzverwalter in den Niederlanden eine Vergütung erhalten, die sich ausschließlich nach dem Zeitaufwand richtet.
68 BT-Drs. 19/24181, 176.
69 BT-Drs. 19/24181, 177.

III. Gerichtsgebühren und Anforderung eines Vorschusses bezüglich der Vergütung des Restrukturierungsbeauftragten

72 Nach Nr. 2513 KV GKG fällt für die Bestellung des Restrukturierungsbeauftragten eine **Gerichtsgebühr** in Höhe von 500 EUR an. Insoweit besteht eine Parallele im Hinblick auf die Bestellung eines Sanierungsmoderators, welche nach Nr. 2514 KV GKG ebenfalls eine Festgebühr in Höhe von 500 EUR auslöst.

73 Der Vergütungsanspruch des Restrukturierungsbeauftragten richtet sich gegen die Staatskasse.[70] Vor dem Inkrafttreten des StaRUG bestand ein **unmittelbarer Vergütungsanspruch gegenüber der Staatskasse** lediglich bei dem nach § 5 Abs. 1 InsO zu bestellenden Sachverständigen, da Grundlage für dessen Honorar das JVEG ist und die Staatskasse die Vergütung des Sachverständigen nach Nr. 9005 KV GKG als Auslagen gegenüber dem Kostenschuldner geltend machen kann. Ferner gab es schon bislang nach § 63 Abs. 2 InsO einen Sekundäranspruch des Insolvenzverwalters in Bezug auf die Zahlung seiner Vergütung aus der Staatskasse, wenn dem Schuldner die Verfahrenskosten nach § 4a InsO gestundet wurden und die Insolvenzmasse nicht ausreicht, um hieraus die Vergütung des Insolvenzverwalters zu bezahlen.

74 Bei einem StaRUG-Verfahren steht der Staatskasse wiederum ein **Kostenerstattungsanspruch** gegenüber dem jeweiligen Kostenschuldner zu. Damit die Staatskasse in der Lage ist, den ihr zustehenden Kostenerstattungsanspruch auch praktisch zu realisieren, sollten die Gerichtsgebühren und ein Vorschuss bezüglich der Vergütung des Restrukturierungsbeauftragten im Voraus bei dem Kostenschuldner angefordert werden. Dem Schutz der Staatskasse vor einem Forderungsausfall wird durch die Vorschrift des § 81 Abs. 5 StaRUG Rechnung getragen.[71] Nach § 81 Abs. 5 S. 1 StaRUG soll zum einen die Bestellung eines fakultativen Restrukturierungsbeauftragten durch das Restrukturierungsgericht lediglich dann erfolgen, wenn der Kostenschuldner die Gerichtsgebühr nach Nr. 2513 KV GKG sowie einen Vorschuss in Bezug auf die Vergütung des Restrukturierungsbeauftragten geleistet hat, bei der es sich um Auslagen iSv Nr. 9017 KV GKG handelt. Zum anderen soll das Restrukturierungsgericht bei einem obligatorisch zu bestellenden Restrukturierungsbeauftragten nach § 81 Abs. 5 S. 2 StaRUG über einen Antrag des Schuldners auf Inanspruchnahme eines der in § 29 Abs. 2 StaRUG aufgeführten Instrumente erst entscheiden, nachdem die Gerichtsgebühren für die Bestellung des Restrukturierungsbeauftragten eingezahlt wurden und die Bezahlung eines Vorschusses bezüglich der Vergütung des Restrukturierungsbeauftragten erfolgt ist.

IV. Auslagen des Restrukturierungsbeauftragten

75 Anders als beim Insolvenzverwalter und beim Sachwalter, die nach §§ 8 Abs. 3, 12 Abs. 3 InsVV eine Auslagenpauschale in Höhe von bis zu 30 % der Regelvergütung erhalten, ist der **Auslagenersatz** beim Restrukturierungsbeauftragten an das JVEG angelehnt. So wird in § 81 Abs. 7 StaRUG bestimmt, dass in Bezug auf den Ersatz der Auslagen die Regelungen der §§ 5 Abs. 2 S. 1 Nr. 2, 6, 7, 12 Abs. 1 S. 2 Nr. 4 JVEG

70 Vgl. *Flöther* NZI-Beilage 2021, 48 (51); *Smid* ZInsO 2020, 2184 (2195).
71 BT-Drs. 19/24181, 177.

entsprechend gelten. Danach können insbesondere Fahrtkosten, ein Tage- bzw. Übernachtungsgeld, die Kosten für Aktenkopien sowie die auf das Honorar entfallende Umsatzsteuer von Seiten des Restrukturierungsbeauftragten als Auslagen in Ansatz gebracht werden.

Nach § 76 Abs. 6 StaRUG kann das Restrukturierungsgericht die Durchführung von Zustellungen auf den Restrukturierungsbeauftragten übertragen. Da der Restrukturierungsbeauftragte durch die **Vornahme der Zustellungen** eine Aufgabe wahrnimmt, die originär dem Restrukturierungsgericht obliegt, ist es unabdingbar, dass der Restrukturierungsbeauftragte hierfür eine gesonderte Vergütung erhält. Eine gesetzliche Grundlage für den Ersatz des beim Restrukturierungsbeauftragten durch die Durchführung der Zustellungen entstehenden Sach- und Personalaufwands ist im StaRUG nicht enthalten. Es bietet sich an, die Regelung des § 4 Abs. 2 S. 2 InsVV, in welcher auf Nr. 9002 KV GKG verwiesen wird, analog anzuwenden. Hiernach steht dem Restrukturierungsbeauftragten für jede vorgenommene Zustellung eine Auslagenpauschale in Höhe von 3,50 EUR zu, wobei für die ersten zehn Zustellungen kein Anspruch auf Auslagenersatz besteht.[72] 76

V. Gerichtliche Festsetzung der Vergütung des Restrukturierungsbeauftragten

Gemäß § 82 Abs. 1 StaRUG wird die Vergütung des Restrukturierungsbeauftragten 77 auf dessen Antrag hin durch das Restrukturierungsgericht im Wege eines **Beschlusses** nach Beendigung des Amtes des Restrukturierungsbeauftragten festgesetzt. Wie der Insolvenzverwalter und der Sachwalter ist der Restrukturierungsbeauftragte also zur Vorleistung verpflichtet, da die Festsetzung der Vergütung erst nach der Beendigung der Tätigkeit des Restrukturierungsbeauftragten erfolgt.

Im Rahmen der Festsetzung der Vergütung des Restrukturierungsbeauftragten hat 78 das Restrukturierungsgericht nach § 82 Abs. 2 S. 1 StaRUG auch über die Frage des **Kostenschuldners** zu entscheiden. Nach § 82 Abs. 2 S. 2 StaRUG sind die Vergütung des Restrukturierungsbeauftragten sowie seine Auslagen grundsätzlich von dem Schuldner zu tragen. Eine Ausnahme gilt nach § 82 Abs. 2 S. 3 StaRUG bei einem fakultativen Restrukturierungsbeauftragten, dessen Bestellung auf einen von Gläubigerseite gestellten Antrag zurückgeht. In einem solchen Fall sind die Vergütung und die Auslagen des Restrukturierungsbeauftragten den antragstellenden Gläubigern aufzuerlegen, es sei denn, dass sich die Vergütung und die Auslagen auf Tätigkeiten erstrecken, die das Restrukturierungsgericht dem Restrukturierungsbeauftragten von Amts wegen oder auf Antrag des Schuldners übertragen hat.

Die für die Durchführung des StaRUG-Verfahrens entstehenden **Gerichtsgebühren** 79 schuldet gemäß § 25a Abs. 1 GKG im Regelfall lediglich der Schuldner. Hierzu gehört auch die Festgebühr in Höhe von 500 EUR, die nach Nr. 2513 KV GKG für die Bestellung des Restrukturierungsbeauftragten anfällt. Etwas anderes gilt jedoch nach § 25a Abs. 2 GKG im Falle der Bestellung eines fakultativen Restrukturierungsbeauftragten auf Antrag von Gläubigern. In einer derartigen Konstellation sind die Ge-

72 BT-Drs. 19/24181, 212; abweichend Graber NZI 2021, 370 (373): Auslagenersatz schon ab der ersten Zustellung.

richtsgebühren für die Bestellung des Restrukturierungsbeauftragten von den Gläubigern zu tragen. Die einzelnen Gläubiger haften hierfür nach § 31 Abs. 1 GKG als Gesamtschuldner. Die gesamtschuldnerische Haftung der Gläubiger umfasst ebenfalls die Vergütung und die Auslagen des Restrukturierungsbeauftragten, soweit die Gläubiger hierfür nach § 82 Abs. 2 S. 3 StaRUG Kostenschuldner sind.

80 Nach § 82 Abs. 3 StaRUG steht dem Restrukturierungsbeauftragten und jedem Kostenschuldner das Recht zu, gegen die von Seiten des Restrukturierungsgerichts festgesetzte Vergütung **sofortige Beschwerde** einzulegen. Darüber hinaus kann mit der sofortigen Beschwerde gemäß § 82 Abs. 3 StaRUG auch die gerichtliche Festsetzung der Höhe der Stundensätze sowie die Bestimmung und die Anpassung des Höchstbetrags für das Honorar des Restrukturierungsbeauftragten angegriffen werden.

81 Schließlich steht dem Restrukturierungsbeauftragten nach § 82 Abs. 4 StaRUG ein Anspruch auf Auszahlung eines angemessenen **Vorschusses** bezüglich der Vergütung und der Auslagen zu, wenn beim Restrukturierungsbeauftragten erhebliche Auslagen entstanden sind bzw. voraussichtlich entstehen werden oder falls die zu erwartende Vergütung für die bereits von dem Restrukturierungsbeauftragten erbrachten Arbeiten einen Betrag in Höhe von 10.000 EUR übersteigt. Bei der Auslegung des § 82 Abs. 4 StaRUG lassen sich die zu § 9 S. 2 InsVV entwickelten Grundsätze heranziehen. Danach ist von erheblichen Auslagen auszugehen, wenn die dem Restrukturierungsbeauftragten entstehenden Aufwendungen einen Betrag in Höhe von 500 EUR überschreiten.[73]

VI. Abweichende Regelungen hinsichtlich der Vergütung des Restrukturierungsbeauftragten

82 Nach dem Willen des Gesetzgebers soll die **Vergütung des Restrukturierungsbeauftragten** in besonderen Fällen abweichend von den allgemeinen Grundsätzen geregelt werden können. Auf diese Weise können die Besonderheiten des einzelnen StaRUG-Verfahrens Berücksichtigung finden, es wird also die notwendige Flexibilität bezüglich der Ausgestaltung der Vergütung des Restrukturierungsbeauftragten geschaffen.[74]

1. Zustimmung aller voraussichtlichen Kostenschuldner

83 Nach § 83 Abs. 1 S. 1 StaRUG kann das Restrukturierungsgericht in besonderen Fällen Stundensätze als Grundlage für die Vergütung des Restrukturierungsbeauftragten festsetzen, welche die in § 81 Abs. 3 StaRUG vorgesehenen Höchstbeträge übersteigen. Von dieser Möglichkeit darf das Restrukturierungsgericht nach § 83 Abs. 1 S. 1 Nr. 1 StaRUG insbesondere in solchen Fällen Gebrauch machen, in denen **alle voraussichtlichen Kostenschuldner** diesem Vorgehen zustimmen. Allerdings muss das Restrukturierungsgericht trotz der Zustimmung der Kostenschuldner stets prüfen, ob die Erhöhung der Vergütung des Restrukturierungsbeauftragten sachgerecht ist. Es ist vor allem zu vermeiden, dass durch die erhöhte Vergütung Fehlanreize für den Re-

73 Vgl. HambKommInsR/*Büttner* InsVV § 9 Rn. 8 in Bezug auf den in § 9 S. 2 InsVV verwendeten Begriff der besonders hohen Auslagen.
74 Vgl. *Flöther* NZI-Beilage 2021, 48 (51).

strukturierungsbeauftragten geschaffen werden bzw. sich die Befriedigungsaussichten der Gläubiger aufgrund der Höhe der Vergütung des Restrukturierungsbeauftragten erheblich verschlechtern.[75]

2. Keine Bereitschaft zur Übernahme des Amtes des Restrukturierungsbeauftragten

Des Weiteren kann das Restrukturierungsgericht nach § 83 Abs. 1 S. 1 Nr. 2 StaRUG 84
insbesondere höhere Stundensätze für den Restrukturierungsbeauftragten und seine qualifizierten Mitarbeiter festsetzen, falls sich ansonsten keine geeignete Person zur Übernahme des Amtes bereiterklären würde. Mit dieser Regelung zielt der Gesetzgeber einerseits auf Fälle ab, in denen das jeweilige StaRUG-Verfahren ein **Spezialwissen** des Restrukturierungsbeauftragten erfordert, welches lediglich bei Personen vorhanden ist, die aufgrund ihrer Erfahrung und ihrer besonderen Expertise einen Stundensatz berechnen können, welcher deutlich oberhalb der Höchstbeträge nach § 81 Abs. 3 StaRUG liegt.[76] Zum anderen ist eine Anwendung des § 83 Abs. 1 S. 1 Nr. 2 StaRUG denkbar, wenn das konkrete StaRUG-Verfahren für den Restrukturierungsbeauftragten mit einem **außergewöhnlich hohen Haftungsrisiko** verbunden ist, jedoch für die Bearbeitung der Restrukturierungssache lediglich ein durchschnittlicher Zeitaufwand anfällt, so dass eine Vergütung des Restrukturierungsbeauftragten nach den regulären Stundensätzen nicht angemessen ist.[77]

3. Erfüllung von Aufgaben, die einem Sachwalter entsprechen

Schließlich besteht für das Restrukturierungsgericht nach § 83 Abs. 1 S. 1 Nr. 3 85
StaRUG insbesondere die Möglichkeit für die Festsetzung von höheren Stundensätzen, wenn die dem Restrukturierungsbeauftragten übertragenen Aufgaben unter den besonderen Umständen der Restrukturierungssache den Aufgaben nahekommen, die einem **Sachwalter** in einem in Eigenverwaltung durchgeführten Insolvenzverfahren übertragen sind. Eine Vergleichbarkeit der von dem Restrukturierungsbeauftragten und einem Sachwalter in der Eigenverwaltung zu erfüllenden Aufgaben ist nach § 83 Abs. 1 S. 1 Nr. 3 StaRUG insbesondere dann anzunehmen, wenn das Restrukturierungsgericht eine allgemeine Stabilisierungsanordnung erlässt oder in den Restrukturierungsplan alle oder im Wesentlichen alle Gläubiger und die an dem Schuldner beteiligten Personen einbezogen werden, wobei die nach § 4 StaRUG auszunehmenden Gläubiger außer Betracht bleiben.

Falls der Restrukturierungsbeauftragte Aufgaben wahrzunehmen hat, die einem 86
Sachwalter entsprechen, kann nicht nur eine Erhöhung der Stundensätze erfolgen. Vielmehr kommt in derartigen Fällen nach § 83 Abs. 1 S. 2 StaRUG ebenfalls eine Vergütung des Restrukturierungsbeauftragten nach anderen Grundsätzen in Betracht. Als Regelbeispiele werden in § 83 Abs. 1 S. 2 StaRUG die Bemessung der Vergütung des Restrukturierungsbeauftragten auf der Basis der Höhe der in den Restrukturierungsplan einbezogenen Gläubigerforderungen oder auf der Grundlage des Wertes des Vermögens des Schuldners genannt. Dadurch kann die Vergütung des Restruktu-

75 BT-Drs. 19/24181, 178.
76 BT-Drs. 19/24181, 178.
77 BT-Drs. 19/24181, 178.

rierungsbeauftragten vor allem nach den **Regelungen der InsVV** über die Vergütung des Sachwalters ausgestaltet werden.[78]

4. Zustandekommen einer Vergütungsvereinbarung

87 Überdies kann sich die Vergütung des Restrukturierungsbeauftragten nach einer **Vergütungsvereinbarung** richten. Eine derartige Vergütungsvereinbarung ist nach § 80 S. 2 StaRUG grundsätzlich zulässig. Die besonderen Voraussetzungen für das Zustandekommen einer wirksamen Vergütungsvereinbarung werden in § 83 Abs. 2 StaRUG aufgestellt. Hiernach hat das Restrukturierungsgericht der Festsetzung der Vergütung des Restrukturierungsbeauftragten die von den Beteiligten getroffenen Abreden zugrunde zu legen, wenn die Bestellung des Restrukturierungsbeauftragten auf Antrag oder auf Vorschlag aller voraussichtlichen Kostenschuldner erfolgt und der Restrukturierungsbeauftragte sowie sämtliche Kostenschuldner eine Vereinbarung über die Vergütung vorlegen.[79] Dies gilt nach § 83 Abs. 2 StaRUG nur dann nicht, wenn die Vergütungsvereinbarung zu einer unangemessenen Vergütung für den Restrukturierungsbeauftragten führt, was etwa der Fall ist, falls in der Vergütungsvereinbarung exorbitant hohe Stundensätze für die Tätigkeit des Restrukturierungsbeauftragten bzw. seiner qualifizierten Mitarbeiter vorgesehen sind. Im Unterschied zu der Vorschrift des § 83 Abs. 1 StaRUG, welche dem Restrukturierungsgericht ein Ermessen einräumt, die Vergütung des Restrukturierungsbeauftragten abweichend von den allgemeinen Grundsätzen festzusetzen, ist das Restrukturierungsgericht im Falle einer Vergütungsvereinbarung nach § 83 Abs. 2 StaRUG grundsätzlich an die von den Beteiligten getroffenen Abreden gebunden.[80]

88 Die Regelung des § 83 Abs. 2 StaRUG ist dahin gehend auszulegen, dass die Beteiligten über das reine Honorar des Restrukturierungsbeauftragten hinaus auch eine **Vereinbarung über den Auslagenersatz** treffen können. So kann insbesondere vereinbart werden, dass sich der Auslagenersatz des Restrukturierungsbeauftragten nach den Vorschriften der §§ 8 Abs. 3, 12 Abs. 3 InsVV richtet.

78 Vgl. *Smid* ZInsO 2020, 2184 (2197).

79 Nach dem Wortlaut des § 83 Abs. 2 StaRUG soll die Vergütungsvereinbarung für das Restrukturierungsgericht bindend sein, falls der Restrukturierungsbeauftragte auf Antrag und auf Vorschlag aller voraussichtlichen Kostenschuldner bestellt wird. Hierbei handelt es sich aber wohl um ein Redaktionsversehen des Gesetzgebers. Richtigerweise ist die Regelung des § 83 Abs. 2 StaRUG dahin gehend zu verstehen, dass hiervon Fälle erfasst werden, in denen die Bestellung des Restrukturierungsbeauftragten alternativ auf Antrag oder auf Vorschlag aller voraussichtlichen Kostenschuldner erfolgt.

80 BT-Drs. 19/24181, 178.

§ 16 Arbeitnehmerbeteiligung, Gläubigerbeirat

A. Einleitung

Im Unterschied zum Referentenentwurf enthielt der von der Bundesregierung zum SanInsFoG[1] vorgelegte Gesetzentwurf in § 99 eine Regelung betreffend die Verpflichtung des Schuldners, im Rahmen der von diesem angestrebten präventiven Sanierung nach dem StaRUG die Beteiligungsrechte der **Arbeitnehmervertretungsorgane** zu wahren. Falls das vom Schuldner verfolgte Restrukturierungsvorhaben Maßnahmen oder Umstände beinhaltet, welche die Aufgaben, Rechte und Befugnisse des Wirtschaftsausschusses, Betriebsrats oder anderer Arbeitnehmervertretungsgremien und die Pflichten des Schuldners in seiner Eigenschaft als Arbeitgeber gegenüber diesen Organen betreffen, sollen deren Beteiligungsrechte nach der Absicht des Gesetzgebers durch die Inanspruchnahme des Stabilisierungs- und Restrukturierungsrahmens in keiner Weise verkürzt werden.[2] Nachdem das SanInsFoG zum 1.1.2021 in Kraft getreten ist, findet sich die vorstehende Vorschrift nunmehr in § 92 StaRUG. Die Regelung des § 93 StaRUG im Hinblick auf die Schaffung eines **Gläubigerbeirats** in einer präventiven Restrukturierungssache wurde erst am Ende des Gesetzgebungsverfahrens auf Betreiben des Rechtsausschusses eingeführt. 1

B. Beteiligung der Arbeitnehmervertretungsorgane an der präventiven Sanierung des Schuldners

I. Unionsrechtliche Vorgaben

In der EU-Restrukturierungsrichtlinie kommt der Gedanke des **Arbeitnehmerschutzes** an verschiedenen Stellen zum Ausdruck. Zum einen ist in Art. 4 Abs. 1 der Richtlinie die Rede davon, dass der präventive Restrukturierungsrahmen das Ziel hat, die beim Schuldner vorhandenen Arbeitsplätze zu schützen. Darüber hinaus wird in Art. 13 Abs. 1 der Richtlinie bestimmt, dass die Mitgliedstaaten verpflichtet sind zu gewährleisten, dass die individuellen und kollektiven Rechte der Arbeitnehmer nach dem 2

1 Gesetz zur Fortentwicklung des Sanierungs- und Insolvenzrechts vom 22.12.2020, BGBl. 2020 I 3256.
2 BT-Drs. 19/24181, 183.

europäischen und nationalen Arbeitsrecht durch den präventiven Restrukturierungsrahmen nicht beeinträchtigt werden. Schließlich heißt es in Erwägungsgrund 60 der Richtlinie, dass die beim Schuldner beschäftigten Arbeitnehmer während der gesamten Dauer der präventiven Restrukturierungssache den vollen arbeitsrechtlichen Schutz genießen sollen. Hintergrund für die Geltung eines vollumfänglichen Arbeitnehmerschutzes ist, dass es sich bei dem präventiven Stabilisierungs- und Restrukturierungsrahmen gerade nicht um ein förmliches Insolvenzverfahren handelt. Es besteht vielmehr eine Parallele zum Bereich der freien Sanierung, wo ebenfalls sämtliche arbeitsrechtlichen Vorschriften zu beachten sind. Nach dem Willen des europäischen Gesetzgebers soll der präventive Restrukturierungsrahmen also nicht dazu dienen, erleichterte Voraussetzungen für eine vom Schuldner beabsichtigte arbeitsrechtliche Restrukturierung zu schaffen.[3] Die Möglichkeit der Einschränkung von Arbeitnehmerrechten soll aus der Sicht des europäischen Gesetzgebers allein dem Schuldner vorbehalten sein, welcher ein Eigenverwaltungsverfahren bzw. eine Regelinsolvenz durchläuft.

II. Konkrete Beteiligungsrechte der Arbeitnehmervertretungsorgane in einem StaRUG-Verfahren

3 In Bezug auf die Frage, zu welchem Zeitpunkt und mit welchem Inhalt die Beteiligung der Arbeitnehmervertretungsorgane in einer vom Schuldner initiierten präventiven Restrukturierungssache zu erfolgen hat, ist der Wortlaut des § 92 StaRUG nicht sehr ergiebig. Dort wird nämlich lediglich davon gesprochen, dass die Verpflichtungen des Schuldners gegenüber den Arbeitnehmervertretungsorganen und deren **Beteiligungsrechte nach dem BetrVG** von den Regelungen des StaRUG unberührt bleiben. Der deutsche Gesetzgeber hat damit davon Abstand genommen, in das StaRUG spezifische Beteiligungsrechte der Arbeitnehmervertretungsorgane für den Bereich der präventiven Sanierung aufzunehmen.[4] Eine Ausnahme hiervon besteht nur in Form des Gläubigerbeirats nach § 93 StaRUG, da dem Gläubigerbeirat gemäß § 93 Abs. 1 S. 2 StaRUG iVm §§ 21 Abs. 2 S. 1 Nr. 1a, 67 Abs. 2 S. 2 InsO ein Vertreter der Arbeitnehmer angehören soll. Folglich bestimmt sich der Zeitpunkt und der Inhalt der vom Schuldner vorzunehmenden Beteiligung der Arbeitnehmervertretungsorgane nach den bereits im deutschen Recht bestehenden Rechtsvorschriften.

1. Beteiligung des Betriebsrats bei einer Betriebsänderung

4 Nach § 111 S. 1 BetrVG hat ein Unternehmer, welcher in seinem Unternehmen in der Regel mehr als 20 wahlberechtigte Arbeitnehmer beschäftigt, den Betriebsrat über geplante **Betriebsänderungen**, die wesentliche Nachteile für die Belegschaft oder erhebliche Teile der Belegschaft zur Folge haben können, rechtzeitig und umfassend zu unterrichten und die geplanten Betriebsänderungen mit dem Betriebsrat zu beraten. In § 111 S. 3 BetrVG wird bestimmt, dass als Betriebsänderungen die Einschränkung und die Stilllegung des ganzen Betriebs oder von wesentlichen Betriebsteilen, die Verlegung des ganzen Betriebs oder von wesentlichen Betriebsteilen, der Zusammen-

3 Vgl. Schmidt/*Morgen* SanierungsR Teil 2 Rn. 146 c.
4 Vgl. *Göpfert/Giese* NZI-Beilage 2021, 55.

schluss mit anderen Betrieben oder die Spaltung von Betrieben, grundlegende Änderungen der Betriebsorganisation, des Betriebszwecks oder der Betriebsanlagen sowie die Einführung von grundlegend neuen Arbeitsmethoden und Fertigungsverfahren gelten. Bei Vorlage eines Restrukturierungsplans durch den Schuldner könnte man eine Betriebsänderung mit dem Argument verneinen, dass die Forderungen der Arbeitnehmer nach § 4 S. 1 Nr. 1 StaRUG von einer Gestaltung durch den Restrukturierungsplan ausgeschlossen sind. Trotz der fehlenden Möglichkeit des Schuldners, Arbeitnehmerforderungen in den gestaltenden Teil des Restrukturierungsplans einzubeziehen, wird der Schuldner in der Praxis meistens bestrebt sein, neben dem mit dem Restrukturierungsplan intendierten teilweisen Forderungserlass eine arbeitsrechtliche Restrukturierung umzusetzen. Nach § 5 S. 2 StaRUG iVm Nr. 7 der Anlage ist der Schuldner verpflichtet, in einem Restrukturierungsplan die Auswirkungen des Restrukturierungsvorhabens auf die Beschäftigungsverhältnisse sowie Entlassungen und Kurzarbeiterregelungen sowie die Modalitäten der Unterrichtung und Anhörung der Arbeitnehmervertretung zu schildern. Somit müssen von Gesetzes wegen die Grundzüge einer vom Schuldner angestrebten arbeitsrechtlichen Restrukturierung in dem darstellenden Teil des Restrukturierungsplans Erwähnung finden. Bereits hierdurch wird das Vorliegen einer Betriebsänderung ausgelöst.[5] Denn die von dem Schuldner in den darstellenden Teil des Restrukturierungsplans aufgenommenen Ausführungen können von diesem nicht mehr einseitig zurückgenommen werden. Auch wenn bei einer Planbestätigung nach § 67 Abs. 1 S. 1 StaRUG nur die in dem gestaltenden Teil des Restrukturierungsplans festgelegten Wirkungen eintreten, kommt den Angaben des Schuldners im darstellenden Teil jedenfalls eine mittelbare Wirkung dergestalt zu, dass die dort von dem Schuldner beschriebenen arbeitsrechtlichen Maßnahmen von diesem zwingend umzusetzen sind.[6] In einem solchen Fall ist der Betriebsrat zwingend nach § 111 S. 1 BetrVG zu beteiligen. Der Schuldner ist dann verpflichtet, mit dem Betriebsrat nach § 112 Abs. 1 BetrVG über einen Interessenausgleich bzw. einen Sozialplan zu verhandeln. Indes besteht kein Beteiligungsrecht des Betriebsrats, wenn in dem darstellenden Teil des Restrukturierungsplans nicht die Maßnahmen im Rahmen einer Betriebsänderung beschrieben werden, sondern der Anknüpfungspunkt auf einer anderen Ebene, wie zB der Finanzierung, liegt.[7] Ferner sind die Regelungen der §§ 110 ff. BetrVG nicht anwendbar, wenn den Ausführungen des Schuldners im darstellenden Teil des Restrukturierungsplans ausnahmsweise keine Bindungswirkung zukommt. Dies ist etwa in Fällen zu bejahen, in denen die vom Schuldner in den darstellenden Teil des Restrukturierungsplans aufgenommenen arbeitsrechtlichen Maßnahmen unter den Vorbehalt einer ordnungsgemäßen Beteiligung des Betriebsrats gestellt werden.[8]

In der Praxis sollte der Schuldner daher den Betriebsrat sehr frühzeitig in das präventive Restrukturierungsverfahren einbinden. Die **Beteiligung des Betriebsrats** hat spätestens dann zu erfolgen, wenn der Schuldner über das Restrukturierungskonzept hi- 5

5 So auch *Salamon/Krimm* NZA 2021, 235 (238); *Benkert* NJW-Spezial 2021, 178 (178 f.).
6 Vgl. *Salamon/Krimm* NZA 2021, 235 (238 f.).
7 Vgl. *Benkert* NJW-Spezial 2021, 178.
8 Vgl. *Benkert* NJW-Spezial 2021, 178 (179).

naus einen Entwurf des Restrukturierungsplans erstellt hat, dieser ist dem Betriebsrat mit allen Plananlagen zuzuleiten. Die Verpflichtung des Schuldners zur Beteiligung des Betriebsrats im Falle einer Betriebsänderung kann somit bereits vor der eigentlichen Anzeige des Restrukturierungsvorhabens beim Restrukturierungsgericht nach § 31 Abs. 1 StaRUG bestehen.

2. Unterrichtung des Wirtschaftsausschusses

6 Gemäß § 106 Abs. 1 S. 1 BetrVG ist in allen Unternehmen, in denen in der Regel mehr als 100 ständig beschäftigte Arbeitnehmer tätig sind, ein **Wirtschaftsausschuss** zu bilden. Die Aufgabe des Wirtschaftsausschusses besteht nach § 106 Abs. 1 S. 2 BetrVG darin, die wirtschaftlichen Angelegenheiten des Unternehmens mit dem Unternehmer zu beraten und den Betriebsrat zu unterrichten. Wie aus § 106 Abs. 3 BetrVG hervorgeht, gehören zu den wirtschaftlichen Angelegenheiten eines Unternehmens insbesondere seine wirtschaftliche und finanzielle Lage, die Produktions- und Absatzlage, das Produktions- und Investitionsprogramm, Rationalisierungsvorhaben, Fabrikations- und Arbeitsmethoden, Fragen des betrieblichen Umweltschutzes, die Einschränkung oder Stilllegung von Betrieben oder Betriebsteilen, die Verlegung von Betrieben oder Betriebsteilen, der Zusammenschluss oder die Spaltung von Unternehmen oder Betrieben, die Änderung der Betriebsorganisation oder des Betriebszwecks, die Übernahme des Unternehmens, sofern hiermit der Erwerb der Kontrolle verbunden ist, sowie sonstige Vorgänge und Vorhaben, welche die Interessen der Arbeitnehmer des Unternehmens wesentlich berühren können.

7 Wenn sich das schuldnerische Unternehmen dazu entschließt, eine präventive Sanierung nach dem StaRUG einzuleiten, sind in der Praxis regelmäßig eine Vielzahl der in § 106 Abs. 3 BetrVG beispielhaft ausgeführten wirtschaftlichen Angelegenheiten betroffen. Dies folgt bereits daraus, dass in einem solchen Stadium eine drohende Zahlungsunfähigkeit des Unternehmens vorliegt, welche durch die Vorlage und Annahme des Restrukturierungsplans beseitigt werden soll.[9] Nach § 106 Abs. 2 S. 1 BetrVG trifft den Unternehmer eine Pflicht dahin gehend, den Wirtschaftsausschuss rechtzeitig und umfassend über die wirtschaftlichen Angelegenheiten des Unternehmens unter Vorlage der erforderlichen Unterlagen zu unterrichten, es sei denn, dass hierdurch die Betriebs- und Geschäftsgeheimnisse des Unternehmens gefährdet werden. Des Weiteren muss der Unternehmer dem Wirtschaftsausschuss Informationen über die sich aus den wirtschaftlichen Angelegenheiten ergebenden Auswirkungen auf die Personalplanung des Unternehmens zukommen lassen. Teilweise wird in der Literatur die Auffassung vertreten, dass die Regelung des § 106 Abs. 1 S. 1 BetrVG bei der präventiven Sanierung von Konzernen nicht auf das jeweilige Unternehmen beschränkt sei, sondern in richtlinienkonformer Auslegung auch im Konzernkontext gelte.[10] Dies habe zur Folge, dass bezüglich der **Unterrichtung des Wirtschaftsausschusses** eine Informationsbeschaffungspflicht bzw. ein Informationsdurchgriff im Konzern bestehe.[11]

9 Vgl. *Salamon/Krimm* NZA 2021, 235 (239).
10 So *Göpfert/Giese* NZI-Beilage 2021, 55 (56).
11 *Göpfert/Giese* NZI-Beilage 2021, 55 (56).

In § 106 Abs. 1 S. 1 BetrVG wird eine **rechtzeitige Unterrichtung** des Wirtschaftsausschusses durch den Unternehmer gefordert. Um diese gesetzliche Vorgabe zu erfüllen, muss der Wirtschaftsausschuss von dem schuldnerischen Unternehmen sofort unterrichtet werden, sobald sich der Schuldner durch seine Organe dazu entschlossen hat, ein präventives Restrukturierungsverfahren einzuleiten.[12] 8

3. Beteiligung des Betriebsrats bei der Personalplanung

Bei der beabsichtigten Vorlage eines Restrukturierungsplans durch den Schuldner besteht ferner ein Beteiligungsrecht des Betriebsrats nach § 92 BetrVG. Nach § 92 Abs. 1 S. 1 BetrVG hat der Arbeitgeber den Betriebsrat über die **Personalplanung**, insbesondere über den gegenwärtigen und künftigen Personalbedarf sowie über die sich daraus ergebenden personellen Maßnahmen einschließlich der geplanten Beschäftigung von Personen, die nicht in einem Arbeitsverhältnis zum Arbeitgeber stehen, und Maßnahmen der Berufsbildung anhand von Unterlagen rechtzeitig und umfassend zu unterrichten. Zudem ist der Arbeitgeber nach § 92 Abs. 1 S. 2 BetrVG verpflichtet, mit dem Betriebsrat über die Art und den Umfang der erforderlichen Maßnahmen und über die Vermeidung von Härten zu beraten. Von der Personalplanung wird insbesondere auch der Personalabbau erfasst.[13] Da bei dem schuldnerischen Unternehmen bei Einleitung einer präventiven Restrukturierungssache schon eine drohende Zahlungsunfähigkeit besteht, wird ein signifikanter Stellenabbau sehr häufig unvermeidbar sein, um zu einer nachhaltigen Sanierung zu gelangen. Der Restrukturierungsplan zwingt den Schuldner in seiner Eigenschaft als Arbeitgeber, die in dem darstellenden Teil beschriebenen Personalabbaumaßnahmen umzusetzen, wodurch die Unterrichtungspflicht nach § 92 Abs. 1 S. 1 BetrVG ausgelöst wird.[14] Auch hier gilt, dass die **Beteiligung des Betriebsrats** in einem sehr frühen Stadium erfolgen muss. In der Praxis sollte der Schuldner daher an den Betriebsrat herantreten, sobald der Entwurf des Restrukturierungsplans mit den im darstellenden Teil beschriebenen Personalanpassungsmaßnahmen vorliegt. 9

4. Unterrichtung des Betriebsrats bei geplanten Massenentlassungen

Falls der Schuldner die Vornahme von gegenüber der Agentur für Arbeit anzuzeigenden **Massenentlassungen** nach § 17 Abs. 1 KSchG beabsichtigt, hat der Schuldner gemäß § 17 Abs. 2 S. 1 KSchG dem Betriebsrat rechtzeitig die zweckdienlichen Auskünfte zu erteilen und diesen schriftlich insbesondere über die Gründe für die geplanten Entlassungen, die Zahl und die Berufsgruppen der zu entlassenden Arbeitnehmer, die Zahl und die Berufsgruppen der in der Regel beschäftigten Arbeitnehmer, den Zeitraum, in dem die Entlassungen vorgenommen werden sollen, die vorgesehenen Kriterien für die Auswahl der zu entlassenden Arbeitnehmer sowie die für die Berechnung etwaiger Abfindungen vorgesehenen Kriterien zu unterrichten. Nach § 17 Abs. 2 S. 2 KSchG sind von dem Arbeitgeber und dem Betriebsrat insbesondere die 10

12 Tendenziell anders jedoch *Göpfert/Giese* NZI-Beilage 2021, 55 (56), nach deren Ansicht der Wirtschaftsausschuss erst im Anschluss an die interne Festlegung des Planangebots nach § 17 StaRUG zu unterrichten ist.

13 Vgl. ErfK/*Kania* BetrVG § 92 Rn. 5; Richardi/*Thüsing* BetrVG § 92 Rn. 9.

14 Vgl. *Salamon/Krimm* NZA 2021, 235 (239).

Möglichkeiten zu beraten, Entlassungen zu vermeiden oder einzuschränken und ihre Folgen zu mildern. Im Falle der Einleitung einer präventiven Sanierung durch den Schuldner greift die Beteiligungspflicht nach § 17 Abs. 2 KSchG ein, wenn der darstellende Teil des Restrukturierungsplans Ausführungen zu einem notwendigen Personalabbau enthält, welcher die in § 17 Abs. 1 KSchG genannten Schwellenwerte erreicht.[15] Ein Verstoß gegen die dem Betriebsrat zustehenden Beteiligungsrechte führt grundsätzlich zur Unwirksamkeit der später durch den Schuldner ausgesprochenen Kündigungen.[16]

C. Bildung eines Gläubigerbeirats in einer Restrukturierungssache

I. Voraussetzungen für die Einsetzung eines Gläubigerbeirats

11 Nach § 93 Abs. 1 S. 1 StaRUG kann das Restrukturierungsgericht einen **Gläubigerbeirat** einsetzen, wenn das schuldnerische Unternehmen in der Restrukturierungssache beabsichtigt, die Forderungen aller Gläubiger durch den Restrukturierungsplan zu gestalten, wobei die in § 4 StaRUG genannten Forderungen außer Betracht bleiben und die Restrukturierungssache gesamtverfahrensartige Züge aufweist. Da die Forderungen der Arbeitnehmer gemäß § 4 S. 1 Nr. 1 StaRUG einer Gestaltung durch den Restrukturierungsplan entzogen sind, wird die Einsetzung eines Gläubigerbeirats in der Praxis in solchen Fällen in Betracht kommen, in denen der Schuldner bis auf die Arbeitnehmer sämtliche Gläubiger in den Restrukturierungsplan einbezieht. Probleme bei der Frage der Anwendbarkeit des § 93 Abs. 1 S. 1 StaRUG können sich in Konstellationen ergeben, in denen beim Schuldner eine Vielzahl von Gläubigern vorhanden sind und sich der Schuldner dazu entschließt, die gesamte Gläubigerschaft einschließlich der Kleingläubiger in den Restrukturierungsplan einzubeziehen, aber der Schuldner einige wenige Kleingläubiger nicht in den Restrukturierungsplan aufnimmt. Nach dem Wortlaut des § 93 Abs. 1 S. 1 StaRUG würde in einem derartigen Fall die Einsetzung eines Gläubigerbeirats ausscheiden, da alle Gläubiger in den Restrukturierungsplan einbezogen werden müssen und lediglich für die in § 4 StaRUG aufgeführten Forderungen eine Ausnahme gilt. Allerdings wird ein Schuldner, der den Restrukturierungsplan auf sämtliche Gläubiger erstreckt, jedoch gezielt einige wenige Kleingläubiger von dem Restrukturierungsplan ausnimmt, die Absicht haben, die Regelung des § 93 Abs. 1 S. 1 StaRUG zu umgehen. Nach dem Sinn und Zweck des § 93 Abs. 1 S. 1 StaRUG, welcher darin besteht, den Schuldner durch ein Kontrollorgan in Gestalt des Gläubigerbeirats bei solchen Restrukturierungssachen zu überwachen, die mit einem vorläufigen Eigenverwaltungsverfahren vergleichbar sind,[17] darf die Einsetzung eines Gläubigerbeirats nicht daran scheitern, dass der Schuldner nur wenige wirtschaftlich unbedeutende Kleingläubiger von dem Restrukturierungsplan ausschließt.

12 Auch wenn der Schuldner alle Gläubiger in den Restrukturierungsplan einbezogen hat, ist die Einsetzung eines Gläubigerbeirats lediglich unter der weiteren Vorausset-

15 Vgl. *Benkert* NJW-Spezial 2021, 178 (179).

16 Vgl. BAG Urt. v. 12.2.2019 – 1 AZR 279/17, NZA 2019, 719 (721); ErfK/*Kiel* KSchG § 17 Rn. 36; MüKo-BGB/*Hergenröder* KSchG § 17 Rn. 58.

17 BT-Drs. 19/25353, 10.

zung möglich, dass die Restrukturierungssache **gesamtverfahrensartige Züge** aufweist. Dieser Begriff wird in § 93 Abs. 1 S. 1 StaRUG nicht näher definiert. Aus den Gesetzesmaterialien ergibt sich, dass die Restrukturierungssache dann gesamtverfahrensartige Züge aufweist, wenn der Schuldner den Restrukturierungsplan auf eine Vielzahl von Gläubigern mit inhomogenen Interessen erstreckt.[18] Der Gesetzgeber geht davon aus, dass diese Voraussetzung nicht erfüllt sei, wenn sich die Gläubigerschaft ausschließlich aus wenigen Gläubigern mit vergleichbaren Interessen zusammensetze.[19] Mit dieser Aussage bringt der Gesetzgeber zum Ausdruck, dass die Einsetzung eines Gläubigerbeirats vor allem bei einer von dem Schuldner angestrebten leistungswirtschaftlichen Restrukturierung in Betracht kommt, falls der Schuldner auch die vorhandenen Kleingläubiger in das Sanierungsvorhaben einbezieht. Wenn der Schuldner aber eine rein finanzwirtschaftliche Restrukturierung beabsichtigt und lediglich die Forderungen einiger weniger Kreditinstitute in den Restrukturierungsplan aufnimmt, scheidet die Einsetzung eines Gläubigerbeirats aus.

II. Ermessen des Restrukturierungsgerichts bei der Einsetzungsentscheidung

Wenn die in § 93 Abs. 1 S. 1 StaRUG für die Einsetzung eines Gläubigerbeirats aufge- 13
stellten Voraussetzungen in der konkreten Restrukturierungssache erfüllt sind, bedeutet dies nicht, dass der Gläubigerbeirat automatisch einzusetzen ist. Vielmehr liegt die Frage der Einsetzung des Gläubigerbeirats nach dem Wortlaut des § 93 Abs. 1 S. 1 StaRUG im **Ermessen des Restrukturierungsgerichts**. Ein praktisches Bedürfnis für einen Gläubigerbeirat besteht insbesondere in großen und komplexen Restrukturierungssachen.[20] Das Institut des Gläubigerbeirats weist eine deutliche Parallele zu einem vorläufigen Gläubigerausschuss nach § 22a InsO auf.[21] Daher ist von dem Restrukturierungsgericht immer dann ein Gläubigerbeirat einzusetzen, wenn beim Schuldner zusätzlich zu den in § 93 Abs. 1 S. 1 StaRUG genannten Voraussetzungen die Merkmale des § 22a Abs. 1 InsO erfüllt sind, so dass ein vorläufiger Gläubigerausschuss als Pflichtausschuss einzusetzen wäre, wenn der Schuldner kein StaRUG-Verfahren, sondern ein Eigenverwaltungs- oder Regelinsolvenzverfahren durchlaufen würde.[22] In einem solchen Fall ist das Ermessen des Restrukturierungsgerichts auf Null reduziert, die Einsetzung eines Gläubigerbeirats ist dann zwingend geboten. Selbstverständlich kann das Restrukturierungsgericht unter Zugrundelegung der Besonderheiten der jeweiligen Restrukturierungssache auch dann einen Gläubigerbeirat einsetzen, wenn beim schuldnerischen Unternehmen die Merkmale des § 22a Abs. 1 InsO nicht gegeben sind. In der Praxis sollte die Einsetzung des Gläubigerbeirats in

18 BT-Drs. 19/25353, 10.
19 BT-Drs. 19/25353, 10.
20 Vgl. *Ahrens* NZI-Beilage 2021, 57.
21 Vgl. Desch/*Biendl* RestrukturierungsR § 10 Rn. 60.
22 Gegen die Übertragung der Kriterien des § 22a Abs. 1 InsO auf die Regelung des § 93 StaRUG jedoch *Ahrens* NZI-Beilage 2021, 57 (58); vgl. auch *Göpfert/Giese* NZI-Beilage 2021, 55 (56), welche einen anderen Ansatz vertreten und die Einsetzung eines Gläubigerbeirats immer dann für erforderlich halten, wenn der Schuldner im Zuge einer Refinanzierung eigene Sanierungsbeiträge von den Arbeitnehmern verlange; allgemein kritisch im Hinblick auf die Einsetzung eines Gläubigerbeirats *Schluck-Amend* NZI-Beilage 2021, 88 (90), nach deren Ansicht durch den Gläubigerbeirat die Vertraulichkeit des Verfahrens gefährdet wird und dieser daher nur in Ausnahmefällen vom Restrukturierungsgericht eingesetzt werden sollte.

zeitlicher Hinsicht unmittelbar nach der Einleitung des Restrukturierungsvorhabens durch den Schuldner erfolgen.[23]

III. Personelle Zusammensetzung des Gläubigerbeirats

14 Betreffend die **personelle Zusammensetzung** des Gläubigerbeirats wird in § 93 Abs. 1 S. 2 StaRUG auf die Vorschrift des § 21 Abs. 2 S. 1 Nr. 1a InsO verwiesen. Dort ist wiederum eine Verweisung auf die Regelung des § 67 Abs. 2, Abs. 3 InsO enthalten. Hieraus ergibt sich zum einen, dass in dem Gläubigerbeirat die Inhaber von Absonderungsanwartschaften, die einfachen Restrukturierungsgläubiger mit den höchsten Forderungen und die Kleingläubiger vertreten sein sollen. Zum anderen soll dem Gläubigerbeirat ein Vertreter der Arbeitnehmer angehören. Da ebenfalls auf die Vorschrift des § 67 Abs. 3 InsO verwiesen wird, können dem Gläubigerbeirat auch solche Personen angehören, die selbst keine Gläubiger sind. Dies hat zur Folge, dass auch ein Gewerkschaftsvertreter dem Gläubigerbeirat angehören kann.[24] In § 93 Abs. 1 S. 3 StaRUG wird erwähnt, dass in dem Gläubigerbeirat auch nicht planbetroffene Gläubiger vertreten sein können.

15 In Bezug auf die **Anzahl** der von dem Restrukturierungsgericht zu ernennenden Mitglieder des Gläubigerbeirats enthält die Regelung des § 93 Abs. 1 StaRUG keine Vorgaben. Da die Abstimmung innerhalb des Gläubigerbeirats gemäß § 93 Abs. 1 S. 2 StaRUG iVm §§ 21 Abs. 2 S. 1 Nr. 1a, 72 InsO nach Köpfen erfolgt, sollte in der Praxis darauf geachtet werden, dass der Gläubigerbeirat eine ungerade Mitgliederzahl aufweist, um eine Pattsituation zu vermeiden. Bei einer Stimmengleichheit gilt ein Antrag als abgelehnt.[25] In der Literatur wird teilweise vorgeschlagen, dass die Anzahl der Mitglieder des Gläubigerbeirats zwischen drei und fünf Personen betragen sollte.[26]

IV. Aufgaben des Gläubigerbeirats

16 Die **Aufgabe** des Gläubigerbeirats besteht nach § 93 Abs. 3 S. 1 StaRUG darin, den Schuldner bei seiner Geschäftsführung zu unterstützen und zu überwachen. Die Tätigkeit des Gläubigerbeirats ist somit nicht auf die Überwachung des Schuldners begrenzt. Vielmehr kommt dem Gläubigerbeirat im Verhältnis zum Schuldner auch eine beratende Funktion zu. Dies kann für die von dem Schuldner angestrebte Sanierung insbesondere dann von Vorteil sein, wenn bei den Mitgliedern des Gläubigerbeirats aufgrund einer von diesen ausgeübten beruflichen Tätigkeit eine operative Sanierungserfahrung oder eine besondere Expertise im Restrukturierungsbereich vorhanden ist.

17 Nach § 93 Abs. 3 S. 2 StaRUG besteht eine Verpflichtung des Schuldners, dem Gläubigerbeirat die in § 29 Abs. 2 StaRUG aufgeführten Instrumente des Stabilisierungs-

23 Vgl. *Ahrens* NZI-Beilage 2021, 57 (58).
24 So auch *Ahrens* NZI-Beilage 2021, 57 (58 f.); die Frage offenlassend *Göpfert/Giese* NZI-Beilage 2021, 55 (57), die für die Aufnahme eines Gewerkschaftsvertreters in den Gläubigerbeirat ein praktisches Bedürfnis sehen, wenn Verhandlungen über den Abschluss eines Sanierungstarifvertrags geführt werden müssen.
25 Vgl. HK-InsO/*Frind* § 72 Rn. 3 in Bezug auf den Gläubigerausschuss.
26 So *Ahrens* NZI-Beilage 2021, 57 (58).

und Restrukturierungsrahmens anzuzeigen. Darüber hinaus steht dem Gläubigerbeirat die Befugnis zu, bei der Bestellung der **Person des Restrukturierungsbeauftragten** mitzuwirken. Wenn ein Gläubigerbeirat eingerichtet wurde, kann dieser dem Restrukturierungsgericht nach § 93 Abs. 2 StaRUG bei einer einstimmigen Beschlussfassung einen grundsätzlich verbindlichen Vorschlag für den zu bestellenden Restrukturierungsbeauftragten unterbreiten, es sei denn, dass bereits der Schuldner nach § 74 Abs. 2 S. 2 StaRUG von seinem Vorschlagsrecht Gebrauch gemacht hat. Insoweit tritt der einstimmige Beschluss des Gläubigerbeirats an die Stelle des gemeinschaftlichen Vorschlags der planbetroffenen Gläubiger nach § 74 Abs. 2 S. 3 StaRUG.

V. Vergütung und Entlassung aus dem Amt

Nach § 93 Abs. 4 S. 1 StaRUG steht den Mitgliedern des Gläubigerbeirats ein **Vergütungsanspruch** für ihre Tätigkeit einschließlich der Erstattung angemessener Auslagen zu. Betreffend die Höhe der Vergütung wird in § 93 Abs. 4 S. 2 StaRUG bestimmt, dass sich diese nach der für Mitglieder eines Gläubigerausschusses geltenden Regelung des § 17 InsVV bestimmt. Bei der Vergütung der Mitglieder des Gläubigerbeirats handelt es sich um Auslagen iSv Nr. 9017 KV GKG. 18

Da in § 93 Abs. 1 S. 2 StaRUG eine Verweisung auf die Regelungen der §§ 21 Abs. 2 S. 1 Nr. 1a, 70 InsO enthalten ist, kann ein Mitglied des Gläubigerbeirats durch das Restrukturierungsgericht aus wichtigem Grund aus dem Amt entlassen werden. Nach § 70 S. 2 InsO kann die **Entlassung** von Amts wegen oder auf Antrag des Mitglieds des Gläubigerbeirats erfolgen. Soweit in § 70 S. 2 InsO darüber hinausgehend noch eine Antragsbefugnis der Gläubigerversammlung vorgesehen ist, steht die in § 20 Abs. 1 S. 1 StaRUG erwähnte Versammlung der Planbetroffenen einer Gläubigerversammlung iSv § 74 InsO nicht gleich, so dass die Mehrheit der planbetroffenen Gläubiger die Entlassung eines Mitglieds des Gläubigerbeirats nicht verlangen kann.[27] 19

27 Zustimmend *Ahrens* NZI-Beilage 2021, 57 (59).

§ 17 Verfahrensablauf, Gläubigerausschuss

A. Einleitung

1 Mit dem zum 1.1.2021 in Kraft getretenen **SanInsFoG**[1] wurden in Bezug auf die InsO nicht nur wesentliche Änderungen bezüglich der Insolvenzgründe, der Insolvenzantragspflichten, der persönlichen Haftung der Geschäftsleiter des schuldnerischen Unternehmens, der Eigenverwaltung und des Insolvenzplanverfahrens eingeführt. Vielmehr hat der Gesetzgeber eine ganze Reihe von anderen Vorschriften der InsO modifiziert bzw. gänzlich neu geschaffen. Zahlreiche dieser neuen Regelungen haben erhebliche Auswirkungen auf die Sanierungspraxis.

B. Insolvenzrechtliche Änderungen mit Sanierungsbezug

I. Örtliche Zuständigkeit bei einem Scheitern des StaRUG-Verfahrens

2 In der Praxis sind Fälle denkbar, in denen der Schuldner eine Sanierung nach dem StaRUG beabsichtigt, diese präventive Restrukturierung jedoch scheitert. In einem solchen Fall kann der Schuldner einerseits aufgrund des Vorliegens einer eingetretenen Zahlungsunfähigkeit oder einer materiellrechtlichen Überschuldung nach § 15a Abs. 1 S. 1 InsO verpflichtet sein, einen Eigeninsolvenzantrag zu stellen. Zum anderen können in der Praxis Fälle auftreten, in denen auch bei einem Scheitern des StaRUG-Verfahrens weiterhin nur eine drohende Zahlungsunfähigkeit des Schuldners iSv § 18 Abs. 2 InsO gegeben ist. Der Insolvenzgrund der **drohenden Zahlungsunfähigkeit** kann von dem Schuldner nach § 18 Abs. 1 InsO zum Anlass genommen werden, um hierauf einen Eigeninsolvenzantrag mit dem Ziel zu stützen, im Rahmen einer Eigenverwaltung oder mittels eines in Fremdverwaltung durchgeführten Insolvenzverfahrens zu einer nachhaltigen Sanierung zu gelangen.

3 Für die vorbezeichnete Konstellation hat der Gesetzgeber in § 3 Abs. 2 InsO einen zusätzlichen Gerichtsstand geschaffen. Danach besteht ebenfalls eine **örtliche Zuständigkeit** des Amtsgerichts, welches als Restrukturierungsgericht für die Maßnahmen zuständig war, wenn der Schuldner in den letzten sechs Monaten vor Stellung des Insolvenzantrags Instrumente des Stabilisierungs- und Restrukturierungsrahmens nach

1 Gesetz zur Fortentwicklung des Sanierungs- und Insolvenzrechts vom 22.12.2020, BGBl. I 3256.

§ 29 Abs. 2 StaRUG in Anspruch genommen hatte. Auf diese Weise sollen Synergien bei der Bearbeitung des Insolvenzverfahrens geschaffen werden, da das Insolvenzgericht aufgrund seiner vorherigen Befassung mit dem Fall als Restrukturierungsgericht mit den Besonderheiten des schuldnerischen Unternehmens sowie der Gläubigerstruktur eng vertraut ist.[2] Die Regelung des § 3 Abs. 2 InsO zielt nach der Absicht des Gesetzgebers in erster Linie auf Fallgestaltungen ab, in denen sich der Schuldner zeitlich unmittelbar nach einem Scheitern des StaRUG-Verfahrens zur Stellung eines Eigeninsolvenzantrags entschließt.[3]

4 Fraglich ist, ob Gläubiger des Schuldners die Möglichkeit haben, bei dem Amtsgericht, welches zuvor in einer von Seiten des Schuldners eingeleiteten Restrukturierungssache Restrukturierungsgericht war, einen **Fremdinsolvenzantrag** zu stellen. Insoweit heißt es in den Gesetzesmaterialien, dass durch die Vorschrift des § 3 Abs. 2 InsO ein Wahlrecht für den Schuldner geschaffen werden soll, einen Insolvenzantrag auch bei dem Amtsgericht zu stellen, welches mit der Sache vorher als Restrukturierungsgericht befasst war.[4] Dies könnte gegen eine Anwendbarkeit des § 3 Abs. 2 InsO auf Fremdinsolvenzanträge sprechen.[5] Allerdings ist dem Wortlaut des § 3 Abs. 2 InsO keine Beschränkung auf Eigeninsolvenzanträge zu entnehmen, so dass der Wahlgerichtsstand auch für Fremdinsolvenzanträge gilt.

II. Gruppen-Gerichtsstand bei präventiver Sanierung und Insolvenzverfahren

5 Ein Konzern besteht aus mehreren rechtlich selbstständigen Gesellschaften. In der Praxis kann es vorkommen, dass bei einzelnen Konzerngesellschaften lediglich eine drohende Zahlungsunfähigkeit vorliegt, so dass diese eine präventive Restrukturierung mittels des StaRUG-Verfahrens durchlaufen können. Bei anderen Konzerngesellschaften liegen die Dinge aber so, dass bei diesen schon eine materielle Insolvenzreife in Form einer eingetretenen Zahlungsunfähigkeit gegeben ist. In einem derartigen Fall kommt die Regelung des § 3a Abs. 4 InsO zum Tragen, durch welche ein **Gruppen-Gerichtsstand** geschaffen wird und die im Hinblick auf die einzelnen Konzerngesellschaften anhängigen Restrukturierungssachen und Insolvenzverfahren an einem zentralen Amtsgericht gebündelt werden.[6] Falls die Voraussetzungen des § 3a Abs. 1 InsO vorliegen, erklärt sich hiernach auf Antrag des Schuldners das für Gruppen-Folgeverfahren zuständige Gericht, sofern dieses nach § 34 StaRUG für Entscheidungen in Restrukturierungssachen zuständig ist, als Restrukturierungsgericht auch für Gruppen-Folgeverfahren in Insolvenzsachen für zuständig. In der Sache handelt es sich bei der Vorschrift des § 3a Abs. 4 InsO um eine Ergänzung zu der Regelung des § 37 Abs. 3 StaRUG.[7]

---

2 BT-Drs. 19/24181, 191.
3 BT-Drs. 19/24181, 191.
4 BT-Drs. 19/24181, 191.
5 In diesem Sinne *Frind* NZI 2020, 865 (866), welcher dies jedoch kritisiert und ferner fordert, dass die Regelung des § 3 Abs. 2 InsO eine ausschließliche örtliche Zuständigkeit des Restrukturierungsgerichts enthalten sollte.
6 Vgl. *Hoegen/Kranz* NZI 2021, 105 (108).
7 Kritisch *Frind* NZI 2020, 865 (866), nach dessen Ansicht die Vorschrift des § 3a Abs. 4 InsO und die Regelung des § 37 Abs. 3 StaRUG nicht miteinander in Einklang zu bringen seien und eine Anwendung des § 3a

III. Verpflichtender Einsatz eines Gläubigerinformationssystems

6 Nach § 5 Abs. 5 S. 1 InsO sollen Insolvenzverwalter ein **elektronisches Gläubigerinformationssystem** vorhalten, mit dem jedem Insolvenzgläubiger, welcher eine Forderung angemeldet hat, alle Entscheidungen des Insolvenzgerichts, sämtliche an das Insolvenzgericht übersandten Berichte, die nicht ausschließlich die Forderungen anderer Gläubiger betreffen, sowie alle die eigenen Forderungen betreffenden Unterlagen in einem gängigen Dateiformat zur Verfügung gestellt werden können. Bei Insolvenzverfahren, in denen mindestens zwei der drei in § 22a Abs. 1 InsO genannten Merkmale erfüllt sind und somit ein vorläufiger Gläubigerausschuss eingesetzt werden muss, besteht nach § 5 Abs. 5 S. 2 InsO eine Verpflichtung des Insolvenzverwalters, ein elektronisches Gläubigerinformationssystem vorzuhalten und die in § 5 Abs. 5 S. 1 InsO aufgeführten Dokumente unverzüglich zum elektronischen Abruf zur Verfügung zu stellen. Damit die Gläubiger in der Lage sind, auf das elektronische Gläubigerinformationssystem zuzugreifen, ist in § 5 Abs. 5 S. 3 InsO vorgesehen, dass der Insolvenzverwalter den Einsichtsberechtigten die für den Zugang erforderlichen Daten unverzüglich zur Verfügung stellt. Hierbei handelt es sich im Regelfall um ein Passwort in Form einer PIN-Nummer.

7 Der verpflichtende Einsatz eines elektronischen Gläubigerinformationssystems in **Großverfahren** mit einem vorläufigen Gläubigerausschuss ist zu begrüßen. Derartige Großverfahren zeichnen sich nämlich gewöhnlich dadurch aus, dass eine sehr hohe Anzahl von Gläubigern vorhanden ist. Darüber hinaus besteht bei Großverfahren regelmäßig auch eine höhere freie Masse, so dass es sich für die Vielzahl der ungesicherten Gläubiger auch wirtschaftlich lohnt, die Forderungen beim Insolvenzverwalter anzumelden. Dagegen erscheint es wenig sinnvoll, ein elektronisches Gläubigerinformationssystem bei kleineren Unternehmensinsolvenzverfahren oder gar bei Verbraucherinsolvenzen einzusetzen. Denn bei diesen Verfahren ist üblicherweise nur eine überschaubare Anzahl von Gläubigern vorhanden. Hinzu kommt, dass die freie Masse bei diesen Verfahren häufig sehr gering ist, so dass die zu erwartende niedrige Insolvenzquote zahlreiche Gläubiger von der Anmeldung ihrer Forderungen beim Insolvenzverwalter abhalten wird, da die Kosten der Forderungsanmeldung jedenfalls bei der Beauftragung einer Rechtsanwaltskanzlei bzw. eines Inkassobüros höher sind als die Insolvenzquote.

8 In der Praxis ist dennoch zu beobachten, dass auch bei **Kleinverfahren** einige Gläubiger bzw. deren Vertreter eine Sachstandsanfrage an den Insolvenzverwalter richten. Gegenstand eines solchen Schreibens ist im Regelfall die Beantwortung der Fragen, ob die Forderungsanmeldung beim Insolvenzverwalter eingegangen ist, ob die Forderung zur Insolvenztabelle festgestellt oder bestritten wurde, ob und ggf. in welcher Höhe mit einer Insolvenzquote gerechnet werden kann und wann das Verfahren abschlussreif ist. In Anbetracht der Tatsache, dass auf den Schreiben der Gläubiger fast immer eine E-Mail-Adresse, eine Faxnummer und ein Aktenzeichen angegeben sind, sind die Verwalterbüros ohne größeren Aufwand in der Lage, die Sachstandsanfragen

Abs. 4 InsO selbst in einem Fall in Betracht komme, in dem noch keine Konzerngesellschaft ein präventives Restrukturierungsverfahren nach dem StaRUG eingeleitet habe.

der Gläubiger zeitnah per E-Mail oder per Telefax zu beantworten. Insoweit ist der Einsatz eines elektronischen Gläubigerinformationssystems nicht erforderlich.[8] Jedenfalls ist die Regelung des § 5 Abs. 5 S. 1 InsO dahin gehend auszulegen, dass es im freien Ermessen des Insolvenzverwalters liegt, ob das elektronische Gläubigerinformationssystem auch für solche Verfahren eingerichtet wird, bei denen der Anwendungsbereich des § 22a Abs. 1 InsO nicht eröffnet ist. Für diese Auslegung spricht insbesondere, dass es sich bei § 5 Abs. 5 S. 1 InsO um eine Soll-Vorschrift handelt. Für die praktische Umsetzung der in § 5 Abs. 5 S. 2 InsO enthaltenen Vorgaben ist schließlich bedeutsam, dass es zulässig ist, das elektronische Gläubigerinformationssystem nicht allgemein für alle Verfahren vorzuhalten, sondern dieses für das konkrete Insolvenzverfahren einzurichten.[9]

9 Es ist nicht ganz verständlich, warum der Gesetzgeber den verpflichtenden Einsatz eines elektronischen Gläubigerinformationssystems für den Bereich der Großverfahren auf Insolvenzverwalter beschränkt hat. In der Praxis sind nämlich bei Eigenverwaltungsverfahren sehr häufig ebenfalls die Voraussetzungen des § 22a Abs. 1 InsO erfüllt, so dass ein vorläufiger Gläubigerausschuss vom Insolvenzgericht einzusetzen ist. Gemäß § 270f Abs. 2 S. 2 InsO sind die Forderungen in diesem Fall von den Gläubigern beim Sachwalter anzumelden. Da die Insolvenztabelle somit von dem Sachwalter geführt wird, wäre es folgerichtig gewesen, den **Sachwalter** als Adressat in die Regelung des § 5 Abs. 5 S. 2 InsO aufzunehmen. Ein anderes Ergebnis könnte sich allenfalls aus § 270 Abs. 1 Satz 2 InsO ergeben, da dort betreffend das Verfahren der Eigenverwaltung auf die allgemeinen Vorschriften verwiesen wird. Diese Verweisung erstreckt sich ebenfalls auf die Regelung des § 5 InsO.[10] Allerdings bleibt das Problem bestehen, dass in § 5 Abs. 5 InsO allein von dem Insolvenzverwalter gesprochen wird, so dass trotz der Verweisung eine Anwendbarkeit der Vorschrift auf den Sachwalter zweifelhaft ist.

IV. Durchführung eines Vorgesprächs mit dem Insolvenzgericht

10 Eine weitere Neuregelung, welche Auswirkungen auf die Sanierungspraxis hat, ist in § 10a Abs. 1 InsO enthalten. Nach § 10a Abs. 1 S. 1 InsO steht dem Schuldner, bei dem die Voraussetzungen für die Einsetzung eines vorläufigen Gläubigerausschusses nach § 22a Abs. 1 InsO erfüllt sind, ein Anspruch auf ein **Vorgespräch** mit dem für den Schuldner örtlich zuständigen Insolvenzgericht zu. Gegenstand des Vorgesprächs können alle für das Verfahren relevanten Gegenstände sein, wobei in § 10a Abs. 1 S. 1 InsO exemplarisch die Voraussetzungen für eine Eigenverwaltung, die Eigenverwaltungsplanung, die Besetzung des vorläufigen Gläubigerausschusses, die Person des vorläufigen Insolvenzverwalters oder Sachwalters, etwaige weitere Sicherungsanordnungen sowie die Ermächtigung zur Begründung von Masseverbindlichkeiten genannt werden.

8 Anders jedoch *Deppenkemper* ZIP 2020, 2432 (2442); *Frind* NZI 2020, 865 (866), welcher die Verwendung eines elektronischen Gläubigerinformationssystems auch unterhalb der Schwelle von Großverfahren, bei denen ein vorläufiger Gläubigerausschuss vorhanden ist, für sinnvoll hält.
9 Vgl. BGH Beschl. v. 14.7.2016 – IX ZB 62/15, NZI 2016, 802 (804); *Kluth* NZI 2016, 865 (866).
10 Vgl. Uhlenbruck/*Zipperer* InsO § 270 Rn. 34.

Hinter der Vorschrift des § 10a Abs. 1 S. 1 InsO steht der Gedanke, dass bei Großverfahren regelmäßig ein praktisches Bedürfnis des Schuldners besteht, vor der Stellung eines Insolvenzantrags ein Vorgespräch mit dem Insolvenzgericht abzuhalten, um von dem zuständigen Richter eine erste Einschätzung zu für den weiteren Verlauf des Verfahrens bedeutsamen Fragen zu erhalten. Durch die Einführung eines Anspruchs auf ein Vorgespräch soll vor allem auf die Erfahrungen in der Sanierungspraxis reagiert werden, wonach ein solches Vorgespräch ein wichtiger Faktor für ein erfolgreiches **Eigenverwaltungsverfahren** ist.[11] Falls beim Schuldner nicht zwei der drei in § 22a Abs. 1 InsO genannten Merkmale vorliegen, steht die Frage, ob ein Vorgespräch mit dem Schuldner abgehalten wird, nach § 10a Abs. 1 S. 2 InsO im Ermessen des Insolvenzgerichts. Weder das obligatorische noch das fakultative Vorgespräch führen zu einer Bindungswirkung für das Insolvenzgericht. Dies gilt sowohl für die Frage der örtlichen Zuständigkeit des Gerichts als auch im Hinblick auf die einzelnen inhaltlichen Punkte, welche der Schuldner mit dem Insolvenzgericht in Bezug auf ein mögliches Insolvenzverfahren diskutiert hat, auch insoweit kann das Insolvenzgericht einen während des Vorgesprächs geäußerten vorläufigen Rechtsstandpunkt noch nachträglich ändern.[12] In der Literatur ist es durchweg auf Zustimmung gestoßen, dass für das Vorgespräch nunmehr eine gesetzliche Grundlage geschaffen wurde.[13] 11

Nach § 10a Abs. 2 InsO kann das Insolvenzgericht mit Zustimmung des Schuldners Kontakt mit Gläubigern aufnehmen und diese insbesondere zu der Frage anhören, ob die Gläubiger bereit sind, als Mitglied in einen vorläufigen Gläubigerausschuss einzutreten. Der Sinn und Zweck des § 10a Abs. 2 InsO besteht darin, eine schnelle Einsetzung des vorläufigen Gläubigerausschusses zu ermöglichen, wenn sich der Schuldner nach Durchführung des Vorgesprächs dazu entschließt, den Insolvenzantrag bei diesem Insolvenzgericht zu stellen.[14] Die Anhörung der Gläubiger durch das Insolvenzgericht setzt zwingend die vorherige **Zustimmung des Schuldners** voraus. Dies ist auch in der Sache richtig, da im Zeitpunkt der Durchführung des Vorgesprächs noch keine Insolvenzantragstellung durch den Schuldner erfolgt ist.[15] 12

Ferner ist in § 10a Abs. 3 InsO vorgesehen, dass die Abteilung des Insolvenzgerichts, für die der Richter das Vorgespräch nach § 10a Abs. 1 S. 1 InsO mit dem Schuldner geführt hat, für einen Zeitraum von sechs Monaten nach der Abhaltung des Vorgesprächs für das Insolvenzverfahren über das Vermögen dieses Schuldners zuständig ist. Die **fortdauernde Zuständigkeit** der das Vorgespräch führenden Abteilung gilt somit für die Fälle, in denen zwei der drei Merkmale des § 22a Abs. 1 InsO erfüllt sind und daher nach der Stellung des Insolvenzantrags ein vorläufiger Gläubigerausschuss einzusetzen wäre. Nach dem Wortlaut des § 10a Abs. 3 InsO kommt diese Vorschrift außerhalb des Anwendungsbereichs des § 22a Abs. 1 InsO nicht zum Tragen. Aus den Gesetzesmaterialien ergibt sich jedoch, dass es nach der Ansicht des Gesetzgebers 13

11 BT-Drs. 19/24181, 192.
12 BT-Drs. 19/24181, 193.
13 *Schluck-Amend* NZI-Beilage 2021, 88; *Deppenkemper* ZIP 2020, 2432 (2438); *Frind* NZI 2020, 865 (867).
14 BT-Drs. 19/24181, 193.
15 So auch *Schluck-Amend* NZI-Beilage 2021, 88; anders jedoch *Frind* NZI 2020, 865 (867), welcher befürchtet, dass der Schuldner in einem derartigen Fall lediglich Teilzustimmungen erteilt und auf diese Weise Einfluss auf die Zusammensetzung des vorläufigen Gläubigerausschusses nehmen kann.

auch in solchen Fällen sinnvoll ist, dass die das Vorgespräch führende Abteilung jedenfalls zeitlich begrenzt für ein späteres Insolvenzverfahren zuständig ist, wobei der Gesetzgeber betont, dass in dem Geschäftsverteilungsplan des Gerichts auch eine abweichende Regelung enthalten sein kann.[16]

14 Es ist weiterhin festzuhalten, dass durch die Regelung des § 10a Abs. 3 InsO keine ausschließliche örtliche Zuständigkeit des das Vorgespräch führenden Insolvenzgerichts begründet wird. Somit steht dem Schuldner die Möglichkeit offen, den Insolvenzantrag nach Durchführung des Vorgesprächs bei einem anderen Insolvenzgericht zu stellen, sofern dort eine örtliche Zuständigkeit nach § 3 Abs. 1 InsO besteht. Teilweise wird das Fehlen einer ausschließlichen Zuständigkeit kritisch beurteilt, da dem Schuldner auf diese Weise ein nationales **Forum Shopping** ermöglicht werde, wenn die Ergebnisse des Vorgesprächs den Erwartungen des Schuldners widersprechen.[17] Indes lässt sich das vorstehende Problem im Einzelfall dadurch lösen, dass das von dem Schuldner beabsichtigte Forum Shopping rechtsmissbräuchlich ist.[18] Dies kann insbesondere bei einer zeitlich unmittelbar vor der Insolvenzantragstellung erfolgten Sitzverlegung des Schuldners der Fall sein, wobei hier aber hohe Anforderungen für die Annahme eines Rechtsmissbrauchs gelten.[19]

15 Auch im Bereich der präventiven Restrukturierung nach dem StaRUG wird seitens des Schuldners häufig ein praktisches Bedürfnis bestehen, vor der Anzeige des Restrukturierungsvorhabens ein Vorgespräch mit dem Restrukturierungsgericht zu führen, zumal sich das **StaRUG-Verfahren** in erster Linie an größere Unternehmen bzw. Konzerne richtet. Es fällt auf, dass eine der Regelung des § 10a InsO vergleichbare Vorschrift in § 31 StaRUG nicht enthalten ist. Insoweit bietet es sich jedoch an, den Rechtsgedanken des § 10a InsO auf § 31 StaRUG zu übertragen und dem Schuldner jedenfalls dann ein Vorgespräch zu gewähren, wenn dieser zumindest zwei der in § 22a Abs. 1 InsO genannten drei Merkmale in Bezug auf die Bilanzsumme, die Höhe der erzielten Umsatzerlöse sowie die Anzahl der von dem Schuldner beschäftigten Arbeitnehmer erfüllt.

V. Masseverbindlichkeiten aus einer vorläufigen Eigenverwaltung

1. Ausgangslage

16 Oftmals hängt der Erfolg der Sanierung eines Unternehmens davon ab, in welchem Umfang nach Eröffnung eines Insolvenzverfahrens **Masseverbindlichkeiten** nach § 55 InsO zu befriedigen sind. Diese Gelder stehen dem schuldnerischen Unternehmen ggf. während einer Betriebsfortführung im Eröffnungsverfahren nicht zur Verfügung, da hiervon nach Insolvenzeröffnung die Masseverbindlichkeiten zu bezahlen sind. Im Einzelfall mag hier eine Masseunzulänglichkeitsanzeige nach § 208 Abs. 1 InsO wei-

16 BT-Drs. 19/24181, 193.

17 So *Frind* NZI 2020, 865 (867), der eine ausschließliche örtliche Zuständigkeit des das Vorgespräch führenden Insolvenzgerichts für einen Zeitraum von sechs Monaten nach Abhaltung des Vorgesprächs fordert.

18 Vgl. zu der ähnlichen Problematik bei der Frage der internationalen Zuständigkeit BGH Beschl. v. 17.12.2020 – IX ZB 72/19, NZI 2021, 187.

19 Vgl. LG Bremen Beschl. v. 5.10.2020 – 6 T 370/20, NZI 2021, 83.

terhelfen, wenn dafür die Voraussetzungen gegeben sind.[20] In der Praxis wird die vorstehende Problematik vor allem bei der Frage relevant, ob die Steuerverbindlichkeiten aus einem **vorläufigen Eigenverwaltungsverfahren** nach der Eröffnung des Insolvenzverfahrens als Masseverbindlichkeiten zu qualifizieren sind oder es sich um Insolvenzforderungen iSv § 38 InsO handelt, die von der Finanzverwaltung beim Sachwalter zur Insolvenztabelle anzumelden sind.

Vor dem Inkrafttreten des SanInsFoG zum 1.1.2021 wurde in § 55 Abs. 4 InsO aF 17
bestimmt, dass Verbindlichkeiten des Schuldners aus einem **Steuerschuldverhältnis** nur dann nach Eröffnung des Insolvenzverfahrens als Masseverbindlichkeiten gelten, wenn diese Verbindlichkeiten durch einen vorläufigen Insolvenzverwalter oder von dem Schuldner mit Zustimmung des vorläufigen Insolvenzverwalters begründet wurden. Die vorläufige Eigenverwaltung wird somit in § 55 Abs. 4 InsO aF nicht erwähnt. Im Jahr 2020 kam der BFH in einer vielbeachteten Entscheidung zu dem Ergebnis, dass die Regelung des § 55 Abs. 4 InsO aF mangels Vorliegens einer planwidrigen Regelungslücke nicht analog auf Steuerverbindlichkeiten anwendbar sei, welche vom Schuldner im Rahmen einer vorläufigen Eigenverwaltung begründet worden seien.[21] Die vorbezeichnete Entscheidung des BFH wurde in der Literatur vor dem Hintergrund begrüßt, dass hierdurch die Sanierung des Schuldners in einem Eigenverwaltungsverfahren erheblich erleichtert werde, da die Finanzverwaltung für die Steuerverbindlichkeiten aus dem Zeitraum der vorläufigen Eigenverwaltung lediglich die Insolvenzquote erhalte.[22]

2. Neufassung des § 55 Abs. 4 InsO durch das SanInsFoG

Der Gesetzgeber hat die Rechtsprechung des BFH zum Anlass genommen, die Vor- 18
schrift des § 55 Abs. 4 InsO zu reformieren. Insbesondere wurde der Anwendungsbereich des § 55 Abs. 4 InsO auf die Fallgruppe der vorläufigen Eigenverwaltung erweitert. Danach gelten nach § 55 Abs. 4 S. 1 InsO auch solche Steuerverbindlichkeiten nach Eröffnung des Insolvenzverfahrens als Masseverbindlichkeiten, die von dem Schuldner nach der Bestellung eines vorläufigen Sachwalters begründet wurden. Zugleich hat der Gesetzgeber aber die unter die Regelung des § 55 Abs. 4 InsO fallenden Steuerarten eingeschränkt. Von der Vorschrift des § 55 Abs. 4 InsO aF waren sämtliche Steuerarten erfasst.[23] Demgegenüber werden von der Neuregelung gemäß § 55 Abs. 4 S. 1 InsO zum einen Umsatzsteuerverbindlichkeiten erfasst. Weiterhin werden nach § 55 Abs. 4 S. 2 InsO sonstige Ein- und Ausfuhrabgaben, bundesgesetzlich geregelte Verbrauchsteuern, die Luftverkehr- und die Kfz-Steuer sowie die Lohnsteuer in den sachlichen Anwendungsbereich des § 55 Abs. 4 InsO einbezogen. Mit Ausnahme der Kfz-Steuer handelt es sich bei den unter die Vorschrift des § 55 Abs. 4 InsO fallenden Steuerarten um solche, die von dem schuldnerischen Unternehmen üblicher-

20 Bei einem Eigenverwaltungsverfahren erfolgt die Anzeige der Masseunzulänglichkeit nach § 285 InsO durch den Sachwalter.
21 BFH Beschl. v. 7.5.2020 – V R 14/19, NZI 2020, 850; so schon zuvor BGH Urt. v. 22.11.2018 – IX ZR 167/16, NZI 2019, 236.
22 *Kluth* NZI 2020, 852.
23 Vgl. MüKoInsO/*Hefermehl* § 55 Rn. 240; *Kahlert* ZIP 2011, 401 (402); Sonnleitner/*Sonnleitner* InsSteuerR 2017, Kapitel 3 Rn. 85.

weise über den Preis auf den Leistungsempfänger abgewälzt werden und welche der Schuldner von einem Dritten zwecks Abführung an den Fiskus erhalten hat.[24] Betreffend den sachlichen Anwendungsbereich liegt der Regelung des § 55 Abs. 4 InsO daher ein neuer Ansatz zugrunde.[25] Für die Praxis bedeutet dies, dass auch bei einer vorläufigen Eigenverwaltung Masseverbindlichkeiten entstehen, welche in die Finanzplanung des schuldnerischen Unternehmens aufzunehmen sind. Dies gilt für den Bereich der **laufenden Umsatztätigkeit** des Schuldners, wohingegen es beim Einzug von Altforderungen auf den konkreten Einzelfall ankommt. Allerdings werden die Ertragsteuern, wie insbesondere die Körperschaft-, Einkommen- und Gewerbesteuer, von der Neuregelung des § 55 Abs. 4 InsO nicht mehr erfasst.[26]

3. Sonderfall des bloßen Forderungseinzugs in der vorläufigen Eigenverwaltung

19 Schließlich stellt sich die Frage, ob der Anwendungsbereich des § 55 Abs. 4 InsO auch in solchen Fällen eröffnet ist, in denen die Leistungen von dem Schuldner in zeitlicher Hinsicht vor der Anordnung der vorläufigen Eigenverwaltung erbracht werden, die Zahlung von dem jeweiligen Debitor aber während der Dauer der vorläufigen Eigenverwaltung vorgenommen wird (Fallgruppe des Einzugs von Altforderungen). Wenn man den Wortlaut des § 55 Abs. 4 S. 1 InsO in den Blick nimmt, scheint diese Konstellation nicht von § 55 Abs. 4 InsO erfasst zu sein, so dass eine Masseverbindlichkeit zu verneinen ist. Denn in § 55 Abs. 4 S. 1 InsO wird vorausgesetzt, dass die betreffende Steuerverbindlichkeit von dem Schuldner nach Bestellung des vorläufigen Sachwalters begründet worden ist. Besonders praxisrelevant sind hier Umsatzsteuerverbindlichkeiten. Im Falle einer sog. Soll-Besteuerung entsteht die Umsatzsteuer nach § 13 Abs. 1 Nr. 1 lit. a UStG indes bereits mit dem Ablauf des Voranmeldungszeitraums der Leistungserbringung, welche in dieser Konstellation zeitlich vor der Anordnung der vorläufigen Eigenverwaltung liegt. Anders ist dies naturgemäß bei einer Versteuerung nach vereinnahmten Entgelten (sog. Ist-Besteuerung). In diesem Fall entsteht die Umsatzsteuer gemäß § 13 Abs. 1 Nr. 1 lit. b UStG mit dem Ablauf des Voranmeldungszeitraums, in dem die Entgeltvereinnahmung erfolgt ist. Dies hat zur Folge, dass bei einem **Forderungseinzug** während der Dauer einer vorläufigen Eigenverwaltung eine Insolvenzforderung iSv § 38 InsO vorliegt, wenn das schuldnerische Unternehmen der Soll-Besteuerung unterliegt. Bei einer Ist-Besteuerung handelt es sich dagegen um eine Masseverbindlichkeit nach § 55 Abs. 4 InsO.

20 Allerdings hat der BFH in Bezug auf die Regelung des § 55 Abs. 4 InsO aF trotz des Wortlauts der Norm entschieden, dass nach § 17 Abs. 1 S. 2, Abs. 2 Nr. 1 UStG auch bezüglich der Entgelte, die von einem vorläufigen Insolvenzverwalter während eines Insolvenzeröffnungsverfahrens vereinnahmt worden seien, eine **doppelte Berichtigung des Vorsteuerabzugs** mit der Folge vorzunehmen sei, dass hinsichtlich der Umsatzsteuer eine Masseverbindlichkeit vorliege.[27] Hierbei hat der BFH maßgeblich darauf abgestellt, dass das Insolvenzgericht den vorläufigen Insolvenzverwalter entsprechend

24 Vgl. *Witfeld* ZRI 2021, 173 (177); *Schmittmann* ZInsO 2021, 211 (213).
25 Vgl. *Witfeld* NZI 2021, 77 (79).
26 Vgl. *Witfeld* NZI 2021, 77 (78 f.).
27 BFH Urt. v. 24.9.2014 – V R 48/13, NZI 2015, 240 (243).

der Vorschrift des § 23 Abs. 1 S. 3 InsO zum Forderungseinzug ermächtigt habe, was nach § 24 Abs. 1 iVm §§ 81, 82 InsO dazu führe, dass bei Zahlungen der Debitoren an den Schuldner diesen keine schuldbefreiende Wirkung mehr zukomme.[28]

Die von Seiten des BFH zur vorläufigen Insolvenzverwaltung vertretene Rechtsauffassung lässt sich allerdings nicht auf die vorläufige Eigenverwaltung übertragen. Denn die Amtsbefugnisse des vorläufigen Sachwalters sind mit denjenigen des vorläufigen Insolvenzverwalters nicht vergleichbar. Die Aufgabe des vorläufigen Sachwalters besteht nach §§ 270b Abs. 1 S. 1, 274 Abs. 2 S. 1 InsO hauptsächlich darin, die Geschäftsführung des Schuldners zu überwachen. Beim **vorläufigen Sachwalter** fehlt es somit grundsätzlich an einer Übertragung der **Empfangszuständigkeit bzw. der Einziehungsbefugnis**, welche der für den vorläufigen Insolvenzverwalter geltenden Regelung des § 24 Abs. 1 InsO zugrunde liegt. Dies gilt ebenfalls für die Fälle, in denen dem vorläufigen Sachwalter nach §§ 270b Abs. 1 S. 1, 275 Abs. 2 InsO die Kassenführungsbefugnis zusteht.[29] Bei der Übernahme der Kassenführung durch den vorläufigen Sachwalter handelt es sich nämlich um eine interne Maßnahme, welche die Verwaltungs- und Verfügungsbefugnis des Schuldners unberührt lässt, so dass dieser im Außenverhältnis weiterhin Zahlungen an Dritte mit Tilgungswirkung vornehmen kann.[30] Unter Zugrundelegung der bisherigen Rechtsprechung des BFH ist aber zu erwarten, dass der BFH zu einer anderen Beurteilung in solchen Fällen gelangen könnte, in denen das Insolvenzgericht nach § 270c Abs. 3 S. 2 InsO anordnet, dass Verfügungen des Schuldners der Zustimmung des vorläufigen Sachwalters bedürfen.[31] Ein derartiger Zustimmungsvorbehalt schränkt nämlich die Verfügungsbefugnis des Schuldners im Außenverhältnis ein. In der Praxis dürfte die vorgenannte Konstellation jedoch nicht sehr häufig vorkommen, da die Regelung des § 270c Abs. 3 S. 2 InsO lediglich für den speziellen Fall gilt, in dem die von dem Schuldner vorgelegte Eigenverwaltungsplanung Mängel aufweist, diese Mängel aber behebbar sind und die vorläufige Eigenverwaltung daher vom Insolvenzgericht nach § 270b Abs. 1 S. 2 InsO einstweilen angeordnet wird. 21

Festzuhalten ist damit, dass die Verwaltungs- und Verfügungsbefugnis bei der vorläufigen Eigenverwaltung im Regelfall beim Schuldner verbleibt. Man könnte jetzt auf den Gedanken kommen, auch bei der vorläufigen Eigenverwaltung eine doppelte Berichtigung des Vorsteuerabzugs mit der Folge der Entstehung einer Masseverbindlichkeit nach § 55 Abs. 4 InsO mit dem Argument vorzunehmen, dass der eigenverwaltende Schuldner quasi als **Amtswalter in eigenen Angelegenheiten** tätig werde und seine Geschäftsführung nach den Interessen der Gläubiger ausrichte. Insoweit bestehe dann im Ergebnis doch ein mit der vorläufigen Insolvenzverwaltung vergleichbarer Sachverhalt. Gegen eine solche Argumentation spricht aber insbesondere, dass der Schuldner zwar in einem eröffneten Eigenverwaltungsverfahren Aufgaben wahrnimmt, die in einem Regelinsolvenzverfahren dem Insolvenzverwalter obliegen. Hierzu gehören etwa die Verwertung von besicherten Gegenständen, die Entscheidung 22

28 BFH Urt. v. 24.9.2014 – V R 48/13, NZI 2015, 240 (241).
29 Zustimmend *Witfeld* ZRI 2021, 173 (179).
30 Vgl. MüKoInsO/*Kern* § 275 Rn. 26; Braun/*Riggert* InsO § 275 Rn. 12.
31 Vgl. dazu *Frind* ZIP 2021, 171 (177), welche diese Fälle als vorläufige starke Sachwaltung bezeichnet.

über die Erfüllung nicht vollständig abgewickelter Verträge, die Ausübung von Sonderkündigungsrechten sowie die Möglichkeit des Schuldners, die Feststellung einer von einem Gläubiger angemeldeten Forderung durch Einlegung eines Widerspruchs zu verhindern. Dies hat den BGH dazu veranlasst, den Schuldner im eröffneten Eigenverwaltungsverfahren als einen an den Insolvenzverwalter angenäherten Amtswalter zu qualifizieren.[32] Dieser Rechtsauffassung hat sich auch der BFH angeschlossen.[33] Für das vorläufige Eigenverwaltungsverfahren gelten diese Erwägungen indes nicht. Denn der Schuldner handelt während der Dauer einer vorläufigen Eigenverwaltung autonom und übt keine Tätigkeiten aus, die mit einem Amtswalter vergleichbar sind. Eine Übertragung der Rechtsprechung des BFH zur doppelten Berichtigung des Vorsteuerabzugs wegen Uneinbringlichkeit der Entgeltforderung auf den Fall der vorläufigen Eigenverwaltung verbietet sich daher.[34]

VI. Bestellung zum Insolvenzverwalter bzw. Sachwalter bei vorheriger Tätigkeit als Restrukturierungsbeauftragter bzw. Sanierungsmoderator

23 Es kann in der Praxis durchaus vorkommen, dass der Schuldner bei einer drohenden Zahlungsunfähigkeit eine präventive Restrukturierung nach dem StaRUG einleitet, diese jedoch scheitert. Der Schuldner wird dann in vielen Fällen einen **Eigeninsolvenzantrag** stellen und eine Sanierung im Rahmen einer Eigenverwaltung oder eines Regelinsolvenzverfahrens anstreben. Falls in dem fehlgeschlagenen StaRUG-Verfahren ein Restrukturierungsbeauftragter oder ein Sanierungsmoderator bestellt wurde, stellt sich die Frage, ob das Insolvenzgericht diese Person trotz ihrer vorherigen Tätigkeit in dem präventiven Restrukturierungsverfahren zum Insolvenzverwalter bzw. Sachwalter bestellen kann.

24 Wenn der Schuldner zwei der drei in § 22a Abs. 1 InsO aufgeführten Merkmale erfüllt und daher zwingend ein vorläufiger Gläubigerausschuss einzusetzen ist, kann eine Person, die in einer früheren Restrukturierungssache des Schuldners als Restrukturierungsbeauftragter oder Sanierungsmoderator tätig war, nach § 56 Abs. 1 S. 2 InsO nur dann zum **Insolvenzverwalter** bestellt werden, wenn der **vorläufige Gläubigerausschuss** zustimmt. Eine einstimmige Beschlussfassung des vorläufigen Gläubigerausschusses ist nach dem Wortlaut des § 56 Abs. 1 S. 2 InsO nicht erforderlich. Vielmehr ist es ausreichend, dass sich eine einfache Mehrheit der Mitglieder des vorläufigen Gläubigerausschusses dafür ausspricht, die Person, welche zuvor als Restrukturierungsbeauftragter bzw. Sanierungsmoderator tätig war, zum Insolvenzverwalter zu bestellen. Bei einem positiven Votum des vorläufigen Gläubigerausschusses kann die vorstehende Person gemäß § 56 Abs. 1 S. 2 InsO zum Insolvenzverwalter bestellt werden. Nach §§ 274 Abs. 1, 56 Abs. 1 S. 2 InsO gilt dies ebenfalls für eine Person, welche in einem StaRUG-Verfahren als Restrukturierungsbeauftragter oder Sanierungs-

32 BGH Urt. v. 26.4.2018 – IX ZR 238/17, NZI 2018, 519 (521); aus der Literatur zB *Uebele* NZG 2018, 881 (889); MüKoInsO/*Kern* § 270 Rn. 149.

33 BFH Urt. v. 27.9.2018 – V R 45/16, NZI 2018, 988 (989).

34 Zweifelnd allerdings *Schmidt* DStR 2021, 693 (698 f.), nach dessen Ansicht die rechtliche Uneinbringlichkeit der Entgeltforderung bei der Anordnung einer vorläufigen Eigenverwaltung damit begründet werden könnte, dass der eigenverwaltende Schuldner schon im Eröffnungsverfahren vorrangig zur Massesicherung im Interesse der Gläubigergesamtheit verpflichtet sei.

moderator tätig war und sich jetzt für das Amt des **Sachwalters** bewirbt. Auch wenn eine Zustimmung des vorläufigen Gläubigerausschusses vorliegt, ist die Person damit nicht zwangsläufig zum Insolvenzverwalter bzw. Sachwalter zu bestellen. Die letztverbindliche Entscheidung liegt vielmehr beim Insolvenzgericht, wobei vor allem mögliche Inhabilitäten durch das Insolvenzgericht zu prüfen sind.[35]

Die vorstehende Problematik kann sich naturgemäß auch in Fällen stellen, in denen die Merkmale des § 22a Abs. 1 InsO vom Schuldner nicht erfüllt werden und daher das Insolvenzgericht nicht verpflichtet ist, einen vorläufigen Gläubigerausschuss einzusetzen. In einem solchen Fall ist der Anwendungsbereich des § 56 Abs. 1 S. 2 InsO nicht eröffnet, zumal sich diese Regelung lediglich auf den Pflichtausschuss nach § 22a Abs. 1 InsO, nicht aber auf den fakultativen vorläufigen Gläubigerausschuss nach § 22a Abs. 2 InsO bezieht. In den Gesetzesmaterialien ist die Rede davon, dass es in derartigen Konstellationen allein dem **Insolvenzgericht** obliege, darüber zu entscheiden, ob die Person, die in einem früheren StaRUG-Verfahren als Restrukturierungsbeauftragter oder Sanierungsmoderator tätig gewesen sei, zum Insolvenzverwalter oder Sachwalter bestellt werden könne.[36] 25

Falls keine Anhaltspunkte für **Inhabilitäten** bestehen, sollte das Insolvenzgericht regelmäßig die Person, welche in dem fehlgeschlagenen StaRUG-Verfahren das Amt des Restrukturierungsbeauftragten oder des Sanierungsmoderators innehatte, zum Insolvenzverwalter bzw. Sachwalter bestellen.[37] Die Person, welche den Schuldner als Restrukturierungsbeauftragter oder Sanierungsmoderator während der präventiven Restrukturierungssache begleitet hat, ist nämlich mit den Eigenarten des schuldnerischen Unternehmens und der Gläubigerstruktur eng vertraut. Die Bestellung einer anderen Person zum Insolvenzverwalter oder Sachwalter hätte zur Folge, dass sich diese Person erst in das konkrete Verfahren einarbeiten müsste. Durch den notwendigen Zeitaufwand könnte der Erfolg der gesamten vom Schuldner angestrebten Sanierung gefährdet werden. Hinzu kommt, dass sich die Verfahrenskosten nach § 54 InsO durch die Bestellung einer anderen Person zum Insolvenzverwalter bzw. Sachwalter erheblich erhöhen würden, was den Befriedigungsinteressen der Gläubiger zuwiderläuft. Denn eine Person, die in einem größeren Unternehmensinsolvenzverfahren zum Insolvenzverwalter bzw. Sachwalter bestellt wird, wird vermutlich bezüglich seiner Vergütung höhere Zuschläge nach § 3 Abs. 1 InsVV in Ansatz bringen. Bei einer Person, die mit den Verhältnissen des schuldnerischen Unternehmens aufgrund einer früheren Tätigkeit als Restrukturierungsbeauftragter oder Sanierungsmoderator vertraut ist, würden diese Zuschläge nicht bzw. jedenfalls in geringerer Höhe anfallen, wodurch sich die Insolvenzquote deutlich erhöht. 26

---

35 Vgl. *Frind* NZI 2020, 865 (868).

36 BT-Drs. 19/24181, 197.

37 In diese Richtung gehend auch *Frind* NZI 2020, 865 (868); abweichend jedoch *Smid* ZInsO 2020, 2184 (2198), welcher sowohl den obligatorischen als auch den fakultativen Restrukturierungsbeauftragten für vorbefasst hält, so dass dieser nicht zum Insolvenzverwalter bestellt werden könne.

VII. Mitwirkung des vorläufigen Gläubigerausschusses an der Verwalterbestellung

27 Auch schon vor dem Inkrafttreten des SanInsFoG zum 1.1.2021 war der vorläufige Gläubigerausschuss bei der gerichtlichen Auswahl des (vorläufigen) Insolvenzverwalters zu beteiligen. Bislang konnte das Insolvenzgericht nach § 56a Abs. 1 InsO aF von der Konsultierung des vorläufigen Gläubigerausschusses mit der Begründung Abstand nehmen, dass das Zuwarten mit der Bestellung des (vorläufigen) Insolvenzverwalters offensichtlich zu einer nachteiligen Veränderung der Vermögenslage des Schuldners führt. Durch das SanInsFoG sind die **Beteiligungsrechte** des vorläufigen Gläubigerausschusses jetzt gestärkt worden. Gemäß § 56a Abs. 1 InsO hat das Insolvenzgericht dem vorläufigen Gläubigerausschuss vor der Bestellung des (vorläufigen) Insolvenzverwalters Gelegenheit zu geben, sich zu den Anforderungen, die an den Verwalter zu stellen sind, und zu der Person des in Betracht kommenden (vorläufigen) Insolvenzverwalters zu äußern, soweit dies nicht innerhalb von zwei Werktagen offensichtlich zu einer nachteiligen Veränderung der Vermögenslage des Schuldners führt.

28 Da in § 274 Abs. 1 InsO auf die Vorschrift des § 56a InsO verwiesen wird, gilt die Verpflichtung zur **Anhörung** des vorläufigen Gläubigerausschusses ebenfalls für die Eigenverwaltung vor der Bestellung eines (vorläufigen) Sachwalters. Die Neufassung des § 56a Abs. 1 InsO hat zur Folge, dass das Insolvenzgericht zwingend mit der Bestellung eines (vorläufigen) Insolvenzverwalters bzw. (vorläufigen) Sachwalters zuwarten muss, es sei denn, dass dadurch beim Schuldner innerhalb von zwei Werktagen eine offensichtlich nachteilige Veränderung der Vermögenslage eintritt. Der Gesetzgeber geht davon aus, dass eine Konstituierung und Beschlussfassung des vorläufigen Gläubigerausschusses innerhalb eines Zeitraums von zwei Werktagen möglich sei.[38] In der Praxis wird diese Frist aber nur dann eingehalten werden können, wenn die für den vorläufigen Gläubigerausschuss in Betracht kommenden Personen bereits bei der Insolvenzantragstellung feststehen und die Einverständniserklärungen der einzelnen Personen dem Insolvenzantrag des Schuldners beigefügt sind.[39]

29 Falls das Insolvenzgericht in dem konkreten Verfahren zu dem Ergebnis kommt, dass von der Anhörung des vorläufigen Gläubigerausschusses Abstand genommen werden müsse, da ein Zuwarten mit der Bestellungsentscheidung innerhalb von zwei Werktagen offensichtlich zu einer **nachteiligen Veränderung der Vermögenslage des Schuldners** führe, hat das Insolvenzgericht nach § 56a Abs. 3 S. 1 InsO seine Entscheidung schriftlich zu begründen. Die Begründungspflicht bezieht sich dabei auf die spezifischen Gründe, welche aus der Sicht des Insolvenzgerichts dafür maßgeblich waren, von der Anhörung des vorläufigen Gläubigerausschusses abzusehen. Hierdurch soll die Transparenz des Verfahrens erhöht werden.[40] Allerdings steht dem vorläufigen Gläubigerausschuss nach § 56a Abs. 3 S. 2 InsO die Möglichkeit offen, in der ersten Sitzung einstimmig einen anderen Bewerber als die vom Insolvenzgericht bestellte

38 BT-Drs. 19/24181, 198.

39 Vgl. *Schluck-Amend* NZI-Beilage 2021, 88 (89); kritisch zu der neuen Ausgestaltung des § 56a InsO *Frind* NZI 2020, 865 (868).

40 BT-Drs. 19/24181, 198.

Person zum (vorläufigen) Insolvenzverwalter bzw. (vorläufigen) Sachwalter zu wählen.

VIII. Antrag auf Entlassung des Verwalters bei fehlender Unabhängigkeit

Nach Art. 26 Abs. 1 lit. d der EU-Restrukturierungsrichtlinie sind die Mitgliedstaaten 30
verpflichtet sicherzustellen, dass Schuldner und Gläubiger zur Vermeidung eines Interessenkonflikts die Möglichkeit haben, die Auswahl oder Benennung eines Verwalters abzulehnen oder das Ersetzen des Verwalters zu verlangen. Diese unionsrechtliche Vorgabe hat der deutsche Gesetzgeber in § 59 Abs. 1 S. 3 InsO umgesetzt. Danach ist der Insolvenzverwalter auf Antrag des Schuldners oder eines Insolvenzgläubigers aus dem Amt zu entlassen, wenn der Insolvenzverwalter nicht unabhängig ist. Die Antragstellung durch den Schuldner bzw. den Insolvenzgläubiger muss zwingend innerhalb eines Zeitraums von sechs Monaten nach der Bestellung erfolgen. Die Gründe, aus denen sich die **fehlende Unabhängigkeit** des Insolvenzverwalters ergibt, sind von dem Antragsteller glaubhaft zu machen. Wie sich aus §§ 274 Abs. 1, 59 Abs. 1 S. 3 InsO ergibt, kann der Antrag auf Entlassung ebenfalls bei einem Sachwalter gestellt werden, welcher nicht unabhängig ist. Die Regelung des § 59 Abs. 1 S. 3 InsO trägt den Praxiserfahrungen Rechnung, dass die fehlende Unabhängigkeit des Insolvenzverwalters bzw. Sachwalters nicht selten erst im eröffneten Verfahren offenkundig wird.[41]

41 Vgl. *Frind* NZI 2020, 865 (868).

§ 18 Eigenverwaltung

A. Einführung

I. Sanierungsoption Insolvenz – vom StaRUG zur InsO

1 Der Gesetzgeber hat im Rahmen des Gesetzes zur Fortentwicklung des Sanierungs- und Insolvenzrechts (Sanierungs- und Insolvenzrechtsfortentwicklungsgesetz – SanInsFoG) neben der Einführung des Gesetzes über den Stabilisierungs- und Restrukturierungsrahmen für Unternehmen (Unternehmensstabilisierungs- und -restrukturierungsgesetz – StaRUG) auch Änderungen in der Insolvenzordnung vorgenommen. Neben den für die **Praxis wichtigen Änderungen** der Insolvenzantragsgründe und darauf aufbauender Haftung stellen die Änderungen der Vorschriften zur Eigenverwaltung (§§ 270 ff. InsO) und zum Insolvenzplan (Einzelheiten → § 19 Rn. 1 ff.) wesentliche Bestandteile der Änderungen dar.

2 Das StaRUG soll einen Rechtsrahmen zur Ermöglichung insolvenzabwendender Sanierungen schaffen und damit eine **Sanierungsoption außerhalb** und vor Anwendbarkeit **der InsO** darstellen. Der Gesetzgeber will damit die Lücke schließen, die er im bisherigen deutschen Recht zwischen einem – gesetzlich nicht kodifizierten – Sanierungsrecht, das auf den Konsens aller Beteiligten angewiesen ist, einerseits – nunmehr im StaRUG mit der Sanierungsmoderation in §§ 94 ff. StaRUG in Teilen gesetzlich normiert – und der insolvenzverfahrensförmigen Sanierung mit ihren Kosten und Nachteilen gegenüber der außergerichtlichen Sanierung andererseits gesehen hat (zur Sanierungsmoderation → § 4 Rn. 1 ff.).[1] Mit dem SanInsFoG wird neben den außergerichtlichen Sanierungsoptionen des StaRUG auch die **Sanierungsoption innerhalb der InsO** in Teilen neu geregelt und mit den Neuerungen des StaRUG harmonisiert. Wesentliche Bedeutung für die Sanierung in einem Insolvenzverfahren haben neben dem Insolvenzplan an sich vor allem die Eigenverwaltungsverfahren (Eigenverwaltung und Schutzschirm, §§ 270, 270a und 270d InsO). Die Ausgestaltung des StaRUG erfolgte insbesondere beim Restrukturierungsplan nach §§ 2 ff. StaRUG (zum Restrukturierungsplan → § 7 Rn. 1 ff.) nach dem Vorbild insolvenz(plan)rechtlicher Vorschriften, führte aber durch Berücksichtigung der Ergebnisse der ESUG-Evaluierung (→ Rn. 4 f. und 9 ff.) zu einer in Teilen vergleichbaren Ausgestaltung von Anforderungen für die Inanspruchnahme der Verfahren oder auch Aufhebungstatbeständen.

3 Der Gesetzgeber wollte mit dem SanInsFoG die Voraussetzungen der Eigenverwaltung stärker an den **Zwecken der Eigenverwaltung** und den **Interessen der Gläubiger**

1 BT-Drs. 19/24181, 1.

ausrichten. Der Schuldner soll das Insolvenzverfahren in Eigenverwaltung führen dürfen, wenn und solange er bereit und in der Lage ist, seine Geschäftsführung an den Interessen der Gläubiger auszurichten. Der Gesetzgeber spricht hier von einem **Vertrauensvorschuss gegenüber dem Schuldner.** Voraussetzung für die Gewährung dieses Vertrauensvorschusses sind die rechtzeitige und gewissenhafte **Vorbereitung** des Verfahrens, bevor der Schuldner in einen aus akuter Zahlungsunfähigkeit resultierenden Handlungsdruck gerät. Ohne eine solche Vorbereitung soll die Eigenverwaltung zur Ausnahme werden. Darüber hinaus wollte der Gesetzgeber Einzelfragen der Eigenverwaltung regeln (ua Ermächtigung zur Begründung von Masseverbindlichkeiten, Haftung der Geschäftsleiter haftungsbeschränkter Unternehmensträger).[2]

Ausgangspunkt der Reform der insolvenzrechtlichen Vorschriften war insbesondere für die Eigenverwaltung das Ergebnis der gesetzlich vorgesehenen **(ESUG-)Evaluation,** die im Auftrag der Bundesregierung von mehreren Wissenschaftler durchgeführt wurde.[3] Dabei wurden mit dem SanInsFoG maßgebliche und zentrale Überlegungen und Anregungen der Studie umgesetzt, konkret bei den Zugangsvoraussetzungen zur Eigenverwaltung durch die Kombination von Anordnungs-, Versagungs- und Aufhebungsgründen.[4] Andere Punkte blieben außer Acht. Man wird sehen, ob sich weitere Reformen aus der Studie ergeben. 4

Wesentliche Anlässe für die schnelle Umsetzung waren die COVID-19-Pandemie und damit verbundene wirtschaftliche Auswirkungen verschiedener Eindämmungsmaßnahmen. Hier wurden ergänzend Sonderregelungen in §§ 5, 6 CovInsAG getroffen, wonach die bis zum 31.12.2020 geltenden Vorschriften zu Eigenverwaltung und Schutzschirm, §§ 270, 270a, 270b InsO aF noch bis 31.12.2021 angewendet werden können (Einzelheiten → Rn. 16). Der Gesetzgeber will den von der Pandemie in die Krise geratenen Unternehmen damit Erleichterungen gewähren.[5] 5

II. Rückblick auf wesentliche Entwicklungen bei der Eigenverwaltung nach §§ 270 ff. InsO

Die aktuellen Reformen sind letztlich nur vor dem **Hintergrund** der bisherigen Entwicklungen zur Eigenverwaltung verständlich. Daher solle nachfolgend ein kurzer Überblick gegeben werden. 6

1. Ausgangslage InsO

Das Instrument der Eigenverwaltung ist in einer der jetzigen Form vergleichbaren Art erstmals mit Inkrafttreten der InsO am 1.1.1999 in das deutsche Recht eingeführt worden. Als Vorbilder für das Verfahren dienten insbesondere das Vergleichsverfahren der VerglO sowie das **debtor in possession**-Verfahren nach Chapter 11 U.S. 7

2 BT-Drs. 19/24181, 2.

3 Studie zur Evaluierung Gesetz zur weiteren Erleichterung der Sanierung von Unternehmen (ESUG) vom 7.12.2011 von *Jacoby/Madaus/Sack/Schmidt/Thole* abrufbar unter https://www.bmjv.de/SharedDocs/Artikel/DE/2018/101018_Bericht_ESUG.html (Stand: 30.5.2021); vgl. auch Kurzbericht sowie Bericht der Bundesregierung; sämtlich mit Stand 10.10.2018.

4 *Thole* NZI-Beilage 2021, 90 (94).

5 BT-Drs.19/24181, 218; BT-Drs. 19/25353, 15 (16).

Bankruptcy Code.[6] Die InsO bietet seit dieser Reform, durch die die Vergleichs- und Konkursordnung als InsO in einem Gesetz gebündelt wurden, in §§ 270 ff. InsO normierten Eigenverwaltungsverfahren dem Schuldner die Möglichkeit, das Insolvenzverfahren eigenständig unter der Aufsicht eines Sachwalters abzuwickeln. Anders als im Rahmen eines Regelinsolvenzverfahrens bleibt der Schuldner verwaltungs- und verfügungsbefugt, hat seine Geschäftsführung jedoch am Insolvenzzweck auszurichten.[7]

2. Änderung der Vorschriften zur Eigenverwaltung durch das ESUG

8 Am 1.3.2012 ist das **Gesetz zur weiteren Erleichterung der Sanierung von Unternehmen (ESUG)**[8] in Kraft getreten. Der Gesetzgeber beabsichtigte mit der Reform seinerzeit insbesondere auch die Eigenverwaltung zu stärken, um dem Schuldner eine eigenverantwortliche Gestaltung des Sanierungsprozesses zu ermöglichen. Zugleich wollte er einen Anreiz für eine möglichst frühzeitige Insolvenzantragstellung zu setzen.[9] Zuvor war der Gesetzgeber zu der Erkenntnis gelangt, dass die durch die Insolvenzordnung ausdrücklich vorgesehene Möglichkeit, eine Eigenverwaltung anzuordnen, in der Praxis zu selten genutzt wurde.[10] Das Verhältnis von Eigenverwaltung zur Zahl der Unternehmensinsolvenz lag vor Inkrafttreten des ESUG tatsächlich bei unter 1 %.[11]

9 Kernbestandteile des ESUG waren daher die Kodifizierung der **(vorläufigen) Eigenverwaltung** und des sog. **Schutzschirmverfahrens** sowie diverse flankierende Regelung. Allgemeine Voraussetzungen der Eigenverwaltung waren gemäß § 270 Abs. 2 InsO aF. Die Anordnung setzt voraus, dass sie vom Schuldner beantragt worden ist (Nr. 1) und keine Umstände bekannt sind, die erwarten lassen, dass die Anordnung zu Nachteilen für die Gläubiger führen wird (Nr. 2). Diese Voraussetzungen wurden vielfach kritisiert. Entscheidend war, dass für eine Ablehnung der Eigenverwaltung konkrete Umstände vorliegen mussten, die eine Gläubigerbenachteiligung wahrscheinlich werden lassen. Im Zweifel war die Eigenverwaltung anzuordnen.[12]

10 Vorläufige Eigenverwaltung und das Schutzschirmverfahren unterschieden sich insbesondere bei den Antragsvoraussetzungen. § 270a Abs. 1 InsO aF setzte voraus, dass der Antrag auf Eigenverwaltung nicht offensichtlich aussichtslos sein durfte. In diesem Fall sollte das Gericht von starken Sicherungsmaßnahmen (Verfügungsverbot, Zustimmungsvorbehalt) absehen. Nach § 270b InsO aF hatte der Schuldner die Möglichkeit zum Schutzschirmverfahren nur bei drohender Zahlungsunfähigkeit oder Überschuldung, die angestrebte Sanierung durfte nicht aussichtslos sein und hierüber musste eine Bescheinigung von einem hierfür fachlich qualifizierten Verfasser vorgelegt werden. Das Gericht sollte dann nicht nur das Schutzschirmverfahren

6 Vgl. dazu eingehend *Hofmann*, Eigenverwaltung, 25 ff.
7 Zur InsO-Reform 1999 vgl. *Wienberg* MittRhNotK 1999, 1; *Gundlach* DZWir 1999, 363; *Smid* BB 1999 Heft 1, 1; Braun/*Riggert* InsO Vor §§ 270 ff. Rn. 3.
8 BGBl. I 2011, 2582 ff.
9 BT-Drs. 17/5712, 17 (18).
10 BT-Drs. 17/5712, 17.
11 HK-InsO/*Landfermann* Vor §§ 270 ff. Rn. 14.
12 Andres/Leithaus/Andres, 4. Aufl. 2018, § 270 Rn. 6.

an sich anordnen, sondern auch eine Frist zur Vorlage eines Insolvenzplans bestimmen, die maximal drei Monate betragen durfte, § 270b Abs. 1 S. 2 InsO aF. Erfüllte der Schuldner die im Vergleich zur vorläufigen Eigenverwaltung höheren Antragsvoraussetzungen, hatte er nach § 270b Abs. 3 InsO aF die Möglichkeit, die Befugnis zur Begründung von Masseverbindlichkeiten zu beantragen.

Praxishinweis: Aus Sicht der Praxis waren die unterschiedlichen Ausgestaltungen von begrenzter Relevanz. Das Schutzschirmverfahren war vor allem eine positiv besetzte Begrifflichkeit und für die Kommunikation mit den stakeholdern vorteilhaft. Die dafür erforderliche Bescheinigung war eher ein Zeit- und Kostenproblem. Schließlich wurde die gesetzlich nur für das Schutzschirmverfahren vorgesehene Möglichkeit der Begründung von Masseverbindlichkeiten von den meisten Gerichten auch für die vorläufige Eigenverwaltung – allerdings begrenzt auf sog. Einzelermächtigungen – zugelassen. Schließlich blieb eine Überschreitung der Maximalfrist zur Aufstellung eines Insolvenzplans im Schutzschirmverfahren ohne Konsequenz. Letztlich führten diese Aspekte auch zum Vorschlag der ESUG-Evaluierungsstudie, beide Verfahren zu vereinheitlichen bzw. zu verschmelzen.[13]

3. Evaluierung des ESUG

Mit Beschluss vom 27.10.2011 hatte der Bundestag die Bundesregierung verpflichtet, 11
das ESUG nach fünf Jahren zu evaluieren. Der Evaluationsbericht vom 30.4.2018 wurde sodann am 18.10.2018 veröffentlicht. Im Rahmen der statistischen Analyse kamen die Autoren zu dem Ergebnis, dass ca. 3,5 % der im Berichtzeitraum vom 1.3.2012 bis 28.2.2017 durchgeführten Verfahren als Eigenverwaltungsverfahren durchgeführt wurden, wobei die Anordnung überproportional häufig bei größeren Unternehmen erfolgte.[14]

Die Autoren der Studie sind insgesamt zu dem Ergebnis gekommen, dass eine 12
grundlegende Umgestaltung der mit dem ESUG reformierten Eigenverwaltung oder eine Rückkehr zum alten Recht der Eigenverwaltung nicht angezeigt ist.[15] Sie sind aber andererseits zu dem Ergebnis gelangt, dass **zu viele ungeeignete Verfahren** als Eigenverwaltungsverfahren eröffnet würden, die später in ein Regelinsolvenzverfahren übergingen, was zu erhöhten Kosten führe.[16] Es wurde deshalb empfohlen, den Zugang zur Eigenverwaltung stärker zu begrenzen.[17] Die Autoren hatten dabei insbesondere die Festlegung von Mindestanforderung gefordert und eine stärkere Fokussierung auf die Erfolgsaussichten der Eigenverwaltung im Sinne einer konkreten Verfahrens- und Sanierungsplanung einschließlich der Notwendigkeit einer belastbaren Liquiditätsplanung gefordert. Zudem müsse eine hinreichende **insolvenzrechtliche Expertise** sichergestellt und die Unterstützung von wesentlichen Stakeholdern nachgewiesen werden.[18] Weiterhin wurde im Rahmen der Studie festgestellt, dass der Einfluss des Schuldners auf die Person des Sachwalters zulasten der Gläubigerge-

13 *Thole* NZI-Beilage 2021, 90 (91 f.) m. Verw. auf die Studie.
14 *Jacoby/Madaus/Sack/Schmidt/Thole*, ESUG Evaluation, 8.
15 *Jacoby/Madaus/Sack/Schmidt/Thole*, ESUG Evaluation, 8.
16 *Jacoby/Madaus/Sack/Schmidt/Thole*, ESUG Evaluation, 116, 297.
17 *Jacoby/Madaus/Sack/Schmidt/Thole*, ESUG Evaluation, 79, 117.
18 *Jacoby/Madaus/Sack/Schmidt/Thole*, ESUG Evaluation, 79, 80.

samtheit ginge.[19] Deshalb haben die Autoren empfohlen, die **Unabhängigkeit des Sachwalters** im Rahmen des Bestellungsprozess besser zu sichern, um „systematische Verknüpfungen und Anreizbeziehungen“ sowie „die Gefahr von undurchsichtigen Netzwerkbildungen und wechselseitigen Verflechtungen“ zu verhindern.[20] Zudem befürworteten die Autoren der Studie, die einzelnen Aufgaben und Befugnisse des (vorläufigen) Sachwalters eindeutiger zu normieren.[21]

13 Die Bundesregierung hat daraufhin festgestellt, dass die Experten überwiegend nicht der Ansicht seien, dass die Eigenverwaltung insgesamt zu häufig oder die vorläufige Eigenverwaltung häufig bei dafür nicht geeigneten Schuldnern angeordnet werde und angekündigt, die Ergebnisse des Evaluationsberichts eingehend zu prüfen.[22]

4. Umsetzung der ESUG-Evaluierung

14 Nach Veröffentlichung der Studie im Oktober 2018 ergab sich eine breite Diskussion in der Fachliteratur und verschiedene Berufsverbände gaben ihre Einschätzungen ab; teilweise wurden weitergehende Vorschläge an den Gesetzgeber unterbreitet.[23] Gesetzgeberische Aktivitäten wurden zunächst nicht entfaltet. Dies änderte sich erst durch die pandemie-bedingt veränderten wirtschaftlichen Rahmenbedingungen in Deutschland.

B. Novellierung durch das SanInsFoG

15 Mit dem Gesetz zur Fortentwicklung des Sanierungs- und Insolvenzrechts (SanInsFoG) hat der Gesetzgeber auch auf die ESUG-Evaluation reagiert. Ziel der gesetzlichen Maßnahmen ist es, die Voraussetzungen für die Inanspruchnahme der Eigenverwaltung stärker an die Zwecke der Eigenverwaltung und die Interessen der Gläubigerschaft zubinden.[24]

16 Das Gesetzgebungsverfahren verlief ungewöhnlich schnell. Der von der Bundesregierung am 14.10.2020 beschlossene Regierungsentwurf ist nach Änderungen durch den Rechtsausschuss am 15.12.2020 und anschließender Beschlussfassung am 17./18.12.2020 in Bundestag und Bundesrat am 29.12.2020 im Bundesgesetzblatt veröffentlicht worden und am 1.1.2021 in Kraft getreten und fortan anzuwenden.[25] Aufgrund der COVID-19-Pandemie sehen §§ 5, 6 COVInsAG Ausnahmen vor. § 5 Abs. 1 CovInsAG legt zunächst allgemein fest, dass auf im Laufe des Jahres 2021 beantragte Eigenverwaltungen die §§ 270 bis 285 InsO aF anzuwenden sind, wenn der Insolvenzgrund auf die COVID-19-Pandemie zurückzuführen ist. § 5 Abs. 2, 3 COVInsAG enthalten hierfür Vermutungsregelungen. Schließlich regelt § 5 Abs. 4

---

19 *Jacoby/Madaus/Sack/Schmidt/Thole*, ESUG Evaluation, 79, 117.
20 *Jacoby/Madaus/Sack/Schmidt/Thole*, ESUG Evaluation, 90, 97.
21 *Jacoby/Madaus/Sack/Schmidt/Thole*, ESUG Evaluation, 89.
22 Bericht der Bundesregierung ZInsO 2018, 2400 (2401).
23 Literatur ua *Thole* in Kübler HRI § 58; Madaus NZI-Beilage 2019, 59; *Buchalik* ZInsO 2019, 1576; *Weitzmann* BB 2018, Heft 48, Umschlagteil, I; Berufsverbände ua Deutsche Anwaltverein (DAV), becklink 1013865; Verband Insolvenzverwalter Deutschlands (VID), https://www.vid.de/initiativen/eckpunktepapier-zur-esug-evaluation/ (Stand: 30.06.2021). Gravenbrucher Kreis, https://www.gravenbrucher-kreis.de/esug20/ (Stand: 30.06.2021).
24 BT-Drs. 19/24181, 2.
25 BGBl. 2020 I 3356 ff.

COVInsAG die Rechtsfolgen, falls keine Pandemie-Kausalität besteht, die weiteren Absätze Einzelfragen. § 6 COVInsAG regelt speziell den erleichterten Zugang zum Schutzschirmverfahren nach § 270b InsO aF. Auch bei zwischenzeitlich eingetretener Zahlungsunfähigkeit soll bei entsprechend erweiterter Bescheinigung die Beantragung des Schutzschirmverfahrens möglich sein.

Gem. Art. 103m EGInsO sind auf Insolvenzverfahren, die vor dem 1.1.2021 beantragt worden sind, die bis dahin geltenden Vorschriften ohnehin weiter anzuwenden. 17

I. Relevante Neuerungen durch das SanInsFoG

1. Überblick zu den Änderungen für Eigenverwaltungsverfahren

Der Gesetzgeber hat mit den Änderungen einige Vorschläge der ESUG-Evaluierung 18 umgesetzt. Dabei betreffen die Änderungen im ersten Schritt die **Zugangsvoraussetzungen** zu den Eigenverwaltungsverfahren der §§ 270 ff. InsO. Das schuldnerische Unternehmen wird zukünftig – neben den für den Antrag auf Eröffnung eines Insolvenzverfahren nach § 13 InsO erforderlichen Unterlagen – wesentlich mehr Antragsunterlagen speziell für den Antrag auf Eigenverwaltung erstellen müssen. Diese müssen ein **Konzept für das Verfahren** mit finanzieller Grundlage enthalten, so dass insgesamt mehr Vorbereitungszeit erforderlich sein wird. Im zweiten Schritt der Reform betreffen die Änderungen die Anordnung der Eigenverwaltung durch das Insolvenzgericht und gibt dem Schuldner einen Anspruch auf Anordnung, sofern er die hohen Anforderungen erfüllt. Schließlich wird im dritten Schritt sowohl für das vorläufige als auch das eröffnete Eigenverwaltungsverfahren mit neuen Aufhebungstatbeständen geregelt, wann die Eigenverwaltung durch das Insolvenzgericht zu beenden werden kann oder zwingend zu beenden ist.

2. Geänderte Anforderungen an die Anordnung, Durchführung und Aufhebung der vorläufigen Eigenverwaltung im Einzelnen

a) Antrag auf Eigenverwaltung, § 270a InsO

Mit § 270a InsO hat der Gesetzgeber den Umfang der mit einem Antrag auf Anord- 19 nung der Eigenverwaltung vorzulegenden Planungen und Konzepte sowie abzugebenden Erklärungen umfangreich erweitert. Insgesamt gehen die Anforderungen weit über die früher nach § 270b Abs. 1 S. 3 InsO aF für den Zugang **zum Schutzschirmverfahren vorzulegende Bescheinigung** hinaus.[26] Dies hat sich auch auf den in der Praxis etablierten IDW S 9 ausgewirkt. Dieser bezog sich bislang nur auf die nach § 270d InsO (§ 270b InsO aF) erforderliche Bescheinigung für den Antrag für ein sog. Schutzschirmverfahren.[27] In der aktuell vorliegenden Entwurfsfassung des überarbeiteten Standards (IDW ES 9 nF) soll sich dieser auf die Antragsunterlagen bzw. Bescheinigungen nach § 270a InsO und § 270d InsO beziehen.[28]

26 *Proske* ZRI 2020, 641 (643).
27 IDW S 9, Bescheinigung nach § 270b InsO (aF), Stand: 18.8.2014, WPg Supplement 2014, 45, FN-IDW 2014, 615.
28 Entwurf einer Neufassung des IDW Standards: Bescheinigungen nach §§ 270d und 270a InsO (IDW ES 9 nF), Stand: 12.1.20211, abrufbar unter https://www.idw.de/idw/verlautbarungen/idw-es-9-n-f-/128720 (Stand: 30.6.2021).

Praxishinweis: Entscheidend ist in der Praxis die Akzeptanz der Antragsunterlagen durch das Insolvenzgericht. Ob diese nach dem IDW S 9 erstellt sind, ist für die rechtliche Beurteilung nicht entscheidend.[29] Dennoch bietet der Standard eine gute Grundlage für die Praxis und wird von den Gerichten in der Regel akzeptiert. Am 12.1.2021 hat das IDW bereits den IDW ES 9 nF veröffentlicht; mit einer finalen Fassung des IDW S 9 ist noch in 2021 zu rechnen.

b) Eigenverwaltungsplanung, § 270a Abs. 1 InsO

20 Nach § 270a Abs. 1 InsO ist mit dem Eigenverwaltungsantrag eine **Eigenverwaltungsplanung verpflichtend** vorzulegen. Diese umfasst

- einen Finanzplan (§ 270a Abs. 1 InsO Nr. 1 InsO),
- ein Konzept für die Durchführung des Insolvenzverfahrens(§ 270a Abs. 1 InsO Nr. 2 InsO),
- eine Darstellung des Verhandlungsstands (§ 270a Abs. 1 InsO Nr. 3 InsO),
- eine Darstellung zu den Vorkehrungen zur Erfüllung der insolvenzspezifischen Pflichten (§ 270a Abs. 1 InsO Nr. 4 InsO) sowie
- eine Darstellung zu den voraussichtlichen Kosten der Eigenverwaltung im Vergleich zu den Kosten eines Regelinsolvenzverfahrens (§ 270a Abs. 1 InsO Nr. 5 InsO).

Die Erstellung der Eigenverwaltungsplanung muss der Schuldner nicht selbst vornehmen, sondern kann damit externe Berater beauftragen.[30]

Praxishinweis: Aufgrund der Komplexität der Planungserstellung, der in der Regel nur begrenzten Zeit der Vorbereitung und der selten vorhandenen Sanierungsexpertise kann dem schuldnerischen Unternehmen regelmäßig nur die Einschaltung von spezialisierten Beratern empfohlen werden. In Schutzschirmverfahren nach § 270d InsO ist die Beauftragung externer, unabhängiger Berater zwingend.

21 Mit der Vorlagepflicht einer von den tatsächlichen Gegebenheiten ausgehenden, vollständigen und schlüssigen Planung soll der Schuldner angehalten werden, die angestrebte Eigenverwaltung **sorgfältig vorzubereiten** und die Sinnhaftigkeit und Realisierbarkeit der Eigenverwaltung zu prüfen.[31] Nach dem Willen des Gesetzgebers muss sich der Schuldner an diesen Planungen und Angaben auch im eröffneten Verfahren messen lassen.[32] Gemäß § 270c Abs. 2 InsO hat der Schuldner insoweit auch eine unverzügliche Mitteilungspflicht gegenüber dem Gericht und dem vorläufigen Sachwalter bei wesentliche Änderungen in der Eigenverwaltungsplanung. Negative Abweichungen von der Eigenverwaltungsplanung, etwa Handlungen und Maßnahmen, die sich mit dem vorgelegten Konzept nicht vereinbaren lassen oder dessen Realisierung gar gefährden, das Bekanntwerden von nicht offengelegten Umständen oder

29 Die Rspr. hat zu Sanierungsgutachten entschieden, dass nicht die Erfüllung der Vorgaben des IDW S 6, sondern die Erfüllung der rechtlichen Anforderungen entscheidend ist; vgl. ua BGH Urt. v. 14.6.2018, WM 2018, 1703, Vorinstanz: OLG München Urt. v. 16.12.2014 – NZI 2015, 611; BGH Urt. v. 12.5.2016, NZI 2016, 636.
30 BT-Drs. 19/24181, 204.
31 BT-Drs. 19/24181, 203.
32 BT-Drs. 19/24181, 203.

eine Sprengung des Rahmens der Kostenschätzung, können Anknüpfungspunkte für eine Beendigung der vorläufigen Eigenverwaltung bilden.[33]

Praxishinweis: Insbesondere die Mitteilungspflicht des Schuldners verpflichtet ihn nicht nur zur einmaligen Aufstellung der Eigenverwaltungsplanung, sondern auch zu einer durchgängigen Überwachung der Einhaltung dieser Planung. Eine Verletzung der Mitteilungspflicht nach § 270c Abs. 2 InsO kann nach § 270e Abs. 1 Nr. 1 lit. a InsO zur Aufhebung der vorläufigen Eigenverwaltung führen.

c) Finanzplan, § 270a Abs. 1 Nr. 1 InsO

22 Der nach § 270a Abs. 1 Nr. 1 InsO vorzulegende **Finanzplan** muss einen Zeitraum von **sechs Monaten** abdecken und eine fundierte Darstellung der **Finanzierungsquellen** enthalten, durch welche die Fortführung des gewöhnlichen Geschäftsbetriebes und die Deckung der Kosten des Verfahrens in diesem Zeitraum sichergestellt werden sollen. Der Finanzplan soll also die Durchfinanzierung des Unternehmens aufzeigen.[34] Die Aufstellung des Finanzplans hat sich an den **allgemeinen betriebswirtschaftlichen Anforderungen** zu orientieren.[35] Der Finanzplan ist als direkte Liquiditätsplanung zu erstellen, dh nicht aus einer integrierten Unternehmensplanung, die eine Plan-GuV und Plan-Bilanz umfasst, abzuleiten. Vielmehr sind die Ein- und Auszahlungen direkt zu planen. Dabei sind bei den verfügbaren Mitteln für die nächsten sechs Monate auch solche Mittel einzuplanen, deren Zugang noch nicht sicher feststeht, aber mit überwiegender Wahrscheinlichkeit zu erwarten ist.[36] Zudem sind auch **insolvenzspezifische Sondereffekte**, die beispielsweise durch die Nichtzahlung von Insolvenzforderungen, die Insolvenzgeldvorfinanzierung oder einen unechten Massekredit entstehen, zu berücksichtigen.[37] Des Weiteren können ergänzende Finanzierungsmaßnahmen wie die Einführung von Factoring oder der Verkauf nicht betriebsnotwendigen Vermögens eingeplant werden.[38] Als gegenläufige Effekte sind ua die Beratungskosten, inkl. eines ggf. vom vorläufigen Gläubigerausschuss beauftragten Kassenprüfers, Gebühren für verfahrensbezogene Versicherungen für Sanierungsgeschäftsführung, Gläubigerausschuss und ggf. den Sachwalter und auch – je nach Verfahrensplanung bzw. Durchführungskonzept – einen M&A-Berater zur Durchführung eines Investorenprozesses. Die Grundlagen des Finanzplans müssen aus dem Rechnungswesen des Unternehmens entnommen werden können und auf zeitnah erfassten Ist-Zahlen aufbauen.[39]

23 Nicht zuletzt, um die gerichtliche Überprüfung nach § 270b Abs. 1 S. 1 InsO zu ermöglichen, muss der Finanzplan die Quellen der liquiden Mittel und insbesondere die Finanzierungsquellen darstellen.[40] Damit sollen **betriebswirtschaftlich nicht sinnvolle**

33 BT-Drs. 19/24181, 205.
34 IDW ES 9, Rn. 38; *Steffan/Oberg/Poppe* ZIP 2021, 617 (623, 624).
35 IDW ES 9, Rn. 38; *Steffan/Oberg/Poppe* ZIP 2021, 617 (624).
36 BT-Drs. 19/24181, 204.
37 Vgl. dazu *Ganter* NZI 2020, 249 ff.; *Steffan/Oberg/Poppe* ZIP 2021, 617 (624).
38 *Steffan/Oberg/Poppe* ZIP 2021, 617 (624).
39 *Steffan/Oberg/Poppe* ZIP 2021, 617 (624).
40 Kritisch *Proske* ZRI 2020, 641 (643), der diese Anforderung für überzogen hält.

Maßnahmen ausgeschlossen werden, wie die Verfahrensfinanzierung durch eine nicht nachhaltige Veräußerung von Anlagevermögen.[41]

Praxishinweis: In der Praxis wurden zum Beispiel Sale-and-lease-back-Transaktionen genutzt, um sich Liquidität für das Verfahren zu beschaffen, das für die Fortführung des Geschäftsbetriebs benötigt wurde. Hier wird der kurzfristige Liquiditätsgewinn gegen langfristige Miet- bzw. Leasingzahlungen und einen in der Regel relativ hohen Rückkaufswert „getauscht“. Solche Veräußerungen von Anlagevermögen werden als Beispiel betriebswirtschaftlich nicht sinnvolle Maßnahmen genannt.[42]

24 Aufgrund des relativ langen Prognosezeitraums von sechs Monaten gehen mit der Planung gravierende **Prognoseschwierigkeiten** einher. Im Rahmen des Gesetzgebungsverfahrens wurde daher angeregt, die Frist auf drei Monate zu verkürzen.[43] Eine Orientierung des Zeitraums an die in der Sanierungspraxis übliche rollierende „13-Wochenplanung“ wäre im Interesse der Planbarkeit zu begrüßen gewesen.[44] Durchgesetzt hat sich aber der Zeitraum von sechs Monaten, der nunmehr gesetzlich vorgesehen ist. Als Orientierungspunkt dient das aufgrund des Insolvenzgeldzeitraums typischerweise drei Monate dauernde vorläufige Verfahren und die in gut vorbereiteten Verfahren mögliche Verfahrensaufhebung nach drei Monaten ab Eröffnung bzw. die spätestens drei Monate nach Eröffnung stattfindende Gläubigerversammlung.[45] Geht das Durchführungskonzept, § 270a Abs. 1 Nr. 2 InsO (→ Rn. 25 ff.) von vorneherein eine längere Verfahrensdauer bis zur Verfahrensaufhebung vor, hat der Finanzplan auch die Durchfinanzierung für den gesamten Verfahrenszeitraum darzustellen. Der Finanzplan kann also auch einen **längeren Zeitraum** als die gesetzlich vorgesehenen sechs Monate umfassen (müssen).[46]

Praxishinweis: Aufgrund der später abstrakt drohenden Überleitung in ein Regelinsolvenzverfahren ist dem Schuldner daher zu empfehlen, die Annahmen, die die Finanzplanung tragen, umfassend zu dokumentieren.

aa) Durchführungskonzept, § 270a Abs. 1 Nr. 2 InsO

25 Kernbestandteil der Eigenverwaltungsplanung ist das nach § 270a Abs. 1 Nr. 2 InsO vorzulegende **Durchführungskonzept**. Danach hat der Schuldner auf **Grundlage** einer Darstellung von Art, Ausmaß und Ursachen der Krise das Ziel der Eigenverwaltung und die **Maßnahmen** zu beschreiben, welche zur Erreichung des Ziels in Aussicht genommen werden. Festlegungen zum notwendigen Umfang und Tiefe der Analyse hat der Gesetzgeber nicht getroffen. Der Gesetzesbegründung lässt sich lediglich entnehmen, dass Darstellungstiefe und Detailierungsgrad von der Größe und den konkreten

41 IDW ES 9, Rn. 39; BT-Drs. 19/24181, 204.

42 IDW ES 9, Rn. 39; zum Teil werden solche Transkationen auch als sinnvolle Finanzierungsmaßnahme angesehen, *Steffan/Oberg/Poppe* ZIP 2021, 617 (624).

43 Gravenbrucher Kreis, Stellungnahme zum RefE-SanInsFoG, Stand 30.9.2020, 17; aA *Proske* ZRI 2020, 641, 643, der den Planhorizont variabel auf den Zeitraum, der nach dem jeweiligen Sanierungskonzept bis zur Aufhebung des Insolvenzverfahrens verstreichen wird, erstrecken will.

44 AA *Frind* ZIP 2021, 171 (175), der der Ansicht ist, dass die Finanzplanung, um auch den Gläubigern einen tauglichen Eindruck vom Weg in die Sanierung vermitteln zu können, mindestens in den Bereich des eröffneten Insolvenzverfahrens hineinragen und bis zur ersten Gläubigerversammlung konzipiert sein müsse.

45 *Steffan/Oberg/Poppe* ZIP 2021, 617 (624).

46 *Steffan/Oberg/Poppe* ZIP 2021, 617 (624).

Verhältnissen des Unternehmens abhängen.[47] Die Vorlage eines IDW S 6 Konzepts ist daher nicht erforderlich.[48] Nach Ansicht des IDW erfüllt ein Grobkonzept im Sinne des § 270d Abs. 1 S. 1 InsO, also im Rahmen einer Bescheinigung für das Schutzschirmverfahren, die hier verlangten Maßstäbe.[49] Andere Literaturmeinungen sehen die **inhaltlichen Anforderungen** als wesentlich höher an. Das vorzulegende Durchführungskonzept soll sich zumindest am IDW S 6 sowie der einschlägigen Rechtsprechung des BGH zu den Anforderungen an ein Sanierungskonzept orientieren müssen.[50]

Praxishinweis: Auch hier gilt, dass die Einschätzung des zuständigen Insolvenzgerichts und dessen Anforderungen an „Darstellungstiefe und Detailierungsgrad" entscheidend sind. Der Schuldner sollte dies im Rahmen des Vorgesprächs nach § 10a InsO vor der Antragstellung klären und dann entsprechend umsetzen.

26 Das Konzept kann auch eine übertragende Sanierung oder in **Ausnahmefällen** auch eine **Liquidation** des Schuldners vorsehen, da § 1 InsO und die §§ 270 ff. InsO dem Schuldner einen entsprechend weiteren (Gestaltungs-)Spielraum lassen. Dies hat der Gesetzgeber anders als von verschiedenen Seiten gefordert nicht im Rahmen von § 270a InsO normiert, sondern lediglich in der Gesetzesbegründung herausgearbeitet.[51] In diesen Fällen ist das Durchführungskonzept entsprechend modifiziert darzustellen.

27 Das Konzept muss von den tatsächlichen Gegebenheiten ausgehen.[52] Maßgeblich sind die vor Antragstellung gegebenen Umstände und die von ggf. im Rahmen der Antragsvorbereitung einbezogenen Gläubiger. Deren Verhalten nach Antragstellung kann jedoch von dem vorher angekündigten abweichen; ebenso können sich wirtschaftliche Rahmenbedingungen ändern. Beispielsweise solche Abweichungen müssen jedoch – zumindest in begrenztem Rahmen – berücksichtigt werden können und das mit der Eigenverwaltungsplanung vorgelegte Konzept abänderbar sein. Auch bei intensiver und bestmöglicher Vorbereitung können sich Umstände im vorläufigen Verfahren bereits so stark verändern, dass eine **Anpassung des Konzepts** erforderlich wird. Sofern auch das angepasste Konzept und darin neu vorgesehene Maßnahmen weiterhin zur voraussichtlich besten Gläubigerbefriedigung führt, sollte eine Anpassung ohne das Risiko der Aufhebung möglich sein. Eine gesetzliche Grundlage besteht insoweit jedoch leider nicht. Vielmehr bleibt dem Schuldner auch hier nur die Möglichkeit der Abstimmung mit dem Insolvenzgericht.

bb) Darstellung zum Stand der Verhandlungen, § 270a Abs. 1 Nr. 3 InsO

28 Nach § 270a Abs. 1 Nr. 3 InsO hat die Eigenverwaltungsplanung eine Darstellung des Stands von Verhandlungen mit Gläubigern, den am Schuldner beteiligten Personen und Dritten zu den in Aussicht genommenen Maßnahmen zu enthalten. Dies soll

47 BT-Drs. 19/24181, 204; IDW ES 9, Rn. 41.
48 IDW S 6: Anforderungen an Sanierungskonzepte, Stand: 16.5.2018, IDW Life 2018, 813; *Frind* ZIP 2021, 171 (175); aA *Proske*, ZRI 2020, 641 (643), der befürchtet, dass Insolvenzgerichte ein IDW S 6-Gutachten verlangen und inhaltlich prüfen werden.
49 IDW ES 9, Rn. 41; so auch *Steffan/Oberg/Poppe* ZIP 2021, 617 (625, 626).
50 Ua BGH Urt. v. 14.6.2018 – WM 2018, 1703; BGH Urt. v. 12.5.2016 – NZI 2016, 636.
51 *Bernsau/Weniger* BB 2020, 2571 (2572).
52 BT-Drs. 19/24181, 204.

dem Insolvenzgericht einen **Eindruck vom aktuellen Verfahrensstand** vermitteln.[53] Letztlich wird hier ein Ein- und Überblick zu den Vorbereitungstätigkeiten gegeben und gerade die ordnungsgemäße Vorbereitung einer Eigenverwaltung war ein Ziel des SanInsFoG. Der Gesetzgeber ist davon ausgegangen, dass der Antragstellung in der Regel Verhandlungen mit Gläubigern, den an dem Schuldner beteiligten Personen und gegebenenfalls auch Dritten zur angestrebten Sanierung vorausgehen.[54] Aus Sicht der Praxis kann das nicht in dieser Allgemeinheit bestätigt werden. Es besteht bei frühzeitiger Ansprache von Gläubigern stets das Risiko, dass sie die Geschäftsbeziehung kurzfristig beenden und dem Schuldner die Grundlage der geplanten Fortführung entziehen.

29 Ein genaues Bild vom Verhandlungsstand muss dem Insolvenzgericht nicht vermittelt werden. Insbesondere ist keine Bezifferung von bereits in Aussicht gestellten Sanierungsbeiträgen relevanter Steakholder erforderlich, da dies, wie der Gesetzgeber zutreffend erkannt hat, ggf. Sanierungshemmnisse begründen kann.[55] Soweit noch keine Verhandlungen stattgefunden haben, was in der Praxis nicht unüblich ist, ist dies per se unschädlich, aber entsprechend zu vermerken.[56]

Praxishinweis: Letztlich handelt es sich um eine Parallelvorschrift zu § 31 Abs. 2 Nr. 2 StaRUG, wonach der Schuldner der Anzeige des Restrukturierungsvorhabens eine Darstellung des Stands von Verhandlungen mit Gläubigern, an dem Schuldner beteiligten Personen und Dritten zu den in Aussicht genommenen Maßnahmen beizufügen hat. In beiden Fällen dient die Darstellung nur der ergänzenden Information des Gerichts und soll ein grundsätzliche Einschätzung der Erfolgsaussichten des Verfahrens ermöglichen.[57] Für die Vorbereitung einer Eigenverwaltung zwingt § 270a Abs. 1 Nr. 3 InsO nicht zu vorherigen Verhandlungen und führt nicht zu einem späteren Verfahrenshindernis.[58] Es empfiehlt sich dennoch, vorab mit den wesentlichen Stakeholdern die geplante Eigenverwaltung abzustimmen. Sofern ein Gläubigerausschuss für das Verfahren in Frage kommt (§ 22a InsO), sollte mit einzelnen Gläubigern deren Bereitschaft zur Mitwirkung erörtert werden.

cc) Sicherstellung der insolvenzspezifischen Pflichterfüllung, § 270a Abs. 1 Nr. 4 InsO

30 Gem. § 270a Abs. 1 Nr. 4 InsO hat der Schuldner darzustellen, wie er die Erfüllung der **insolvenzspezifischen Pflichten** im vorläufigen und im eröffneten Eigenverwaltungsverfahren sicherstellen will. Der Gesetzgeber hat hier eine dem Gläubigerschutz dienende Vorgabe geschaffen. Ob er Schuldner aufgrund entsprechender **Expertise** in der Geschäftsleitung selbst erfüllt oder durch Generalbevollmächtigte oder Berater mit entsprechender Expertise sichergestellt wird, hat er offengelassen.[59] In jedem Fall muss sichergestellt sein, dass insolvenzrechtliche Expertise vorhanden ist und dies auch gegenüber dem Insolvenzgericht, sofern der einbezogene Berater etc. nicht bereits gerichtsbekannt ist, dokumentiert wird. Hier kann neben der Benennung in den

53 BT-Drs. 19/24181, 205.
54 BT-Drs. 19/24181, 204.
55 BT-Drs. 19/24181, 205; so auch *Bernsau/Weniger* BB 2020, 2571 (2572); IDW ES 9, Rn. 42.
56 BT-Drs. 19/24181, 205; IDW ES 9, Rn. 42.
57 BT-Drs. 19/241818, 135 sowie 204/205.
58 AA *Frind* ZIP 2021, 171 (175).
59 BT-Drs. 19/24181, 205 m. Verw. auf BGH Beschl. v. 22.9.2016 – NZI 2016, 963, Rn. 81.

Antragsunterlagen auch die Übersendung von Lebensläufen, Qualifikationsnachweisen und sonstigen Referenzunterlagen sinnvoll sein.

Praxishinweis: Regelmäßig wird der Schuldner nicht über die notwendigen Fähigkeiten verfügen, so dass er sich der Hilfe von Beratern bedienen wird.[60] Auch hier empfiehlt sich eine frühzeitige Abstimmung mit dem Insolvenzgericht zur konkreten Person, die die insolvenzrechtliche Expertise beim Schuldner sicherstellen soll; dazu bietet das Vorgespräch nach § 10a InsO die beste Gelegenheit.

Obwohl keine Zweckmäßigkeitskontrolle stattfindet, ist aufgrund des Informations- 31
interesses des Insolvenzgerichts zu erörtern, ob die Pflichterfüllung durch Aufnahme einer insolvenzerfahrenen Person in das geschäftsführende Organ (CRO), eine Generalbevollmächtigung oder lediglich durch die Mandatierung eines externen Beraters sichergestellt werden soll.[61]

dd) Kostenvergleich mit der Regelinsolvenz, § 270a Abs. 1 Nr. 5 InsO

Abschließend hat der Gesetzgeber in § 270a Abs. 1 Nr. 5 InsO vorgesehen, dass der 32
Schuldner eine begründete **Darstellung etwaiger Mehr- oder Minderkosten**, die im Rahmen der Eigenverwaltung im Vergleich zu einem Regelverfahren voraussichtlich anfallen werden, vorzulegen hat. Zu den anzugebenden Kosten zählt der Gesetzgeber insbesondere sämtliche **Beraterkosten**. Hierzu gehören ua die Kosten eines Sachverständigen für die Inventarisierung und Bewertung, eines ggf. vom vorläufigen Gläubigerausschuss beauftragten Kassenprüfers, Gebühren für verfahrensbezogene Versicherungen für Sanierungsgeschäftsführung, Gläubigerausschuss und ggf. den Sachwalter. Einen Anhaltspunkt können hier die Grundsätze ordnungsgemäßer Insolvenz- und Eigenverwaltung (GOI) des VID geben, die bestimmte Tätigkeiten als typischerweise auf Dienstleister übertragbar ansehen.[62] Je nach Verfahrensplanung bzw. Durchführungskonzept können die Kosten für einen M&A-Berater zur Durchführung eines Investorenprozesses in den Vergleich einzubeziehen sein. Fraglich ist, ob diese Kosten auch dann einzubeziehen sind, wenn für die Eigenverwaltung kein Investorenprozess vorgesehen und dieser somit nicht Teil des Durchführungskonzepts nach § 270a Abs. 1 Nr. 2 InsO ist. Eine ausdrückliche gesetzliche Regelung besteht insoweit nicht; dem Gesetzgeber war die Möglichkeit eines Verkaufs jedoch grundsätzlich bewusst, wie die Regelung in § 220 Abs. 2 S. 4 InsO zur Vergleichsrechnung in Insolvenzplan zeigt. In jedem Fall sollte hierzu im Rahmen des Kostenvergleichs Stellung genommen und eine Begründung für ggf. unterschiedlichen Kostenansatz gegeben werden. Insgesamt sollen im Kostenvergleich auch diejenigen Kosten dargestellt werden, die aufgrund einer späteren Fälligkeit nicht in dem sechsmonatigen Finanzplan abgebildet sind. Schließlich können auch etwaige erwartete mittelbare werterhaltende Effekte eines Eigenverwaltungsverfahrens dargelegt werden.[63]

60 Das wurde in der Literatur zT stark kritisiert, *Hammes* NZI 2017, 233.
61 *Frind* ZIP 2021, 171 (175).
62 Grundsätze ordnungsgemäßer Insolvenz- und Eigenverwaltung (GOI) des Verbands Insolvenzverwalter Deutschlands e.V., Stand 15.12.2020, abrufbar unter: https://www.vid.de/der-verband/qualitaetsstandards/goi/ (Stand:30.6.2021).
63 BT-Drs. 19/24181, 205.

Praxishinweis: Derartige Vergleichsberechnung waren bisher schon in der Praxis üblich, wenn es hier auch eine unterschiedliche Handhabung an Insolvenzgerichten gab. Gesetzliche Grundlage war die allgemeine, in § 270 Abs. 2 Nr. 2 InsO aF geregelte Anforderung, dass die Anordnung der Eigenverwaltung voraussetzt, dass keine Umstände bekannt sind, die erwarten lassen, dass die Anordnung zu Nachteilen für die Gläubiger führen wird. Einer dieser Nachteile konnten die höheren Kosten der Eigenverwaltung sein.[64] Dies war auch ein Grund für die zT skeptische Bewertung bei der ESUG-Studie.[65]

33 Aus dem Zusatz „begründete" Darstellung lässt sich für die Praxis ableiten, dass die Darlegungstiefe eine andere als bei § 270a Abs. 1 Nr. 3–4 InsO ist. Dabei kann sich der Schuldner, anders als im Rahmen des Gesetzgebungsverfahrens gefordert, nicht auf die Darlegung des abstrakten, ggf. zwischen Eigenverwaltung und Sachwaltung abgestimmten Vergütungsmodells beschränken.[66] Die voraussichtlichen Kosten sind vielmehr konkret anzugeben.

34 Zuschläge nach § 3 InsVV hingegen sind sowohl bei der Insolvenzverwalter- wie Sachwaltervergütung außer Betracht zu lassen, da diese vom konkreten Verfahrensverlauf abhängen sowie ermessensabhängig sind und sich deshalb nicht hinreichend bestimmen lassen.[67]

Praxishinweis: Der Schuldner steht in der Phase der Antragsvorbereitung/-erstellung vor dem Problem, die Kosten, die sich zu diesem frühen Zeitpunkt konkret nur schwierig ermitteln lassen, möglichst konkret und richtig zu berechnen.[68] Fehler oder eine nicht ausreichend begründete Darstellung können dazu führen, dass die Eigenverwaltung nach § 270b Abs. 1 Var. 2 InsO nicht angeordnet oder nach § 270e Abs. 1 Nr. 1 lit. a InsO nachträglich aufgehoben wird. Es ist daher zu empfehlen, das Vergütungskonzept sowie die Vertragsregelungen, Stundensätze und Budgetierungen transparent darzulegen und drauf aufbauend die Kosten zu prognostizieren.[69] Die Annahmen, die die Prognose der Kosten tragen, sind umfassend zu dokumentieren und begründen. Erneut gilt, dass die Abstimmung mit dem Insolvenzgericht im Vorgespräch nach § 10a InsO erfolgen und sich die Darstellung hieran ausrichten sollte.

35 Verbliebene offene Fragen sind zB, ob auch solche Beraterkosten anzugeben sind, die **in beiden Verfahrensarten** voraussichtlich angefallen wären und insofern keine „Mehr- oder Minderkosten" darstellen. Hierzu zählen Kosten für M&A-Berater, Steuerberatung, Insolvenzgeldvorfinanzierung sowie für rechtliche Beratung außerhalb von insolvenzrechtlichen Fragestellungen. Diese dürften regelmäßig der Höhe nach identisch sein. Im Sinne der **Transparenz** empfiehlt sich, auch diese Kosten aufzuführen und im Einzelnen zu begründen, dass es sich bei diesen nicht um Mehrkos-

64 AG Freiburg Beschl. v. 1.5.2015 – NZI 2015, 604; AG Essen Beschl. v. 3.2.2015, ZIP 2015, 841; ua *Hammes* NZI 2017, 233; *Frind* ZIP 2019, 1945.

65 Kurzbericht zur ESUG-Studie, abrufbar unter https://www.bmjv.de/SharedDocs/Artikel/DE/2018/101018_Bericht_ESUG.html (Stand: 30.5.2021), 5.

66 *Bernsau/Weniger* BB 2020, 2571 (2573); vgl. dazu Forum270, Grundsätze für Insolvenzverfahren in Eigenverwaltung (§§ 270ff. InsO), Rn. 74–85.

67 *Frind* ZIP 2021, 171 (176).

68 *Proske* ZRI 2020, 641 (644); *Bernsau/Weniger* BB 2020, 2571 (2573).

69 *Frind* ZIP 2021, 171 (175).

ten handelt, da diese auch im Rahmen der Fremdverwaltung voraussichtlich anfallen würden.

Daneben können im Rahmen der Betrachtung auch etwaige erwartete mittelbare werterhaltende Effekte eines Eigenverwaltungsverfahrens dargelegt werden.[70] Der Gesetzgeber will durch die Anforderungen Mehrkosten der Eigenverwaltung nicht per se ausschließen, sondern berücksichtigt, dass diese durch erwartbare Vorteile einer die Kenntnisse und Erfahrungen der bisherigen Geschäftsführung zunutze machenden Eigenverwaltung kompensiert werden.[71] 36

d) Erklärungen des Schuldners, § 270a Abs. 2 InsO

Den Abschluss zukünftiger Eigenverwaltungsanträge bilden die Erklärungen des 37 Schuldners. Nach § 270a Abs. 2 InsO hat der Schuldner mit dem Eigenverwaltungsantrag nunmehr zu erklären,

- ob, in welchem Umfang und gegenüber welchen Gläubigern er sich mit der Erfüllung von **Verbindlichkeiten** aus Arbeitsverhältnissen, Pensionszusagen oder dem Steuerschuldverhältnis, gegenüber Sozialversicherungsträgern oder Lieferanten in Verzug befindet (Nr. 1)
- ob und in welchen Verfahren zu seinen Gunsten innerhalb der letzten drei Jahre vor dem Eigenverwaltungsantrag **Vollstreckungs- oder Verwertungssperren** nach der InsO oder nach dem StaRUG angeordnet wurden (Nr. 2) und
- ob er für die letzten drei Geschäftsjahre seinen **Offenlegungspflichten**, insbesondere nach den §§ 325–328 HGB oder § 339 HGB nachgekommen ist (Nr. 3).

Praxishinweis: Der Gesetzgeber hat Eigenverwaltung und Restrukturierungsverfahren nach StaRUG auch an dieser Stelle vergleichbar ausgestaltet. Gem. § 50 Abs. 3 StaRUG hat der Schuldner dem Antrag auf Erlass einer Stabilisierungsanordnung nach § 49 StaRUG Erklärungen darüber beizufügen,

- ob, in welchem Umfang und gegenüber welchen Gläubigern er sich mit der Erfüllung von Verbindlichkeiten aus Arbeitsverhältnissen, Pensionszusagen oder dem Steuerschuldverhältnis, gegenüber den Sozialversicherungsträgern oder Lieferanten in Verzug befindet (Nr. 1)
- ob und in welchen Verfahren zu seinen Gunsten innerhalb der letzten drei Jahre vor dem Antrag Vollstreckungs- oder Verwertungssperren nach diesem Gesetz oder nach § 21 Abs. 2 S. 1 Nr. 3 oder 5 der Insolvenzordnung angeordnet wurden (Nr. 3) und
- ob er für die letzten drei abgeschlossenen Geschäftsjahre seinen Verpflichtungen aus den §§ 325–328 HGB oder aus § 339 HGB nachgekommen ist (Nr. 3).

Die Erklärungen ermöglichen die nach § 270b Abs. 1 Var. 3 InsO vorgesehene Nach- 38 teilsprüfung des Insolvenzgerichts (→ Rn. 49 ff.). Der Gesetzgeber sieht die Eigenverwaltungseignung in diesen Fällen grundsätzlich kritisch, insbesondere die Bereitschaft und Fähigkeit des Schuldners, seine Geschäftsführung an den Interessen der Gläubi-

70 BT-Drs. 19/24181, 205; zu Effekten der Eigenverwaltung *Reus/Höfer/Harig* NZI 2019, 57.
71 BT-Drs. 19/24181, 206.

ger auszurichten.[72] Verstöße gegen handelsrechtliche Offenlegungspflichten werden als Indiz für ein unternehmerisches Verständnis gewertet, das wenig von der Rücksichtnahme auf Gläubigerinteressen geprägt ist. In Bezug auf den Erfolg des Verfahrens wertet der Gesetzgeber die aufgezählten Punkte als Merkmale einer vertieften Insolvenz und damit in aller Regel ohne oder nur geringe Fortführungsaussichten. Ebenso zeigt eine wiederholte Inanspruchnahme von sanierungsrechtlichen Verfahrenshilfen, dass eine nachhaltige Krisenbewältigung nicht gelungen ist.[73] Vergleichbare Überlegungen bestanden auch schon vor der ESUG-Evaluierung.[74]

Praxishinweis: In Krisensituationen wird es nicht selten der Fall sein, dass zumindest die Nr. 1 und 3 in Teilen vorliegen bzw. nicht vollständig erfüllt wurden. Für den Schuldner bedeutet das jedoch nicht, dass eine Eigenverwaltung ausgeschlossen ist. Vielmehr geht der Gesetzgeber davon aus, dass in allen diesen Fällen eine Eigenverwaltung noch in Betracht kommen kann. Die Anordnung ist hier nur als Ausnahme zu verstehen und nur dann gerechtfertigt, wenn eine Gesamtwürdigung aller Umstände ergibt, dass der Schuldner trotz des Vorliegens dieser Umstände bereit und in der Lage ist, seine Geschäftsführung an den Interessen der Gläubigerschaft auszurichten.[75] Der Schuldner, dessen Geschäftsführung und hinzugezogene Berater müssen hier nur deutlich höhere Anforderungen erfüllen.

39 Die Anordnung der vorläufigen Eigenverwaltung setzt bei Vorliegen von negativen Umständen nach § 270a Abs. 2 InsO voraus, dass das Insolvenzgericht eine Gesamtwürdigung vornimmt und zu dem Ergebnis gelangt, dass die Eigenverwaltung trotzdem im Interesse der Gläubiger liegt. Bei dieser Gesamtwürdigung kann das Gericht nicht nur auf bekannte Umstände berücksichtigen, sondern soll nach der Vorstellung des Gesetzgebers sämtliche relevanten Umstände zu ermitteln und seiner Entscheidung zugrunde zu legen.[76]

e) Vorbereitung des Eigenverwaltungsantrags durch Vorgespräch, § 10a InsO

40 Neben den normierten umfangreichen Antragsunterlagen darf als wesentlicher Baustein einer erfolgreichen Eigenverwaltung die persönliche Erörterung mit dem Insolvenzgericht nicht unterschätzt werden. Der neu geschaffene § 10a Abs. 1 S. 1 InsO statuiert einen Anspruch auf ein gerichtliches Vorgespräch, soweit der Schuldner zwei der in **§ 22a Abs. 1 InsO** für die Bestellung eines vorläufigen Gläubigerausschusses genannten **Voraussetzungen** erfüllt. Damit das Gericht prüfen kann, ob ein derartiger Anspruch besteht, muss diesem gegenüber dargelegt werden, um welches Unternehmen es sich handelt, dass das Gericht örtlich zuständig ist und dass jedenfalls zwei der drei Merkmale des § 22a Abs. 1 InsO erfüllt sind.[77] Im Rahmen des Gesprächs können insbesondere die Voraussetzungen für eine Eigenverwaltung, die konkreten Anforderungen des jeweiligen Insolvenzgerichts an die Eigenverwaltungsplanung, die Besetzung des vorläufigen Gläubigerausschusses, die Person des vorläufigen Sachwal-

72 BT-Drs. 19/24181, 205.
73 BT-Drs. 19/24181, 204.
74 Gravenbrucher Kreis ZIP 2015, 2159.
75 BT-Drs. 19/24181, 204.
76 BT-Drs. 19/24181, 205.
77 BT-Drs. 19/24181, 192.

ters sowie etwaige Sicherungsanordnungen und die Ermächtigung zur Begründung von Masseverbindlichkeiten mit dem Insolvenzgericht **erörtert** werden. Die Aufzählung möglicher Gesprächsinhalte ist nicht abschließend, so dass auch weitere Fragen geklärt werden können.[78] Gem. § 10a Abs. 3 InsO bleibt die Abteilung, für die der Richter das Vorgespräch nach § 10a Abs. 1 S. 1 InsO führt, in den nächsten sechs Monaten nach dem Vorgespräch für Insolvenzverfahren über das Vermögen des Schuldners zuständig. Die Regelung ergibt Sinn, besser wäre aus Sicht der Praxis eine unmittelbare persönliche Zuständigkeit des Richters, der das Vorgespräch geführt hat. Weitere Wirkungen gehen von dem Vorgespräch nicht aus. Mit dem Vorgespräch wird weder eine örtliche Zuständigkeit fixiert noch ist das Gericht inhaltlich an die Ergebnisse des Gesprächs gebunden.[79]

Soweit ein Schuldner zwei der in § 22a Abs. 1 InsO genannten Kriterien nicht erfüllt, 41
liegt das Angebot eines Vorgesprächs gem. § 10a Abs. 1 S. 2 InsO im Ermessen des Gerichts. Die Offenlegung des konkreten Unternehmens sowie die Darlegung der Kriterien für die örtliche Zuständigkeit von Seiten des Schuldners ist hier jedoch genauso erforderlich.

Praxishinweis: Die Neuregelung bringt eine gewisse Rechtssicherheit und für größere Eigenverwaltungsverfahren auch einen Anspruch auf ein Vorgespräch mit sich. Die Praxis an vielen Insolvenzgerichten hat aber schon bislang gezeigt, dass Vorgespräche auch von Seiten des Gerichts begrüßt werden und ohne besondere Voraussetzungen angefragt werden können. Insofern dokumentiert die Regelung in Teilen nur die Rechtspraxis. Bei den Gerichten, die Vorgespräche ablehnen, wird auch die Neuregelung voraussichtlich nicht zu einer verfahrensförderlichen Veränderung führen.

Mit Zustimmung des Schuldners kann das Gericht gem. § 10a Abs. 2 InsO **Gläubiger** 42
anhören und deren Bereitschaft für eine Mitgliedschaft im vorläufigen Gläubigerausschuss abklären. Damit soll eine schnellstmögliche Konstituierung des vorläufigen Gläubigerausschusses sichergestellt werden.[80] Es wir zT befürchtet, dass der Schuldner dem Kreis der in Aussicht zu nehmenden Gläubiger entgegen dem freien Zusammensetzungsermessen des Gerichts gem. §§ 22a, 67 InsO beschränken könne, indem eventuell nur Teilzustimmungen erklärt würden.[81] Diese Gefahr dürfte sich in der Praxis auf wenige Fälle beschränken. Ohnehin ist der Kreis der Gläubiger, die zur Mitgliedschaft im vorläufigen Gläubigerausschuss bereit sind, gering und beschränkt sich regelmäßig auf professionalisierte Gläubiger (zB Warenkreditversicherer, Bundesagentur für Arbeit).

Praxishinweis: Neben der Abklärung der Erwartungen an den Antrag an sich ist es für den Verfahrensverlauf eine sehr wichtige Weichenstellung, dass ein repräsentativer Gläubigerausschuss schnell gebildet werden kann. Auch hierfür bildet das Vorgespräch nunmehr eine gute Grundlage.

78 BT-Drs. 19/24181, 193.
79 BT-Drs. 19/24181, 193.
80 BT-Drs. 19/24181, 193.
81 *Frind* NZI 2020, 865 (867).

43 Mit § 10a InsO trägt der Gesetzgeber dem Befund Rechnung, dass rechtzeitige Vorabstimmungen mit dem Insolvenzgericht **wesentliche Erfolgsfaktoren** für eine Eigenverwaltung sind.[82] Gleichwohl war es auch schon zuvor üblich, vor der Antragsstellung Rücksprache mit dem Insolvenzgericht zu halten und wesentliche Punkte zu erörtern. Auch Schuldnern, die die Größenkriterien des §§ 22a Abs. 1 InsO nicht erfüllen, ist – wie schon bisher – zu empfehlen, stets ein Vorgespräch mit dem Gericht zu führen.[83] Die Neuregelung wird daher insgesamt keine großen Auswirkungen auf die Praxis haben, da die bereits geübte Praxis nur eine gesetzliche Grundlage erhält.

f) Fazit

44 Mit der Verpflichtung zur Vorlage der umfangreichen Eigenverwaltungsplanung wird der Zugang zur (vorläufigen) Eigenverwaltung erschwert und Schuldner zur intensiven Vorbereitung des Eigenverwaltungsverfahrens verpflichtet. Anträge auf Eigenverwaltung sind zukünftig genauso sorgfältig und professionell vorzubereiten wie bisher, haben aber einen größeren **Umfang.**[84] Problematisch könnte es schon aufgrund des Umfangs der Antragsunterlagen für **Kleinst- und Kleinunternehmen** werden. Ein solches Unternehmen wird in der Regel nicht über hinreichende Kenntnisse, Fähigkeiten und Mitarbeiter in den betroffenen Unternehmensbereichen verfügen, um die notwenigen Unterlagen zu erstellen. Die Vorbereitung des Antrags wird voraussichtlich beratungsintensiver und nur durch interdisziplinär arbeitende rechtliche und betriebswirtschaftliche Sanierungsberater möglich sein. Damit werden zwangsläufig höhere Kosten und ein längerer zeitlicher Vorlauf für die Eigenverwaltungsvorbereitung einzuplanen sein. Dies kann für Unternehmen, bei denen aufgrund einer akuten Verschlechterung der Liquiditätslage und einer nach § 15a Abs. 1 InsO bestehenden Insolvenzantragspflicht ein besonders hoher Handlungsdruck besteht, dazu führen, dass nur ein Regelinsolvenzantrag gestellt werden kann.

45 Das ist die Intention des Gesetzgebers, der den Weg in die Eigenverwaltung nur für solche Schuldner eröffnen möchte, die den Antrag gut vorbereitet haben und die Erfolgsaussichten ausreichend geprüft haben. Deshalb ist bei einer sich abzeichnenden finanziellen Krise stets zu empfehlen, die bestehenden Handlungsoptionen **frühzeitig** zu prüfen. Ob die §§ 1, 101, 102 StaRUG hier zu entsprechenden Veränderungen in der Praxis führen werden, bleibt abzuwarten (Einzelheiten → § 3 Rn. 1 ff., 76 ff.).

Praxishinweis: Letztlich führen die schon bei der Antragstellung zu erfüllenden hohen Anforderungen dazu, dass die Regelung des § 1 StaRUG zur Krisenfrüherkennung und zum Krisenmanagement ihre Bedeutung auch für die Sanierung in der Insolvenz gewinnt. Nur wer die Krise früh erkennt, kann in rechtlicher Hinsicht aus dem Vollen schöpfen. Denn nur im Stadium der drohenden Zahlungsunfähigkeit gemäß § 18 InsO hat ein Unternehmen bzw. dessen Geschäftsleitung die Auswahl über alle Optionen zur Bewältigung Krise sowohl nach StaRUG als auch nach der InsO zu

82 *Jacoby/Madaus/Sack/Schmidt/Thole* ESUG Evaluation 22.
83 Vgl. ua *Haas* in Gottwald/Haas InsR-HdB § 84 Rn. 26; *Brünkmans* in Brünkmans/Thole Insolvenzplan-HdB Rn. 121 ff.
84 *Hacker/Schumann* WPg 2021, 399 (403).

Verfügung. Die drohende Zahlungsunfähigkeit ist zukünftig als Eintrittskarte für die Sanierung nach StaRUG und InsO zu sehen.

Die Anforderungen an die Eigenverwaltungsplanung sind zwar allgemein höher ausgestaltet worden, die **konkrete Ausgestaltung** der Antragsunterlagen ist jedoch nicht näher bestimmt. Insofern dürfte in den ersten Verfahren auf Basis der Neuregelungen eine gewisse Rechtsunsicherheit bestehen. Dies kann zum einen durch ein Vorgespräch nach § 10a InsO beseitigt werden, und zum anderen ist davon auszugehen, dass sich in der Rechtspraxis schnell einheitliche Standards herausbilden, an denen sich der Schuldner orientieren kann. 46

Praxishinweis: Ein Anfang ist mit dem Entwurf des IDW zu den für die Eigenverwaltung relevanten Themen gemacht, der bis zur Verabschiedung hoffentlich noch im Detail weiter ausgearbeitet wird.[85] Es bleibt zu hoffen, dass das IDW mit weiteren Standards zur einzelnen Themen des StaRUG (Restrukturierungsplan, Unterlagen gemäß §§ 14, 15 StaRUG etc.) und durch Aktualisierung der vorhandenen Standards zB zum Sanierungskonzept IDW S 6 weitere Praxishinweise und damit Orientierung für die Vorbereitung, Planung und Durchführung von Sanierungen und Restrukturierungen schafft.

3. Anordnung der vorläufigen Eigenverwaltung, § 270b InsO

Nachdem im ersten Schritt des SanInsFoG höhere Anforderungen an die vom Schuldner zu erstellenden und seinem Antrag beizufügenden Unterlagen formuliert wurden, sind nunmehr m zweiten Schritt die **Vorgaben für die Insolvenzgerichte** geregelt worden, deren Einhaltung der Schuldner einfordern kann. 47

a) Anspruch auf Anordnung

Nach dem Willen des Gesetzgebers, soll ein Schuldner, der eine vollständige und in sich schlüssige Eigenverwaltungsplanung vorlegt, mit der Anordnung der Eigenverwaltung rechnen können.[86] § 270b Abs. 1 InsO sieht daher als **Regel die Anordnung** der vorläufigen Eigenverwaltung vor. Eine Ausnahme ist nur gegeben, wenn offenkundig ist, dass die Eigenverwaltungsplanung in wesentlichen Punkten nicht von den tatsächlichen Gegebenheiten ausgeht oder ein Fall des § 270b Abs. 2 InsO vorliegt. 48

Praxishinweis: Diese Neuregelung stellt eine wesentliche Verbesserung für die Rechtstellung des Schuldners im Antragsverfahren dar. Es sollte daher – wie insgesamt bei der Vorbereitung der verschiedenen verfahrenseinleitenden Anträge – sehr sorgfältig bei der Erstellung der Dokumente gearbeitet werden und die Erfüllung der Vorgaben der §§ 270 ff. InsO dokumentiert werden.

b) Prüfung der Eigenverwaltungsplanung durch das Insolvenzgericht, § 270b Abs. 1 S. 1 InsO

Nach § 270b Abs. 1 S. 1 InsO erfolgt die Anordnung der vorläufigen Eigenverwaltung und Bestellung eines vorläufigen Sachwalters nur, soweit die Eigenverwaltungs- 49

85 Entwurf einer Neufassung des IDW Standards: Bescheinigungen nach §§ 270d und 270a InsO (IDW ES 9 nF), Stand: 12.1.20211, abrufbar unter https://www.idw.de/idw/verlautbarungen/idw-es-9-n-f.-/128720 (Stand: 30-062021).

86 BT-Drs. 19/24181, 205.

planung **vollständig und schlüssig ist** und **keine** Umstände bekannt sind, aus denen sich ergibt, dass die Eigenverwaltungsplanung in wesentlichen Punkten auf **unzutreffenden Tatsachen** beruht.

aa) Vollständigkeits- und Schlüssigkeitsprüfung, § 270b Abs. 1 S. 1 Nr. 1 InsO

50 Das Insolvenzgericht prüft also zunächst nur, ob die Unterlagen zur Eigenverwaltungsplanung **vollständig und schlüssig** sind. Mit dem Begriff der Eigenverwaltungsplanung meint der Gesetzgeber nur die nach § 270a Abs. 1 InsO vorzulegenden Unterlagen.[87] Legt man nur den Wortlaut zugrunde käme es also auf die nach § 270a Abs. 2 InsO beizufügenden **Erklärungen des Schuldners** nicht an. Schon allein um Ansatzpunkte für Zweifel an der Vollständigkeit der Antragsunterlagen beim Insolvenzgericht zu vermeiden, sollten jedoch alle nach § 270a InsO geforderten Unterlagen in den Antragsunterlagen enthalten sein. Ein beigefügtes Inhaltsverzeichnis kann dem Insolvenzgericht die Orientierung in den Antragsunterlagen erleichtern und so das Vorliegen der Anordnungsvoraussetzungen schneller erkennen lassen.

Praxishinweis: Der antragstellende Schuldner sollte in jedem Fall nur einen vollständigen, die Erklärungen nach § 270a Abs. 2 InsO umfassenden Antrag beim Insolvenzgericht einreichen. Die Regelung des § 270b Abs. 1 S. 1 InsO ist insoweit so zu verstehen, dass der gesetzliche Regelfall der Anordnung der vorläufigen Eigenverwaltung schon mit einer vollständigen und schlüssigen Eigenverwaltungsplanung besteht. Um eine schnelle Entscheidung des Insolvenzgerichts zu ermöglichen, soll diese Voraussetzung ausreichen, den Antragsteller aber nicht von weiteren Anforderungen des Eigenverwaltungsantrags entlasten.

51 Der Gesetzgeber sieht die **Plausibilisierung** der Angaben und deren nähere Überprüfung unter Verweis auf § 270c Abs. 1 InsO als **Aufgabe des Sachwalters** an.[88] Nach ersten Literaturauffassungen handelt es sich um eine Formalprüfung, die der gerichtlichen Vorprüfung des Insolvenzplans vergleichbar ist (analog § 231 InsO).[89] Das Insolvenzgericht wird prüfen, ob die **Bestandteile** der Eigenverwaltungsplanung gemäß § 270a Abs. 1 InsO umfassend vorliegen und damit vollständig ist. Daran anschließend wird das Insolvenzgericht eine inhaltliche Schlüssigkeitsprüfung vornehmen. Diese erstreckt sich darauf, ob die Darstellungen und Konzeption – soweit erforderlich – begründet wurden. Eine weitergehende Prüfung oder Beurteilung der Zweckmäßigkeit der beabsichtigten Maßnahmen hat hingegen nicht zu erfolgen.[90]

52 Bei der **Überprüfung des Finanzplans** (§ 270a Abs. 1 S. 1 Nr. 1) ist vom Insolvenzgericht zu prüfen, ob die Finanzierungsquellen genannt sind. Eine weitergehende Prüfung, ob die Annahmen unter Berücksichtigung der betriebswirtschaftlichen Anforderungen zutreffend sind und die Mittel tatsächlich zur Verfügung stehen werden, erfolgt von gerichtlicher Seite nicht.

53 Eine **vertiefte Prüfung** der Eigenverwaltungsplanung soll während des vorläufigen Eigenverwaltungsverfahrens und damit nach Anordnung der Eigenverwaltung durch

87 BT-Drs. 19/24181, 204.
88 BT-Drs. 19/24181, 205.
89 *Frind* ZIP 2021, 171 (175); aA wohl *Bernsau/Weniger* BB 2020, 2571 (2574).
90 *Frind* ZIP 2021, 171 (175).

den **Sachwalter** erfolgen, was aufgrund der Eilbedürftigkeit der Entscheidung über den Antrag sachgemäß ist.[91] Es bestehen Bedenken, dass Insolvenzgerichte mangels eigener betriebswirtschaftlicher Kompetenz Sachverständige mit der Prüfung der Eigenverwaltungsplanung beauftragen und damit die Anordnung der Eigenverwaltung verzögert werden könnte.[92]

Aufgrund des vom Gesetzgeber intendierten Konzepts der Anordnung bei Vollständigkeit und Schlüssigkeit mit anschließender vertiefter Kontrolle sollte eine solche Verzögerung voraussichtlich nicht eintreten. Es bleibt abzuwarten, welche Gerichtspraxis sich hier etablieren wird. 54

Praxishinweis: Letztlich muss auch diese Thematik im Rahmen des Vorgesprächs nach § 10a InsO mit dem konkreten Insolvenzgericht abgeklärt werden, um Verzögerungen nach Antragstellung so weit wie möglich zu vermeiden. Beim StaRUG haben die ersten gerichtlichen Entscheidungen schon zu vielfältiger Diskussion über den gerichtlichen Prüfungsmaßstab geführt.[93] Da es für die Eigenverwaltung schon eine Gerichtspraxis gibt, die sich nur an die Regelungen nach SanInsFoG anpassen muss, werden sich die Diskussionen hier voraussichtlich in Grenzen halten.

bb) Keine unzutreffenden Tatsachen, § 270b Abs. 1 S. 1 Nr. 2 InsO

Die Anordnung der vorläufigen Eigenverwaltung unterbleibt, wenn gerichtsbekannt ist, dass die Eigenverwaltungsplanung in wesentlichen Punkten auf **unzutreffenden Tatsachen** beruht. Die Tatsachen müssen dem Gericht bereits bekannt sein, so dass keine gerichtliche Befugnis besteht, erst noch Amtsermittlungen anzustellen, um relevante Tatsachen zu ermitteln.[94] Ob es sich um einen **wesentlichen** Punkt handelt, hängt von seiner Relevanz für den Erfolg der Eigenverwaltung ab. 55

Praxishinweis: Die Eilbedürftigkeit der Entscheidung über die Anordnung der Eigenverwaltung steht auch hier im Vordergrund. Das gibt dem Schuldner ebenfalls Rechtssicherheit, dass er bei Vorlage vollständiger und schlüssiger Antragsunterlagen mit einer kurzfristigen Anordnung der Eigenverwaltung rechnen kann.

Aufgrund der offenen Formulierung des § 270b Abs. 1 S. 1 Nr. 2 InsO ist das Gericht nicht auf die Antragsunterlagen beschränkt, sondern kann als weitere Erkenntnisquellen beispielsweise auch aus von Gläubigern eingereichten Schutzschriften Tatsachen folgern.[95] 56

cc) Nachbesserungsmöglichkeit, § 270b Abs. 1 S. 2 InsO

Soweit das Gericht behebbare Mängel feststellt, kann das Gericht dennoch zunächst die vorläufige Eigenverwaltung gemäß § 270b Abs. 1 S. 2 InsO anordnen und dem Schuldner eine Frist zur Nachbesserung der Eigenverwaltungsplanung setzen, die 20 Tage nicht übersteigt. Problematisch wird im Einzelfall sein, ob es sich bei dem fest- 57

91 BT-Drs. 19/24181, 205.

92 *Bernsau/Weniger* BB 2020, 2571 (2574).

93 Ausgangspunkt war zB die vom AG Köln Beschl. v. 3.3.2021, BeckRS 2021, 5571, Rn. 3 genannte Auffassung, dass die drohende Zahlungsfähigkeit zur vollständigen richterlichen Überzeugung feststehen müsste; vgl. u.a. *Proske* EWiR 2021, 309; *Thole* NZI 2021, 433.

94 BT-Drs. 19/24181, 205; *Frind* ZIP 2021, 171 (175).

95 *Frind* ZIP 2021, 171 (175) sieht die Antragsunterlagen als einzige Erkenntnisquelle.

gestellten Mangel um einen behebbaren Mangel handelt. Ggf. wird das Gericht den Schuldner unter Setzung einer kürzeren als der gesetzlich vorgesehenen Frist zur Stellungnahme auffordern und die vorläufige Eigenverwaltung noch nicht anordnen.[96]

Praxishinweis: Je nach Umfang der vom Gericht als erforderlich angesehenen Nachbesserungen kann eine solche kurze Frist vor Anordnung der vorläufigen Eigenverwaltung auch im Interesse des Schuldners sein. Es sollten hier jedoch maximal zwei Werktage für die Erledigung ausreichen.[97] Schon vor dem Hintergrund des grundsätzlichen Zahlungsverbots nach § 15b InsO sollte anderenfalls eine gerichtliche Anordnung der vorläufigen Eigenverwaltung erfolgen und die Frist nach § 270b Abs. 1 S. 2 InsO gesetzt werden. Sofern der Antrag in den wesentlichen Punkten im Vorgespräch schon erläutert wurde, sollte dies für das Insolvenzgericht einen praktikablen Weg darstellen.

58 In der Regel und soweit ein Mangel nicht ganz offenkundig nicht behoben werden kann, wird die Anordnung der vorläufigen Eigenverwaltung und Bestellung des vorläufigen Sachwalters geboten sein, um einerseits dem „Sicherungsinteresse" der Gläubiger zu entsprechen und anderseits bestehende Sanierungsoptionen für den Schuldner nicht durch eine verzögerte Entscheidung über den Antrag zu gefährden.

Praxishinweis: Nach neuem Recht wird es für den Schuldner jedoch nicht mehr ausreichen, die vorläufige Eigenverwaltung zu erreichen. Er muss permanent an der Einhaltung der selbstgesetzten Vorgaben der Eigenverwaltungsplanung arbeiten und diese überwachen. Der Schuldner hat gem. § 270c Abs. 2 InsO dem Insolvenzgericht und dem vorläufigen Sachwalter unverzüglich wesentliche Änderungen mitzuteilen, welche die Eigenverwaltungsplanung betreffen.

Eventuelle Mängel im Antrag muss er schnellstmöglich beseitigen und dies dem Insolvenzgericht schriftlich darlegen. Sollte sich später erweisen, dass der Mangel nicht behoben werden kann, kann gem. § 270e Abs. 1 Nr. 2 InsO mit der Aufhebung der Eigenverwaltung reagiert werden.

c) Abwägungsprüfung des Insolvenzgerichts, § 270b Abs. 2 InsO

aa) Regel-Ausnahme-Verhältnis

59 In den Fällen des § 270b Abs. 2 InsO, wenn also zB im Finanzplan die Kosten der Eigenverwaltung und der Fortführung des gewöhnlichen Geschäftsbetriebs nicht gedeckt sind, erfolgt eine Anordnung der vorläufigen Eigenverwaltung und die Bestellung eines vorläufigen Sachwalters nur im Ausnahmefall. Diese Ausnahme ist nur dann gegeben, wenn trotz der (nachfolgend dargestellten) Umstände zu erwarten ist, dass der Schuldner bereit und in der Lage ist, seine Geschäftsführung an den Interessen der Gläubiger auszurichten. Im Gegensatz zu § 270b Abs. 1 InsO stehen die Vorzeichen in den Fallgruppen des § 270b Abs. 2 InsO also genau entgegengesetzt und er muss Gründe für die ausnahmsweise Anordnung vorbringen.

96 So *Frind* ZIP 2021, 171 (175 f.).

97 Der Gesetzgeber sieht bei der Einbeziehung des Gläubigerausschusses (§ 270 Abs. 3 InsO) auch eine Frist von zwei Werktagen als einen Zeitraum an, in dem schon nachteilige Veränderungen der Vermögenslage eintreten können, BT-Drs. 19/24181, 206.

Gegen die Anordnung sprechende **Fallgruppen** des § 270b Abs. 2 InsO sind zunächst, dass 60

- nach dem gemäß § 270a Abs. 1 Nr. 1 InsO übermittelten Finanzplan die Kosten der Eigenverwaltung und der Fortführung des gewöhnlichen Geschäftsbetriebs nicht gedeckt sind,
- die nach § 270a Abs. 1 Nr. 5 InsO ausgewiesenen voraussichtlichen Kosten der Eigenverwaltung in wesentlicher Weise die voraussichtlichen Kosten des Regelverfahrens übersteigen oder
- Umstände bekannt sind, aus denen sich ergibt, dass
  1. Zahlungsrückstände gegenüber Arbeitnehmern oder erhebliche Zahlungsrückstände gegenüber den weiteren in § 270a Abs. 2 Nr. 1 InsO genannten Gläubigern bestehen,
  2. zugunsten des Schuldners in den letzten drei Jahren vor der Stellung des Antrags Vollstreckungs- oder Verwertungssperren nach InsO oder StaRUG angeordnet worden sind oder
  3. der Schuldner in einem der letzten drei Jahre vor Antragstellung gegen die Offenlegungs-verpflichtungen, insbesondere nach den §§ 325–328 HGB oder 339 HGB verstoßen hat.

bb) Prüfung der Kostendeckung und Vergleich mit Kosten eines Regelinsolvenzverfahren

Der Antrag auf Eigenverwaltung ist durch das Insolvenzgericht also **grundsätzlich abzulehnen**, wenn der Finanzplan (§ 270a Abs. 1 Nr. 1 InsO) eine Unterdeckung ausweist oder die ermittelten voraussichtlichen Kosten der Eigenverwaltung in wesentlicher Weise die des Regelverfahrens (§ 270 Abs. 1 Nr. 5 InsO) übersteigen. Aus dem Wortlaut der Norm folgt, dass geringfügig höhere Kosten nicht ausreichen, um die beabsichtigte vorläufige Eigenverwaltung abzulehnen. Wann eine wesentliche Kostenabweichung vorliegen soll, lässt sich weder dem Gesetzeswortlaut noch den Gesetzgebungsmaterialien entnehmen. Es dürfte auch nicht hinreichend sein, dies an einer absoluten Zahl zu messen, sondern ist vielmehr eine Frage des Einzelfalls. Dabei ist zu berücksichtigen, ob mit der Eigenverwaltung Vorteile einhergehen, die zB in den spezifischen Erfahrungen der Geschäftsführung liegen und für die Eigenverwaltung nutzbar gemacht werden können, die die Mehrkosten (teilweise) kompensieren.[98] 61

cc) Prüfung von Negativumständen

Weiterhin ist die Eigenverwaltung **in der Regel abzulehnen**, soweit Negativumstände der § 270b Abs. 2 Nr. 1–3 InsO, über die sich der Schuldner nach § 270a Abs. 2 InsO zu erklären hat, vorliegen. Die Negativumstände der Nr. 1–3 sind abschließend.[99] Die Umstände sind durch das Insolvenzgericht in der Praxis regelmäßig einfach zu ermitteln. Auslegungsbedürftig ist lediglich, wann ein Rückstand iSv § 270b Nr. 1 InsO erheblich ist. In diesem Zusammenhang dürfte regelmäßig auf die Rechtsprechung zur Zahlungseinstellung abzustellen sein.[100] 62

98 BT-Drs. 19/24181, 206.
99 *Frind* ZIP 2021, 171 (176).
100 Vgl. ua BGH Beschl. v. 5.3.2020 – NZI 2020, 520; OLG Hamburg Urt. v. 1.3.2019 – Anm. *Kay* VIA 2020, 45; OLG Düsseldorf Urt. v. 13.12.2018 – ZIP 2019, 1028; BGH Urt. v. 30. 6. 2011 – NZI 2011, 589.

Praxishinweis: Der Gesetzgeber sieht in den Negativumständen der § 270b Abs. 2 Nr. 1–3 InsO Sachverhalte an, die prima facie den Schluss nahelegen, dass die Durchführung der Eigenverwaltung nicht im Gläubigerinteresse liegen würde.[101] Er führt hier quasi (negative Abgrenzungs-)Kriterien für eine Eigenverwaltungswürdigkeit ein.

63 Das Vorhandensein von einer oder mehrerer dieser Kontraindikationen führt nicht automatisch zur Ablehnung der Eigenverwaltung. Vielmehr hat das Insolvenzgericht **stets eine Abwägung** vorzunehmen. Anders als bei der Prüfung nach § 270b Abs. 1 InsO besteht hier eine Amtsermittlungspflicht des Insolvenzgerichts, das für die Abwägungsentscheidung sämtliche relevante Umstände zu ermitteln und seiner Entscheidung zugrunde zu legen hat.[102] Folgt aus der gerichtlichen Gesamtwürdigung, dass der Schuldner bereit und in der Lage ist, seine Geschäftsführung an den Interessen der Gläubiger auszurichten, so ist die vorläufige Eigenverwaltung ausnahmsweise durch Bestellung eines vorläufigen Sachwalter anzuordnen. Das Vorliegen eines Negativumstands kann für die gerichtliche Entscheidung an Bedeutung verlieren, wenn Maßnahmen getroffen wurden, welche den Negativumstand beheben oder zukünftig ein anderes Verhalten erwarten lassen.[103] Werden die handelsrechtlichen Offenlegungspflichten nachträglich erfüllt und wird durch personelle und/oder organisatorische Maßnahmen sichergestellt, dass keine erneute Verletzung droht, ist eine Anordnung der vorläufigen Eigenverwaltung möglich.[104] Zudem können auch die weiteren Negativumstände durch den Schuldner mit entsprechender Argumentation und flankierenden Maßnahmen relativiert werden.

Praxishinweis: In der bisherigen Praxis der Eigenverwaltung ist das Vorliegen von Negativumständen nach § 270b Abs. 2 Nr. 1 oder Nr. 3 InsO anzutreffen, was bislang nach den gesetzlichen Regelungen keine besondere Bedeutung hatte. Zukünftig schließen alle Umstände des § 270b Abs. 2 InsO eine Eigenverwaltung nicht aus, führen aber dazu, dass sich der Schuldner schon für eine erfolgreiche Antragstellung dem Insolvenzgericht als eigenverwaltungswürdig darstellen können muss.

64 Vor der gerichtlichen Entscheidung ist dem Schuldner **rechtliches Gehör** zu gewähren, soweit beabsichtigt wird, die Eigenverwaltung nicht anzuordnen und stattdessen einen vorläufigen Insolvenzverwalter zu bestellen.[105] Wurde der Antrag wegen drohender Zahlungsunfähigkeit gestellt, muss das Gericht einen Hinweis zur Möglichkeit der Antragsrücknahme erteilen, § 270b Abs. 5 InsO.

d) Anhörung des vorläufigen Gläubigerausschusses vor Beschlussfassung, § 270b Abs. 3 InsO

65 § 270b Abs. 3 InsO regelt die Mitwirkung des vorläufigen Gläubigerausschusses bei der Anordnung der vorläufigen Eigenverwaltung und orientiert sich weitgehend an § 270 Abs. 3 InsO aF. Der Gesetzgeber wollte durch die neue gesetzliche Ausgestal-

101 BT-Drs. 19/24181, 205.
102 BT-Drs. 19/24181, 205.
103 BT-Drs. 19/24181, 205.
104 BT-Drs. 19/24181, 205.
105 *Frind* ZIP 2021, 171 (176).

tung die Mitwirkungsmöglichkeiten für den vorläufigen Gläubigerausschuss stärken.[106]

Der **vorläufige Gläubigerausschuss** ist vor einer Entscheidung nach § 270b Abs. 2 InsO **anzuhören,** § 270b Abs. 3 S. 1 InsO. Ohne Äußerung des Gläubigerausschusses darf eine Entscheidung nur ergehen, wenn seit der Antragstellung zwei Werktage vergangen sind oder wenn offensichtlich mit nachteiligen Veränderungen der Vermögenslage des Schuldners zu rechnen ist, die sich nicht anders als durch die Bestellung eines vorläufigen Insolvenzverwalters abwenden lassen. An einen die vorläufige Eigenverwaltung unterstützenden **einstimmigen Beschluss** des vorläufigen Gläubigerausschusses ist das Insolvenzgericht gem. § 270b Abs. 3 S. 3 InsO – wie auch schon nach der alten Rechtslage – gebunden. 66

Vor dem Hintergrund der vom Gesetzgeber beabsichtigen Stärkung der Rechte des vorläufigen Gläubigerausschusses ist es überraschend, dass er als Organ der Gläubigerautonomie nicht dazu berufen ist, über die Schlüssigkeit der Eigenverwaltungsplanung zu entscheiden.[107] Zutreffend geht *Frind*[108] davon aus, dass bei gravierenden Mängeln der Eigenverwaltungsplanung die Eigenverwaltung nicht durch einen einstimmigen Beschluss der Gläubigerversammlung herbeigeführt werden kann und dass Insolvenzgericht nicht überstimmt werden kann. Der Gesetzgeber erachtet die Eigenverwaltungsplanung als derartig wichtiges Qualitätsmerkmal, dass dieses **nicht zur Disposition der Gläubiger** steht.[109] Begrüßenswert wäre es indes gewesen, Fragen der Wirtschaftlichkeit und Schlüssigkeit der Eigenverwaltungsplanung zur Disposition des vorläufigen Gläubigerausschusses zu stellen.[110] 67

Praxishinweis: Trotz der begrenzten Befugnisse sollte ein Schuldner die Relevanz von Entscheidungen des Gläubigerausschusses niemals unterschätzen; sowohl die Insolvenzgerichte als auch die gerichtlich bestärkten Sachwalter erkennen diese nicht nur an, sondern lassen sich von diesen leiten. Die repräsentativ und gleichzeitig mit verfahrensfördernder Grundeinstellung vorgeschlagenen Gläubigerausschussmitglieder können mit ihren Entscheidungen wesentliche Weichen stellen.

Mit § 270b Abs. 3 S. 4 InsO wird erstmalig ein verbindliches **Ablehnungsrecht** des vorläufigen Gläubigerausschusses normiert. Bei einem einstimmigen Votum des vorläufigen Gläubigerausschusses gegen die vorläufige Eigenverwaltung unterbleibt die Anordnung derselben. 68

Praxishinweis: Bislang war das Gericht in solchen Konstellationen nicht an die Entscheidung des vorläufigen Gläubigerausschusses gebunden. Hier zeigt sich erneut die mit der Neuregelung beabsichtigte Stärkung der Rechte des Gläubigerausschusses.

e) Begründungspflicht des Insolvenzgerichts, § 270b Abs. 4 InsO

Die **Ablehnung der Eigenverwaltung** ist durch das Insolvenzgericht – wie auch schon nach alter Rechtslage (§ 270 Abs. 4 InsO aF) – schriftlich zu begründen. Der Gläubi- 69

106 BT-Drs. 19/24181, 206.
107 *Proske* ZRI 2020, 641 (645).
108 *Frind* ZIP 2021, 171 (176); so auch *Proske* ZRI 2020, 641 (645).
109 BT-Drs. 19/24181, 206; keine Bezugnahme auf § 270b Abs. 1 InsO.
110 So auch *Proske* ZRI 2020, 641 (645).

gerversammlung soll später auf Basis der Begründung ermöglicht werden, darüber zu entscheiden, ob eine nachträgliche Anordnung der Eigenverwaltung gemäß § 271 InsO beantragt werden soll.[111]

Praxishinweis: Die gesetzgeberische Idee, dass nach zunächst erfolgter gerichtlicher Ablehnung der Eigenverwaltung die Gläubigerversammlung abweichende Beschlüsse fasst, ist nicht sehr praxisnah. Bis zum Berichtstermin sind nicht nur alle wesentlichen Weichen des Verfahrens gestellt, sondern ggf. schon umgesetzt. Ist das Verfahren bis zum Berichtstermin vom Insolvenzverwalter geführt worden, wird die schuldnerische Geschäftsleitung auch nur noch wenig Interesse an der Übernahme der Verfahrensführung haben.

f) Zwischenfazit

70 Durch § 270b InsO wird die früher in § 270 Abs. 2 Nr. 2 InsO aF normierte unbestimmte Nachteilsprognose ersetzt und spezifiziert und damit die Empfehlungen der ESUG-Studie sowie die Forderungen aus der Praxis umgesetzt. Bislang haben Rechtsprechung und Literatur versucht, den offenen Nachteilsbegriff mit der Bildung von Fallgruppen handhabbar zu machen, denen jedoch teilweise divergierende Wertungen zugrunde lagen.[112] Gleichwohl wird aufgrund der Auslegungsbedürftigkeit und vorhandenen Wertungsmöglichkeiten eine gewisse Rechtsunsicherheit verbleiben – zumindest bis sich eine neue Rechtspraxis entwickelt hat. Der **Zugang zur Eigenverwaltung** wird mit den Neuregelungen aufgrund des abschließenden Charakters **berechenbar.** Das hilft Schuldnern grundsätzlich. Auf der anderen Seite wird der Zugang zur Eigenverwaltung aber auch nicht unerheblich erschwert, da die Eigenverwaltung bei Bestehen der normierten Negativumstände regelmäßig nicht anzuordnen ist.

Praxishinweis: Dem Schuldner ist daher zu empfehlen, bereits vor dem Eigenverwaltungsantrag zu prüfen, ob Negativumstände iSv § 270b Nr. 1–3 InsO vorliegen. Dann ist aus Gründen der Effizienz zu empfehlen, bereits mit dem Antrag zu begründen, warum diese im konkreten Fall keine Vernachlässigung der Gläubigerinteressen indizieren und warum zu erwarten ist, dass sich die Geschäftsleitung zukünftig am Gläubigerinteresse orientieren wird. Etwaige organisatorische und/oder personelle Maßnahmen sollten schon vor der Antragsstellung angestoßen oder sogar umgesetzt werden.

71 Durch § 270b Abs. 3 InsO wird die Gläubigerautonomie gegenüber der alten Rechtslage (§ 270 Abs. 3 S. 2 InsO) tatsächlich eingeschränkt, da die Eigenverwaltungsplanung nicht zur Disposition der Gläubiger steht. Die allgemein gehaltene Nachteilsprüfung nach alter Rechtslage steht gänzlich zur Disposition durch einen Beschluss des Gläubigerausschusses. Die **Mitbestimmung des Gläubigerausschusses** beschränkt sich insofern auf die Kontraindikation sowie die Liquiditätsdeckung und den Kostenvergleich. Mit § 270b Abs. 3 S. 4 InsO erfährt der Gedanke der Gläubigerautonomie jedoch eine gewisse Aufwertung.

111 BT-Drs. 19/24181, 206.
112 *Jacoby/Madaus/Sack/Schmidt/Thole* ESUG Evaluation 57 ff., 71, 76.

4. Erleichterter Zugang zur Eigenverwaltung aufgrund der COVID-19-Pandemie

Mit der Novellierung der §§ 270 ff. InsO wurde der Zugang zur Eigenverwaltung mit deutlich höheren Anforderungen an die Antragsunterlagen erschwert. Der Gesetzgeber erachtetet es aufgrund der **COVID-19-Pandemie** für sachgemäß, den Zugang zur Eigenverwaltung für Unternehmen, die besonders von der Pandemie betroffen sind, nicht zu erschweren. Die eingetretene Insolvenzreife sieht er in Pandemiefällen nicht als Indiz für ein unsachgemäßes Krisenmanagement, das das Vertrauen in die Bereitschaft und Fähigkeit des Schuldners in Frage stellt, die Geschäftsführung an den Interessen der Gläubiger auszurichten.[113] 72

Nach § 5 Abs. 1 COVInsAG finden auf Eigenverwaltungsverfahren, die zwischen dem 1.1.2021 und dem 31.12.2021 beantragt werden, die §§ 270–285 InsO in der bis zum 31.12.2020 geltenden Fassung weiter Anwendung, soweit die Zahlungsunfähigkeit oder Überschuldung des Schuldners **auf die COVID-19-Pandemie zurückzuführen** ist. Eine Insolvenzreife ist nach § 5 Abs. 2 S. 1 Nr. 1–3 COVInsAG auf die COVID-19-Pandemie zurückzuführen, wenn 73

- der Schuldner am 31.12.2019 weder zahlungsunfähig noch überschuldet war (Nr. 1),
- er das letzte, vor dem 1.1.2020 beendete Geschäftsjahr (Nr. 2) oder
- mit einem positiven Ergebnis aus der gewöhnlichen Geschäftstätigkeit abgeschlossen hat und Umsatz aus der gewöhnlichen Geschäftstätigkeit im Kalenderjahr 2020 im Vergleich zum Vorjahr um mehr als 30 Prozent eingebrochen ist (Nr. 3).

Dies ist vom Schuldner durch eine von einem in Insolvenzsachen erfahrenen Steuerberater, Wirtschaftsprüfer oder Rechtsanwalt oder einer Person mit vergleichbarer Qualifikation ausgestellte **Bescheinigung** nachzuweisen.[114] An den Aussteller der Bescheinigung sind dabei dieselben Anforderungen zu stellen, wie an den Aussteller der Bescheinigung nach § 270d Abs. 1 InsO (§ 270b Abs. 1 S. 3 InsO aF).[115] Nach § 5 Abs. 1 S. 2 COVInsAG ist ohne die Voraussetzungen des § 5 Abs. 1 S. 1 Nr. 2 COVInsAG und/oder § 5 Abs. 1 S. 1 Nr. 3 COVInsAG von einem Beruhen der Insolvenzreife auf der COVID-19-Pandemie auszugehen, wenn besondere Umstände, die im Schuldner oder seiner Branche begründet sind oder aufgrund sonstiger Umstände davon ausgegangen werden kann, dass die Insolvenzreife auf diese zurückzuführen ist und dies entsprechend bescheinigt wird.

In gleicher Weise wurde gem. § 6 COVInsAG auch der Zugang zum Schutzschirmverfahren nach § 270b InsO aF erleichtert. Der Anordnung des Verfahrens steht nach § 6 S. 1 COVInsAG abweichend von § 270b InsO das Vorliegen einer Zahlungsunfähigkeit nicht entgegen, soweit diese auf die COVID-19-Pandemie zurückzuführen ist und dies mit der nach § 270b Abs. 1 S. 3 InsO aF vorzulegenden **Bescheinigung** entsprechend bestätigt wird. 74

---

113 BT-Drs. 19/24181, 218.

114 Entwurf einer Neufassung des IDW Standards: Bescheinigungen nach §§ 270d und 270a InsO (IDW ES 9 nF), Stand: 12.1.20211, abrufbar unter https://www.idw.de/idw/verlautbarungen/idw-es-9-n-f.-/128720 (Stand: 30.06.2021), Ziff. 3.3, Rn. 47 ff., S. 11.

115 *Frind* ZIP 2021, 171 (173); zu den Anforderungen vgl. Uhlenbruck/*Zipperer* InsO § 270b Rn. 18 ff.

75 § 5 Abs. 4 COVInsAG enthält zudem ergänzende Regelungen zur Aufhebung der Eigenverwaltung, soweit **nachträglich festgestellt** wird, dass die Insolvenzreife tatsächlich nicht auf der COVID-19-Pandemie beruht.

5. Modifizierung der Rechte und Pflichten von Schuldner und vorläufigen Sachwalter

76 Die grundsätzliche Aufgaben- und Kompetenzverteilung ergibt sich aus § 270 Abs. 1 InsO. Der Schuldner ist berechtigt, die Insolvenzmasse zu verwalten und über sie zu verfügen, führt also das Verfahren eigenverantwortlich. Dies erfolgt unter Aufsicht eines Sachwalters, der grundsätzlich eine überwachende Funktion einnimmt. Mit § 270c InsO wird erstmals der Rechte- und Pflichtenkreis von eigenverwaltendem Schuldner und vorläufigem Sachwalter explizit normiert. Bislang wurde dieser nur über Verweisungen definiert.[116] Über die Bezugnahme in § 270b Abs. 1 S. 1 InsO bleiben §§ 274, 275 InsO weiterhin entsprechend anwendbar und regeln bspw. weiterhin das Recht des vorläufigen Sachwalters, die Kassenführung an sich zu ziehen. Die Rechte und Pflichten des vorläufigen Sachwalters sind daher aus § 270c InsO und §§ 274, 275 InsO abzuleiten.

a) Berichterstattung durch den vorläufigen Sachwalter

77 Nach § 270c Abs. 1 InsO kann der vorläufige Sachwalter durch das Gericht beauftragt werden, **Bericht zu erstatten.** Gegenstand der Berichterstattung kann die vom Schuldner vorgelegte **Eigenverwaltungsplanung** sein, insbesondere, ob diese von den erkannten und erkennbaren tatsächlichen Gegebenheiten ausgeht, schlüssig ist und durchführbar erscheint (Nr. 1). Weiterhin kann sich der Auftrag auf die Prüfung der Vollständigkeit und Geeignetheit der Rechnungslegung und Buchführung als Grundlage für die Eigenverwaltungsplanung (Nr. 2) sowie das Bestehen von Haftungsansprüchen des Schuldners gegen amtierende oder ehemalige Mitglieder der Organe (Nr. 3) beziehen.

78 Die Entscheidung, ob der vorläufige Sachwalter mit der Berichterstattung beauftragt wird, liegt im pflichtgemäßen **Ermessen des Gerichts.**[117] § 270c Abs. 1 Nr. 1–3 InsO hat abschließenden Regelungscharakter.[118] Der Wortlaut spricht dafür, dass die möglichen Gegenstände der Berichtserstattung abschließend aufgezählt und nicht nur als Regelbeispiel aufgeführt werden. Die Gesetzesbegründung gibt keinen Anlass, dass über die § 270 Abs. 1 Nr. 1–3 InsO hinaus weitere Fragen Gegenstand der Beauftragung nach § 270c Abs. 1 InsO sein können.

79 Weitere Fragen können jedoch Gegenstand eines gerichtlichen Sachverständigengutachtens sein, mit dessen Erstattung das Gericht im Rahmen seiner Amtsermittlungspflicht gem. § 5 Abs. 1 InsO den vorläufigen Sachwalter beauftragen kann. Insofern kann das Insolvenzgericht unabhängig von § 270c InsO sämtliche Fragen prüfen lassen, die ihm für die Eröffnungsentscheidung bedeutsam erscheinen.

116 Ua in § 270a Abs. 1 S. 2 InsO aF und §§ 270b Abs. 2 S. 1, 270a Abs. 1 S. 2 InsO aF auf §§ 274, 275 InsO.
117 BT-Drs. 19/24181, 206.
118 Krit. *Frind* ZIP 2021, 171 (177).

b) Mitteilungspflichten des Schuldners

Gem. § 270c Abs. 2 InsO hat der Schuldner dem Gericht und dem vorläufigen Sachwalter wesentliche Änderungen **unverzüglich mitzuteilen**, welche die Eigenverwaltungsplanung betreffen. Durch die Verpflichtung sollen das Gericht und der vorläufige Sachwalter in die Lage versetzt werden, über die Aufhebung der Eigenverwaltung bzw. ein Hinwirken darauf zu entscheiden.[119] Ein **Verstoß gegen die Mitteilungspflicht** kann gem. § 270e Abs. 1 Nr. 1 lit. a Hs. 2. InsO zur Aufhebung der vorläufigen Eigenverwaltung führen. 80

Praxishinweis: Der Schuldner sollte im ersten Schritt mit dem Sachwalter und dem Insolvenzgericht abklären, was vor dem Hintergrund der Geschäftstätigkeit als wesentliche Änderung bzw. Abweichung von der Eigenverwaltungsplanung anzusehen ist. Treten solche Änderungen dann ein, sollte er seiner gesetzlichen Mitteilungspflicht nachkommen – und gleichzeitig Maßnahmen darlegen, dass entweder eine Rückkehr zur ursprünglichen Eigenverwaltungsplanung möglich ist oder die Eigenverwaltung auch mit den Änderungen noch im Gläubigerinteresse liegt.

c) Anordnung von vorläufigen Maßnahmen

§ 270c Abs. 3 S. 1 InsO regelt die Anordnung von vorläufigen Maßnahmen im Rahmen der vorläufigen Eigenverwaltung. Die Norm entspricht weitestgehend § 270b Abs. 2 S. 3 Hs. 1 InsO. Das Gericht kann vorläufige Sicherungsmaßnahmen wie in einem Regelinsolvenzverfahren (§§ 21 Abs. 1, Abs. 2 S. 1 Nr. 1a, 3–5 InsO) anordnen – abgesehen natürlich von der Bestellung eines vorläufigen Insolvenzverwalters sowie der Anordnung eines allgemeinen Verfügungsverbots. Möglich sind jedoch die Einsetzung eines vorläufigen Gläubigerausschusses, die Untersagung von Zwangsvollstreckungsmaßnahmen, die Anordnung einer vorläufigen Postsperre sowie die Anordnung eines Einziehungs- und Verwertungsverbots für Gegenstände, an denen ein Aus- oder Absonderungsrecht besteht, um die Fortführung des Unternehmens zu sichern. 81

Für den Fall, dass die vorläufige Eigenverwaltung aufgrund behebbarer Mängel der Eigenverwaltungsplanung nach § 270b Abs. 1 S. 2 InsO lediglich einstweilen angeordnet wurde, kann das Gericht nach § 270c Abs. 3 S. 2 InsO einen **allgemeinen Zustimmungsvorbehalt** des vorläufigen Sachwalters anordnen. Dies ist zwar grundsätzlich mit dem Charakter der Eigenverwaltung unvereinbar. Die temporäre, längstens bis zur fristgemäßen Mängelbeseitigung andauernde Einschränkung ist jedoch aufgrund des besonderen Verfahrensstadiums, in dem noch nicht feststeht ob die Mängel der Eigenverwaltungsplanung behoben werden können und die vorläufige Eigenverwaltung deshalb gem. § 270e Abs. 1 Nr. 2 InsO aufzuheben sein wird, gerechtfertigt.[120] 82

d) Begründung von Masseverbindlichkeiten durch den Schuldner

Bislang war die Kompetenz des Schuldners zur **Begründung von Masseverbindlichkeiten** nur für das Schutzschirmverfahren in § 270b Abs. 3 InsO aF normiert. Ob und in welchem Umfang der Schuldner auch im Rahmen der vorläufigen Eigenverwaltung 83

119 BT-Drs. 19/24181, 206.
120 BT-Drs. 19/24181, 206.

nach § 270a InsO aF gerichtlich ermächtigt werden konnte, Masseverbindlichkeiten zu begründen, war bis zuletzt streitig.[121] Nach der Rechtsprechung des BGH war es zumindest möglich, dass der Schuldner aufgrund einer gerichtlichen Einzelermächtigung Masseverbindlichkeiten begründet.[122] Ob auch die Erteilung einer Globalermächtigung im Verfahren nach § 270a InsO aF möglich sein sollte, hatte der BGH hingegen offengelassen.[123]

84 Nunmehr ist hinsichtlich der Kompetenz zur Begründung von Masseverbindlichkeiten nicht mehr zwischen der **vorläufigen Eigenverwaltung und dem Schutzschirmverfahren** zu unterscheiden. In beiden Fällen hat das Gericht auf Antrag des Schuldners anzuordnen, dass dieser Masseverbindlichkeiten begründet, § 270c Abs. 4 S. 1 InsO.

Praxishinweis: Der Grundsatz, dass während des vorläufigen Verfahrens nur Insolvenzforderungen nach § 38 InsO entstehen und ein Schutz vor später Insolvenzanfechtung nur im Bargeschäftsprivileg liegen kann, führte bei gut beratenen Lieferanten zu Zahlungsbedingungen (Vorkasse oder sehr kurze Zahlungsziele), die für die Unternehmensfortführung eine zusätzliche Hürde mit sich brachten. Mit der Möglichkeit zur Begründung von Masseverbindlichkeiten könnte eine verfahrensförderliche Entlastung der Liquidität erfolgen. Die Praxis wird zeigen, ob dies gelingt.

85 Die gerichtliche Anordnung zur Begründung von Masseverbindlichkeiten bedarf keiner besonderen Begründung, wenn die Verbindlichkeiten in der Finanzplanung bereits berücksichtigt sind. Soweit die Verbindlichkeiten **im Rahmen der Finanzplanung** (§ 270a Abs. 1 S. 1 Nr. 1 InsO) nicht berücksichtigt wurden, liegt die Entscheidung über den Antrag im pflichtgemäßen Ermessen des Gerichts. Der Schuldner hat für solche Verbindlichkeiten seinen Antrag nach § 270c Abs. 4 S. 2 InsO besonders zu begründen und darzulegen, warum die Anordnung auch Verbindlichkeiten erfassen soll, die nicht vom ursprünglichen Finanzplan umfasst sind.[124]

86 Um die Festlegungen des Finanzplans nicht zu unterlaufen, kommt nach dem Willen des Gesetzgebers nur noch der Erlass von gerichtlichen **Einzelermächtigungen** in Betracht. Die Erteilung einer Globalermächtigung zur Begründung von Masseverbindlichkeiten ist nicht möglich. Als Minus zu einer Globalermächtigung sollte jedoch der Erlass einer **Bündelermächtigungen**[125] möglich sein, mit dem eine Reihe von Einzelermächtigungen zusammengefasst werden. Auch hier kann sichergestellt werden, dass die Finanzplanung und die Begründungspflicht nach § 270c Abs. 4 S. 2 InsO nicht unterlaufen werden.

e) Insolvenzplanerstellung durch den vorläufigen Sachwalter, § 284 Abs. 1 S. 2 InsO

87 Nach § 284 Abs. 1 S. 2 InsO kann der **vorläufige Gläubigerausschuss** einen **Auftrag** zur Ausarbeitung eines Insolvenzplans an den vorläufigen Sachwalter oder den Schuldner richten. Mit § 284 Abs. 1 S. 3 Alt. 1 InsO wurde zudem klargestellt, dass der vorläufige Sachwalter **beratend** an der Insolvenzplanerstellung mitwirkt, wenn

121 Vgl. dazu Uhlenbruck/*Zipperer* InsO § 270a Rn. 18 ff.
122 BGH Urt. v. 22.11.2018 – IX ZR 167/16, NZI 2019, 236 Rn. 16.
123 HK-InsO/*Brünkmans* § 270a Rn. 31.
124 BT-Drs. 19/24181, 206.
125 Vgl. dazu *Laroche* NZI 2010, 965 (968).

dieser durch den Schuldner selbst erstellt wird. Der Gesetzgeber beabsichtigt mit der Ergänzung des § 284 InsO, den vorläufigen Sachwalter als neutrale Vertrauensperson frühzeitig mit der Erstellung des Insolvenzplans zu betrauen bzw. in die Erstellung des Insolvenzplans einzubinden, um die Sanierung zu beschleunigen.[126]

Der Gesetzgeber klärt damit die nach dem ESUG umstrittene Frage, ob der vorläufige Sachwalter im Rahmen des Schutzschirmverfahrens nach § 270b InsO aF ein eigenes derivatives **Planinitiativrecht** gem. § 284 Abs. 1 S. 1 InsO analog nach Beauftragung durch den vorläufigen Gläubigerausschuss zuzubilligen ist. Zum Teil wurde ein derartiges Planvorlagerecht des vorläufigen Sachwalters, insbesondere auch zur Stärkung des Gläubigervertrauens und Steigerung der Kosteneffizienz, angenommen.[127] Teilweise wurde eine Analogie jedoch unter Hinweis auf den abschließenden Regelungscharakter und die Intention des Gesetzgebers, dass der Schuldner in diesem Stadium die Sicherheit haben soll, selbst Insolvenzplan zu erstellen und umzusetzen zu können, abgelehnt.[128] Der BGH hat mit Beschluss vom 22.9.2016 eine entsprechende Anwendung des § 284 Abs. 1 S. 1 InsO für zulässig erachtet, soweit nicht nur der vorläufige Gläubigerausschuss den Sachwalter ausdrücklich beauftragt, sondern auch der Schuldner die Insolvenzplanerstellung durch den vorläufigen Sachwalter zustimmt. [129] 88

Praxishinweis: Insgesamt dürften die Praxisauswirkungen der Novellierung gering sein. Bereits vor dem SanInsFoG hat der vorläufige Sachwalter regelmäßig bei der Insolvenzplanerstellung durch den Schuldner oder von diesem beauftragten Berater beratend mitgewirkt. Die Insolvenzplanerstellung durch den vorläufigen Sachwalter hatte in der Vergangenheit keine große Praxisrelevanz. Hier wird sich zeigen, ob es in Zukunft verstärkt zu Beauftragungen durch die vorläufige Gläubigerversammlung kommt. Aufgrund der Tatsache, dass dem Schuldner regelmäßig erfahrene Insolvenzexperten zur Seite stehen, die in der Regel mit dem vorläufigen Sachwalter und dem vorläufigen Gläubigerausschuss vertrauensvoll zusammenarbeiten, ist damit tendenziell nicht zu rechnen.

f) Mitwirkung des Sachwalters, § 274 Abs. 2 S. 2 InsO

§ 274 Abs. 2 S. 2 InsO sieht vor, dass das Gericht anordnen kann, dass der Sachwalter den Schuldner bei der Insolvenzgeldvorfinanzierung, der insolvenzrechtlichen Buchführung sowie Verhandlungen mit Kunden und Lieferanten unterstützen kann. Die Regelung ist über § 270b Abs. 1 S. 1 InsO auch in der vorläufigen Eigenverwaltung anwendbar. 89

Praxishinweis: Wesentliche Bedeutung wird die Mitwirkung des vorläufigen Sachwalters in der vorläufigen Eigenverwaltung erlangen. Schon bislang bestand die Notwendigkeit einer Mitwirkung, zB bei Insolvenzgeldvorfinanzierung. Hier wird also die bestehende Rechtspraxis gesetzlich geregelt.

126 BT-Drs. 19/24181, 210.
127 *Hölzle* ZIP 2012, 855 (857 ff.).
128 K. Schmidt/*Undritz* InsO § 270b Rn. 10; § 284 Rn. 2; ablehnend auch Uhlenbruck/*Zipperer* InsO § 284 Rn. 3.
129 Beschl. v. 22.9.2016 – IX ZB 71/14, NZI 2016, 963 Rn. 77.

90 Insgesamt soll es bei der grundsätzlichen **Aufgabenverteilung** zwischen dem eigenverwaltenden Schuldner und dem (vorläufigen) Sachwalter bleiben.[130] Der eigenverwaltende Schuldner führt die laufenden Geschäfte (§§ 270 Abs. 1 S. 1, 279 InsO) und der Sachwalter kontrolliert und unterstützt die Geschäftsführung (§§ 274 Abs. 2, 279 InsO); im Übrigen nimmt er besondere Aufgaben wahr, die ihm im Interesse der Gläubiger übertragen sind.[131]

91 Der Gesetzgeber hat erkannt, dass eine punktuelle Unterstützung durch den Sachwalter trotz insolvenzrechtlicher Expertise auf Seiten des Schuldners, für das Verfahren förderlich sein kann. Die Unterstützung kann erfolgen, ohne dass eine Beeinträchtigung der Unabhängigkeit des (vorläufigen) Sachwalters und der Überwachung droht.[132] Die Regelung ist auf Kritik gestoßen.[133] Mit Unterstützung ist nach der Konzeption des Gesetzgebers eine **beratende und moderierende Rolle** des (vorläufigen) Sachwalters gemeint. Der (vorläufige) Sachwalter kann Aufgaben jedoch nicht ganz oder auch nur teilweise an sich ziehen und eigenverantwortlich erledigen.

Praxishinweis: Der Schuldner soll Unterstützung des Sachwalters in Anspruch nehmen, wo immer diese hilfreich ist. Dabei ist streng darauf zu achten, dass der Sachwalter weiterhin als unabhängige und neutrale von Gericht bestellte Person wahrgenommen wird. Gerade die Unabhängigkeit und Neutralität sind Garant dafür, dass die Verfahrensbeteiligten in „psychologischer“ und nicht in juristischer Hinsicht Vertrauen in die Eigenverwaltung gewinnen.

g) Fazit

92 Durch die Neufassung des § 270c InsO wird die vorläufige Eigenverwaltung insgesamt gestärkt. Der Schuldner wird engmaschiger überwacht und überprüft, ob das Verfahren tatsächlich geeignet ist, um als Eigenverwaltungsverfahren durchgeführt zu werden. Das zeigt die neue, stärker am **Gläubigerschutz orientierte Gesetzeskonzeption.**

93 Zu begrüßen ist ferner, dass die auch schon in der Vergangenheit durch den vorläufigen Sachwalter erfolgten Unterstützungs- und Beratungshandlungen mit § 274 Abs. 2 S. 2 InsO auf eine gesetzliche Grundlage gestellt werden. Dies sollte ebenfalls das Vertrauen der Gläubiger in die Eigenverwaltung stärken und der Zusammenarbeit im Gläubigerinteresse förderlich sein.

94 Weiterhin wird die Kompetenz zur Begründung von Masseverbindlichkeiten verfahrensübergreifend für die vorläufige Eigenverwaltung und das Schutzschirmverfahren normiert. Aus Sicht der Gläubiger ist zu begrüßen, dass der Ausgleich der begründeten Masseverbindlichkeiten mittels Finanzplans sichergestellt werden muss, so dass der jeweilige Gläubiger in der Regel mit der Befriedigung seiner Forderung rechnen darf. Dies wird das Vertrauen in die Eigenverwaltung stärken und dazu führen, dass das Verfahren durch die Gläubiger weiter unterstützt wird und die Leistungsbeziehung sichergestellt sind.

---

130 BT-Drs. 19/24181, 208.
131 BGH Beschl. v. 22.6.2017 – IX ZB 82/16, WM 2017, 1472 Rn. 7; BT-Drs. 19/24181, 208.
132 BT-Drs. 19/24181, 208.
133 *Frind* ZIP 2021, 171 (177).

6. Aufhebung der vorläufigen Eigenverwaltung, § 270e InsO

Mit § 270e InsO werden die die Aufhebungsgründe spezifiziert und der Übergang zum Regelinsolvenzverfahren durch Bestellung eines vorläufigen Insolvenzverwalter normiert. 95

a) Aufhebungsgründe gem. § 270e Abs. 1 InsO

Nach § 270e Abs. 1 Nr. 1 InsO ist die vorläufige Eigenverwaltung durch die Bestellung eines vorläufigen Insolvenzverwalters zu beenden, wenn der Schuldner in schwerwiegender Weise gegen **insolvenzrechtliche Pflichten** verstößt oder sich auf sonstige Weise zeigt, dass er nicht bereit oder in der Lage ist, die Geschäftsführung am Interesse der **Gläubigergesamtheit** auszurichten. 96

Die in § 270e Abs. 1 Nr. 1–3 InsO geregelten **Aufhebungsgründe** knüpfen an die Gegenstände der Berichterstattung durch den vorläufigen Sachwalter nach § 270c Abs. 1 InsO an. Aufhebungsgründe liegen vor, wenn die Eigenverwaltungsplanung auf im Wesentlichen **unzutreffende Tatsachen** gestützt wurde oder der Schuldner wesentliche Änderungen bei der Eigenverwaltungsplanung gem. § 270c Abs. 2 InsO nicht rechtzeitig anzeigt hat. Zudem führen auch **Mängel an der Rechnungslegung und Buchführung** des Schuldners, soweit diese keine Beurteilung der Eigenverwaltungsplanung mehr erlauben, sowie das Vorhandensein von **Haftungsansprüche** gegen (ehemalige) organschaftliche Vertreter, deren Durchsetzung durch die Eigenverwaltung gefährdet wird, zur Aufhebung der vorläufigen Eigenverwaltung. Ein besonderes Entschließungsermessen ist dem Gericht ausweislich des Wortlauts nicht eingeräumt.[134] Dem **Gericht** steht jedoch bei der Prüfung der Aufhebungsgründe ein **Beurteilungsspielraum** bzw.im Falle von § 270e Abs. 1 Nr. 1 lit. c eine Prognosespielraum zu. 97

Praxishinweis: Erneut findet sich eine parallele Ausgestaltung von Eigenverwaltung und Restrukturierungsverfahren nach StaRUG. Ebenso wie die Eigenverwaltung nach § 270e Abs. 1 Nr. 1b) InsO ist auch eine Stabilisierungsanordnung nach § 59 Abs. 1 Nr. 4b) StaRUG aufzuheben, wenn die Rechnungslegung und Buchführung des Schuldners unvollständig und mangelhaft sind (Einzelheiten → § 6 Rn. 56 ff.).

Ferner ist die vorläufige Eigenverwaltung nach § 270e Abs. 1 Nr. 2 InsO aufzuheben, soweit Mängel der Eigenverwaltungsplanung nicht innerhalb der nach § 270b Abs. 1 S. 2 gesetzten Frist behoben werden und die **Nachbesserungsfrist** somit erfolglos verstrichen ist. 98

Nach § 270e Abs. 1 Nr. 3 InsO ist die vorläufige Eigenverwaltung auch dann aufzuheben, wenn sich die Erreichung des Eigenverwaltungsziels, insbesondere eine angestrebte **Sanierung als aussichtslos** erweist. Erfasst werden dabei sowohl die anfängliche Aussichtlosigkeit als auch die nachträgliche Aussichtlosigkeit, die während des Verfahrens eintritt.[135] Anhaltspunkte dafür können sich insbesondere aus dem Inhalt der Mitteilungen des Schuldners ergeben, die gem. § 270c Abs. 2 InsO unverzüglich nach Eintritt der Veränderung erfolgen muss.[136] 99

134 *Frind* ZIP 2021, 171 (178).
135 BT-Drs. 19/24181, 207.
136 BT-Drs. 19/24181, 207.

Praxishinweis: Erneut zeigen sich Parallelen zwischen Restrukturierungsverfahren nach StaRUG und Eigenverwaltung. Da beim Restrukturierungsverfahren die gerichtliche Kontrolle erst im Rahmen gerichtlichen Bestätigung des Sanierungsvergleichs bzw. Restrukturierungsplans ansetzt, finden sich die inhaltlich vergleichbaren Vorgaben in den Versagungstatbeständen. Die gerichtliche Bestätigung des Sanierungsvergleichs wird versagt, wenn das dem Vergleich zugrunde liegende Sanierungskonzept Nr. 1 nicht schlüssig ist oder nicht von den tatsächlichen Gegebenheiten ausgeht oder Nr. 2 keine vernünftige Aussicht auf Erfolg hat, § 97 Abs. 1 S. 2 StaRUG (Einzelheiten → § 4 Rn. 28 ff.). Sieht ein Restrukturierungsplan eine neue Finanzierung (§ 12 StaRUG) vor, ist die gerichtliche Bestätigung zu versagen, wenn das zugrunde liegende Restrukturierungskonzept unschlüssig ist oder wenn Umstände bekannt sind, aus denen sich ergibt, dass das Konzept nicht von den tatsächlichen Gegebenheiten ausgeht oder keine begründete Aussicht auf Erfolg vermittelt, § 63 Abs. 2 StaRUG (Einzelheiten → § 10 Rn. 25 ff.).

100 Die Aufhebung kann letztlich auch **auf Antrag** erfolgen (§ 270e Abs. 1 Nr. 4–5 InsO). Antragsberechtigte sind der vorläufige Sachwalter mit Zustimmung des vorläufigen Gläubigerausschusses sowie der vorläufige Gläubigerausschuss selbst. Der Antrag des vorläufigen Sachwalters wurde dabei, um einer Schwächung der Gläubigerautonomie vorzubeugen, von der vorherigen Zustimmung des Gläubigerausschusses abhängig gemacht.[137] Die Zustimmung muss nicht durch ein einstimmiges Votum erfolgen, sondern es reicht ein mehrheitliches Votum aus. Zudem ist folgerichtig auch der Schuldner selbst gem. § 270e Abs. 1 Nr. 5 InsO antragsberechtigt, da eine Durführung der Eigenverwaltung, die nicht auch im Interesse des Schuldners liegt und von diesem unterstützt wird, unzweckmäßig ist.[138]

b) Antragsrechte von absonderungsberechtigten Gläubigern und Insolvenzgläubiger

101 Nach § 270e Abs. 2 InsO ist die vorläufige Eigenverwaltung zudem zu beenden, wenn ein **absonderungsberechtigter Gläubiger** oder ein Insolvenzgläubiger die Aufhebung beantragt und glaubhaft macht, dass die Voraussetzungen für eine Anordnung der vorläufigen Eigenverwaltung nicht vorliegen und ihm durch die Eigenverwaltung erhebliche Nachteile drohen. Die Vorschrift ist § 272 Abs. 1 Nr. 2, Abs. 2 InsO nachgebildet.

102 Zur Sicherstellung, dass der Aufhebungsantrag des Gläubigers nicht auf sachfremden Erwägungen beruht, sind die Voraussetzungen glaubhaft zu machen.[139] Vor der Entscheidung ist der Schuldner gerichtlich anzuhören. Gegen die Entscheidung steht dem Schuldner und dem Gläubiger die sofortige Beschwerde zu.

c) Anhörungs- und Begründungspflicht des Insolvenzgerichts

103 Dem vorläufigen Gläubigerausschuss ist vor der Entscheidung des Gerichts über die Aufhebung nach § 270e Abs. 1 Nr. 1 oder Nr. 3 InsO die Möglichkeit zur Äußerung zu geben, § 270e Abs. 4 S. 1 InsO. Da sich die Aufhebung in diesen Fällen auf die

137 BT-Drs. 19/24181, 207.
138 BT-Drs. 19/24181, 207.
139 BT-Drs. 19/24181, 207.

Vertrauenswürdigkeit des Schuldners oder die Erfolgsaussichten des Verfahrens bezieht, ist die Berücksichtigung der Einschätzung des Gläubigerausschusses geboten. Wie auch im Rahmen von § 270b Abs. 3 InsO ist eine Beschlussfassung bei Mängeln der Eigenverwaltungsplanung selbst nicht vorgesehen. Im Übrigen gilt § 270b Abs. 3 S. 2 InsO entsprechend, so dass der Gläubigerausschuss, soweit er mitwirkungsbefugt ist, mit einem einstimmigen Beschluss die Fortsetzung der Eigenverwaltung beschließen kann und das Gericht an den Beschluss gebunden ist.

Die Entscheidung ist durch das Gericht nach § 270e Abs. 4 S. 3 InsO schriftlich zu begründen. Bei einer Abweichung von einem einstimmigen Beschluss des vorläufigen Gläubigerausschusses hat das Insolvenzgericht diese Abweichung noch weiter zu begründen. § 27 Abs. 2 Nr. 4 InsO gilt hier gem. § 270e Abs. 4 S. 4 InsO entsprechend. 104

d) Bestellung eines vorläufigen Insolvenzverwalters

Die Aufhebung der vorläufigen Eigenverwaltung erfolgt § 270e Abs. 1 InsO durch **Bestellung eines vorläufigen Insolvenzverwalters.** Gem. § 270e Abs. 3 InsO kann der bisherige vorläufige Sachwalter zum vorläufigen Insolvenzverwalter bestellt werden. Die Vorschrift räumt dem Gericht ein Ermessen ein. Dieses wird zu überprüfen haben, ob die Auswechslung zur Überprüfung der Arbeit des vorläufigen Sachwalters und um Hemmnisse, die aufgrund eines zerrütten Verhältnisses zwischen Schuldner und vorläufigem Sachwalter bestehen, geboten ist.[140] Bei der Überführung wird auch abzuwägen sein, ob im Sinne der Kontinuität und des damit verbunden Erfahrungs- und Kenntnisvorsprungs an der Person des vorläufigen Sachwalters als vorläufiger Insolvenzverwalter festzuhalten ist.[141] In der Regel, soweit nicht ausnahmsweise ein pathologischer Fall vorliegt, sollte es daher im Interesse der Kontinuität geboten sein, die Person beizubehalten und keinen vom vorläufigen Sachwalter abweichenden vorläufigen Insolvenzverwalter zu bestellen. 105

e) Praktische Auswirkungen

Mit § 270e InsO sollte die Empfehlung der ESUG-Studie, die Aufhebungsgründe klar zu definieren, umgesetzt werden.[142] Mit der Neufassung wird dieses Ziel nur zum Teil erfüllt. Die Aufhebungstatbestände werden gegenüber der alten Rechtslage näher definiert, es verbleiben jedoch Unsicherheiten aufgrund subjektiver Wertungsmöglichkeiten des Gerichts.[143] Auf der anderen Seit wird man sich aber die Frage stellen müssen, ob Aufhebungsgründe, die frei von jeglichen Wertungsmöglichkeiten sind, geeignet sind, um auch dem Einzelfall gerecht werden zu können. Insofern ist zu konstatieren, dass die **Systematik der Neuregelungen** aus Anordnungsvoraussetzungen, Anordnungshindernissen und Aufhebungsgründen stimmig und schlüssig ist. Die Mitteilungs- (§ 270c Abs. 2 InsO) und fakultativen Berichtspflichten (§ 270c Abs. 1 InsO) flankieren dieses Regelungsgefüge. 106

Die Gläubiger haben sowohl kollektiv, im Rahmen des vorläufigen Gläubigerausschusses, als auch einzeln, die Möglichkeit, auf die Aufhebung der vorläufigen Ei- 107

140 *Frind* ZIP 2021, 171 (179).
141 *Frind* ZIP 2021, 171 (179).
142 *Jacoby/Madaus/Sack/Schmidt/Thole* ESUG Evaluation, 117.
143 *Proske* ZRI 2020, 641 (647).

genverwaltung Einfluss zu nehmen. Jedoch wird der Einfluss gegenüber der alten Rechtslage nicht erheblich ausgebaut bzw., soweit die Mangelhaftigkeit Eigenverwaltungsplanung betroffen ist, sogar eingeschränkt, weil diese nicht zu Disposition der Gläubiger steht.

7. Gesellschaftsrechtliche Veränderungssperre und Haftung, § 276a Abs. 3 InsO

108 Die gesellschaftsrechtliche Veränderungssperre nach § 276a Abs. 1 InsO führt dazu, dass (Überwachungs-)Organe und Gesellschafter keinen Einfluss auf die Geschäftsleitung haben und Änderungen nur mit Zustimmung des Sachwalters erfolgen können. Der Sachwalter darf nur zustimmen, wenn keine Nachteile für die Gläubiger entstehen. Dies gilt über § 276a Abs. 3 InsO bereits in der vorläufigen Eigenverwaltung Anwendung. Somit wird die Möglichkeit der Einflussnahme der Gesellschafter bzw. deren Organe beschränkt und ist damit unzulässig, soweit sie nicht dem originären Schuldnerbereich (auch insolvenzfreien Bereich) zuzuordnen ist. Handlungen und Geschäfte, die im Falle der Fremdverwaltung dem Schuldnerbereich zuzuordnen sind, bleiben von § 276a Abs. 1 InsO unberührt.[144] Weiterhin ist die Abberufung und Neubestellung von Mitgliedern der Geschäftsleitung nach § 276a Abs. 1 S. 2, Abs. 3 InsO nur wirksam, wenn der vorläufige Sachwalter zustimmt, wodurch die missbräuchliche und für die Gläubigergesamtheit nachteilige Auswechslung der Geschäftsführung verhindert und so dessen Stellung als Organ gestärkt wird.[145]

109 Eine analoge Anwendung des § 276a InsO aF im Rahmen der vorläufigen Eigenverwaltung wurde in der Vergangenheit überwiegend abgelehnt.[146] Zur Begründung wurde angeführt, dass keine Regelungslücke bestehe und ein Angriff in die Verbandskompetenz zu einem Zeitpunkt, zu dem die Verfahrenseröffnung noch gar nicht feststehe, nicht gerechtfertigt sei.[147] Die Erstreckung auf das vorläufige Verfahren wurde teilweise für sinnvoll erachtet.[148]

110 Mit der Ergänzung ist nunmehr die Gefahr, dass die obstruierenden Gesellschafter im Zeitraum zwischen der Insolvenzantragstellung und der Eröffnung des Insolvenzverfahrens, zB durch Abberufung der gegenwärtigen und Neubestellung von diesen zugeneigten Organen, die Umsetzung der geplanten Sanierungsmaßnahmen boykottieren, beseitigt. Damit wurden weitere – in der Praxis freilich nur selten zu beobachtenden – **Sanierungshemmnisse** beseitigt und die Geschäftsführung in ihren Sanierungsbemühungen unterstützt.

111 Gleichzeitig wurde in § 276a Abs. 2 InsO die Haftung der Geschäftsleitung nach Maßgabe der §§ 60 bis 62 InsO gesetzlich normiert, was über § 276a Abs. 3 InsO ebenfalls bereits für das vorläufige Verfahren gilt.

---

144 Dazu eingehend *Ströhmann/Längsfeld* NZI 2013, 271 (275); MüKoInsO/*Klöhn* § 276a Rn. 23.
145 *Ströhmann/Längsfeld* NZI 2013, 271 (274).
146 AA *Ströhmann/Längsfeld* NZI 2013, 271 (273 f.); *Hölzle* ZIP 2012, 2427 (2429).
147 MüKoInsO/*Klöhn* § 276a Rn. 18; HK-InsO/*Brünkmans* § 276a Rn. 21; Uhlenbruck/*Zipperer* InsO § 276a Rn. 4.
148 K. Schmidt/*Undritz* InsO § 276a Rn. 3; *Zipperer* ZIP 2012, 1492 (1496).

8. Schutzschirmverfahren nach § 270d InsO

Das Schutzschirmverfahren nach § 270b InsO aF ist nunmehr in § 270d InsO normiert. Bei der Neufassung des § 270d InsO wurden lediglich Änderungen redaktioneller Art vorgenommen. Soweit der Schuldner eine mit Gründen versehene Bescheinigung eines in Insolvenzsachen erfahrenen Steuerberaters, Wirtschaftsprüfers oder Rechtsanwalts oder einer Person mit vergleichbarer Qualifikation vorlegt, aus der sich ergibt, dass drohende Zahlungsunfähigkeit oder Überschuldung, aber keine Zahlungsunfähigkeit vorliegt und die angestrebte Sanierung nicht offensichtlich aussichtslos ist, ist weiterhin die Anordnung eines Schutzschirmverfahrens durch Bestimmung einer Frist zur Vorlage eines Insolvenzplans möglich. 112

Die Trennung zwischen vorläufiger Eigenverwaltung und Schutzschirmverfahren wurde durch das SanInsFOG weitgehend aufgehoben.[149] Beibehalten wurde lediglich die Möglichkeit des Schuldners, im Rahmen des Schutzschirmverfahren gem. § 270d Abs. 2 S. 2 InsO einen vorläufigen Sachwalter vorzuschlagen, von dem das Gericht nur abweichen kann, wenn dieser für die Übernahme des Amtes offensichtlich nicht geeignet ist. 113

Das **Vorschlagsrecht** für den vorläufigen Sachwalter bleibt neben dem mit dem Schutzschirmverfahren oft einhergehenden positiven Image, dass sich der Schuldner tatsächlich gar nicht im Insolvenzverfahren befindet, einer der Vorteile des Schutzschirmverfahrens. Jedoch entsprach es auch im Rahmen der vorläufigen Eigenverwaltung nach § 270a InsO aF der gängigen Praxis, dass der Schuldner Personen für das Amt des vorläufigen Sachwalters vorschlug, und von dem Vorschlag, insbesondere auch wenn wesentliche Gläubiger diesen unterstützten, von gerichtlicher Seite nicht abgewichen wurde. 114

Durch die Erstellung der erforderlichen Bescheinigung entstehen jedoch marginal höhere Kosten. 115

II. Auswirkungen weiterer Änderungen auf die vorläufige Eigenverwaltung

1. Gleichlauf vorläufiger Regelinsolvenz- und Eigenverwaltungsverfahren in steuerlicher Hinsicht

Das SanInsFoG hat auch zu einer Angleichung der Behandlung von während des vorläufigen Verfahrens begründeter Steuerverbindlichkeiten geführt. Zum Hintergrund: Solange sich das Verfahren noch vor der Eröffnung befindet, stellen sämtliche vom Insolvenzschuldner begründete Verbindlichkeiten Insolvenzforderungen nach § 38 InsO dar. Das gilt im Grundsatz auch für **Steuerverbindlichkeiten**. Eine Ausnahme besteht bei Bestellung eines sog. starken vorläufigen Insolvenzverwalters, der dann nach § 55 Abs. 2 InsO Masseverbindlichkeiten begründet. Eine weitere Ausnahme war seit 1.1.2011 auch für sog. schwache bzw. halbstarke vorläufige Insolvenzverwalter in § 55 Abs. 4 InsO aF gesetzlich vorgesehen. Danach galten Verbindlichkeiten des Insolvenzschuldners aus dem Steuerschuldverhältnis, die von einem vorläufigen Insolvenzverwalter oder vom Schuldner mit Zustimmung eines vorläufigen Insolvenz- 116

149 Zur alten Rechtslage vgl. *Schelo* ZIP 2012, 712 ff.

verwalters begründet worden sind, nach Eröffnung des Insolvenzverfahrens als Masseverbindlichkeit. Die Regelung war in der Praxis äußerst umstritten und führte ua zu mehreren BMF-Schreiben, BGH- und BFH-Entscheidungen.[150] Hinzu kam noch Doppelkorrektur-Rechtsprechung des BFH auf Basis des § 17 Abs. 2 Nr. 1 UStG, die im Ergebnis dazu führt, dass in der (vorläufigen) (Regel-)Insolvenz die Ist-Besteuerung gilt.[151] Zuletzt war damit höchstrichterlich entschieden, dass zwar in vorläufigen Regelinsolvenzverfahren Steuerverbindlichkeiten als Masseverbindlichkeiten begründet werden, in der vorläufigen Eigenverwaltung hingegen nicht.[152] Dies führte zu vermehrter Kritik in der Fachliteratur und im Rahmen der ESUG-Studie.[153]

117 Im Rahmen des SanInsFoG erfolgte daher eine Neuregelung des § 55 Abs. 4 InsO, der nunmehr besagt, dass **Umsatzsteuerverbindlichkeiten** des Insolvenzschuldners, die von einem vorläufigen Insolvenzverwalter oder vom Schuldner mit Zustimmung eines vorläufigen Insolvenzverwalters oder vom Schuldner nach Bestellung eines vorläufigen Sachwalters begründet worden sind, nach Eröffnung des Insolvenzverfahrens als Masseverbindlichkeit gelten. Den Umsatzsteuerverbindlichkeiten stehen die folgenden Verbindlichkeiten gleich: Nr. 1 sonstige Ein- und Ausfuhrabgaben, Nr. 2 bundesgesetzlich geregelte Verbrauchsteuern, Nr. 3 die Luftverkehr- und die Kraftfahrzeugsteuer und Nr. 4 die Lohnsteuer.

118 Der Gesetzgeber hat damit den Anwendungsbereich einerseits auf die vorläufige Eigenverwaltung erstreckt, andererseits auf bestimmte Steuerarten beschränkt. Er will damit die in der Praxis erkannten falschen Anreizen und wirtschaftlichen Ungleichbehandlungen von vorläufiger Regelinsolvenz und Eigenverwaltung beseitigen.[154] In beiden Verfahren sind Steuerverbindlichkeiten – aus den aufgeführten Steuerarten – im vorläufigen Verfahrensabschnitt als Masseverbindlichkeiten in voller Höhe in der Liquiditätsplanung zu berücksichtigen und von der Geschäftsleitung bei Fälligkeit zu bezahlen.

Praxishinweis: Durch die Neuregelung des § 55 Abs. 4 InsO werden Unterschiede zwischen vorläufiger Regelinsolvenz und Eigenverwaltung in Bezug auf Steuerverbindlichkeiten beseitigt. Ob damit alle Fragen zu insolvenzrechtlichen Einordnung von Steuerverbindlichkeiten bei der vorläufigen Eigenverwaltung und zur Haftung der Geschäftsleitung – auch unter Berücksichtigung des neu eingeführten § 15b Abs. 8 InsO – beantwortet sind, wird die Zukunft zeigen.

---

150 Ua BMF-Schr. v. 17.1.2012, DStR 2012, 241, BMF-Schr. v. 20.5.2015, DStR 2015, 1274, BMF-Schr. v. 18.11.2015, DStR 2015, 2669; BGH Urt. v. 22.11.2018, NZI 2019, 236, dazu *Reus/Harder* NZI 2019, 210; BFH Beschl. v. 7.5.2020, NZI 2020, 850.

151 Ausgangspunkt waren BFH Urt. v. 29. 1. 2009, NZI 2009, 447 und BFH Urt. v. 9. 12. 2010, NZI 2011, 336; für das vorläufige Verfahren BFH Urt. v. 1.3.2016, BeckRS 2016, 95072 und BFH Urt. v. 1.3.2016, ZIP 2016, 1355.

152 BGH Urt. v. 22.11.2018, NZI 2019, 236, dazu *Reus/Harder* NZI 2019, 210; BFH Beschl. v. 7.5.2020, NZI 2020, 850.

153 Gesamtbericht zur ESUG-Studie, 114, 4., abrufbar unter https://www.bmjv.de/SharedDocs/ Artikel/DE/2018/101018_Bericht_ESUG.html, Stand: 30.6.2021; Gravenbrucher Kreis ZIP 2015, 2159 (2164).

154 BT-Drs. 19/25353, 13.

2. Haftung nach § 15b Abs. 8 InsO

Ein wesentliches Problem für die Geschäftsleitung in vorläufigen Eigenverwaltungsverfahren war bislang die Haftung für Steuerverbindlichkeiten.[155] Aufgrund der Einordnung als Insolvenzforderungen durfte nach insolvenzrechtlichen Pflichtenregimes wegen der Massesicherungspflicht keine Zahlung auf Steuern erfolgen. Das steuerrechtliche Pflichtenregime auf der anderen Seite sah – und sieht – keine Befreiung von Erklärungs- oder Zahlungspflichten in Krise oder vorläufiger Insolvenz vor. Ohne Erfüllung der steuerrechtlichen Pflichten, also auch der rechtzeitigen Zahlung der Steuern drohte eine Haftung nach §§ 69, 34 AO.[156] 119

Diese Pflichtenkollision hat der Gesetzgeber erkannt.[157] Mit dem SanInsFoG wurde die Massesicherungspflicht und die damit verbundene Haftung für die Geschäftsleitung rechtsformübergreifend in § 15b InsO geregelt.[158] Zum Ende des Gesetzgebungsverfahren wurde damit noch eine spezielle Regelung für Steuern eingefügt.[159] § 15b Abs. 8 InsO lautet: „*Eine Verletzung steuerrechtlicher Zahlungspflichten liegt nicht vor, wenn zwischen dem Eintritt der Zahlungsunfähigkeit nach § 17 InsO oder der Überschuldung nach § 19 InsO und der Entscheidung des Insolvenzgerichts über den Insolvenzantrag Ansprüche aus dem Steuerschuldverhältnis nicht oder nicht rechtzeitig erfüllt werden, sofern die Antragspflichtigen ihren Verpflichtungen nach § 15a InsO nachkommen. Wird entgegen der Verpflichtung nach § 15a InsO ein Insolvenzantrag verspätet gestellt, gilt dies nur für die nach Bestellung eines vorläufigen Insolvenzverwalters oder Anordnung der vorläufigen Eigenverwaltung fällig werdenden Ansprüche aus dem Steuerschuldverhältnis. Wird das Insolvenzverfahren nicht eröffnet und ist dies auf eine Pflichtverletzung der Antragspflichtigen zurückzuführen, gelten die Sätze 1 und 2 nicht.*“ 120

Diese komplexe Regelung soll nach dem Willen des Gesetzgebers die Pflichtenkollision dahin gehend auflösen, dass eine haftungsbewehrte Verletzung der Steuerabführungspflicht ausgeschlossen ist, wenn der Geschäftsleiter seinen insolvenzrechtlichen Pflichten nachkommt.[160] Die Vorschrift unterscheidet in zeitlicher Hinsicht zwischen der Zeit des Eintritts der Insolvenzreife und der gerichtlichen Entscheidung über den rechtzeitigen Antrag und der Zeit ab Anordnung der vorläufigen Eigenverwaltung bei verspäteter Antragstellung. Relevant ist insbesondere letzterer Fall. Es handelt sich um Ansprüche die vor Antragstellung begründet wurden, daher klar Insolvenzforderungen iSv § 38 InsO, aber erst nach Anordnung der vorläufigen Eigenverwaltung fällig sind. Hier wird sich insbesondere zeigen, ob die Finanzverwaltung nicht über Haftungsansprüche gegen die Geschäftsleitung eine Realisierung des Steueranspruchs versuchen wird. 121

155 Ua *Reus/Harder* NZI 2019, 210; *Berner/Köster/Lambrecht* NZI 2018, 739; *Gortan* NZI 2016, 982, *Sonnleitner/Winkelhog* BB 2015, 88; *Harder* NZI 2015, 162; *Schmittmann/Dannemann* ZIP 2014, 1405; *Hobelsberger* DStR 2013, 2545.

156 Vgl. ua FG Münster Urt, v. 16.5.2018, NZI 2018, 762; FG Münster Beschl. v. 6.2.2017 – NZI 2017, 492.

157 BT-Drs. 19/25353, 13.

158 BT-Drs. 19/24181, 194 ff.

159 BT-Drs. 19/25303, 103.

160 BT-Drs. 19/25353, 13.

Praxishinweis: Ob der Gesetzgeber sein Ziel mit der in der InsO verankerten Norm des § 15b Abs. 8 InsO erreicht hat, wird die Zukunft zeigen. Die Literatur sieht das zum Teil kritisch.[161] Eine vorherige Abklärung mit den zuständigen Finanzämtern wird regelmäßig nicht möglich sein, so dass hier erst gerichtliche Entscheidungen Rechtssicherheit für die Praxis bringen werden.

III. Geänderte Anforderungen an die Eigenverwaltung im eröffneten Insolvenzverfahren

1. Anordnung der Eigenverwaltung im eröffneten Insolvenzverfahren, § 270f InsO

122 § 270f InsO regelt die Anordnung der Eigenverwaltung im eröffneten Insolvenzverfahren. Die Eigenverwaltung ist nach § 270f Abs. 1 InsO auf Antrag des Schuldners anzuordnen, es sei denn, eine vorläufige Eigenverwaltung wäre nach § 270b InsO nicht anzuordnen oder nach § 270e InsO aufzuheben. Es kann insofern auf die Ausführungen zu diesen Vorschriften verwiesen werden (→ Rn. 47 ff.; 95 ff.). Statt eines Insolvenzverwalters ist ein Sachwalter zu bestellen.

123 § 270b Abs. 1 S 1, Abs. 2 und 3 InsO ist entsprechend anzuwenden. Im Sinne der Gläubigerautonomie ist grundsätzlich der Gläubigerausschuss zu konsultieren, soweit damit keine Verzögerung einhergeht, die die Konsultation ausschließt.[162] Das Gericht ist zudem an einen die Eigenverwaltung unterstützenden einstimmigen Beschluss und einen einstimmigen die Eigenverwaltung ablehnenden Beschluss des vorläufigen Gläubigerausschusses gebunden.

2. Aufhebung der Eigenverwaltung im eröffneten Insolvenzverfahren, § 272 InsO

124 § 272 InsO regelt wie bisher die **Aufhebung der Eigenverwaltung nach Eröffnung** des Insolvenzverfahrens. Die Norm wurde durch das SanInsFOG um die Aufhebungsgründe wegen mangelnder insolvenzrechtlicher Eignung des Schuldners oder Aussichtslosigkeit der Eigenverwaltung nach § 272 Abs. 1 Nr. 1, Nr. 2 InsO ergänzt. Diese entsprechen den Aufhebungsgründen für die vorläufige Eigenverwaltung des § 270e Abs. 1 Nr. 1 InsO (→ Rn. 95 ff.).

125 Somit führen auch im eröffneten Eigenverwaltungsverfahren schwerwiegende insolvenzrechtliche Pflichtverletzungen, das Vorliegen von im wesentlichen unzutreffenden Tatsachen, auf denen die Eigenverwaltungsplanung beruht, zu Mängeln an der Rechnungslegung und Buchführung des Schuldners, soweit diese die Beurteilungsfähigkeit der Eigenverwaltungsplanung ausschließen, sowie das Vorhandensein von Haftungsansprüchen gegen (ehemalige) organschaftliche Vertreter, deren Durchsetzung durch die Eigenverwaltung gefährdet wird, zur Aufhebung der Eigenverwaltung (§ 272 Abs. 1 Nr. 1 InsO). Ferner ist die Eigenverwaltung nach § 272 Abs. 1 Nr. 2 InsO aufzuheben, wenn sich die Erreichung des Eigenverwaltungsziels, also die angestrebte Sanierung, als aussichtslos erweist.

126 Ebenso können die Gläubiger auf das Verfahren nach Eröffnung Einfluss nehmen. Sie haben im eröffneten Verfahren die Möglichkeit, die Aufhebung der Eigenverwaltung

161 *Schmittmann* ZInsO 2021, 211; *Baumert* NZG 2021, 443; *Heinrich* NZI 2021, 258.
162 BT-Drs. 19/24181, 207.

auf Basis eines Beschlusses der Gläubigerversammlung zu beantragen, § 272 Abs. 1 Nr. 3 InsO (→ Rn. 128).

Im Übrigen kann die Eigenverwaltung auch auf Antrag eines absonderungsberechtigten Gläubigers oder eines einfachen Insolvenzgläubigers aufgehoben werden, soweit die Voraussetzungen der Anordnung der Eigenverwaltung des § 270f Abs. 1 iVm § 270b Abs. 1 S. 1 InsO weggefallen sind und dem Antragsteller durch die Eigenverwaltung erhebliche Nachteile drohen. Der Aufhebungsgrund des § 272 Abs. 1 Nr. 4 InsO entspricht im Wesentlichen der Regelung des § 270e Abs. 2 InsO und wurde lediglich durch den Verweis auf die für die Anordnung und Aufhebung der (vorläufigen) Eigenverwaltung redaktionell angepasst. 127

§ 272 Abs. 1 Nr. 3 und 5 InsO entsprechen den Aufhebungsgründen der § 272 Abs. 1 Nr. 1 und Nr. 3 InsO aF und wurden unverändert übernommen. Danach ist die Aufhebung der Eigenverwaltung vorgesehen, wenn dies durch die Gläubigerversammlung mit der in § 76 Abs. 2 InsO genannten Mehrheit (Summe der Forderungsbeträge der zustimmenden Gläubiger mehr als die Hälfte der Summe der Forderungsbeträge der abstimmenden Gläubiger) und der Mehrheit der abstimmenden Gläubiger (§ 272 Abs. 1 Nr. 3 InsO) oder vom Schuldner selbst beantragt wird (§ 272 Abs. 1 Nr. 5 InsO). 128

IV. Haftung des Eigenverwalters in der Eigenverwaltung, § 276a Abs. 2 InsO

Mit § 276a Abs. 2 InsO wird die Haftung des Eigenverwalters, also des mit der Geschäftsführung während der Eigenverwaltung betrauten Organs, normiert. Diese gilt über § 276 Abs. 3 InsO auch im Rahmen des vorläufigen Eigenverwaltungsverfahren. Der Eigenverwalter haftet danach für die Verletzung insolvenzspezifischer Pflichten nach Maßgabe der §§ 60–62 InsO. Der Gesetzgeber beabsichtigt, damit eine bestehende haftungsrechtliche Lücke zu schließen.[163] 129

Hintergrund: Nach der Novellierung der Insolvenzordnung durch das ESUG war strittig, ob der Eigenverwalter im Rahmen eines Eigenverwaltungsverfahrens analog §§ 60, 61 InsO gegenüber außenstehenden Gläubigern haftet oder ob allein eine gesellschaftsrechtliche Haftung gegenüber der Gesellschaft in Betracht kommt.[164] In der Folge hatte der BGH für das eröffnete Eigenverwaltungsverfahren entschieden, dass die für den Insolvenzverwalter geltenden Haftungsnormen, §§ 60, 61 InsO, analog auf den Geschäftsleiter in der Eigenverwaltung anzuwenden sind.[165] Im Anschluss an die Entscheidung wurde im Schrifttum allgemein anerkannt, dass die Entscheidung auch im Rahmen der vorläufigen Eigenverwaltung gelten müsse.[166] 130

Zu einer möglichen subsidiären Haftung des Eigenverwalters im vorläufigen Verfahren aus § 15b Abs. 4 InsO wegen verbotswidriger Zahlungen enthalten die Vorschriften zur Eigenverwaltung keine ausdrückliche Regelung. Der Gesetzgeber hat jedoch 131

163 BT-Drs. 19/24181, 210.

164 Erste Auffassung *Bitter/Baschnagel* ZInsO 2018, 557 (571 ff.); *Klein/Thiele* ZInsO 2013, 2233 (2243 f.); zweite Auffassung so *Thole/Brünkmans* ZIP 2013, 1097; *Bachmann* ZIP 2015, 101 (108 f.).

165 BGH Urt. v. 26.4.2018 – IX ZR 238/17, NZI 2018, 519.

166 *Hölzle* ZIP 2018, 1669 (1670); *Hofmann* ZIP 2018, 1429 (1430); *Bitter* ZIP 2018, 986 (988).

im Rahmen seiner Begründung klargestellt, dass § 15b Abs. 4 InsO durch § 276a Abs. 2, Abs. 3 InsO verdrängt wird.[167]

Praxishinweis: Die praktischen Auswirkungen der Einführung des § 276a Abs. 2 InsO sind als gering einzuschätzen, da die Haftungsfrage nach der Entscheidung des BGH für die Praxis geklärt war. Nicht berücksichtigt wurde allerdings, dass auch eine Haftung des Generalbevollmächtigten nach §§ 60, 61 InsO, der anders als ein CRO nicht Mitglied des Geschäftsführungsorgans und damit auch nicht Adressat des § 276a Abs. 2 InsO ist,[168] sachgemäß gewesen wäre.[169]

C. Würdigung und Ausblick

132 Die Neuregelungen, insbesondere das Erfordernis einer Eigenverwaltungsplanung, erhöhen die Anforderungen an Vorbereitung und Dokumentation bei Antragstellung, machen den Zugang zur Eigenverwaltung jedoch zukünftig besser berechen- und planbar. Schuldner haben die gesetzlich klar geregelten Voraussetzungen zu erfüllen, dann jedoch auch einen Anspruch auf Anordnung der Eigenverwaltung. Gleichzeitig wird durch die Eigenverwaltungsplanung Transparenz für das Insolvenzgericht und die beteiligten Gläubiger geschaffen. Zudem sorgen die mit der Eigenverwaltungsplanung einhergehenden Ablehnungs- und Aufhebungsgründe dafür, dass Schuldner, die offensichtlich für ein Eigenverwaltungsverfahren ungeeignet sind, nicht mehr an die Vorteile der Eigenverwaltung gelangen. Insgesamt ist damit zu rechnen, dass die Qualität der Eigenverwaltungsverfahren durch die erhöhte Transparenz und den stärkeren Gläubigereinfluss zunehmen wird.

Praxishinweis: Der beabsichtigte Gläubigerschutz wird mit den Änderungen des SanInsFoG deutlich gestärkt. Gläubiger können aufgrund der vom Schuldner beim Antrag vorzulegenden betriebswirtschaftlichen Planungsunterlagen der Eigenverwaltungsplanung schon zu einem frühen Zeitpunkt absehen, welches Ergebnis die Eigenverwaltung für Sie bringen wird. Beteiligt sich ein Gläubiger im (vorläufigen) Gläubigerausschuss, wird er von diesen Informationen auch frühzeitig Kenntnis erlangen.

133 Aufgrund des höheren Vorbereitungsaufwands dürfte es jedoch zukünftig für Kleinst- und Kleinunternehmen schwierig sein, eine Eigenverwaltung in Aussicht zu nehmen. Es ist daher bei diesen Unternehmen mit leicht rückläufigen Antragszahlen zu rechnen.

Praxishinweis: Kriselnde Unternehmen werden nur bei Beachtung des § 1 StaRUG und sehr frühzeitigem Erkennen der Krisensignale die Möglichkeit haben, eine Restrukturierung nach StaRUG oder eine Eigenverwaltung nach InsO umzusetzen. Beide Optionen erfordern eine aufwendige betriebswirtschaftliche und verfahrensmäßige Planung. Diesen zeitlichen Vorlauf und finanziellen Aufwand werden nur wenige Unternehmen und deren Geschäftsleitung berücksichtigen und stemmen können.

167 BT-Drs. 19/24181, 195.
168 Vgl. zur alten Rechtslage *Hölzle* ZIP 2018, 1669 (1675).
169 *Frind* NZI 2020, 865 (871).

§ 19 Änderungen im Insolvenzplanverfahren nach den §§ 217 ff. InsO

A. Insolvenzplan – Allgemeines

I. Einführung

1 Der Insolvenzplan ermöglicht die Restrukturierung und Fortführung des Rechtsträgers im Insolvenzverfahren. Er kann sowohl im Eigenverwaltungsverfahren als auch in der Fremdverwaltung vorgelegt werden. Mit dem Gesetz zur weiteren Erleichterung der Sanierung von Unternehmen (ESUG) aus dem Jahr 2012 wurden die Gestaltungsmöglichkeiten im Rahmen eines Insolvenzplans erweitert und das Eigenverwaltungsverfahren gestärkt.[1] Die Insolvenz in Eigenverwaltung und die Restrukturierung über einen Insolvenzplan sind hierdurch eine wesentliche strategische Option geworden, bereits bei drohender Zahlungsunfähigkeit. Im Gegensatz zum Restrukturierungsplan nach dem StaRUG sind in den Insolvenzplan sämtliche Gläubiger einzubeziehen und es reicht eine **einfache Kopf- und Summenmehrheit** in jeder Gruppe zur Planannahme.[2]

II. Das Insolvenzplanverfahren

2 Im Insolvenzverfahren kann durch einen Insolvenzplan von der Regelabwicklung abgewichen werden. Der Insolvenzplan ist dem Grunde nach ein im Insolvenzverfahren geschlossener **Vergleich mit den Gläubigern**. Die konkrete Rechtsnatur wird uneinheitlich bewertet.[3] Ein Insolvenzplan wird nach den §§ 217 ff. InsO den Beteiligten

1 BT-Drs. 17/5712, 2.

2 *Morgen/Arends/Schierhorn* ZRI 2021, 305 (307).

3 Laut Gesetzesbegründung handelt es sich bei einem Insolvenzplan um eine „privatautonome, den gesetzlichen Vorschriften entsprechende Übereinkunft der mitspracheberechtigten Beteiligten über die Verwertung des haftenden Schuldnervermögens unter voller Garantie des Werts der Beteiligtenrechte“ (BT-Drs. 12/2443, 91). Der BGH sieht im Insolvenzplan ein „spezifisch insolvenzrechtliches Instrument“, durch das die Gesamtheit der Gläubiger ihre Befriedigung organisiere und damit ein insolvenzrechtliches Instrument „*sui generis*“ (BGH NZI 2014, 262 (264); BGH NZI 2006, 100; zustimmend Kübler/Prütting/Bork/*Spahlinger* InsO § 217 Rn. 60). In der Literatur wird der Insolvenzplan als Vergleich iSd § 779 BGB (FK-InsO/*Jaffé* § 217 Rn. 45;

im Insolvenzverfahren zur Erörterung und Abstimmung vorgelegt und nach Zustimmung der zu bildenden Gruppen und Eintritt etwaiger Bedingungen vom Insolvenzgericht bestätigt. Im Insolvenzplan können nach § 217 S. 1 InsO die Befriedigung der absonderungsberechtigten Gläubiger sowie der Insolvenzgläubiger, die Verwertung und die Verteilung der Insolvenzmasse sowie die Verfahrensabwicklung und die Haftung des Schuldners abweichend von den Vorschriften der InsO geregelt werden. Der Insolvenzplan soll den Beteiligten im Insolvenzverfahren **maximale Flexibilität** zur Erreichung des bestmöglichen und von den relevanten Mehrheiten gewollten Ergebnisses bieten.[4] Ein Insolvenzplan führt regelmäßig auch zur Beendigung des Insolvenzverfahrens. Es kann jedoch auch ein verfahrensleitender Insolvenzplan vorgelegt werden, der nur einzelne Aspekte abweichend von der InsO regelt und das Insolvenzverfahren im Übrigen in der Regelabwicklung belässt, § 258 Abs. 1 InsO.[5] Bei einem verfahrensaufhebenden Insolvenzplan kann sich eine bis zu dreijährige Planüberwachung anschließen, in der im Insolvenzplan definierte Maßnahmen und Verteilungen oder die Erfüllung von Besserungsklauseln umgesetzt werden. Die Planüberwachung erfolgt in diesen Fällen durch den Insolvenzverwalter, § 261 Abs. 1 S. 1 InsO, oder den Sachwalter, § 284 Abs. 2 InsO.

3 Ein Insolvenzplan kann jede gesellschaftsrechtlich zulässige Regelung vorsehen und umsetzen, § 225a InsO. Notwendige Erklärungen gelten als in der gesellschaftsrechtlich bzw. sachenrechtlich notwendigen **Form** abgegeben, wenn sie im Plan enthalten sind. Sie können dem Insolvenzplan hierzu auch als Anlage beigefügt sein.[6]

4 Über den Insolvenzplan wird in **Gruppen** abgestimmt, wobei jeder Beteiligte mindestens einer Gruppe zuzuordnen ist, jedoch auch in mehreren Gruppen vertreten sein kann.[7] Stimmt die Mehrheit der Gruppen dem Insolvenzplan mit Kopf- und Summenmehrheit zu, bestätigt das Insolvenzgericht ihn. Es gilt die absolute Prioritätsregel des § 245 Abs. 1 Nr. 2, Abs. 2 S. 1 Nr. 2, 3 InsO. Hiernach darf kein Gläubiger schlechtergestellt werden als andere Gläubiger gleichen oder hinteren Ranges. Der Maßstab, nach der ein Insolvenzplan auszurichten ist und den die Gläubiger vor einer Zustimmung prüfen, richtet sich danach, wie der Plan sie im Vergleich zur Regelabwicklung ohne Insolvenzplan stellt.

5 Durch den im Insolvenzplan regelmäßig enthaltenen **Schuldenschnitt** entsteht bei bilanzierenden Schuldnern ein Bilanzgewinn auf der Passivseite. Dieser Bilanzgewinn kann besteuert werden, weshalb der Gesetzgeber die Regelungen des § 3a EStG und § 7b GewStG zur Steuerbefreiung unter bestimmten Voraussetzungen geschaffen hat.

BK-InsR/*Flöther/Wehner* § 217 Rn. 15), privatrechtlicher Vertrag eigener Art (*Schiessler*, Der Insolvenzplan, 1997, 22) oder als gemischt materiellrechtlicher oder verfahrensrechtlicher Vertrag angesehen (MüKoInsO/*Eidenmüller* § 217 Rn. 13 ff.; *Smid/Rattunde/Martini*, 110, Rn. 7.5). In der Praxis besteht Konsens, dass sich die Auslegung von Planregelungen grundsätzlich nach den §§ 133, 157 BGB richtet und nicht nach dem objektiven Erklärungsbefund (vgl. Nerlich/Römermann/*Rühle* InsO § 217 Rn. 10).

4 Uhlenbruck/*Lüer/Streit*, Vor §§ 217–269 Rn. 1.

5 BT-Drs. 17/7511, 35; Graf-Schlicker/*Kebekus/Wehler* InsO § 258 Rn. 1; Uhlenbruck/*Lüer/Streit* InsO § 258 Rn. 4; K. Schmidt/*Spliedt* InsO § 258 Rn. 3.

6 MüKoInsO/*Eidenmüller* InsO § 225a Rn. 102; *Madaus* ZIP 2012, 2133 (2137 f.); K. Schmidt/*Spliedt* InsO § 225a Rn. 34.

7 LG Traunstein NZI 1999, 461 (462); Graf-Schlicker/*Kebekus/Wehler* InsO § 243 Rn. 1.

III. Muster-Gliederung eines Insolvenzplans

Die InsO gibt in § 219 InsO für die Gliederung lediglich die Aufteilung in einen darstellenden und einen gestaltenden Teil sowie die Beifügung der in §§ 229, 230 InsO vorgesehenen Anlagen vor. Aus den Regelungen der §§ 217 ff. InsO ergibt sich die Notwendigkeit bestimmter, in nahezu jedem Insolvenzplan vorgesehener Regelungen. Von der nachfolgenden Muster-Gliederung für Insolvenzpläne juristischer Personen kann daher abgewichen werden.[8] Sie ist auch nach Umsetzung der Regelungen des SanInsFoG anwendbar. 6

Muster: Gliederung eines Insolvenzplans 7

1. Darstellender Teil

1.1. Wesentliche Planinhalte und Zielsetzung
1.2. Rechtliche Verhältnisse
1.3. Wirtschaftliche Entwicklung und Ursachen der Insolvenz
1.4. Informationen zum Insolvenzverfahren
1.5. Planmechanismus
1.6. Leitbild der sanierten Gesellschaft
1.7. Leistungswirtschaftliche Sanierung
1.8. Finanzwirtschaftliche Sanierung
1.9. Vergleichsrechnung, § 222 Abs. 2 S. 2 InsO
1.10. Gruppenbildung und Zusammenfassung der Ergebnisse
1.11. Darstellung der Verfahrenskosten

2. Gestaltender Teil

2.1. Planbedingungen, Rechtskraft und Vollzug des Insolvenzplans
2.2. Gruppenbildung
2.3. Regelungen für die einzelnen Gruppen
2.4. Gesellschaftsrechtliche Maßnahmen und Beschlüsse
2.5. Zustimmung der Gruppen zur Vergütung[9]
2.6. Rechte der nachrangigen Insolvenzgläubiger, § 225 InsO
2.7. Vollstreckungsschutz und Verjährung, §§ 259a, 259b InsO
2.8. Regelungen zum Wiederaufleben von Forderungen, § 255 InsO
2.9. Bestrittene und nicht angemeldete Forderungen, (Teil-)Rücknahmen
2.10. Verzinsung und Verfahrensaufhebung
2.11. Umgang mit Anfechtungsansprüchen, § 259 Abs. 3 S. 1 InsO
2.12. Regelungen zur Schlussrechnung, § 66 Abs. 4 InsO
2.13. Bevollmächtigung im Sinne des § 221 S. 2 InsO

3. Anlagen, §§ 229, 230 InsO

IV. Ablauf eines Insolvenzplanverfahrens

Zur **Vorlage** eines Insolvenzplans berechtigt sind der Schuldner sowie der Insolvenzverwalter, § 218 Abs. 1 S. 1 InsO. Beauftragt die Gläubigerversammlung den Sachwalter nach § 284 InsO zur Vorlage eines Insolvenzplans, ist auch der Sachwalter zur Vorlage berechtigt.[10] Jedes Insolvenzverfahren kann auch ohne Vorlage eines Insol- 8

8 Weitere Muster-Gliederungen: IDW, Anforderungen an Insolvenzpläne (IDW S 2), Stand: 18.11.2019, Anlage 1, IDW Life 1/2020, 45 ff. (dazu vor dem Hintergrund des SanInsFoG: *Harig/Harder* ZRI 2021, 67); für Verbraucherinsolvenzverfahren: VIA 2018, 41 ff.

9 Eine Festlegung der Vergütung des (vorläufigen) Insolvenzverwalters/Sachwalters im Insolvenzplan ist nicht möglich (vgl. BGH NZI 2017, 260). Die Festsetzung obliegt daher stets dem Insolvenzgericht. Die Gläubiger können lediglich für das Insolvenzgericht unverbindlich Ihre Zustimmung zur beabsichtigten Vergütung erklären.

10 Uhlenbruck/*Lüer/Streit* InsO § 218 Rn. 15; K. Schmidt/*Spliedt* InsO § 218 Rn. 11.

venzplans im Rahmen der Regelabwicklung beendet werden, durch vollständige Verwertung des Vermögens und Schlussverteilung. Dies gilt auch für die Eigenverwaltung und das Schutzschirmverfahren.[11]

9 Der Insolvenzplan gliedert sich in einen **darstellenden und einen gestaltenden Teil.** Während der darstellende Teil nach § 220 InsO die Grundlagen, Maßnahmen und deren Auswirkungen für die Beteiligten zu beschreiben hat, legt der gestaltende Teil nach § 221 InsO fest, wie die Rechtstellung der Beteiligten sich konkret ändert. Hier werden Forderungsverzichte, Eingriffe in Absonderungsrechte, vollstreckbare Quotenansprüche sowie gesellschaftsrechtliche Maßnahmen geregelt und umgesetzt.[12]

10 Der Insolvenzplan wird beim Insolvenzgericht eingereicht und nach § 231 InsO geprüft. Zuständig ist nach § 18 Abs. 1 Nr. 2 RPflG der Richter. Das Insolvenzgericht kann den Insolvenzplan zurückweisen, wenn ein in § 231 Abs. 1 oder 2 InsO geregelter Grund gegeben ist. Das Insolvenzgericht prüft hierbei nur die rechtlichen Voraussetzungen, nicht die wirtschaftliche Plausibilität.[13] Die wirtschaftliche Entscheidung soll stets den hierüber abstimmenden Gläubigern bzw. deren Mehrheit obliegen.[14] Das Insolvenzgericht holt Stellungnahmen der Beteiligten nach § 232 InsO ein, insbesondere des Gläubigerausschusses und der jeweils anderen vorlageberechtigten Partei (Schuldner oder Insolvenzverwalter). Im Eigenverwaltungsverfahren erfolgt die Stellungnahme des Sachwalters, wenn dieser den Plan nicht selbst vorlegt. Das Insolvenzgericht terminiert einen **Erörterungs- und Abstimmungstermin**, wenn kein Zurückweisungsgrund vorliegt. In diesem Termin werden der Insolvenzplan sowie die Stimmrechte der Beteiligten erörtert und anschließend über den Insolvenzplan abgestimmt, § 235 Abs. 1 S. 1 InsO. Es handelt sich beim Erörterungs- und Abstimmungstermin um eine Gläubigerversammlung.[15] Die Abstimmung erfolgt in den nach § 222 Abs. 1 InsO zwingend zu bildenden **Gruppen** sowie ggf. weiteren, nach § 222 Abs. 2 InsO gebildeten Gruppen von Beteiligten mit gleicher Rechtstellung und gleichartigen wirtschaftlichen Interessen. Es ist nach § 222 Abs. 1 S. 2 Nr. 1 InsO verpflichtend eine Gruppe der absonderungsberechtigten Gläubiger zu bilden, wenn durch den Plan in deren Rechte eingegriffen wird. Erfolgt ein solcher Eingriff nicht, ist eine solche Gruppe nicht zu bilden.[16] Darüber hinaus ist stets eine Gruppe der nicht nachrangigen Insolvenzgläubiger zu bilden, § 222 Abs. 1 S. 2 Nr. 2 InsO. Nach § 222 Abs. 1 S. 2 Nr. 3 InsO ist eine Gruppe der nachrangigen Insolvenzgläubiger erforderlich, soweit deren Forderungen nicht nach § 225 InsO als erlassen gelten sollen. Eine Gruppe der Gesellschafter ist nach § 222 Abs. 1 S. 2 Nr. 4 InsO zu bilden, wenn deren Anteils- oder Mitgliedschaftsrechte im Plan einbezogen werden. Dies ist bereits der Fall, wenn die Fortführung der Gesellschaft beschlossen wird.[17] Arbeitnehmer sollen nach § 222 Abs. 3 S. 1 InsO eine eigene Gruppe bilden, wenn sie als Insolvenzgläubiger mit

11 *Reus/Höfer/Harig* NZI 2019, 57 (60); Braun/*Riggert* § 270 Rn. 8.
12 Uhlenbruck/*Lüer/Streit* InsO § 221 Rn. 3–13.
13 BGH NZI 2015, 697 (698); BSG NZI 2003, 337 (338).
14 BSG NZI 2003, 337 (338); LG Hamburg ZIP 2018, 389 (391); *Madaus* NZI 2017, 697 (700).
15 BGH NZI 2010, 734 (736); K. Schmidt/*Spliedt* InsO § 235 Rn. 1.
16 Braun/*Braun/Frank* InsO § 222 Rn. 5.
17 *Horstkotte* ZInsO 2014, 1297 (1305); Uhlenbruck/*Lüer/Streit* InsO § 222 Rn. 21.

nicht unerheblichen Forderungen beteiligt sind.[18] Der Pensions-Sicherungs-Verein (PSVaG) beansprucht ebenfalls eine eigene Gruppe, da §§ 7, 9 BetrAVG regelmäßig eine Besserstellung des PSVaG vorsehen.[19] Eine solche Besserstellung ist gesondert zu regeln, mithin eine eigene Gruppe zu bilden.[20]

Die Abstimmung in Gruppen erfolgt nach Kopf- und Summenmehrheit der abstimmenden Gläubiger, §§ 243, 244 InsO. Zur Annahme des Insolvenzplans bedarf es der Mehrheit der abstimmenden Gläubiger und der Mehrheit der Summe ihrer Ansprüche. Das Insolvenzgericht kann nach § 245 Abs. 1 InsO die **Zustimmung einer Gruppe ersetzen**, wenn kumulativ 11

- die Angehörigen der Gruppe durch den Plan voraussichtlich nicht schlechtergestellt werden als sie ohne Plan stünden,
- sie angemessen am wirtschaftlichen Wert beteiligt werden und
- die Mehrheit der abstimmenden Gruppen dem Plan mit den erforderlichen Mehrheiten zugestimmt hat.

Eine **angemessene Beteiligung am wirtschaftlichen Wert** liegt nach § 245 Abs. 2 InsO wiederum vor, wenn kumulativ 12

- kein anderer Gläubiger wirtschaftliche Werte erhält, die seine Forderung übersteigen,
- kein im Vergleich zu der überstimmten Gruppe nachrangiger Gläubiger seinerseits Werte erhält und
- kein gleichrangiger Gläubiger bessergestellt wird als die Gläubiger, deren Zustimmung durch das Gericht ersetzt wird.

Das Gericht bestätigt den Plan, wenn die erforderlichen Mehrheiten erreicht und etwaige **Bedingungen** im Sinne des § 249 InsO eingetreten sind.[21] Hiergegen können Gläubiger gemäß § 251 InsO einen Antrag auf **Minderheitenschutz** stellen. Voraussetzung ist, dass der Antragsteller dem Plan widersprochen, gegen den Plan gestimmt hat und glaubhaft macht, dass er durch den Plan wesentlich schlechtergestellt wird als er ohne den Plan stünde. Darüber hinaus gibt es die Möglichkeit der **sofortigen Beschwerde** nach § 253 InsO, die die gleichen Zulässigkeitsvoraussetzungen hat. Die 13

18 Vgl. Uhlenbruck/*Lüer/Streit* InsO § 222 Rn. 33: Forderungen der Arbeitnehmer sind solche, die nicht über das Insolvenzgeld nach den §§ 165 ff., 323 ff. SGB III abgedeckt sind. Wonach sich die Erheblichkeit der Forderungen der Arbeitnehmer bestimmt wird unterschiedlich beantwortet. LG Mühlhausen NZI 2007, 724 (725); HambKommInsR/*Thies* InsO § 222 Rn. 25; Uhlenbruck/*Lüer/Streit*, § 222 Rn. 34 und *Krings* ZInsO 2017, 577 (578 f.) wollen eine pauschale Berechnung nicht zulassen und fordern (mit graduellen Unterschieden) jedenfalls, dass die Forderungen der Arbeitnehmer für eine eigene Gruppe mindestens 10 % des Jahreseinkommens von mindestens 25 % der Arbeitnehmer darstellen. Die Einkommensverhältnisse der Arbeitnehmer als Anknüpfungspunkt legt auch die Gesetzesbegründung nahe. Nach dieser weicht die Interessenlage der Arbeitnehmer von der anderer Insolvenzgläubiger ab, „da die Arbeitsverhältnisse über den Zeitpunkt der Verfahrenseröffnung hinaus fortbestehen und da im Verfahren über die Erhaltung der Arbeitsplätze entschieden wird" (BT-Drs. 12/2443, 200). Haarmeyer/Wutzke/Förster HdB InsO, Kap. 9 Rn. 76 erkennt eine Erheblichkeit der Forderungen ab 10 % der Gesamtverbindlichkeiten an. Dagegen stellt das LAG Düsseldorf ZIP 2011, 2487 (2488) pauschal auf einen Betrag von wenigstens 500 EUR ab.

19 *Uhlenbruck* NZI 2020, 878 (879) mwN.

20 MüKoInsO/*Eidenmüller* § 222 Rn. 160.

21 Vgl. BVerfG BeckRS 2020, 29958: Für Richter, die einen Insolvenzplan bestätigen, gilt das Spruchrichterprivileg, da mit der Insolvenzplanbestätigung gemäß § 248 InsO „*eine letztverbindliche Klärung der Rechtslage in einem Streitfall in einem besonders geregelten Verfahren*" erfolgt. Daher gehört ein Richter im Insolvenzplanverfahren zur rechtsprechenden Gewalt.

Glaubhaftmachung der wesentlichen Schlechterstellung hat innerhalb der Beschwerdefrist zu erfolgen.[22] Die Regelung des § 251 Abs. 3 InsO sieht vor, dass finanzielle Ausgleichsmittel zur Kompensation einer Schlechterstellung bereitgestellt werden können, um eine Blockade des Plans zu vermeiden.[23] Der Antragsteller auf Minderheitenschutz/Beschwerdeführer ist dann auf den ordentlichen Rechtsweg verwiesen, § 251 Abs. 3 S. 2 oder § 253 Abs. 4 S. 4 InsO.

14 Wird der Beschluss über die Bestätigung des Insolvenzplans rechtskräftig, hebt das Insolvenzgericht das Insolvenzverfahren nach § 258 InsO auf, wenn der Plan nichts anderes vorsieht. Eine **Planüberwachung** kann sich hieran anschließen, ist jedoch vom Insolvenzgericht gesondert durch Beschluss anzuordnen und nach spätestens drei Jahren oder Erfüllung der zu überwachenden Ansprüche aufzuheben, § 268 Abs. 1 InsO.

V. Insolvenzplanverfahren bei juristischen Personen oder Gesellschaften ohne Rechtspersönlichkeit

15 Ein Insolvenzplan über das Vermögen von juristischen Personen oder Personen ohne Rechtspersönlichkeit sieht regelmäßig die Fortführung des Unternehmens vor, mit der bestehenden Gesellschafterstruktur oder einem Gesellschafterwechsel. In beiden Fällen sind die Alternativen, mithin die Liquidation sowie der Verkauf an einen (anderen) Erwerber mittels übertragender Sanierung oder alternativem Insolvenzplan darzustellen. Der Insolvenzplan kann auch eine Liquidation vorsehen.[24] Auch in diesen Fällen ist der Verkaufsfall darzustellen bzw. dessen fehlende Erfolgsaussichten. Für diese Darstellung ist es häufig notwendig, neben der Vorbereitung des Insolvenzplans einen geordneten Verkaufsprozess durchzuführen oder dessen Erfolgsaussichten bewerten zu lassen (sog. **Dual Track**).[25] In geeigneten Fällen wird eine Markteinschätzung oder Unternehmensbewertung durch entsprechende Sachverständige ausreichen.[26] Jedenfalls sollte ein Votum des (vorläufigen) Gläubigerausschuss oder der Gläubigerversammlung zur Frage der Bewertung eingeholt werden.[27]

---

22 LG Köln NZI 2021, 397 (398).

23 Uhlenbruck/*Lüer*/*Streit* InsO § 251 Rn. 33; HambKommInsR/*Thies* InsO § 251 Rn. 12.

24 MüKoInsO/*Janssen* § 157 Rn. 7; K. Schmidt/*Jungmann* InsO § 157 Rn. 19–23.

25 Ein Dual Track Verfahren ist nach einigen Ansichten (zum Teil nur bei Großverfahren) regelmäßig durchzuführen: AG Hamburg ZInsO 2014, 569; *Bork*/*Hölzle* InsR-HdB Rn. 76 ff.; *Fröhlich*/*Eckhardt* ZInsO 2015, 925; Uhlenbruck/*Lüer*/*Streit* InsO § 220 Rn. 16; *Nerlich* FS Prütting, 2017, 717 (724); *Hofmann*, Eigenverwaltung, 2. Aufl. 2016, Rn. 541; *Reus*/*Höfer*/*Harig* NZI 2019, 57 (60); *Leib*/*Rendels* EWiR 2015, 23 (24); *Fröhlich*/*Eckhardt* ZInsO 2015, 925 (925); *Fröhlich*/*Bächstädt* ZInsO 2011, 985 (990); *Harig*/*Harder* ZRI 2021, 67 (72); *Morgen*/*Arends*/*Schierhorn* ZRI 2021, 305 (310).
Nach Ansicht des LG Stade besteht keine Pflicht zur Durchführung eines Dual Track Verfahrens (LG Stade ZInsO 2018, 614; zustimmend: *Schröder* ZInsO 2018, 668, (669); kritisch dazu *Rendels* EWiR 2018, 345). Auch in der Literatur gibt es Stimmen gegen ein regelmäßiges Dual-Track Verfahren: *Schröder*/*Rekers* ZInsO 2019, 711 (713 f.); *Berner*/*Köster*/*Lambrecht* NZI 2018, 425 (430); *Buchalik*/*Schröder* ZInsO 2016, 189 (191 ff.).

26 AG München ZInsO 2018, 1925 (1926); *Schröder*/*Rekers* ZInsO 2019, 711, (718).

27 LG Hamburg ZInsO 2015, 209; AG Cuxhaven ZInsO 2017, 2128 (2129) *obiter dictum*.

VI. Insolvenzplanverfahren bei natürlichen Personen

Insolvenzpläne können seit dem 1.7.2014 auch in Verbraucherinsolvenzverfahren vorgelegt werden.[28] Im Insolvenzverfahren über das Vermögen von Personen, die eine selbstständige wirtschaftliche Tätigkeit ausüben, war dies auch zuvor möglich. In diesem Fall sind neben dem privaten Vermögen auch die Vermögensgegenstände des Geschäftsbetriebs in einer Vergleichsrechnung darzustellen. 16

Bei natürlichen Personen (Verbraucher und selbstständig Tätige) ist ein wesentlicher Treiber der Vergleichsrechnung das **pfändbare Einkommen** bis zum Ablauf der Abtretungsfrist des § 287 Abs. 2 InsO.[29] Mit dem am 1.1.2021 in Kraft getretenen Gesetz zur Verkürzung des Restschuldbefreiungsverfahrens wurde diese rückwirkend für die Zeit ab 1.10.2020 auf drei Jahre reduziert.[30] Hierdurch werden auch Insolvenzpläne zu geringeren Quoten führen, da das Vergleichsszenario schlechter ist.[31] Die Gläubiger werden für eine Abweichung von der Regelabwicklung berechnen, welche pfändbaren Anteile in der Insolvenzmasse landen würden, wenn das Insolvenzverfahren bis zum Ablauf der Abtretungsfrist geführt würde. In Verfahren, in denen der Schuldner keinen Antrag auf Restschuldbefreiung nach § 287 Abs. 1 S. 1 InsO gestellt hat, werden die Gläubiger ein zweites Verfahren mit einem solchen Antrag durchkalkulieren, soweit sie nicht Forderungen im Sinne des § 302 InsO innehaben, die nicht von einer Restschuldbefreiung umfasst wären.[32] 17

Der Schuldner als natürliche Person kann auch im Insolvenzplan nicht gezwungen werden, seinen Betrieb fortzuführen, § 230 Abs. 1 S. 1 InsO.[33] 18

B. Änderungen im Insolvenzplanverfahren durch das SanInsFoG

Das SanInsFoG setzt eine Reihe von Ergänzungen und Verfahrensverbesserungen um, die insbesondere aus den Ergebnissen der ESUG-Evaluierung hervorgingen.[34] Die für die Restrukturierungspraxis wichtigsten Änderungen werden nachfolgend thematisch geordnet dargestellt. 19

I. Vergleichsrechnung

Die Regelung des § 220 Abs. 2 S. 2 InsO sieht seit dem SanInsFoG vor, dass der darstellende Teil des Insolvenzplans eine **Vergleichsrechnung** enthalten muss, welche die Auswirkungen des Plans auf die voraussichtliche Befriedigung der Gläubiger darstellt. Der Gesetzgeber sieht die Vergleichsrechnung als zentrales Element des Insolvenzplans.[35] Vergleichsszenario ist das **nächstbeste Alternativszenario.**[36] 20

---

28 Aufhebung der Nichtanwendungsvorschrift des § 312 Abs. 2 InsO durch BGBl. I 2379 (2383, 2385); Uhlenbruck/*Lüer/Streit* InsO § 217 Rn. 9.
29 Brünkmans/Thole/*Webel* § 28 Rn. 54 ff.
30 BGBl. I 3328; BT-Drs. 19/21981, 19; Überblick bei: *Schülke/Baschnagel* DStR 2021, 295.
31 *Harig* VIA 2020, 89 (90).
32 *Harig* VIA 2020, 9 (10).
33 Uhlenbruck/*Sinz* InsO § 230 Rn. 2.
34 BT-Drs. 19/24181, 84.
35 BT-Drs. 19/24181, 200.
36 *Skauradszun* ZIP 2021, 1091 (1092).

21 Soweit der Insolvenzplan die **Fortführung des Unternehmens** vorsieht, ist auch in der Vergleichsrechnung bei der Ermittlung der voraussichtlichen Befriedigung der Gläubiger ohne Insolvenzplan regelmäßig zu unterstellen, dass das Unternehmen fortgeführt wird, § 222 Abs. 2 S. 3 InsO. Eine Ausnahme hiervon soll nach § 220 Abs. 2 S. 4 InsO nur gelten, wenn ein Verkauf des Unternehmens oder eine anderweitige Fortführung aussichtslos sind. Der Gesetzgeber will nach entsprechender Empfehlung aus der ESUG-Evaluierung vermeiden, dass Befriedigungsquoten durch eine Vergleichsrechnung nur mit der Liquidation künstlich kleingerechnet werden.[37] Dies bedeutet, dass im darstellenden Teil des Insolvenzplans ausführlich und begründet darzulegen ist, ob eine Fortführung des Unternehmens nach einem Verkauf mittels Asset Deal und/oder alternativem Insolvenzplan in Betracht kommen kann und welche Erlöse und Befriedigungsaussichten sich in diesen Szenarien für die Gläubiger der verschiedenen Gruppen jeweils ergeben.[38] Dies entspricht auch der Ansicht des BGH, der die pauschale Behauptung, die Ablehnung des Insolvenzplans führe zur Liquidation, nicht ausreichen lässt.[39] Die **Liquidation** des Unternehmens mit entsprechenden Kosten, ist ebenfalls darzustellen. Dies gibt den Gläubigern einen Eindruck der Rückfallebene.

22 Für die begründete Darstellung der Alternativszenarien und der Aussichtslosigkeit eines Verkaufs oder einer anderweitigen Fortführung im Sinne des § 220 Abs. 2 S. 4 InsO bedarf es regelmäßig eines **strukturierten Verkaufsprozesses**, einer fundierten **Markteinschätzung** oder einer begründeten Stellungnahme der beteiligten Stakeholder, inklusive des Gläubigerausschusses. Es gibt Fälle, in denen ein strukturierter Verkaufsprozess oder eine Markteinschätzung und der damit verbundene Kostenaufwand nicht notwendig sind, da ein Verkauf unrealistisch ist. Dies sind beispielsweise Fälle, in denen die Fortführung des Unternehmens von der Gewährung von anderweitig vergebenen Marken- oder Lizenzrechten abhängt oder Fälle, bei denen ein Unternehmen aufgrund seiner Struktur oder Größe keinen Investor finden wird, so dass absehbar ist, dass die Fortführung in bisheriger Inhaberschaft für die Gläubiger das beste Ergebnis bieten wird. In diesen Fällen sollte der (vorläufige) Gläubigerausschuss in die Entscheidungsfindung eingebunden werden.[40] Der zeitliche Aufwand eines strukturierten Verkaufsprozesses oder einer Markteinschätzung darf nicht unterschätzt werden, so dass hiermit frühzeitig begonnen werden sollte, um nicht unter Zeitdruck zu geraten.

23 Vor der gesetzlichen Regelung einer Vergleichsrechnung in § 220 Abs. 2 S. 2 InsO wurde diese bereits vorausgesetzt.[41] Praktisch ist das Bedürfnis nach einer fundierten Vergleichsrechnung auch ohne die Neuregelungen des § 220 Abs. 2 S. 2 InsO gegeben. Die Gläubiger stimmen einem Insolvenzplan regelmäßig nur zu, wenn die Alternativen plausibel dargelegt und ihre hiermit verbundenen Befriedigungsaussichten

37 BT-Drs. 19/24181, 200.
38 *Skauradszun* ZIP 2021, 1091 (1095).
39 BGH NZI 2015, 697 (701).
40 IDW S 2, Rn. 77.
41 IDW S 2, Rn. 76; Die Vergleichsrechnung war im Regierungsentwurf der InsO in § 259 vorgesehen (BT-Drs. 12/2443, 50, 197). Eine gesetzliche Regelung wurde nur aufgrund einer redaktionellen Straffung der InsO bisher nicht gefasst (BT-Drs. 12/7302, 182 zu §§ 258–262, 96).

sichtbar werden. Dies entspricht auch dem Gedanken des § 1 InsO, der von der bestmöglichen Gläubigerbefriedigung als primärem Verfahrenszweck ausgeht.[42]

II. Reform einzelner Verfahrensbestandteile

1. Rechnungslegung

Das SanInsFoG stellt mit einer Änderung in § 66 Abs. 4 InsO klar, dass der Insolvenzplan eine abweichende Regelung von der insolvenzrechtlichen **Rechnungslegung** im Sinne des § 66 Abs. 1 bis 3 InsO treffen kann. Bisher war diese Regelung in § 66 Abs. 1 S. 2 InsO auf die Schlussrechnungslegung des Insolvenzverwalters gegenüber der Gläubigerversammlung begrenzt. 24

Die Verschiebung in § 66 Abs. 4 InsO will die Schlussrechnung in Gänze zu Disposition der Gläubiger stellen.[43] Auch die Schlussrechnungsprüfung durch das Insolvenzgericht im Sinne des § 66 Abs. 2 S. 1 InsO kann somit über einen Insolvenzplan abweichend geregelt werden. Konsequenterweise können durch die Gläubigerversammlung nach § 66 Abs. 3 S. 1 InsO bereits aufgegebene **Zwischenrechnungen** durch einen Insolvenzplan modifiziert oder der Auftrag hierzu aufgehoben werden. Die Gläubigergemeinschaft soll auf eine Rechnungslegung verzichten und auch die gerichtliche Schlussrechnungsprüfung entbehrlich machen können, wenn dies mit entsprechenden Mehrheiten beschlossen wird. Insbesondere in größeren Insolvenzverfahren werden durch die Insolvenzgerichte schon aus Kapazitätsgründen externe Schlussrechnungsprüfer beauftragt.[44] Der hiermit verbundene Zeit- und Kostenaufwand soll zur Disposition der Gläubigergemeinschaft stehen. 25

Das Gesetz regelt nicht, dass auch die **Kassenprüfung** durch den (vorläufigen) Gläubigerausschuss im Sinne des § 69 S. 2 InsO abweichend durch einen Insolvenzplan geregelt werden kann. Zwar wird der Gläubigerausschuss durch die Gläubigerversammlung gewählt und die Prüfung des Gläubigerausschusses kann auf Dritte übertragen werden.[45] Jedoch ist die Kassenprüfpflicht eine zentrale Aufgabe der Ausschussmitglieder.[46] Sie müssen die Ergebnisse einer extern vergebenen Kassenprüfung zumindest plausibilisieren und sich ein eigenes Bild verschaffen. Potenzielle Haftungsansprüche gegen die Gläubigerausschussmitglieder können daher durch einen Insolvenzplan nicht ausgeschlossen werden.[47] Würde die Kassenprüfung gegen den Willen einzelner Gläubigerausschussmitglieder für bestimmte Zeiträume aufgehoben, könnten diese nicht mehr durch Wahrnehmung ihrer Prüfpflicht der Haftung vorbeugen. 26

2. Rangfolge bei Insolvenzplan in der Masseunzulänglichkeit

Das SanInsFoG ändert § 210a Nr. 2 InsO dahingehend, dass die nicht nachrangigen Insolvenzgläubiger ausdrücklich an die Stelle der nachrangigen Gläubiger treten, wenn ein Insolvenzplan bei **Masseunzulänglichkeit** vorgelegt wird. 27

42 BVerfG NZI 2006, 453 (454); MüKoInsO/*Ganter/Bruns* § 1 Rn. 20; Braun/*Ludwig* InsO § 1 Rn. 3.
43 BT-Drs. 19/24181, 198.
44 K. Schmidt/*Rigol* InsO § 66 Rn. 22.
45 Uhlenbruck/*Knof* InsO § 69 Rn. 23.
46 *Ampferl/Kilper* ZIP 2015, 553.
47 Zur Haftung der Mitglieder des Gläubigerausschusses im Rahmen der sog. Kassenprüfung siehe BGH NZI 2015, 799.

28 Bisher war für die nicht nachrangigen Insolvenzgläubiger im Fall eines Insolvenzplans bei Masseunzulänglichkeit nach § 210a Nr. 2 InsO geregelt, dass § 246 Nr. 2 InsO entsprechend gilt, so dass ihre Zustimmung zum Insolvenzplan entsprechend der Zustimmung nachrangiger Insolvenzgläubiger fingiert wurde, wenn keine Schlechterstellung gegenüber anderen Gruppen erfolgte oder sich kein Gläubiger der Gruppe an der Abstimmung beteiligte. Hieraus wurde geschlossen, dass im Falle der Masseunzulänglichkeit, nach § 210a Nr. 1 InsO die Massegläubiger an die Stelle der nicht nachrangigen Insolvenzgläubiger und die nicht nachrangigen Insolvenzgläubiger ebenfalls einen Rang zurück an die Stelle der nachrangigen Insolvenzgläubiger treten.[48] Der Gesetzgeber stellt diese Systematik mit dem SanInsFoG klar, was zur Vereinfachung der Insolvenzpläne in nach § 208 Abs. 1 S. 1 InsO masseunzulänglichen Verfahren führt.[49]

3. Mitwirkung bei der Fortführung durch Schuldner oder Gesellschafter-Geschäftsführer

29 Die Regelung des § 245 Abs. 2 InsO wurde durch das SanInsFoG insoweit ergänzt, als der Grundsatz der absoluten Priorität für einzelne Fälle durchbrochen wird. Der **Grundsatz der absoluten Priorität** in § 245 Abs. 2 S. 1 Nr. 2 InsO besagt, dass keine gruppenübergreifende Mehrheitsentscheidung erfolgen kann, wenn ein Gläubiger schlechtergestellt wird als andere Gläubiger gleichen oder hinteren Ranges. In diesen Fällen ist eine gerichtliche Zustimmungsersetzung nicht möglich.

30 Das SanInsFoG hat § 245 Abs. 2 S. 1 Nr. 2 InsO dahingehend ergänzt, dass der Schuldner oder ein im Vergleich zur überstimmten Gruppe nachrangiger Gläubiger **wirtschaftliche Werte** erhalten kann, wenn diese durch Leistung in das schuldnerische Vermögen vollständig ausgeglichen werden. Dies ist der Fall, wenn der Schuldner, der nachrangige Gläubiger oder der Gesellschafter durch Leistung dafür sorgt, dass die vorrangigen Gläubiger ebenfalls angemessene Werte erhalten.[50]

31 Der Grundsatz der absoluten Priorität wird nach der Neuregelung in § 245 Abs. 2 S. 2 und S. 3 InsO in gruppenübergreifenden Mehrheitsentscheidungen nunmehr auch durchbrochen, wenn ein Insolvenzplan nur mit dem **persönlichen Einsatz** des Schuldners oder eines an der Geschäftsführung beteiligten Gesellschafters umsetzbar ist und diese Person für den Einsatz zur Fortführung des Unternehmens wirtschaftliche Werte erhält, die nicht durch Gegenleistung an die Gesellschaft vollständig ausgeglichen werden. Der Schuldner oder Inhaber erhält dann Werte aus der (ehemaligen) Masse, obwohl die nicht nachrangigen Gläubiger nicht vollständig befriedigt werden. Einen solchen Wert erhält der Gesellschafter bereits, wenn das Unternehmen nach der Planumsetzung ein positives Eigenkapital hat.[51] Bei einer **Notwendigkeit der Mitwirkung** zur Planumsetzung sieht der Gesetzgeber es als gerechtfertigt an, zur Reali-

48 LG Mühlhausen NZI 2007, 724 (727); Kübler/Prütting/Bork/*Pape* InsO § 210 Rn. 14 ff.; MüKoInsO/*Eidenmüller* Vor §§ 217 bis 269 Rn. 35 sowie § 222 Rn. 77; *Dinstühler* ZIP 1998, 1697 (1707); *Kluth* ZInsO 2000, 177 (184 f.); *Paul* ZInsO 2005, 1136; *Smid* WM 1998, 1313 (1322 f.); *Smid/Rattunde/Martini*, 136 Rn. 10.5; *Bähr/Landry* EWiR 2005, 831 (832).

49 BeckOK InsO/*Ruland* InsO § 210a Rn. 3.

50 BT-Drs. 19/24181, 201.

51 Brünkmans/Thole/*Thole* § 17 Rn. 29.

sierung des Planmehrwerts für die Gläubigergemeinschaft, dem Schuldner oder dem Gesellschafter-Geschäftsführer einen zum Zeitpunkt der Planumsetzung nicht (vollständig) durch eine Leistung des Schuldners oder Geschäftsführers ausgeglichenen Vermögenswert zukommen zu lassen.[52] Auch in diesen Fällen kann die Zustimmung einer vorrangigen Gruppe durch das Insolvenzgericht im Einzelfall ersetzt werden.

Bei Insolvenzverfahren über das Vermögen natürlicher Personen fallen hierunter 32
regelmäßig die **Leistungen des Unternehmers** selbst. Häufig hat der Inhaber eine tragende Rolle im Unternehmen und wird gerade bei hoher Branchen- oder Fachexpertise nicht ausschließlich zugunsten der Gläubiger weiter tätig sein. Die Gläubigergemeinschaft muss Abwägen zwischen dem Mehrwert, den der Schuldner über den Insolvenzplan für die Quotenaussichten bringt, und dem Bedürfnis nach einer möglichst hohen Quote aus dem Vermögen des Schuldners. Zwar haftet der Schuldner mit seinem gesamten pfändbaren Vermögen, jedoch sind die Motivation des Schuldners und seine Berufsfreiheit in diese Überlegung einzubeziehen.

Auch im Insolvenzverfahren über das Vermögen juristischer Personen oder von Per- 33
sonen ohne Rechtspersönlichkeit gibt es Konstellationen, in denen die Expertise, die Kontakte oder einzelne Vermögensgegenstände eines Gesellschafter-Geschäftsführers zur Fortführung zwingend benötigt werden.[53] Ein **Gesellschafter-Geschäftsführer** kann hierfür Zahlungen und Werte erhalten, wenn dies zu einem Mehrwert für die Gläubigergemeinschaft führt. Dies stellt der Gesetzgeber nunmehr in § 245 Abs. 2 S. 3 InsO ausdrücklich klar. Er geht so weit, dass der Grundsatz der absoluten Priorität, nach dem nachrangige Gläubiger nicht vor einer vollständigen Befriedigung der nicht nachrangigen Gläubiger zu befriedigen sind, in diesen Fällen durchbrochen werden kann. Voraussetzung ist, dass dies für die Mitwirkung bei der Fortführung unerlässlich und nicht substituierbar ist, um den Planmehrwert zu verwirklichen.[54] Es bedarf hierzu mehr als formelhafter Ausführungen zur tragenden Rolle des Inhabers.[55] Die Regelung kann auch Anwendung finden, wenn der Beitrag zwar substituierbar ist, jedoch kein Dritter zur Leistung bereit ist.[56]

Darüber hinaus muss sich der Schuldner bzw. der Gesellschafter-Geschäftsführer da- 34
zu verpflichten, erhaltene wirtschaftliche Werte zu übertragen, falls er schuldhaft nicht für den vorgesehenen Planerfüllungszeitraum mitwirkt. Dieser Zeitraum ist auf maximal fünf Jahre begrenzt. An wen der Schuldner oder Gesellschafter-Geschäftsführer die ihm überlassenen Werte überträgt, definiert das Gesetz nicht. Die Ausgestaltung bleibt dem Planverfasser überlassen.[57] Das Insolvenzverfahren wird regelmäßig im Zuge der Planbestätigung aufgehoben werden. Auch eine Planüberwachung kann nach § 268 Abs. 1 Nr. 2 InsO maximal drei Jahre andauern. Es werden sich daher in der Praxis Besserungsklauseln und Treuhandlösungen für die Übertragung etwaiger wirtschaftlicher Werte etablieren. Die Gläubigergemeinschaft wird dabei das Insolvenzrisiko des Schuldners oder Gesellschafter-Geschäftsführers zu tragen haben,

52 BT-Drs. 19/24181, 201.
53 Vgl. Smid NZI 2020, 202 (204).
54 BT-Drs. 19/24181, 201.
55 Vgl. zur Parallelregelung im StaRUG: *Thole* ZIP 2020, 1985 (1990).
56 Kübler/Prütting/Bork/*Pleister* InsO § 245 Rn. 25e.
57 Kübler/Prütting/Bork/*Pleister* InsO § 245 Rn. 25f.

wenn nicht eine dingliche Sicherung der Rückübertragungsansprüche in Betracht kommt.

4. Aufhebungszeitpunkt im Aufhebungsbeschluss

35 Nach dem SanInsFoG regelt § 258 Abs. 3 InsO nunmehr, dass der Beschluss über die Aufhebung des Insolvenzverfahrens nach Bestätigung des Insolvenzplans den **Zeitpunkt der Aufhebung** ausdrücklich enthalten soll. Der Gesetzgeber hat eine entsprechende Anregung aus der ESUG-Evaluierung aufgenommen.[58] Die Regelung soll § 27 Abs. 2 Nr. 3 InsO zum Eröffnungsbeschluss nachempfunden sein, in dem der Eröffnungszeitpunkt ebenfalls genannt wird.[59]

36 Die Nennung des Aufhebungszeitpunkts dient der Vereinfachung, da bisher die Fiktion des § 9 Abs. 1 S. 3 InsO Anwendung fand, wonach die Aufhebung zwei weitere Tage nach dem Tag der Veröffentlichung als wirksam galt. Der Gesetzgeber erkennt an, dass ein Aufhebungszeitpunkt zum **Monatsende** aufgrund des mit der Aufhebung des Insolvenzverfahrens verbundenen Beginns eines neuen Geschäftsjahres sinnvoll ist.[60] Die Insolvenzgerichte haben die Aufhebung zum Monatsende in der Vergangenheit ebenfalls bereits ermöglicht, erhalten jetzt durch die Nennung des Aufhebungszeitpunkts eine Vereinfachung und müssen nicht mehr den Zeitpunkt des Wirksamwerdens prognostizieren.

37 Die Fiktion des § 9 Abs. 1 S. 3 InsO gilt nur noch, wenn der Zeitpunkt der Aufhebung im Beschluss nicht angegeben wird, § 258 Abs. 3 S. 5 InsO.

5. Bekanntgabe der Entscheidung

38 Der Gesetzgeber hat in § 252 Abs. 2 S. 2 InsO klargestellt, dass nach der Bestätigung des Insolvenzplans durch das Insolvenzgericht die **Übersendung** eines Abdrucks des Plans oder einer Zusammenfassung seines wesentlichen Inhalts unterbleiben kann, wenn ein Abdruck des Plans bereits nach § 235 Abs. 2 S. 2 InsO mit der Ladung übersandt wurde und der Plan unverändert angenommen wurde. Entsprechend hatten bereits einzelne Amtsgerichte entschieden.[61]

39 Darüber hinaus verweist § 252 Abs. 2 S. 4 InsO nunmehr ausdrücklich auf § 8 Abs. 3 InsO, so dass das Insolvenzgericht auch den Insolvenzverwalter bzw. Sachwalter mit der Übersendung des Insolvenzplans oder einer Zusammenfassung beauftragen kann. Dieser Verweis fehlte bisher in den Regelungen zur Bekanntgabe der Entscheidung über den Insolvenzplan.[62] Die Gerichte mussten die Zustellungen selbst vornehmen und waren vielfach auf Zuarbeit des Insolvenzverwalters angewiesen, da die Geschäftsstellen der Gerichte hierauf regelmäßig nicht ausgerichtet sind.[63]

58 *Jacoby/Madaus/Sack/Schmidt/Thole*, Evaluierung des ESUG, 196.
59 BT-Drs. 19/24181, 202.
60 BT-Drs. 19/24181, 202.
61 AG Ludwigshafen NZI 2016, 918.
62 MüKoInsO/*Sinz*, § 252 Rn. 22.
63 Uhlenbruck/*Lüer/Streit*, InsO § 252 Rn. 13.

6. Beauftragung durch vorläufigen Gläubigerausschuss

Durch eine Änderung in § 284 Abs. 1 S. 2 InsO kann nunmehr auch der vorläufige Gläubigerausschuss einen Auftrag zur Ausarbeitung eines Insolvenzplans an den vorläufigen Sachwalter oder den Schuldner richten. 40

Ein solcher Auftrag konnte bisher nach § 284 Abs. 1 S. 1 InsO nur im eröffneten Verfahren durch die Gläubigerversammlung erteilt werden. Durch die Möglichkeit der Vorbereitung eines Insolvenzplans bereits in der vorläufigen Eigenverwaltung nach Auftrag des vorläufigen Gläubigerausschusses soll die Sanierung beschleunigt und der vorläufige Sachwalter als neutrale Person frühzeitig mit in die Erstellung eingebunden werden. Gleichzeitig wird der Einfluss der Gläubiger gestärkt.[64] Auch bei einem Auftrag an den Schuldner soll der vorläufige Sachwalter mitwirken, um seine Expertise bereits frühzeitig mit einbringen zu können.[65] 41

III. Gruppeninterne Drittsicherheiten

1. Neuregelung und Hintergrund

Der Gesetzgeber des SanInsFoG hat mit §§ 217 Abs. 2, 223a InsO und weiteren korrespondierenden Regelungen und Ergänzungen in den §§ 217 ff. InsO erstmals Regelungen zum **Eingriff in Rechte aus gruppeninternen Drittsicherheiten** normiert. Nach § 217 Abs. 2 InsO kann der Insolvenzplan die Sicherungsrechte gestalten, die Insolvenzgläubigern von verbundenen Unternehmen im Sinne des § 15 AktG gestellt wurden. Dies gilt für Bürgschaften, Mitschuld oder anderweitig übernommene Haftungen sowie Sicherungsrechte an Gegenständen der verbundenen Unternehmen (gruppeninterne Drittsicherheit). Der Gesetzgeber des SanInsFoG will hiermit Gruppensanierungen erleichtern.[66] 42

In einem Insolvenzplan waren bisher lediglich Rechte an den Vermögensgegenständen des Insolvenzschuldners zu gestalten. § 43 InsO regelt für die Haftung mehrerer Personen, dass die Haftung des einen unabhängig vom Insolvenzverfahren des anderen fortbesteht. Auch § 254 Abs. 2 S. 1 InsO stellt dies für Drittsicherheiten nach Umsetzung eines Insolvenzplans klar. Hier wurde nunmehr eine Ausnahme für ausdrücklich im Plan gestaltete Rechte aus gruppeninternen Drittsicherheiten im Sinne der §§ 223a, 217 Abs. 2 InsO eingefügt. Nach § 223a S. 3 InsO iVm § 223 Abs. 2 InsO ist die den aus gruppeninterner Drittsicherheit absonderungsberechtigten Gläubiger betreffende Regelung im gestaltenden Teil genau zu bezeichnen. 43

Gläubiger mit Rechten aus gruppeninternen Drittsicherheiten bilden nach § 222 Abs. 1 S. 2 Nr. 5 InsO eine **eigene Gruppe**. Ihr **Stimmrecht** richtet sich nach dem Befriedigungsbeitrag der aus der Drittsicherheit mutmaßlich zu erwarten ist, mithin dem Sicherheitenwert soweit er dem Besicherten zusteht. 44

Praxishinweis: Sofern Sicherheiten von mehreren Gruppenunternehmen an verschiedene Gläubiger des Insolvenzschuldners gewährt wurden, dürfte regelmäßig eine Aufteilung nach § 222 Abs. 2 S. 1 InsO in mehrere Gruppen notwendig sein, da die wirt-

64 *Schluck-Amend* NZI-Beilage 1/2021, 88 (90).
65 BT-Drs. 19/24181, 209.
66 BT-Drs. 19/24181, 199.

schaftlichen Interessen durch die verschiedenen Sicherungsgeber voneinander abweichen.

45 Nach § 223a S. 1 InsO wird eine gruppeninterne Drittsicherheit durch einen Insolvenzplan nur gestaltet, wenn dies im Plan ausdrücklich bestimmt ist. Ein solcher Eingriff in das Recht des Insolvenzgläubigers aus gruppeninterner Drittsicherheit ist nach § 223a S. 2 InsO angemessen zu entschädigen. Die Entschädigungszahlung erfolgt aus dem Vermögen der Insolvenzschuldnerin.[67] Die **Entschädigung** sollte regelmäßig mindestens dem Betrag entsprechen, den der besicherte Gläubiger im Fall einer Insolvenz des verbundenen Unternehmens erwarten kann. Eine **gruppenübergreifende Mehrheitsentscheidung** zulasten der Gruppe der Gläubiger mit gruppeninternen Drittsicherheiten ist nach § 245 Abs. 2a InsO nur bei angemessener Entschädigung für den Rechtsverlust möglich.

46 Um die angemessene Entschädigung für den Eingriff in eine gruppeninterne Drittsicherheit im Sinne des § 223a S. 2 InsO berechnen zu können, sind die Vermögensverhältnisse des die Sicherheit gewährenden verbundenen Unternehmens und die Auswirkungen des Insolvenzplans auf dieses Unternehmen nach § 220 Abs. 3 InsO im darstellenden Teil des Insolvenzplans zu erläutern. Dies bedeutet, dass eine **zusätzliche Ebene der Vergleichsrechnung** geschaffen wird, die für die Gruppe der Inhaber von Rechten aus gruppeninternen Drittsicherheiten nach § 222 Abs. 1 S. 2 Nr. 5 InsO die anderweitigen Befriedigungsmöglichkeiten simuliert. Da das verbundene Unternehmen selbst nicht im Insolvenzverfahren ist, werden praktische Bewertungsfragen aufkommen. Je nachdem, um was für Sicherheiten es sich handelt und ob übernommene Haftungen der Höhe nach begrenzt sind, müssen potenzielle Erlöse aus der Sicherheit beziffert werden. Dies kann durch Begutachtung erfolgen.[68] Soweit es um Bürgschaften, Patronate oder Mitschuld geht, wird es auf die wirtschaftliche Perspektive des verbundenen Unternehmens und dessen Ertragskraft ankommen.[69]

47 Da diese Darstellung wirtschaftliche Einblicke in das die Drittsicherheit gewährende verbundene Unternehmen voraussetzt, ist dessen **Zustimmung** erforderlich. Das verbundene Unternehmen soll selbst die Hoheit über die Entscheidung haben, ob es den Planregelungen zustimmt oder den Sicherungsnehmer aus der Sicherheit selbst befriedigen will. Die unternehmerische Freiheit des verbundenen Unternehmens soll durch die Möglichkeit der Regelung von gruppeninternen Drittsicherheiten mittels Insolvenzplan nicht eingeschränkt werden.[70] Nach § 230 Abs. 4 InsO ist die Zustimmung des verbundenen Unternehmens dem Insolvenzplan als **Anlage** beizufügen. Ein Erstattungsanspruch der Schuldnerin gegen das die Sicherheit stellende verbundene Unternehmen ist nicht gegeben.[71] Bis zum Eintritt der Regelungen des Insolvenzplans können die Sicherungsnehmer ohne Einschränkungen auf die Sicherheit zugreifen.[72]

---

67 BT-Drs. 19/24181, 113.

68 *Proske/Streit* NZI 2020, 969 (971).

69 BeckOK InsO/*Geiwitz/von Danckelmann* InsO § 223a Rn. 2, die hierbei jedoch nicht auf die Fortführung abstellen wollen; vgl. zum Restrukturierungsplan: *Westpfahl/Dittmar* NZI-Beilage 1/2021, 46 (47).

70 BT-Drs. 19/24181, 200.

71 *Hoegen/Kranz* NZI 2021, 105 (108).

72 Vgl. BeckOK InsO/*Geiwitz/von Danckelmann* InsO § 223a Rn. 4, die eine Analogie zu § 49 Abs. 3 StaRUG in Betracht ziehen.

Für Finanzsicherheiten im Sinne von § 1 Abs. 17 KWG sowie Sicherheiten, die dem Betreiber oder Teilnehmer eines Systems nach § 1 Abs. 16 KWG zur Sicherung seiner Ansprüche hieraus zustehen, oder Sicherheiten der Zentralbank eines Mitgliedstaats der Europäischen Union oder der Europäischen Zentralbank selbst ist der Eingriff nicht möglich, §§ 223a S. 3, 223 Abs. 1 S. 2 InsO. 48

2. Praktische Anwendungsbereiche

Die Möglichkeit, Rechte aus gruppeninternen Drittsicherheiten regeln zu können, ist zu begrüßen. Sie **entspricht den Regelungen zum Restrukturierungsplan** nach § 2 Abs. 4 StaRUG. Es wird sich zeigen, ob die Praxis hierdurch tatsächlich Insolvenzen verbundener Unternehmen vermeiden kann. Häufig sind bei einer **Gruppeninsolvenz** nicht lediglich einzelne Drittsicherheiten die Auslöser von Simultan- oder Folgeinsolvenzen. Aufgrund von Ergebnisabführungsverträgen, Patronatserklärungen oder Cash-Pooling ist die wirtschaftliche Verflechtung von Gruppenunternehmen regelmäßig nicht auf einzelne Rechtsverhältnisse oder Drittsicherheiten beschränkt. 49

In Fällen, in denen eine **Entflechtung** möglich ist und die Beteiligten sich bereits im Vorfeld einer Insolvenz darüber verständigen, einzelne verbundene Unternehmen aus der Insolvenz herauszuhalten, um deren Werte und Wirtschaftlichkeit erhalten zu können, sind die Regelungen jedoch praxisrelevant und bieten weitere Sanierungsmöglichkeiten im Vergleich zur vorherigen Gesetzeslage. 50

Der Gesetzgeber geht davon aus, dass gerade bei **Gruppensanierungen** oftmals ein Bedürfnis besteht, gruppenintern gestellte Sicherheiten in die Restrukturierung einzubeziehen, um den Wert der Unternehmensgruppe erhalten und Folge- sowie Simultaninsolvenzen vermeiden zu können. Um die Einbeziehung von Drittsicherheiten nicht nur im Konsens mit den besicherten Gläubigern umsetzen zu können, soll dies auch im Insolvenzplan mit den erforderlichen Mehrheiten und einem entsprechenden Regress des Inhabers der gruppeninternen Drittsicherheit ermöglicht werden. Hierdurch sollen der erhöhte Aufwand und zusätzliche Kosten von parallelen Insolvenzverfahren oder Insolvenzplänen vermieden werden.[73] 51

Die Definition in § 217 Abs. 2 InsO mit Bezug auf verbundene Unternehmen nach § 15 AktG kam durch die Änderungsvorschläge des Rechtsausschusses zustande.[74] Der Regierungsentwurf sah lediglich die Einbeziehung von Tochterunternehmen im Sinne des § 290 HGB vor.[75] Dies hätte die Gestaltung von sogenannten **Upstream-Sicherheiten** erlaubt, die ein Tochterunternehmen für die Muttergesellschaft gegeben hat. In der Praxis sind jedoch auch sogenannte **Downstream-Sicherheiten** von der Muttergesellschaft für ein Tochterunternehmen relevant. Auch die Sicherheitenstellung für eine Schwestergesellschaft (**Cross-stream-Sicherheit**) ist üblich. Will man die Sanierung von Unternehmensgruppen erleichtern, wie es der Gesetzgeber auch bereits mit dem Konzerninsolvenzrecht nach den §§ 269a ff. InsO im Sinn hat, ist die Gestaltung von Cross- und Downstream-Sicherheiten konsequent. Zu beachten ist bei Up- 52

73 BT-Drs. 19/24181, 199.
74 BT-Drs. 19/25353, 14.
75 BT-Drs. 19/24181, 199.

stream-Sicherheiten, dass die Muttergesellschaft als Gesellschafterin den Regelungen des § 39 Nr. 5 InsO sowie des § 135 InsO unterfallen kann.

IV. Natürliche Personen

1. Verkürzung des Restschuldbefreiungsverfahrens

53 Parallel zum SanInsFoG erfolgte aufgrund der EU-Richtlinie 2019/1023 die Umsetzung des Gesetzes zur weiteren Verkürzung der Restschuldbefreiung.[76] Hierdurch wird unter anderem eine Restschuldbefreiung bereits drei Jahre nach der Eröffnung des Insolvenzverfahrens über das Vermögen natürlicher Personen ermöglicht.[77] Dies erfolgt durch die Verkürzung der Abtretungsfrist des § 287 Abs. 2 InsO auf drei Jahre. Durch den kürzeren Zeitraum bis zur Restschuldbefreiung sind Insolvenzpläne in Insolvenzverfahren über das Vermögen natürlicher Personen unter Umständen weniger aussichtsreich, wenn lediglich ein früherer Verfahrensabschluss erzielt werden soll. Wesentlicher Faktor bei der Vergleichsrechnung im Insolvenzplanverfahren über das Vermögen natürlicher Personen ist das **pfändbare Einkommen im Zeitraum der Abtretungsfrist.** Verkürzt diese Frist sich von fünf bis sechs Jahren auf drei Jahre, ist die Vergleichsgröße in der Regelabwicklung geringer. Schuldner müssen daher weniger Mittel zur Verfügung stellen, um eine bessere Quote über einen Insolvenzplan anbieten zu können. Gleichzeitig werden Gläubiger bei lediglich geringeren Quotenerhöhungen unter Umständen geneigt sein, die drei Jahre abzuwarten, um ggf. höhere pfändbare Einkommen in die Masse gelangen zu lassen.[78]

2. Fixumbestimmung und Vermutung der Erteilung der Restschuldbefreiung

54 In Insolvenzverfahren über das Vermögen natürlicher Personen, die eine selbstständige wirtschaftliche Tätigkeit ausüben, kann auch ein laufender Geschäftsbetrieb durch einen Insolvenzplan zu sanieren sein.

55 Das SanInsFoG hat insbesondere in dem neu eingefügten § 245a InsO wesentliches für die Insolvenzplanverfahren natürlicher Personen geregelt. § 245a S. 1 InsO enthält eine gesetzliche Fixumbestimmung in Form einer widerlegbaren Vermutung. Die Regelung ist § 309 Abs. 1 S. 2 Nr. 2 InsO nachgebildet.[79] Die **Einkommens-, Vermögens- und Familienverhältnisse** des Schuldners zum Zeitpunkt der Abstimmung über den Insolvenzplan werden als maßgeblich angesehen, so dass auf dieser Basis das pfändbare Einkommen für die Vergleichsrechnung berechnet werden kann. Die Möglichkeit einer solchen Fixierung der aktuellen wirtschaftlichen Verhältnisse in Form der Höhe des pfändbaren Einkommens sowie der Unterhaltsverpflichtungen war auch vor dem SanInsFoG anerkannt.[80]

56 Auch über die Abtretungsfrist hinaus, mithin bei Forderungen im Sinne des § 302 InsO, die nicht von einer Restschuldbefreiung umfasst wären, ist die Fixumbestim-

---

76 BGBl. I 3328; BT-Drs. 19/25251.

77 Vgl. zur Reform: *Schülke/Baschnagel* DStR 2021, 295; *Valbuena/Rennar* VIA 2020, 81; *Hain* VIA 2020, 65; *Grote* InsbürO 2021, 70.

78 Vgl. *Harig* VIA 2020, 89.

79 BT-Drs. 19/24181, 201.

80 LG Hamburg ZInsO 2018, 331; LG Hamburg NZI 2016, 34; AG Köln ZInsO 2018, 1633; AG Köln NZI 2017, 664.

mung des § 245a S. 1 InsO nach ihrem Wortlaut maßgeblich.[81] In Insolvenzplanverfahren, in denen der Schuldner keinen Antrag auf Erteilung der **Restschuldbefreiung** gestellt hat oder in denen auch **Forderungen nach § 302 InsO** gestaltet werden sollen, kann daher ebenfalls dauerhaft von unveränderten Einkommens- und Vermögensverhältnissen des Schuldners ausgegangen werden. Die Regelung soll insbesondere auch bei der Prüfung einer voraussichtlichen Schlechterstellung im Vergleich zur Regelabwicklung bei Ersetzung der Zustimmung einer Abstimmungsgruppe herangezogen werden können.[82]

Darüber hinaus ist nach § 245a S. 2 InsO für die Prüfung einer Schlechterstellung 57
und die Vergleichsrechnung davon auszugehen, dass ein **zulässiger Restschuldbefreiungsantrag** auch zur Erteilung der Restschuldbefreiung führen wird. Wurde ein Antrag auf Erteilung der Restschuldbefreiung gestellt, ist für den Insolvenzplan daher der Vergleichszeitraum derjenige der Abtretungsfrist.

Bei § 245a S. 1 und S. 2 InsO handelt es sich jeweils um **widerlegbare Vermutungen.**[83] 58
Sind bevorstehende Änderungen der Einkommens- und Vermögensverhältnisse des Schuldners absehbar oder können Tatsachen belegt werden, nach denen die Erteilung der Restschuldbefreiung nicht in Betracht kommt, kann die Vermutung nach § 245a InsO widerlegt werden und Vergleichsrechnung bzw. Prüfung der Schlechterstellung können von anderen Verhältnissen ausgehen.[84] Die Widerlegung hat durch den betroffenen Gläubiger zu erfolgen. Es bedarf konkreter Anhaltspunkte einer künftigen Verbesserung der Vermögensverhältnisse.[85] Dies können absehbare Änderungen in der Berufsausbildung oder den Unterhaltsverpflichtungen sein.[86]

Die Vermutungswirkungen des § 245a InsO gilt auch bei Anträgen im Rahmen des 59
Minderheitenschutzes nach § 251 Abs. 1 Nr. 2 InsO sowie im Rahmen der **sofortigen Beschwerde** nach § 253 Abs. 2 Nr. 3 InsO.

3. Mitwirkung bei der Fortführung

Für selbstständig tätige Schuldner ist die Neuregelung in § 245 Abs. 2 S. 2 InsO rele- 60
vant, wonach eine gruppenübergreifende Mehrheitsentscheidung erfolgen kann, auch wenn der Schuldner **wirtschaftliche Werte** erhält, ohne eine unmittelbare Ausgleichsleitung an die Masse. Voraussetzung ist, dass seine **Mitwirkung bei der Fortführung des Unternehmens** infolge besonderer, in seiner Person liegender Umstände unerlässlich ist, um den Planmehrwert zu verwirklichen. Der selbstständig tätige Inhaber eines Unternehmens, dessen Tätigkeit maßgeblich für die Fortführung ist, kann mit angemessenen wirtschaftlichen Werten motiviert werden, um den Planmehrwert für die Gläubigergemeinschaft zu heben. Weitere Voraussetzung hierfür ist, dass der Schuld-

81 Kübler/Prütting/Bork/*Pleister* InsO § 245a Rn. 3; *Harig* VIA 2021, 41 (42).
82 BT-Drs. 19/24181, 201.
83 BT-Drs. 19/24181, 201.
84 Desch/*Hain*, § 9, Rn. 70.
85 Vgl. zu § 309 InsO: OLG Karlsruhe, NZI 2001, 422.
86 Vgl. BeckOK InsO/*Geiwitz/v. Danckelmann*, § 245a Rn. 6.1: Beendigung einer Ausbildung und die damit verbundene Erhöhung der Qualifikation, Eintritt in die Erwerbstätigkeit, der absehbare Wegfall eines bisher unterhaltsberechtigten Kindes aufgrund der Überschreitung des entsprechenden Lebensalters; die Kenntnis über eine Scheidung; *Frind*, InsbürO 2021, 233 (234): laufendes Studium kurz vor dem Abschluss; Desch/*Hain*, § 9, Rn. 71: bevorstehender Eintritt in den Ruhestand.

ner sich im Plan zur Fortführung des Unternehmens sowie zur Rückübertragung der erhaltenen wirtschaftlichen Werte verpflichtet, falls er seine Mitwirkung in schuldhafter Weise nicht im für den Planvollzug maßgeblichen Zeitraum erbringt (maximal fünf Jahre). Auch bei natürlichen Personen soll diese Durchbrechung des Grundsatzes der absoluten Priorität des § 245 Abs. 2 S. 1 Nr. 2 InsO nur für Konstellationen gelten, in denen die Mitwirkung des Schuldners nicht substituierbar ist und daher unerlässlich erscheint.[87]

61 Durch diese Änderungen werden Insolvenzplanverfahren über das Vermögen natürlicher Personen gerade mit Blick auf die nunmehr in § 220 Abs. 2 InsO geregelte Vergleichsrechnung praktikabler und der Schuldner kann durch den Erhalt wirtschaftlicher Werte für seine Mitwirkung motiviert werden, einen Insolvenzplan umzusetzen. Dies erscheint für Insolvenzpläne bei natürlichen Personen auch notwendig, da durch die Verkürzung der Restschuldbefreiung auch andere Wege eröffnet sind, die Verbindlichkeiten mittelfristig zu erledigen.

87 BT-Drs. 19/24181, 201.

§ 20 Reform der Haftung wegen verbotener Zahlung nach Eintritt materieller Insolvenz

A. Einführung

1 Der durch das SanInsFoG am 1.1.2021 neu eingeführte **§ 15b InsO** fasst die bisher spezialgesetzlich geregelten Zahlungsverbote nach Eintritt der materiellen Insolvenz und die Haftung der Geschäftsleiter rechtsformübergreifend zusammen. Wesentliche Änderungen zur bisherigen Rechtslage ergeben sich durch die Erweiterung der privilegierten Zahlungen innerhalb der Insolvenzantragsfrist (vgl. § 15b Abs. 1 S. 2, Abs. 2 S. 1 und 2 InsO), die Möglichkeit eines konkreten Schadensnachweises bei der Erstattungspflicht für verbotenerweise geleistete Zahlungen (vgl. § 15b Abs. 4 S. 2 InsO) sowie die gesetzliche Verankerung des Vorrangs der Massesicherung vor der Steuerabführungspflicht innerhalb der Insolvenzantragsfrist (vgl. § 15b Abs. 8 InsO).

B. Regelungsinhalt

2 § 15b Abs. 1 S. 1 InsO verbietet allgemein Zahlungen nach dem Eintritt der Zahlungsunfähigkeit oder der Überschuldung einer juristischen Person. Dieses Verbot erfährt jedoch Ausnahmen durch § 15b Abs. 1 S. 2, Abs. 2 InsO für Zahlungen, die mit

der Sorgfalt eines ordentlichen Geschäftsmanns vereinbar sind (→ Rn. 11 ff.). Diese Privilegierung endet gem. § 15b Abs. 3 InsO im Regelfall mit dem Verstreichenlassen der Insolvenzantragsfrist. Verstöße gegen das Zahlungsverbot werden durch eine die Geschäftsleiter treffende Erstattungspflicht sanktioniert, vgl. § 15b Abs. 4 InsO. Zahlungen an Gesellschafter, die zur Zahlungsunfähigkeit des Unternehmens führen mussten, unterliegen einem spezialgesetzlichen Zahlungsverbot aus § 15b Abs. 5 InsO, welches schon vor dem Eintritt materielle Insolvenz greift. Die in § 15b InsO normierten Ansprüche unterliegen einer fünf- bzw. zehnjährigen Verjährungsfrist, § 15b Abs. 7 InsO. Im Zeitraum zwischen Eintritt der Insolvenzreife und der gerichtlichen Entscheidung über die Eröffnung des Insolvenzverfahrens hat gem. § 15b Abs. 8 InsO die Massesicherung Vorrang vor der Erfüllung steuerrechtlicher Pflichten.

I. Grundsätzliches Zahlungsverbot bei Insolvenzreife

3 § 15b Abs. 1 S. 1 InsO spricht ein grundsätzliches Zahlungsverbot aus, das nach Eintritt der materiellen Insolvenz (Zahlungsunfähigkeit oder Überschuldung) einer juristischen Person greift. § 15b Abs. 6 InsO weitet dieses Zahlungsverbot auf Antragspflichtige beschränkt haftender Gesellschaften ohne Rechtspersönlichkeit im Sinne des § 15a Abs. 1 S. 3, Abs. 2 InsO aus. Da sich das Zahlungsverbot nur auf solche Unternehmen bezieht, die der Insolvenzantragspflicht aus § 15a Abs. 1 InsO unterliegen, ist es nicht auf die in § 15a Abs. 7 InsO hiervon ausgenommenen Vereine und Stiftungen, für welche § 42 Abs. 2 BGB gilt, anwendbar.[1]

4 Das dem Gläubigerschutz verschriebene Zahlungsverbot in § 15b Abs. 1 S. 1 InsO fasst die bisher bestehende Rechtslage zentral in einer Norm zusammen.

1. Schutz der Gesellschaftsgläubiger

5 Das Zahlungsverbot aus § 15b Abs. 1 S. 1 InsO dient dem Gläubigerschutz. Dadurch, dass ab Eintritt der Insolvenz grundsätzlich keine Zahlungen mehr getätigt werden dürfen, soll die zukünftige Insolvenzmasse im Interesse seiner Gläubiger vor einer Schmälerung bewahrt werden.[2]

2. Kontinuität des Zahlungsverbots

6 § 15b Abs. 1 S. 1 InsO fasst die vor seiner Einführung am 1.1.2021 bestehenden spezialgesetzlichen Regelungen zum Zahlungsverbot in einer allgemeinen und rechtsformübergreifenden Norm zusammen. Im Fall der materiellen haftungsbeschränkten Rechtsträger war das Zahlungsverbot bisher in den bis zum 31.12.2020 geltenden

1 BegrRegE BT-Drs. 19/24181, Ziff. B. Art. 5 Nr. 9, 194.
2 BegrRegE BT-Drs. 19/24181, Ziff. B. Art. 5 Nr. 9, 193.

§ 64 GmbHG,[3] § 92 Abs. 2 AktG, § 130a Abs. 1 (iVm § 177 S. 1) HGB sowie in § 99 GenG verankert.[4]

Durch die Verortung des Zahlungsverbotes in der Insolvenzordnung macht der Gesetzgeber deutlich, dass es sich um eine insolvenzrechtliche Regelung handelt. Die Positionierung direkt hinter § 15a InsO unterstreicht die enge systematische Anbindung des Zahlungsverbotes an die Insolvenzantragspflicht.[5] Beide Normen richten sich mit den Insolvenzantragspflichtigen an denselben Adressatenkreis und knüpfen an den gleichen Zeitpunkt – den Eintritt materieller Insolvenz durch Zahlungsunfähigkeit oder Überschuldung – an. 7

3. Zeitlicher Anwendungsbereich

Nach Inkrafttreten des SanInsFoG ist eine Diskussion darüber entbrannt, ob § 15b InsO auch auf Sachverhalte anzuwenden ist, die sich vor dem 1.1.2021 ereignet haben, so dass fortan die Gerichte die Rechtslage einheitlich nach § 15b InsO zu beurteilen haben. Hierfür hat sich Prof. Dr. *Hirte* ausgesprochen, jedenfalls in Bezug auf Sachverhalte aus dem letzten (Corona-)Jahr.[6] Eine Rückwirkung wird allerdings zu Recht kritisch gesehen. § 15b InsO soll hiernach auf alle ab dem 1.1.2021 vorgenommen Zahlungen anwendbar sein.[7] Dem ist im Ergebnis bereits deshalb zuzustimmen, weil die Erstattungspflicht gem. § 15b Abs. 4 S. 2 InsO auf den eingetretenen Schaden beschränkt sein kann und damit erheblich rückwirkend in Vermögenspositionen der Insolvenzmasse eingreifen würde. Rechtshängige Klagen könnten zumindest teilweise unbegründet geworden sein. Inzwischen ist beschlossen, Art. 103m des Einführungsgesetzes zur Insolvenzordnung vom 5.10.1994 dahingehend klarstellend zu ergänzen, dass die Ersatzpflicht für vor dem 1.1.2021 geleistete Zahlungen weiterhin besteht und sich nach den bisherigen – also den vor dem 1.1.2021 gültigen – Vorschriften richtet. 8

4. Sachlicher Anwendungsbereich

Das Zahlungsverbot greift nur, wenn das Unternehmen in das Stadium der Zahlungsunfähigkeit gem. § 17 InsO oder der Überschuldung gem. § 19 InsO eintritt. Wenn § 15b Abs. 1 S. 1 InsO von „Zahlungen" spricht, ist dieser Begriff – im Einklang mit der masseschützenden Zwecksetzung des Zahlungsverbotes – weit auszulegen. Zahlungen sind daher nicht nur reine Geldleistungen. Sie können auch sonstige Leistungen sein, die Vermögensabflüsse nach sich ziehen, wie beispielsweise Warenlieferungen, Gutschriften, Stellungen von Sicherheiten sowie Kontoüberweisungen, Abbuchungen durch Einzugsermächtigungen, die Ausstellung von Schecks und Einzahlung 9

3 Auch wenn § 64 GmbHG aF nicht ausdrücklich von einem Zahlungsverbot sprach, setzte es ein solches durch die Normierung einer Ersatzpflicht in S. 1 implizit voraus – vgl. BegrRegE BT-Drs. 19/24181, Ziff. B. Art. 5 Nr. 9, 194.

4 BegrRegE BT-Drs. 19/24181, Ziff. B. Art. 5 Nr. 9, 193; *Brünkmans* ZInsO 2021, 1 (16); *Brinkmann* ZIP 2020, 2361 (2366); *Bitter* GmbHR 2020, 1157 (1157); *Gehrlein* BB 2021, 66 (79); *Müller* ZIP 2020, 2253 (2258); *Poertzgen* ZInsO 2020, 2509 (2515); *Gehrlein* DB 2020, 2393 (2393).

5 BegrRegE BT-Drs. 19/24181, Ziff. B. Art. 5 Nr. 9, 193; *Bitter* GmbHR 2020, 1157 (1157); *Göb/Nebel* NZI 2021, 17 (18); *Gehrlein* BB 2021, 66 (79); *Poertzgen* ZInsO 2020, 2509 (2515).

6 BT-Plenarprotokoll 19/206 vom 28.1.2021, Bundestagesrede von Prof. Dr. Heribert *Hirte* LL.M., MdB, stellvertretender Vorsitzende des Ausschusses für Recht und Verbraucher.

7 *Bitter* ZIP 2021, 321, (332).

auf debitorisch geführte Konten. Auch die Aufrechnung oder Verrechnung mit einer Gegenforderung sowie die Übertragung von Rechten fallen hierunter.[8]

II. Privilegierte Zahlungen

10 Das Zahlungsverbot gilt nicht absolut. Zahlungen, die mit der **Sorgfalt eines ordentlichen und gewissenhaften Geschäftsleiters** vereinbar sind, erfahren eine Privilegierung. Der Umfang der Privilegierung richtet sich nach dem Stadium, in welchem sich das insolvenzreife Unternehmen befindet. Das Gesetz differenziert zwischen Zahlungen, die während der Insolvenzantragsfrist erfolgen und solchen, die nach Stellung des Antrages und vor Eröffnung des Insolvenzverfahrens getätigt werden.

1. Sorgfalt eines ordentlichen und gewissenhaften Geschäftsleiters

11 Zahlungen, die mit der Sorgfalt eines ordentlichen und gewissenhaften Geschäftsleiters vereinbar sind, sind gem. § 15b Abs. 1 S. 2 InsO nicht von der Haftung umfasst.

12 Die Privilegierung spiegelt die bis zum 31.12.2020 in § 64 S. 2 GmbHG, § 92 Abs. 2 S. 2 AktG, § 130a Abs. 1 S. 2 (iVm § 177a) HGB sowie in § 99 S. 2 GenG niedergeschriebenen spezialgesetzlichen Regelungen wider. Im Ausgangspunkt führt § 15b Abs. 1 S. 1 InsO somit die bestehende Rechtslage fort.[9]

2. Konkretisierung des Pflichtenmaßstabes

13 § 15b Abs. 2 S. 1 und 2 InsO präzisieren den in § 15b Abs. 1 S. 2 InsO vorgegebenen Pflichtenmaßstab.[10] Die Konkretisierungen des § 15b Abs. 1 S. 2 InsO stellt eine Erweiterung der bisher restriktiven Zahlungsprivilegierung dar.

a) Pflichtenmaßstab

14 Gem. § 15b Abs. 2 S. 1 und 2 InsO muss die Zahlung im ordnungsgemäßen Geschäftsgang – insbesondere zur Aufrechterhaltung des Geschäftsbetriebes – innerhalb der Insolvenzantragsfrist des § 15a Abs. 1 S. 1 und 2 InsO zu einem Zeitpunkt erfolgen, in welchem die Geschäftsleiter Maßnahmen zur nachhaltigen Beseitigung der Insolvenzreife oder zur Vorbereitung eines Insolvenzantrages durchführen. Solche Zahlungen gelten regelmäßig als mit der Sorgfalt eines ordentlichen und gewissenhaften Geschäftsleiters vereinbar.

b) Erweiterung der Zahlungsprivilegierung durch neue Begrifflichkeiten

15 Der Pflichtenmaßstab für Zahlungsprivilegierungen wirft die Frage auf, welche Handlungen von den Begriffen **„ordnungsgemäßer Geschäftsgang“** und **„nachhaltige Beseitigung der Insolvenzreife“** umfasst sind.

---

8 BegrRegE BT-Drs. 19/24181, Ziff. B. Art. 5 Nr. 9, 194; MüKoAktG/*Spindler* § 92 Rn. 27; MüKoGmbHG/*H.-F. Müller* § 64 Rn. 144 ff.; Hüffer/Koch/*Koch* AktG § 92 Rn. 32 f.; *Brünkmans* ZInsO 2021, 1 (16); *Gehrlein* DB 2020, 2393 (2393).

9 BegrRegE BT-Drs. 19/24181, Ziff. B. Art. 5 Nr. 9, 194; *Brünkmans* ZInsO 2021, 1 (16); *Gehrlein* BB 2021, 66 (79).

10 *Gehrlein* DB 2020, 2393 (2394); *Brünkmans* ZInsO 2021, 1 (16); *Poertzgen* ZInsO 2020, 2509 (2516).

aa) Ordnungsgemäßer Geschäftsgang

Die Festlegung im Gesetz auf „Zahlungen, die im ordnungsgemäßen Geschäftsgang erfolgen", stellt eine signifikante Erweiterung der Zahlungsprivilegierungen nach Eintritt der Insolvenzreife dar. Bisher waren nach der Rechtsprechung des BGH[11] grundsätzlich nur solche Zahlungen erlaubt, die im Rahmen einer Notgeschäftsführung[12] erfolgten.[13] 16

Die Erweiterung soll es Geschäftsleitern ermöglichen, die für den Tatbestand der Überschuldung durch das SanInsFoG auf sechs Wochen verlängerte Insolvenzantragsfrist (vgl. § 15a Abs. 1 S. 2 InsO) tatsächlich ausnutzen zu können. Die Ausdehnung der Frist – und der damit verbundene Zweck, den Anwendungsbereich des StaRUG so weit wie möglich zu ziehen[14] – würde im Regelfall ins Leere laufen, wenn Geschäftsleiter in dieser Zeit die laufenden Geschäfte des Unternehmens nicht fortführen könnten. Das Ziel, eine Sanierung nach dem StaRUG innerhalb der Insolvenzantragsfrist zu ermöglichen, wäre nicht gleichermaßen effektiv erreichbar.[15] 17

Der Begriff des „ordnungsgemäßen Geschäftsgangs" spielt damit im System der Zahlungsprivilegierungen des § 15b Abs. 1 S. 2, Abs. 2 InsO eine zentrale Rolle. Daher ist es umso problematischer, dass der Gesetzgeber es unterlassen hat, diesen unbestimmten Rechtsbegriff näher zu erläutern.[16] 18

Wie § 15b Abs. 2 S. 1 InsO hervorhebt, sind hiervon jedenfalls solche Zahlungen umfasst, die der **Aufrechterhaltung des Geschäftsbetriebes** dienen.[17] Das sind Lohn- und Mietzahlungen, die Begleichung von Wasser-, Strom- und Heizkosten sowie wohl auch Zahlungen an Lieferanten und sonstige Dienstleister.[18] Darüber hinaus müssen im Einzelfall auch noch weitere Zahlungen unter den ordnungsgemäßen Geschäftsgang fallen, da sonst der Einschub „insbesondere" überflüssig wäre.[19] 19

Des Weiteren ist der Begriff der „Zahlungen im ordnungsgemäßen Geschäftsgang", wie die Positionierung in § 15b Abs. 2 S. 1 InsO zeigt, selbst nur ein Unterfall der allgemeinen Zahlungsprivilegierung aus § 15b Abs. 1 S. 2 InsO, da ansonsten der gesamte § 15b Abs. 2 InsO überflüssig wäre.[20] Mit der Sorgfalt eines ordentlichen und gewissenhaften Geschäftsleiters vereinbar können daher eine ganze Reihe weiterer Zahlungen sein. 20

11 Vgl. beispielsweise BGH Urt. v. 4.7.2017 – II ZR 319/15, Rn. 18, wonach Zahlungen auf Dienstleistungen nach altem Recht regelmäßig nicht privilegiert waren.

12 Innerhalb einer Notgeschäftsführung sind nur solche Zahlungen zulässig, die der notwendigen Sicherung und Erhaltung des Vermögens (zB Reparaturarbeiten) bzw. der Schadensabwehr dienen – vgl. Baumbach/Hueck/*Haas* GmbHG § 64 Rn. 93.

13 BegrRegE BT-Drs. 19/24181, Ziff. B. Art. 5 Nr. 9, 194; *Brünkmans* ZInsO 2021, 1 (16); *Bitter* GmbHR 2020, 1157 (1159); *Schulz* NZI 2020, 1073 (1077); *Poertzgen* ZInsO 2020, 2509 (2516); *Gehrlein* DB 2020, 2393 (2393 f.).

14 *Schulz* NZI 2020, 1073 (1080).

15 BegrRegE BT-Drs. 19/24181, Ziff. B. Art. 5 Nr. 9, 194; *Schulz* NZI 2020, 1073 (1077).

16 Brünkmans ZInsO 2021, 1 (16).

17 Brünkmans ZInsO 2021, 1 (16).

18 *Brünkmans* ZInsO 2021, 1 (16); *Gehrlein* DB 2020, 2393 (2393); Baumbach/Hueck/*Haas* GmbHG § 64 Rn. 91; MüKoAktG/*Spindler* § 92 Rn. 33; MüKoGmbHG/*H.-F. Müller* § 64 Rn. 154.

19 *Brünkmans* ZInsO 2021, 1 (16).

20 *Brünkmans* ZInsO 2021, 1 (16).

21 Welche Einzelfälle von den unbestimmten Anwendungsbereichen des § 15b Abs. 1 S. 2, Abs. 2 S. 1 InsO umfasst sind, ist von der Rechtsprechung noch auszuarbeiten. Rechtssicherheit bietet derzeit lediglich eine negative Abgrenzung. So dürften jedenfalls übermäßige Transfers, die einen Schenkungscharakter aufweisen oder in keinem ausgeglichenen Verhältnis zur Gegenleistung stehen sowie Zahlungen an Gesellschafter auf Darlehen nicht mehr zu den privilegierten Zahlungen des § 15b InsO zählen.[21]

bb) Anforderungen an die „nachhaltige Beseitigung der Insolvenzreife"

22 Unklar ist weiterhin, welche Anforderungen die Maßnahmen zur **„nachhaltigen Beseitigung der Insolvenzreife"** im Sinne des § 15b Abs. 2 S. 2 Var. 1 InsO unterliegen. Es wird vorgeschlagen, dass keine allzu hohen Voraussetzungen an diese Bedingung gestellt werden dürfen. Stattdessen soll es bereits ausreichen, dass die Zahlungsunfähigkeit oder Überschuldung voraussichtlich beendet wird und eine zuverlässige Prognose dafür besteht, dass das Unternehmen nicht erneut in den Zustand der Insolvenz eintritt.[22]

3. Zahlungen nach Stellung des Insolvenzantrages

23 Zahlungen, die nach der Stellung des Insolvenzantrages und vor Eröffnung des Insolvenzverfahrens erfolgen, sind auch dann mit der Sorgfalt eines ordentlichen und gewissenhaften Geschäftsleiters vereinbar, wenn sie mit Zustimmung eines vorläufigen Insolvenzverwalters erfolgen, vgl. § 15b Abs. 2 S. 3 InsO.

24 Wird ein „schwacher" vorläufiger Insolvenzverwalter[23] bestellt, der Zahlungen zustimmt, übernimmt er ebenfalls im Gläubigerinteresse die Verantwortung und die damit einhergehende Haftung für getätigte Zahlungen.[24] In den Fällen des § 22 Abs. 1 InsO, in welchen ein „starker" vorläufiger Insolvenzverwalter[25] bestellt wird und dem Unternehmen ein allgemeines Verfügungsverbot auferlegt wird, scheidet Haftung des Geschäftsleiters regelmäßig deshalb aus, weil er keine Zahlungen veranlasst und verantwortet.[26]

25 § 15b Abs. 2 S. 3 InsO gilt nicht im vorläufigen Eigenverwaltungsverfahren und bei der Anordnung von Sicherungsmaßnahmen im Sinne des § 270c Abs. 3 InsO. Die Spezialvorschrift des § 276a Abs. 2 und 3 InsO iVm §§ 60, 61 InsO verdrängt in diesen Fällen § 15b InsO.[27]

---

21 *Brünkmans* ZInsO 2021, 1 (16).
22 *Brünkmans* ZInsO 2021, 1 (16); *Poertzgen* ZInsO 2020, 2509 (2517).
23 Beim schwachen vorläufigen Insolvenzverwalter bleibt die Verwaltungs- und Verfügungsbefugnis beim Schuldner. Wenn – wie regelmäßig – das Gericht einen Zustimmungsvorbehalt anordnet, steht die Verwaltungs- und Verfügungsbefugnis des Schuldners unter dem Vorbehalt des vorläufigen Insolvenzverwalters."
24 BegrRegE BT-Drs. 19/24181, Ziff. B. Art. 5 Nr. 9, 195.
25 Der starke vorläufige Insolvenzverwalter hat eine Verwaltungs- und Verfügungsbefugnis über das Vermögen des Unternehmens.
26 BegrRegE BT-Drs. 19/24181, Ziff. B. Art. 5 Nr. 9, 195.
27 BegrRegE BT-Drs. 19/24181, Ziff. B. Art. 5 Nr. 9, 195; *Brünkmans* ZInsO 2021, 1 (20); *Brinkmann* ZIP 2020, 2361 (2367); *Göb/Nebel* NZI 2021, 17 (18); *Gehrlein* BB 2021, 66 (79).

III. Insolvenzverschleppung als grundsätzlicher Endpunkt der Privilegierung

Die Zahlungsprivilegierung aus § 15b Abs. 1 S. 2, Abs. 2 InsO endet, wenn die Insolvenzantragspflicht aus § 15a Abs. 1 S. 1 und 2 InsO verstrichen ist und die Antragspflichtigen innerhalb Antragsfrist keinen Insolvenzantrag gestellt haben (§ 15b Abs. 3 InsO). Zahlungen, die in die Zeit nach Ablauf der Antragfrist fallen, sind nur noch im Ausnahmefall mit der Sorgfalt eines ordentlichen Geschäftsleiters vereinbar, sofern sie der Erhaltung der Masse zugunsten der Gesellschaftsgläubiger dienen.[28] Solche Ausnahmefälle beziehen sich auf Situationen, in denen die Zahlungen der notwendigen Sicherung und Erhaltung des Vermögens bzw. der Schadensabwehr dienen.[29] 26

Die Zahlung von Heizkosten, welche zur Vermeidung eines frostbedingten Wasserschadens am Unternehmenssitz erforderlich ist, begründet beispielsweise einen solchen Ausnahmefall.[30] Dies gilt jedoch nicht, wenn das Gebäude, welches vor einer Schädigung bewahrt werden soll, für die Gesellschaftsmasse – mangels Nutzbarkeit oder Veräußerbarkeit – wertlos ist. Dann wird durch den Erhalt des Gebäudes nicht die Gesellschaftsmasse im Interesse der Gläubiger vor einer Schmälerung bewahrt.[31] 27

1. Geschäftsleiter tragen Beweislast

Da das Zahlungsverbot die Regel und die Zahlungsprivilegierung die Ausnahme darstellen, wird grundsätzlich vermutet, dass Zahlungen gerade nicht mit der in § 15b Abs. 3 InsO erforderlich Sorgfalt erfolgen.[32] Für das Vorliegen eines Ausnahmefalles tragen die Geschäftsleiter die **Darlegungs- und Beweislast.**[33] 28

2. Verschärfung der Geschäftsleiterhaftung während Insolvenzverschleppung

Durch die Normierung des Regel-Ausnahme-Prinzips in § 15b Abs. 3 InsO verschärft der Gesetzgeber die Haftung für Geschäftsleiter im Stadium der Insolvenzverschleppung.[34] Bisher ließ die Rechtsprechung auch in dieser Phase ausnahmsweise noch Zahlungen zu, die der Sanierung des Unternehmens dienen sollten, sofern konkrete Chancen auf einen Sanierungserfolg bestanden.[35] Da nunmehr nach dem Willen des Gesetzgebers allein die Insolvenzantragsfrist für solche Sanierungsversuche genutzt werden soll,[36] dürfte diese Rechtsprechungslinie wegfallen.[37] 29

IV. Ausgleichspflicht bei Verstoß gegen Zahlungsverbot

§ 15b Abs. 4 InsO legt Geschäftsleitern eine Erstattungspflicht für verbotenerweise geleistete Zahlungen auf. 30

---

28 *Gehrlein* DB 2020, 2393 (2396).
29 *Brünkmans* ZInsO 2021, 1 (17); *Gehrlein* DB 2020, 2393 (2396).
30 *Brünkmans* ZInsO 2021, 1 (17); *Gehrlein* DB 2020, 2393 (2396); Baumbach/Hueck/*Haas* GmbHG § 64 Rn. 93.
31 *Gehrlein* DB 2020, 2393 (2396).
32 *Brünkmans* ZInsO 2021, 1 (17); *Brinkmann* ZIP 2020, 2361 (2366).
33 *Poertzgen* ZInsO 2020, 2509 (2517).
34 *Gehrlein* DB 2020, 2393 (2396).
35 BGH Urt. v. 21.5.2019 – II ZR 337/17, ZInsO 2019, 1529, Rn. 18; BGH Urt. v. 24.9.2019 – II ZR 248/17, ZInsO 2020, 141, Rn. 19.
36 BegrRegE BT-Drs. 19/24181, Ziff. B. Art. 5 Nr. 9, 194.
37 *Gehrlein* DB 2020, 2393 (2396).

1. Ausgleichspflicht

31 Zahlungen, die nach Eintritt der Insolvenzreife unter Missachtung der Sorgfalt eines ordentlichen und gewissenhaften Geschäftsführers geleistet werden, müssen die Insolvenzantragspflichtigen gem. § 15b Abs. 4 S. 1 InsO erstatten. Haben die Unternehmensgläubiger durch die Zahlungen geringere Schäden erlitten, ist die Ersatzpflicht allerdings auf den Ausgleich des tatsächlich entstandenen **Schadens** begrenzt, vgl. § 15b Abs. 4 S. 2 InsO.

32 In § 15b Abs. 4 S. 1 InsO werden die bestehenden Haftungsvorschriften rechtsformübergreifend zusammengefasst. Durch die Neuregelung in § 15b Abs. 4 S. 2 InsO wird die Haftung der Geschäftsleiter auf den tatsächlich eingetretenen Gesamtgläubigerschaden begrenzt.

a) Konzentration der Haftungsvorschriften

33 § 15b Abs. 4 S. 1 InsO konzentriert die existierenden Haftungsvorschriften für die Vornahme von verbotenen Zahlungen in einer einzigen Norm. Vormals waren diese über das gesamte Gesellschaftsrecht verteilt (vgl. § 64 S. 1 GmbHG, § 92 Abs. 2 S. 1 AktG, § 99 S. 1 GenG, § 130a Abs. 2 S. 1 HGB).[38]

b) Vermutung eines Gesamtgläubigerschadens

34 Neu ist demgegenüber die Möglichkeit eines konkreten Schadensnachweises durch die Geschäftsleiter gemäß § 15b Abs. 4 S. 2 InsO.[39] Dessen Einführung wird von einigen sogar als „Sensation" bezeichnet.[40] Das durch das Zusammenspiel der Sätze 1 und 2 eingeführte **Regel-Ausnahme-Prinzip** begründet eine **Vermutung** dafür, dass der erstattungsfähige Gesamtgläubigerschaden der Höhe nach mit der Summe der verbotenerweise geleisteten Zahlungen deckungsgleich ist (S. 1). Diese Vermutung können Geschäftsleiter im Einzelfall widerlegen. Die Erstattungspflicht kann so auf den tatsächlich eingetretenen Gesamtgläubigerschaden reduziert werden (S. 2).[41]

35 Die Widerlegungsmöglichkeit soll eine übermäßige Inanspruchnahme der nach § 15b Abs. 4 InsO Ersatzpflichtigen vermeiden. Sie sollen nur so weit haften, wie es zum Ausgleich des Gesamtgläubigerschadens nötig ist.[42] Den Streit über die Rechtsnatur des Haftungsanspruchs – Erstattungsanspruch sui generis oder Schadensersatzanspruch[43] – wollte der Gesetzgeber mit der Neuregelung jedoch ausdrücklich nicht entscheiden.[44]

38 BegrRegE BT-Drs. 19/24181, Ziff. B. Art. 5 Nr. 9, 195; *Brünkmans* ZInsO 2021, 1 (17).
39 *Brünkmans* ZInsO 2021, 1 (17); *Brinkmann* ZIP 2020, 2361 (2367); *Göb/Nebel* NZI 2021, 17 (18).
40 *Poertzgen* ZInsO 2020, 2509 (2516).
41 BegrRegE BT-Drs. 19/24181, Ziff. B. Art. 5 Nr. 9, 195.
42 BegrRegE BT-Drs. 19/24181, Ziff. B. Art. 5 Nr. 9, 195; *Gehrlein* BB 2021, 66 (80); *Poertzgen* ZInsO 2020, 2509 (2516).
43 Vgl. MüKoAktG/*Spindler* § 92 Rn. 24; MüKoGmbHG/*H.-F. Müller* § 64 Rn. 138; *Brünkmans* ZInsO 2021, 1 (17).
44 BegrRegE BT-Drs. 19/24181, Ziff. B. Art. 5 Nr. 9, 195.

Für den Gegenbeweis tragen Geschäftsleiter die **Darlegungs- und Beweislast.**[45] Wie dieser Beweis im Einzelnen erbracht werden kann, ist allerdings weitestgehend ungeklärt.[46] 36

2. Disposition über den Anspruch

Die Erstattungspflicht aus § 15b Abs. 4 S. 1 und 2 InsO steht gem. § 15b Abs. 4 S. 3 37 und 4 InsO jedenfalls nicht zur Disposition der Gesellschaft.[47] Ist der Ausgleich der Zahlungen zur Befriedigung der Gesellschaftsgläubiger erforderlich, wird die Erstattungspflicht nicht dadurch ausgeschlossen, dass die Geschäftsleiter die Zahlungen in Befolgung eines Beschlusses eines Organs der Gesellschaft getätigt haben, vgl. § 15b Abs. 4 S. 3 InsO. Ein Verzicht der Gesellschaft auf etwaige Erstattungen oder ein Vergleich hierüber ist unwirksam, vgl. § 15b Abs. 4 S. 4 InsO. Die Regelungen waren in den spezialgesetzlichen Vorgängerversionen des § 15b InsO ebenfalls vorgesehen (vgl. § 64 S. 4 iVm § 43 Abs. 3 S. 2, 3 GmbHG, § 92 Abs. 2 S. 1 iVm § 93 Abs. 3 Nr. 6, Abs. 4 S. 3 AktG, § 130a Abs. 2 S. 3 HGB).[48] Der praktische Anwendungsbereich dieser Einschränkung der Disposition über den Anspruch ist indes sehr beschränkt. Denn in den allermeisten Fällen wird der Anspruch vom Insolvenzverwalter geltend gemacht, dem es ausdrücklich gestattet ist, die Abbedingung der Erstattungspflicht zu vereinbaren und sich zu vergleichen (§ 15b Abs. 4 S. 5 Var. 3 InsO). Zudem erlaubt § 15b Abs. 4 InsO auch der Gesellschaft, Vereinbarungen über die die Erstattungspflicht in einem Insolvenzplan zu treffen (§ 15b Abs. 4 S. 5 Var. 2 InsO). Schließlich darf sich die Gesellschaft vergleichen, wenn die Ersatzpflichtigen zahlungsunfähig sind und ein Insolvenzverfahren abgewendet werden soll (§ 15b Abs. 4 S. 5 Var. 1 InsO)

V. Insolvenzverursachungsverbot

§ 15b Abs. 5 S. 1 InsO regelt den Sonderfall der Insolvenzverursachung durch Zahlungen an Gesellschafter. Zahlungen an Mitglieder einer Genossenschaft sind von dem in S. 1 ausgesprochenen Zahlungsverbot und der daran anschließenden Haftung ausgenommen, vgl. § 15b Abs. 5 S. 2 InsO. 38

1. Zahlungen an Gesellschafter

Zahlungen, die an Gesellschafter des Unternehmens geleistet werden, unterliegen 39 gem. § 15b Abs. 5 S. 1 InsO dem Zahlungsverbot aus § 15b Abs. 1 InsO auch dann, wenn die Zahlungen zur Zahlungsunfähigkeit (vgl. § 17 InsO) der Gesellschaft führen mussten, es sei denn, dass dies bei Beachtung der Sorgfalt eines ordentlichen und gewissenhaften Geschäftsleiters nicht erkennbar war.

Dieser Anspruch war vormals in § 64 S. 3 GmbHG, § 92 Abs. 2 S. 3 AktG, § 130a 40 Abs. 1 S. 3 (iVm § 177a HGB) verortet. Eine Änderung der bestehenden Rechtslage

45 *Brünkmans* ZInsO 2021, 1 (18); *Brinkmann* ZIP 2020, 2361 (2367); *Bitter* GmbHR 2020, 1157 (1158); *Göb/Nebel* NZI 2021, 17 (18); *Schulz* NZI 2020, 1073 (1077); *Gehrlein* DB 2020, 2393 (2397).
46 *Brünkmans* ZInsO 2021, 1 (18); *Poertzgen* ZInsO 2020, 2509 (2516); *Gehrlein* DB 2020, 2393 (2397).
47 BegrRegE BT-Drs. 19/24181, Ziff. B. Art. 5 Nr. 9, 195.
48 BegrRegE BT-Drs. 19/24181, Ziff. B. Art. 5 Nr. 9, 195; *Brünkmans* ZInsO 2021, 1 (18); *Gehrlein* DB 2020, 2393 (2398).

ist durch die Zusammenfassung in § 15b Abs. 5 InsO, abgesehen von dem durch § 15b Abs. 4 S. 2 InsO veränderten Umfang der Erstattungspflicht, nicht beabsichtigt.[49]

41 Das Insolvenzverursachungsverbot setzt zeitlich vor dem allgemeinen Zahlungsverbot des § 15b Abs. 1 S. 1 InsO an. Geschäftsleiter können sich unter bestimmten Voraussetzungen exkulpieren.

a) Zeitliche Vorverlagerung des Zahlungsverbotes

42 Das speziell gegen Gesellschafter gerichtete Zahlungsverbot des § 15b Abs. 5 S. 1 InsO greift schon vor Beginn des allgemeinen Zahlungsverbots in der vorinsolvenzlichen Phase des Unternehmens. Schließlich setzt § 15b Abs. 5 S. 1 InsO ausdrücklich voraus, dass das Unternehmen erst aufgrund der durch die Norm verbotenen Vermögensabflüsse zahlungsunfähig wird,[50] während für den Beginn des allgemeinen Zahlungsverbotes aus § 15b Abs. 1 S. 1 InsO die Insolvenzreife schon eingetreten sein muss.

43 Sinn und Zweck der zeitlichen Vorverlagerung ist ein verbesserter Gläubigerschutz. Es soll vermieden werden, dass Gesellschafter – womöglich anfechtungsfrei – Zahlungen erhalten, die zum Eintritt der Zahlungsunfähigkeit führen.[51]

b) Exkulpationsmöglichkeit

44 Geschäftsleiter haben die Möglichkeit, sich gem. § 15b Abs. 5 S. 1 Hs. 2 InsO zu exkulpieren. Sie müssen nicht haften und keinen Ersatz gem. § 15b Abs. 4 InsO leisten, wenn für sie auch unter Beachtung der Sorgfalt im Sinne des § 15b Abs. 1 S. 2 InsO nicht erkennbar war, dass die Zahlungen zur Zahlungsunfähigkeit führen mussten. An dieser Erkennbarkeit mangelt es beispielsweise, wenn nicht vorhersehbare äußere Einflüsse, die in einer ordnungsgemäß erstellten Liquiditätsplanung keine Berücksichtigung gefunden haben (man denke beispielsweise an das plötzliche Auftreten einer Pandemie und einen damit verbundenen Gewinnausfall oder an einen unvorhergesehenen Kriegsausbruch, der die Preise für bestimmte Rohmaterialien in die Höhe schnellen lässt), die Zahlungsunfähigkeit auslösen.[52]

45 Da Geschäftsleiter die Darlegungs- und Beweislast für die Tatsachen trifft, die ihre Enthaftung begründen können, ist ihnen neben einer sorgfältigen Liquiditätsplanung zu empfehlen, ihre Entscheidungen, warum sie Zahlungen an Gesellschafter leisten, sorgsam zu protokollieren.[53]

---

49 BegrRegE BT-Drs. 19/24181, Ziff. B. Art. 5 Nr. 9, 196; *Brünkmans* ZInsO 2021, 1 (18); *Gehrlein* DB 2020, 2393 (2398).

50 Baumbach/Hueck/*Haas* GmbHG § 64 Rn. 131; MüKoAktG/*Spindler* § 92 Rn. 44; MüKoGmbHG/*H.-F. Müller* § 64 Rn. 177.

51 Hüffer/Koch/*Koch* AktG § 92 Rn. 35; MüKoAktG/*Spindler* § 92 Rn. 44; Baumbach/Hueck/*Haas* GmbHG § 64 Rn. 7.

52 *Brünkmans* ZInsO 2021, 1 (18); *Poertzgen* ZInsO 2020, 2509 (2516); MüKoAktG/*Spindler* § 92 Rn. 53.

53 Hüffer/Koch/*Koch* AktG § 92 Rn. 40; MüKoAktG/*Spindler* § 92 Rn. 53; MüKoGmbHG/*H.-F. Müller* § 64 Rn. 195.

2. Privilegierung von Genossenschaften

Entsprechend der bisherigen Rechtslage[54] sind Genossenschaften gem. § 15b Abs. 5 S. 2 InsO privilegiert.[55] Auf sie sind die Regeln zum Insolvenzverursachungsverbot des § 15b Abs. 5 S. 1 InsO nicht anwendbar. 46

VI. Kenntnisunabhängige Verjährung

Die Ansprüche nach § 15b InsO **verjähren** gem. § 15b Abs. 7 S. 1 InsO grundsätzlich in fünf Jahren kenntnisunabhängig ab Anspruchsentstehung, also sukzessive ab dem Zeitpunkt der ersten pflichtwidrigen Zahlung.[56] Ist das Unternehmen börsennotiert, beträgt die Verjährungsfrist in Anlehnung an § 93 Abs. 6 AktG[57] gem. § 15b Abs. 7 S. 2 InsO zehn Jahre. 47

VII. Vorrang der Massesicherung

Wer den Insolvenzantrag im Sinne des § 15a InsO rechtzeitig stellt, verletzt gem. § 15b Abs. 8 S. 1 InsO keine **steuerrechtlichen Zahlungspflichten** der Gesellschaft, wenn er zwischen dem Eintritt der materiellen Insolvenz (Zahlungsunfähigkeit oder Überschuldung) und der Insolvenzeröffnung Ansprüche aus dem Steuerschuldverhältnis nicht oder nicht rechtzeitig erfüllt. Durch diese Regelung wird die **Pflichtenkollision**, der Geschäftsleiter hinsichtlich ihrer Pflicht zur Massesicherung und der haftungsbewehrten Steuerabführungspflicht im Zeitraum zwischen Eintritt der Insolvenzreife und der Eröffnung des Insolvenzverfahrens ausgesetzt sind, zugunsten der Massesicherung aufgelöst.[58] Nach der Gesetzesbegründung gilt die Privilegierung des § 15b Abs. 8 S. 1 InsO auch für solche Situationen, in welchen die Insolvenzantragspflichtigen die Stellung des Insolvenzantrages mit der Sorgfalt eines ordentlichen und gewissenhaften Geschäftsleiters vorbereiten.[59] 48

Nach der bisherigen Rechtsprechung[60] verstießen Geschäftsleiter nicht gegen ihre Steuerabführungspflicht, wenn ein vorläufiger Insolvenzverwalter[61] die erforderliche Zustimmung zur Steuerzahlung verweigerte. Geschäftsleiter waren daher gehalten, die vorläufige Insolvenzverwalter jeweils um Zustimmung zu bitten und die Ablehnungen zu ihrer Entlastung zu dokumentieren. 49

Nach alter Rechtslage war es zudem nicht unüblich, die Finanzverwaltung über die Insolvenz des Unternehmens zu informieren, sodann die Steuerverbindlichkeiten (zunächst) zu begleichen, nur um sie nach Eröffnung des Insolvenzverfahrens durch Insolvenzanfechtungen zurück zur Masse zu ziehen.[62] Der Verwaltungsapparat wird damit durch die neue Regelung entlastet. 50

---

54 § 99 GenG normierte gerade kein Insolvenzverursachungsverbot bei Genossenschaften.
55 BegrRegE BT-Drs. 19/24181, Ziff. B. Art. 5 Nr. 9, 196.
56 *Scholz* ZIP 2021, 219 (225).
57 BegrRegE BT-Drs. 19/24181, Ziff. B. Art. 5 Nr. 9, 196.
58 BT-Drs. 19/25353, Ziff. B. Art. 5 Nr. 9, 11; *Bitter* GmbHR 2020, 1157 (1159); *Gehrlein* BB 2021, 66 (80).
59 BT-Drs. 19/25353, Ziff. B. Art. 5 Nr. 9, 11.
60 Vgl. BFH Urt. v. 22.10.2019 – VII R 30/18 = NZI 2020, 585.
61 Die vorläufigen Insolvenzverwalter trifft eine eigene Massesicherungspflicht, aufgrund dessen sie eine Zustimmung zur Entrichtung von Steuern nie erteilen dürfen – vgl. BT-Drs. 19/25353, Ziff. B. Art. 5 Nr. 9, 12.
62 BT-Drs. 19/25353, Ziff. B. Art. 5 Nr. 9, 12.

51 Eine dem § 15b Abs. 8 S. 1 InsO entsprechende ausdrückliche Regelung für die Arbeitnehmerbeiträge zur Sozialversicherung hat der Gesetzgeber übrigens unterlassen. Das spricht jedenfalls auf den ersten Blick dafür, dass das Abführungsgebot insoweit nicht hinter die Massesicherungspflicht zurücktreten soll. Allerdings wird eine analoge Anwendung des § 15b Abs. 8 S. 1 InsO unter Verweis darauf befürwortet, dass das Gesetzgebungsverfahren unter hohem Zeitdruck erfolgt und daher von einer planwidrigen Gesetzeslücke auszugehen sei.[63]

52 Für steuerrechtliche Pflichtverletzungen, die bereits vor Eintritt der Insolvenzreife begangen wurden, bleiben Geschäftsleiter weiterhin gem. § 69 AO haftbar. Vor Eintritt der Insolvenzreife besteht keine Massesicherungspflicht und damit auch keine Pflichtenkollision, für welche die Privilegierung des § 15b Abs. 8 InsO gelten könnte.[64]

53 Erfolgt der Insolvenzantrag verspätet, gilt gem. § 15b Abs. 8 S. 2 InsO der Vorrang der Massesicherung für solche Steuerschulden, die nach dem Zeitpunkt, in welchem ein vorläufiger Insolvenzverwalter bestellt ist oder eine vorläufige Eigenverwaltung angeordnet wird, fällig werden. Hierdurch sollen für Geschäftsleiter Anreize geschaffen werden, zumindest nachträglich ihrer Pflicht aus § 15a Abs. 1 InsO zur Stellung eines Insolvenzvertrages nachzukommen, um so eine Pflichtenkollision zu vermeiden.[65] Die Nichtbegleichung von Steuerschulden ist dann nicht mehr auf eine Pflichtverletzung der Geschäftsleiter zurückzuführen, wenn die Geschäftsleiter, trotz eines vergangenen Pflichtverstoßes, nunmehr ordnungsgemäß handeln und durch Antragsstellung die Eröffnung eines Insolvenzverfahrens eingeleitet haben.[66]

54 Der **Vorrang der Massesicherung** wird durch § 15b Abs. 8 S. 3 InsO eingeschränkt: Wird das Insolvenzverfahren nach Antragsstellung nicht eröffnet und ist die Nichteröffnung auf eine Pflichtverletzung der Antragspflichtigen zurückzuführen, müssen die Steuerschulden rechtzeitig beglichen werden.

C. Offene Fragen

55 Die neue Möglichkeit in § 15b Abs. 4 S. 2 InsO, den Gegenbeweis des tatsächlich eingetretenen Schadens zu führen, ist zumindest aus Geschäftsleitersicht begrüßenswert. Sie können zukünftig die Erstattungspflicht betragsmäßig reduzieren. Die rechtsformübergreifende Neuregelung des Zahlungsverbots in § 15b InsO und die daran anschließende Erstattungspflicht für verbotenerweise getätigte Zahlung in § 15b Abs. 4 InsO führt allerdings zu zwei praktischen Herausforderungen: Um von der Möglichkeit der Reduzierung der Haftungssumme in § 15b Abs. 4 S. 2 InsO Gebrauch machen zu können, muss zunächst geklärt werden, wie der konkret eingetretene Gesamtgläubigerschaden zu berechnen ist. Hieran schließt sich die Frage an, wie Geschäftsleiter den konkreten Schaden nachweisen können.

63 *Bitter* GmbHR 2021, R16 (R18).
64 BT-Drs. 19/25353, Ziff. B. Art. 5 Nr. 9, 12; *Brünkmans* ZInsO 2021, 125 (130).
65 BT-Drs. 19/25353, Ziff. B. Art. 5 Nr. 9, 12.
66 BT-Drs. 19/25353, Ziff. B. Art. 5 Nr. 9, 12; *Gehrlein* BB 2021, 66 (80).

I. Berechnung des konkreten Schadens

Wie sich der konkret eingetretene Gläubigergesamtschaden berechnet lässt, ist noch ungeklärt. Es müssen neue Kriterien zur Schadensbemessung ausgearbeitet werden, wenn die Nachweismöglichkeit aus § 15b Abs. 4 S. 2 InsO nicht ins Leere laufen soll.[67] Hierzu ist zunächst der Blick darauf zu richten, was Geschäftsleiter unter der alten Rechtslage einwenden konnten, um die Erstattungspflicht zumindest zu reduzieren. 56

II. Kompensation der Masseminderung durch unmittelbare verwertbare Gegenleistung

Bei der Ermittlung der Erstattungssumme erlaubt der BGH bereits unter der bis zum 31.12.2020 geltenden Rechtslage unter bestimmten Voraussetzungen die Berücksichtigung von Gegenleistungen, die auf eine verbotene Zahlung hin erfolgten.[68] 57

1. Berücksichtigung von Vermögensrückflüssen

Berücksichtigungsfähig sind nur solche Gegenleistungen, die in das Gesellschaftsvermögen zurückfließen. Bewirkt der Empfänger der verbotenen Zahlung seine Gegenleistung (absprachegemäß) an einen Dritten, fehlt es hieran.[69] 58

Der vom BGH verlangte Vermögensrückfluss liegt nicht vor, wenn die Gesellschaft im Gegenzug zur verbotenen Zahlung lediglich einen Anspruch erwirbt.[70] Dies führt dazu, dass eine durch das Unternehmen erfolgte Darlehensvergabe nicht mit dem gleichzeitig erworbenen Rückzahlungsanspruch verrechnet werden kann. Auch Anfechtungsansprüche und Anwartschaftsrechte, die die Gesellschaft im Austausch für eine Zahlung erhält, mindern den erstattungsfähigen Betrag nicht.[71] 59

2. Unmittelbarer Zusammenhang von Zahlung und Kompensation

Der Vermögensrückfluss muss mit der Zahlung in einem **unmittelbaren Zusammenhang** stehen. Der Zusammenhang bestimmt sich nicht nach der Länge der Zeitspanne, welche zwischen Zahlung und Gegenleistung liegt, sondern nach wirtschaftlichen Gesichtspunkten.[72] 60

Die so geforderte Konnexität setzt voraus, dass die Gegenleistung vom Zahlungsempfänger selbst stammt.[73] Zudem besteht der Zusammenhang ausschließlich für zeitlich nach der verbotenen Zahlung erfolgte Vermögensrückflüsse. Vorleistungen des designierten Zahlungsempfängers sind somit nicht zu berücksichtigen.[74] Das ist konsequent, denn die Gegenleistung ist bereits im Vermögen der Schuldnerin. 61

---

67 *Bitter* GmbHR 2020, 1157 (1159); *Schulz* NZI 2020, 1073 (1077).
68 *Brinkmann* ZIP 2020, 2361 (2367); Scholz/*Bitter* GmbHG § 64 Rn. 103.
69 Baumbach/Hueck/*Haas* GmbHG § 64 Rn. 70.
70 Baumbach/Hueck/*Haas* GmbHG § 64 Rn. 70a; MüKoGmbHG/*H.-F. Müller* § 64 Rn. 149a.
71 Baumbach/Hueck/*Haas* GmbHG § 64 Rn. 70a.
72 Baumbach/Hueck/*Haas* GmbHG § 64 Rn. 71; MüKoAktG/*Spindler* § 92 Rn. 29; Hüffer/Koch/*Koch* AktG § 92 Rn. 42; MüKoGmbHG/*H.-F. Müller* § 64 Rn. 149d.
73 Baumbach/Hueck/*Haas* GmbHG § 64 Rn. 71a.
74 BGH NZG 2021, 66; Baumbach/Hueck/*Haas* GmbHG § 64 Rn. 71b; Hüffer/Koch/*Koch* AktG § 92 Rn. 42; MüKoGmbHG/*H.-F. Müller* § 64 Rn. 149e.

3. Verwertbarkeit als Bewertungskriterium

62 Der Betrag der berücksichtigungsfähigen Gegenleistung bestimmt sich nach deren **Liquidationswert.** Maßgeblich ist also, welchen Wert die Gegenleistung bei einer Verwertung erzielt hätte.[75] Denn aus wirtschaftlicher Sicht liegt bei Erhalt einer verwertbaren Gegenleistung kein Vermögensabfluss, sondern eine bloße Vermögensumschichtung vor.[76]

63 Nicht berücksichtigungsfähig sind Arbeits- oder Dienstleistungen, weil diese für das Unternehmen unverwertbar sind. Die bloße Nutzungsmöglichkeit eines Mietobjekts oder eines funktionsfähigen Internetanschlusses scheidet aus demselben Grund aus. Ebenfalls regelmäßig nicht anrechenbar sind Gegenleistungen in Form von geringwertigen, typischerweise zum alsbaldigen Verbrauch bestimmten Gütern.[77]

64 Der für die Bestimmung der Verwertbarkeit maßgebliche Zeitpunkt ist der Augenblick, ab welchem die Gegenleistung endgültig in das Gesellschaftsvermögen gelangt. Auf die Auffindbarkeit des Vermögensrückflusses im Gesellschaftsvermögen bei Insolvenzeröffnung kommt es demgegenüber nicht an. Dies erklärt sich daraus, dass das Zahlungsverbot lediglich vor einer Masseverkürzung schützen soll.[78]

4. Nachträglicher Ausgleich einer Überkompensation

65 Um eine Überkompensation der Gesellschaftsgläubiger durch die Rückerstattung zu verhindern, ist den Geschäftsleitern vorbehalten, nach Erstattung zur Insolvenzmasse Gegenansprüche zur Insolvenztabelle anzumelden, die sich nach Rang und Höhe mit dem Betrag decken, welchen die durch die Zahlung nach Insolvenzreife begünstigten Gesellschaftsgläubiger im Insolvenzverfahren erhalten hätten.[79] Zusätzlich dazu muss die Gesellschaft etwaige Erstattungsansprüche gegen Dritte (meist wird es sich um Anfechtungsansprüche handeln) Zug um Zug an die Geschäftsleiter abtreten.[80]

66 Es ist durchaus denkbar, dass die Rechtsprechung weiterhin auf solche Fälle angewendet wird, in welchen Geschäftsleiter den ihnen obliegenden Nachweis dafür, dass der eingetretene Gesamtgläubigerschaden die Summe der unbefugt getätigten Zahlungen unterschreitet, nicht (vollständig) erbringen können.[81]

III. Rechtsfolgen bei Nachweis eines geringeren Schadens

67 Nach dem neuen § 15b Abs. 4 S. 2 InsO beschränkt sich die Erstattungspflicht auf den Schaden der Gläubiger, wenn dieser – wie regelmäßig – geringer als die Summe der pflichtwidrigen Zahlungen ist. Im Gerichtsverfahren muss der berechnete Scha-

75 Baumbach/Hueck/*Haas* GmbHG § 64 Rn. 72; MüKoAktG/*Spindler* § 92 Rn. 29; MüKoGmbHG/*H.-F. Müller* § 64 Rn. 149c.
76 MüKoGmbHG/*H.-F. Müller* § 64 Rn. 149a.
77 Baumbach/Hueck/*Haas* GmbHG § 64 Rn. 72; MüKoAktG/*Spindler* § 92 Rn. 29; Hüffer/Koch/*Koch* AktG § 92 Rn. 42; MüKoGmbHG/*H.-F. Müller* § 64 Rn. 149a f.
78 Baumbach/Hueck/*Haas* GmbHG § 64 Rn. 74; MüKoAktG/*Spindler* § 92 Rn. 29; Hüffer/Koch/*Koch* AktG § 92 Rn. 42; MüKoGmbHG/*H.-F. Müller* § 64 Rn. 149.
79 BGH NZG 2009, 550 Rn. 24.
80 BegrRegE BT-Drs. 19/24181, Ziff. B. Art. 5 Nr. 9, 195; *Gehrlein* DB 2020, 2393 (2397); MüKoAktG/*Spindler* § 92 Rn. 25.
81 *Gehrlein* DB 2020, 2393 (2397).

den von den Geschäftsleitern dargelegt und bewiesen werden.[82] Gelingt der Nachweis, muss der Geschäftsleiter nur noch den Quotenschaden der Insolvenzgläubiger erstatten. In diesem Fall ist der Vorbehalt der Geschäftsleiter, nach Erstattung zur Insolvenzmasse Gegenansprüche zur Insolvenztabelle anzumelden, die sich nach Rang und Höhe mit dem Betrag decken, welchen die durch die Zahlung nach Insolvenzreife begünstigten Gesellschaftsgläubiger im Insolvenzverfahren erhalten hätten, obsolet. Denn eine Überkompensation der Insolvenzmasse droht bei einem konkret berechneten Quotenschaden nicht. Auch die bisherige Diskussion um die Frage der Gleichwertigkeit eines Leistungsaustauschs wird sich erledigt haben, wenn der Geschäftsleiter den Quotenschaden nachweisen kann.

D. Praxishinweise

Der Anspruch auf Erstattung pflichtwidriger Zahlungen nach Eintritt der materiellen Insolvenz wird auch nach seiner Konzentration in § 15b InsO das „scharfe Schwert" der Insolvenzverwalter bleiben. Denn im Grundsatz bleibt es dabei, dass jede pflichtwidrige Zahlung nach Eintritt der materiellen Insolvenz zu erstatten ist. Erleichtert wird die Anspruchsdurchsetzung zukünftig durch die Regelung in § 15b Abs. 3 InsO, wonach Zahlungen in der Regel nicht mit der Sorgfalt eines ordentlichen und gewissenhaften Geschäftsleiters vereinbar sind, wenn sie nach Ablauf der drei- bzw. sechswöchigen Maximalfrist erfolgt sind. 68

Von erheblicher praktischer Relevanz für zukünftige Prozess wird die Frage sein, welche Anforderung an die Darlegung eines „geringeren Schadens" durch die Geschäftsleiter zu stellen sind. Ob bereits die bloße Behauptung eines geringeren Schadenseintritts im Sinne des § 15b Abs. 4 S. 2 InsO ausreicht, um in die Beweisaufnahme durch eintreten zu können, darf bezweifelt werden. Es ist davon auszugehen, dass die Geschäftsleiter substantiiert zur Schadenshöhe vorzutragen haben. Mit der Auferlegung der Last des **substanziierten Vortrages** wird von Geschäftsleitern auch nichts Unmögliches verlangt, denn sie sind berechtigt, Einsicht in die Buchhaltung der Gesellschaft zu nehmen.[83] 69

82 *Brünkmans* ZInsO 2021, 1 (18); *Brinkmann* ZIP 2020, 2361 (2367); *Bitter* GmbHR 2020, 1157 (1158); *Göb/Nebel* NZI 2021, 17 (18); *Schulz* NZI 2020, 1073 (1077); *Gehrlein* DB 2020, 2393 (2397).

83 BGH NZG 2019, 225.

Stichwortverzeichnis

Fette Zahlen bezeichnen die Paragraphen, magere die Randnummern.

FSC
www.fsc.org
MIX
Papier | Fördert gute Waldnutzung
FSC® C083411

Kolibri 360 GmbH
Ferdinand-Jühlke-Straße 7
99095 Erfurt, Deutschland
produktsicherheit@kolibri360.de